"十二五"国家重点图书出版规划项目
轨道交通科技攻关学术著作系列

机车车辆动力学

姚建伟　主　编
孙丽霞　副主编

科学出版社
北　京

内 容 简 介

本书紧紧围绕机车车辆动力学的关键知识点和学科研究热点进行深入浅出的阐述，在内容编排上充分考虑知识结构的完整性和系统性。第一章介绍机车车辆动力学模型建立、求解及分析时的基础理论和方法；第二章阐述经典的轮轨滚动接触理论及其适用范围，并针对目前轮轨三维弹塑性滚动接触理论亟待解决的问题，描述了新的求解思路和方法，此外，还针对轮轨滚动接触疲劳及磨耗问题提出摩擦综合管理的方法；第三章结合工程实例介绍机车车辆垂向动力学性能分析和评价方法；第四章系统介绍机车车辆横向运行稳定性分析方法，基于非线性的混沌和分岔理论，论述高速列车蛇行运动的极限环分岔形式，从理论分析与工程实践应用相结合的角度，探讨高速列车横向运行稳定性新的评价方法；第五章围绕机车车辆的稳态及瞬态曲线通过能力进行分析和评价方法的介绍，并介绍径向转向架和独立车轮转向架在提高机车车辆曲线通过能力时的优势；第六章从理论分析、仿真计算和试验研究的角度论述机车车辆脱轨安全性的最新研究成果；第七章论述机车车辆动力学试验技术，为设计、生产与试验工程技术人员提供可供借鉴的技术资料；第八章对国内外机车车辆动力学领域的最新研究动态进行综述和展望。

本书特别注重理论性、学术性和工程实用性，既可作为载运工具运用工程及车辆工程专业的研究生教学用书，也可作为机车车辆动力学科研及工程技术人员的参考用书。

图书在版编目(CIP)数据

机车车辆动力学/姚建伟主编.—北京：科学出版社，2014.7
(轨道交通科技攻关学术著作系列)
ISBN 978-7-03-041409-0

Ⅰ.①机… Ⅱ.①姚… Ⅲ.①机车-车辆动力学 Ⅳ.①U260.11

中国版本图书馆 CIP 数据核字(2014)第 155585 号

责任编辑：刘宝莉　周　岩　张　宇／责任校对：李　影
责任印制：吴兆东／封面设计：陈　敬

科学出版社 出版
北京东黄城根北街 16 号
邮政编码：100717
http://www.sciencep.com

北京凌奇印刷有限责任公司 印刷
科学出版社发行　各地新华书店经销

*

2014 年 7 月第 一 版　开本：B5(720×1000)
2022 年 1 月第四次印刷　印张：27 3/4
字数：539 000

定价：**198.00 元**
(如有印装质量问题，我社负责调换)

"轨道交通科技攻关学术著作系列"编委会

主 任 委 员：康　熊
副主任委员：聂阿新　董守清　赵有明　叶阳升
委　　　员：王　澜　罗庆中　孙剑方　黄　强　王悦明
　　　　　　　韩自力　江　成　柯在田　刘虎兴　杨志杰
　　　　　　　段　武　熊永钧　杜旭升　李学峰　周清跃
　　　　　　　史天运　王富章　朱建生　阮志刚　李耀增
　　　　　　　朱少彤　傅青喜　常　山　贾光智　黎国清
　　　　　　　王卫东　王俊彪　姚建伟　刘　越　周虹伟
　　　　　　　孙　宁　刘国楠

"轨道交通科技攻关学术著作系列"序

"涓涓溪流,汇聚成河",无数科技工作者不辍的耕耘,似在时刻诠释着这一亘古不变理念的真谛,成就着人类知识财富源远流长的传承与积累。

回溯新中国成立后中国铁路发展历程,特别是我国铁路高速、重载、既有线提速、高原铁路建设等一系列令世人瞩目的辉煌成就,无不映衬着"铁科人"励志跋涉的身影,凝聚了"铁科人"滴滴汗水与智慧结晶。历经六十多年的发展,中国铁道科学研究院充分发挥专家业务水平高、能力强,技术人才队伍集中,专业配套齐全,技术手段先进等综合资源优势,既历史性地开创了中国高速铁路联调联试、综合试验技术、无砟轨道技术,完成了重载运输、既有线提速和高原铁路等关键技术研究与试验,实现了互联网售票、运营调度、应急管理,以及高速动车组牵引、制动系统及网络控制系统等大批技术创新和成果转化,又在铁道行业重大技术决策信息支持、基础设施检测、产品认证、专业技术培训等技术服务领域发挥了重要作用,成为集科研、开发、生产、咨询、人才培养与培训等业务为一体的轨道交通高新技术企业,是全路当之无愧的科研、试验、信息、标准制修订的研发中心。业已完成的大量重大、关键技术攻关与试验研究,积淀了厚重的专业基础理论,取得了2300多项科研成果。其中,有170多项获国家科技奖,600多项获省、部级科技奖。

此时,由中国铁道科学研究院(以下简称"我院")统筹组织科研人员,深入系统梳理总结优质科研成果,编著专业技术专著形成系列丛书,既是驱动我院科研人员自我深入总结,不断追求提高个人学术修养的发展动力,也是传承我院多年科研积累的知识结晶,有效夯实提升人才培养与培训内在品质的重要举措,更是打造我院核心竞争力,努力建设铁路科技创新研发中心并做大做强,彰显责任与担当的真实写照。

本套专业技术系列丛书作为"十二五"国家重点图书出版规划项目,充分反映了我院在推动轨道交通领域技术进步与学科发展中取得的基础理论研究和最新技术应用成果,内容囊括铁路运输组织、机车车辆及动车组技术、工务工程、材料应用、节能环保、检测与信息技术、标准化与计量,以及城轨交通等专业技术发展。丛书在院编委会的指导下，尊重个人学术观点，鼓励支持有为的"铁科人"将科技才华呈现于行业科技之巅，并为致力于轨道交通现代化发展的追"梦"者们，汇聚知识的涓流、铸就成长的阶梯。

中国铁道科学研究院常务副院长

丛书编委会主任

2013 年 12 月

序

在中国铁路现代化发展的重要时期,机车车辆动力学基础理论的研究及创新,无疑对铁路技术进步起到积极的推动作用,也可以为机车车辆的设计和试验提供有力的技术支撑。对机车车辆运行品质及速度要求的不断提高,客观上促使机车车辆动力学不断创新发展,这本《机车车辆动力学》正是为了适应现阶段我国铁路大规模发展对机车车辆动力学理论和技术创新的迫切需求而编写的。该书将机车车辆动力学领域理论与实践的新成果融合到经典理论的阐述中,站在工程实际应用的角度追溯基础理论,以新的视角丰富和发展了机车车辆动力学的理论知识。

机车车辆动力学是分析和研究机车车辆动力学性能、改善和提高机车车辆运行品质、保证运行安全的一门力学专业与载运工具运用工程专业相结合的学科。我国每一次铁路提速、高速、重载等攻关试验,都特别注重机车车辆动力学性能的测试和评估。20世纪70年代末开始逐步建立起机车车辆动力学理论体系框架,随着铁路高速重载化进程的加快,诸如轮轨黏着、轮轨磨耗、车辆运行安全性和舒适性与行车速度的矛盾等问题亟待进一步解决和优化。该书以此为契机,针对机车车辆的轮轨相互作用、车辆横向运行稳定性、脱轨安全性、运行平稳性等关键动力学性能的分析、评价方法、评价指标等进行了新的思考和讨论,是铁道科学研究人员在实践中不断寻求理论和技术创新的集中体现。

该书作者在中国铁道科学研究院长期从事重大综合性科研项目工作,系统开展了机车车辆动力学理论与试验研究,具备深厚的理论功底和丰富的实践经验。通过梳理在机车车辆动力学研究生教学过程中取得的学术收获和总结在科研实践过程中积累的经验,在综述和提升国内外学者学科专业知识的基础上形成了该书。书中系统论述了机车车辆动力学的理论架构、理论模型、分析思路、仿真计算、试验设计、试验方法等,深入浅出地阐述了分析力学、混沌、分岔、元胞自动机、神经网络、遗传算法等理论与传统的机车车辆动力学相互碰撞与融合所产生的新思想和新技术。书中围绕机车车辆非线性动力学理论、轮轨滚动接触理论、机车车辆横向运行稳定性、机车车辆脱轨安全性、机车车辆试验技术、机车车辆曲线通过等多个国际上普遍关心的热点问题展开论述,构建了比较完备的机车车辆动力学基础理论体系,是我国铁路机车车辆动力学学科具有重要理论深度和工程应用实际意义的一本专著,对于进一步发展我国铁路机车车辆技术具有较高的参考价值。

该书不仅可以为我国机车车辆动力学学科建设提供浓郁的学术氛围和坚实的

理论基础，而且还可以以新的视角引导读者对机车车辆系统动力学的热点和难点问题进行探索，也为读者打开了一扇追求学术进步、积极思考、不断完善的大门。机车车辆动力学的发展，需要广大科研工作者站在世界铁路发展的理论和实践前沿，从中国铁路实际出发，为铁路的蓬勃发展提供更有科学价值的理论和技术支撑。机车车辆动力学是一门不断更新和发展的学科，已有的理论框架的正确性及完整性，还有待于铁路科技工作者投入大量的智慧和坚持不懈的努力去求证和完善。

2013 年 12 月

前　言

当代科学技术飞速发展,呈现出知识爆炸的现象,一方面,诸如混沌、分岔、分形等非线性理论与传统的机车车辆动力学分析方法不断进行着新旧知识的融合,为机车车辆动力学分析手段注入新的血液;另一方面,在铁路向高速和重载方向发展的背景下,对机车车辆具备更优的动力学性能提出许多新的设计要求,从而引发出一系列新的研究课题。随着人们对机车车辆动力学问题的认识逐渐加深,诸如神经网络、遗传算法、元胞自动机等智能计算理论也已经被用来解决机车车辆动力学领域的新问题,这些均促使新的研究方法和手段渗透到机车车辆动力学专业领域。

鉴于机车车辆动力学领域蓬勃发展的趋势,本书在继承机车车辆系统动力学已有著作的基础上,将机车车辆动力学领域的最新科研和试验成果纳入本书部分章节内容之中。本书注重将基本理论、分析方法、仿真计算实例和工程实际应用相结合,吸收和借鉴了国内外机车车辆动力学理论和实践的最新成果,内容紧扣学科前沿。本着对经典理论继承和发展的思想,本书在内容安排上既注重知识结构的完整性和系统性,又不局限于机车车辆动力学领域的传统议题,而是以新的视角以期引导读者对机车车辆系统动力学的热点和难点问题进行思考。

为了循序渐进地引导读者建立对机车车辆动力学体系的认识,本书第一章对机车车辆动力学的基本理论、建模方法、求解方法和分析手段进行了介绍,并引入了与机车车辆动力学相关的非线性动力学理论。作为对经典理论的继承,第三章和第五章分别围绕车辆的垂向动力学问题和曲线通过问题进行了介绍。第二章、第四章、第六章、第七章、第八章是本书比较有特色的章节,重点对轮轨滚动接触理论、机车车辆横向运行稳定性、机车车辆脱轨安全性、机车车辆试验技术、机车车辆动力学新发展进行了阐述。

轮轨相互作用问题作为机车车辆技术研究的重要环节,具有多重非线性的特点,一直是国际上机车车辆领域最活跃的议题之一,对于轮轨相互作用系统亟待解决的非稳态滚动接触问题、接触表面微观粗糙度、摩擦温度、接触表面"第三介质"等问题,近年来从微观及参变量变分原理的角度涌现出了一些新的研究手段及数值计算方法。本书第二章给出了考虑轮轨非线性几何关系及非线性接触力的机车车辆动力学求解思路;阐述了经典的轮轨滚动接触理论及其适用范围,并介绍了轮轨三维接触几何、轮轨法向接触问题、轮轨三维弹塑性滚动接触问题新的求解方法和思路。此外,还针对轮轨滚动接触疲劳及磨耗问题提出进行摩擦综合管理的思路和方法。

机车车辆的横向运行稳定性和脱轨安全性是国际上普遍关心的热点问题,是铁路研究学者常议常新的重大研究课题。目前高速列车横向运行稳定性问题的研究已发展到考虑高度非线性因素的混沌领域,本书第四章基于非线性混沌和分岔理论,论述了高速列车蛇行运动的极限环分岔形式,并将理论分析与工程实际应用相结合,探讨了高速列车横向运行稳定性新的评价方法。随着列车速度的不断提高,传统脱轨安全性评价方法的局限性日渐凸显。关于脱轨安全性的研究,目前已从传统的准静态分析方法发展到考虑轮轨瞬态作用力的动态分析方法。本书第六章将机车车辆的脱轨安全性作为分析对象,从仿真分析、实验室试验、线路试验的角度讨论了机车车辆准静态爬轨、动态跳轨及蛇行脱轨的过程和机理,并介绍了经典及最新的脱轨安全性评价方法,以期使读者能对脱轨安全性得到全面系统的认识。

试验技术是进行机车车辆动力学性能测试的重要且不可替代的研究手段。随着我国高速铁路综合试验的开展,新的试验手段和测试设备被应用到机车车辆动力学试验中,从而引发了机车车辆动力学试验技术的变革。本书第七章从机车车辆动力学试验方案设计入手,介绍了近几年来进行动力学试验的测试内容、测试方法、测试设备布置、数据采集、数据分析、试验结果评价等一系列流程,内容紧扣最新试验技术和国际评价标准。

机车车辆动力学是一门不断更新完善的学科。本书第八章围绕国际学术会议上机车车辆动力学领域的最新研究动态进行了综述和展望,重点介绍了刚柔耦合系统动力学、机车车辆主动控制技术、机车车辆故障监测及诊断技术、高速列车耦合大系统动力学研究体系、机车车辆动力学优化技术等。

本书力求深入浅出地引导读者在了解国内外最新研究进展的基础上,对机车车辆动力学领域新的发展方向和今后需要深入研究的内容进行思考。

本书由中国铁道科学研究院姚建伟主编,孙丽霞任副主编,姚建伟、孙丽霞、张可新、侯福国、赵鑫编著,康熊、刘金朝主审,参加部分章节编写及文稿编排工作的人员还有许聪、刘春雨、梁倩、王立乾、赵泽平、胡川、张亚楠、彭博等。

编写本书过程中引用、吸收和借鉴了大量国内外相关文献和书籍,凝结了国内外机车车辆动力学研究学者的智慧和成果,在此谨向这些文献和书籍的作者表示深深的感谢。同时感谢中国铁道科学研究院的康熊、刘金朝、王澜、王俊彪、刘越、周虹伟、周岩等在本书编写过程中给予的大力支持和帮助。

限于编者水平,书中难免存在疏漏之处,敬请读者与专家批评指正。

作者

2013 年 11 月

目 录

"轨道交通科技攻关学术著作系列"序
序
前言
第一章 机车车辆动力学基本理论和方法 ... 1
1.1 机车车辆动力学研究对象 ... 1
1.1.1 机车车辆的基本特点及组成 ... 1
1.1.2 轨道线路的基本特点及轨道不平顺 ... 4
1.2 机车车辆动力学分析思路及流程 ... 9
1.3 机车车辆多刚体动力学模型建立方法 ... 10
1.3.1 多刚体动力学基础知识 ... 11
1.3.2 牛顿-欧拉法 ... 14
1.3.3 达朗贝尔原理 ... 16
1.3.4 虚功原理及动能和势能 ... 16
1.3.5 拉格朗日分析力学 ... 20
1.3.6 哈密顿正则方程 ... 22
1.4 机车车辆动力学求解方法 ... 24
1.4.1 凯恩方法 ... 24
1.4.2 振型叠加法 ... 27
1.4.3 直接积分法 ... 29
1.4.4 辛数学方法 ... 36
1.5 理论模型的系统分析方法 ... 41
1.5.1 阻尼对振动衰减的影响 ... 41
1.5.2 幅频特性分析 ... 43
1.5.3 频谱分析 ... 47
1.6 机车车辆非线性动力学相关理论 ... 53
1.6.1 非线性动力学的几个历史性突破 ... 53
1.6.2 非线性振动与分岔理论 ... 57
1.6.3 混沌 ... 59
参考文献 ... 63

第二章 轮轨滚动接触理论 …… 64

2.1 轮轨滚动接触理论体系和架构 …… 64
2.2 轮轨接触几何关系 …… 66
- 2.2.1 轮轨基本特征及轮轨接触参数 …… 66
- 2.2.2 轮轨接触几何求解方法 …… 75
- 2.2.3 轮轨三维接触几何求解方法 …… 78

2.3 轮轨蠕滑理论 …… 92
- 2.3.1 黏着及蠕滑现象 …… 93
- 2.3.2 蠕滑率的求解 …… 95

2.4 轮轨法向接触理论 …… 96
- 2.4.1 Hertz 接触理论的适用条件 …… 97
- 2.4.2 椭圆接触斑的确定 …… 98
- 2.4.3 Hertz 接触条件下的法向力计算 …… 99
- 2.4.4 non-Hertz 接触条件下的法向力计算 …… 102

2.5 轮轨滚动接触经典理论 …… 106
- 2.5.1 轮轨滚动接触理论发展历程 …… 106
- 2.5.2 Kalker 线性蠕滑率/力模型 …… 107
- 2.5.3 Johnson-Vermeulen 无自旋三维滚动接触模型 …… 110
- 2.5.4 Kalker 的 FASTSIM 算法 …… 110
- 2.5.5 Polach 非线性滚动接触理论 …… 113
- 2.5.6 经验公式 …… 117

2.6 三维滚动接触问题求解方法 …… 118
- 2.6.1 经典滚动接触理论的局限性 …… 118
- 2.6.2 基于有限元法的轮轨接触力学 …… 120
- 2.6.3 基于有限元参数二次规划法的接触理论 …… 122
- 2.6.4 非稳态滚动接触力学 …… 124

2.7 考虑接触表面特性的轮轨接触问题分析方法 …… 125
- 2.7.1 表面温度对摩擦系数的影响问题 …… 126
- 2.7.2 表面粗糙度对蠕滑力的影响研究 …… 126
- 2.7.3 微观水平下的轮轨接触力分析方法 …… 128

2.8 轮轨滚动接触摩擦管理思路和方法 …… 132
- 2.8.1 轮轨黏着 …… 132
- 2.8.2 轮轨磨耗 …… 135
- 2.8.3 摩擦管理 …… 137

参考文献 …… 139

第三章 机车车辆垂向动力学 ······ 142
3.1 机车车辆自由振动 ······ 142
3.1.1 机车车辆简化的单自由度垂向振动模型 ······ 143
3.1.2 机车车辆简化的两自由度垂向振动模型 ······ 147
3.2 机车车辆强迫振动 ······ 150
3.2.1 机车车辆简化的单自由度强迫振动模型 ······ 150
3.2.2 机车车辆简化的两自由度强迫振动模型 ······ 152
3.3 机车车辆随机振动 ······ 155
3.3.1 随机振动基础 ······ 155
3.3.2 机车车辆的垂向随机振动分析模型 ······ 160
3.4 高速客车垂向振动响应的数值求解方法 ······ 165
3.5 车辆垂向振动对轨道结构动力性能的影响 ······ 171
3.5.1 车辆垂向振动影响轨道结构动力性能评定标准 ······ 171
3.5.2 轮轨动态作用力的影响因素分析 ······ 172
参考文献 ······ 173

第四章 机车车辆的横向运行稳定性 ······ 174
4.1 车辆蛇行运动与自激振动机理 ······ 174
4.1.1 机车车辆的蛇行运动 ······ 174
4.1.2 机车车辆的自激振动机理 ······ 180
4.2 车辆横向运行稳定性仿真分析方法 ······ 185
4.2.1 车辆横向运行稳定性线性分析方法 ······ 185
4.2.2 车辆横向运行稳定性非线性分析方法 ······ 193
4.3 车辆的蛇行失稳极限环分岔形式 ······ 209
4.3.1 机车车辆系统常微分方程的分岔 ······ 209
4.3.2 机车车辆 Hopf 分岔形式及影响因素 ······ 212
4.4 高速车辆横向运行稳定性评价方法 ······ 217
4.4.1 高速车辆稳定性评价方法案例比较分析 ······ 218
4.4.2 高速车辆稳定性评价方法的新建议 ······ 226
4.5 提高机车车辆横向运行稳定性的方法 ······ 228
4.5.1 合理的轴箱定位刚度 ······ 228
4.5.2 设置抗蛇行减振器和横向减振器 ······ 228
4.5.3 选择合理的车轮踏面斜率 ······ 230
4.5.4 其他方法 ······ 230

参考文献 ······ 232

第五章 机车车辆曲线通过分析方法 ………………………… 233
5.1 蠕滑力导向机理 ………………………… 233
5.1.1 轮对通过曲线时的纯滚线 ………………………… 233
5.1.2 曲线通过时作用在轮对上的蠕滑力 ………………………… 234
5.1.3 蠕滑力导向机理 ………………………… 236
5.2 车辆稳态曲线通过分析方法 ………………………… 237
5.2.1 线性稳态曲线通过 ………………………… 238
5.2.2 非线性稳态曲线通过 ………………………… 243
5.3 车辆动态曲线通过分析方法 ………………………… 248
5.3.1 轨道模型 ………………………… 249
5.3.2 蠕滑力-蠕滑率模型 ………………………… 250
5.3.3 轮对动态曲线通过的运动方程 ………………………… 251
5.3.4 转向架及车体动态曲线通过的运动方程 ………………………… 255
5.4 径向转向架 ………………………… 257
5.4.1 自导向径向转向架 ………………………… 257
5.4.2 迫导向径向转向架 ………………………… 258
5.4.3 动力学特性分析模型及运动方程 ………………………… 259
5.5 独立轮对 ………………………… 261
5.5.1 独立轮对的结构及特点 ………………………… 261
5.5.2 自调节独立轮对的导向原理 ………………………… 262
5.6 车辆曲线通过性能评价方法 ………………………… 265
5.6.1 轮对与轨道间的横向力 ………………………… 266
5.6.2 脱轨系数 ………………………… 266
5.6.3 离心加速度 ………………………… 266
5.6.4 冲角 ………………………… 267
5.6.5 磨耗数和磨耗指数 ………………………… 267

参考文献 ………………………… 268

第六章 机车车辆脱轨安全性 ………………………… 269
6.1 脱轨类型及原因分析 ………………………… 269
6.1.1 脱轨的过程及其分类 ………………………… 269
6.1.2 脱轨原因及影响因素 ………………………… 273
6.2 脱轨仿真研究 ………………………… 276
6.2.1 对准静态爬轨过程的仿真研究 ………………………… 277
6.2.2 高频轮重变化对脱轨影响的仿真研究 ………………………… 278
6.2.3 对蛇行失稳导致脱轨过程的仿真研究 ………………………… 279

目 录

6.2.4	动态脱轨过程的仿真研究	281
6.3	脱轨试验研究	287
6.3.1	脱轨试验简介	287
6.3.2	日本狩胜试验线上的货车脱轨试验	289
6.3.3	中国的货物列车脱轨试验	292
6.3.4	意大利实心车轴单轮对脱轨试验	294
6.4	现行脱轨评价方法	297
6.4.1	车辆爬轨脱轨准则	297
6.4.2	JNR 以及 EMD 的脱轨系数持续时间指标	303
6.4.3	由轨距扩大或钢轨翻转引起的脱轨的评价准则	305
6.5	脱轨评价新方法	307
6.5.1	根据车轮抬升量评判车辆脱轨的方法与准则	307
6.5.2	车辆脱轨安全评判的动态限度	308
6.5.3	列车脱轨能量随机分析理论	309
6.5.4	三维准静态脱轨准则的研究	309
6.5.5	高速列车动态脱轨评价方法	311
6.6	脱轨预防措施	311
6.6.1	车辆设计方面	312
6.6.2	轨道设计方面	312
6.6.3	运用维护方面	312
参考文献		313
第七章 机车车辆动力学性能试验技术		**316**
7.1	试验方案设计	316
7.1.1	试验的必要性	316
7.1.2	试验方案选择	317
7.1.3	试验条件	317
7.1.4	试验线路的选定	319
7.1.5	试验主要参数	319
7.2	试验方案实施	329
7.2.1	一般方法及原理	330
7.2.2	测试用传感器	331
7.2.3	测点布置	339
7.2.4	测试设备	339
7.2.5	测试流程	341
7.3	试验数据采集与处理方法	341

7.3.1 数据采集 …………………………………………………… 342
7.3.2 数据检验 …………………………………………………… 343
7.3.3 数据的统计处理方法 ……………………………………… 348
7.4 试验结果评判标准 ………………………………………………… 350
7.4.1 车辆安全性评判标准 ……………………………………… 351
7.4.2 轨道疲劳 …………………………………………………… 355
7.4.3 平稳性（舒适性）评判标准 ……………………………… 357
参考文献 ……………………………………………………………… 364

第八章 机车车辆动力学新发展 …………………………………… 366
8.1 刚柔耦合系统动力学 ……………………………………………… 366
8.1.1 机车车辆刚柔耦合系统建模方法 ………………………… 367
8.1.2 机车车辆刚柔体系统动力学应用实例 …………………… 372
8.2 主动及半主动控制技术 …………………………………………… 377
8.2.1 主动及半主动控制技术的控制原理 ……………………… 377
8.2.2 主动及半主动控制技术在机车车辆性能优化中的应用 … 380
8.3 机车车辆状态监测及故障诊断技术 ……………………………… 394
8.3.1 机车车辆监测诊断技术的发展趋势 ……………………… 395
8.3.2 状态监测及故障诊断方法 ………………………………… 395
8.3.3 机车车辆故障诊断技术应用实例 ………………………… 398
8.4 高速铁路大系统耦合研究体系及其系统建模 …………………… 406
8.4.1 高速列车耦合大系统的基本构成 ………………………… 406
8.4.2 高速列车耦合大系统的功能 ……………………………… 410
8.4.3 高速列车耦合大系统服役模拟研究 ……………………… 413
8.5 优化技术在机车车辆中的应用 …………………………………… 415
8.5.1 车轮型面优化的研究进展 ………………………………… 416
8.5.2 遗传算法在机车车辆动力学性能优化中的应用 ………… 422
参考文献 ……………………………………………………………… 426

第一章 机车车辆动力学基本理论和方法

机车车辆动力学也称车辆系统动力学,主要是研究列车在线路上运行时机车车辆各个构件之间、各节车辆之间及列车与线路之间的力、加速度和位移等相互动力作用的一门学科。其研究内容主要包括垂向动力学、横向动力学、轮轨几何关系与轮轨蠕滑作用以及其运行平稳性、稳定性等。本章以机车车辆为主要研究对象,主要考虑车辆作为多刚体系统在轨道线路的外激励作用下的动力学特性。

1.1节介绍机车车辆动力学这门学科主要的研究对象及特点;1.2节阐述机车车辆动力学分析思路及流程;1.3节和1.4节就机车车辆多刚体动力学的力学模型建立及求解方法进行归纳;1.5节介绍如何根据理论分析结果对系统进行评价;1.6节简要介绍与机车车辆动力学有关的非线性动力学理论。

1.1 机车车辆动力学研究对象

铁路运输是依靠列车在线路上运行来实现的。其整体系统主要是由机车车辆和轨道线路组成,在这个复杂系统中,它们相互联系又相互作用。为了准确地建立动力学模型,其首要任务是明确机车车辆动力学的研究对象,了解其结构组成和特点,本节就机车车辆与轨道线路的特点与组成分别进行介绍。

1.1.1 机车车辆的基本特点及组成

1. 机车车辆的基本特点

绝大多数的机车车辆是沿专门为其铺设的钢轨运行,这种特殊的轮轨关系成为机车车辆的最大特征,并由此产生了许多其他特点[1]。

(1) 自行导向:一般交通运输工具均具有操纵运行方向的机构,但机车车辆是通过轮轨结构使得车轮沿直线及曲线轨道运行,而无需控制方向。

(2) 蛇行运动:由于车辆轮对具有一定形状踏面,轮对沿着平直钢轨滚动时,产生一种特有运动——轮对横向移动的同时绕通过其质心的铅垂轴转动,即蛇行运动,如图1.1所示。

(3) 低运行阻力:与公路汽车、轮船等其他交通工具相比,机车车辆的运行阻力小。其运行阻力受线路条件的影响,主要包括走行部的轴与轴承以及车轮与接触面的摩擦阻力。机车车辆的轮对与轨道均为硬度较高的钢材,且轮轨接触变形

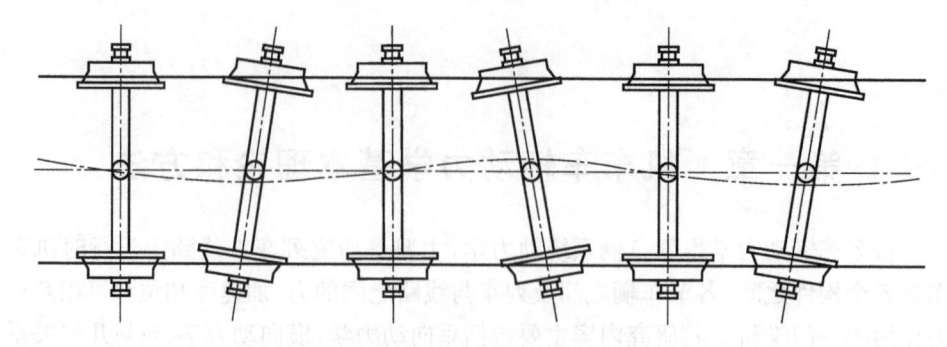

图 1.1　轮对蛇行运动示意图

小,因而车辆运行中摩擦阻力较小。

（4）成列运行：由于机车车辆的自导向与低运行阻力的特点决定它可以编组、连挂组成列车,车与车之间需设连接、缓冲装置,且由于列车惯性较大,每辆车均需设置制动装置。

（5）严格限界要求：机车车辆在轨道上运行,无法像其他运输工具主动避让靠近物,因而对车辆轮廓及运行环境具有严格的限界要求,以确保运行的安全可靠。

2. 机车车辆主要结构部件

机车车辆从出现初期至近代,由于不同的目的、用途及运用条件,机车车辆形成了多种多样的类型与结构,但基本是由车体、转向架、牵引装置及制动装置等组成,如图 1.2 所示。

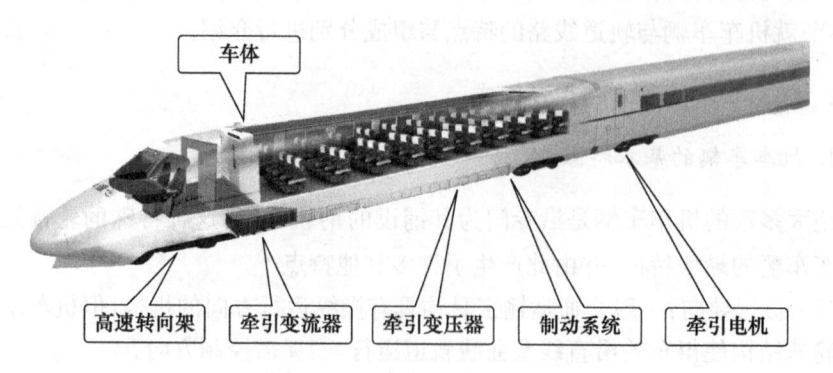

图 1.2　机车车辆的基本组成

（1）车体：车体的主要功能是容纳运输对象（旅客、货物）,一般轨道车辆是采用前后两个独立的走行部（转向架）支承并引导车体运行。车体可相对转向架的构架运动,弹簧悬挂缓和轨道不平顺等引起的外部激励,提高旅客乘坐舒适性。多级悬挂中的减振器充当阻尼作用,外部激励引起的车体振动能量将在振荡时被耗散。

车体作为刚体弹性支承在走行部上,因而此刚体称为簧上质量。车体具有 6 个自由度和相应的主振型:车体沿 z 轴方向所作的铅垂振动为沉浮振动;沿 y 轴方向所作的横向振动为横摆振动;沿 x 轴方向所作的纵向振动为伸缩振动;车体绕 z 轴作幅角为 $\pm\psi$ 的回转振动为摇头振动;绕 y 轴作幅角为 $\pm\theta$ 的回转振动为点头振动;绕 x 轴作幅角为 $\pm\phi$ 的回转振动为侧滚振动,如图 1.3 所示。

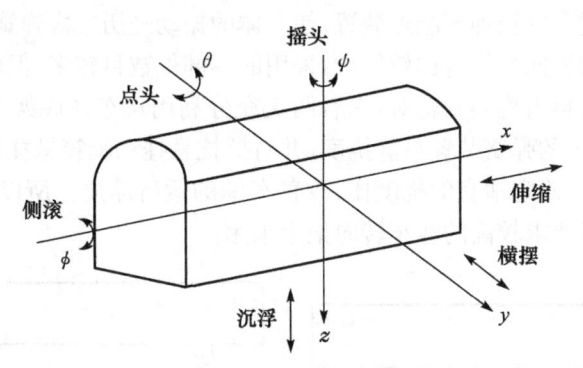

图 1.3 车体的振动形式

(2) 走行部:它位于车体与轨道之间,引导车辆沿轨道运行和承受来自车体及线路的各种载荷并缓和动作用力,它是车辆的关键部件,又称为转向架。由于车辆的用途、运行条件、制造和检修能力及历史传统等因素的不同,转向架的类型繁多、结构各异。但它们又都具有共同的特点,其基本组成部分和作用是相同的。一般转向架的组成可以分为以下几部分,如图 1.4 所示。

构架:它是转向架的骨架,是安装各种零件的载体,承受和传递运行过程中产生的各向力。转向架构架具有与车体类似的刚体振动自由度,即浮沉、横摆、伸缩、摇头、点头、侧滚。

轮对:直接向钢轨传递列车重量和动作用力。通过轮对的回转实现列车在钢轨上的运行。

轴箱及定位装置:它是联系构架和轮对的活动"关节",它除了保证轮对能自由回转外,还能通过其定位装置使轮对适应线路条件,相对于构架前后、左右运动。

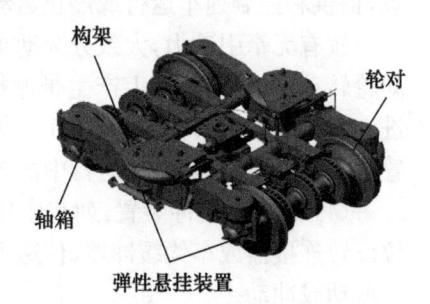

图 1.4 转向架示意图

弹性悬挂装置:它是用来保证一定的轴重分配、缓和轮轨冲击作用、保证车辆运行平稳性等动力学性能的重要装置。该装置一般由弹簧、减振器及弹性定位元件组成。设置在轮对与转向架之间的弹簧悬挂装置称为轴箱悬挂装置或者一系悬挂装置,设置在构架与车体之间的弹簧悬挂装置称为中央悬挂装置或者二系悬挂装置。

转向架按弹簧悬挂装置的不同可以分为一系弹簧悬挂转向架和二系悬挂转向

架。采用一系悬挂的车辆,从车体至轮对之间,只设有一系弹簧减振装置,如图 1.5(a)所示。所谓"一系",是指车体的振动只经过一次弹簧减振装置实施减振。采用一系弹簧悬挂,转向架比较简单,便于检修,制造成本较低。所以一般多在对运行品质要求相对较低的货车转向架上采用。采用二系悬挂的车辆上,从车体至轮轨之间,设有二系弹簧减振装置,如图 1.5(b)所示。在转向架中同时有摇枕弹簧减振装置和轴箱弹簧减振装置,使车体的振动经历二次弹簧减振装置衰减。二系弹簧悬挂的转向架结构比较复杂,采用的零部件数目较多,但由于它是从上向下由车体至构架再由构架到轮对,先后两次充分利用从车体底架至轮对之间的有限空间,具有较大的弹簧装置总静挠度,并对摇枕悬挂和轴箱悬挂分别选择各自的减振阻尼及刚度,确定适宜的挠度比,改善车辆的运行品质。所以,二系弹簧悬挂多在对运行品质要求较高的客车转向架上采用。

(a) 一系弹簧悬挂 　　　　(b) 一、二系弹簧悬挂

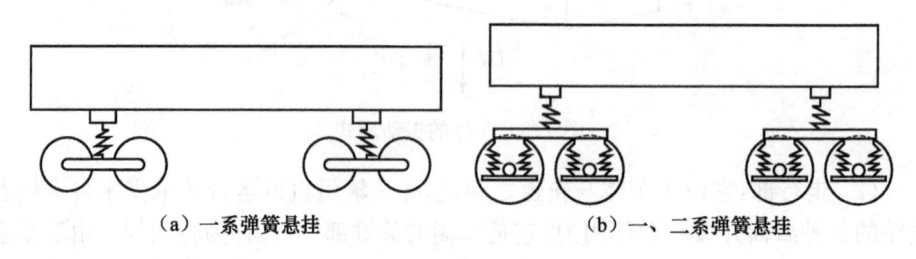

图 1.5　弹簧悬挂简图

(3) 牵引与制动装置:它们是保证列车安全运行及准确停车所必不可少的装置,提供和控制列车运行或停止运动的纵向力。

按有无牵引动力,大致分为动车与拖车两种形式。动车是通过变速系统驱动动轮转动,在导向轨道上产生带摩擦性质的水平黏着力,推动动车并牵引拖车前进。由于列车的惯性很大,因而不仅要在动车上安装制动装置,还必须在拖车上设置制动装置,这样才能使运行中的车辆按需要减速或在规定距离内停车。

(4) 连接和缓冲装置:列车成列运行必须借助连接装置,即在车辆间的连接部位设置连接器或车钩缓冲器,传递列车的纵向力并吸收纵向载荷变化时产生的纵向振动或冲动。

缓冲装置一般位于车辆间的车钩后部,具有弹簧与阻尼性质,在一定程度上缓和冲击并吸收纵向振动能量,对减小车组间纵向冲动有很大作用。

1.1.2　轨道线路的基本特点及轨道不平顺

1. 轨道线路的基本特点

轨道支承与引导机车车辆沿既定线路运行,它承载车辆重量、横向荷载以及牵引制动时的纵向力。轨道一般由钢轨、轨枕、道床及路基等组成,如图 1.6 所示。

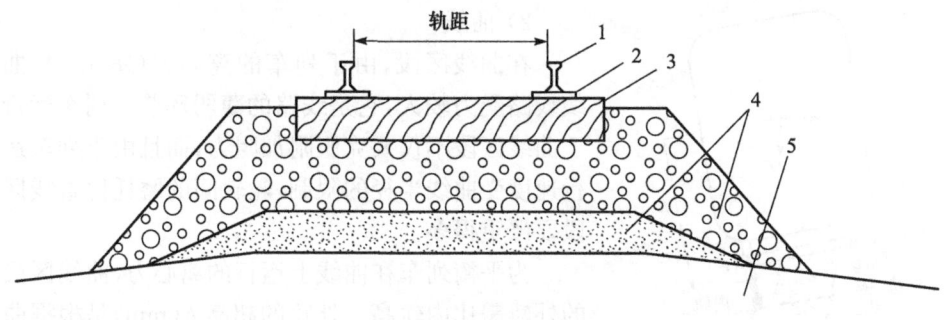

图1.6 轨道基本结构

1—钢轨；2—中间连接件；3—轨枕；4—道床；5—路基

轨道的几何与力学特性是影响轨道车辆运行性能的主要因素，其主要作用如下：

(1) 承载减振。轨枕下的道床由石砟或轨道板组成，能有效吸收轮轨振动，将轮轴载荷扩展到面积更大的路基上。

(2) 降低磨耗。钢轨轨头具有与车轮踏面相匹配的断面轮廓，且轨面平滑，滚动阻力小，从而在提供导向力的同时提高车辆抗蛇行的动力性能和轮轨磨耗性能。

(3) 弹性阻尼性。轨道的结构具有弹性阻尼特点，轨道的几何和弹性不平顺是形成轮轨振动的基本要素，轨道的不平顺是不可避免的，它不仅包括轨道的几何不平顺而且包括弹性不平顺，因而要设计良好的轨道车辆，必须考虑轨道的几何与力学特性。

2. 线路平面构造

一般的线路平面图是由直线区段、圆曲线区段以及连接两者的缓和曲线组成，在站场中的多股道之间是通过道岔来连接的。

1) 直线

两股钢轨在直线区段时，轨顶应在同一水平面上。当车辆在直线上运行时，如果轨顶不在同一水平面，将使车辆轮对所受的垂向力不均匀分布。为减少垂向载荷的不均匀分布，需控制线路的平顺性。

直线线路分为有缝线路和无缝线路两种。有缝线路采用左、右轨同时出现轨缝的对接接头方法，这种形式比轨缝左、右错开排列的错接接头容易保证轨顶的平顺性。无缝线路是用普通标准长度的钢轨在线路上焊接而成的长钢轨，而不是在无限长的线路上不出现轨缝，仅仅是减少了轨缝的数量。由于接头减少，车辆运行更趋平顺。

钢轨的热胀冷缩是无法避免的，无缝线路靠轨枕、道床等形成的纵向阻力阻碍钢轨变形。夏季高温时，线路内的温度压应力较大，在轮对与线路间的横向力作用下，可能会产生"涨轨"这一种扭曲变形。

2)曲线

在曲线区段,由于列车的离心力(图 1.7),曲线线路受力较大,它是线路的薄弱环节。列车运行于曲线区段不仅要克服附加阻力,而且由于列车运行速度受曲线半径的限制,轮轨间的磨耗比直线区段要严重得多。

为平衡列车在曲线上运行的离心力,曲线区段的外轨需比内轨高。外轨的超高 $h(\mathrm{mm})$ 是根据曲线半径 $R(\mathrm{m})$ 及列车运行速度 $v(\mathrm{km/h})$ 的大小确定的。当超高值符合式(1.1)时,超高提供的向心力可平衡全部离心力。

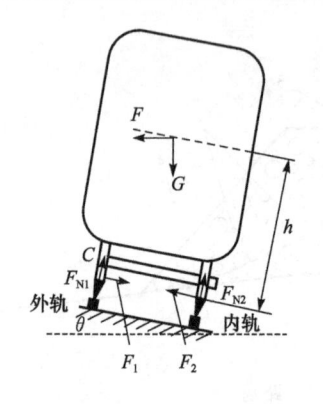

图 1.7 列车在曲线上的受力分析图

$$h = 11.8 \frac{v^2}{R} \tag{1.1}$$

合理设置外轨超高可以减小曲线区段的钢轨磨损,延长其使用寿命,同时车轮同一轮对左右两侧垂向力的差别也可减小。但由于列车实际运行速度不可能等于设置超高的平均计算速度,必然会出现超高不足(欠超高)或超高过剩(过超高)的情况,一般规定新建客运专线无砟轨道的超高不得超过 175mm,未被平衡欠超高不应大于 40mm,困难条件下不大于 60mm,过超高不应大于 70mm。

3)缓和曲线

由于直线与曲线的线路构造不完全相同,为了保证轨道的安全性与平顺性,需在直线与曲线间采用缓和曲线连接。在缓和曲线范围内,曲线半径由无限大逐渐变到圆曲线半径,外轨超高由零逐渐上升到圆曲线的超高值。在两个不同半径的圆曲线间也可以设置缓和曲线,其曲率半径和外轨超高也是由一个圆曲线的规定值逐渐过渡到另一个圆曲线的规定值。

一段圆曲线的两边均为缓和曲线,为了避免一辆列车可能会同时处于两段缓和曲线上而造成行车不平稳,规定两段缓和曲线所夹圆曲线长度必须在 20m 以上。为了满足线路维修及列车运行平顺的要求,两相邻缓和曲线之间必须夹一段直线,该直线的长度最小不应小于 25m。

4)道岔

在铁路站场及编组站,机车车辆往往要从一股轨道转入或进入另一股道,这就要利用道岔。由于道岔具有数量多、构造复杂、使用寿命短、限制列车速度、行车安全性低、养护维修投入大等特点,与曲线、接头并称为轨道的三大薄弱环节。

道岔的种类虽多,但最常见的是普通单开道岔(图 1.8),它由转辙器、连接部分、辙叉及护轨三个部分组成。这种道岔的主线为直线方向,侧线可由主线向左(或向右)岔出。

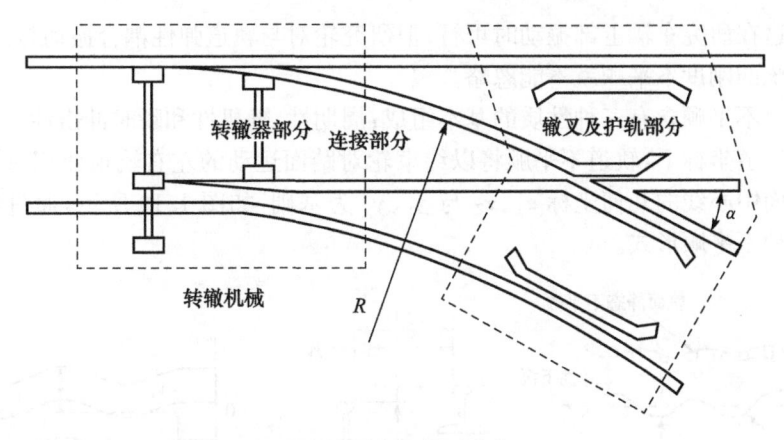

图 1.8 普通单开道岔

道岔岔心所形成的角 α，称为辙叉角。标准道岔号数(N)以辙叉角余切值取整表示，即 $N=\cot\alpha=FE/AE$（图 1.9）。显而易见，辙叉角越小，N 值就越大，导曲线半径也越大，列车侧线通过道岔时就越平稳，允许的道岔通过速度也就越高。但道岔号数越大，道岔的全长也就越大，其使用占地较多，因而造价相对较高。在道岔导曲线上一般不设轨底坡，也不设置超高，这是道岔导曲线与区间中曲线在结构上的区别。

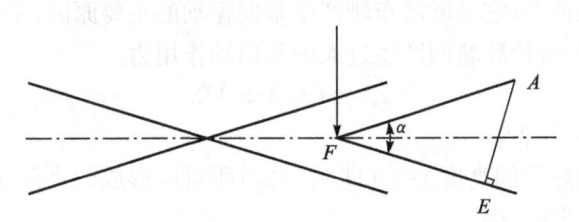

图 1.9 道岔号数计算示意图

3. 轨道不平顺

在直线或曲线路段，承受车辆垂向载荷的左右钢轨，在高低和左右方向上相对理想平直轨道或设计的轨道曲线所形成的偏差称为轨道不平顺。

轨道不平顺是由轨道的几何不平顺和刚度不平顺组成的。车辆低速通过轨道时测得的准静态不平顺是这两种不平顺的合成；当车辆快速通过轨道时，测得的轨道随机不平顺中包含动力作用下的弹性变形，称动力不平顺。显然同一轨道在不同车辆通过时，测得的轨道不平顺存在一定差异。计算轨道车辆响应时可采用一个普适的轨道不平顺进行分析与评估。除特殊要求，一般认为它包含动态不平顺的作用因素。这表明，机车车辆动力学分析采用的轨道不平顺谱通常被当做一个刚性谱来运用，车轮质心在垂向将沿着轨面运行，轮轨间的作用力不引起轨道的再变形。这在研究车辆上部振动时可行,但研究轮对与轨道弹性耦合振动与冲击时,轨道系统的刚度不平顺就不能忽略。

轨道不平顺含有三种性质的基本组成:周期性、随机性和瞬时冲击性。

在轨道坐标下,轨道不平顺将以约束轮对踏面运动的左右轨顶面相对设计轨面与侧面中心线的几何坐标 z_1、z_2 与 y_1、y_2 为基础,如图 1.10 所示,通过组合表述为四种不平顺形式。

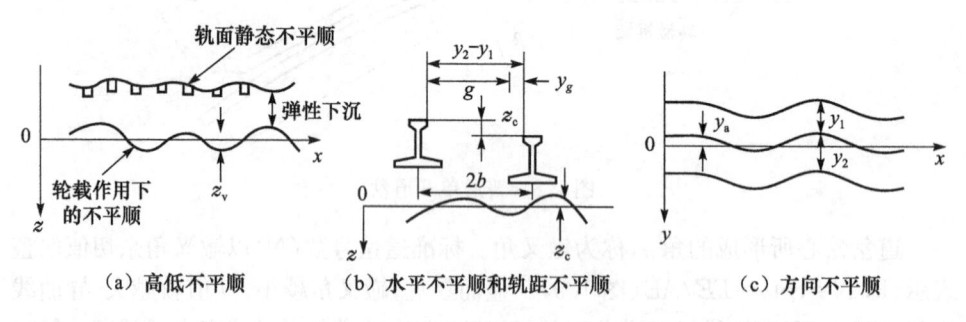

(a) 高低不平顺　　(b) 水平不平顺和轨距不平顺　　(c) 方向不平顺

图 1.10　轨道不平顺的四种形式

1) 轨道高低不平顺

左右轨面高低不平顺的平均值 z_v 表示了左右轮轨垂直支承点的中心离线路名义中心的高低偏差,它是激起车辆产生垂向振动的主要原因,车体将因它产生沉浮和点头振动,并可使轮轨间产生过大的垂向动作用力。

$$z_v = (z_1 + z_2)/2 \tag{1.2}$$

2) 轨道水平不平顺

左右轮轨接触面的高度差 z_c(即 $z_1 - z_2$)所对应形成的夹角 θ_c 相对水平面的变化称为水平不平顺,即

$$\theta_c = (z_1 - z_2)/(2b) \tag{1.3}$$

式中,$2b$ 为左右滚动圆间距。水平不平顺是引起机车车辆运行中摇头和滚摆的重要原因。

3) 轨道方向不平顺

轨道方向不平顺 y_a 应是从机车车辆动力学意义上,左右轮轨垂直接触面的纯滚线在横向的中心线距离设计值的偏移量。因在轨道上不易对动力学定义的纯滚线测量,方便起见,在轨道检测车测量时,将左右轨头内侧面在水平方向的中心线近似作为轨道上轮轨接触纯滚线中心线来替代方向不平顺。

$$y_a = (y_1 + y_2)/2 \tag{1.4}$$

4) 轨距不平顺

轨距不平顺 y_g 是指左右两轨的轨距沿轨道长度方向上的偏差,其数值以实际轨距与名义轨距之差来表示:

$$y_g = y_2 - y_1 - g \tag{1.5}$$

式中，g 为名义轨距。轨道不平顺 y_g 影响钢轮钢轨的接触几何关系，对轨道车辆动力学性能也有一定影响。

对轨道不平顺呈周期性质的，可采用谐波方式来表述；对轨道不平顺呈随机性质的，则需在频域中用功率谱密度表示，有了不平顺的功率谱密度就可以在频域中对线性系统轨道车辆在轨道上产生的随机响应进行求解；对轨道不平顺呈瞬时性质的，则需用专门设定的函数来描述，如美国联邦铁路协会 AAR 给出的公式。

1.2 机车车辆动力学分析思路及流程

研究机车车辆动力学是为了进一步解决机车车辆振动问题。分析机车车辆振动这一问题，可将车辆或转向架作为一个系统，车辆受到的轨道不平顺激励作为施加在系统上的输入，它们具有与时间相关的特性，通常称为动载荷。乘客感受到的振动则是系统的输出，即动响应。

对振动问题的分析一般是从建立研究对象的模型开始的。首先应略去一些次要因素，将对象抽象化为力学系统。然后分析各部分的力学特性及它们之间的组合关系，应用力学原理建立描述系统运动的数学模型，一般是微分方程组。建立模型是进行振动分析的关键一步，它决定了振动分析的正确性和精确性，以及振动分析的可行性和繁简程度。一个振动问题的复杂程度主要取决于需要多少独立坐标才能完备描述力学系统的运动。一般，将描述系统模型的独立坐标数目称为系统的自由度。为了简化系统，可将转向架与车体视为一个质量系统，其质心的铅垂位移 Z 就可以描述系统运动，得到如图 1.11(a) 所示的单自由度系统；若考虑车辆的二系悬挂系统，则可用转向架垂直位移 Z_p 和车体垂直位移 Z_c 描述系统运动，如图 1.11(b) 所示。

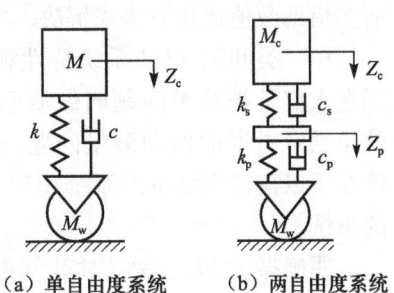

（a）单自由度系统　　（b）两自由度系统

图 1.11 车辆动力学分析简化模型

在分析具体振动问题之前，明确问题的类别无疑是很重要的。振动问题的分类依赖于分类的出发点，从系统论的角度来看，一个振动系统包括三个方面：输入、输出和系统模型。输入就是动载荷，包括力、力矩等；输出就是响应，包括系统的位移、速度、加速度或内力、应力、应变等。从物理学上划分，工程振动问题中有下列三类数据：

(1) 激励，包括载荷和初始条件，记为 E(encourage)；

(2) 系统，记为 S(system)；

(3) 响应，记为 R(response)。

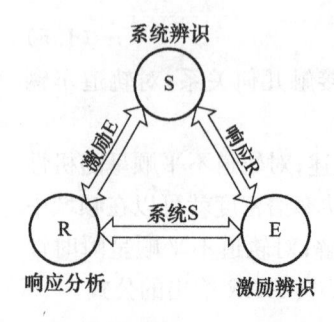

图 1.12 三类工程振动问题中数据间的相互关系

研究工程振动问题必须遵循一条基本规律——因果律,即已知上述两类数据后方能确定第三类,即两类数据全部已知,才能全面地推断第三类数据,部分已知则只能对三类数据作部分的推断。从图 1.12 中可以看出,振动问题的研究可以归纳为三大类。

第一类问题:已知激励和系统模型求响应,这就是平常所说的振动分析,更确切地说是响应分析。这是研究最为成熟的问题,对于比较简单的系统,可以通过一些解析方法或近似解析方法求解其响应;对于复杂系统,通常用数值方法进行计算,如有限元方法、子结构方法和传递矩阵法等。

第二类问题:已知激励和响应求系统特性,这类问题范围大的叫做系统辨识,范围较小的叫做参数辨识。表达系统特性的方法很多,如系统的质量、刚度和阻尼,系统的频响函数、脉冲响应函数等均可以反映系统特性。它们彼此在理论上等效,但各有优缺点,特别是频响函数等可用测量的方法得到。问题是如何从实测数据中精确地估计出所需要的描述系统特性的参数。由于此问题求解一般不唯一,目前多借助数值优化方法来解决。

第三类问题:已知系统特性和响应求载荷。现在人们常把这类问题叫做激励辨识,其实它就是通常所说的振动测量问题,两者的区别仅仅在于以往常用简单的系统而现在多用较复杂的系统。

明确振动问题后需对其问题进行求解计算,图 1.13 体现了振动问题求解的过程。这也体现了目前在产品设计、制造这一过程中,不仅考虑了静态特性,并且全面考虑了动态特性的新设计思想。

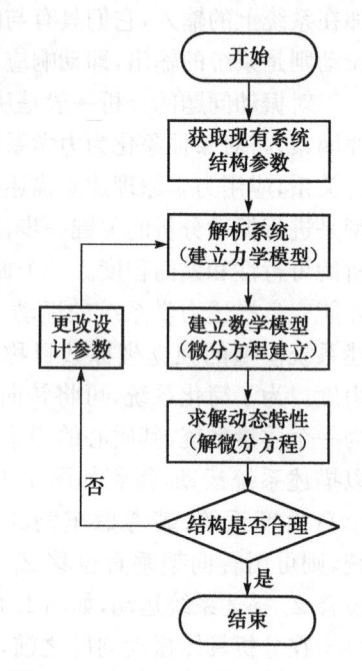

图 1.13 机车动力学问题求解过程

1.3 机车车辆多刚体动力学模型建立方法

对于机车车辆这一复杂结构的系统进行动力学分析,其关键是研究系统各部分的力学特性及它们之间的组合关系,应用力学原理建立出系统的力学模型。机车车辆系统大多属于完整约束系统,对于完整约束系统的运动可应用牛顿-欧拉法、拉格朗日法、哈密顿原理等建立运动微分方程。

1.3.1 多刚体动力学基础知识

无论是对机车车辆还是对复杂结构的其他机械系统,要对其进行计算分析的前提就是合理地简化系统。根据系统各部件的组成结构,建立出一个由多刚体、铰链等组成的分析模型。图 1.14 是一个多刚体系统的分析模型,两个刚体间的连接件即为铰链。铰链可以是各种运动副,如转动副、移动副、圆柱副、球铰链等约束元件,也可以是有弹簧、阻尼器等力元件的约束元件,甚至可以是只有弹簧、阻尼这样的力元件而不具有运动约束。

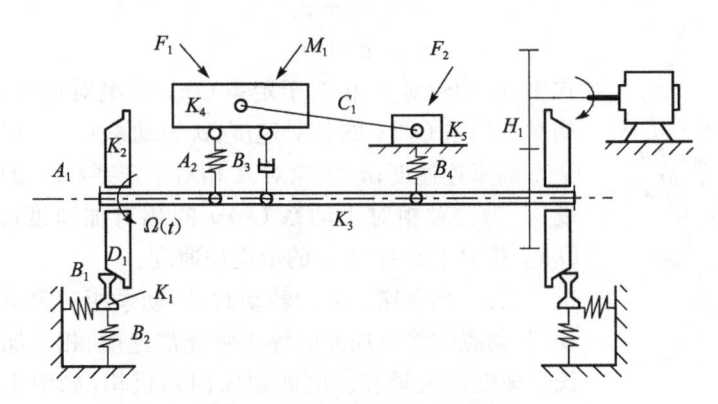

图 1.14 多刚体系统分析模型
K_i—刚体;A_i—运动副;B_i—力元件(弹簧、阻尼);C_1—连接副;D_1—轮轨接触(运动副和力传递);
$\Omega(t)$—给定运动;F_i、M_i—外力和外力矩;H_1—齿轮传动

1. 多刚体系统运动学

运动的物体由于受连接副约束,其运动轨迹会具有某种特定的规律。运动学就是从几何的观点来研究物体这一运动规律。它暂不考虑产生运动变化的原因,只从几何的角度来研究物体的运动,即物体在空间的位置随时间的变化规律,包括运动轨迹、速度和加速度。

物体的平面运动一般可以分解为随基点的平移运动和绕基点的转动。例如轮对的蛇行运动,如图 1.15 所示,可以将其分解为以下两个运动过程:

(1) 轮对从 OA 运动到 O_1A 的位置可看成轮对随质心在 Oxy 平面内的平移过程。

(2) 轮对 O_1A 运动到 O_1A' 的过程可看成轮对绕质心且垂直于平面 Oxy 的轴作定轴转动。

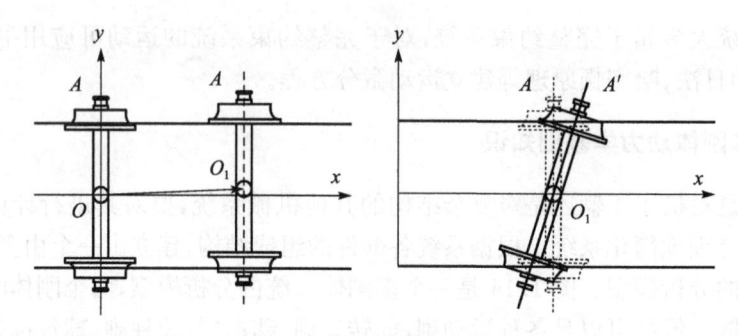

图 1.15　蛇行运动分析图

根据速度合成定理可知，轮对上 A 点的绝对速度与绝对加速度分别为

$$v_a = v_r + v_e \tag{1.6}$$

$$a_a = a_r + a_e \tag{1.7}$$

式中，v_a 为轮对 A 相对于定系 Oxy 的绝对速度；v_r 为轮对相对于动系 O_1xy 的相对速度；v_e 为动系 O_1xy 相对于定系 Oxy 的牵连速度；a_a 为轮对 A 相对于定系 Oxy 的绝对加速度；a_r 为轮对相对于动系 O_1xy 的相对加速度；a_e 为动系 O_1xy 相对于定系 Oxy 的牵连加速度。

然而，当牵连运动为转动时，即动系相对定系做定轴转动，其动点的绝对加速度等于牵连加速度、相对加速度和科氏加速度的矢量和。例如刨床回转机构，如图 1.16 所示，曲柄 OA 以角速度 ω 绕定轴 O 转动，套筒 A 在摇杆 O_1B 上滑动。此系统动点 A 的加速度可以表示为

$$\begin{aligned} a_a &= a_r + a_e + a_c \\ &= a_r + a_e + 2\omega \times v_r \end{aligned} \tag{1.8}$$

图 1.16　回转机构运动分析图

式中，a_c 即为科氏加速度，它是由于牵连运动和相对运动的相互影响而产生的；ω 为动系相对于定系的转动的加速度矢量。

2. 自由度和广义坐标

刨床这种简单系统只需一个或两个独立坐标就能完全确定系统的运动，这种系统我们称它为单自由度或两自由度系统。

若系统用某一种独立的坐标就能完全确定系统的运动，则这组坐标称为广义坐标。完全确定系统运动所需的独立坐标数目称为自由度，通常广义坐标的数目和自由度相等。

在具体的问题中广义坐标的选取，往往是根据系统的结构和问题的要求进行直观判断，选取确定系统位置所需的独立参数，而这一组独立的参数并不是唯

一的,可以有多组。例如图 1.17 所示的运动的球摆,选取坐标 φ 和 ψ 作为其广义坐标,它具有两个自由度。这时的坐标 r 需满足条件:

$$r = l \tag{1.9}$$

也可以选取直角坐标 x,y,z 作为其广义坐标,但坐标数目已超过系统的自由度,这三个坐标不再相互独立,它们之间要满足条件:

$$x^2 + y^2 + z^2 = l^2 \tag{1.10}$$

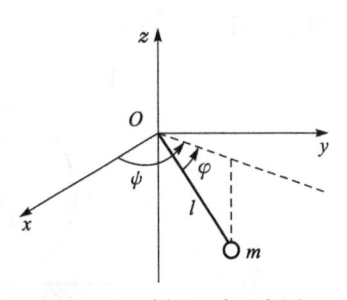

图 1.17 球摆运动示意图

因此,系统的广义坐标有很多种选择,但广义坐标的选择应为最直观的。如果由 N 个质点组成的质点系,有 S 个约束方程,则它的自由度为 $3N-S$。这表示如果每个质点用三坐标表示,其中有 S 个是不独立的,通常可以选择 $3N-S$ 个广义坐标来描述系统的运动。

对系统的运动在几何位置上的约束,可通过式(1.9)、式(1.10)表示,这类方程称为约束方程。在约束方程中只包含一些坐标及常数项,这种约束称为定常约束;此外还有与时间有关的约束,即约束方程中显含时间 t 的约束,通常称为不定常约束。对于只包含坐标本身和常数项或显含时间 t 的约束,称为完整约束。一般机械系统包括铁道车辆大多属于完整约束,因而我们仅限于讨论这种完整约束。对于包含有不能积分的速度项的约束方程称为不完整约束。具有不完整约束的系统,系统的自由度不等于广义坐标数,而是小于广义坐标数。

3. 主动力、约束力及惯性力

由运动学可知铰链约束了物体的运动,实际上铰链对于物体的约束作用是力,这种力称为约束力。而作用物体上的重力、电磁力、风力等给定力称为主动力,它不取决于物体上其他的力。此外,物体在运动过程由于外力作用产生变速运动时,物体由于惯性必然给施力物体以反作用力,这一反作用力又称惯性力。惯性力的大小等于物体质量与其加速度的乘积,方向与加速度方向相反。

但约束力通常是未知的,大小与方向不能预先确定,只能由约束的性质和主动力的情况来决定,因此确定约束力是力学分析的重要任务之一。约束力除铰链约束力外,还包括摩擦力。但摩擦力又与一般约束力不同,它不会随主动力的增大而无限度地增大。如图 1.18 所示,一个轮子放置在水平地面上,重量为 M,半径为 R,水平力 F 作用于圆心 o 上,当 F 不大时,轮子平衡。滑动摩擦力 F_s 与滚动摩阻力偶矩 M_f 随中动力 F 的增大而增大,但当力 F 增加到某个值时,轮子将处于将滚未滚的临界平衡状态,这是滑动摩擦力与滚动摩阻力偶矩达到最大值分别为 F_{max}、M_{max}。如果力 F 继续增大,轮子就会滚动,此时的滑动摩擦力与滚动摩阻力偶矩

近似等于 F_{max}、M_{max}。

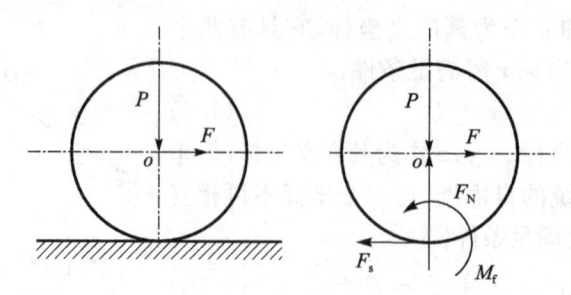

图 1.18 车轮受力图

1.3.2 牛顿-欧拉法

牛顿-欧拉公式来自牛顿第二定律,该定律通过力与力矩来描述多刚体动力学系统。它是基于时间可逆假设条件下,将运动规律与初始条件加以分离,通过对系统中每个刚体的力学分析,得到各刚体的受力分析图,根据作用在每个刚体上的力和力矩平衡,写出各个刚体的动力学方程。因而,每个刚体 K_i 均作为研究对象进行单独分析。牛顿-欧拉法是规格化方法,可以通过受力分析图直观得到运动方程,推导过程简单。

对于一般自由刚体 K_i,其受力图见 1.19。图 1.19 给出了施加在刚体 K_i 上的所有力和力矩,包括刚体之间的约束力。设 v_{ci} 是刚体 K_i 的质心相对于坐标系 $o\text{-}xyz$ 的线速度,该坐标系是惯性参考坐标系。

刚体 K_i 的运动可以分解为:相对于刚体上任意点的平移运动以及相对于该点的转动。刚体的动力学方程也可以用两个方程式表示:一个描述质心的平移运动,另一个描述质心的转动。前者称为质点的牛顿运动方程式,后者称为欧拉运动方程式。

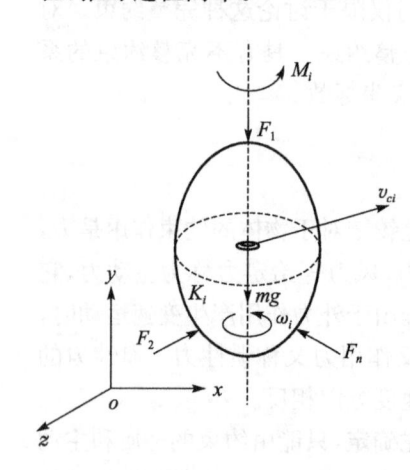

图 1.19 刚体 K_i 的自由体受力图

根据刚体 K_i 质心平移运动,按动量定理有

$$m_i \cdot \frac{dv_i}{dt} = \sum_{i=1}^{n} F_i \qquad (1.11)$$

式中,F_i 为作用于刚体 K_i 的外力。

根据刚体 K_i 质心转动,按动量矩定理有

$$I_i \boldsymbol{\alpha}_i + \boldsymbol{\omega}_i \times I_i \boldsymbol{\omega}_i = \sum_{i=1}^{n} \boldsymbol{M}_i \qquad (1.12)$$

式中，M_i 是作用于刚体 K_i 相对于质心 C_i 的外力矩；ω_i 是刚体绕质心转动角速度；α_i 是角加速度；I_i 是刚体 K_i 的惯性矩阵。

仅考虑车体的沉浮及点头运动，令车体质量为 m，二系弹簧的刚度为 K_1、K_2，则可用图 1.20(a) 作为简化模型。图中车体质心的铅垂坐标轴向下为正，并以车体重心的静平衡位置为坐标原点。车体在某一激振外力作用下离开平衡位置作自由振动，设弹簧施加给车体的载荷分别为 F_1、F_2，车体振动加速度 $\ddot{z}$ 为位移 z 对时间的二阶导数。根据牛顿-欧拉方法，将车体作为分析对象，其受力图如图 1.20(b) 所示，其动力学方程有

$$\begin{cases} m\ddot{z} = -K_1 z_1 - K_2 z_2 - (K_1 + K_2)\delta_0 + mg \\ I\ddot{\theta} = K_2 z_2 l - K_1 z_1 l \end{cases} \quad (1.13)$$

式中，δ_0 为平衡位置处弹簧的变形量。因此

$$(K_1 + K_2)\delta_0 = mg \quad (1.14)$$

并且由图 1.20(c) 可得

$$\begin{cases} z_1 = z - l\sin\theta \approx z - l\theta \\ z_2 = z + l\sin\theta \approx z + l\theta \end{cases} \quad (1.15)$$

将式(1.14)和式(1.15)代入式(1.13)，则系统的动力学方程为

$$\begin{cases} m\ddot{z} = -(K_1 + K_2)z + (K_1 - K_2)l\theta \\ I\ddot{\theta} = -(K_1 - K_2)zl + (K_1 + K_2)l^2\theta \end{cases} \quad (1.16)$$

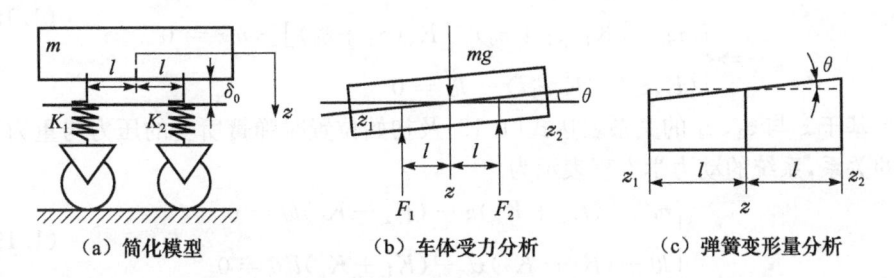

（a）简化模型　　（b）车体受力分析　　（c）弹簧变形量分析

图 1.20　车体沉浮振动的分析模型

用牛顿-欧拉方法求解动力学问题，往往会产生很多微分方程，系统的约束反力包含在运动微分方程之中，必须与约束方程联立求解，并且牛顿-欧拉方法是对力的矢量形式加以分析，因而通常情况下约束力的方向是通过假设得到的，这就增加了求解的困难，效率较低，求解大型复杂的多体系统面临很大的困难，所以这种方法在求解动力学问题上具有一定的局限性。拉格朗日方程、哈密顿正则方程等分析力学方法是以广义坐标表达系统的运动，就使得方程数目减小，约束力不存在于微分方程中，给求解带来了便利。

1.3.3 达朗贝尔原理

达朗贝尔原理是用求解静力学的思路来处理动力学问题的一种方法,也就是通过研究平衡的方法来解决动力学问题,又称动静法。

达朗贝尔原理认为,物体在运动的每一瞬时,作用于物体的主动力和约束力,以及质点的惯性力在形式上组成平衡力系,即

$$F + F_N + F_I = 0 \tag{1.17}$$

式中,F 为主动力;F_N 为约束力;F_I 为惯性力。

其中惯性力并不作用于物体本身,而是物体对于施力物体产生的一种反作用力,因此并不存在一个实际的平衡力系,通过式(1.17)仅仅说明作用于物体的主动力、约束力和物体的惯性力三者的矢量和等于零,不涉及各力实际作用的对象。达朗贝尔原理把惯性力看做是虚加力,把惯性力和质点实际受到的主动力、约束力放在一起,借以指出这三种力之间的"平衡关系"。因此,达朗贝尔原理是采用静力学方法来写出动力学方程,通过引入惯性力,把动力学方程写成平衡方程的形式,但其实质仍是动力学问题。通过方程形式上的变换,为动力学问题的分析和方程的建立提供了方便。

同样针对图 1.20 中的车辆沉浮及点头运动,可以根据达朗贝尔原理建立力学模型:

$$\begin{cases} F + F_N + F_I = 0 \\ M + M_N + M_I = 0 \end{cases}$$
$$\Rightarrow \begin{cases} mg - [K_1(z_1 + \delta_0) - K_2(z_2 + \delta_0)] - m\ddot{z} = 0 \\ (K_2 z_2 l - K_1 z_1 l) - I\ddot{\theta} = 0 \end{cases} \tag{1.18}$$

基于 z 与 z_1、z_2 的关系表达式(1.15)及初始位置时弹簧所受的压力与重力平衡的关系,系统的动力学方程表示为

$$\begin{cases} m\ddot{z} + (K_1 + K_2)z - (K_1 - K_2)l\theta = 0 \\ I\ddot{\theta} + (K_1 - K_2)zl - (K_1 + K_2)l^2\theta = 0 \end{cases} \tag{1.19}$$

1.3.4 虚功原理及动能和势能

分析力学是从能量观点上建立起来的,它是利用广义坐标来描述系统的运动。通过系统的功和动能、势能之间的关系,分析出系统动力学的特性。

1. 虚功原理

虚功原理,又称虚位移原理,是通过功的原理把力的平衡条件表达出来。在静力学中,通常是通过主动力和约束力之间的关系给出刚体的平衡条件。而虚功原理是通过主动力在约束所许可的位移上的表现,给出系统的平衡条件。

所谓的虚位移,是指在某瞬时,质点在约束允许条件下,可能实现的任何无限小的位移。虚位移不是实际产生的位移,而是在不破坏约束的条件下可能产生的位移,它纯粹是一个几何量,仅与约束特性有关,不受作用力、运动初始条件的限制。虚位移可以是线位移 δr,也可以是角位移 $\delta\varphi$,如图 1.19。虚位移用符号 δ 表示,它是变分符号,它并不代表位移函数 r 的增量,仅表示位移无限小的"变更"。

力在虚位移上所做的功,称为虚功 δW,

$$\delta W = \boldsymbol{F} \cdot \delta r \tag{1.20}$$

因为虚位移只是假想的,不是真实发生的,因而虚功也是假想的。虚位移不能积分,因此虚功只有元功形式而没有对应的积分形式。

在理想约束下,质点系平衡的必要且充分条件是:主动力在虚位移上的元功之和等于零。此即虚功原理,可以表示为

$$\sum \boldsymbol{F}_i \cdot \delta r_i = 0 \tag{1.21}$$

也可以写成解析表达式

$$\sum (F_{ix}\delta x_i + F_{iy}\delta y_i + F_{iz}\delta z_i) = 0 \tag{1.22}$$

在广义坐标 $q_1, q_2, \cdots, q_n$ 下,若系统有 n 个自由度,则任意一点 k 的坐标矢量为 $r_k = r_k(q_1, q_2, \cdots, q_n, t)$,由于虚位移和时间 t 无关,因此各点的虚位移 $\delta r_k = \sum_{i=1}^{n} \frac{\partial r_k}{\partial q_i} \delta q_i$。

系统的虚功为

$$\delta W = \sum_k \boldsymbol{F}_k \cdot \delta r_k = \sum_k \sum_{i=1}^{n} \boldsymbol{F}_k \cdot \frac{\partial r_k}{\partial q_i} \delta q_i \tag{1.23}$$

对换求和次序,得

$$\delta W = \sum_{i=1}^{n} \left(\sum_k \boldsymbol{F}_k \cdot \frac{\partial r_k}{\partial q_i} \right) \delta q_i = \sum_{i=1}^{n} \boldsymbol{Q}_i \cdot \delta q_i \tag{1.24}$$

式中,$\boldsymbol{Q}_i = \sum_k \boldsymbol{F}_k \cdot \frac{\partial r_k}{\partial q_i}$ 称为对应于广义坐标 q_i 的广义力。

根据以上推导,虚功原理又可表述为:在理想约束情况下,n 自由度系统平衡的必要且充分条件是 n 个广义力 $\boldsymbol{Q}_i$ 等于零。

2. 动能

虚位移原理已经指出对于 n 个自由度的系统可以用 n 个广义坐标 $q_1, q_2, \cdots, q_n$ 和时间 t 来描述系统运动,即系统中任意一点 k 的位置用坐标 r_k 表示为

$$r_k = r_k(q_1, q_2, \cdots, q_n, t) \tag{1.25}$$

将式(1.25)对时间 t 求一阶导数,可得该点的速度为

$$\frac{\mathrm{d}r_k}{\mathrm{d}t} = \dot{r}_k = \sum_{i=1}^{n} \frac{\partial r_k}{\partial q_i}\dot{q}_i + \frac{\partial r_k}{\partial t} \tag{1.26}$$

式中，广义坐标对时间的导数 $\dot{q}_i$ 称为广义速度。式(1.26)表明质点 k 的速度是广义速度的线性函数。

当质点 k 的质量为 m_k 时，它的动能为

$$T_k = \frac{1}{2} m_k \dot{r}_k \cdot \dot{r}_k \tag{1.27}$$

系统的总能量应为各质点能量的和，即

$$T = \frac{1}{2} \sum_k m_k \dot{r}_k \cdot \dot{r}_k \tag{1.28}$$

将速度公式(1.26)代入式(1.28)中，即可求得动能 T 将是广义速度的二次函数。

对于定常约束而言，质点的坐标 r_k 只是广义坐标 q_i 的函数而不显含时间 t，即式(1.25)为

$$r_k = r_k(q_1, q_2, \cdots, q_n) \tag{1.29}$$

相应的式(1.26)中 $\frac{\partial r_k}{\partial t} = 0$，因此由动能表达式(1.28)可得

$$\begin{aligned} T &= \frac{1}{2}\sum_k m_k \dot{r}_k \cdot \dot{r}_k = \frac{1}{2}\sum_k m_k \sum_{i=1}^{n}\sum_{j=1}^{n} \frac{\partial r_k}{\partial q_i} \cdot \frac{\partial r_k}{\partial q_j} \dot{q}_i \dot{q}_j \\ &= \frac{1}{2}\sum_{i=1}^{n}\sum_{j=1}^{n} \left(\sum_k m_k \frac{\partial r_k}{\partial q_i} \cdot \frac{\partial r_k}{\partial q_j} \right) \dot{q}_i \dot{q}_j \end{aligned} \tag{1.30}$$

式中，括弧内是与质量有关的系数，称为广义质量系数，一般情况下是广义坐标 q_i 的函数。设

$$m_{ij} = \sum_k m_k \frac{\partial r_k}{\partial q_i} \cdot \frac{\partial r_k}{\partial q_j} \tag{1.31}$$

显然式(1.30)可以写为

$$T = \frac{1}{2} \sum_{i=1}^{n} \sum_{j=1}^{n} m_{ij} \dot{q}_i \dot{q}_j \tag{1.32}$$

式(1.32)说明在定常约束情况下，动能 T 是广义速度的二次齐次函数。

3. 势能

若系统在空间受到力的作用仅由系统所在位置唯一确定，这种力称为势力，这种力场称为势力场。

在选定参考位置经任意路径达到另一位置时，势力所作功的负值为该位置所具有的势能。势能是位置的单值函数，故可用 n 个独立的广义坐标 q_i 表示：

$$V = -W = V(q_1, q_2, \cdots, q_n) \tag{1.33}$$

由于势能是坐标的单值函数,它由系统的相对位置唯一决定,因此在闭合路径上势力所作功等于零。系统在势力场内运动经过一个闭合回路,能量既不增加也不减少,因此能量具有守恒的性质,这样的系统为保守系统。

重力场与弹簧力场中的系统均为保守系统。

1) 重力场的势能

当质量为 m 的质点在重力场中运动时,在任意位置均受到重力 P 的作用,可见重力场是势力场的一种。质点在重力场中运动,重力会做功。图 1.21 表示质点从点 $A(x,y,z)$ 经任一路径 AO 到达坐标原点 O,这时重力所做的功为

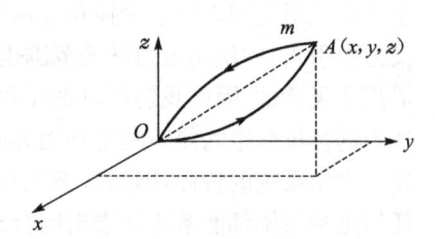

$$W_{AO} = \int_z^0 -P\mathrm{d}z = Pz \quad (1.34)$$

图 1.21 质点 A 运动轨迹

相反,由 O 经任一路径达到 A 时所做的功为

$$W_{OA} = \int_0^z -P\mathrm{d}z = -Pz \quad (1.35)$$

当质点由参考点 O 到达 A 点时,重力所作功的负值定义为 A 点的势能,即

$$V = -W_{OA} = Pz \quad (1.36)$$

2) 弹簧力场的势能

弹簧是最简单的弹性力势力场。弹簧受力直接由弹簧的变形量决定。弹簧的变形量一定,那么弹簧具有的弹性势能也就随之确定。图 1.22 所示弹簧在原长 l 处作用以缓慢变化的外力 $F=Kx$,到达 A 点时它的伸长量 $x=OA$。假设这一过程中弹簧始终保持平衡状态,那么外力 F 所作功为

$$W = \int_0^x Kx\mathrm{d}x = \frac{1}{2}Kx^2 \quad (1.37)$$

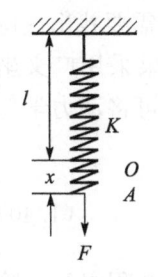

图 1.22 弹簧受力图

因此弹簧内力的功等于外力功的负值,故

$$W_{OA} = -W = -\frac{1}{2}Kx^2 \quad (1.38)$$

弹簧内力的功也只取决于初始和终止的位置,若以弹簧原长处作为基准,当弹簧有原长伸长或缩短 x 时,弹簧内力所作功的负值即为弹性势能:

$$V = -W_{OA} = \frac{1}{2}Kx^2 \quad (1.39)$$

可见弹簧达到一定的变形状态,弹簧内部储藏的弹性势能也就一定了。

当动能、势能写出后,根据分析力学的相关原理就可以很快地建立出系统的动

力学方程。

1.3.5 拉格朗日分析力学

拉格朗日分析力学是基于变分原理,着眼于功和能的广义坐标、广义速度等一系列标量,利用这些标量来描述力学体系的运动及变化规律。其中的运动方程完全是在位形空间以便于变换及叠加的标量运算形式获得的,且由于广义坐标和广义力的引入,即使超出力学的范围也能应用,给参变量的选用也带来了许多方便,提高了灵活性,因而我们可以把在普通空间很复杂的运动方程变换到位形空间,并适当选择位形空间使问题得到很大的简化,而不是用某个刚体上的力和力矩来描述动力学系统的特性,因而拉格朗日的动力学方程式自动消除了系统中的约束力,任何坐标系统都能系统地求出闭合动力学方程式。对于解决复杂的非自由质点系的动力学问题,应用拉格朗日方法更加简便、有效。拉格朗日方程和牛顿方程的一个重要区别在于拉格朗日量 L 是比势能有着更基本意义同时又有着更大随意性的辅助函数。

牛顿力学用矢量进行描述,如力、速度、角速度、力矩等形式来考虑力学系统,而拉格朗日力学中运动方程完全是在位形空间以标量运算的形式获得的,因而往往我们可以把在普通空间很复杂的运动方程变换到位形空间,并适当选择位形空间可使问题得到很大的简化。

由于系统存在约束,各质点的虚位移可能不全是独立的,解题时需要找出虚位移之间的关系,有时是很不方便的。对于具有完整约束的系统,如果采用广义坐标,则由于广义坐标的相对独立性,其广义虚位移也是相对独立的,可将动力学普遍方程用广义坐标来表示:

$$\frac{\mathrm{d}}{\mathrm{d}t}\frac{\partial T}{\partial \dot{q}_j} - \frac{\partial T}{\partial q_j} = Q_j, \quad j=1,2,\cdots,k \tag{1.40}$$

这就是拉格朗日方程,即广义坐标形式的动力学普遍方程。该方程组为二阶常微分方程组,其中方程式的数目等于质点系的自由度数。

如果系统上的主动力都是有势力,则广义力写成 $Q_j = -\frac{\partial V}{\partial q_j}(j=1,2,\cdots,k)$,又因势能不依赖于 $\dot{q}_j$,所以 $\frac{\partial V}{\partial \dot{q}_j} = 0, \frac{\mathrm{d}}{\mathrm{d}t}\left(\frac{\partial V}{\partial \dot{q}_j}\right) = 0(j=1,2,\cdots,k)$,引入拉格朗日函数,即所谓动势

$$L = T - V \tag{1.41}$$

则拉格朗日方程写成 $\frac{\mathrm{d}}{\mathrm{d}t}\frac{\partial L}{\partial \dot{q}_j} - \frac{\partial L}{\partial q_j} = 0 \ (j=1,2,\cdots,k)$。这就是有势力场中的拉格朗日方程。由式(1.41)可以看出 L 就是系统的动能与势能之差。

同样以1.3.2节中的车体沉浮为研究对象,如图1.23所示。取图中车体质心的铅垂坐标轴向下为正,并以车体重心的静平衡位置为坐标原点,取弹簧原长处为弹性力势能的原点,则系统在任意位置处的势能为

$$V = \frac{1}{2}K_1(z_1+\delta_0)^2 + \frac{1}{2}K_2(z_2+\delta_0)^2 - mgz$$

$$= \frac{1}{2}K_1(z-l\theta+\delta_0)^2 + \frac{1}{2}K_2(z+l\theta+\delta_0)^2 - mgz \tag{1.42}$$

车体垂向振动的速度为 $\dot{z}$,点头角速度为 $\dot{\theta}$,此时系统的动能为

$$T = \frac{1}{2}m\dot{z}^2 + \frac{1}{2}I\dot{\theta}^2 \tag{1.43}$$

系统的拉格朗日函数为

$$L = T - V = \frac{1}{2}m\dot{z}^2 + \frac{1}{2}I\dot{\theta}^2 - \frac{1}{2}K_1(z-l\theta+\delta_0)^2$$
$$- \frac{1}{2}K_2(z+l\theta+\delta_0)^2 + mgz \tag{1.44}$$

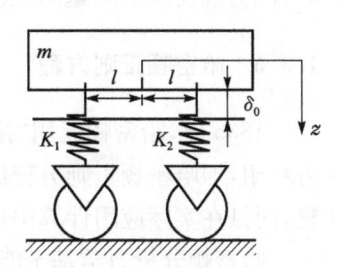

图1.23 车体沉浮振动的分析模型

由此得到

$$\frac{\mathrm{d}}{\mathrm{d}t}\frac{\partial L}{\partial \dot{z}} = m\ddot{z} \tag{1.45}$$

$$\frac{\partial L}{\partial z} = -K_1(z-l\theta+\delta_0) - K_2(z-l\theta+\delta_0) + mg$$
$$= -K_1(z-l\theta) - K_2(z-l\theta) \tag{1.46}$$

$$\frac{\mathrm{d}}{\mathrm{d}t}\frac{\partial L}{\partial \dot{\theta}} = m\ddot{\theta} \tag{1.47}$$

$$\frac{\partial L}{\partial \theta} = K_1(z-l\theta+\delta_0)l - K_2(z-l\theta+\delta_0)l$$
$$= K_1 l(z-l\theta) - K_2 l(z-l\theta) \tag{1.48}$$

注意在初始位置时,系统是平衡的,因而 $(K_1-K_2)\delta_0 l = 0$。将式(1.45)~式(1.48)的结果代入拉格朗日方程中,得

$$\begin{cases} m\ddot{z} + K_1(z-l\theta) + K_2(z+l\theta) = 0 \\ I\ddot{\theta} + K_1 l(z-l\theta) - K_2 l(z+l\theta) = 0 \end{cases} \tag{1.49}$$

拉格朗日方程可以很容易地列出系统的运动方程,并且得到闭合动力学方程,这使得求解力学问题几乎达到程序化的地步,但是由于这种方法引入了动力学函数并需要求解其导数,推导过程很繁琐。此外,无论是牛顿方程或是拉格朗日方程都有一个共同的不足之处,就是对 q_i 与 $\dot{q}_i$ 的因果关系上的独立性没有充分表达

出来。作为初始条件，$q_i(0)$ 与 $\dot{q}_i(0)$ 总是可以独立的，虽然 $\dot{q}_i$ 是 q_i 衍变而来的，然而运动中的每个时刻都可以作为初始时刻，因而 $\dot{q}_i$ 与 q_i 的主从关系显然是对现实的一种扭曲。二阶方程与主从关系的不协调还导致位形空间 $\{q\}$ 缺乏几何物理内涵，位形空间中的两个很近的点，甚至同一点，可以是物理上极不相同的点，因而一瞬间过后交错散布于整个位形空间，形不成任何物理图像和几何图像。位形空间的这种几何特性的缺失实质上是由方程的二阶特性所致。如何将方程降为一阶，成为解决以上问题的关键。

1.3.6 哈密顿正则方程

1835 年，哈密顿运用"接触变换"将拉格朗日方程组成功地转化为对称的一阶方程组，即哈密顿正则方程组的诞生。哈密顿方程组不仅使力学理论结构更为严整，而且在实际应用计算中也技高一筹。

哈密顿分析力学基于能量概念，哈密顿正则方程组并不是简单地把广义速度 $\dot{q}_i$ 定义为一个新变量，而是通过寻找一个能替代广义速度 $\dot{q}_i$ 的新变量，并且使得新变量与 q_i 在新方程中处于对等地位。即达到降阶的目的，且不会丧失方程在新变量下的对称性。

首先对拉格朗日函数 L 作微分：

$$dL = \frac{\partial L}{\partial q_i}dq_i + \frac{\partial L}{\partial \dot{q}_i}d\dot{q}_i + \frac{\partial L}{\partial t}dt \tag{1.50}$$

由拉氏方程可知

$$\frac{d}{dt}p_i = \frac{d}{dt}\frac{\partial L}{\partial \dot{q}_i} = \frac{\partial L}{\partial q_i}, \quad p_i \equiv \frac{\partial L}{\partial \dot{q}_i} \tag{1.51}$$

将式(1.51)代入式(1.50)中即得

$$dL = \dot{p}_i dq_i + p_i d\dot{q}_i + \frac{\partial L}{\partial t}dt = \dot{p}_i dq_i + d(p_i \dot{q}_i) - \dot{q}_i dp_i + \frac{\partial L}{\partial t}dt \tag{1.52}$$

如果以 q_i、p_i 作为自变量，以 $H = p_i \dot{q}_i - L$ 为辅助函数，则

$$\dot{q}_i = \frac{\partial H}{\partial p_i}, \quad \dot{p}_i = -\frac{\partial H}{\partial q_i} \tag{1.53}$$

这就是哈密顿方程组（正则方程组），式中 p_i 作为独立变量，$\dot{q}_i$ 为因变量，由广义动量的定义式 $p_i = \frac{\partial L}{\partial \dot{q}_i}$ 的隐函数中反解求出：$\dot{q}_i = \dot{q}_i(q, p, t)$。并且函数 $H = H(q, p, t)$ 称为哈密顿量。哈密顿量的实质就是能量，是作为正则变量 q 和 p 的函数。

哈密顿分析力学是基于能量概念。哈密顿方程组实际上等价于拉氏方程，这可以从使哈密顿原理成立的式子看出：

$$\delta \int_A^B L \mathrm{d}t = \delta \int_A^B [p_k \dot{q}_k - H(q, p, t)] \mathrm{d}t$$

$$= \int_A^B \left[\left(\dot{q}_k - \frac{\partial H}{\partial p_k} \right) \delta p_k - \left(\dot{p}_k + \frac{\partial H}{\partial q_k} \right) \delta q_k \right] \mathrm{d}t = 0 \quad (1.54)$$

哈密顿原理是将拉格朗日方程处理 q 空间（位移空间）中的曲线转换为处理 (q, p) 空间（动量相空间）中的曲线。式(1.54)是分析质点动力学和场论中许多重要系统的基础[2]。

针对图 1.20 中的分析模型，车体沉浮和点头运动同样可通过哈密顿正则方程求解。同样取车体质心的铅垂坐标轴向下为正，并以车体重心的静平衡位置为坐标原点，取弹簧原长处为弹性力势能的原点，系统的拉格朗日函数为

$$L = T - V = \frac{1}{2} m \dot{z}^2 + \frac{1}{2} I \dot{\theta}^2 - \frac{1}{2} K_1 (z - l\theta + \delta_0)^2$$

$$- \frac{1}{2} K_2 (z + l\theta + \delta_0)^2 + mgz \quad (1.55)$$

广义动能量为

$$p_1 = \frac{\partial L}{\partial \dot{z}} = m\dot{z}, \quad p_2 = \frac{\partial L}{\partial \dot{\theta}} = m\dot{\theta} \quad (1.56)$$

则系统的哈密顿函数为

$$H = p_1 \dot{z} + p_2 \dot{\theta} - L$$

$$= \frac{p_1^2}{2m} - \frac{p_2^2}{2m} + \frac{1}{2} K_1 (z - l\theta + \delta_0)^2 + \frac{1}{2} K_2 (z + l\theta + \delta_0)^2 - mgz$$

$$= T + V \quad (1.57)$$

由式(1.53)可得

$$\dot{z} = \frac{\partial H}{\partial p_1} = \frac{p_1}{m} \Rightarrow \dot{p}_1 = m\ddot{z} \quad (1.58)$$

$$\dot{p}_1 = -\frac{\partial H}{\partial z} = -K_1(z - l\theta + \delta_0) - K_2(z - l\theta + \delta_0) + mg$$

$$= -K_1(z - l\theta) - K_2(z - l\theta) \quad (1.59)$$

$$\dot{\theta} = \frac{\partial H}{\partial p_2} = \frac{p_2}{m} \Rightarrow \dot{p}_2 = m\ddot{\theta} \quad (1.60)$$

$$\dot{p}_2 = -\frac{\partial H}{\partial \theta} = K_1 l (z - l\theta + \delta_0) - K_2 l (z - l\theta + \delta_0)$$

$$= K_1 l (z - l\theta) - K_2 l (z - l\theta) \quad (1.61)$$

将式(1.58)～式(1.61)联立，即可得到系统的动力学方程

$$\begin{cases} m\ddot{z} + K_1(z - l\theta) + K_2(z + l\theta) = 0 \\ I\ddot{\theta} + K_1 l(z - l\theta) - K_2 l(z + l\theta) = 0 \end{cases} \quad (1.62)$$

由以上实例可知正则变化是保持不变的变化,正则变化范围之广已经使得 q、p 的区别只有相对的意味,因为在很大程度上,q、p 互换也是正则变换,这就彻底建立了 q,p 的共轭对称关系。包括广义动量 p 在内的正则变换使哈密顿力学彻底摆脱了系统点变换的横断纯静态形象观的限制而展示了系统的动态形象观,开创了对系统动态不变性的先河。正则变换绝不是简单的数学表达式变换问题,而是力学发展的一个质的飞跃,只有在哈密顿力学体系下,力学才能揭示出其全部内在对称性。

用哈密顿方法解决动力学问题是引入代表势能和动能之和的哈密顿函数,能量不再用通常的位移和速度表示,而是用正则变量即坐标和动量来表达,正则方程是可逆的,也是守恒的。通过一个表示的变换"消去"相互作用,我们就得到一个自由粒子系统,这样的系统定义为"可积系统"。

1.4 机车车辆动力学求解方法

针对机车车辆动力学模型,求解多自由度的振动方程,可采用凯恩方法直接建立动力学方程并通过计算机辅助计算,也可以通过近似方法或数值方法来分析其振动特性及响应。

1.4.1 凯恩方法

美国学者 Kane 提出了一种基于虚位移原理及达朗贝尔原理的新方法,可以通过编写程序进行数值计算[3]。此方法不是通过寻求系统动力学函数而是直接建立系统的动力学方程,它是一阶微分方程,容易化为标准形式,便于利用计算机进行辅助计算。

设一个具有 n 个自由度的完整系统,广义坐标为 $q_1, q_2, \cdots, q_n$,则广义速度为 $\dot{q}_1, \dot{q}_2, \cdots, \dot{q}_n$。在理想约束假设条件下,动力学基本方程为

$$\sum_{s=1}^{3N}(F_s - m_s \ddot{u}_s)\delta_v u_s = 0 \tag{1.63}$$

令 $\delta'N = \sum_{s=1}^{3N} m_s \ddot{u}_s \delta_v u_s$,$\delta'W = \sum_{s=1}^{3N} F_s \delta_v u_s$,则式(1.63)也可以写为

$$\delta'N = \delta'W \tag{1.64}$$

根据微变线性空间的变化有

$$\delta_v u_s = \sum_{i=1}^{n} \frac{\partial u_s}{\partial q_i} \delta_v q_i, \quad s = 1, 2, \cdots, 3N \tag{1.65}$$

假定系统有 f 个相互独立的附加约束。若用广义坐标表达,则这些附加约

束为

$$\begin{cases} a_{m+1,1}\dot{q}_1 + a_{m+1,2}\dot{q}_2 + \cdots + a_{m+1,n}\dot{q}_n + a_{m+1} = 0 \\ a_{m+2,1}\dot{q}_1 + a_{m+2,2}\dot{q}_2 + \cdots + a_{m+2,n}\dot{q}_n + a_{m+2} = 0 \\ \cdots \cdots \\ a_{n,1}\dot{q}_1 + a_{n,2}\dot{q}_2 + \cdots + a_{n,n}\dot{q}_n + a_n = 0 \end{cases} \quad (1.66)$$

式中，$m = n - f$；系数 a_n, a_r 等都是广义坐标和时间 t 的函数。对此，引入准速度

$$\dot{\pi}_i = \sum_{j=1}^n a_{ij}\dot{q}_j + a_j, \quad i = 1, 2, \cdots, n \quad (1.67)$$

其中所有系数 a_{ij} 及 a_i 都是广义坐标和事件 t 的函数，并且有

$$\det\boldsymbol{A} = \det\begin{bmatrix} a_{11} & a_{12} & \cdots & a_{1n} \\ a_{21} & a_{22} & \cdots & a_{2n} \\ \vdots & \vdots & & \vdots \\ a_{n1} & a_{n2} & \cdots & a_{nn} \end{bmatrix} \neq 0 \quad (1.68)$$

据此，可反解得

$$\dot{q}_i = \sum_{j=1}^n h_{ij}\dot{\pi}_j + h_i, \quad j = 1, 2, \cdots, n \quad (1.69)$$

用准坐标表达，附加约束成为

$$\dot{\pi}_{m+1} = \dot{\pi}_{m+2} = \cdots = \dot{\pi}_n = 0 \quad (1.70)$$

若 C_s 为系统中刚体 K_s 的质心，则 C_s 相对于参考系原点 O 的位置矢量为

$$u_s = u_s(q_1, q_2, \cdots, q_i, t) \quad (1.71)$$

由此可以得出 C_s 在相对参考系中的速度表达式为

$$v_s = \dot{u}_s = \frac{\partial u_s}{\partial q_1}\dot{q}_1 + \frac{\partial u_s}{\partial q_2}\dot{q}_2 + \cdots + \frac{\partial u_s}{\partial q_n}\dot{q}_n + \frac{\partial u_s}{\partial t}$$

$$= \sum_{i=1}^n \frac{\partial u_s}{\partial q_i}\dot{q}_i + \frac{\partial u_s}{\partial t} = \sum_{i=1}^n \frac{\partial u_s}{\partial q_i}\left(\sum_{j=1}^m h_{ij}\dot{\pi}_j + h_i\right) + \frac{\partial u_s}{\partial t} \quad (1.72)$$

令 $\alpha_s = \sum_{i=1}^n \frac{\partial u_s}{\partial q_i}h_i + \frac{\partial u_s}{\partial t} = \alpha_s(q_1, q_2, \cdots, q_n, t)$，则上式可以写成

$$v_s = \dot{u}_s = \sum_{i=1}^n \frac{\partial u_s}{\partial q_i}\sum_{j=1}^m h_{ij}\dot{\pi}_j + \alpha_s \quad (1.73)$$

α_s 仅是广义坐标和时间 t 的函数，而与准速度无关。在 Kane 工作中称这些系数为偏速度。用类似的方法，可以求得刚体 K_s 相对于参考系的角速度，及偏角速度 ω_s。

可以仿照准坐标的等时变分一样，用下式将广义坐标的虚变分经非奇异线性变换成准坐标的虚变分：

$$\delta_v \pi_i = \sum_{j=1}^{n} a_{ij} \delta_v q_j \tag{1.74}$$

根据附加约束,即有

$$\delta_v \pi_{m+1} = \delta_v \pi_{m+2} = \cdots = \delta_v \pi_n \tag{1.75}$$

而剩下的 m 个虚变分 $\delta_v \pi_1, \delta_v \pi_2, \cdots, \delta_v \pi_m$ 是完全独立的微变量,显然有

$$\begin{cases} \delta_v q_i = \sum_{j=1}^{m} h_{ij} \delta_v \pi_j \\ \dot{q}_i = \sum_{j=1}^{m} h_{ij} \dot{\pi}_j + h_i \end{cases}, \quad i = 1, 2, \cdots, n \tag{1.76}$$

利用准坐标来表达 $\delta' W$:

$$\delta' W = \sum_{s=1}^{3N} F_s \delta_v u_s = \sum_{i=1}^{n} Q_i \delta_v q_i = \sum_{i=1}^{n} Q_i \sum_{j=1}^{m} h_{ij} \delta_v \pi_j$$

$$= \sum_{j=1}^{m} \left(\sum_{i=1}^{n} Q_i h_{ij} \right) \delta_v \pi_j = \sum_{j=1}^{m} P_j \delta_v \pi_j \tag{1.77}$$

式中,$P_j = \sum_{i=1}^{n} Q_i h_{ij} = \sum_{i=1}^{n} \sum_{s=1}^{3N} F_s \dfrac{\partial u_s}{\partial q_i} h_{ij}$,$j = 1, 2, \cdots, m$。

如果称 P_j 为系统给定力在 $\delta_v \pi_j$ 上的广义力分量,并记为 K_j,则

$$K_j = P_j = \sum_{s=1}^{3N} F_s \left(\sum_{i=1}^{n} \frac{\partial u_s}{\partial q_i} h_{ij} \right), \quad j = 1, 2, \cdots, m \tag{1.78}$$

并且

$$\dot{u}_s = \sum_{i=1}^{n} \frac{\partial u_s}{\partial q_i} \dot{q}_i + \frac{\partial u_s}{\partial t} = \sum_{i=1}^{n} \frac{\partial u_s}{\partial q_i} \left(\sum_{j=1}^{m} h_{ij} \dot{\pi}_j + h_i \right) + \frac{\partial u_s}{\partial t}$$

$$= \sum_{j=1}^{m} \left(\sum_{i=1}^{n} \frac{\partial u_s}{\partial q_i} h_{ij} \right) \dot{\pi}_j + \sum_{i=1}^{n} \frac{\partial u_s}{\partial q_i} h_i + \frac{\partial u_s}{\partial t} \tag{1.79}$$

因此

$$\ddot{u}_s = \sum_{j=1}^{m} \left(\sum_{i=1}^{n} \frac{\partial u_s}{\partial q_i} h_{ij} \right) \ddot{\pi}_j + \sum_{j=1}^{m} \frac{\mathrm{d}}{\mathrm{d}t} \left(\sum_{i=1}^{n} \frac{\partial u_s}{\partial q_i} h_{ij} \right) \dot{\pi}_j$$

$$+ \frac{\mathrm{d}}{\mathrm{d}t} \left(\sum_{i=1}^{n} \frac{\partial u_s}{\partial q_i} h_i \right) + \frac{\mathrm{d}}{\mathrm{d}t} \left(\frac{\partial u_s}{\partial t} \right) \tag{1.80}$$

从而

$$\frac{\partial \ddot{u}_s}{\partial \ddot{\pi}_j} = \sum_{i=1}^{n} \frac{\partial u_s}{\partial q_i} h_{ij}, \quad j = 1, 2, \cdots, m \tag{1.81}$$

同理,

$$\delta' N = \sum_{s=1}^{3N} m_s \ddot{u}_s \delta_v u_s = \sum_{s=1}^{3N} m_s \ddot{u}_s \sum_{i=1}^{n} \frac{\partial u_s}{\partial q_i} \sum_{j=1}^{m} h_{ij} \delta_v \pi_j$$

$$= \sum_{s=1}^{3N} m_s \ddot{u}_s \sum_{j=1}^{m} \frac{\partial \ddot{u}_s}{\partial \ddot{\pi}_j} \delta_v \pi_j = \sum_{j=1}^{m} \Big(\sum_{s=1}^{3N} m_s \ddot{u}_s \frac{\partial \ddot{u}_s}{\partial \ddot{\pi}_j} \Big) \delta_v \pi_j$$

$$= \sum_{j=1}^{m} \frac{\partial}{\partial \ddot{\pi}_j} \Big(\sum_{s=1}^{3N} \frac{1}{2} m_s \ddot{u}_s^2 \Big) \delta_v \pi_j \tag{1.82}$$

引入系统的加速度能量函数,记为 S,则有

$$S = \sum_{s=1}^{3N} \frac{1}{2} m_s \ddot{u}_s^2 \tag{1.83}$$

于是

$$\delta' N = \sum_{j=1}^{m} \frac{\partial S}{\partial \ddot{\pi}_j} \delta_v \pi_j \tag{1.84}$$

令 K_j' 为系统惯性力在 $\delta_v \pi_j$ 上的分量,即

$$K_j' = -\frac{\partial S}{\partial \ddot{\pi}_j} \tag{1.85}$$

根据动力学基本方程 $\delta' N = \delta' W$ 得

$$\sum_{j=1}^{m} \Big(\frac{\partial S}{\partial \ddot{\pi}_j} - P_j \Big) \delta_v \pi_j = 0 \tag{1.86}$$

即

$$K_j + K_j' = 0, \quad j = 1, 2, \cdots, m \tag{1.87}$$

这就是 Kane 方程,它表达了系统广义主动力与广义惯性力之和等于零的规律。

凯恩方法将矢量形式的力与惯性沿某特殊方向投影,有着清晰的几何直观性,这种方法有着牛顿力学和分析力学的特点,约束反力不出现在微分方程之中,得到的方程数与自由度相等,并且由于采用了广义速率描述,在取独立变量时有较好的选择性,可以使方程简洁,便于计算机编程计算。

1.4.2 振型叠加法

机械结构的振动响应问题就是求解如式(1.88)所示的考虑外激励的动力学方程,

$$\boldsymbol{M}\ddot{\boldsymbol{\delta}}(t) + \boldsymbol{C}\dot{\boldsymbol{\delta}}(t) + \boldsymbol{K}\boldsymbol{\delta}(t) = \boldsymbol{F} \tag{1.88}$$

即在外激振力的作用下,求出作为时间函数的位移、速度和加速度响应,分别为 $\boldsymbol{\delta}(t)$、$\dot{\boldsymbol{\delta}}(t)$ 和 $\ddot{\boldsymbol{\delta}}(t)$。结构在外激励作用下动态响应的计算方法有很多,其中振动响应的振型叠加法是一种常用的方法。

振型叠加法是将系统位移转换到以固有振型为基向量的空间中,对系统的性质并无影响,可以通过求解广义特征值得到不耦合的 n 个单自由度系统的运动方程,以达到提高计算效率的目的。通常只对非耦合的运动方程中的一小部分进行

积分,得到对应于前 p 个特征解的响应,就能很好地近似系统的实际响应。

对式(1.88)所示的系统响应 $\boldsymbol{\delta}(t)$ 进行展开,得

$$\boldsymbol{\delta}(t) = \boldsymbol{\Phi}\boldsymbol{x}(t) = \sum_{i=1}^{n} \boldsymbol{\Phi}_i x_i \qquad (1.89)$$

式中,$\boldsymbol{x}(t) = [x_1, x_2, \cdots, x_k]^T$;$\boldsymbol{\delta}(t)$ 可看成是 $\boldsymbol{\Phi}_i$ 的线性组合;$\boldsymbol{\Phi}_i$ 可看成是广义的位移基向量(坐标);x_i 是广义的位移值。

将式(1.89)代入式(1.88),等式两边分别左乘 $\boldsymbol{\Phi}^T$,可得到新的运动方程为

$$\ddot{\boldsymbol{x}}(t) + \boldsymbol{\Phi}^T \boldsymbol{C} \boldsymbol{\Phi} \dot{\boldsymbol{x}}(t) + \boldsymbol{\Omega}^2 \boldsymbol{x}(t) = \boldsymbol{\Phi}^T \boldsymbol{Q}(t) = \boldsymbol{R}(t) \qquad (1.90)$$

式中,$\boldsymbol{Q}(t)$ 表示载荷向量。

初始条件也相应地转换成

$$\boldsymbol{x}_0 = \boldsymbol{\Phi}^T \boldsymbol{M} \boldsymbol{\delta}_0, \quad \dot{\boldsymbol{x}}_0 = \boldsymbol{\Phi}^T \boldsymbol{M} \dot{\boldsymbol{\delta}}_0 \qquad (1.91)$$

如果阻尼矩阵是 $\boldsymbol{C}$,且为振型阻尼,则从 $\boldsymbol{\Phi}$ 的正交性可将方程(1.90)化为 n 个互相不耦合的二阶常微分方程

$$\ddot{x}_i(t) + 2\omega_i \varepsilon_i \dot{x}_i(t) + \omega_i^2 x_i(t) = r_i(t), \quad i = 1, 2, \cdots, n \qquad (1.92)$$

式(1.89)中的每一个方程相当于一个单自由度系统的振动方程,可以比较方便地求解。式中,$r_i(t) = \boldsymbol{\Phi}^T \boldsymbol{Q}(t)$ 是载荷向量 $\boldsymbol{Q}(t)$ 按一定的空间分布模式且随时间变化的,有

$$\boldsymbol{Q}(t) = \boldsymbol{Q}(s,t) = \boldsymbol{F}(s)\boldsymbol{q}(t) \qquad (1.93)$$

$$r_i(t) = \boldsymbol{\Phi}_i^T \boldsymbol{F}(s)\boldsymbol{q}(t) = f_i \boldsymbol{q}(t) \qquad (1.94)$$

式中,引入符号 s 表示空间坐标;f_i 表示 $\boldsymbol{F}(s)$ 在 $\boldsymbol{\Phi}_i$ 上的投影,是一个常数。如果 $\boldsymbol{F}(s)$ 和 $\boldsymbol{\Phi}_i$ 正交,则 $f_i = 0$,从而得到 $r_i(t) = 0, x_i(t) = 0$,这表明结构的响应中不包含 $\boldsymbol{\Phi}_i$ 的成分,则 $\boldsymbol{Q}(s,t)$ 不能激起与 $\boldsymbol{F}(s)$ 正交的振型 $\boldsymbol{\Phi}_i$。需要求解的单自由度方程也随之减少。

在得到每个振型的响应之后,按照式(1.89)将各振型的响应叠加起来,就得到系统的响应 $\boldsymbol{\delta}(t)$。

另外,如果阻尼矩阵 C 是 Rayleigh 阻尼,则还应有合理确定常数 α 和 β 的方法,如果根据实验或类似结构的资料,已知两个固有频率所对应的振型阻尼比分别是 ξ_i, ξ_j,则有以下经验公式可供参考:

$$\alpha = \frac{2(\xi_i \omega_j - \xi_j \omega_i)}{\omega_j^2 - \omega_i^2} \omega_i \omega_j, \quad \beta = \frac{2(\xi_i \omega_j - \xi_j \omega_i)}{\omega_j^2 - \omega_i^2} \qquad (1.95)$$

在振型叠加法中,如果对于 n 个单自由度系统的运动方程进行积分,且采用和直接积分法相同的积分方案和时间步长,则最后通过振型叠加得到的 $\boldsymbol{\delta}(t)$ 和由直接积分法得到的结果,在积分方案的误差和计算机舍入误差的范围内将是一致的。但是,对于非线性系统的响应,则必须采用直接积分的方法。

1.4.3 直接积分法

直接积分法(时域积分法)是指在对运动方程进行积分之前不进行方程形式的变换,而直接进行逐步数值积分。在以下的叙述中,假设时间 $t=0$ 时的位移 $\pmb{\delta}_0$、速度 $\dot{\pmb{\delta}}_0$、加速度 $\ddot{\pmb{\delta}}_0$ 均已知,并且假设时间求解域 $0 \sim T$ 被分成 n 个相等的时间间隔,实际的时间步长为 $\Delta t (\Delta t = T/n)$。假设 $0, \Delta t, 2\Delta t, \cdots, t$ 时刻的解已经求得,计算的目的在于求 $t+\Delta t$ 时刻的解,由这个求解过程来求解所有离散时间点处的解。

现在应用较多的时域积分方法,主要有中心差分法、Newmark 法、Houbolt 法和 Wilson-θ 法。

1. 中心差分法

加速度和速度可用位移表示为

$$\ddot{\pmb{\delta}}_t = \frac{1}{\Delta t^2}(\pmb{\delta}_{t-\Delta t} - 2\pmb{\delta}_t + \pmb{\delta}_{t+\Delta t}) \tag{1.96}$$

$$\dot{\pmb{\delta}}_t = \frac{1}{2\Delta t}(\pmb{\delta}_{t+\Delta t} - \pmb{\delta}_{t-\Delta t}) \tag{1.97}$$

而在时间 t 时的运动方程为

$$\pmb{M}\ddot{\pmb{\delta}}_t + \pmb{C}\dot{\pmb{\delta}}_t + \pmb{K}\pmb{\delta}_t = \pmb{Q}_t \tag{1.98}$$

将式(1.96)和式(1.97)代入式(1.98)中可得

$$\left(\frac{1}{\Delta t^2}\pmb{M} + \frac{1}{2\Delta t}\pmb{C}\right)\pmb{\delta}_{t+\Delta t} = \pmb{Q}_t - \left(\pmb{K} - \frac{2}{\Delta t^2}\pmb{M}\right)\pmb{\delta}_t - \left(\frac{1}{\Delta t^2}\pmb{M} - \frac{1}{2\Delta t}\pmb{C}\right)\pmb{\delta}_{t-\Delta t} \tag{1.99}$$

在求得 $\pmb{\delta}_{t-\Delta t}$ 和 $\pmb{\delta}_t$ 后,从式(1.99)可进一步求得 $\pmb{\delta}_{t+\Delta t}$。所以式(1.99)是求解各个离散时间点处的解的递推公式,这种数值积分的方法又称为逐步积分法。用此算法时需要注意的是起步的问题,因为当 $t=0$ 时,为了求解 $\pmb{\delta}_{\Delta t}$,除了需要初始条件 $\pmb{\delta}_0$,还必须知道 $\pmb{\delta}_{-\Delta t}$,所以必须采用专门的起步方法,即

$$\pmb{\delta}_{-\Delta t} = \pmb{\delta}_0 - \Delta t \dot{\pmb{\delta}}_0 + \frac{\Delta t^2}{2}\ddot{\pmb{\delta}}_0 \tag{1.100}$$

式中,$\dot{\pmb{\delta}}_0$ 可以通过给定的初始条件得到,而 $\ddot{\pmb{\delta}}_0$ 可利用 $t=0$ 时的运动方程(1.97)得到,也可以自行选取。

中心差分法计算过程比较简单,特别是当系统的质量矩阵和阻尼矩阵为对角阵时,方程(1.99)是一组相互独立的方程,求解过程可以进一步简化。中心差分法要求用足够小的时间步长 Δt,算法才是条件稳定的,通常需要

$$\Delta t \leqslant \Delta t_{cr} = \frac{T_{min}}{\pi} \tag{1.101}$$

式中,T_{min} 是系统的最小周期,

$$T_{\min} = \frac{2\pi}{\omega_{\max}} \tag{1.102}$$

当系统最高固有频率 $\omega_{\max}$ 很大时,时间步长 Δt 要很小。

中心差分法逐步求解运动方程的算法步骤如下:

1) 初始计算

(1) 形成系统质量矩阵 M、刚度矩阵 K 和阻尼矩阵 C。

(2) 给定初始条件 $\pmb{\delta}_0, \dot{\pmb{\delta}}_0, \ddot{\pmb{\delta}}_0$。

(3) 选定时间步长 Δt 并计算积分常数:

$$c_0 = \frac{1}{\Delta t^2}, \quad c_1 = \frac{1}{2\Delta t}, \quad c_2 = 2c_0, \quad c_3 = \frac{1}{c_2}$$

(4) 计算

$$\pmb{\delta}_{-\Delta t} = \pmb{\delta}_0 - \Delta t \dot{\pmb{\delta}}_0 + c_3 \ddot{\pmb{\delta}} \tag{1.103}$$

(5) 形成等效质量矩阵

$$\pmb{M}^* = c_0 \pmb{M} + c_1 \pmb{C} \tag{1.104}$$

(6) 对 $\pmb{M}^*$ 作三角化分解

$$\pmb{M}^* = \pmb{L}\pmb{D}\pmb{L}^{\mathrm{T}} \tag{1.105}$$

2) 对每一时间步长进行计算

(1) 计算时间 t 的等效载荷

$$\pmb{Q}_t^* = \pmb{Q}_t - (\pmb{K} - c_2 \pmb{M})\pmb{\delta}_t - (c_0 \pmb{M} - c_1 \pmb{C})\pmb{\delta}_{t-\Delta t} \tag{1.106}$$

(2) 求解 $t + \Delta t$ 时刻的位移

$$\pmb{L}\pmb{D}\pmb{L}^{\mathrm{T}} \pmb{\delta}_{t+\Delta t} = \pmb{Q}_t^* \tag{1.107}$$

(3) 计算 t 时刻的速度和加速度

$$\ddot{\pmb{\delta}}_t = c_0 (\pmb{\delta}_{t-\Delta t} - 2\pmb{\delta}_t + \pmb{\delta}_{t+\Delta t}) \tag{1.108}$$

$$\dot{\pmb{\delta}}_t = c_1 (\pmb{\delta}_{t+\Delta t} - \pmb{\delta}_{t-\Delta t}) \tag{1.109}$$

中心差分法是显式算法。当 $\pmb{M}$ 是对角矩阵,$\pmb{C}$ 可忽略不计或也是对角矩阵时,则用递推公式求解运动方程时不需要进行矩阵的求逆,仅需要进行矩阵乘法运算以获得方程右端的有效载荷,然后可用下式得到位移的各个分量:

$$\delta_{t+\Delta t}^{(i)} = (c_0 M_{ii})^{-1} Q_t^{*(i)} \text{ 或 } \delta_{t+\Delta t}^{(i)} = (c_0 M_{ii} + c_1 C_{ii})^{-1} Q_t^{*(i)} \tag{1.110}$$

中心差分法是条件稳定的算法。利用该方法求解具体问题时,时间步长 Δt 必须小于由该问题求解方程性质所决定的某个临界值 Δt_{cr},否则算法将是不稳定的。一般地,结构力学的问题不宜采用中心差分法进行求解。因为结构力学的动力学响应中低频成分通常是主要的,从计算精度考虑,允许采用较大的时间步长,不必因 Δt_{cr} 的限制而使步长太小。因此,对于结构动力学问题通常采用无条件稳定的隐式算法来求解,其步长主要取决于精度要求。下面介绍的 Newmark 算法是应用最广泛的隐式算法。

2. Newmark 法

由泰勒展开式可得

$$\dot{\boldsymbol{\delta}}_{t+\Delta t} = \dot{\boldsymbol{\delta}}_t + \ddot{\boldsymbol{\delta}}_{t+\eta_1 \Delta t} \Delta t, \quad 0 \leqslant \eta_1 \leqslant 1 \tag{1.111}$$

$$\boldsymbol{\delta}_{t+\Delta t} = \boldsymbol{\delta}_t + \dot{\boldsymbol{\delta}}_t \Delta t + \frac{1}{2} \ddot{\boldsymbol{\delta}}_{t+\eta_2 \Delta t} \Delta t^2, \quad 0 \leqslant \eta_2 \leqslant 1 \tag{1.112}$$

现假定

$$\ddot{\boldsymbol{\delta}}_{t+\eta_1 \Delta t} = \ddot{\boldsymbol{\delta}}_t + \gamma(\ddot{\boldsymbol{\delta}}_{t+\Delta t} - \ddot{\boldsymbol{\delta}}_t), \quad 0 \leqslant \gamma \leqslant 1 \tag{1.113}$$

$$\ddot{\boldsymbol{\delta}}_{t+\eta_2 \Delta t} = \ddot{\boldsymbol{\delta}}_t + 2\beta(\ddot{\boldsymbol{\delta}}_{t+\Delta t} - \ddot{\boldsymbol{\delta}}_t), \quad 0 \leqslant \beta \leqslant 1 \tag{1.114}$$

将式(1.113)和式(1.114)分别代入式(1.111)和式(1.112)可得

$$\dot{\boldsymbol{\delta}}_{t+\Delta t} = \dot{\boldsymbol{\delta}}_t + [(1-\gamma)\ddot{\boldsymbol{\delta}}_t + \gamma \ddot{\boldsymbol{\delta}}_{t+\Delta t}]\Delta t \tag{1.115}$$

$$\boldsymbol{\delta}_{t+\Delta t} = \boldsymbol{\delta}_t + \dot{\boldsymbol{\delta}}_t \Delta t + \left[\left(\frac{1}{2} - \beta\right)\ddot{\boldsymbol{\delta}}_t + \beta \ddot{\boldsymbol{\delta}}_{t+\Delta t}\right]\Delta t^2 \tag{1.116}$$

Newmark 在 1959 年提出了一种逐步积分方法,称为 Newmark 法,式(1.115)和式(1.116)即为此法采用的基本假设。式中 γ 和 β 是按积分精度和稳定性要求可以调整的参数。稳定性分析表明:当 $\gamma \geqslant 0.5$,$\beta \geqslant 0.25(0.5+\gamma)^2$ 时,Newmark 法是无条件稳定的。当 $\gamma > 0.5$ 时,引入"算法阻尼",即响应振幅会因算法而减小。

由(1.116)解出 $\ddot{\boldsymbol{\delta}}_{t+\Delta t}$ 得

$$\ddot{\boldsymbol{\delta}}_{t+\Delta t} = \frac{1}{\beta \Delta t^2}(\boldsymbol{\delta}_{t+\Delta t} - \boldsymbol{\delta}_t) - \frac{1}{\beta \Delta t}\dot{\boldsymbol{\delta}}_t - \left(\frac{1}{2\beta} - 1\right)\ddot{\boldsymbol{\delta}}_t \tag{1.117}$$

将式(1.117)代入式(1.115)得

$$\dot{\boldsymbol{\delta}}_{t+\Delta t} = \frac{\gamma}{\beta \Delta t}(\boldsymbol{\delta}_{t+\Delta t} - \boldsymbol{\delta}_t) + \left(1 - \frac{\gamma}{\beta}\right)\dot{\boldsymbol{\delta}}_t + \left(1 - \frac{\gamma}{2\beta}\right)\ddot{\boldsymbol{\delta}}_t \Delta t \tag{1.118}$$

将式(1.117)和式(1.118)代入系统 $t+\Delta t$ 时刻的动力学方程

$$\boldsymbol{M}\ddot{\boldsymbol{\delta}}_{t+\Delta t} + \boldsymbol{C}\dot{\boldsymbol{\delta}}_{t+\Delta t} + \boldsymbol{K}\boldsymbol{\delta}_{t+\Delta t} = \boldsymbol{Q}_{t+\Delta t} \tag{1.119}$$

得

$$\widetilde{\boldsymbol{K}} \boldsymbol{\delta}_{t+\Delta t} = \widetilde{\boldsymbol{Q}}_{t+\Delta t} \tag{1.120}$$

式中,$\widetilde{\boldsymbol{K}}$ 为等效刚度矩阵,

$$\widetilde{\boldsymbol{K}} = \boldsymbol{K} + \frac{1}{\beta \Delta t^2}\boldsymbol{M} + \frac{\gamma}{\beta \Delta t}\boldsymbol{C} \tag{1.121}$$

$$\widetilde{\boldsymbol{Q}}_{t+\Delta t} = \boldsymbol{Q}_{t+\Delta t} + \boldsymbol{M}\left[\frac{1}{\beta \Delta t}\boldsymbol{\delta}_t + \frac{1}{\beta \Delta t}\dot{\boldsymbol{\delta}}_t + \left(\frac{1}{2\beta} - 1\right)\ddot{\boldsymbol{\delta}}_t\right]$$

$$+C\left[\frac{\gamma}{\beta\Delta t}\pmb{\delta}_t+\left(\frac{\gamma}{\delta}-1\right)\dot{\pmb{\delta}}_t+\left(\frac{\gamma}{2\beta}-1\right)\ddot{\pmb{\delta}}_t\Delta t\right] \tag{1.122}$$

Newmark 法的计算步骤可综合如下：

1) 初始计算

(1) 形成质量矩阵 M、刚度矩阵 K 和阻尼矩阵 C。

(2) 确定初始条件 $\pmb{\delta}_0, \dot{\pmb{\delta}}_0, \ddot{\pmb{\delta}}_0$。

(3) 选择时间步长 Δt，指定积分参数 β, γ，并计算积分常数：

$$a_0=\frac{1}{\beta\Delta t^2}, \quad a_1=\frac{\gamma}{\beta\Delta t}, \quad a_2=\frac{1}{\beta\Delta t}, \quad a_3=\frac{1}{2\beta}-1, \quad a_4=\frac{\gamma}{\beta}-1,$$

$$a_5=\frac{\Delta t}{2}\left(\frac{\gamma}{\beta}-2\right), \quad a_6=\Delta t(1-\gamma), \quad a_7=\gamma\Delta t$$

(4) 确定等效刚度矩阵 $\widetilde{K}=K+a_0 M+a_1 C$。

(5) 对 $\widetilde{K}$ 做三角分解 $\widetilde{K}=LDL^T$。

2) 对每一时间步长计算

(1) 计算 $t+\Delta t$ 时刻的等效载荷

$$\widetilde{Q}_{t+\Delta t}=Q_{t+\Delta t}+M[a_0\pmb{\delta}_t+a_2\dot{\pmb{\delta}}_t+a_3\ddot{\pmb{\delta}}_t]+C[a_1\pmb{\delta}_t+a_4\dot{\pmb{\delta}}_t+a_5\ddot{\pmb{\delta}}_t] \tag{1.123}$$

(2) 求时刻 $t+\Delta t$ 的位移

$$\pmb{\delta}_{t+\Delta t}=\widetilde{K}^{-1}\widetilde{Q}_{t+\Delta t} \tag{1.124}$$

(3) 求得时刻 $t+\Delta t$ 的速度和加速度

$$\dot{\pmb{\delta}}_{t+\Delta t}=\dot{\pmb{\delta}}_t+a_6\ddot{\pmb{\delta}}_t+a_7\ddot{\pmb{\delta}}_{t+\Delta t} \tag{1.125}$$

$$\ddot{\pmb{\delta}}_{t+\Delta t}=a_0(\pmb{\delta}_{t+\Delta t}-\pmb{\delta}_t)-a_2\dot{\pmb{\delta}}_t-a_3\ddot{\pmb{\delta}}_t \tag{1.126}$$

3. Houbolt 法

Houbolt 法也是一种差分法，这种差分格式是利用 $t+\Delta t, t, t-\Delta t, t-2\Delta t$ 四个时刻位移的三次插值多项式建立的，即假定

$$\ddot{\pmb{\delta}}_{t+\Delta t}=\frac{1}{\Delta t^2}(2\pmb{\delta}_{t+\Delta t}-5\pmb{\delta}_t+4\pmb{\delta}_{t-\Delta t}-\pmb{\delta}_{t-2\Delta t}) \tag{1.127}$$

$$\dot{\pmb{\delta}}_{t+\Delta t}=\frac{1}{6\Delta t}(11\pmb{\delta}_{t+\Delta t}-18\pmb{\delta}_t+9\pmb{\delta}_{t-\Delta t}-2\pmb{\delta}_{t-2\Delta t}) \tag{1.128}$$

$t+\Delta t$ 时刻的系统动力学方程为

$$M\ddot{\pmb{\delta}}_{t+\Delta t}+C\dot{\pmb{\delta}}_{t+\Delta t}+K\pmb{\delta}_{t+\Delta t}=Q_{t+\Delta t} \tag{1.129}$$

将式(1.127)和式(1.128)代入式(1.129)，整理后可得求解 $\pmb{\delta}_{t+\Delta t}$ 的方程

$$\left(\frac{2}{\Delta t^2}M+\frac{11}{6\Delta t}C+K\right)\pmb{\delta}_{t+\Delta t}=\left(\frac{5}{\Delta t^2}M+\frac{3}{\Delta t}C\right)\pmb{\delta}_t+\left(\frac{4}{\Delta t^2}M+\frac{3}{2\Delta t}C\right)\pmb{\delta}_{t-\Delta t}$$

$$\left(\frac{1}{\Delta t^2}\mathbf{M}+\frac{1}{3\Delta t}\mathbf{C}\right)\boldsymbol{\delta}_{t-2\Delta t}+\mathbf{Q}_{t+\Delta t} \tag{1.130}$$

在式(1.130)中,为了求得 $\boldsymbol{\delta}_{t+\Delta t}$,需要知道前三步的位移 $\boldsymbol{\delta}_{t-2\Delta t}$、$\boldsymbol{\delta}_{t-\Delta t}$、$\boldsymbol{\delta}_t$,可以根据 $\boldsymbol{\delta}_0,\dot{\boldsymbol{\delta}}_0,\ddot{\boldsymbol{\delta}}_0$ 由其他方法求得,故 Houbolt 法是三步法。

采用中心差分法的起步方法,在求得 $\boldsymbol{\delta}_{\Delta t},\dot{\boldsymbol{\delta}}_{\Delta t},\ddot{\boldsymbol{\delta}}_{\Delta t}$ 后代入式(1.127)和式(1.128),令 $t=0$ 得

$$\dot{\boldsymbol{\delta}}_{\Delta t}=\frac{1}{6\Delta t}(11\boldsymbol{\delta}_{\Delta t}-18\boldsymbol{\delta}_0+9\boldsymbol{\delta}_{-\Delta t}-2\boldsymbol{\delta}_{-2\Delta t}) \tag{1.131}$$

$$\ddot{\boldsymbol{\delta}}_{\Delta t}=\frac{1}{\Delta t^2}(2\boldsymbol{\delta}_{\Delta t}-5\boldsymbol{\delta}_0+4\boldsymbol{\delta}_{-\Delta t}-\boldsymbol{\delta}_{-2\Delta t}) \tag{1.132}$$

由以上两式可以求解出 $\boldsymbol{\delta}_{-\Delta t}$ 和 $\boldsymbol{\delta}_{-2\Delta t}$,这样利用式(1.130)求 $\boldsymbol{\delta}_{2\Delta t}$,如此可逐步求得系统在任意时刻的动力响应。

Houbolt 法和中心差分法的基本差别是 Houbolt 法中的刚度矩阵出现在方程(1.130)的右端,$\mathbf{K}\boldsymbol{\delta}_{t+\Delta t}$ 的出现是由于考虑到 $t+\Delta t$ 时刻的动力学方程,而不是像中心差分法一样考虑时刻 t 时的动力学方程。因此 Houbolt 法是隐式积分法,而中心差分法是显式积分法。Houbolt 法对线性动力学问题是无条件稳定的,其时间步长不受临界时间步长的限制,通常 Δt 选择比中心差分法(1.101)给定的大得多。

Houbolt 法的计算步骤如下:
1) 初始计算
(1) 形成质量矩阵 $\mathbf{M}$、刚度矩阵 $\mathbf{K}$ 和阻尼矩阵 $\mathbf{C}$。
(2) 确定初始条件 $\boldsymbol{\delta}_0,\dot{\boldsymbol{\delta}}_0,\ddot{\boldsymbol{\delta}}_0$。
(3) 选择时间步长 Δt 并计算积分常数:

$$a_0=\frac{2}{\Delta t^2},\quad a_1=\frac{11}{6\Delta t},\quad a_2=\frac{5}{\Delta t^2},\quad a_3=\frac{3}{\Delta t},\quad a_4=-2a_0,$$

$$a_5=-\frac{1}{2}a_3,\quad a_6=\frac{1}{2}a_0,\quad a_7=\frac{1}{9}a_3$$

(4) 采用中心差分法的起步方法,求出 $\boldsymbol{\delta}_{\Delta t},\dot{\boldsymbol{\delta}}_{\Delta t},\ddot{\boldsymbol{\delta}}_{\Delta t}$。
(5) 形成等效刚度矩阵:$\widetilde{\mathbf{K}}=\mathbf{K}+a_0\mathbf{M}+a_1\mathbf{C}$。
(6) 对等效刚度矩阵作三角分解为:$\widetilde{\mathbf{K}}=\mathbf{LDL}^{\mathrm{T}}$。
2) 对每一时间步长作计算
(1) 计算时刻 $t+\Delta t$ 的等效载荷

$$\widetilde{\mathbf{Q}}_{t+\Delta t}=\mathbf{Q}_{t+\Delta t}+\mathbf{M}[a_2\boldsymbol{\delta}_t+a_4\boldsymbol{\delta}_{t-\Delta t}+a_6\boldsymbol{\delta}_{t-2\Delta t}]+\mathbf{C}[a_3\boldsymbol{\delta}_t+a_5\boldsymbol{\delta}_{t-\Delta t}+a_7\boldsymbol{\delta}_{t-2\Delta t}] \tag{1.133}$$

(2) 求时刻 $t+\Delta t$ 的位移

$$\boldsymbol{\delta}_{t+\Delta t} = \widetilde{\boldsymbol{K}}^{-1}\widetilde{\boldsymbol{Q}}_{t+\Delta t} \tag{1.134}$$

(3) 求时刻 $t+\Delta t$ 的速度和加速度

$$\ddot{\boldsymbol{\delta}}_{t+\Delta t} = a_1\boldsymbol{\delta}_{t+\Delta t} - a_3\boldsymbol{\delta}_t - a_5\boldsymbol{\delta}_{t-\Delta t} - a_7\boldsymbol{\delta}_{t-2\Delta t} \tag{1.135}$$

$$\dot{\boldsymbol{\delta}}_{t+\Delta t} = a_0\boldsymbol{\delta}_{t+\Delta t} - a_2\boldsymbol{\delta}_t - a_4\boldsymbol{\delta}_{t-\Delta t} - a_6\boldsymbol{\delta}_{t-2\Delta t} \tag{1.136}$$

4. Wilson-θ 法

Wilson-θ 法假设加速度在 t 到 $t+\theta\Delta t$ 时间内是线性变化的,把加速度线性变化公式的范围扩展到 $s=\theta\Delta t$,如图 1.24 所示,其中 $\theta \geqslant 1$。由算法稳定性分析可知,Wilson-θ 法具有很好的数值稳定性,取 $\theta > 1.37$ 即可保证算法的稳定性。实践中一般取 $\theta=1.4$,最优值是 $\theta=1.420815$。

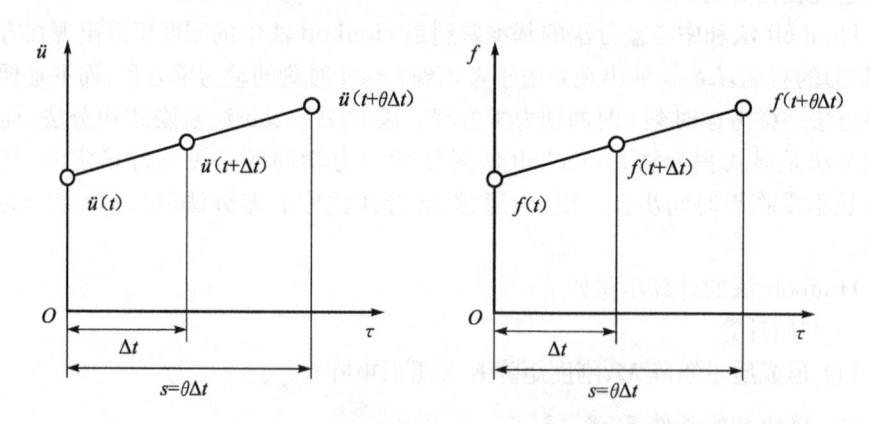

图 1.24 加速度线性变化公式范围的扩展

根据假设,在 t 到 $t+\theta\Delta t$,时间加速度表示为

$$\ddot{\boldsymbol{\delta}}_{t+\tau} = \ddot{\boldsymbol{\delta}}_t + \frac{\tau}{s}(\ddot{\boldsymbol{\delta}}_{t+\theta\Delta t} - \ddot{\boldsymbol{\delta}}_t) \tag{1.137}$$

式中,τ 表示时间增量。

设 $\tau=s=\theta\Delta t$,对上式积分一次,可得

$$\dot{\boldsymbol{\delta}}_{t+s} = \dot{\boldsymbol{\delta}}_t + s\ddot{\boldsymbol{\delta}}_t + \frac{s}{2}(\ddot{\boldsymbol{\delta}}_{t+\theta\Delta t} - \ddot{\boldsymbol{\delta}}_t) \tag{1.138}$$

再积分一次,得

$$\boldsymbol{\delta}_{t+s} = \boldsymbol{\delta}_t + s\dot{\boldsymbol{\delta}}_t + \frac{s^2}{2}\ddot{\boldsymbol{\delta}}_t + \frac{s^2}{6}(\ddot{\boldsymbol{\delta}}_{t+s} - \ddot{\boldsymbol{\delta}}_t) \tag{1.139}$$

将式(1.137)代入式(1.138)与式(1.139)可得

$$\dot{\boldsymbol{\delta}}_{t+s} = \dot{\boldsymbol{\delta}}_t + \frac{s}{2}(\ddot{\boldsymbol{\delta}}_{t+s} + \ddot{\boldsymbol{\delta}}_t) \tag{1.140}$$

$$\boldsymbol{\delta}_{t+s} = \boldsymbol{\delta}_t + s\dot{\boldsymbol{\delta}}_t + \frac{s^2}{6}(\ddot{\boldsymbol{\delta}}_{t+s} + 2\ddot{\boldsymbol{\delta}}_t) \tag{1.141}$$

由以上两式可以将 $\ddot{\boldsymbol{\delta}}_{t+s}$, $\dot{\boldsymbol{\delta}}_{t+s}$ 用 $\boldsymbol{\delta}_{t+s}$ 来表示。由式(1.141)可知

$$\ddot{\boldsymbol{\delta}}_{t+s} = \frac{6}{s^2}(\boldsymbol{\delta}_{t+s} - \boldsymbol{\delta}_t) - \frac{6}{s}\dot{\boldsymbol{\delta}}_t - 2\ddot{\boldsymbol{\delta}}_t \tag{1.142}$$

将式(1.142)代入式(1.140)可得

$$\dot{\boldsymbol{\delta}}_{t+s} = \frac{3}{s}(\boldsymbol{\delta}_{t+s} - \boldsymbol{\delta}_t) - 2\dot{\boldsymbol{\delta}}_t - \frac{s}{2}\ddot{\boldsymbol{\delta}}_t \tag{1.143}$$

考虑系统在 $t+s$ 时刻的动力学方程,将 t 时刻和 $t+\Delta t$ 时刻的荷载线性外插,得到在时刻 $t+s$ 的载荷向量 Q_{t+s}。

系统在 $t+s$ 时刻的动力学方程为

$$\boldsymbol{M}\ddot{\boldsymbol{\delta}}_{t+s} + \boldsymbol{C}\dot{\boldsymbol{\delta}}_{t+s} + \boldsymbol{K}\boldsymbol{\delta}_{t+s} = \boldsymbol{Q}_{t+s} \tag{1.144}$$

式中,$Q_{t+s} = Q_t + \theta(Q_{t+\Delta t} - Q_t)$。

将式(1.142)和式(1.143)代入式(1.144),可得

$$\widetilde{\boldsymbol{K}}\boldsymbol{\delta}_{t+s} = \widetilde{\boldsymbol{Q}}_{t+s} \tag{1.145}$$

式中,

$$\widetilde{\boldsymbol{K}} = \boldsymbol{K} + \frac{6}{s^2}\boldsymbol{M} + \frac{3}{s}\boldsymbol{C} \tag{1.146}$$

$$\widetilde{\boldsymbol{Q}}_{t+s} = \boldsymbol{Q}_t + \theta(\boldsymbol{Q}_{t+\Delta t} - \boldsymbol{Q}_t) + \boldsymbol{M}\left(\frac{6}{s^2}\boldsymbol{\delta}_t + \frac{6}{s}\dot{\boldsymbol{\delta}}_t + 2\ddot{\boldsymbol{\delta}}_t\right) + \boldsymbol{C}\left(\frac{3}{s}\boldsymbol{\delta}_t + 2\dot{\boldsymbol{\delta}}_t + \frac{s}{2}\ddot{\boldsymbol{\delta}}_t\right) \tag{1.147}$$

解方程(1.145)求得 $\boldsymbol{\delta}_{t+s}$,代入式(1.142)可求得 $\ddot{\boldsymbol{\delta}}_{t+s}$,再代入式(1.137),令 $\tau = \Delta t$,并将式(1.142)代入,可得

$$\ddot{\boldsymbol{\delta}}_{t+\Delta t} = \frac{6}{\theta^3 \Delta t^2}(\boldsymbol{\delta}_{t+\Delta t} - \boldsymbol{\delta}_t) - \frac{6}{\theta^2 \Delta t}\dot{\boldsymbol{\delta}}_t + \left(1 - \frac{3}{\theta}\right)\ddot{\boldsymbol{\delta}}_t \tag{1.148}$$

将式(1.142)代入式(1.138)、式(1.139)中,取 $\tau = \Delta t$ 得

$$\dot{\boldsymbol{\delta}}_{t+\Delta t} = \dot{\boldsymbol{\delta}}_t + \frac{1}{2}\Delta t(\ddot{\boldsymbol{\delta}}_{t+\Delta t} + \ddot{\boldsymbol{\delta}}_t) \tag{1.149}$$

$$\boldsymbol{\delta}_{t+\Delta t} = \boldsymbol{\delta}_t + \Delta t \dot{\boldsymbol{\delta}}_t + \frac{1}{6}\Delta t^2(\ddot{\boldsymbol{\delta}}_{t+\Delta t} + 2\ddot{\boldsymbol{\delta}}_t) \tag{1.150}$$

Wilson-θ 法的计算步骤如下:

1) 初始计算

(1) 形成质量矩阵 $\boldsymbol{M}$、刚度矩阵 $\boldsymbol{K}$ 和阻尼矩阵 $\boldsymbol{C}$。

(2) 确定初始条件 $\boldsymbol{\delta}_0, \dot{\boldsymbol{\delta}}_0, \ddot{\boldsymbol{\delta}}_0$。

(3) 选择时间步长 Δt,计算积分常数:$a_0 = \dfrac{6}{\theta^2 \Delta t^2}$,$a_1 = \dfrac{3}{\theta \Delta t}$,$a_2 = 2a_1$,$a_3 = \dfrac{\theta \Delta t}{2}$,$a_4 = \dfrac{a_0}{\theta}$,$a_5 = -\dfrac{a_2}{\theta}$,$a_6 = 1 - \dfrac{3}{\theta}$,$a_7 = \dfrac{\Delta t}{2}$,$a_8 = \dfrac{\Delta t^2}{6}$,其中 $\theta = 1.4$。

(4) 形成等效刚度矩阵 $\widetilde{\boldsymbol{K}} = \boldsymbol{K} + a_0 \boldsymbol{M} + a_1 \boldsymbol{C}$。

(5) 对等效刚度矩阵作三角分解 $\widetilde{\boldsymbol{K}} = \boldsymbol{L}\boldsymbol{D}\boldsymbol{L}^{\mathrm{T}}$。

2) 对每一时间步长计算

(1) 计算时刻 $t + \theta \Delta t$ 的等效载荷

$$\widetilde{\boldsymbol{Q}}_{t+\theta\Delta t} = \boldsymbol{Q}_t + \theta(\boldsymbol{Q}_{t+\Delta t} - \boldsymbol{Q}_t) + \boldsymbol{M}(a_0 \boldsymbol{\delta}_t + a_2 \dot{\boldsymbol{\delta}}_t + 2\ddot{\boldsymbol{\delta}}_t) + \boldsymbol{C}(a_1 \boldsymbol{\delta}_t + 2\dot{\boldsymbol{\delta}}_t + a_3 \ddot{\boldsymbol{\delta}}_t) \tag{1.151}$$

(2) 计算时刻 $t + \theta \Delta t$ 的位移

$$\boldsymbol{\delta}_{t+\theta\Delta t} = \widetilde{\boldsymbol{K}}^{-1} \widetilde{\boldsymbol{Q}}_{t+\theta\Delta t} \tag{1.152}$$

(3) 计算时刻 $t + \Delta t$ 的位移、速度和加速度

$$\boldsymbol{\delta}_{t+\Delta t} = \boldsymbol{\delta}_t + \Delta t \dot{\boldsymbol{\delta}}_t + a_8 (\ddot{\boldsymbol{\delta}}_{t+\Delta t} + 2\ddot{\boldsymbol{\delta}}_t) \tag{1.153}$$

$$\dot{\boldsymbol{\delta}}_{t+\Delta t} = \dot{\boldsymbol{\delta}}_t + a_7 (\ddot{\boldsymbol{\delta}}_{t+\Delta t} + \ddot{\boldsymbol{\delta}}_t) \tag{1.154}$$

$$\ddot{\boldsymbol{\delta}}_{t+\Delta t} = a_4 (\boldsymbol{\delta}_{t+\theta\Delta t} - \boldsymbol{\delta}_t) + a_5 \dot{\boldsymbol{\delta}}_t + a_6 \ddot{\boldsymbol{\delta}}_t \tag{1.155}$$

1.4.4 辛数学方法

辛数学从力学中提出,在许多学科中发挥了重要作用。力学中有多门学科相互之间是密切联系的,他们有一个公共的理论体系,只要换成辛对偶变量体系,就可以建立起这个公共理论体系(包含拉格朗日方程、最小作用量原理、哈密顿正则方程、正则变换、哈密顿-雅可比理论等)之间的通道[4]。

对于多个(n 个)自由度的一般线性振动方程

$$\boldsymbol{M}\ddot{\boldsymbol{q}} + \boldsymbol{C}\dot{\boldsymbol{q}} + \boldsymbol{K}\boldsymbol{q} = f(t) \tag{1.156}$$

其对应的哈密顿作用量为

$$S = \int_0^{t_f} L(\boldsymbol{q}, \dot{\boldsymbol{q}}) \mathrm{d}t \tag{1.157}$$

它是待求位移 $\boldsymbol{q}(t)$ 的泛函。对该多自由度振动方程作变换,引入对偶变量(动量)

$$\boldsymbol{p} = \partial L / \partial \dot{\boldsymbol{q}} = \boldsymbol{M}\dot{\boldsymbol{q}} + \boldsymbol{C}\boldsymbol{q}/2 \tag{1.158}$$

求解给出

$$\dot{\boldsymbol{q}} = -\boldsymbol{M}^{-1}\boldsymbol{C}\boldsymbol{q}/2 + \boldsymbol{M}^{-1}\boldsymbol{p} \tag{1.159}$$

并引入哈密顿函数

$$H(\boldsymbol{q}, \boldsymbol{p}) = \boldsymbol{p}^{\mathrm{T}} \dot{\boldsymbol{q}} - L(\boldsymbol{q}, \dot{\boldsymbol{q}})$$

$$= p^{\mathrm{T}}M^{-1}p/2 - p^{\mathrm{T}}M^{-1}Cq/2 + q^{\mathrm{T}}(K+C^{\mathrm{T}}M^{-1}C/4)q/2 \tag{1.160}$$

式(1.160)可写为

$$H(q,p) = p^{\mathrm{T}}Dp/2 + p^{\mathrm{T}}Aq + q^{\mathrm{T}}Bq/2$$

$$D = M^{-1}, \quad A = -M^{-1}C/2, B = K + C^{\mathrm{T}}M^{-1}C/4 \tag{1.161}$$

D 阵为对称正定,而对称阵 B 未必能保证为正定。变分原理依然为

$$S = \int_{t_0}^{t_f} [p^{\mathrm{T}}\dot{q} - H(q,p)]\mathrm{d}t, \quad \delta S = 0 \tag{1.162}$$

于是对偶正则方程便成为

$$\dot{v} = Hv, \quad H = \begin{bmatrix} A & D \\ -B & -A^{\mathrm{T}} \end{bmatrix}, \quad \dot{v} = J \cdot \partial H/\partial v \tag{1.163}$$

常微分方程(1.163)的求解可以采用直接积分法,也可采用分离变量法。在进行分离变量时,令

$$v(t) = \psi \cdot \varphi(t) \tag{1.164}$$

式中,ψ 是一个 $2n$ 维的常值向量;$\varphi(t)$ 是一个纯量函数而与向量的下标无关。

代入式(1.163)导出

$$\psi \cdot (\dot{\varphi}/\varphi) = H\psi \tag{1.165}$$

方程(1.165)右侧与时间无关,故 $\dot{\varphi}/\varphi = \mu$ 是个常数,从而有

$$H\psi = \mu\psi, \varphi = \exp(\mu t) \tag{1.166}$$

这即为 H 矩阵的本征问题。H 是哈密顿矩阵,且有

$$\begin{cases} JH = \begin{bmatrix} -B & -A \\ -A^{\mathrm{T}} & -D \end{bmatrix}^{\mathrm{T}} = (JH)^{\mathrm{T}}, \quad J = \begin{bmatrix} 0 & I_n \\ -I_n & 0 \end{bmatrix} \\ JJ = -I_{2n}, \quad J^{\mathrm{T}} = J^{-1} = -J, \quad JHJ = H^{\mathrm{T}} \end{cases} \tag{1.167}$$

哈密顿矩阵 H 的定义就是,$JH = (JH)^{\mathrm{T}}$ 是对称矩阵。线性系统的哈密顿矩阵 H 与哈密顿函数的关系为:$H(q,p) = H(v) = -v^{\mathrm{T}}(JH)v/2$。

哈密顿矩阵本征值的特点是,若 μ 是其本征值,则 $-\mu$ 也一定是其本征值。于是 H 阵的 $2n$ 个本征值可划分为两类:

$$\begin{array}{l} \text{Ⅰ) } \mu_i, \text{Re}(\mu_i) \leqslant 0, \text{Im}(\mu_i) > 0, \quad i=1,2,\cdots,n \\ \text{Ⅱ) } \mu_{n+i}, \mu_{n+i} = -\mu_i \end{array} \tag{1.168}$$

其中,$\text{Re}(\mu_i) = 0$ 的情况是特殊的。若 $\mu = 0$ 是本征值时,它必是一个重根,因 $\mu = -\mu$,并且会出现约当型。μ_i 与 μ_{n+i} 的一对本征解称为互相辛共轭。出现 J 阵,则表示有辛的性质,即 H 阵的本征向量有辛正交的性质。辛正交表示为

$$\psi_i^{\mathrm{T}}J\psi_j = 0, \quad \psi_i^{\mathrm{T}}J\psi_i = 0, \quad \mu_i + \mu_j \neq 0 \tag{1.169}$$

普通的对称阵本征向量间亦有正交性,但中间是 I 阵或对于广义本征问题,中间有非负的对称质量阵 M。J 阵反对称是辛的特点。任一向量必定自相辛正交。当然,当 $\mu_i + \mu_j \neq 0$ 时,也必有 $\psi_i^{\mathrm{T}}JH\psi_j = 0$。

本征向量可以乘一个任意的常数因子。因此可以要求 $\boldsymbol{\psi}_i^T \boldsymbol{J} \boldsymbol{\psi}_{n+i} = 1$，必有 $\boldsymbol{\psi}_{n+i}^T \boldsymbol{J} \boldsymbol{\psi}_i = -1$，这种关系称为归一化。因此常称为共轭辛正交归一关系。应该注意到，$\boldsymbol{\psi}_i$ 与 $\boldsymbol{\psi}_{n+i}$ 各有一个常数可乘。当 $\mathrm{Re}(\mu_i) < 0$ 时，可以再规定，例如 $\boldsymbol{\psi}_i^T \boldsymbol{\psi}_i = \boldsymbol{\psi}_{n+i}^T \boldsymbol{\psi}_{n+i}$。将全部本征向量按编号排成列，而构成 $2n \times 2n$ 阵

$$\boldsymbol{\psi} = [\boldsymbol{\psi}_1, \boldsymbol{\psi}_2, \cdots, \boldsymbol{\psi}_n; \boldsymbol{\psi}_{n+1}, \boldsymbol{\psi}_{n+2}, \cdots, \boldsymbol{\psi}_{2n}] \tag{1.170}$$

则根据共轭辛正交归一关系有

$$\boldsymbol{\psi}^T \boldsymbol{J} \boldsymbol{\psi} = \boldsymbol{J} \tag{1.171}$$

由此可知，$\boldsymbol{H}$ 的本征向量矩阵 $\boldsymbol{\psi}$ 是一个辛矩阵。$\boldsymbol{\psi}$ 的行列式值为 1，故知其所有的列向量，即本征向量，张成了 $2n$ 维空间的一组基底。因此，$2n$ 维空间内任意向量皆可由本征向量来展开。即任一向量 $\boldsymbol{v}$ 可表示为

$$\begin{cases} \boldsymbol{v} = \sum_{i=1}^{n} [a_i \boldsymbol{\psi}_i + b_i \boldsymbol{\psi}_{n+i}] \\ a_i = -\boldsymbol{\psi}_{n+i}^T \boldsymbol{J} \boldsymbol{v}, b_i = \boldsymbol{\psi}_i^T \boldsymbol{J} \boldsymbol{v} \end{cases} \tag{1.172}$$

这就是哈密顿本征向量的展开定理。

本征向量矩阵 $\boldsymbol{\psi}$ 满足方程

$$\boldsymbol{H} \boldsymbol{\psi} = \boldsymbol{\psi} \boldsymbol{D}_p, \quad \boldsymbol{D}_p = \mathrm{diag}[\mathrm{diag}(\mu_i) - \mathrm{diag}(\mu_i)] \tag{1.173}$$

式中，$\mathrm{diag}(\mu_i) = \mathrm{diag}(\mu_1, \mu_2, \cdots, \mu_n)$。应该注意，以上的推导都是在所有的本征值 μ_i 皆为单根的条件下做出的。在此条件下还应当补充一个证明，即相互辛共轭的本征向量 $\boldsymbol{\psi}_i$ 与 $\boldsymbol{\psi}_{n+i}$ 不可能互相辛正交。否则任意常数因子是无法达成式(1.169)的辛共轭归一性质的。

下面以单自由度线性系统为例，介绍哈密顿-雅可比方程的辛数学求解方法。

1. 辛表述

引入状态向量

$$\boldsymbol{v} = \{x \quad p\}^T \tag{1.174}$$

哈密顿正则方程(1.53)可以合并写成联立的一阶微分方程(1.175)。

$$\dot{x} = \partial H / \partial p, \quad \dot{p} = -\partial H / \partial x \tag{1.175}$$

$$\dot{\boldsymbol{v}}(t) = \boldsymbol{J} \cdot \partial H / \partial \boldsymbol{v} \tag{1.176}$$

式(1.175)中有纯量函数 $H(x, p) = H(\boldsymbol{v})$ 对向量 $\boldsymbol{v}$ 的微商，仍给出向量

$$\partial H(x, p) / \partial \boldsymbol{v} = \{\partial H / \partial x \quad \partial H / \partial p\}^T \tag{1.177}$$

式中，$\boldsymbol{J} = \begin{bmatrix} 0 & 1 \\ -1 & 0 \end{bmatrix}$，此处的 $\boldsymbol{J}$ 对应式(1.167)中 $n=1$ 的情况。

将 $\boldsymbol{J}$ 带入(1.175)得到对偶方程

$$\dot{x} = p/m, \quad \dot{p} = -kx \tag{1.178}$$

可写成矩阵/向量的形式

$$\dot{v}(t) = Hv \tag{1.179}$$

式中，H 是哈密顿矩阵，

$$H = \begin{bmatrix} 0 & 1/m \\ -k & 0 \end{bmatrix} = \begin{bmatrix} 0 & 1 \\ -\omega^2 & 0 \end{bmatrix}/m, \quad J = \begin{bmatrix} 0 & 1 \\ -1 & 0 \end{bmatrix} \tag{1.180}$$

$$(JH)^{\mathrm{T}} = JH \tag{1.181}$$

哈密顿矩阵 H 的特点是 JH 为对称矩阵。

求解对偶方程组(1.179)可以采用精细积分法或分离变量法。后者给出本征问题

$$H\psi = \mu\psi \tag{1.182}$$

式中，ψ 是本征向量。本征特征方程 $\det(H - \mu I) = \mu^2 + k/m = 0$，给出本征值 $\mu = \pm i\omega$，$\omega = \sqrt{k/m}$。如 μ 是本征值，则 $-\mu$ 也是本征值。这是哈密顿矩阵本征值的特点。本征向量为

$$\mu_1 = i\omega, \quad \psi_1 = \begin{Bmatrix} 1 \\ i\omega m \end{Bmatrix}, \quad \mu_2 = -i\omega, \quad \psi_2 = \begin{Bmatrix} i\omega/k \\ 1 \end{Bmatrix} \tag{1.183}$$

且，

$$\psi_1^{\mathrm{T}} J \psi_2 = 1 + m\omega^2/k = 2 \tag{1.184}$$

两个本征向量 $\psi_1/\sqrt{2}$ 与 $\psi_2/\sqrt{2}$ 互相间成辛对偶归一。

2. 求解

根据作用量定义

$$S = \int_0^{t_f} L(x, \dot{x}, t) \mathrm{d}t, \quad \delta S = 0 \tag{1.185}$$

固定 t 让 x 发生变化 δx，则有

$$\begin{aligned}
\delta S &= \int_0^t \delta L(x, \dot{x}_1) \mathrm{d}t_1 \\
&= \int_0^t [(\partial L/\partial x_1)\delta x_1 + (\partial L/\partial \dot{x}_1)\delta \dot{x}_1] \mathrm{d}t_1 \\
&= \int_0^t [(\partial L/\partial x_1) - (\mathrm{d}/\mathrm{d}t_1)(\partial L/\partial \dot{x}_1)]\delta x_1 \mathrm{d}t_1 + [(\partial L/\partial \dot{x}_1)\delta x_1]_0^t \\
&= (\partial L/\partial \dot{x})\delta x \\
&= p\delta x
\end{aligned} \tag{1.186}$$

其中考虑了域内轨道 $x_1(t_1)$ 随 δx 而发生的变化。推导时运用了分部积分与拉格朗日方程。由此可以得出

$$\partial S/\partial x = p \tag{1.187}$$

因此可以得到一般的全微分

$$\begin{aligned}dS &= (\partial S/\partial x)\cdot dx + (\partial S/\partial t)\cdot dt \\ &= pdx + (\partial S/\partial t)\cdot dt \\ &= pdx - H(x,p,t)\cdot dt\end{aligned} \quad (1.188)$$

式(1.188)是对作用量 $S(x,t)$ 函数的一阶微分方程,成为哈密顿-雅可比方程。在线性一维振动中,哈密顿函数为

$$H(x,p) = (p^2 + m^2\omega^2 x^2)/(2m), \quad \omega = \sqrt{k/m} \quad (1.189)$$

式中,m,k 是质量与弹簧常数;ω 为圆周率。

哈密顿-雅可比方程为

$$\partial S/\partial t + [(\partial S/\partial x)^2 + m^2\omega^2 x^2]/(2m) = 0 \quad (1.190)$$

因为该方程中 t 只出现于 $\partial S/\partial t$ 中,故其解必为

$$S(x,\alpha,t) = W(x,\alpha) - \alpha t \quad (1.191)$$

式中,α 为积分常数。对 W 的方程为

$$[(dW/dx)^2 + m^2\omega^2 x^2]/(2m) = \alpha \quad (1.192)$$

这样 α 就是守恒的机械能,偏微分方程也就成为常微分方程。对 W 积分得

$$\begin{aligned}W &= \sqrt{2m\alpha}\int \sqrt{1 - m\omega^2 x^2/(2\alpha)}\,dx \\ &= (\alpha/\omega)[\arcsin(wx) + wx\sqrt{1 - w^2 x^2}]\end{aligned} \quad (1.193)$$

$$w = \sqrt{m\omega^2/(2\alpha)} \quad (1.194)$$

$$S = \sqrt{2m\alpha}\int \sqrt{1 - m\omega^2 x^2/(2\alpha)}\,dx - \alpha t \quad (1.195)$$

哈密顿-雅可比方程的完全解 $S(x,\alpha,t)$ 可用做正则变换的生成函数。重要的是如式(1.196)所示的偏微商必为常数。

$$\begin{aligned}\beta &= -\partial S/\partial \alpha = t - \sqrt{2m/\alpha}\int dx/\sqrt{1 - m\omega^2 x^2/(2\alpha)} \\ &= t - \arcsin[x\sqrt{m\omega^2/(2\alpha)}]/\omega\end{aligned} \quad (1.196)$$

由此解出的 x 作为时间 t 及两个积分常数 α,β 的函数为

$$x = \sqrt{2\alpha/(m\omega^2)}\sin[\omega(t-\beta)] \quad (1.197)$$

式(1.197)即为简谐振子的解。动量则由式(1.187)有

$$p = \partial S/\partial x = \partial W/\partial x = \sqrt{2m\alpha - m^2\omega^2 x^2} \quad (1.198)$$

将式(1.197)代入式(1.198)得

$$p = \sqrt{2m\alpha}\cos[\omega(t-\beta)] \quad (1.199)$$

这个 p 与 $m\dot{x}$ 正相符合。为了与求解 Riccati 方程的方法相衔接,应注意式

(1.200)
$$p/x = m\omega\cot[\omega(t-\beta)] \qquad (1.200)$$
α,β 还应由初始条件 x_0,p_0 来定出。首先
$$p_0^2/(2m\alpha) + m\omega^2 x_0^2/(2\alpha) = 1, \quad \alpha = p_0^2/(2m) + m\omega^2 x_0^2/2 \qquad (1.201)$$
然后由 $\tan(\omega\beta) = -[x_0/\sqrt{2\alpha/(m\omega^2)}]/(p_0/\sqrt{2m\alpha}) = -m\omega x_0/p_0$ 定出初始相角 β_0。其中，α,β 分别代表振动的振幅与角度。

1.5 理论模型的系统分析方法

机车车辆运行时受到轨道不平顺的激励，会使车辆系统产生持续的振动。除了轨道的外部激励外，车辆系统内部悬挂结构、参数和走行方式不同等因素也会影响车辆的振动。通过分析轨道不平顺激起的车体垂向振动特性，研究外激励下系统振动规律以及系统结构参数对系统振动的影响。

1.5.1 阻尼对振动衰减的影响

如图 1.25 所示，单自由度车体沉浮振动的一般方程可以表示为
$$M\ddot{u}(t) + C\dot{u}(t) + Ku(t) = F(t) \qquad (1.202)$$
车辆系统采用减振器以减小振动，其对振动的衰减程度的影响可通过阻尼比进行判断。所谓阻尼比 ξ，就是系统的阻尼系数对临界阻尼系数的比值。
$$\xi = \frac{C}{C_c} = \frac{C}{2M\omega_n} \qquad (1.203)$$
式中，C 为系统的阻尼系数；C_c 为系统的临界阻尼，定义 $C_c = 2M\omega_n$，ω_n 为系统的固有频率。

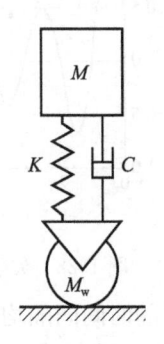

图 1.25 车体沉浮动力学模型

1. 临界阻尼状态($\xi=1$)

阻力使振动物体刚不能作周期性振动而又能最快地回到平衡位置的情况，称为"临界阻尼"。这种运动按指数规律很快衰减，至多只过平衡点一次，没有振荡特性。图 1.26 中实线是临界阻尼条件下典型的时间历程。

2. 过阻尼状态($\xi>1$)

如果阻尼继续增大，系统运动至多只过平衡位置一次就会逐渐回到平衡位置，没有振荡特性。如图 1.27 所示，过阻尼系统的运动按指数规律衰减。

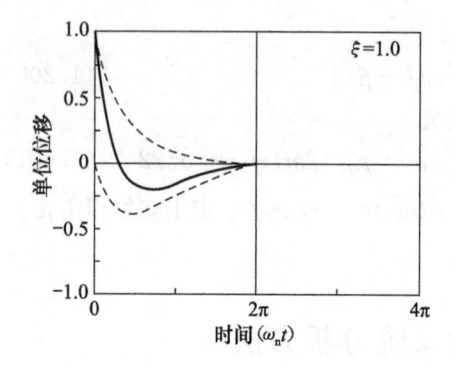

图 1.26　临界阻尼系统的自由衰减运动 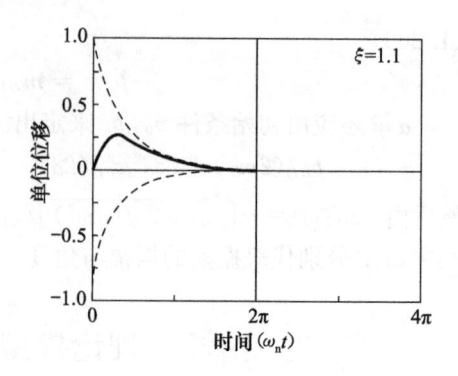　　　图 1.27　过阻尼系统的自由衰减运动

3. 欠阻尼状态（$\xi<1$）

系统如果所受的阻尼力较小，则要振动很多次，而振幅则在逐渐减小，最后达到平衡位置，即系统处于欠阻尼状态。图 1.28 中实线是欠阻尼条件下典型的位移时间历程。它在系统的平衡位置附近往复振动，但幅值不断衰减，不再是周期振动。

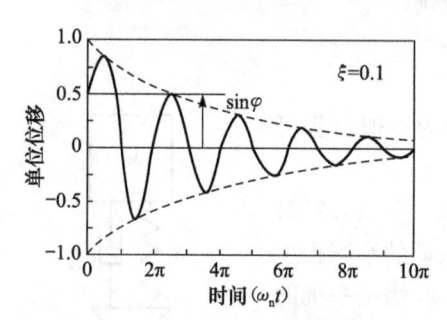

通过图 1.28 可以看出其振动特性：

（1）阻尼系统的自由振动振幅按指数规律衰减。

图 1.28　欠阻尼系统的衰减振动

（2）阻尼系统的自由振动是非周期振动，但其相邻两次沿同一方向经过平衡位置的时间间隔均为

$$T_d = \frac{2\pi}{\omega_n \sqrt{1-\xi^2}} = \frac{2\pi}{\omega_d} \tag{1.204}$$

式中，T_d 为阻尼振动周期或自然周期；ω_d 为系统的阻尼振动频率或自然频率，定义 $\omega_d = \omega_n \sqrt{1-\xi^2}$。必须指出，衰减振动的周期只是说明它具有等时性，而不意味着它具有周期性。

（3）为了描述振幅衰减的快慢，引入振幅对数衰减率。它定义为经过一个自然周期相邻两个振幅之比的自然对数，即

$$\delta = \xi \omega_n T_d = \frac{2\pi\xi}{\sqrt{1-\xi^2}} \tag{1.205}$$

由此可见，振幅对数衰减率仅取决于阻尼比。图 1.29 中实线是两者间的关系曲线。对于小阻尼比情况，式（1.205）可近似取为

$$\delta \approx 2\pi\xi \tag{1.206}$$

1.5.2 幅频特性分析

幅频特性分析是研究外激励在不同频率条件下,系统响应的幅值和相位差随频率变化的情况。以车辆系统受谐波形式的轨面不平顺激励为例,分析系统响应的频率特性。

在谐波形式的轨面不平顺激励下,外激励 $F(t)=F\sin(\omega t+\varphi)$,此时车辆系统动力学方程为

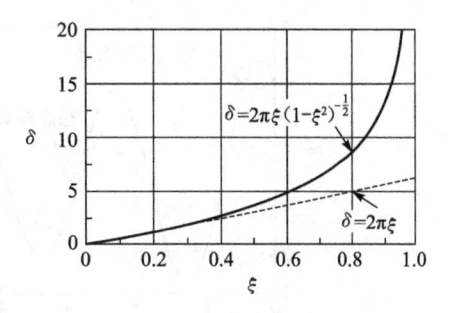

图 1.29 振幅对数衰减率与阻尼比的关系

$$M\ddot{u}(t)+C\dot{u}(t)+Ku(t)=F\sin(\omega t+\varphi) \quad (1.207)$$

其解应为其齐次方程通解和非齐次方程的一个特解叠加而成,即

$$u(t)=\tilde{u}(t)+u^*(t) \quad (1.208)$$

式(1.208)中,$\tilde{u}(t)$、$u^*(t)$ 分别满足以下方程:

$$M\ddot{\tilde{u}}(t)+C\dot{\tilde{u}}(t)+K\tilde{u}(t)=0 \quad (1.209)$$

$$M\ddot{u}^*(t)+C\dot{u}^*(t)+Ku^*(t)=F\sin(\omega t+\varphi) \quad (1.210)$$

由微分方程关于解的理论,方程的解可以表示为

$$\tilde{u}(t)=\mathrm{e}^{-\xi\omega_n t}[a_1\cos(\omega_d t)+a_2\sin(\omega_d t)] \quad (1.211)$$

$$u^*(t)=B_d\sin(\omega t+\psi_d) \quad (1.212)$$

式中,a_1、a_2、B_d、ψ_d 为系统求解参数。

图 1.30 绘出式(1.208)给出的一个解。从图中可以看出,在简谐力作用下受迫振动响应具有如下特征:

(1) 总振动响应是一个类似于阻尼自由振动响应的通解和一个简谐振动的特解叠加。

(2) 随时间增加,通解部分的幅值逐渐衰减,直到可忽略不计,故称其为瞬态振动;而特解部分响应振幅不随时间变化,故称其为稳态振动。瞬态振动由系统的初始位移及初始速度决定,而稳态振动与初始条件无关,其频率等于激励频率,幅值和相位取决于激励幅值和系统参数。

(3) 由给定的初始条件出发,系统的振动响应由指数衰减振动 $\tilde{u}(t)$ 和简谐振动叠加而成,呈现较为复杂的波形。随时间增加,$\tilde{u}(t)$ 趋于零,而简谐振动 $u^*(t)$ 成为主要成分。这个阶段为过渡过程,过渡过程只经历一个不长的时间,系统阻尼越大,过渡过程持续的时间越短。

(4) 经过一段时间后,受迫振动响应将以简谐振动 $u^*(t)$ 为主,这一阶段称为稳态过程。

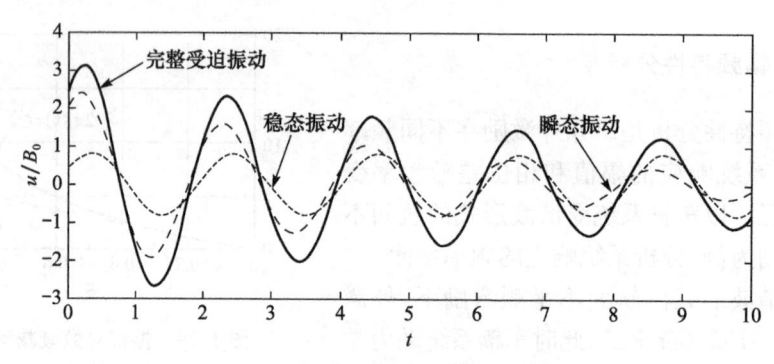

图 1.30 简谐受迫振动解的构成

系统的过渡过程短暂,因此更关心车辆系统在简谐激励下的稳态响应。为了便于分析,定义两个量纲为 1 的参数:频率比 λ 和位移振幅放大因子 β_d,即

$$\lambda = \frac{\omega}{\omega_n} \tag{1.213}$$

$$\beta_d = \frac{B_d}{B_0} = \frac{B_d}{F/K} \tag{1.214}$$

式中,B_d 为稳态振动振幅;$B_0 = F/K$ 是静力 F 作用下的位移。

将特解(1.212)代入方程(1.210),反求解可得

$$\begin{cases} B_d = \dfrac{F}{\sqrt{(K-M\omega^2)^2 + (C\omega)^2}} \\ \tan\psi_d = -\dfrac{C\omega}{K-M\omega^2} \end{cases} \tag{1.215}$$

根据式(1.213)、式(1.214),式(1.215)化为

$$\begin{cases} \beta_d = \dfrac{1}{\sqrt{(1-\lambda^2)^2 + (2\xi\lambda)^2}} \\ \psi_d = \arctan\left(-\dfrac{2\xi\lambda}{1-\lambda^2}\right) \end{cases} \tag{1.216}$$

由此可以看出,稳态振动的幅值 B_d 随外激励 ω 的变化可以通过 β_d-λ 之间的关系曲线描述,即位移幅频特性曲线,如图 1.29 所示;同样稳态振动的初相位 ψ_d 随外激励 ω 的变化可以通过 ψ_d-λ 之间的关系曲线描述,即位移相频特性曲线,如图 1.30 所示。显然,系统的阻尼对这两条曲线是有影响的,因此每一条幅频特性曲线或相频特性曲线都是在给定的阻尼比下绘制的。

从图 1.31 可知,

(1) 在 $\lambda=1$($\omega=\omega_n$)左侧附近,位移幅频特性曲线出现峰值,阻尼比越小,峰值越高。

(2) 在激励频率相对系统固有频率很小时,即 $\lambda \ll 1$ 时,$\beta_d \approx 1$,此时稳态振动的振幅 B_d 与拟静态位移 $B_0 = F/K$ 接近。

(3) 在激励频率相对系统固有频率很大时，即 $\lambda \gg 1$ 时，$\beta_d \approx 0$，此时稳态振动的振幅 $B_d \approx 0$，系统在稳态时几乎静止不动。

从图 1.32 可知，

(1) 在 $\lambda=1$ 上，不管阻尼比如何变化，位移在相位上总是落后于激励 $\pi/2$。

(2) 当阻尼比很小时，在 $\lambda=1$ 左右两侧 ψ_d 相位差接近 π，因而通常称 $\lambda=1$ 为"反相点"。

(3) 当 $\lambda=0.707$ 时，ψ_d-λ 之间的关系曲线在 $\lambda<1$ 时接近为直线。

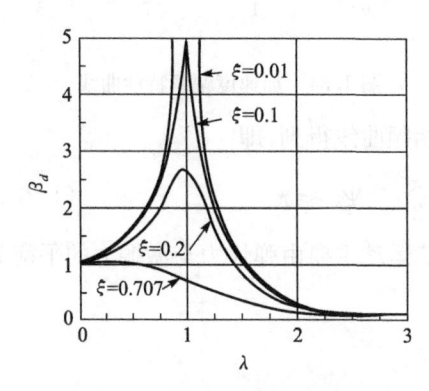

图 1.31　位移幅频特性曲线　　图 1.32　位移相频特性曲线

稳态响应的速度、加速时间历程通过式(1.212)求导即可得出

$$\dot{u}^*(t) = \omega B_d \cos(\omega t + \psi_d) = B_v \cos(\omega t + \psi_d) \tag{1.217}$$

$$\ddot{u}^*(t) = -\omega^2 B_d \sin(\omega t + \psi_d) = -B_a \sin(\omega t + \psi_d) \tag{1.218}$$

同样，可以定义速度振幅与加速度振幅放大因子

$$\beta_v = \frac{B_v}{\omega_n B_0} = \lambda \beta_d = \frac{\lambda}{\sqrt{(1-\lambda^2)^2 + (2\xi\lambda)^2}} \tag{1.219}$$

$$\beta_a = \frac{B_a}{\omega_n^2 B_0} = \lambda^2 \beta_d = \frac{\lambda^2}{\sqrt{(1-\lambda^2)^2 + (2\xi\lambda)^2}} \tag{1.220}$$

对应的速度幅频特性曲线、加速度幅频特性曲线如图 1.33 和图 1.34 所示。

根据上述分析可知稳态响应具有如下特性。

1) 低频段 $(0 \leqslant \lambda < 1)$

由各幅频特性曲线可知，

$$\beta_d \approx 1, \quad \beta_v \approx 0, \quad \beta_a \approx 0 \tag{1.221}$$

这表明：在低频段振动的位移振幅近似等于激振力幅作用下的静位移，而速度振幅、加速度振幅近似于零，此时可将系统看作静态。因而，稳态位移幅值可近似取为

$$B_d = \beta_d B_0 \approx B_0 = \frac{f_0}{k} \tag{1.222}$$

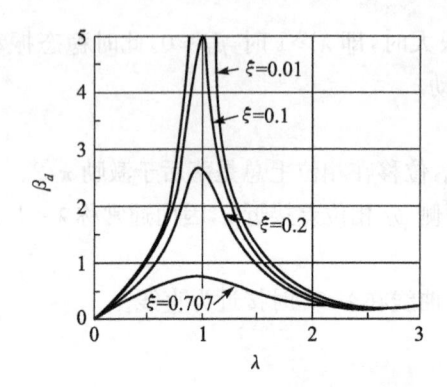

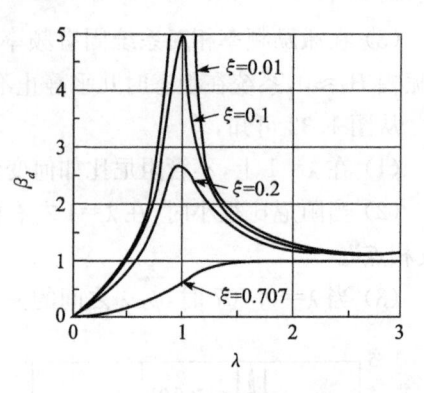

图 1.33　速度幅频特性曲线　　图 1.34　加速度幅频特性曲线

稳态振动与激振力间的相位差分别由相频曲线得到，即

$$\Psi_d \approx 0, \quad \Psi_v \approx \frac{\pi}{2}, \quad \Psi_a \approx \pi \tag{1.223}$$

这表明：位移与激振力基本同相位，系统运动主要由弹性力与激振力的平衡关系给出，系统基本呈弹性。

2) 高频段($\lambda > 1$)

在高频段有

$$\begin{cases} \beta_d \approx 0, \quad \beta_v \approx 0, \quad \beta_a \approx 1 \\ \Psi_d \approx -\pi, \quad \Psi_v = -\frac{\pi}{2}, \quad \Psi_a \approx 0 \end{cases} \tag{1.224}$$

这表明：系统在高频段的稳态位移和速度都很小，而稳态加速度幅值为

$$B_a = \beta_a \omega_n^2 B_0 \approx \omega_n^2 B_0 = \frac{\omega_n^2 f_0}{k} = \frac{f_0}{m} \tag{1.225}$$

同时，加速度与激振力基本同相位，故系统运动主要由惯性力与激振力间的平衡关系给出，系统基本呈惯性。

3) 共振($\lambda \approx 1$)

对于 $0 < \xi < \frac{1}{\sqrt{2}} \approx 0.707$ 的欠阻尼系统，当激励频率由低向高缓慢增加时，系统稳态振动的位移、速度和加速度振幅都会在 $\lambda \approx 1$ 时出现极大值，系统发生强烈振动，类似于无阻尼系统，这种现象被称为共振。

$$\beta_d = \frac{1}{\sqrt{(1-\lambda^2)^2 + (2\xi\lambda)^2}} \tag{1.226}$$

对式(1.226)求极值，可求出位移振幅达到极大值的频率比为

$$\lambda_d = \sqrt{1 - 2\xi^2} \tag{1.227}$$

若称这种极值现象是位移共振，则位移共振频率略低于系统固有频率。类似

的,可求出速度共振的激励频率恰好就是系统的固有频率,即

$$\lambda_v = 1$$

而加速度共振的频率比为

$$\lambda_a = \frac{1}{\sqrt{1-2\xi^2}} \tag{1.228}$$

即加速度共振频率略高于系统固有频率。

对于常见的小阻尼比系统,上述几种共振频率差异很小。为统一起见,定义系统的共振频率比为 $\lambda=1$,即激振频率等于系统固有频率时为共振。显然,速度共振频率恰好就是共振频率,速度共振精确地反映了系统共振特性。

所以,当 $\lambda=1$ 时,系统的位移、速度和加速度振幅放大系数均相等,即

$$\beta_d |_{\lambda=1} = \beta_v |_{\lambda=1} = \beta_a |_{\lambda=1} = \frac{1}{2\xi} \tag{1.229}$$

从而有稳态速度幅值

$$B_v = \beta_v \omega_n B_0 \approx \frac{\omega_n B_0}{2\xi} = \frac{f_0}{2\xi \sqrt{mk}} = \frac{f_0}{c} \tag{1.230}$$

而位移、速度、加速度与激振力间的相位差分别为

$$\Psi_d \approx -\frac{\pi}{2}, \quad \Psi_v \approx 0, \quad \Psi_a \approx \frac{\pi}{2} \tag{1.231}$$

式(1.231)表明,共振时系统速度与激振力同相位,故又称之为相位共振。从相频特性曲线上可清楚地看出,不同阻尼比的相频特性曲线都通过对应频率比 $\lambda=1$ 的公共点。共振时弹性力和惯性力平衡,系统响应由阻尼力与激振力间的平衡关系确定,系统基本呈阻尼特性。

应当注意的是,共振对系统是有害的,共振会使系统产生过大的振动、噪声和动应力,导致系统功能失效,甚至完全破坏,应尽量避免。

1.5.3 频谱分析

1. 复杂周期振动的频谱分析

信号的频谱(spectrum)是信号幅度或功率随频率变化的关系,为信号的傅里叶变换(FFT),故又称为信号的傅里叶谱,定义为[5]

$$X(f) = \int_{-\infty}^{\infty} x(t) e^{-j2\pi ft} dt \tag{1.232}$$

频谱分析是复杂周期性振动测量中应用最为广泛的一种分析法,该方法可以求得振动信号中的各组成谐波的频率、幅值和相位,了解频率结构。其中反映幅值和频率间关系的频谱称为幅度频谱,反映相位与频率间关系的频谱称为相频谱。

1) 扫描分析法

扫描分析法是一种典型的频谱分析法。分析系统一般由传感器、前置放大器(电荷放大器)或测振仪(电压放大器)、带通滤波器(一般为恒定百分比带宽滤波器)和点评记录仪等组成,可以手动操作,也可以利用控制线进行自动分析。图 1.35 是一个典型的模拟量频谱分析系统,由加速度传感器拾取的信号经电荷放大器进行放大后,送入带通滤波器进行频谱分析。与此同时,电荷放大器输出控制信号到电平记录仪,使滤波器分析速度与电平记录仪的走纸速度同步,电平记录仪输出频谱曲线,从而实现自动频谱分析。频谱幅值也可通过三值表来现实示值。分析过程可自动进行,也可手动操作,由带通滤波器上的控制开关进行切换。在进行幅值谱分析时一般采用有效值。

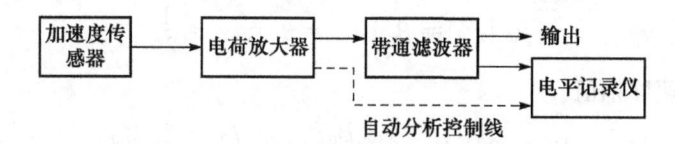

图 1.35 典型的模拟量频谱分析系统

复杂周期信号的频谱是离散的直线谱,如图 1.36(a)所示,但是,带通滤波器通过电平记录仪输出的频谱并不像理论值那样具有直线性,而是一个三角形谱线,如图 1.36(b)所示。在分析时,应以三角尖峰所对应的频率作为谱线频率,三角尖峰处的幅值作为谱线幅值。

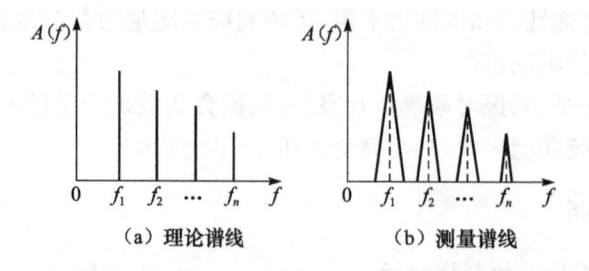

(a) 理论谱线   (b) 测量谱线

图 1.36 复杂周期振动信号频谱的理论值与测量值

由于带通滤波器分恒带宽滤波器和恒百分比带宽滤波器。恒带宽滤波器的带宽 Δf 不受中心频率的影响,故其频率坐标采用线性刻度;但恒百分比带宽滤波器的带宽 Δf 随中心频率而变化,此时若采用线性刻度的频率坐标,则带宽 Δf 随着中心频率的增加而变宽,给分析工作带来一定的困难。由于带宽 Δf 与其中心频率 f_0 的百分比为常数,若采用对数坐标,则带宽 Δf 将不随坐标量 $\lg f$ 而变化,因此,用恒百分比带宽滤波器作频谱分析时,一般采用对数刻度的频率坐标。图 1.37 表示了这两种坐标的应用情况。无论是采用对数频率刻度还是线性频率刻度,坐标单位仍然是 Hz,仅是刻度比例不同。

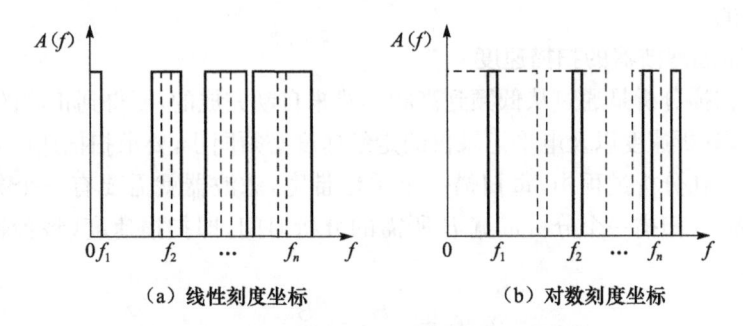

(a) 线性刻度坐标　　　　　(b) 对数刻度坐标

图 1.37　线性刻度坐标与对数刻度坐标
图中虚线为恒带宽滤波器输出,实线为恒百分比带宽滤波器输出

这种频谱分析法是在所需分析的频率范围内,根据中心频率的大小从低到高依次进行滤波分析,可以手动来完成,也可以根据滤波器的频率量程,从低到高自动扫描来完成,故又称为扫描分析法。实际上是使振动信号通过不同中心频率 f_c 的带通滤波器来完成,所以这种分析方法又称为时序分析(或串联分析)法,虽然这种分析可以通过从低频到高频自动扫描来完成,但所需时间较长,满足不了实时分析的要求。

2) 带通滤波器的分析

(1) 带通滤波器的分析时间(响应时间)

带通滤波器的分析时间是指滤波器输出信号达到最大值时所需的时间,即滤波器的响应时间。对于理想带通滤波器,其分析时间近似为

$$T_R \approx \frac{1}{B} \tag{1.233}$$

式中,T_R 为理想带通滤波器的响应时间,单位为 s;B 为滤波器带宽,即 Δf,单位为 Hz。

对于实际滤波器,其分析时间与滤波器的特性曲线形状有关。滤波器幅频特性曲线的形状用波形系数(或形状因子)来表示,波形系数的定义如下:

$$\xi = \frac{\Delta f_{-60dB}}{\Delta f_{-3dB}}, \quad \xi \geqslant 1 \tag{1.234}$$

式中,Δf_{-60dB} 为衰减量为 60dB 处的带宽;Δf_{-3dB} 为衰减量为 3dB 处的带宽。

理想滤波器的波形系数为 1,实际带通滤波器的分析时间与波形系数成比例,二者的关系近似为

$$T_R \approx \xi \frac{1}{B} \tag{1.235}$$

可见,实际带通滤波器的分析时间为理想带通滤波器分析时间的 ξ 倍,对分析

时间的影响很大,故希望实际滤波器的波形系数尽量接近 1,这对提高分析速度是十分重要的。

(2) 带通滤波器的扫描速度

由于扫描分析是通过从低频到高频扫描来自动完成的,要得到正确的结果,其扫描速度、分析速度以及电平记录仪的走纸速度必须同步,要求扫描速度不能快于分析速度。在分析过程中,每扫描一个单位带宽,滤波器就需要有一个分析时间(响应过程)。扫描一个分析带宽 B 所需的分析时间,即扫描速度(每秒钟扫过的 Hz 数)为

$$C = \frac{B}{\xi \frac{1}{B}} = \frac{B^2}{\xi} \tag{1.236}$$

2. 实时频谱分析

前述的时序分析方法的分析时间较长,而且各频谱又存在时间差,满足不了现代振动信号分析的要求。在自动控制和振动监测中,一般都要求达到实时分析。所谓实时分析,就是对于理想的窄带滤波器来说,假如被分析信号的频谱分辨率(带宽)为 BHz,并且要求所得结果的统计自由度数为 n,若在整个分析频率范围内,其总的分析时间不超过 $n/(2B)$ 秒,则称此频谱分析为实时频谱分析。如果不考虑统计自由度数 n,即不进行平均化操作时,实时分析的含义就是:分析整个频率范围内 M 个带宽 B 所需的时间等于分析一个带宽 B 所需的时间,或者说,M 条谱线在同一时间得到。

1) 平均化操作

所谓平均化操作就是对信号进行同步叠加平均处理,对于规则信号而言,这是消除或减少噪声干扰的有效方法之一。若被测信号为规则信号,并已知其周期 T,对该信号进行 n 次取样,将 n 次样本同相累加,由于是线性相加,有

$$U_{S0} = U_{S1} + U_{S2} + \cdots + U_{Sn} = nU_{Si} \tag{1.237}$$

对信号中的随机噪声,不可能全部是同相的,从理论上讲,当 $n \to \infty$ 时,正、反相出现的概率是相同的,n 次累加可使正负相消,从而达到消除噪声的目的。当 n 为有限值时,有

$$U_{N0} = \sqrt{U_{N1}^2 + U_{N2}^2 + \cdots + U_{Ni}^2} = \sqrt{nU_{Ni}^2} \tag{1.238}$$

因此,经 n 次累加后信噪比提高了 n 倍,即

$$\left(\frac{S}{N}\right)_{\text{out}} = \frac{n^2 U_{Si}^2}{(\sqrt{nU_{Ni}^2})^2} = n\frac{S}{N} \tag{1.239}$$

此外,由于在扫描分析中,各频谱对应不同的时间区间,平均化操作还可以改善这种时差影响。平均化操作的具体方法是以 $1/B$ 秒的时间间隔来观测输出频

谱,每 $1/B$ 秒都可得到一个统计独立的子样。若测量时间为 T_0,则可得到 $T_0/(B/1)$ 个子样,即 BT_0 个统计独立的子样。将这些子样平均化,便可得到消除干扰后的测量值,平均化时间越长,测量值的精度就越高,但花费的时间也就越长。当用 BT_0 个统计独立子样进行平均时,其统计误差为

$$\varepsilon = \frac{1}{\sqrt{BT_0}} \tag{1.240}$$

平均方法有指数平均和线性平均两种:指数平均用于稳定性较差的复杂周期性振动过程或弱平稳随机过程;线性平均用于比较稳定的复杂周期性振动过程或平稳随机过程。

平均化操作次数 n 称为统计自由度数,由此得到的 n 个频谱是相互独立的。在实际应用中常将 n 的值取为

$$n = 2BT_0 \tag{1.241}$$

由于平均化操作,扫描分析的时间增加了 n 倍,为 $n/(2B)$,相对而言,滤波器响应时间的影响就显得次要了。目前,频谱分析仪和实时分析仪中的平均化次数 n 常采用 2 的整数倍,如取 $n=8,16,32$ 等。如图 1.38 所示为平均化操作过程。

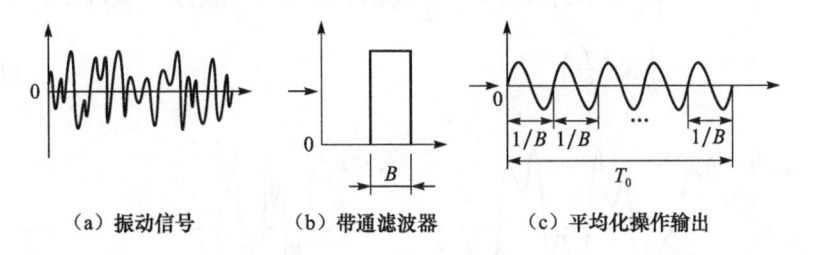

(a) 振动信号　　(b) 带通滤波器　　(c) 平均化操作输出

图 1.38　平均化操作过程

2) 并联带通滤波器分析法

使用模拟滤波器分析频谱时,要缩短时间,就必须去掉各滤波器分析时间的总和,一个最简便的方法是将多个不同中心频率的滤波器并联。这样可以使各级频谱同时进行分析,并联带通滤波器框图如图 1.39 所示。采用并联滤波器后,被分析的振动信号可以同时输出给各个带通滤波器进行分析,这样就使总分析时间等于一个带通滤波器所需的分析时间。同时,因各频谱都来自同一时间的振动信号,消除了时间上的差别。因此,对于平稳振动信号,无需再进行平均化操作。这种滤波方式的最大缺点是需要在仪器内安装大量的滤波器,多达数百个以上才能满足实时要求,因此制造成本高。

3) 时基压缩法

由于扫描分析时间为带宽 B 的倒数,因此带宽 B 越宽,分析时间就越短。在保持分析精度和分辨率都不变的前提下,如果能找到一种增加分析带宽 B 的方

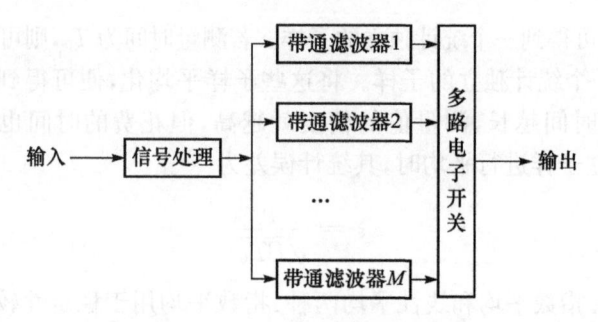

图 1.39 并联带通滤波器分析法

法,就可以缩短分析时间。时基压缩法就能达到这一目的。由傅里叶变换的尺度特性(图 1.40)可知,若将时间序列 $x(t)$ 沿时间轴压缩 k 倍,其频率轴就会扩大 k 倍,从而使分析带宽 B 扩大 k 倍,这一过程实现了时基压缩,傅里叶变换的尺度特性的表达式如下:

$$\begin{aligned} X_k = X(f') &= \int_{-\infty}^{\infty} x_k(t_1) \mathrm{e}^{-\mathrm{j}2\pi f t_1} \mathrm{d}t_1 = \int_{-\infty}^{\infty} x(kt_1) \mathrm{e}^{-\mathrm{j}2\pi f t_1} \mathrm{d}t_1 \\ &= \int_{-\infty}^{\infty} x_k(kt_1) \mathrm{e}^{-\mathrm{j}2\pi \frac{f}{k} kt_1} \frac{1}{k} \mathrm{d}(kt_1) = \frac{1}{k} \int_{-\infty}^{\infty} x(t) \mathrm{e}^{-\mathrm{j}2\pi \frac{f}{k} t} \mathrm{d}t \\ &= \frac{1}{k} X\left(\frac{f}{k}\right) \end{aligned} \tag{1.242}$$

(a) 时间轴压缩前　　　　(b) 时间轴压缩 k 倍

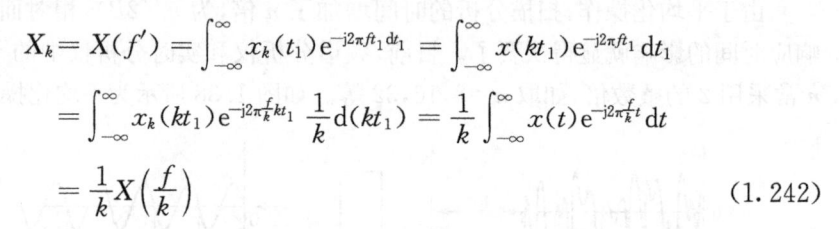

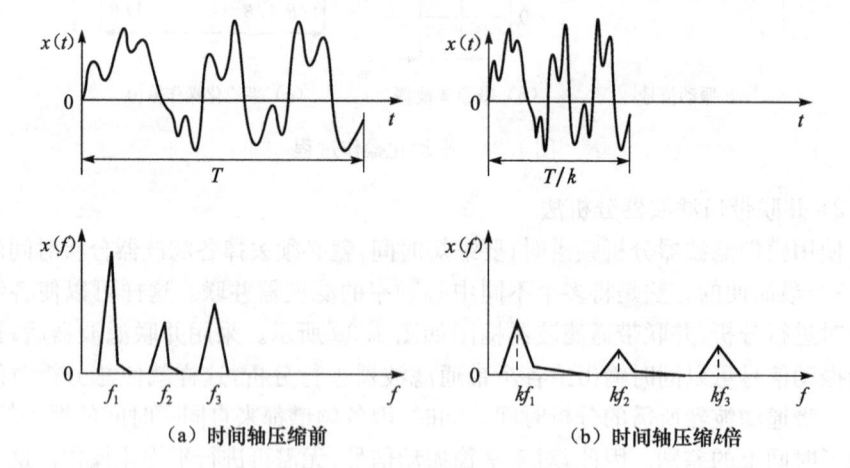

图 1.40 傅里叶变换的尺度特性

从通过滤波器时的能量分析来看,有

$$\int_{f_0-\Delta f/2}^{f_0+\Delta f/2} X_k^2(f) \mathrm{d}f = \int_{\frac{f_0-\Delta f/2}{k}}^{\frac{f_0+\Delta f/2}{k}} X^2\left(\frac{f}{k}\right) \mathrm{d}\left(\frac{f}{k}\right) \tag{1.243}$$

式(1.243)说明,用一组个数相同、中心频率相应移动 k 倍、带宽 B 扩大 k 倍的滤波器,对时基压缩 k 倍的信号进行频谱分析,可以获得原信号的频谱,且分辨率不变。由于分析带宽 B 扩大了 k 倍,故分析时间就缩短了 k 倍。时基压缩一般是先将模拟信号数字化,即 A/D 转换,在转换过程中去掉了相邻数据间的间隔时间,即转换时间 Δt,然后再进行数模转换(D/A),还原为模拟信号,实现时基压缩。随着计算机运算速度的提高,快速傅里叶变换(FFT)的速度得到了极大的提高,时基压缩法已失去了优越性,被快速傅里叶变换所取代。

4) 快速傅里叶变换与数字滤波

现代模拟谱分析仪,大都是模拟技术和数字技术混合应用,先将经调理后的模拟信号数字化(A/D),进行快速傅里叶变换(FFT),由于 FFT 速度很快,对于一般中高频振动信号,完全能在信号周期内完成 FFT 计算,达到实时分析的要求。如需要输出模拟信号,还可以通过快速傅里叶反变换 IFFT,再经 D/A 转换,输出所需的模拟信号。

同样,随着计算机运算速度的提高,数字滤波速度亦能达到实时分析的要求,所以现代谱分析仪都具有快速傅里叶变换和数字滤波功能。

1.6 机车车辆非线性动力学相关理论

机车车辆系统中含有很多非线性因素,特别是轮轨相互作用系统和线路结构等都存在着强非线性。对于线路结构和不平顺,存在严重的随机因素和随机干扰。且随着车速的提高,非线性特征表现得比低速时更加明显,以至于有学者认为:人类已完全掌握了航天器的运行和控制,但至今无法对铁路系统进行精确建模。复杂混合系统的精确建模、高维非线性系统的运行稳定性和随机振动研究,是对传统的系统动力学的极大挑战和发展。20世纪60年代,机车车辆系统动力学行为的研究已从线性转入非线性,机车车辆动力学必须与非线性动力学进行更加紧密的相互渗透和联系才能取得更好的发展。

本节回顾了非线性振动理论的历史,阐述了应用分岔和混沌理论研究非线性振动系统的必要性,简要介绍了非线性振动与分岔理论、混沌与分岔理论的研究方法[6]。在开展机车车辆在直线上的运行稳定性及脱轨安全性研究时,均需运用非线性动力学的相关理论。

1.6.1 非线性动力学的几个历史性突破

非线性动力学系统一般可由式(1.244)所示的非线性微分方程描述

$$\dot{x} = f(\mu, x, t), \quad \dot{x} = \mathrm{d}x/\mathrm{d}t \tag{1.244}$$

它以给定速度场(矢量场)描述一个状态变量为 $x(x\in \bm{R}^n)$ 的确定性系统,$\bm{R}^n$ 称为状态空间或相空间。可变参量 $\mu(\mu\in \bm{R}^m)$ 称为系统的控制参数,$\bm{R}^m$ 为参数空间。当方程右端不显含时间 t 时称为自治系统,否则为非自治系统。非自治系统可通过增加相空间维数($\bm{R}^{n+1}$)当做自治系统研究。大量的自然或社会现象需要用这类方程描述,并在给定的初始条件 $x=x_0$ 下研究系统的运动。方程的解 $x(x_0,\mu,t)=\phi_t(x_0,\mu)$ 在相空间中的图像叫做相轨迹,全部相轨迹或其子集称为流。当 $\dot{x}=0$ 时,自治系统的状态称为平衡态。除了微分动力系统外,许多非线性动力学问题还可以表示为迭代映射方程:

$$x \to m(x) \to m(m(x)) = m \circ m(x) = m^2(x) \to \cdots \quad (1.245)$$

特别是在用数值方法进行研究时,微分系统常常需要改写成这种形式。

非线性是指不按比例、不成直线的关系,代表不规则的运动和突变,非线性力学中的许多现象都是由多值性所导致的,诸如分岔(分岔、分支、分歧,bifurcation)、跳跃(jumping, hopping)、突变(catastrophe)、同步(synchronization, entrainment)亦即锁相(phase-locking)等。混沌是比分岔更复杂的一种现象,逐次分岔往往是出现混沌的前兆。

非线性科学领域内的四大主流研究课题为孤立波、混沌、分形和斑图。作为非线性动力学的主要研究对象,混沌、孤立子和分形正极大地影响着整个科学事业。下面将对这四大主流研究课题进行简要介绍。

1. 确定性混沌

20 世纪 60 年代初,确定性非线性动力学系统混沌现象的发现被认为是 20 世纪的三个重大成就之一,它带来了新的科学革命。这三个重大成就分别是:相对论、量子力学和混沌。"相对论排除了对绝对空间和时间的幻觉;量子论排除了可控测量过程的牛顿迷梦;混沌则排除了拉普拉斯决定论的可预见性的狂想"[7]。就像前两次革命一样,混沌揭示的有序与无序的统一、确定性与随机性的统一,是继相对论和量子力学问世以来,20 世纪物理学的第三次大革命,其覆盖面几乎涉及各个领域。它对全部科学(包括自然科学及社会科学乃至哲学)所起的作用相当于微积分学在 19 世纪对数理工程科学的影响。

混沌(chaos)是指在确定性(deterministic)系统中出现的类似随机的过程。对这种过程,不同作者采用过不同的词,如非周期(aperiodic)、湍动(turbulent)、随机(stochastic)等。确定性系统指动力学系统,它们通常由常微分方程、偏微分方程、差分方程,甚至简单的代数迭代方程所描述,且方程中的系数都是确定的。对于一组完全确定的初始值,从数学上说,动力学系统给出一个确定性的过程,但在某些系统中,这种过程可能对初始值的任何微小摄动极端敏感,因而从物理上看,得到的结果似乎是随机的过程。

在确定性的非线性动力学方程中会出现非周期的轨道——奇怪吸引子。奇怪吸引子的概念是由比利时数学家 Ruelle 和荷兰数学家 Takens 在 1971 年研究湍流的本质时首次提出来的。

奇怪吸引子只能在耗散的非线性动力系统中存在。单摆运动是一个经典的非线性动力学问题,直到确定性系统的混沌现象引起极大重视以后,人们才对单摆运动重新注入了兴趣,又惊喜地发现了双摆。

保守系统的研究中最突出的成果当数 KAM 定理(Kolmogorov Arnold Moser)。这是苏联数学家 Kolmogorov 于 1954 年在研究动力系统的一般理论时提出来的。KAM 定理最重要的结论是:在混沌现象中可能存在规则的 KAM 曲面(或 KAM 曲线)。Kolmogorov 提出的相似律和能谱函数的 $-5/3$ 幂次定律是近半个世纪内湍流研究中影响最大的理论成果。他在 1941 年发表的湍流短文中已经给出了现代标度理论的某些想法和结果。目前这种具有普遍意义的自相似性和标度理论正在日益广泛地被应用到各个领域,特别是那些具有局部奇异性的问题已被证实是有力的研究工具。

关于混沌的另一个最突出的成果是美国物理学家 Feigenbaum 于 1975 年发现了周期倍分岔现象中分岔参数收敛比率是一个普适常数 $\delta=4.6692$。正因为非线性动力系统中的运动轨道可以通过周期倍分岔进入混沌状态,因而这也是混沌理论所取得的重大成果之一。

2. 孤立子与孤立波

1840 年,英国科学家 Russell 发表有关水波的研究报告,首次使用孤立波这个名词,精确预言了这种孤立波的传播速度是 $c=\sqrt{g(h+k)}$。Russell 的工作成果发表以后,在当时的流体力学界引起了一场争议。1876 年,由 Rayleigh 发表文章"孤立波"后才终止了这场争论。现在我们最常见到的孤立波解是由荷兰科学家 Korteweg 和 de Vries 在 1895 年给出的水波方程(现称为 KdV 方程)的精确解。

1965 年,美国普林斯顿大学物理学家 Kruskal 和 Zabusky 在研究等离子体问题时,用计算机模拟了 KdV 方程,发现两个孤立波在碰撞后并不改变它的形状、振幅和速度,从而发现这种孤立波具有粒子碰撞的不变特性,并首次引进了孤立子的概念。紧接着孤立子的发现,一种新颖的非线性偏微分方程的理论分析方法,即所谓反散射变换法,以及一整套构造多孤立子精确解的数学和物理的孤立子理论迅速形成并蓬勃地发展起来[7]。

这一历史经历清楚地告诉我们,今天的科学事业的发展必须要跳出单一学科的狭窄框框,要走多学科互相渗透、互相联系的道路才有发展前途,力学本来就是联系物理学和数学的一座最佳桥梁,非线性动力学就是其中最好的一个研究课题。

3. 分形

分形的概念最早出现在 1975 年 Mandelbrot 发表的划时代巨著《大自然的分形》,而后才得到迅速的发展和普遍的承认。分形的发展势头已大大超过混沌与孤立子,它对多层次上的自相似性给予了一种统一的解释。

分形是一个由无限多个点集组成的一种复杂的几何形体。它的 Hausdorff 维数一般大于它的拓扑维数。一般来说,它具有非整数的分维数。

19 世纪中叶非欧几何的出现曾引起了一场革命。20 世纪后半叶分形几何的出现同样引起一场科学的变革,它改变了人们对自然界的传统认识观。这场变革的关键是目前正在发展的分形动力学的研究,其中包括数学中的分数微积分、物理学中的分形生长、自组织临界性和重整化群等。

分形物体可包括三种不同情况:体分形、面分形和内分形。分形一般具有以下一些特征:

(1) 分形的结构是自相似的,它的局部结构与整体具有某种相似性。
(2) 分形具有精细结构,它没有一个固定的特征尺度。
(3) 尽管分形具有复杂的精细结构,但它的定义和构造非常简单。
(4) 分形是通过递归方法构造或得到的。
(5) 分形几何用经典的几何语言是不能描述的。
(6) 要准确描述分形的局部结构是做不到的。
(7) 分形具有不光滑可微的复杂结构。
(8) 分形是具有非整数维数的形体。

4. 时-空斑图结构

自然界最常见的现象是各种各样非常复杂的与时间和空间都有关系的所谓时空结构。这些时空结构的生成和发展规律是人们最为关心的问题,特别是其中的共性问题更为人们所重视。更为复杂的时空混沌现象和它的控制问题更是目前研究的热点。这个领域至今还没有取得突破性进展,因此斑图动力学必然成为本世纪科学家重点研究的对象。而它涉及的学科范围之广也是前所未有的,生物科学、生命科学、医学等领域都会涉及复杂的斑图现象。非线性动力学是所有这些研究工作的基础。随着研究工作的深入,非线性动力学也将发挥越来越大的作用。

孤立波或孤立子是非线性系统中出现的一类典型的斑图结构。孤立波反映了自然界普遍存在的复杂系统中有某种惊人的有序性。碰撞后保持形状不变的孤立波,成为孤立子。很快发展起来的反散射方法和 Backlund 变换,在很多类型的非线性方程中找到了精确的孤立波解,促使孤立波的研究迅速得到了巨大发展。

1.6.2 非线性振动与分岔理论

1. 分岔的基本概念

考虑含参变量 p 的一维动力系统

$$\dot{u} = f(u,p), \quad u \in U \subseteq \mathbf{R}^1, \quad p \in P \subseteq \mathbf{R}^1 \tag{1.246}$$

其静平衡方程为

$$f(u,p) = 0 \tag{1.247}$$

设参数 $p=p_0$ 时系统的平衡点为 $u=u_0$，现研究 (u_0, p_0) 附近平衡点 u 对参数 p 的依赖关系。根据式(1.247)可得

$$f_u(u,p)\frac{\mathrm{d}u}{\mathrm{d}p} + f_p(u,p) = 0 \tag{1.248}$$

式中，$f_u(u,p)$ 和 $f_p(u,p)$ 分别是二元函数 $f(u,p)$ 关于 u 和 p 的偏导数。如果在 (u_0, p_0) 处有

$$f_u(u_0, p_0) = \frac{\partial f}{\partial u}\bigg|_{(u_0, p_0)} \neq 0 \tag{1.249}$$

则可由式(1.248)解出

$$\frac{\mathrm{d}u}{\mathrm{d}p}\bigg|_{p=p_0} = -f_u^{-1}(u_0, p_0) f_p(u_0, p_0) \tag{1.250}$$

根据隐函数存在定理，在 p_0 的邻域中存在唯一的函数

$$u(p) = u_0 + \int_{p_0}^{p} \frac{\mathrm{d}u(q)}{\mathrm{d}p} \mathrm{d}q \tag{1.251}$$

由上述分析知，无法获得唯一函数 $u(p)$ 的条件是

$$f_p(u_0, p_0) = 0 \tag{1.252}$$

这样的 (u_0, p_0) 称为平衡方程(1.247)的奇异点。奇异点又可以分为如下两种情况[6]：

(1) 若 $f_p(u_0, p_0) \neq 0$，则 $\dfrac{\mathrm{d}u}{\mathrm{d}p}\bigg|_{p=p_0} \to \infty$，即 $u(p)$ 在奇异点具有铅垂切线，这样的奇异点被称为转折点，又称为极限点或鞍结点。

(2) 若 $f_p(u_0, p_0) = 0$，则 $\dfrac{\mathrm{d}u}{\mathrm{d}p}\bigg|_{p=p_0} \to \dfrac{0}{0}$，即 $u(p)$ 在奇异点的切方向不定，这样的奇异点被称为分岔点。

下面给出一般高维系统平衡点的静态分岔定义。定义含 m 维参数向量的 n 维系统静平衡方程

$$f(u,p) = 0, \quad u \in U \subseteq R^n, \quad p \in P \subseteq R^m \tag{1.253}$$

如果设 $l(p)$ 是该方程在参数向量 p 处解的数目,若 $l(p)$ 在 $p=p_0$ 处突变,则称 (u_0,p_0) 是一静态分岔点,$p=p_0$ 为参数向量的分岔值。其中,$D_u f(u_0,p_0)$ 是函数向量 $f(u,p)$ 在 (u_0,p_0) 处的 Jacobi 矩阵。

若系统的控制参数的微小变化会引起系统状态或结构发生质的变化,则称这种变化为分岔。最常见的分岔可以有以下几种:

(1) 叉形分岔或对称鞍结点分岔。
(2) 切分岔或鞍结点分岔。
(3) 跨临界分岔。
(4) 滞后分岔。
(5) 有缺陷的分岔或对称破缺分岔。
(6) Hopf 分岔。
(7) 周期倍分岔。
(8) 同宿或异宿分岔。

奇异性、分岔和突变是描述自然界的现象在光滑、连续的结构中会出现不光滑、不连续的离散结构的三个不同的术语,也就是看待同一问题的不同角度和认识。

一般常微分方程描述的动力学系统相轨迹的分叉问题可分为静态分岔和动态分岔,或局部分岔和全局分岔。静态分岔研究当系统处于平衡态、定常态时多个解相遇时的奇点情况,如鞍结分岔、叉型分岔和跨临界分岔;动态分岔则研究动力系统处于非结构稳定时的轨道变化趋势,如同宿轨道分岔、异宿轨道分岔、Hopf 分岔以及极限环分岔。局部分岔,一方面指参数的变化在参数空间内的某一点的邻域内,另一方面指向量场的考察范围局限在相空间的奇点(或闭轨)的邻域内;非局部分叉即为全局分岔。

2. 分岔的研究方法

目前在研究分岔时主要用到的方法有:状态空间平均法、频闪映射法和采样数据法。

1) 状态空间平均法

状态空间平均法就是先分别写出各系统工作在各模态的状态空间模型,然后进行平均。

2) 频闪映射法

频闪映射的主要思路是确定一个初值,以此初值为变量求解下一周期的解,如此不断地反复,最终得到所需精度解 X_{n+1}。只要求得 X_{n+1} 和 X_n 之间的关系,就能采用连续代入的方法求出 X_{n+1}。

3) 采样数据法

通过列出系统在不同工作阶段的微分方程得出系统的动力学迭代方程,这就是采样数据法。

以上3种建模方法各有特点:状态空间平均法计算简便,但只能分析低频性能;频闪映射法适用于数值求解;采样数据法能够得到解析解,是一种系统而准确的模型。

近年来,国内外学者重视研究系统中存在的分岔现象的原因之一在于分岔有可能导致混沌。同时,分岔理论与高速车辆的运行稳定性等非线性动力学问题有着紧密的联系,是经典的非线性振动理论无法解决的问题。关于高速车辆横向运行稳定性分岔问题,将在第四章进行详细讨论。

1.6.3 混沌

公认的最早发现混沌的是伟大的法国数学家、物理学家——庞加莱,他是在研究天体力学,特别是在研究三体问题时发现混沌的。他发现三体引力相互作用能产生惊人的复杂行为,确定性动力学方程的某些解有不可预见性。

直到20世纪60年代后,混沌现象才引起学术界的广泛注意,到70年代才诞生了尚未成熟的"混沌学"。其后,"混沌学"得到了迅速发展,到了80年代,更在世界上掀起了混沌现象研究的热潮。Li-York定理给出了混沌数学上的定义,它说明混沌系统应该具有三种性质:

(1) 存在所有周期的周期轨道。

(2) 存在一个不可数集,此集只含有混沌轨道,任意两个轨道既不趋向远离也不趋向接近,两种状态交替出现。

(3) 任一混沌轨道不趋于任一周期轨道。

1. 混沌的特点

1) 对初值的敏感性

混沌对初值具有敏感依赖性,初值的微小差别会导致未来的混沌轨道的巨大差别。

1963年,荷兰科学家洛伦兹(Hendrik Antoon Lorenz)在《大气科学》杂志上发表了"决定性的非周期流"的著名论文。该论文以一个底部加热、顶部冷却的两维运动流体块中的对流为模型,提出了著名的 Lorenz 方程。Lorenz 用数值方法揭示了该模型中存在混沌运动,并发现系统初值的微小变化会导致轨道在长时间以后完全不同,即解对初值的极端敏感性,就是著名的蝴蝶效应。

2) 内在随机性

确定性行为一定产生于确定性方程,而随机行为却产生于两类方程:一类是随机微分方程,一类是确定性方程。随机微分方程表现出来的随机性是由随机参数、随机初始条件或随机外界强迫所产生,常称为外在随机性。确定性方程本身不包含任何随机因素,但在一定的参数范围却能产生出看起来很混乱的结果,把这种由确定性方程产生的随机性称之为内在随机性。混沌是确定性非线性系统的内在随机性,这是混沌的重要特征之一。

3) 长期不可预测性

由于初始条件仅限于某个有限精度,而初始条件的微小差异可能对以后的时间演化产生巨大的影响,因此不可能长期预测将来某一时刻之外的动力学特性,即混沌系统的长期演化行为是不可预测的。

4) 分形性

分形的概念前面已经提到,分形具有无限精细的结构,在任何尺度下都有自相似部分和整体相似性质,具有小于所在空间维数的非整数维数,这种点集叫分形体。分维就是用非整数维-分数维来定量地描述分形的基本特性。

5) 普适性

普适性包括两种,即结构的普适性和测度的普适性。当系统趋于混沌时,所表现出的特征具有普适意义,其特征不因具体系统的不同和系统运动方程的差异而变化。

6) 遍历性

遍历性也称为混杂性,混沌运动在有限时间内能够到达混沌区域内任何一点。

7) 奇怪吸引子(又称混沌吸引子)

在耗散系统中与混沌有关的一个最重要的概念是奇怪吸引子。当我们在研究耗散系统的运动轨道时,经常会出现一种奇特的非周期运动轨道,即所谓的奇怪吸引子。奇怪吸引子就是在相空间(对连续的动力学系统至少是三维,对离散的动力学系统至少是二维)的有限区域内,由无穷多个不稳定点集组成的一个不可分割的有界点集(集合体)。它实际上是由系统中存在的无穷多个双曲不动点(包括周期轨道)的所有不稳定流形的闭包组成,即由所有不稳定流形和它们的邻域组成。奇怪吸引子具有混沌的一切特征,对初始条件的敏感性,具有非整数的维数,即使原来的微分方程连续地依赖于参数,奇怪吸引子的结构也不是连续随参数变化,而往往是在参数变化的过程中其整体结构会发生突变,奇怪吸引子具有无穷嵌套的自相似结构。

从几何意义上讲,奇怪吸引子不属于以下几类点集:①有限点集;②极限圆;③光滑曲面;④由分段光滑闭曲面所围的立体。这说明奇怪吸引子的几何结构是奇特的。但要把它和混沌轨道联系起来,就必须考虑是否敏感依赖于初始条件。因此严格来讲,应称为奇怪混沌吸引子。事实上,还存在着一种奇怪非混沌吸引子。图 1.41 给出了几种典型的混沌吸引子。

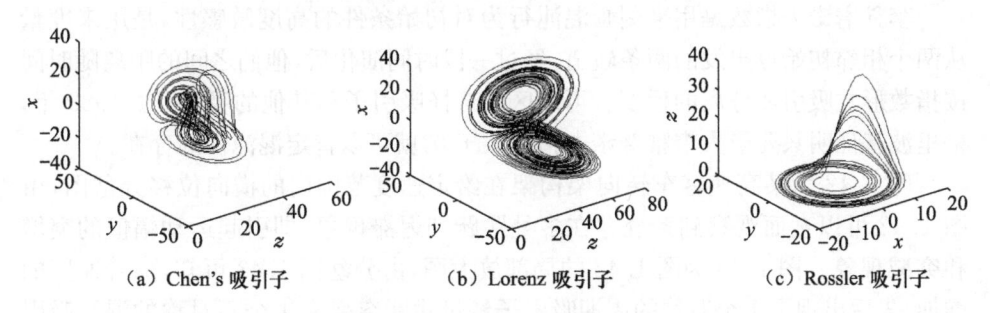

(a) Chen's 吸引子　　(b) Lorenz 吸引子　　(c) Rossler 吸引子

图 1.41　几种典型的混沌吸引子

2. 混沌的研究方法

针对混沌现象目前主要采用的方法有:定性分析法和定量分析法。定性分析法有庞加莱截面法和功率谱法等;定量分析法有饱和关联维数法和李雅普诺夫指数法等[8,9]。

1) 庞加莱截面法

在多维相空间中适当(要有利于观察系统的运动特征和变化,如截面不能与轨线相切,更不能包含轨线面)选取一个截面,这个截面可以是平面也可以是曲面,然后考虑连续的动力学轨道与此截面相交的一系列点的变化规律,这样就可以抛开相空间的轨道,借助计算机画出庞加莱截面上的截点,由此得到关于运动特征的信息。不同的运动形式通过截面时,与截面的交点有不同的分布特征:

(1) 周期运动在此截面上留下有限个离散的点。

(2) 准周期运动在截面上留下一条闭合曲线。

(3) 混沌运动在庞加莱截面上是沿一条线段或一曲线弧分布的点集,而且具有自相似的分形结构。

2) 功率谱法

谱分析是识别混沌的一个重要手段。根据傅里叶变换分析得到周期运动的频谱是离散的谱线,而对非周期运动,其不能展开成傅里叶级数,只能展开成傅里叶积分,故非周期运动的频谱是连续的。也就是说,若谱图具有单峰或几个峰,则对应于周期序列,若无明显的峰值且频谱是连续的,则可确定该系统可能存在混沌解。

3) 饱和关联维数法

根据传统的定义,维数是整数的,而混沌轨道在相空间内由于无限次的拉伸、压缩和折叠,构成了无穷嵌套的自相似结构,形成混沌奇怪吸引子。这奇怪吸引子的形状极为复杂,既像线又像面,在维数上表现为非整数维数,即分数维。

4) 李雅普诺夫指数法

李雅谱诺夫指数是用来刻画混沌行为对初始条件的高度敏感性,是用来度量从两个相邻初始点出发的两条轨道,经过一段时间演化后,他们之间的距离随时间按指数形式吸引或分离的程度。可以区分奇怪吸引子和其他的吸引子。1983年,格里波基证明只要最大李雅普诺夫指数大于0,就可以肯定混沌性的存在。

图1.42为某高速客车转向架构架在给定速度范围内的横向位移分岔图,由图1.42可以全面观察到系统存在多处跳跃和迟滞现象,即引起运动幅值的突增和突减现象。图1.43为图1.42的局部放大图,由分岔图1.43可知,随着速度的增加,先后出现了1个对称的周期吸引子经过跳跃突变成1个不对称的混沌吸引子、对称周期运动向混沌运动过渡的转变过程。

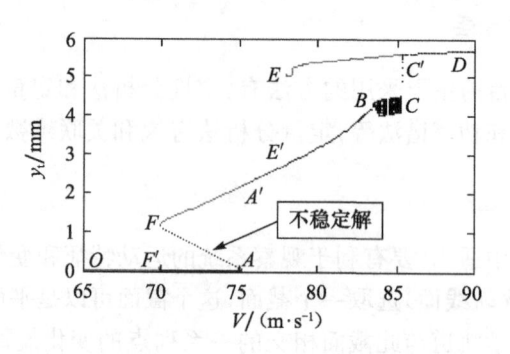

图1.42 转向架横向位移的合成分岔图

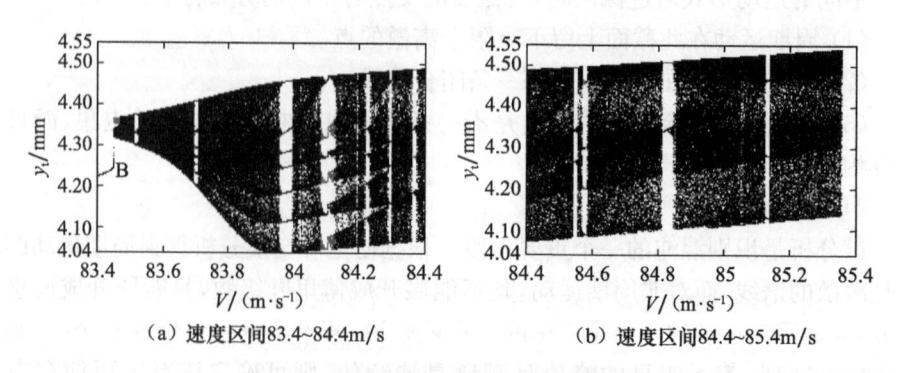

图1.43 转向架构架横向位移分岔图

(a) 速度区间83.4~84.4m/s

(b) 速度区间84.4~85.4m/s

参 考 文 献

[1] 严隽耄. 车辆工程. 3 版. 北京:中国铁道出版社,2008.
[2] Marsden J E. 力学和对称性导论. 北京:清华大学出版社,2006.
[3] 陈滨. 分析动力学. 北京:北京大学出版社,2012.
[4] 钟万勰. 力、功、能量与辛数学. 大连:大连理工大学出版社,2012.
[5] 高品贤. 振动、冲击及噪声测试技术. 2 版. 成都:西南交通大学出版社,2010.
[6] 黄永念. 非线性动力学引论. 北京:北京大学出版社,2009.
[7] 胡海岩. 应用非线性动力学. 北京:航空工业出版社,2000.
[8] 杨绍普,曹庆杰,张伟. 非线性动力学与控制的若干理论及应用. 北京:科学出版社,2011.
[9] 张伟,胡海岩. 非线性动力学理论与应用的新进展. 北京:科学出版社,2009.

第二章 轮轨滚动接触理论

轮轨三维弹塑性滚动接触理论是解决轮轨相互作用问题的理论基础。在列车的运行过程中，车轮与钢轨之间的滚动接触构成一对基本的摩擦副，也即轮轨接触系统，轮轨接触系统是铁路运输工具的关键组成部分。列车的正常运行、牵引和制动等都是通过轮轨之间的相互接触作用来实现的，轮轨之间的黏着力或制动力的大小直接取决于轮轨接触斑上的切向力，因此轮轨滚动接触副的接触状态对列车运行品质的好坏有很大的影响。

轮轨相互作用主要包括轮轨滚动接触系统之间复杂的力学行为、运动规律、几何及材料匹配关系、轮轨磨损、轮轨黏着、脱轨等实际问题。因此，研究轮轨接触系统是机车车辆技术研究的重要环节之一，并且也一直是国际上机车车辆领域研究的热点和难点问题。在我国发展高速机车车辆装备技术的过程中，已经投入了大量的精力开展轮轨相互作用系列问题的研究，高速与低速情况相比，轮轨之间的动态作用变得更加复杂。因此研究高速车辆轮轨之间的相互作用对于保证我国高速列车的运营安全性和降低维护成本等具有重要的理论和现实意义。

本章在介绍经典的轮轨滚动接触理论的同时，还围绕近年来国内外机车车辆领域一些新的研究方法和研究思路进行了阐述。2.1节就轮轨接触几何非线性及蠕滑率/力非线性引入到车辆动力学方程中的方法进行概述；2.2节首先针对轮轨接触几何关系，介绍一种经典的轮轨接触几何求解方法和一种针对任意几何型面的轮轨三维接触几何求解新方法；2.3节围绕轮轨滚动接触蠕滑理论，阐述蠕滑率的精确及近似计算方法；2.4节介绍Hertz及non-Hertz两种条件下的轮轨法向接触力求解方法；2.5节简要介绍轮轨滚动接触理论的发展历程，对几种经典的轮轨接触切向力求解方法进行阐述，并分析它们的优缺点及适用范围；2.6节对近年来国内外最新涌现的轮轨接触蠕滑率/力求解理论和求解模型进行论述；2.7节介绍考虑轮轨接触表面微观粗糙度、摩擦温度、接触表面"第三介质"等轮轨接触问题的分析方法；2.8节针对轮轨黏着和磨耗这两个实际问题，提出进行轮轨摩擦管理的思路和方法。

2.1 轮轨滚动接触理论体系和架构

在对轮轨接触几何、轮轨蠕滑率及蠕滑力的求解方法进行讨论之前，本节先简要介绍轮轨滚动接触理论体系，从而明确轮轨非线性几何接触及轮轨非线性接触力模型在机车车辆动力学中所起的重要作用。

图 2.1 给出了考虑轮轨非线性几何接触及轮轨非线性接触力的车辆动力学求解思路及架构。

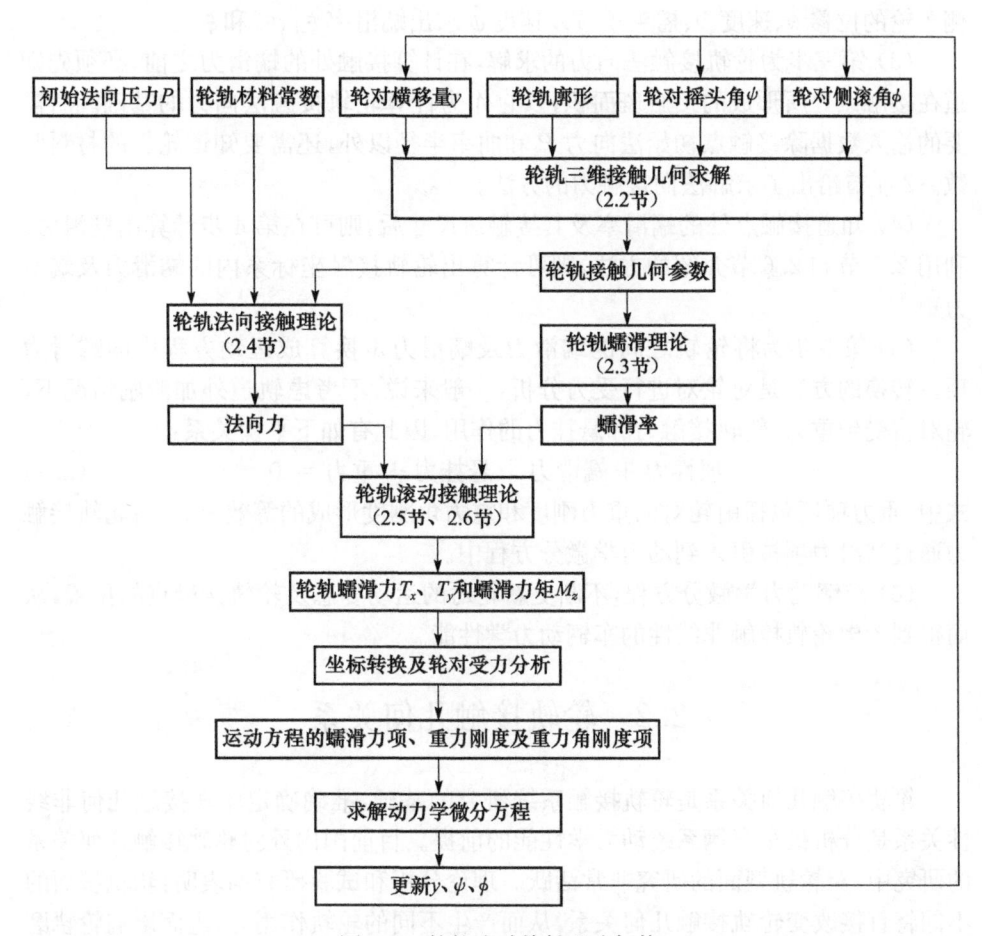

图 2.1　轮轨滚动接触理论架构

由图 2.1 可知,轮轨接触非线性最终将通过车辆动力学方程中的蠕滑力项、重力刚度及重力角刚度项来影响车辆的动力学性能。轮轨接触蠕滑力及轮对运动姿态是联系轮轨滚动接触理论和整车动力学模型的纽带。

图 2.1 同时也给出了考虑轮轨非线性条件下,分析车辆动力学性能的流程和思路。主要概况为以下几个步骤:

(1) 第一步求解得到轮轨接触非线性几何关系,利用 2.2 节阐述的轮轨接触几何求解方法,在给定轮轨廓形的情况下,由轮对横移量 y、摇头角位移 ψ 及轮对侧滚角位移 ϕ,可确定轮轨接触点位置及接触点处的曲率半径。此外,还可以得到所有其他重要的轮轨接触几何参数,特别是滚动圆半径差及接触角差与横移 y 及 ψ 的变化关系。

(2) 第二步是进行轮轨接触蠕滑率的求解,利用 2.3 节阐述的方法,根据左右侧车轮的位移 y、速度 $\dot{y}$、摇头角 ψ 及速度 $\dot{\psi}$ 求出蠕滑率 ξ_{xi}、ξ_{yi} 和 ξ_{spi}。

(3) 第三步为轮轨接触法向力的求解,在计算接触处的蠕滑力之前,必须先知道在接触点处所形成的接触斑面积,以它作为计算轮轨接触法向力的基础。所需要的输入数据除接触点初始法向力 P 和曲率半径以外,还需要知道轮轨的材料常数。2.4 节给出了求解法向接触力的方法。

(4) 知道接触点处的蠕滑率及其接触斑尺寸后,则可在第 4 步计算出蠕滑力。利用 2.5 节和 2.6 节介绍的方法,则可计算出轮轨接触坐标系内的蠕滑力及蠕滑力矩。

(5) 第 5 步为将轮轨之间的蠕滑力及蠕滑力矩换算成运动方程中的蠕滑力项。转换的方法是对轮对进行受力分析,一般来说,不考虑轨道外加激励情况下,轮对将受到重力、轮轨接触力和悬挂力的作用,因此有如下平衡关系:

$$惯性力 + 蠕滑力 + 悬挂力 + 重力 = 0 \qquad (2.1)$$

式中,重力项还包括由轮对的重力刚度和重力角刚度形成的等效重力项;轮轨接触力通过蠕滑力项被引入到动力学微分方程中。

(6) 求解动力学微分方程,不断更新轮对的运动姿态及轮轨接触点的位置,从而得到考虑轮轨接触非线性的车辆动力学性能。

2.2 轮轨接触几何关系

轮轨接触几何关系是轮轨接触系统研究的基础,准确确定轮轨接触几何非线性关系是分析机车车辆系统动力学性能的前提。目前国内外对轮轨接触几何关系的研究中,对轮轨型面的研究非常活跃。理论分析和试验研究均表明:轮轨型面的不同将直接改变轮轨接触几何关系,从而产生不同的轮轨作用力,进而影响轮轨磨耗、车辆的横向运行稳定性和脱轨安全性等。其中高速列车的稳定性对轮轨接触非线性极为敏感,这种非线性因素表现为蠕滑力的非线性变化,而其根源则是轮轨间的非线性几何接触。

本节将围绕轮轨接触几何关系的重要参数,结合理论分析和数值计算,对轮轨接触几何关系进行具体阐述。

2.2.1 轮轨基本特征及轮轨接触参数

1. 车轮踏面和钢轨截面形状

机车车辆车轮与轨头的接触工作表面称为踏面,由于考虑到轮对应具有较好的曲线通过能力和在直线轨道运行时的自动对中性能,所以将车轮踏面设计成外侧小内侧大的锥形踏面。我国铁路上较早采用的车辆车轮踏面外形为锥形踏面,该踏面采用铁道部标准 TB 449—1976 规定的形状,因此称为 TB 踏面,车轮经过长期使用后,表面磨损超过规定限度后,应采用镟切加工使其恢复至原形。TB 型踏面车轮在使用初期磨损较快,但经过一段走行距离之后,轮轨表面外形逐渐磨合并且冷压硬化,此后车轮踏面形状变化缓慢并且相对稳定[1]。如果把磨耗的车轮经过机械加工使其恢复原形,需要镟削去大量金属材料,而镟削后的车轮再经过一段时间使用后又将成为磨耗形状。因此不少国家便把磨耗后的车轮踏面和钢轨形状定为标准型,从而减轻轮轨磨耗。这种磨耗型车轮可以减少金属镟削量并能延长轮轨的使用寿命。

我国铁路部门研制了两种磨耗型车轮踏面,分别为 LM 磨耗型车轮踏面和 LMA 磨耗型车轮踏面。其中,LM 型车轮踏面用于时速为 160 公里既有线车辆的车轮廓形,LMA 型车轮踏面是 20 世纪 90 年代开发设计的一种新型踏面,用于时速为 200 公里高速专用线车辆的车轮廓形,两种磨耗型车轮踏面的外形几何尺寸如图 2.2 所示。图上标示了包括轮缘角、轮缘高度、轮缘厚度、车轮宽度和踏面斜度等在内的车轮踏面的重要几何尺寸。轮缘高度是轮缘顶点与车轮名义滚动圆所在点的径向距离,踏面的垂直磨耗会增大轮缘高度。轮缘厚度是指名义滚动圆所在点上方 12mm(或 10mm)处的横向水平线与轮缘的交点离轮缘内侧面的横向间距。轮缘高度和轮缘厚度与轮对通过道岔时的安全性有关,轮缘角指轮缘斜面上的最大角度,轮缘角的大小关系到车辆的脱轨安全性能。由图可见,磨耗型车轮踏面的轮廓大致可用四段圆弧表示:轮缘根部小圆弧段、过渡弧段、踏面中部段和外侧反弧段。对于轮缘根部,国内外均采用半径在 15mm 以下的小圆弧段与轨角侧半径为 13mm 的圆弧段配合,过渡弧段是磨耗型踏面在轮缘根部和踏面部之间设计的

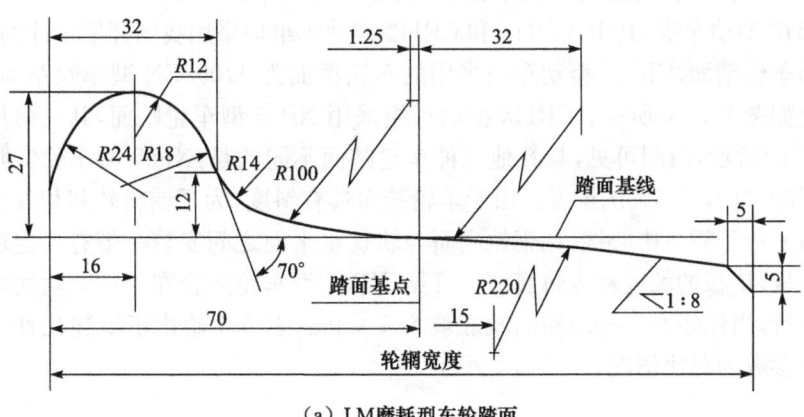

(a) LM 磨耗型车轮踏面

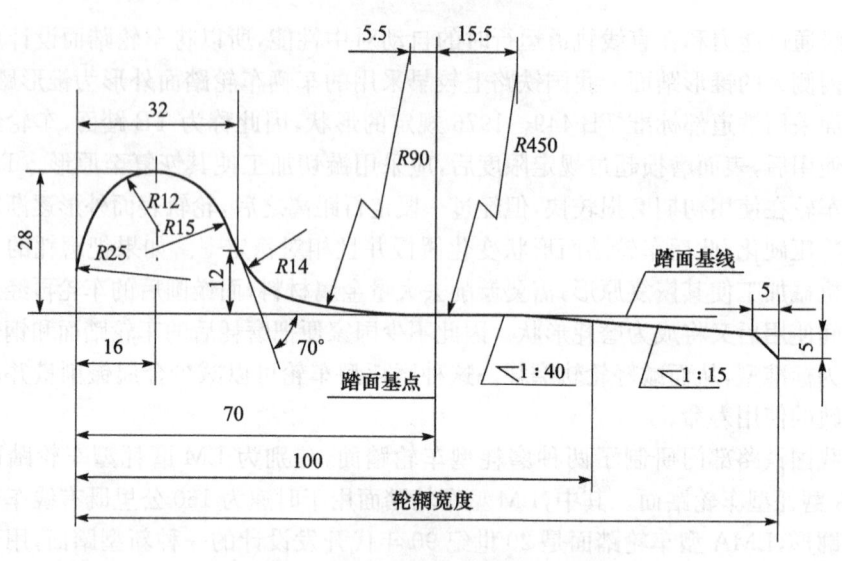

(b) LMA磨耗型车轮踏面

图2.2 我国磨耗型车轮踏面几何尺寸

　　过渡圆弧段,是磨耗型踏面的关键段,该段设计合理便可大大减少甚至避免轮轨两点接触。设计踏面中部时,应注意与线路上磨损车轮踏面外形尽量接近,以减轻轮轨接触应力,而且中部斜率不应过大,否则影响轮对的横向稳定性。车轮的外侧段设计成反圆弧,既可避免交点处的斜率突变,又可增大通过小半径曲线时的等效斜度。

　　车轮轮缘形状的改变对轮对的导向性能有一定的影响,为保证高速运行条件下的车辆具有较高的横向运行稳定性,各种各样的车轮外形被设计出来以适应不同的需要。我国的高速铁路主要运行四种型号的动车组,即 CRH1、CRH2、CRH3 和 CRH5 型动车组,其中,CRH1 和 CRH2 型动车组均采用我国开发设计的 LMA 磨耗型车轮踏面,CRH3 型动车组采用的车轮型面为 S1002CN 型车轮踏面,其几何尺寸如图 2.3(a)所示。CRH5 型动车组采用 XP55 型车轮踏面,其几何尺寸如图 2.3(b)所示,由图可见,与其他三种车轮踏面不同的是:XP55 型车轮实际上为锥形车轮,具有 5.5% 的锥度。由于车轮踏面具有斜度,为了使轮轨间相互作用的法向力平行于钢轨中心线,在钢轨底面与轨枕水平面之间安装一带有一定坡度的轨枕垫板,垫板的坡度称为轨底坡。可见,XP55 型车轮适合在 1:20 轨底坡的铁路上运行,当然还有一些线路的轨底坡为 1:40。表 2.1 给出了上述几种车轮踏面主要参数的对比情况。

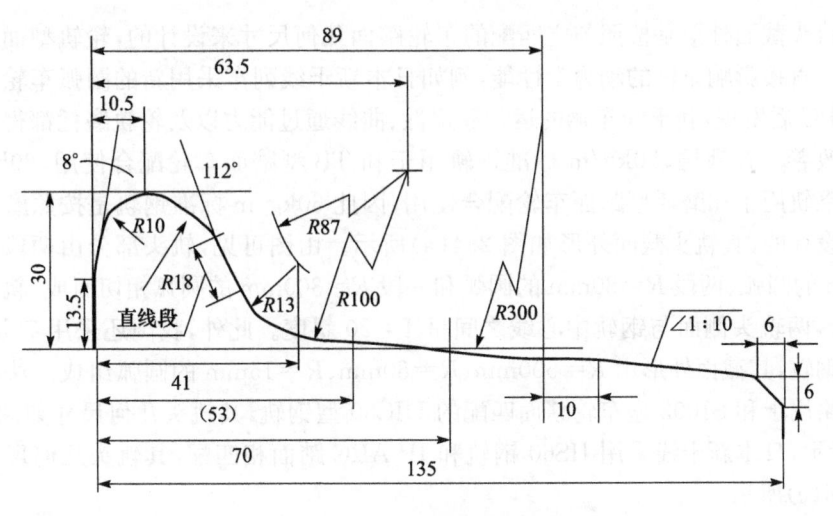

(a) S1002CN型车轮踏面

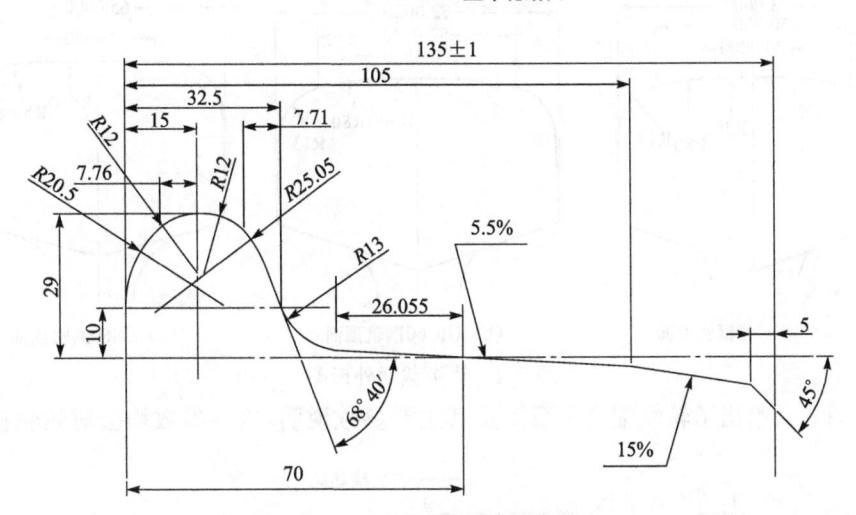

(b) XP55型车轮踏面

图 2.3　车轮踏面几何尺寸

表 2.1　几种车轮踏面主要参数比较

踏面类型	轮缘厚度/mm	轮缘高度/mm	轮缘形状限度/mm
TB	32	25	10.0
LM	32	27	10.7
LMA	32	28	9.8
S1002	32	28	10.8
XP55	32.5	29	11.0

轨头截面外形是按照与之匹配的车轮踏面几何尺寸来设计的,轮轨型面匹配特性将直接影响车辆的动力学性能,例如日本新干线列车采用新的圆弧车轮踏面 JP-ARC 后发现,新干线车辆的运行稳定性、曲线通过能力以及轮轨磨耗都得到了显著改善。在我国,50kg/m 标准钢轨用于和 TB 型踏面车轮配合使用,60kg/m 标准钢轨用于和磨耗型踏面车轮配合使用,因此 60kg/m 标准钢轨是按照磨耗型原则设计的,其轨头截面外形如图 2.4(a)所示。由图可见,轨头部分由两段 $R=13$mm 的圆弧、两段 $R=80$mm 的圆弧和一段 $R=300$mm 的圆弧相切而成,轨头宽 73mm,两轨头侧面与钢轨中心线之间呈 1∶20 斜度。此外,我国还采用 75kg/m 标准钢轨,其截面外形由 $R=500$mm、$R=80$mm、$R=15$mm 的圆弧组成。法国高速铁路用于和 S1002 型车轮踏面匹配的 UIC60 型钢轨,其轨头几何尺寸如图 2.4 (b)所示,日本新干线采用 JIS60 钢轨和 JP-ARC 踏面相匹配,其轨头几何尺寸如图 2.4(c)所示。

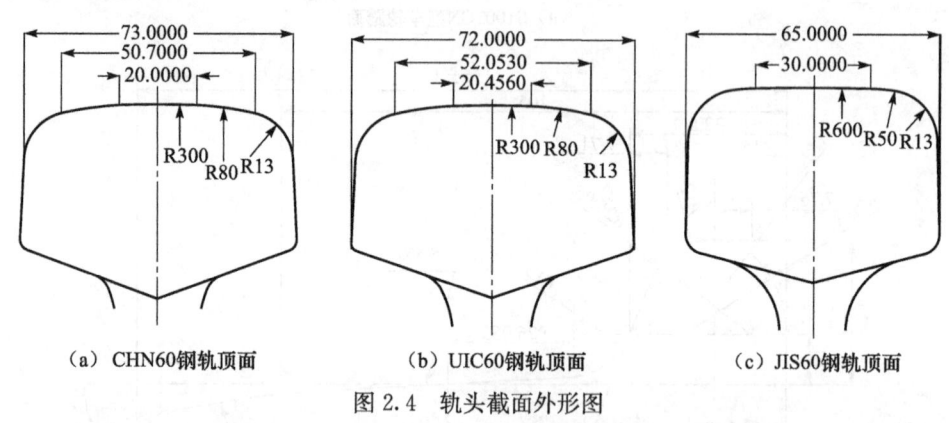

(a) CHN60钢轨顶面　　(b) UIC60钢轨顶面　　(c) JIS60钢轨顶面

图 2.4　轨头截面外形图

图 2.5 给出了轮轨配合示意图及其主要参数说明,这些参数均会对轮轨接触

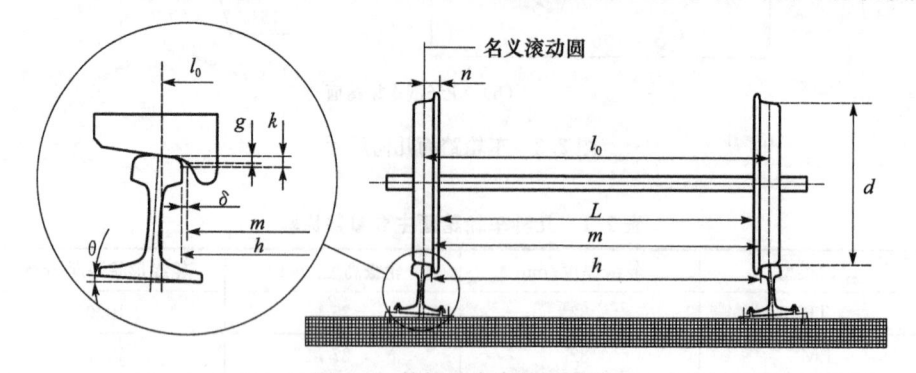

图 2.5　轮轨配合参数示意图

l_0—名义滚动圆间距;L—轮对内侧距;d—名义滚动圆直径;h—轨距;
θ—轨底坡;m—轮缘外侧距;δ—轮轨游间;n—名义滚动圆到轮背的距背;
g—轮缘厚度测量点与踏面基点的垂向距离;k—轨距测量点到轨顶的垂向距离

关系产生重要的影响。不同型号的轮轨相配合时,这些参数的取值会有所不同,表 2.2 给出了几组典型轮轨型面相配合时各个参数的取值情况,S1002 与 UIC60 相匹配时,德国与法国高速铁路分别采用了不同的轨底坡,且与我国高速铁路不同的是,日本、法国等高速铁路均只采用一种轮轨型面。

表 2.2 几组典型轮轨配合的基本参数表

参数	LMA(LM)/CHN60	S1002/UIC60	JP-ARC/JIS60
l_0/mm	1493	1500	1490
L/mm	1353	1360	1360
n/mm	70	70	65
d/mm	915	920	860
h/mm	1435	1435	1435
m/mm	1417	1426	1426
δ/mm	18	9	9
g/mm	12	10	10
k/mm	16	14	14
θ	1∶40	1∶20 或 1∶40	1∶40

2. 轮轨接触状态

图 2.6(a)为单轮对沿轨道滚动接触的情形,图中坐标系 $OXYZ$ 是轨道坐标系,$o'x'y'z'$ 为原点与轮对中心重合且 y' 轴与轮对轴线平行的轮对坐标系,y 表示轮对中心相对轨道中心线的横移量,ϕ 和 $\dot\phi$ 分别为轮对绕 x' 轴转动的角度和角速

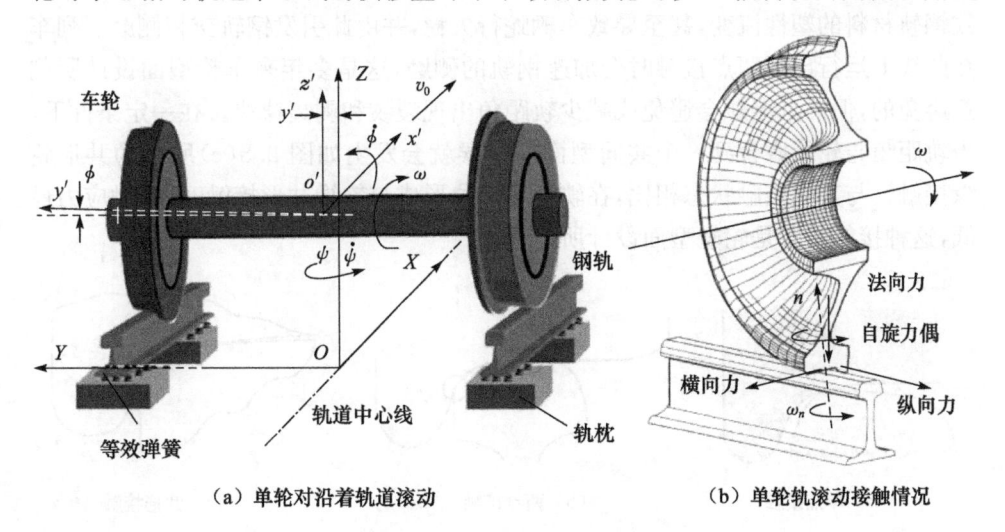

(a) 单轮对沿着轨道滚动　　　　　(b) 单轮轨滚动接触情况

图 2.6 轮轨接触状态图

度,也称为轮对的侧滚角位移和侧滚角速度,ψ 和 $\dot{\psi}$ 分别为轮对绕 z' 转动的角度和角速度,也即轮对的摇头角和摇头角速度,v_0 为轮对的前进速度。

车轮沿钢轨的滚动接触过程中,不仅相对钢轨存在横向和纵向滑动,而且在轮轨接触界面之间还存在绕接触面法向的相对转动,其转动角速度如图 2.6(b)中的 ω_n 所示。这种转动主要是由车轮滚动的角速度 ω、轮轨接触面法向 n 和轮对滚动轴线相互处于非垂直状态引起的[2]。

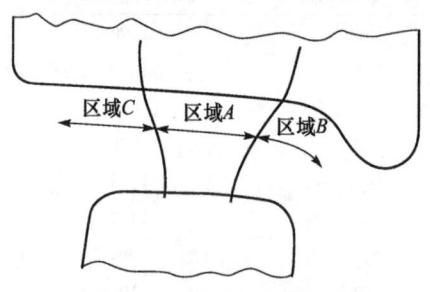

轮轨接触区域可以划分为如图 2.7 所示的三个接触区域,区域 A 为轨顶和车轮踏面中心接触区;区域 B 为钢轨轨距角和车轮轮缘根部接触区;区域 C 为钢轨和车轮外侧接触区。当轮轨接触位于区域 A 时,轮轨接触应力最小,相应的,轮轨横向蠕滑率/力也很小,因此轮轨在区域 A 接触是铁路运行所期望的理想状态之一,也是轮轨形面设计所追求的目标。

图 2.7 轮轨接触功能区

当车辆通过小半径曲线、轨距发生变化、轨面出现不连续(如道岔、接头、擦伤)等情况时,轮轨往往会在图 2.7 所示的区域 B 接触。轮轨在区域 B 接触时有如图 2.8 所示的三种接触状态:即一点接触、两点接触和共形接触。轮轨在该区域接触,可能使轮轨出现早期伤损或影响车辆的导向性能和稳定性。区域 B 处的单点接触对车辆和轨道的损害最大,在大蠕滑条件下,高接触应力会导致钢轨轨距角的疲劳破坏,轻则产生钢轨裂纹,重则造成剥离掉块。伴随出现的大的纵向蠕滑导致钢轨材料的塑性流变,甚至导致车辆蛇行失稳,并由此引发钢轨交替侧磨。列车在曲线上运行出现两点接触时会加速钢轨的侧磨,这是多年来车轮型面设计所刻意避免的,但两点接触会避免或减少轨距角出现裂纹和剥离掉块。在一定条件下,当轨距角与轮缘磨合到一个共同型面的时候就会发生如图 2.8(c)所示的共形轮缘接触。与其他接触状态相比,在轨距角部位形成与轮缘共形接触时,接触应力最低,这种接触状态是轮轨型面设计所追求的。

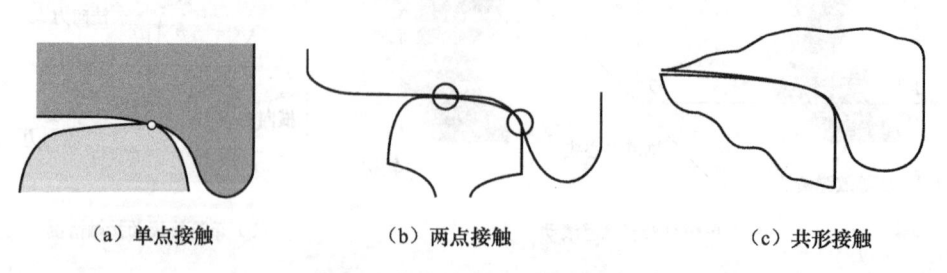

(a) 单点接触　　　　(b) 两点接触　　　　(c) 共形接触

图 2.8 轮轨之间的接触状态

在一些特殊情况下,轮轨接触会发生在图2.7所示的区域C内,这种情况会导致车轮型面外侧产生高的接触应力。或者在远离车轮边缘接触时,将导致车轮踏面外侧出现假性轮缘,恶化车轮导向性能,加速轮缘磨耗。综上所述,无论是高速、重载还是普通铁路,在直线和大半径曲线上运行时,轮轨应在区域A接触,即轨顶踏面中心区和车轮踏面中心区接触。在曲线上运行时,轨距角部位最好能与轮缘形成共形接触。

3. 轮轨接触几何参数

在轮对沿轨道滚动接触的过程中,由于轮轨特殊的形状特征,左右滚动圆半径存在差异,轮轨之间的接触几何参数也不断变化。分析轮轨接触几何关系时,在给定的轮轨型面几何形状条件下,由轮对横移y及摇头角位移ψ,可确定接触点位置及接触点处的曲率半径等轮轨接触几何参数,其中轮轨接触几何特性中最重要的参数是滚动圆半径差及接触角差随横移量y及摇头角ψ的变化关系。

1) 踏面锥度

滚动圆半径差随横移量的变化情况决定了车轮的踏面锥度,滚动圆半径差较大时车辆的曲线通过性能较好。对于锥形踏面,踏面斜率即等于踏面锥度,而对于磨耗型车轮踏面,一般引入轮对在小范围内做横移运动时的等效斜率λ_e的概念,等效锥度λ_e可用式(2.2)计算:

$$\lambda_e = \frac{r_L - r_R}{2y} \tag{2.2}$$

式中,r_L和r_R分别表示左、右车轮接触滚动圆半径。一般情况下,踏面等效锥度与轮轨外形的配合状态密切相关,只有新制的锥形踏面与钢轨配合时,锥度值才与配合状态无关而只依赖于车轮踏面外形。锥度值可按大小不同划分为如表2.3所示的4个等级。

表2.3 锥度等级划分

等 级	锥度范围
低锥度	$\lambda < 0.15$
中等锥度	$0.15 < \lambda < 0.3$
高锥度	$0.3 < \lambda < 0.5$
超高锥度	$\lambda > 0.5$

目前对于踏面等效锥度的最优取值范围尚未形成统一定论,这主要是因为车辆的直线运行稳定性与曲线通过性能对踏面锥度值的要求是相互矛盾的,其次由于世界各国的车辆悬挂参数和轨道几何参数不尽相同,很难统一等效锥度值的合理取值范围。尽管没有统一标准,文献[3]指出,能够保证车辆直线运行稳定性的

锥度上限值为 0.4,保证车轮导向性能的锥度下限值为 0.1,也就是说既满足直线运行稳定性又利于曲线通过的锥度范围应在 0.1~0.4 内。

2) 接触角差

轮对处于对中位置时,其重心也处于最低位置,当轮对向两侧横移时,重心位置将升高,这个抬升轮对重心的能量来自于车辆前进的动能。对于不同的轮轨配合情况,轮对发生相同横移时重心高度的变化量也不相同,变化量越大,轮对横移所需的能量也越大,反之则越小。与重心高度变化所需能量密切相关的是轮轨接触角差,接触角差较大时,轮对可以提供较大的重力复原力,车辆稳定性较好,接触角差的大小可以用接触角差系数 γ 来表示,

$$\gamma = \frac{\tan\delta_L - \tan\delta_R}{2y} \approx \frac{\delta_L - \delta_R}{2y} \tag{2.3}$$

式中,δ_L 和 δ_R 分别表示左、右轮轨接触角。当轮对偏离轨道中心线横移 y 时,左右钢轨作用在左右车轮上的法向反力就不相同,法向力的横向分力也不相同,如图 2.9 所示。F_L 与 F_R 的合力将起到阻止轮对产生横向位移的作用。当轮对相对于轨道中心线产生摇头角位移时,F_L 与 F_R 将产生一对力偶,这一力偶起到推动轮对摇头的作用。横向复原力的大小与轮对横移量及所受的载荷有关,如不计轮对上的动载荷、悬挂变形力和蠕滑力并略去高阶微量,则钢轨作用于左右车轮上的横向反力分别为

$$F_L = \frac{W}{2}\tan\delta_L$$

$$F_R = \frac{W}{2}\tan\delta_R \tag{2.4}$$

式中,W 为轴重,轮对由于重力作用产生的横向复原力为

$$F_y = F_R - F_L = \frac{W}{2}(\tan\delta_R - \tan\delta_L) \tag{2.5}$$

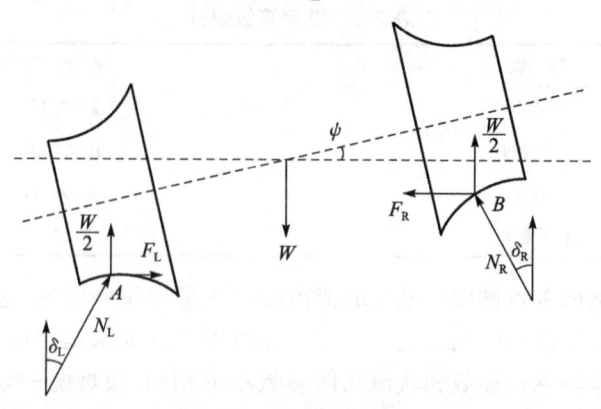

图 2.9 轮对横向复原力

复原力 F_y 与横移量 y 之比称为重力刚度,用 K_y 表示,则

$$K_y = \frac{F_y}{y} = \frac{W}{2y}(\tan\delta_R - \tan\delta_L) \tag{2.6}$$

K_y 与横移量呈现非线性变化关系,只有当采用新制锥形踏面轮对时,K_y 可近似认为是线性的。当接触角不大时,可线性化 $\tan\delta \approx \delta$,则

$$K_y \approx \frac{W}{2y}(\delta_R - \delta_L) = W\gamma \tag{2.7}$$

可见,轮对重力刚度或者接触角差系数 γ 决定了车辆前进的动能转化为横向振动能量的能力。这也从另一个角度说明了车辆横向运行稳定性与接触角差之间的关系,接触角差越大,则轮对在作相同横移时重心高度变化越大,车辆前进的动能转化为横向振动能量的能力就越差,从而对车辆的运行稳定性越有利。

2.2.2 轮轨接触几何求解方法

随着多刚体系统理论在机车车辆动力学领域的广泛应用,对车辆系统动力学的求解效率提出了越来越高的要求,而轮轨接触几何关系作为研究轮轨相互作用问题和车辆-轨道耦合动力学的基础,其求解方法的精度直接影响到动力学结果的求解精度,因此轮轨接触几何求解方法需要具备较高的可靠性、计算速率和计算精度。在计算机技术未得到广泛应用之前,欲精确确定轮轨三维滚动接触状态下的几何参数十分困难。20 世纪 70 年代,研究学者们对轮轨几何型面做了简化,研究了特殊轮轨几何型面下几何约束方程和接触几何参数的解析解。其中包括纯锥形踏面车轮和单一圆弧顶面钢轨的接触关系[4]、单一圆弧型面轮轨接触关系[5]、机车车辆滚动振动试验台系统轮-轨接触关系[6]等的研究,其具体分析及求解过程可参阅相关文献,本书不再详述。

上述这些特殊型面的轮-轨和轮-轨接触几何约束方程及部分近似解不具有普遍适用性,这些公式的应用会受到轮轨接触条件的限制,不方便解决实际工程问题。实际新轮新轨的型面由多条不同的圆弧和直线段组成,而新轮新轨在使用一段时间后,由于磨耗的产生,轮轨型面将变成不规则的曲线,其几何型面已不能再用圆弧和直线段来表示,在这种情况下,轮轨接触几何关系不存在解析解,只能通过数值求解方法得到轮轨接触几何参数。下面介绍一种经典的轮轨接触几何试凑逼近求解方法。

试凑逼近法尤其适用于轮轨磨耗后廓形无法用数学表达式表示的情况。该方法原理简单,容易实现计算机编程。轮轨接触几何关系必须满足的约束条件为:①轮和轨均接近刚体,轮轨表面上任意点均不能相互嵌入内部;②左右轮轨同时接触,不可脱离;③车轮上的接触点与钢轨上的接触点应具有相同的空间位置;④在轮轨接触点处,车轮与钢轨具有公切面。下面具体介绍轮轨廓形曲线的拟合方法和确

定轮轨接触关系的过程[7]。

1. 轮轨廓形的拟合

过轮对轴线作一铅垂面切割车轮,车轮外廓与切割面的交线称为车轮的主轮廓线。同理,作一垂直于轨道中心线的平面切割钢轨,钢轨轮廓与切割面的交线称为钢轨轮廓线。

车轮和钢轨的轮廓线通常可用一系列现场实测或工程定义得到的轮轨数据点拟合得到。经常采用的拟合算法为三次样条函数,三次样条曲线连续平滑,两次可微且具有足够精度,拟合得到的轮轨形状比较理想。只要把代表轮轨外形的离散坐标点安排得足够密集,样条函数中所给的边界条件足够接近实际情况,则由样条函数拟合的轮轨外形就越精确。已知轮轨的拟合曲线后,就不难用样条插值的方法求得轮轨上任意点的坐标位置。

下面介绍一种具有三阶精度的轮轨廓形拟合算法,该算法在保证拟合误差小于给定误差的同时,可以用最少的曲线段拟合得到目标轮轨廓形。

该轮轨拟合算法的实施步骤为:

(1) 首先利用所有的数据点,采用三阶拟合函数拟合轮轨廓形并评估拟合误差。

(2) 判断拟合节点的拟合误差是否小于给定误差 ε,一旦拟合误差大于给定误差 ε,则去掉拟合线段末尾的数据点,利用剩余的数据点重新进行拟合。

(3) 重复步骤(2),直到最大的拟合误差小于给定误差 ε。

(4) 完成第一段拟合曲线段之后,采用同样的方法利用被舍弃的数据点进行第二段数据拟合,第二条拟合曲线段的起始点为第一条拟合线段的结束点。

(5) 结束拟合,保存各拟合曲线段的拟合系数。

图 2.10 为该轮轨廓形拟合算法实现的流程图,其中 n 为用于描述轮轨廓形的数据点总数。

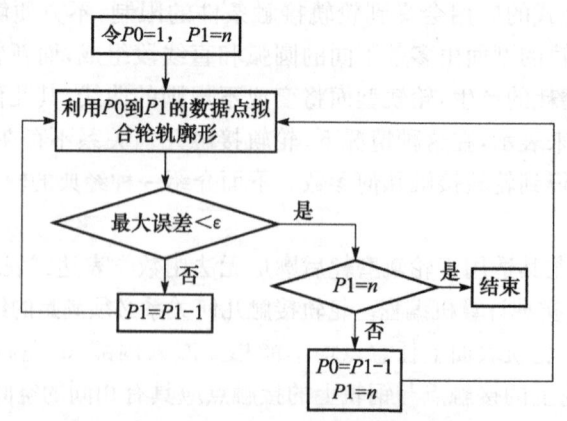

图 2.10 轮轨廓形拟合算法流程图

2. 确定轮轨接触点的基本原理

在前述轮轨接触几何的约束条件且在不考虑轮对相对轨道纵向移动的条件下,轮对相对轨道运动只有两个自由度。在研究轮轨接触几何关系时,以轮对中心 G_w 相对轨道中心线的横移 y_G 和摇头角 ψ 作为轮对运动的广义坐标,即轮轨接触几何各项参数是轮对横移及摇头的函数。为了简化说明,针对轮对仅有横移时的情况亦即平面问题进行阐述,后续内容将进一步介绍轮轨接触几何关系的空间问题的求解方法。轮对无摇头角情况下轮轨接触点的位置必须满足以下几何条件:

(1) 轮轨接触点处轮和轨的垂向距离为零,非接触点处轮轨表面的垂向距离大于零。

(2) 轮轨接触点处轮轨的轮廓线具有相同的斜率,即具有公切线。

如第一个条件成立的话,则第二个条件必然成立。因此可根据第一个条件确定轮轨的接触点,再用第二个条件加以验证。

在如图 2.11 所示的轮轨坐标系内,OYZ 为过轮对轴线的铅垂平面内的固定坐标系,坐标原点在过轨道中心线的铅垂平面内,X 轴的正方向垂直于纸面向外,动坐标系 $G_w y'z'$ 是轮对坐标系。将处于轨道中央位置并与钢轨接触的轮对相对轨道垂直向上平移 Δz_G 距离,再向左平行移动 Δy_G 距离,此时,在坐标系 OYZ 中所描述的左右车轮踏面的主轮廓线 $W_L(y)$、$W_R(y)$ 和左右钢轨轮廓线 $R_L(y)$、$R_R(y)$ 可以分别用四条样条曲线表示。当轮对向上向左平移后,由式(2.8)可确定左右轮轨接触点之间的最小间隙:

$$\Delta z_{Lmin} = \min[W_L(y) - R_L(y)], \quad \Delta z_{Rmin} = \min[W_R(y) - R_R(y)] \quad (2.8)$$

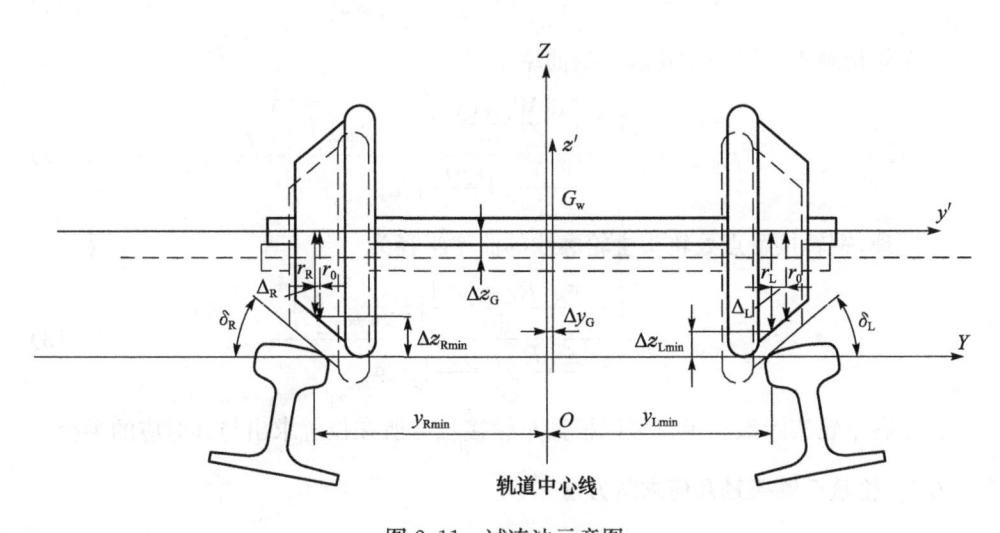

图 2.11 试凑法示意图

如图 2.11 所示,对于新轮新轨情况,应有 $\Delta z_{Rmin} \geqslant \Delta z_{Lmin}(\Delta y_G \geqslant 0)$,当 $\Delta z_{Rmin} = \Delta z_{Lmin}(\Delta y_G > 0)$ 时,则左右轮轨之间的最小间隙所对应的坐标 y_{Lmin} 和 y_{Rmin} 即为轮轨接触点坐标。如 $\Delta z_{Rmin} \neq \Delta z_{Lmin}(\Delta y_G > 0)$,不妨设 $\Delta z_{Rmin} > \Delta z_{Lmin}$,则将轮对垂直向下落到钢轨上时,左轮轨将率先接触,轮对再绕左轮轨接触点按逆时针方向旋转一定的角度后,右轮轨才会发生接触。因此,按照这个思路可逐步扫描得到给定轮对中心横移量所对应的左右轮轨接触点的坐标值,具体步骤如下:

(1) 给定 Δy_G,由式(2.8)确定 Δz_{Rmin}、Δz_{Lmin} 和对应的 y_{Lmin}、y_{Rmin}。

(2) 判断 $\Delta z_{Lmin}^{(1)}$ 和 $\Delta z_{Rmin}^{(1)}$ 是否相等,若相等,则 $y_{Lmin}^{(1)}$ 和 $y_{Rmin}^{(1)}$ 分别是左右轮轨接触点的坐标。若不相等,则将轮对绕中心 G_w 按顺时针方向($\Delta z_{Rmin} < \Delta z_{Lmin}$)或按逆时针方向($\Delta z_{Rmin} > \Delta z_{Lmin}$)旋转 $\gamma^{(1)}$ 角度,$\gamma^{(1)}$ 应该由式(2.9)给出,

$$\gamma^{(1)} = \frac{|\Delta z_{Rmin} - \Delta z_{Lmin}|}{|y_{Rmin} - y_{Lmin}|} \tag{2.9}$$

(3) 由式(2.8)确定 $\Delta z_{Lmin}^{(2)}$、$\Delta z_{Rmin}^{(2)}$ 和对应的 $y_{Lmin}^{(2)}$ 和 $y_{Rmin}^{(2)}$。

(4) 重复(2),当有 $|\Delta z_{Lmin}^{(n)} - \Delta z_{Rmin}^{(n)}| < \varepsilon$(给定的精度)时,则对应的 $y_{Lmin}^{(n)}$ 和 $y_{Rmin}^{(n)}$ 就是轮对发生横移 Δy_G 时所要求的轮轨接触点坐标。

3. 接触几何参数的确定

当接触点坐标确定之后,轮轨主要接触几何参数便容易求得。侧滚角为

$$\phi = \sum_i^n \gamma^{(i)}, \quad i = 1, 2, \cdots, n \tag{2.10}$$

式中,$\gamma^{(i)}$ 为每次扫描调整时的轮对旋转角度;n 为达到确定的精度而所需的扫描调整次数。轮轨接触角表示为

$$\delta_{L,R} = \arctan\left\{\frac{d}{dy}[R_{L,R}(y)]\Big|_{y=y_{L,Rmin}^{(n)}}\right\} \tag{2.11}$$

车轮接触点处踏面主轮廓线的曲率半径为

$$\rho_{wL,R} = \frac{\left\{1 + \left[\frac{d[W_{L,R}(y)]}{dy}\Big|_{y=y_{L,Rmin}^{(n)}}\right]^2\right\}^{\frac{2}{3}}}{\frac{d^2[W_{L,R}(y)]}{dy^2}\Big|_{y=y_{L,Rmin}^{(n)}}} \tag{2.12}$$

同理,钢轨接触点处轨头主轮廓线的曲率半径为

$$\rho_{rL,R} = \frac{\left\{1 + \left[\frac{d[R_{L,R}(y)]}{dy}\Big|_{y=y_{L,Rmin}^{(n)}}\right]^2\right\}^{\frac{2}{3}}}{\frac{d^2[R_{L,R}(y)]}{dy^2}\Big|_{y=y_{L,Rmin}^{(n)}}} \tag{2.13}$$

左右车轮实际滚动半径可以根据车轮接触点所在位置求出与其对应的半径。

2.2.3 轮轨三维接触几何求解方法

在以上对轮轨接触几何求解方法的分析中,仅考虑了轮对相对轨道只有横移

而无摇头运动的情况,因此只能用于处理平面问题。当同时考虑轮对相对于轨道的摇头运动时,轮轨接触点便不在主轮廓线所在的平面内,此时需按照空间问题来处理。下面将介绍一种高效的三维轮轨接触几何算法[8],该算法能够准确探测轮轨的多点接触情况,适合于分析轮对在产生较大的横移和摇头时的轮缘及踏面同时接触的情况,该方法可以有效实现轮轨接触点的实时在线计算。

1. 轮轨接触坐标系统

该求解方法的轮轨接触模型中共设置了三套坐标系统,这三套坐标系的关系如图 2.12 所示。首先是轨道全局坐标系,记作 (X,Y,Z),其 X 轴指向轨道延伸的切线方向,Z 轴与轨道平面相垂直并且方向朝上,Y 轴的方向可根据右手定则确定。

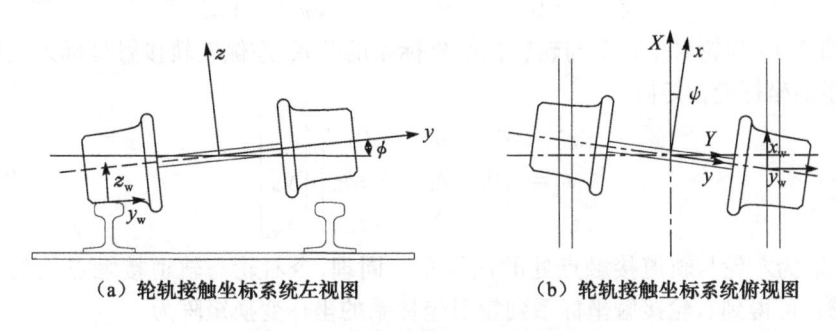

(a) 轮轨接触坐标系统左视图　　(b) 轮轨接触坐标系统俯视图

图 2.12　轮轨接触坐标系统示意图

其次是轮对坐标系 (x,y,z),由于轨道对轮对的约束,轮对相对轨道有两个自由度(不包括轮对在轨道上的纵向平移)。在研究轮轨接触几何关系时,以轮对相对轨道中心线的横移和摇头角作为轮对运动的广义坐标。轮对坐标系的原点与轮对质心重合,y 轴与轮对的轴向相平行,x 轴与轨道平面 (X,Y) 平行,且与 X 轴的夹角为摇头角位移 ψ,z 轴方向可根据右手定则确定。

由于接触力作用在轮轨接触点上,因此还需要建立轮轨接触坐标系 (x_w, y_w, z_w),接触坐标系的原点固连在轮轨接触点上,其 x_w 轴指向轨道前进方向,y_w 轴指向接触点切线方向,z_w 轴指向接触点的法线方向。轮轨接触坐标系有助于直观显示轮轨接触点在轮对廓形上的具体位置。

由图 2.12(a)可知,从 (y,z) 平面到 (Y,Z) 平面的坐标转换为:$\begin{bmatrix} Y \\ Z \end{bmatrix} = \begin{bmatrix} \cos\phi & -\sin\phi \\ \sin\phi & \cos\phi \end{bmatrix} \begin{bmatrix} y \\ z \end{bmatrix}$,同理,由图 2.12(b)可知,$\begin{bmatrix} X \\ Y \end{bmatrix} = \begin{bmatrix} \cos\psi & -\sin\psi \\ \sin\psi & \cos\psi \end{bmatrix} \begin{bmatrix} x \\ y \end{bmatrix}$,因此从轮对坐标系 (x,y,z) 到轨道坐标系 (X,Y,Z) 的坐标变换矩阵为

$$T_{\text{rot}} = \begin{bmatrix} \cos\psi & -\sin\psi & 0 \\ \sin\psi & \cos\psi & 0 \\ 0 & 0 & 1 \end{bmatrix} \begin{bmatrix} 1 & 0 & 0 \\ 0 & \cos\phi & -\sin\phi \\ 0 & \sin\phi & \cos\phi \end{bmatrix}$$
$$= \begin{bmatrix} \cos\psi & -\sin\psi\cdot\cos\phi & \sin\psi\cdot\sin\phi \\ \sin\psi & \cos\psi\cdot\cos\phi & -\cos\psi\cdot\sin\phi \\ 0 & \sin\phi & \cos\phi \end{bmatrix} \quad (2.14)$$

式中,ϕ 为轮对相对于轨道坐标系的侧滚角位移(rad);ψ 为轮对相对于轨道坐标系的摇头角位移(rad)。为了简化表示,在该轮轨三维接触几何求解方法的推导过程中,令:$\cos\psi = c\psi$, $\sin\psi = s\psi$, $\cos\phi = c\phi$, $\sin\phi = s\phi$。即

$$\begin{bmatrix} X \\ Y \\ Z \end{bmatrix} = \begin{bmatrix} c\psi & -s\psi\cdot c\phi & s\psi\cdot s\phi \\ s\psi & c\psi\cdot c\phi & -c\psi\cdot s\phi \\ 0 & s\phi & c\phi \end{bmatrix} \begin{bmatrix} x \\ y \\ z \end{bmatrix} \quad (2.15)$$

图 2.13 为轮对坐标系与轮轨接触坐标系的关系,左侧轮轨接触坐标系到轮对坐标系的坐标变换矩阵为

$$\begin{bmatrix} x \\ y \\ z \end{bmatrix} = \begin{bmatrix} 1 & 0 & 0 \\ 0 & c\delta_L & -s\delta_L \\ 0 & s\delta_L & c\delta_L \end{bmatrix} \begin{bmatrix} x_w \\ y_w \\ z_w \end{bmatrix} \quad (2.16)$$

式中,δ_L 为左轮与轨道接触点处的接触角。同理,令右轮与轨道接触点处的接触角为 δ_R,可得到右轮接触坐标系到轮对坐标系的坐标变换矩阵为

$$\begin{bmatrix} x \\ y \\ z \end{bmatrix} = \begin{bmatrix} 1 & 0 & 0 \\ 0 & c\delta_R & s\delta_R \\ 0 & -s\delta_R & c\delta_R \end{bmatrix} \begin{bmatrix} x_w \\ y_w \\ z_w \end{bmatrix} \quad (2.17)$$

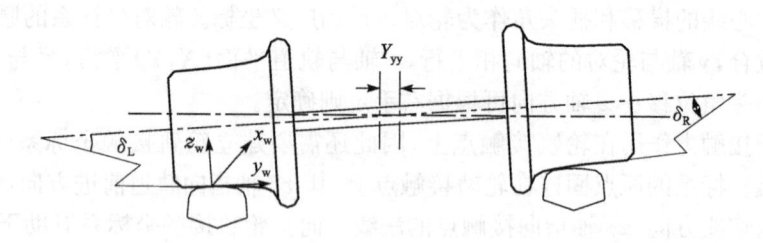

图 2.13 轮对坐标系和轮轨接触坐标系的关系

为了建立轮对动力学方程,需要将接触坐标系下的接触力转换到轨道坐标系下,即 $(x_w, y_w, z_w) \rightarrow (X, Y, Z)$,左侧轮轨接触坐标系到轨道坐标系的变换矩阵为

$$\begin{bmatrix} X \\ Y \\ Z \end{bmatrix} = \begin{bmatrix} c\psi & -s\psi \cdot c\phi & s\psi \cdot s\phi \\ s\psi & c\psi \cdot c\phi & -c\psi \cdot s\phi \\ 0 & s\phi & c\phi \end{bmatrix} \begin{bmatrix} 1 & 0 & 0 \\ 0 & c\delta_L & -s\delta_L \\ 0 & s\delta_L & c\delta_L \end{bmatrix} \begin{bmatrix} x_w \\ y_w \\ z_w \end{bmatrix}$$

$$= [T_{rot}]_L \begin{bmatrix} x_w \\ y_w \\ z_w \end{bmatrix} = \begin{bmatrix} c\psi & -s\psi \cdot c(\phi+\delta_L) & s\psi \cdot s(\phi+\delta_L) \\ s\psi & c\psi \cdot c(\phi+\delta_L) & -c\psi \cdot s(\phi+\delta_L) \\ 0 & s(\phi+\delta_L) & c(\phi+\delta_L) \end{bmatrix} \begin{bmatrix} x_w \\ y_w \\ z_w \end{bmatrix}$$

(2.18)

右侧轮轨接触坐标系到轨道坐标系的变换矩阵为

$$\begin{bmatrix} X \\ Y \\ Z \end{bmatrix} = \begin{bmatrix} c\psi & -s\psi \cdot c\phi & s\psi \cdot s\phi \\ s\psi & c\psi \cdot c\phi & -c\psi \cdot s\phi \\ 0 & s\phi & c\phi \end{bmatrix} \begin{bmatrix} 1 & 0 & 0 \\ 0 & c\delta_R & s\delta_R \\ 0 & -s\delta_R & c\delta_R \end{bmatrix} \begin{bmatrix} x_w \\ y_w \\ z_w \end{bmatrix}$$

$$= [T_{rot}]_R \begin{bmatrix} x_w \\ y_w \\ z_w \end{bmatrix} = \begin{bmatrix} c\psi & -s\psi \cdot c(\delta_R-\phi) & -s\psi \cdot s(\delta_R-\phi) \\ s\psi & c\psi \cdot c(\delta_R-\phi) & c\psi \cdot s(\delta_R-\phi) \\ 0 & -s(\delta_R-\phi) & c(\delta_R-\phi) \end{bmatrix} \begin{bmatrix} x_w \\ y_w \\ z_w \end{bmatrix}$$

(2.19)

必须注意的是，在实际应用中，实测轨道廓形的数据点是在轨底坡存在的情况下测得的，因此将其引入到轨道坐标系后需作相应的旋转变换，其关系如图 2.14 所示。设轨底坡为 α，则左轨数据点的旋转矩阵为

$$T_{rot\_l} = \begin{bmatrix} 1 & 0 & 0 \\ 0 & c\alpha & -s\alpha \\ 0 & s\alpha & c\alpha \end{bmatrix} \quad (2.20)$$

右轨数据点的旋转矩阵为

$$T_{rot\_r} = \begin{bmatrix} 1 & 0 & 0 \\ 0 & c\alpha & s\alpha \\ 0 & -s\alpha & c\alpha \end{bmatrix} \quad (2.21)$$

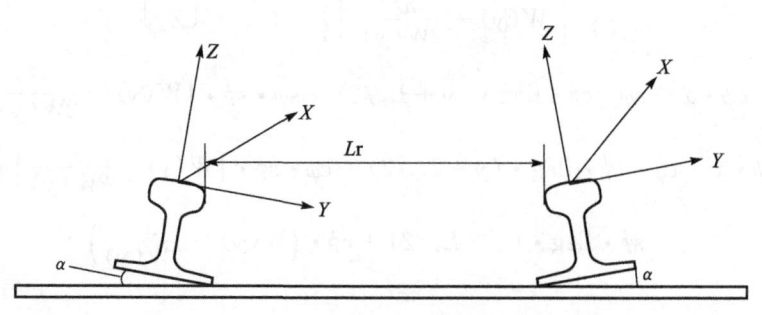

图 2.14 轨道坐标系和地面坐标系的关系

2. 轮轨三维几何廓形的建立

轮轨接触求解是车辆系统动力学的核心问题,车辆系统所受到的来自轨道的外力是通过轮轨接触过程传递的。当轮对的横向位移、摇头角和侧滚角数值较大时,轮轨之间会产生轮缘和踏面同时接触的两点接触情况。这种情况下的轮轨接触参数与只发生踏面接触时的轮轨接触参数存在较大差异。为了准确模拟轮轨的接触几何参数,需要建立基于三维模型的轮轨接触求解方法。

如图 2.15 所示,车轮的空间轮廓由若干个垂直于轮对踏面的圆周截面构成,车轮在 xz 平面内的轮廓线可以精确地表示为

$$z_{w\_exact} = W(y)\sqrt{1 - \frac{x^2}{W(y)^2}} \quad (2.22)$$

式中,$W(y) = a_{wi}y^3 + b_{wi}y^2 + c_{wi}y + d_{wi} - R$ 表示车轮的轮廓曲线,该轮廓曲线可由 2.1.2 节所描述的方法拟合得到。

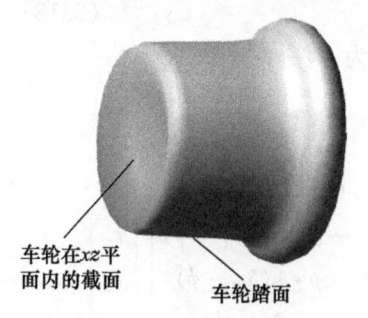

图 2.15 车轮轮廓图

式中,令 $t = \dfrac{x}{W(y)}$,并对其右式在 $t=0$ 处作泰勒展开得

$$\begin{aligned}
z_{w\_exact} &= W(y)\sqrt{1-t^2} \approx W(y)\left[1 - \frac{1}{2}t^2 + O(t^4)\right] \\
&= W(y) - W(y)\frac{1}{2}\left(\frac{x}{W(y)}\right)^2 + O\left(\left(\frac{x}{W(y)}\right)^4\right) \\
&= W(y) - \frac{x^2}{2W(y)} + O\left(\left(\frac{x}{W(y)}\right)^4\right) \approx W(y) - \frac{x^2}{2W(y)}
\end{aligned} \quad (2.23)$$

令轮对中心相对于轨道全局坐标系的横移量为 Y_{yy},利用式(2.18)和式(2.19)的坐标转换矩阵将轮对坐标转换到轨道坐标系中,即有

$$\begin{aligned}
P_w(x,y) &= [T_{rot}]_{L(R)} \left\{\begin{array}{c} x \\ \text{flag} \cdot (y + L_w/2) \\ W(y) - \dfrac{x^2}{2W(y)} \end{array}\right\} + \left\{\begin{array}{c} 0 \\ Y_{yy} \\ 0 \end{array}\right\} = \left\{\begin{array}{c} X_w \\ Y_w \\ Z_w \end{array}\right\} \\
&= \left\{\begin{array}{c} c\psi \cdot x - s\psi \cdot c\phi \cdot \text{flag} \cdot (y + L_w/2) + s\psi \cdot s\phi \cdot \left(W(y) - \dfrac{x^2}{2W(y)}\right) \\ s\psi \cdot x + c\psi \cdot c\phi \cdot \text{flag} \cdot (y + L_w/2) - c\psi \cdot s\phi \cdot \left(W(y) - \dfrac{x^2}{2W(y)}\right) + Y_{yy} \\ s\phi \cdot \text{flag} \cdot (y + L_w/2) + c\phi \cdot \left(W(y) - \dfrac{x^2}{2W(y)}\right) \end{array}\right\}
\end{aligned}$$
$$(2.24)$$

式中,$P_w(x,y)$ 表示车轮三维几何廓形 L_w 为轮对的左右轮名义滚动圆之间的距

离;flag 为用以指示左、右侧车轮的逻辑变量,flag=1 时表示右轮,flag=-1 时表示左轮。同理,轨道三维廓形在轨道坐标系中表示为

$$P_r(X,Y) = \begin{Bmatrix} X \\ \text{flag} \cdot (Y + L_r/2 + Y_{\text{gauge}}) \\ R(Y) \end{Bmatrix} = \begin{Bmatrix} X_r \\ Y_r \\ Z_r \end{Bmatrix} \quad (2.25)$$

式中,L_r 为轨距,当为标准轨距时,取值为 1435mm;Y_{gauge} 为轨距测量点所对应的横坐标;$R(Y) = a_{rj}Y^3 + b_{rj}Y^2 + c_{rj}Y + d_{rj}$ 是轨道坐标系中 YZ 平面内的轨道轮廓曲线,系数 $(a_{rj}, b_{rj}, c_{rj}, d_{rj})$ 是第 j 段轨道轮廓线的拟合系数,它们是在左、右轨道的局部坐标系中表示的。在分别拟合得到左右轨的轮廓线后,还需要利用 flag $\cdot (Y + L_r/2 + Y_{\text{gauge}})$ 将其转化到轨道全局坐标系中,其中 flag 的含义同式(2.24)。

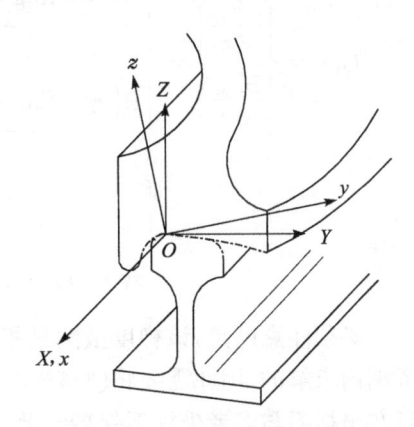

3. 轮轨潜在接触线的数学模型

在给定初始位置情况下,车轮表面与钢轨表面的可能接触点必定位于车轮表面最低点的曲线上,图 2.16 中虚线所示部分为轮对在摇头角为 0°的情况下,轮轨潜在接触点所在的平面曲线。

图 2.16 摇头角为 0°时轮轨潜在接触点的位置

而当轮对摇头角不为 0°时,轮轨潜在接触点不再位于平面内的一条曲线上,而是位于空间内的一条曲线上。图 2.17 为轮对摇头角为 5°时轮轨潜在接触点所

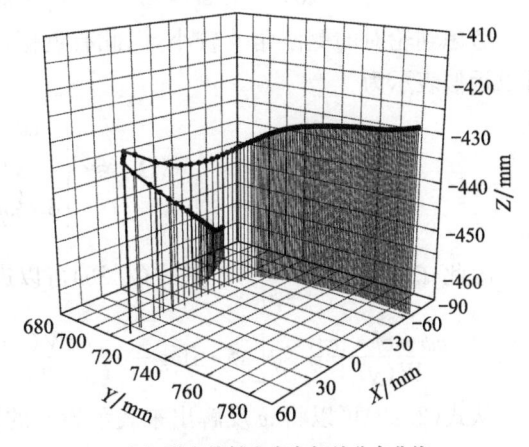

(a) 轮对摇头角为5°时的初始位置图　　(b) 潜在接触点在空间的分布曲线

图 2.17　摇头角为 5°时轮轨潜在接触点的位置

在的空间曲线[9]，可见此时轮轨接触点在 X 轴方向的变化范围很大，轮轨接触点相对于轮对中心垂直平面的超前量和滞后量较大，准确定位轮轨的潜在接触点位置是轮轨接触算法成功实现的关键。

根据几何约束条件，轮轨潜在接触点所在的空间曲线可以用式(2.26)表示为

$$\{G_r\}^T \cdot \{\Omega_{rxy}\} = 0 \quad (2.26)$$

式中，$\{G_r\}$ 是相对于轨道坐标系的车轮轮廓线梯度，$\{G_r\}$ 可以表示为

$$\{G_r\} = \begin{Bmatrix} \dfrac{\partial P_{wz}}{\partial x} \\ \dfrac{\partial P_{wz}}{\partial y} \end{Bmatrix} = \begin{Bmatrix} \dfrac{\partial \left(s\phi \cdot \text{flag} \cdot (y + L_w/2) + c\phi \cdot \left(W(y) - \dfrac{x^2}{2W(y)}\right) \right)}{\partial x} \\ \dfrac{\partial \left(s\phi \cdot \text{flag} \cdot (y + L_w/2) + c\phi \cdot \left(W(y) - \dfrac{x^2}{2W(y)}\right) \right)}{\partial y} \end{Bmatrix}$$

$$= \begin{Bmatrix} -\dfrac{c\phi \cdot x}{W(y)} \\ s\phi \cdot \text{flag} + c\phi \left[\dfrac{dW(y)}{dy} + \dfrac{x^2 (dW(y)/dy)}{2W^2(y)} \right] \end{Bmatrix} \quad (2.27)$$

必须注意的是，该梯度虽然是相对于轨道坐标系的梯度，但却是在轮对定义域范围内求解的，因此需要将轨道坐标系的向量转化到轮对坐标系中，以便使自变量所在坐标系与参考坐标系保持一致。$\{\Omega_{rxy}\}$ 代表轨道延伸方向的向量在轮对参考系 xy 平面内的坐标表示，它可以通过将轨道的 X 轴单位向量从轨道坐标系转换到轮对坐标系得到，转换到轮对坐标系后的 X 轴向量表示为

$$\{\Omega_r\} = [T_{rot}]^T \begin{Bmatrix} 1 \\ 0 \\ 0 \end{Bmatrix} = \begin{bmatrix} c\psi & s\psi & 0 \\ -s\psi \cdot c\phi & c\psi \cdot c\phi & s\phi \\ s\psi \cdot s\phi & -c\psi \cdot s\phi & c\phi \end{bmatrix} \begin{Bmatrix} 1 \\ 0 \\ 0 \end{Bmatrix} = \begin{Bmatrix} c\psi \\ -s\psi \cdot c\phi \\ s\psi \cdot s\phi \end{Bmatrix} \quad (2.28)$$

考虑到轮对的侧滚角 ϕ 较小，因此有近似表达式：$\cos\phi \approx 1$，$\sin\phi \approx \phi$，式(2.28)可以近似表示为

$$\{\Omega_r\} \approx \begin{Bmatrix} c\psi \\ -s\psi \\ \phi \cdot s\psi \end{Bmatrix}$$

因此 $\{\Omega_{rxy}\} = \begin{Bmatrix} c\psi \\ -s\psi \end{Bmatrix}$，于是式(2.26)可以进一步展开为

$$\dfrac{c\psi \cdot c\phi \cdot x}{W(y)} + s\psi \left[s\phi \cdot \text{flag} + c\phi \left(\dfrac{dW(y)}{dy} + \dfrac{x^2 (dW(y)/dy)}{2W^2(y)} \right) \right] = 0 \quad (2.29)$$

从式(2.29)可以将 x 反解出来表示为 y 的函数，即

$$x = \dfrac{-b - \sqrt{b^2 - 4ac}}{2a} \quad (2.30)$$

式中, $a = \dfrac{s\psi \cdot c\phi \cdot (\mathrm{d}W(y)/\mathrm{d}y)}{2W^2(y)}$; $b = \dfrac{c\psi \cdot c\phi}{W(y)}$; $c = s\psi \cdot s\phi \cdot \mathrm{flag} + s\psi \cdot c\phi \cdot \dfrac{\mathrm{d}W(y)}{\mathrm{d}y}$;

因此式(2.30)可以进一步表示为

$$x = \dfrac{-\dfrac{c\psi \cdot c\phi}{W(y)} - \Theta}{\dfrac{s\psi \cdot c\phi \cdot (\mathrm{d}W(y)/\mathrm{d}y)}{W^2(y)}} = \dfrac{-W(y)(c\psi \cdot c\phi + \Theta \cdot W(y))}{s\psi \cdot c\phi \cdot (\mathrm{d}W(y)/\mathrm{d}y)} \quad (2.31)$$

式中,

$$\Theta = \sqrt{\dfrac{c^2\psi \cdot c^2\phi}{W^2(y)} - \dfrac{4s\psi \cdot c\phi \cdot (\mathrm{d}W(y)/\mathrm{d}y) \cdot (s\psi \cdot s\phi \cdot \mathrm{flag} + s\psi \cdot c\phi \cdot (\mathrm{d}W(y)/\mathrm{d}y))}{2W^2(y)}}$$

$$= \dfrac{\sqrt{c^2\psi \cdot c^2\phi - 2s\psi \cdot c\phi \cdot (\mathrm{d}W(y)/\mathrm{d}y) \cdot (s\psi \cdot s\phi \cdot \mathrm{flag} + s\psi \cdot c\phi \cdot (\mathrm{d}W(y)/\mathrm{d}y))}}{W(y)}$$

$$= \dfrac{\Gamma}{W(y)}$$

因此,潜在接触点在轮对坐标系中的纵坐标表示为 $x = \dfrac{-W(y)(c\psi \cdot c\phi + \Gamma)}{s\psi \cdot c\phi \cdot (\mathrm{d}W(y)/\mathrm{d}y)}$。

将式(2.30)代入到式(2.24)即得到可能接触点的坐标,这些可能接触点位于轨道坐标系统的车轮廓形上,它们连成的曲线是 y 的函数,该曲线用 $\Sigma_{\mathrm{wcp}}(y) = \{X_{\mathrm{cp}}, Y_{\mathrm{cp}}, Z_{\mathrm{wcp}}\}$ 表示,各个坐标值表示为

$$X_{\mathrm{cp}} = \dfrac{-c\psi \cdot W(y)(c\psi \cdot c\phi + \Gamma)}{s\psi \cdot c\phi \cdot (\mathrm{d}W(y)/\mathrm{d}y)} - s\psi \cdot c\phi \cdot \mathrm{flag} \cdot (y + L_{\mathrm{w}}/2)$$
$$+ s\psi \cdot s\phi \cdot \left(W(y) - \dfrac{W(y)(c\psi \cdot c\phi + \Gamma)^2}{2 \cdot s^2\psi \cdot c^2\phi \cdot (\mathrm{d}W(y)/\mathrm{d}y)^2}\right) \quad (2.32)$$

$$Y_{\mathrm{cp}} = \dfrac{-W(y)(c\psi \cdot c\phi + \Gamma)}{c\phi \cdot (\mathrm{d}W(y)/\mathrm{d}y)} + c\psi \cdot c\phi \cdot \mathrm{flag} \cdot (y + L_{\mathrm{w}}/2)$$
$$- c\psi \cdot s\phi \cdot \left(W(y) - \dfrac{W(y)(c\psi \cdot c\phi + \Gamma)^2}{2 \cdot s^2\psi \cdot c^2\phi \cdot (\mathrm{d}W(y)/\mathrm{d}y)^2}\right) + Y_{\mathrm{YY}} \quad (2.33)$$

$$Z_{\mathrm{wcp}} = s\phi \cdot \mathrm{flag} \cdot (y + L_{\mathrm{w}}/2) + c\phi \cdot \left(W(y) - \dfrac{W(y)(c\psi \cdot c\phi + \Gamma)^2}{2 \cdot s^2\psi \cdot c^2\phi \cdot (\mathrm{d}W(y)/\mathrm{d}y)^2}\right)$$
$$(2.34)$$

同理,将式(2.33)代入到式(2.25)中,可以得到轨道坐标系中车轮廓形上的潜在接触点,它们连成的曲线同样是 y 的函数,该空间曲线表示为 $P_{\mathrm{rcp}}(y) = \{X_{\mathrm{cp}}, Y_{\mathrm{cp}}, Z_{\mathrm{rcp}}\}$。其中,$Z_{\mathrm{rcp}} = a_{\mathrm{rj}}Y^3 + b_{\mathrm{rj}}Y^2 + c_{\mathrm{rj}}Y + d_{\mathrm{rj}}$,且 $Y = \mathrm{flag} \cdot Y_{\mathrm{cp}} - L_{\mathrm{r}}/2 - Y_{\mathrm{gauge}}$。

4. 轮轨接触点求解方法

1) 单点接触算法

在轮轨潜在接触点所在空间曲线 $P_{\mathrm{wcp}}(y)$ 和 $P_{\mathrm{rcp}}(y)$ 的表达式里,由于轮轨表面上的潜在接触点的坐标均表示在轨道坐标系中,因此其横坐标及纵坐标 $\{X_{\mathrm{cp}},$

Y_{cp}} 是相同的,仅垂向坐标 $Z_{wcp}(y)$ 和 $Z_{rcp}(y)$ 存在差异。利用式(2.34)可以得到轨道坐标系内车轮在 Z 轴方向的坐标值 $Z_{wcp}(y)$,用式(2.25)可以得到轨道坐标系内轨道轮廓在 Z 轴方向的坐标值 $Z_{rcp}(y)$。如图 2.18 所示的轮轨潜在接触点垂向坐标的差值可以表示为 y 的函数,即

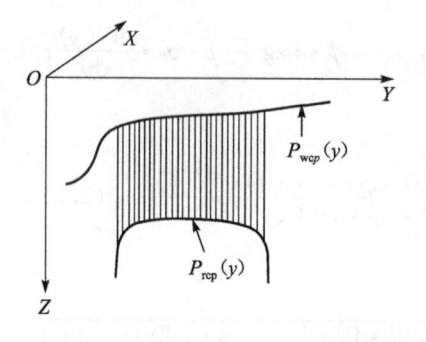

$$D = Z_{wcp}(y) - Z_{rcp}(y) \quad (2.35)$$

图 2.18 轮轨潜在接触点垂向距离

对于给定了横移量 Y_L 和摇头角 ψ 的轮对,即可通过上述方法求解得到左右轮轨潜在接触点的垂向距离 D,轮对的侧滚角 ϕ 可通过逐渐调整轮对的位置以使左右轮轨接触点的垂向距离满足式(2.36),

$$|D_L - D_R| \leqslant \varepsilon \quad (2.36)$$

式中,D_L 为左侧轮轨潜在接触点的垂向距离;D_R 为右侧轮轨潜在接触点的垂向距离;ε 为规定的限值,根据文献[10]的介绍,当轴重为 50KN 时,ε 值的数量级约为 10^{-2}mm,因此为了保证计算精度,可选取 ε 的值为 10^{-6}mm。当求得的左右轮轨潜在接触点的垂向距离满足式(2.36)时,即认为该点是轮轨的实际接触点。

同时,从物理意义上讲,轮轨接触点在车轮踏面上的切线与轨面上的切线具有相同的斜率,即在接触点处轮轨具有公切线,因此其具体位置可以通过求解式(2.37)得到,

$$\dot{D}(y) = \frac{dZ_{wcp}(y)}{dy} - \frac{dZ_{rcp}(y)}{dy} = 0 \quad (2.37)$$

简要起见,此处不对式(2.37)做进一步展开。

2) 多点接触算法

值得注意的是,当式(2.35)存在不止一个极值点时,即可能出现两点或多点接触的情况。但并不是式(2.35)所有的极值点都是轮轨实际接触点。如图 2.19 所示,点 C_1、A、C_2、B、C_3 均为曲线 $D(y)$ 的极值点,但 A、B 是局部极大值点,明显不满足轮轨实际接触点的条件,C_1、C_2、C_3 是曲线 $D(y)$ 的局部极小值点,可能成为轮轨接触点,因此轮轨实际接触点还需满足如下约束条件:

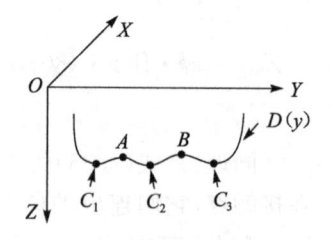

图 2.19 轮轨潜在接触曲线极值点示意图

$$\ddot{D}(y) = \frac{d^2 Z_{wcp}(y)}{dy^2} - \frac{d^2 Z_{rcp}(y)}{dy^2} \geqslant 0 \quad (2.38)$$

为了得到式(2.35)的极小值所对应的点,可以通过分析曲线 $\dot{D}(y_k)$(点 k 到

$k+1$ 之间的曲线段,记为第 m_k 段)的特征来获得。当第 m_k 段曲线 $\dot{D}(y_k)$ 的值从负值变为正值时,$D(y_k)$ 便在对应位置取极小值。由于轮轨轮廓线均用三阶精度的曲线拟合得到,这就保证了在每一拟合曲线段内仅有一个极大值或极小值存在。

当式(2.35)的最小值对应的 y_m 值确定以后,需要进一步验证以确保该点便是轮轨实际的接触点。当考虑轮轨弹性时,接触面将发生相互穿透,这种情况下确保轮轨接触的数学表达式为

$$D(y_m) - D_{\min}(y) \leqslant \varepsilon \tag{2.39}$$

式(2.39)中,$D_{\min}(y)$ 为垂向距离最小值,ε 为轮轨接触点的弹性压缩量,其值与接触点处轮轨法向力、接触斑大小、车轮和钢轨的曲率半径以及车轮滚动圆半径等密切相关。

综上所述,轮轨实际接触点的求解可分为以下几个步骤进行:
(1) 用分段函数分别拟合车轮和钢轨的轮廓形状。
(2) 给定某一时刻轮对的摇头角 ψ 和侧滚角 ϕ,确定轮对潜在接触点所在的曲线段。
(3) 针对第 i 段车轮廓形和第 j 段轨道廓形,确定轮轨实际接触点的位置。

该方法可以同时探测到轮轨接触面之间的所有接触点,具有较高的求解精度。

5. 计算结果

利用上述方法编制相应的三维轮轨接触系统计算程序,为了验证该方法的求解精度,选取 UIC519[11](Method for determining the equivalent conicity)中的两组轮轨廓形进行轮轨接触计算结果对比。对比计算包括如下两种工况,工况一:车轮廓形 R-UIC519-A 与钢轨廓形 S-UIC519-A 匹配;工况二:车轮廓形 R-UIC519-B 与钢轨廓形 S-UIC519-A 匹配。UIC519 给出的两种工况下轮轨廓形的接触点随横移量的分布与该方法计算所得到的接触点分布对比情况分别如图 2.20 和图 2.21 所示。

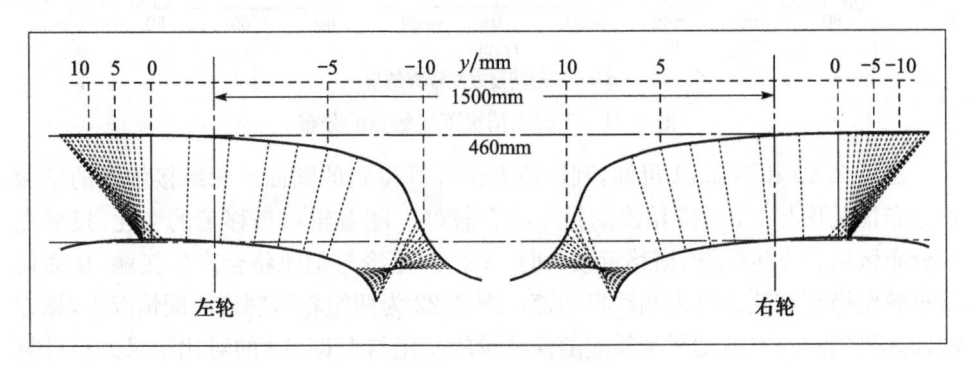

(a) UIC519给出的接触点分布结果

(b) 三阶精度方法计算结果

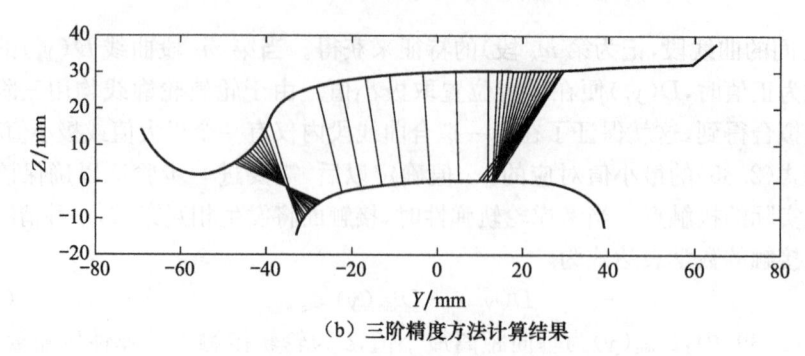

图 2.20 工况一情况下接触点的分布

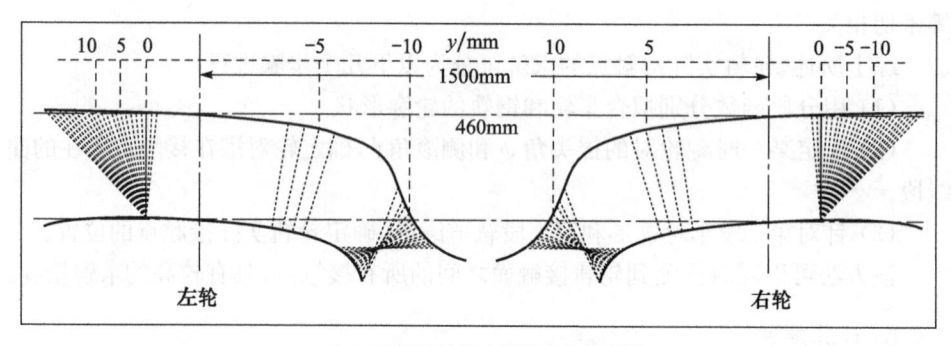

(a) UIC519 给出的接触点分布结果

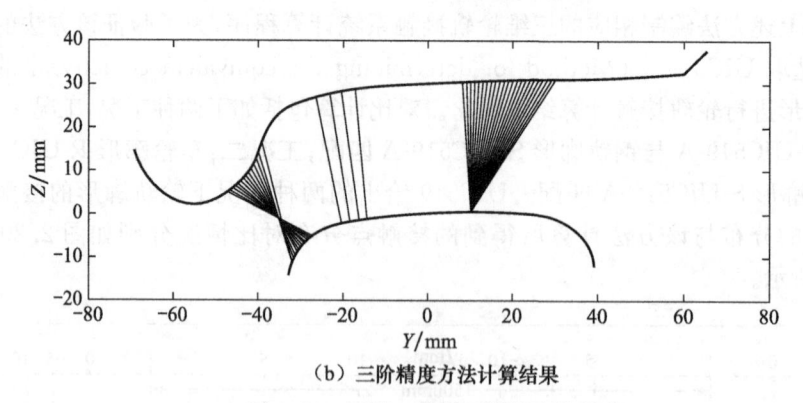

(b) 三阶精度方法计算结果

图 2.21 工况二情况下接触点的分布

由图 2.20 和图 2.21 可知，利用该方法计算得到的踏面及轮缘接触区的接触点分布情况均与 UIC519 给出的结果吻合较好。随着轮对横移量的变化，接触点的分布区域会发生跳跃，横移量较大时，车轮的轮缘与钢轨将会产生接触，从而使得车轮轮缘与钢轨顶部内侧磨损加速。图 2.22 为两组轮轨廓形匹配情况下，该方法计算得到的左右滚动圆半径差随横移量的变化与 UIC519 的对比结果。从计算结果可知，滚动圆半径差随轮对横移量的变化趋势及关键点处的跳跃特征与

UIC519 给出的结果一致。可见该三维轮轨接触程序具有较高的计算精度。

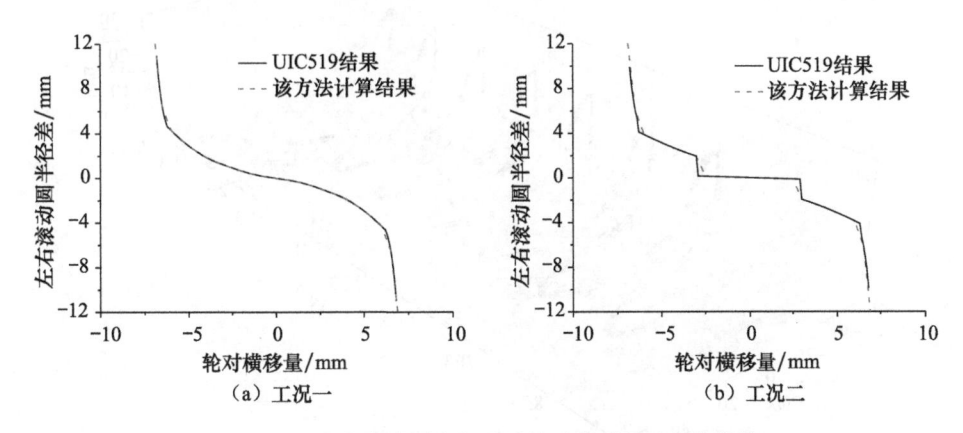

图 2.22 左右滚动圆半径差随轮对横移量的变化曲线

图 2.23～图 2.25 依次给出了 UIC519 两组轮轨廓形匹配情况以及 S1002 与 UIC60 相匹配时,给定轮对幅值为 15mm 的正弦形横移量输入时,轮轨接触点在车轮型面上的分布情况。从图中可见,轮轨接触点的分布有明显的跳跃,且不同的轮轨匹配情况其跳跃情形也有很大差异。当轮对横移量达到一定值时,三组轮轨匹配情况下均在踏面和轮缘过渡区出现了接触点跳跃,接触点由踏面向轮缘过渡时,势必会造成轮轨接触几何特征、接触力的非线性跃变,同时,这种状况下容易出现两点接触情况,在计算轮轨接触力时需要特别处理。

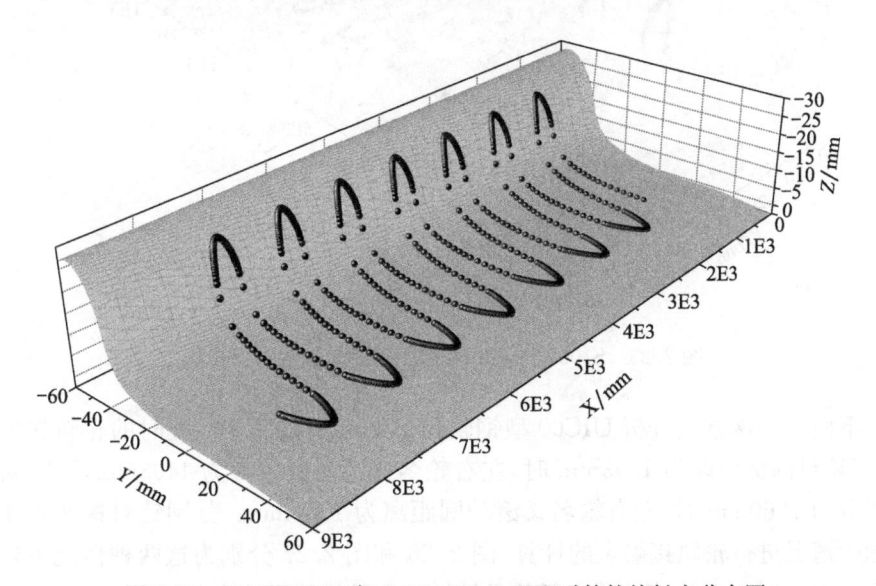

图 2.23 R-UIC519-A 与 S-UIC519-A 匹配时轮轨接触点分布图

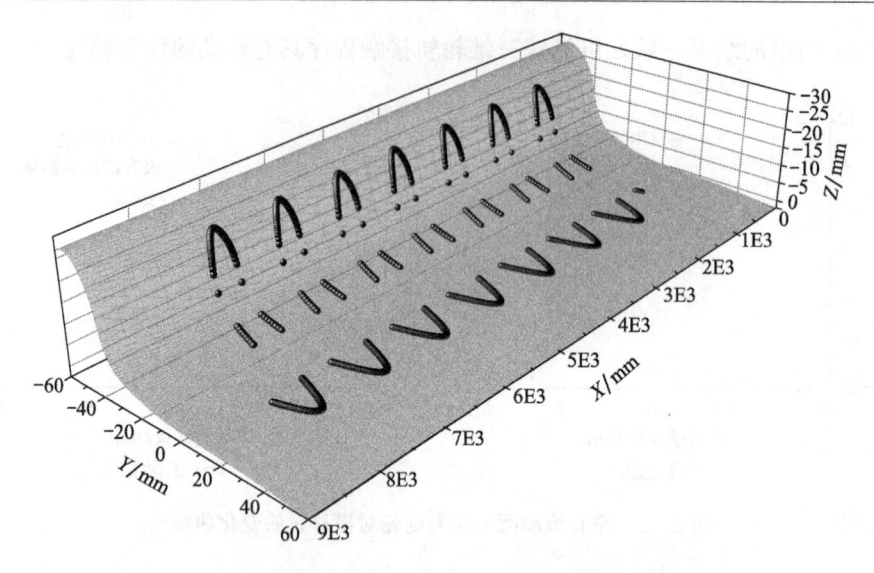

图 2.24 R-UIC519-B 与 S-UIC519-A 匹配时轮轨接触点分布图

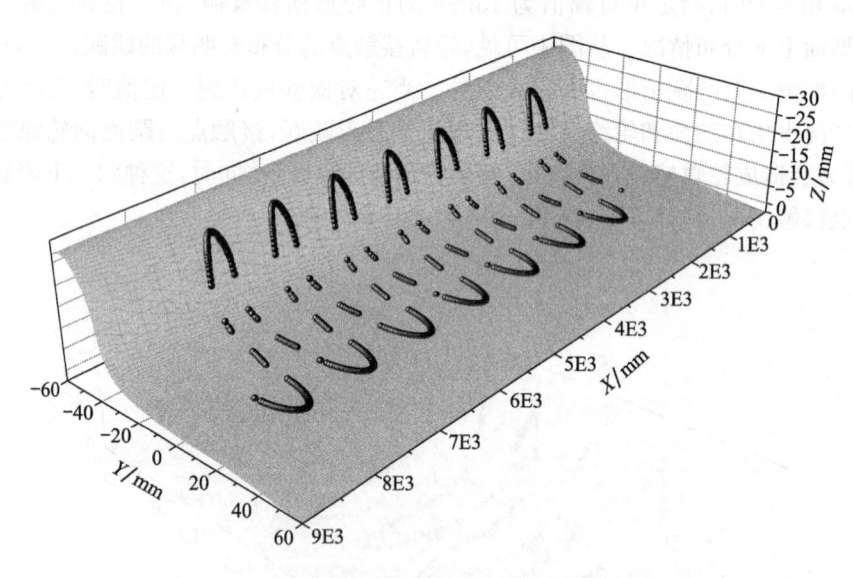

图 2.25 S1002 与 UIC60 匹配时轮轨接触点分布图

下面利用该方法分析 UIC60 型钢轨与 S1002 型踏面相匹配时的轮轨接触情况，当轮对内侧距取为 1353mm 时，左右轮名义滚动圆距离为 1493mm，当轮对内侧距取为 1360mm 时，左右轮名义滚动圆距离为 1500mm。分别针对这两种轮对内侧距情况进行轮轨接触点的计算，图 2.26 和图 2.27 分别为这两种情况下轮对摇头角为 0°时左右轮滚动圆半径差及接触角差随横移量的变化情况。

第二章 轮轨滚动接触理论

(a) 轮对内侧距为1353mm

(b) 轮对内侧距为1360mm

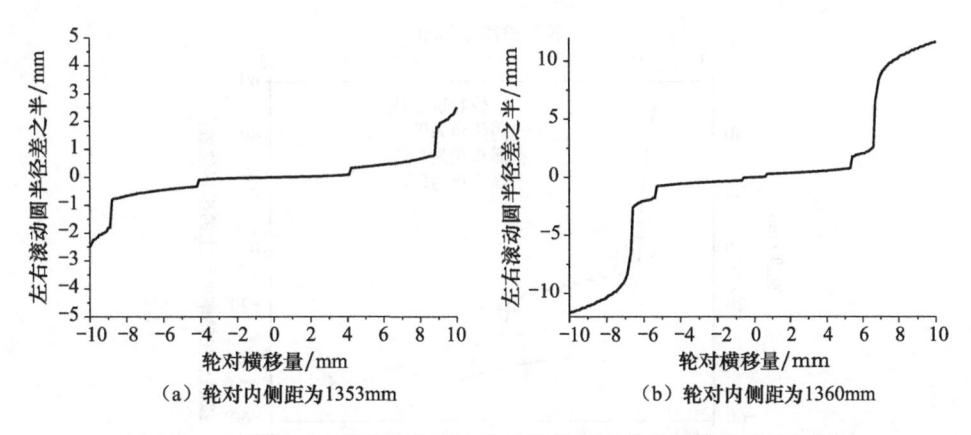

图 2.26 不同轮对内侧距情况下左右轮滚动圆半径差随横移量的变化图

(a) 轮对内侧距为1353mm

(b) 轮对内侧距为1360mm

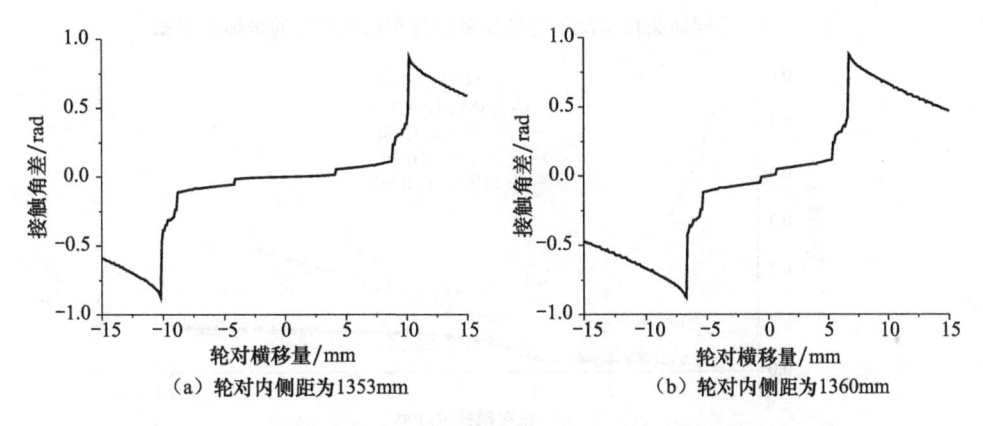

图 2.27 不同轮对内侧距情况下左右轮接触角差随横移量的变化图

由图 2.26 可知,轮对内侧距的变化对轮轨接触点的分布有十分显著的影响,对于横移量大于 5mm 的情况,轮对内侧距为 1360mm 时,左右轮滚动圆半径差及接触角差比轮对内侧距为 1353mm 时要大,这对于提高轮对的曲线通过能力较为有利,但轮对内侧距增大导致等效锥度的增大,这势必会降低车辆的横向运行稳定性。同理可以分析得到:增大轨距与减小轮对内侧距对轮轨相互作用的影响一致,因为其归根到底是减小了轮轨游间。在实际应用过程中需根据车轮踏面形状、轨距、钢轨轨头形状等选择合理的轮对内侧距,优化轮轨的几何接触关系。

图 2.28 给出了轮对内侧距为 1360mm 时不同轮对摇头角情况下,右轮轮轨接触点在车轮廓形上的坐标位置。可见,对于给定的轮轨廓形,随着摇头角的增大,接触点的跳跃区域向轮缘接触区移动。

为了进一步分析轮轨踏面外形及配合参数对轮轨相互作用的影响,图 2.29 给出了 LM 型踏面、LMA 型踏面、S1002 型踏面、XP55 型踏面与 CHN60 钢轨配合

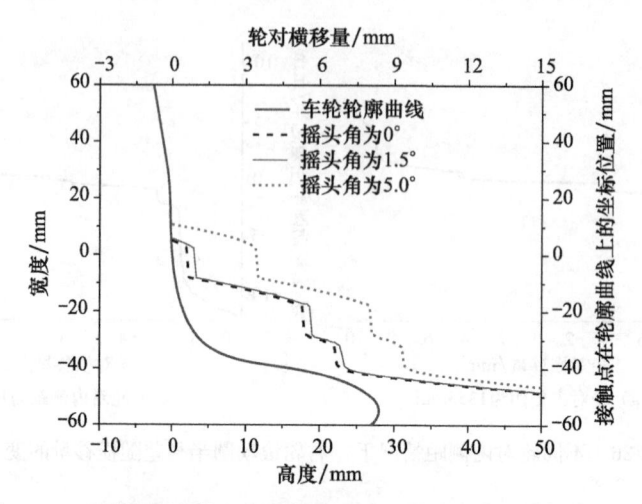

图 2.28 不同摇头角情况下轮轨接触点在车轮廓形上的坐标位置图

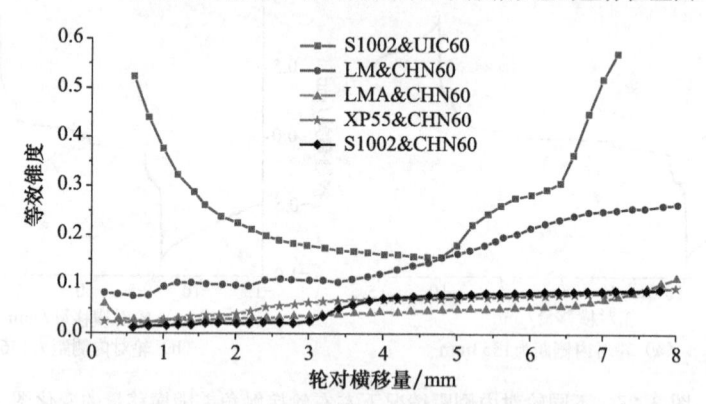

图 2.29 5组轮轨匹配情况下等效锥度的变化趋势图

(轮对内侧距为 1353mm,轨底坡为 1∶40) 及 S1002 型踏面与 UIC60 钢轨配合(轮对内侧距为 1360mm,轨底坡为 1∶40)情况下的等效锥度随轮对横移量的变化趋势。

由图 2.29 可知:LM 型踏面、LMA 型踏面、S1002 型踏面、XP55 型踏面与 CHN60 型钢轨配合时,对应于横移量等于 3mm 的等效锥度值分别为 0.11、0.03、0.02 和 0.06。可见,LMA 型踏面、S1002 型踏面及 XP55 型踏面与 CHN60 型钢轨配合时,在轮对横移量不大的情况下,等效锥度值很低,在轮对内侧距为 1360mm 的情况下,S1002 型踏面与 UIC60 钢轨配合可以得到较高的等效锥度。

2.3 轮轨蠕滑理论

在滚动接触研究中首次涉及蠕滑概念的是英国人卡特(Carter F. W),他应用弹性理论求解二维弹性体滚动接触问题,给出了接触斑中黏着区和滑动区的划分,指出车轮在钢轨上运动时,车轮不是作纯滚动,而是包含了微小的滑动。剑桥大学的约翰逊(Johnson K. L)教授是第一个将自旋概念引入滚动接触研究的学者;轮轨蠕滑理论研究方面做出最大贡献的是荷兰德尔夫特(Delft)理工大学的卡克(Kalker J. J)教授。本节主要分析轮轨接触面内的黏着及蠕滑现象,并给出蠕滑率的求解方法。

2.3.1 黏着及蠕滑现象

具有弹性的钢制车轮在弹性钢轨上以速度 V 运行时,在车轮与钢轨的接触面间会产生一种极为复杂的物理现象。此时轮轨接触斑表面不仅有微量弹性变形,还含有微量的速度差,轮轨之间的这种微量弹性滑动称为"蠕滑",它是一种介于纯滚动与纯滑动之间的中间形式。由于蠕滑的存在,使得轮对的圆周速度比前进速度要高,也正是由于这种微量滑动的存在,才产生了轮轨之间的牵引力。根据弹性力学理论,两个弹性体接触时,其接触表面通常是一个椭圆,椭圆的形状与轮轨的材质和接触部位的外形、正压力的大小等均有关。一般情况下,椭圆的长轴沿车轮的前进方

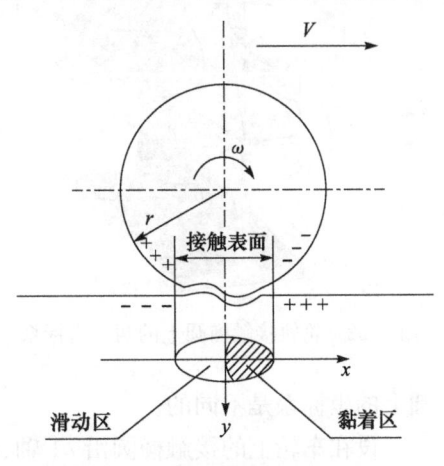

图 2.30 轮轨接触表面状态图

向,轮轨接触表面状态如图 2.30 所示,其中,轮轨接触区域分为两部分,沿着前进方向前面的阴影部分为黏着区,在黏着区内不存在滑动,后面部分为滑动区,滑动区存在着相互压紧的轮轨表层材料的微量弹性变形。车轮在接触前沿受压应力,接触后沿受拉应力,且随着切向力的增大,黏着区的面积越来越小,蠕滑越来越严重,轮轨接触面的摩擦传力现象如图 2.31 所示。在一定的条件下,轮轨间允许传递的力有一个最大值,当切向力稍大于该最大值(近似地可认为与最大静摩擦力相

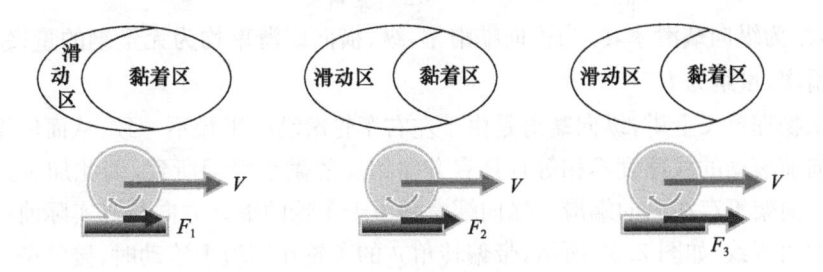

图 2.31 轮轨接触面的摩擦传力现象

等)时,就会使轮轨的微量滑动变成宏观上的纯滑动状态,此时接触面上的黏着区消失,已不具备产生牵引力的前提条件,于是车轮产生"空转"。因此在任何时刻,各种运行条件下,维持轮轨间的微量滑动是保持机车牵引力的重要基础。

表征轮轨之间蠕滑大小的物理量为蠕滑率,上面已经提到,由于黏滑区的存在,轮周上接触质点的水平速度与轨头上对应质点相对轮心的水平速度并不相同,因此将蠕滑率定义为两滚动体在接触处的相对速度差与平均速度之比。20世纪70年代初,UIC的C116委员会考虑到在较大蠕滑情况下车轮在钢轨上的运动特点,对蠕滑率作了较为确切的定义。以轮轨接触椭圆的中心为原点,建立如图2.32所示的 o-123 坐标系和 o-xyz 坐标系。$o1$ 轴指向车轮前进方向,与 ox 轴相重合;$o2$ 轴位于轮轨接触平面及 yz 平面内,且与车轴轴线所在平面平行,$o3$ 轴指向接触斑的法线方向。实际上,将 o-xyz 坐标系绕 ox 轴旋转 δ 角度(轮轨接触角),即得到 o-123 坐标系。轮对左、右侧轮轨接触椭圆上的坐标系是不同的。

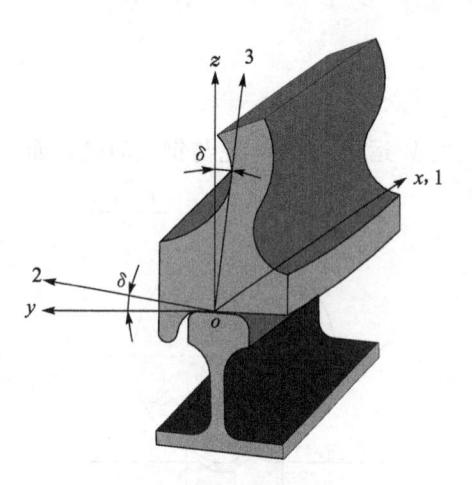

图 2.32 轮轨接触椭圆上的两个坐标系

设在车轮上的接触椭圆沿 $o1$ 轴、$o2$ 轴和绕 $o3$ 轴的刚体速度分别为 V_{w1}、V_{w2} 和 Ω_{w3},相应地钢轨上接触椭圆的刚体速度分别为 V_{r1}、V_{r2} 和 Ω_{r3}。于是,三个方向上的蠕滑率可定义如下:

$$\xi_x = \frac{2(V_{r1}-V_{w1})}{V_{r1}+V_{w1}}$$

$$\xi_y = \frac{2(V_{r2}-V_{w2})}{V_{r1}+V_{w1}}$$

$$\xi_{sp} = \frac{2(\Omega_{r3}-\Omega_{w3})}{V_{r1}+V_{w1}} \quad (2.40)$$

式中,ξ_x 为纵向蠕滑率,ξ_y 为横向蠕滑率,纵、横向蠕滑率均为无量纲的量;ξ_{sp} 为自旋蠕滑率,量纲为 L^{-1}。

从物理意义上讲,纵向蠕滑是由于左右车轮滚动圆半径不一致,从而使得左右车轮向前滚动的线速度不相等且具有方向相反的微小滑动所致,因此加装独立车轮的转向架不存在纵向蠕滑。横向蠕滑是由于车轮的滚动方向与其实际前进方向存在偏角所致,如图2.33所示,带偏转角 ψ 的车轮在钢轨上滚动时,接触斑处将存在横向滑动速度 v_y,以形成实际前进方向。自旋蠕滑是由于踏面斜度的存在导致的,如图 2.34 所示,接触斑的法线与轮对重力方向不重合,因而在接触斑上将产生车轮绕接触法线的回旋蠕滑率和回旋蠕滑力矩。

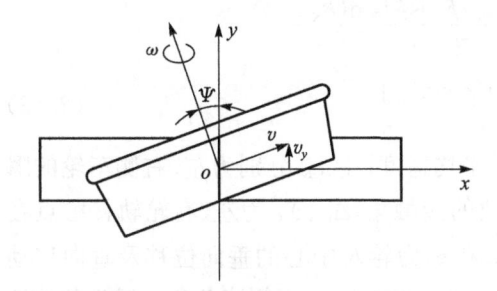

图 2.33　车轮在钢轨上滚动俯视图　　图 2.34　回转蠕滑示意图

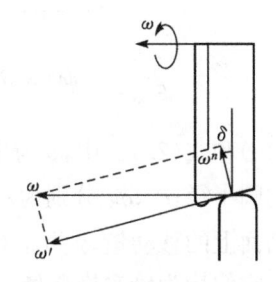

2.3.2　蠕滑率的求解

如果不考虑轨道结构的柔性变形,则轮对在沿钢轨的滚动过程中轮轨接触点处界面的滑动量将受到车轮瞬时滚动半径、轮对侧滚角及侧滚角速度、轮对的摇头角及摇头角速度、轮对滚动角速度及线速度、轮轨接触角等轮轨接触几何参数的影响,即可用包含这些量的显式数学式来表示轮轨接触斑处纵横向滑动量和相对转动滑动量。事实上,轮对和轨道结构在工作过程中要产生很大变形,同时钢轨要发生较大的横移、下沉或翻转,这将直接影响轮轨接触位置和轮轨接触斑黏滑效果,在这种情况下,无法用数学表达式表示轮轨之间的滑动。Johnson K. L 和 Vermeulen 一起分析了二维平面内纵、横向蠕滑与切向力的变化关系及考虑自旋蠕滑工况的三维问题,还做了试验论证。但蠕滑率计算公式中含有弹性力学的椭圆函数,对于工程计算稍微复杂。

一般情况下,当轮对和钢轨均为刚性时,从车轮与钢轨接触点的瞬时速度和瞬时位置,可推导得到左侧车轮及右侧车轮的蠕滑率表达式分别为[12]

$$\xi_{xL} = \frac{\{v[1-r_L/r_0]-[(L_w/2-\Delta_L)\cos\phi\cos\psi]\dot{\psi}\}\cos\psi}{v}$$

$$\xi_{yL} = \frac{[\dot{y}\cos\psi + r_L\dot{\phi}\cos\phi\cos^2\psi - v\sin\psi]\cos(\delta_L+\phi)}{v}$$

$$+ \frac{[\dot{z}+(L_w/2-\Delta_L)\dot{\phi}\cos\phi]\sin(\delta_L+\phi)}{v}$$

$$\xi_{spL} = \frac{[\dot{\psi}\cos(\delta_L+\phi)-v/r_0\sin\delta_L]}{v} \qquad (2.41)$$

$$\xi_{xR} = \frac{\{v[1-r_R/r_0]-[(L_w/2+\Delta_R)\cos\phi\cos\psi]\dot{\psi}\}\cos\psi}{v}$$

$$\xi_{yR} = \frac{[\dot{y}\cos\psi + r_R\dot{\phi}\cos\phi\cos^2\psi - v\sin\psi]\cos(\delta_R - \phi)}{v}$$

$$- \frac{[\dot{z} - (L_w/2 + \Delta_R)\dot{\phi}\cos\phi]\sin(\delta_R - \phi)}{v}$$

$$\xi_{spR} = \frac{[\dot{\psi}\cos(\delta_R - \phi) + v/r_0 \sin\delta_R]}{v} \tag{2.42}$$

式(2.41)和式(2.42)中，v 为车轮前进的平均速度；r_L、r_R 分别为左、右侧车轮的瞬时滚动圆半径；δ_L、δ_R 分别为左、右侧轮轨的接触角；Δ_L、Δ_R 为左、右轮轨接触点在车轮踏面上的移动量；ϕ 为轮对侧滚角；z 和 $\dot{z}$ 为轮对中心的垂向位移及垂向移动速度。它们均为轮对横移量 y 和摇头角 ψ 的函数。对于小侧滚角和小摇头角的情况，并且当接触角也很小时，左右车轮的蠕滑率公式还可进一步简化为

$$\xi_{xL} = \frac{\{v[1 - r_L/r_0] - \dot{\psi} \cdot L_w/2\}}{v}$$

$$\xi_{yL} = \frac{(\dot{y} + r_L\dot{\phi} - v\psi)}{v}$$

$$\xi_{spL} = \frac{(\dot{\psi} - \delta_L v/r_0)}{v} \tag{2.43}$$

$$\xi_{xR} = \frac{\{v[1 - r_R/r_0] + \dot{\psi} \cdot L_w/2\}}{v}$$

$$\xi_{yR} = \frac{(\dot{y} + r_R\dot{\phi} - v\psi)}{v}$$

$$\xi_{spR} = \frac{(\dot{\psi} + \delta_R v/r_0)}{v} \tag{2.44}$$

2.4 轮轨法向接触理论

处理轮轨接触问题的经典理论为 Hertz 接触理论，1882 年 Hertz Heinrich 发表《论弹性固体的接触》[13]，解决了两个曲面弹性体的接触问题，创建了 Hertz 接触理论。该理论是 Hertz 在研究玻璃间光学干涉问题时提出的，通过类比弹性力学问题与静电势问题的相似性，他认为弹性接触斑上的压力分布形状为半椭球状，法向弹性变形为抛物面状。Hertz 接触理论在许多领域得到了广泛应用，具有计算效率高、计算精度满足大多数仿真和试验条件要求的优点。

虽然 Hertz 接触理论在很多时候可以得到较为精确的解，但其在处理非椭圆接触、多点接触、两个接触区向一个接触区过渡等问题时已不适用。即使有限元方法(FEM)可以突破 Hertz 接触条件和弹性半空间假设，但其计算十分耗时。

近年来，一些学者在轮轨 non-Hertz 法向接触算法上开展了一些研究，其中 Alonso A 和 Giménez J G[14,15]建立了一种称为 SRST（square root simplified theory）的轮轨法向接触力求解方法。该轮轨法向接触求解方法（以下统称 SRST 方法）在处理非椭圆接触、多点接触、两个接触区向一个接触区过渡等问题时具有结果的连续性好、计算精度较高、计算速率较快的优点。且该方法突破了传统 Hertz 接触理论中关于接触范围内的未变形距离用二次函数来表示的假设，因此具有更广泛的适用性。本节将对 Hertz 及 non-Hertz 条件下的轮轨接触斑及法向力求解方法进行阐述。

2.4.1　Hertz 接触理论的适用条件

Hertz 接触理论虽然经受了一百三十多年的时间检验，为后来的接触和滚动接触理论及其试验研究奠定了基础，但其在处理轮轨法向接触问题时仍存在一定局限性。这主要是受限于其在分析压力引起的法向弹性位移时必须满足如下假设条件：

（1）两接触体表面是光滑的，无摩擦效应，接触物体的接触表面仅传递法向力。

（2）接触面积与接触体接触面附近的特征尺寸相比很小，两个接触物体被看做是弹性无限半空间，这就要求接触几何尺寸远小于接触区附近的曲率半径，物体之间形成非共形接触表面。

（3）两接触体是完全弹性的，材料是均质且各向同性的，接触斑内的法向力和切向力彼此独立，互不影响。

（4）两接触体在接触范围内的未变形距离可用二次函数表示。

必须注意的是，应用 Hertz 接触理论分析轮轨接触问题时，上述假设条件很难同时满足。首先，轮轨接触表面绝不是完全光滑的，轮轨接触区域内也不存在完全理想的弹性变形。其次，法向和切向接触问题单独求解的前提是轮轨材料必须满足准同一性要求，但这在实际应用中很难满足。再次，接触体的弹性无限半空间假设在车辆通过小半径曲线或者过道岔时发生轮缘接触钢轨的情况已不成立，因此 Hertz 接触理论在求解共形接触问题时具有局限性。此外，接触体的未变形距离用二次函数表示的假设在很多情况下均不能满足，例如，新制车轮廓形由一系列线段和圆弧组成，当轮轨接触点位于线段和圆弧的过渡区段时，接触区内的曲率将发生变化，此时接触范围内的未变形距离将无法用二次函数来表示。

正是基于 Hertz 接触理论在求解轮轨法向接触问题时的上述局限性，一些研究学者研究了考虑接触体实际接触形状的更普遍适用的轮轨接触算法。其中最具影响力的是 Kalker 的简化理论[16]和滚动接触理论[17,18]，在这些理论中，法向和切向接触问题不再相互独立，虽然滚动接触理论在一定假设条件下可以得到相对精确的解,但其对计算资源要求较高,求解速度较慢,极大地影响了整车动力学的求解效率。有关 Kalker 理论轮轨接触法向力的求解方法将不再详述,读者可参阅相关文献。

2.4.2 椭圆接触斑的确定

列车的牵引、制动和运行均靠轮轨之间的滚动接触作用得以实现,轮轨之间的作用力直接影响到列车的运行品质和安全以及铁路运输的成本。而在轮轨之间约 100mm² 左右的接触斑上,将要承受和传递数吨甚至数十吨的载荷。

根据 Hertz 接触理论,轮轨接触处可近似看作一对椭球体,如图 2.35 所示,在压力 P 作用下,接触点处将产生局部变形,出现椭圆接触斑。这两个半空间的主要曲率对椭圆接触斑的尺寸和压力分配有重要影响。其中,车轮踏面椭球体的主曲率半径为 R_{w1} 和 R_{w2},轨头椭球体的主曲率半径为 R_{r1} 和 R_{r2},图中主曲率半径 1 和 2 分别沿轨道方向和垂直于轨道方向。轮轨接触范围内两点的未变形距离可用下式所示的二次函数来表示:

$$h = A \cdot x^2 + B \cdot y^2 \tag{2.45}$$

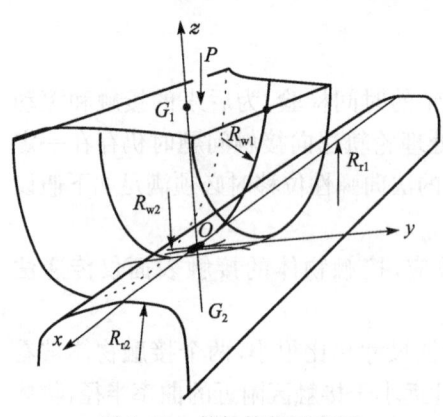

图 2.35 轮轨接触示意图

式中,A、B 为具有相同符号的常系数,它们的数值取决于包含 R_{r1} 主曲率的平面和包含 R_{w1} 主曲率的平面之间的夹角 ψ。A、B 可由式(2.46)确定。

$$A + B = \frac{1}{2}\left(\frac{1}{R_{r1}} + \frac{1}{R_{r2}} + \frac{1}{R_{w1}} + \frac{1}{R_{w2}}\right)$$

$$B - A = \frac{1}{2}\sqrt{\left(\frac{1}{R_{r1}} - \frac{1}{R_{r2}}\right)^2 + \left(\frac{1}{R_{w1}} - \frac{1}{R_{w2}}\right)^2 + 2\left(\frac{1}{R_{r1}} - \frac{1}{R_{r2}}\right)\left(\frac{1}{R_{w1}} - \frac{1}{R_{w2}}\right)\cos 2\psi}$$

$$\tag{2.46}$$

对于车轮与钢轨滚动接触的情况,ψ 角的大小为零。根据弹性力学规定,圆弧中心位于物体内部时,曲率半径符号取为正号,当计算凹形踏面车轮时,R_{w2} 为负值。轨头沿铁路轨道方向为平直的情况,R_{r1} 取为∞,因此式(2.46)可简化为

$$A + B = \frac{1}{2}\left(\frac{1}{R_{r2}} + \frac{1}{R_{w1}} + \frac{1}{R_{w2}}\right)$$

$$B - A = \frac{1}{2}\left(\frac{1}{R_{r2}} + \frac{1}{R_{w1}} - \frac{1}{R_{w2}}\right) \tag{2.47}$$

式中,$\dfrac{B-A}{A+B}$ 的符号确定接触椭圆长半轴 a 的方向,负值表示椭圆长半轴沿轨道方

向,反之,沿车轴方向。根据弹性力学的知识可得椭圆长半轴和短半轴的求解公式为

$$a = m\left[\frac{3\pi P(k_1+k_2)}{4(A+B)}\right]^{\frac{1}{3}}, \quad b = n\left[\frac{3\pi P(k_1+k_2)}{4(A+B)}\right]^{\frac{1}{3}} \quad (2.48)$$

式中,P 为椭圆接触斑受到的法向载荷;m、n 是与 $\frac{B-A}{A+B}$ 比值有关的常数,引入记号 $\cos\theta = \frac{B-A}{A+B}$,$m$、$n$ 和 θ 的关系如表 2.4 所示。常数 k_1 和 k_2 为

$$k_1 = \frac{1-\nu_1^2}{\pi E_1}, \quad k_2 = \frac{1-\nu_2^2}{\pi E_2} \quad (2.49)$$

式中,ν 及 E 为车轮与钢轨材料的泊桑比与抗拉弹性模量。

表 2.4 m、n 和 θ 系数表

θ	30°	40°	50°	60°	70°	80°	90°
m	2.73	2.14	1.75	1.49	1.28	1.13	1.00
n	0.49	0.57	0.64	0.72	0.80	0.89	1.00

在用上述理论求解轮轨接触斑时,必须求解出轮轨廓形的曲率。然而,当轮轨磨耗以后,用于表示轮轨廓形的拟合曲线的二阶导数不一定连续,不一定能推导得到曲率的解析解,因此需要利用数值方法获得曲率值,一般可取接触斑内所有接触点曲率的平均值作为曲率值。

2.4.3 Hertz 接触条件下的法向力计算

以下将对 Hertz 接触理论和 Alonso A 与 Giménez J G 建立的轮轨法向接触求解方法(以下统称为 SRST 方法)进行简要介绍。

1. Hertz 接触理论法向应力分布

根据 Hertz 接触理论,在求得椭圆的长短半轴之后,即可确定椭圆接触面积上的法向应力分布 $p_z(x,y)$,具体表达式为

$$\begin{aligned}p_z(x,y) &= -\sigma_z(x,y) \\ &= \frac{3P}{2\pi ab}\sqrt{1-\left(\frac{x}{a}\right)^2-\left(\frac{y}{b}\right)^2}\end{aligned} \quad (2.50)$$

$p_z(x,y)$ 的分布如图 2.36 所示,若椭圆长半轴 a 在 x 方向,根据在接触面积中心的法向载荷得出切向的正应力 σ_x

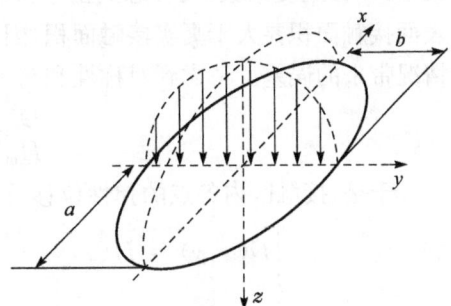

图 2.36 法向应力分布

和 σ_y 的表达式为

$$\sigma_x(0,0,0) = v\sigma_z\left[2 + \left(\frac{1}{v} - 2\right)\frac{b}{a+b}\right] \quad (2.51)$$

$$\sigma_y(0,0,0) = v\sigma_z\left[2 + \left(\frac{1}{v} - 2\right)\frac{a}{a+b}\right] \quad (2.52)$$

2. SRST 方法的法向力求解

在对 SRST 方法进行阐述之前,先介绍如下基本概念,以如图 2.37 所示的球体和平面接触为例,令 $H(x,y)$ 表示两接触体均为刚体时的相互渗透量,$D(x,y)$ 表示两接触体上的点从未变形位置到接触面的位移,$P(x,y)$ 表示接触区域内的法向压力分布。

（a）刚性体的相互渗透量　　　　（b）弹性变形量

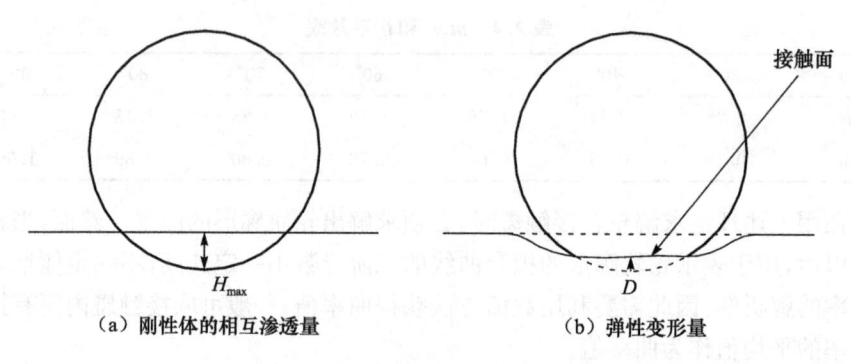

图 2.37　相互渗透量及变形示意图

类似于 Kalker 的简化理论,假设接触区上任意点处沿某方向的弹性位移仅与作用在同一点且沿该位移方向上的力有关。在 SRST 方法中,假设某点的法向位移仅与该点产生的法向力 $P(x,y)$ 有关,且两者之间存在式(2.53)所示的关系

$$\begin{cases} P(x,y) = K \cdot H(x,y), & H(x,y) \geqslant 0 \\ P(x,y) = 0, & 其他 \end{cases} \quad (2.53)$$

式中,K 为刚度系数,又考虑到由于接触区附近区域的变形,如图 2.37(b)所示的表面接触面积要大于真实接触面积,因此用 $D(x,y)$ 来代替 $H(x,y)$,以减小这种情况带来的误差。考虑到对称性和与 Hertz 求解结果的一致性,有

$$\frac{D_{max}}{H_{max}} = 0.5 \quad (2.54)$$

于是,接触区内各点的弹性位移可以表示为

$$\begin{cases} D(x,y) = H(x,y) - \dfrac{H_{max}}{2}, & H(x,y) - \dfrac{H_{max}}{2} > 0 \\ D(x,y) = 0, & H(x,y) - \dfrac{H_{max}}{2} \leqslant 0 \end{cases} \quad (2.55)$$

接触应力与位移成比例的假设导致法向接触应力为抛物面型，而按照 Hertz 理论，法向应力应为椭球形，即

$$P_N(x,y) = P_{\max}\sqrt{1-\left(\frac{x}{a}\right)^2-\left(\frac{y}{b}\right)^2} \quad (2.56)$$

引入式(2.45)所示的 Hertz 条件下两接触体的未变形距离，则式(2.55)可表示为

$$D(x,y) = D_{\max} - (Ax^2 + By^2) = D_{\max}\left(1-\left(\frac{x}{a'}\right)^2-\left(\frac{y}{b'}\right)^2\right) \quad (2.57)$$

式中，a' 和 b' 分别为假定的椭圆接触斑长、短半轴大小。为了能使法向应力尽可能地接近椭球分布，对式(2.53)做如下修正：

$$P(x,y) = K_1 \cdot \sqrt{D(x,y)} \quad (2.58)$$

式中，K_1 为等效"刚度系数"，其量纲不同于实际意义上的刚度系数。于是，任一点的应力可由式(2.59)表示。

$$\begin{cases} P(x,y) = K_1 \cdot \sqrt{H(x,y) - \dfrac{H_{\max}}{2}}, & H(x,y) - \dfrac{H_{\max}}{2} > 0 \\ P(x,y) = 0, & H(x,y) - \dfrac{H_{\max}}{2} \leqslant 0 \end{cases} \quad (2.59)$$

由于应力和位移的关系被表达为平方根的形式，因此该方法称为"平方根简化理论(SRST)"。至此，该方法可用于解决接触斑为圆形的 Hertz 接触问题。

需要注意的是：式(2.58)是在 $\dfrac{a'}{b'}=\dfrac{a}{b}$ 的前提条件下推导得到的，在 $\dfrac{a'}{b'}\neq\dfrac{a}{b}$ 的情况下，接触斑形状将会扭曲失真，此时需要引入影响接触斑形状及尺寸的修正系数 ζ 和 η。其中 ζ 定义为偏心率修正系数，其值等于 Hertz 方法与 SRST 方法分别求解得到的椭圆长短半轴比的比值，即为

$$\zeta = \frac{\left(\dfrac{a}{b}\right)_{\text{Hertz}}}{\left(\dfrac{a}{b}\right)_{\text{SRST}}} = \frac{f\left(\dfrac{A}{B}\right)}{\sqrt{\dfrac{B}{A}}} \quad (2.60)$$

式中，A、B 的涵义同式(2.45)；$f\left(\dfrac{A}{B}\right)$ 为由式(2.48)表示的函数关系，利用 ζ 对其进行修正，修正后得到的常系数表示为

$$A' = \frac{A}{\zeta}, \quad B' = B \cdot \zeta \quad (2.61)$$

此外，再引入接触面积的折减系数 η，其值可由公式(2.62)确定

$$\eta = \frac{H_{\max}}{(A+B)\zeta \min(a,b)^2} \frac{E(e)}{K(e)} \quad (2.62)$$

式中，E 和 K 表示第二类椭圆积分，修正后的椭圆长短半轴分别为

$$a' = \frac{a}{\sqrt{\eta}\sqrt{\zeta}}, \quad b' = \frac{b}{\sqrt{\eta}}\sqrt{\zeta} \qquad (2.63)$$

式中，K_1 的值可由接触区内任一点的压力和位移的平方根的比值确定，不失一般性，选取最大应力点进行计算，即 $K_{1\max}$ 的数值可表示为

$$K_{1\max} = \frac{P_{\max}}{\sqrt{D_{\max}}} \qquad (2.64)$$

式中，$P_{\max}$ 的值事先未知，考虑到用 SRST 方法计算得到的应力最大点的法向位移应等于用 Boussinesq 方程在接触区内积分得到的值，基于此准则，刚度系数 $K_{1\max}$ 可表示为

$$K_{1\max} = \frac{H_{\max}}{U_0^{\mathrm{BC}}(K_1\sqrt{D})} \qquad (2.65)$$

式中，$U_0^{\mathrm{BC}}(K_1\sqrt{D})$ 表示应力分布值为 $K_1\sqrt{D}$ 时用 Boussinesq 方程求得的两接触体最大应力点处的弹性位移差。

2.4.4　non-Hertz 接触条件下的法向力计算

1. 当未变形距离不能用二次函数表示时的修正方法

当求解 non-Hertz 接触问题时，接触范围内的物体表面无法用二次函数表示，前述的 A、B 值不存在，基于此，为了得到与实际几何形状尽量接近的二次函数表达式，用式(2.66)计算得到等效二次函数的系数值。

$$A = \frac{8 \cdot D_{\max}}{3 \cdot \sigma_A^2}, \quad B = \frac{8 \cdot D_{\max}}{3 \cdot \sigma_B^2} \qquad (2.66)$$

式中，σ_A 和 σ_B 分别表示接触区域在 x 和 y 方向上的均方根值，通过使 σ_A 和 σ_B 的值与两接触体的实际渗透量相等，可得到接触椭圆的尺寸大小。

值得注意的是，如上所述的修正系数 ζ 和 η 不能直接用来修正 A 和 B 的值，因为实际的未变形距离是任意函数，而非二次函数。此时改为对坐标轴进行缩放，具体作法如下：

$$x_n = \sqrt{\eta\zeta}x_0, \quad y_n = \sqrt{\frac{\eta}{\zeta}}y_0 \qquad (2.67)$$

式中，x_0、y_0 为缩放前的坐标轴；x_n、y_n 为缩放后的坐标轴。

2. 多点接触情况下的法向接触问题

当轮对发生较大横向运动和摇头运动，尤其是当车辆通过小半径曲线、轨缝和道岔时，将导致轮缘和钢轨内侧发生贴靠，此时轮轨之间将发生两点接触。考虑到轮对的左右侧车轮受到刚性较大的轴的约束作用，则此时轮对和轨道之间将形成

第二章 轮轨滚动接触理论

多点滚动接触问题。而多点接触情况必须考虑接触斑之间的相互影响作用,这必然增加了法向接触问题的复杂度和计算工作量,SRST 方法巧妙地解决了这一问题。

基于 SRST 方法求解多点接触问题时,可分如下四步进行。

第一步:用未修正的 SRST 方法单独计算每个接触斑的形状、尺寸及压力分布情况。

第二步:计算由不同接触区之间的相互影响引起的交叉变形量。

第三步:对各个接触区的变形进行修正。

第四步:重新计算各个接触斑的形状、尺寸及压力分布情况。

重复上述四个步骤直至计算收敛为止。整个迭代过程可用如图 2.38 所示的流程图来表示。用该方法求解多点接触问题时,比用 Kalker 的精确理论及 FEM 方法耗时大大降低,同时又具有足够高的精度。

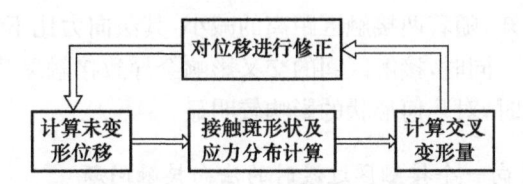

图 2.38 处理多点法向接触问题的迭代方案

在计算接触区间的相互影响时,需考虑某点的应力分布对周围各点的变形产生的影响,并且这种影响会随着距离的增大逐渐减小。接触区之间的交叉影响形成的附加位移量可通过式(2.68)所示的 Boussinesq 表达式求解得到。

$$\omega(x,y) = \frac{2(1-\nu^2)}{\pi E} \cdot \frac{F}{\sqrt{x^2+y^2}} \tag{2.68}$$

式中,ν 及 E 表示弹性常数;F 为压力值;x、y 分别表示施力点与受力点之间的坐标距离。

对于如图 2.39 所示的多点接触情况,δ 表示轮轨的相互接近量,s 表示渗透量的两个峰值之间的距离。改变 s 的大小且保持 δ 的值不变,计算得到的两接触区的法向力及接触斑形状随 s 的变化情况如图 2.40 所示。

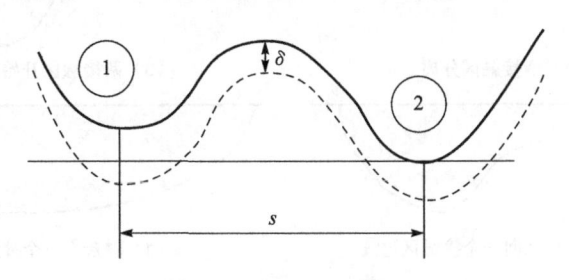

图 2.39 多点接触情况

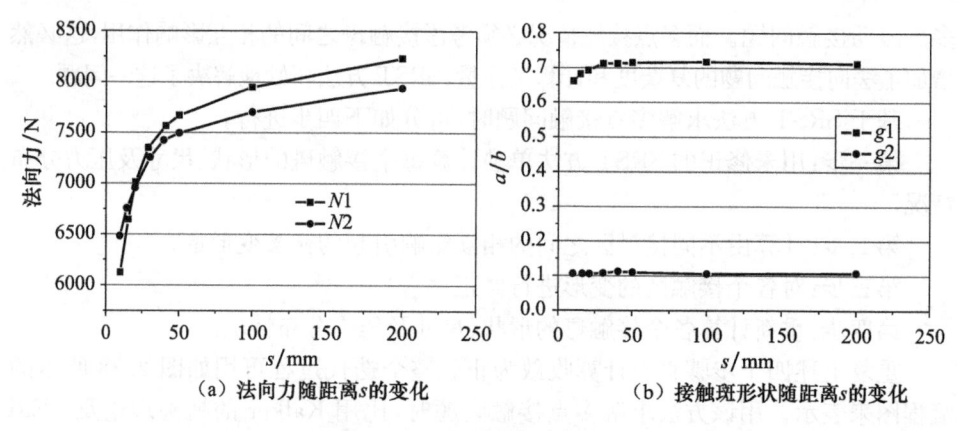

(a) 法向力随距离s的变化　　　　(b) 接触斑形状随距离s的变化

图 2.40　多点接触计算结果

由计算结果可知,随着两接触区距离的减小,其法向力比不考虑接触区的交叉影响时要大幅降低。同时,接触区间的交叉影响会导致接触斑几何形状的改变,当两接触区距离较近时,对几何形状的影响较明显。

3. 两个接触区向一个接触区过渡时的法向接触问题

两接触区融合为一个接触区(或一个接触区过渡到两接触区)一般容易发生在轮轨磨耗以后或由直线轨道向曲线轨道过渡的情况下,此时,轮轨接触产生突变,一般的求解算法容易丧失仿真计算结果的连贯性或导致数值积分结果不收敛等问题。SRST方法在处理此类问题时,不仅可以保证计算结果的连贯性还可以保证足够的精度。

图 2.41 给出了两个彼此分离的接触区向一个接触区过渡的演变过程。图 2.41(a)中,两接触斑彼此分离,并且每个接触区均具有一个峰值渗透量;图 2.41(b) 为两接触斑相互融合的临界时刻,此时接触斑有两个局部最大渗透量,保持该临界时刻计算结果的连贯性尤其关键,将接触斑视为两个接触区的计算结果应和视为

(a) 两接触区分离　　　　(b) 两接触区开始融合

(c) 两接触区向一个接触区过渡　　　　(d) 融合为一个接触区

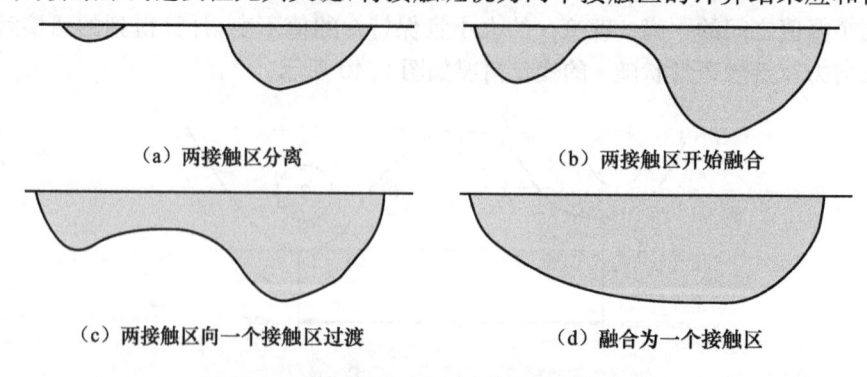

图 2.41　两个接触区向一个接触区的演化过程

一个合成区域的计算结果保持一致;图 2.41(c)为向一个典型接触区的中间过渡过程,演变过程终止后即形成如图 2.41(d)所示的单个典型接触区。

为了对接触区的演变过程进行定量描述,定义如图 2.42 所示的物理量,m 表示渗透量的相对最小值,M_1 表示两个局部最大渗透量中的较小值,引入系数 k,且令

$$k = \frac{m}{M_1}, \quad 0 \leqslant k \leqslant 1 \tag{2.69}$$

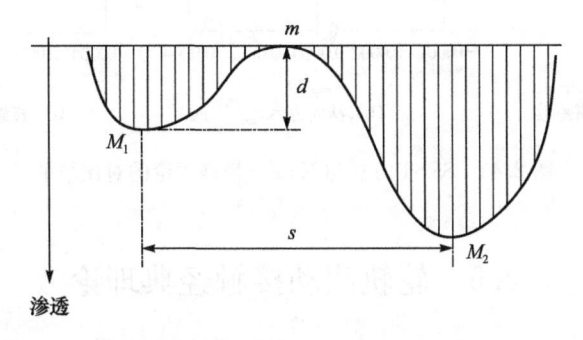

图 2.42 接触斑上的渗透量函数

当 $k=0$ 时,表示两接触区刚开始融合,法向压力分布需与两点接触计算结果一致;当 $k=1$ 时,表示演变过程终止,单个典型接触区已形成。为了保证计算结果的连贯性,分以下三个步骤进行计算:

(1) 用无修正的 SRST 方法将接触斑视为一个典型接触区进行计算,此时可以得到与所有计算网格点对应的 $(\omega^T, \eta^T, \zeta^T)$ 值。

(2) 以与渗透量 m 对应的点为分界点,将接触斑划分为两个独立的接触区,分别计算这两个接触区的 $(\omega_a^s, \eta_a^s, \zeta_a^s)$ 值,$\alpha=1,2$。

(3) 用式(2.70)对每个子接触区的参数进行重新计算。

$$\omega_1 = (1-k) \cdot \omega_1^s + k \cdot \omega^T, \eta_1 = (1-k) \cdot \eta_1^s + k \cdot \eta^T, \zeta_1 = (1-k) \cdot \zeta_1^s + k \cdot \zeta^T$$
$$\omega_2 = (1-k) \cdot \omega_2^s + k \cdot \omega^T, \eta_2 = (1-k) \cdot \eta_2^s + k \cdot \eta^T, \zeta_2 = (1-k) \cdot \zeta_2^s + k \cdot \zeta^T$$
$$\tag{2.70}$$

图 2.43 给出了用上述方法求解两接触区向一个接触区过渡时的法向接触问题的计算结果与 Kalker 精确理论的对比情况(网格为 50×50)。图 2.43(a)为轮轨未变形距离的函数,图 2.43(b)为法向力随 z_{min}($x=0$ 对应的未变形距离)的变化情况,图 2.43(c)为接触斑面积随 z_{min} 的变化情况。可见,与 Kalker 精确理论的计算结果相比,误差控制在 5%以内,且由两个接触区向一个接触区过渡的计算结果保持了很好的连贯性。

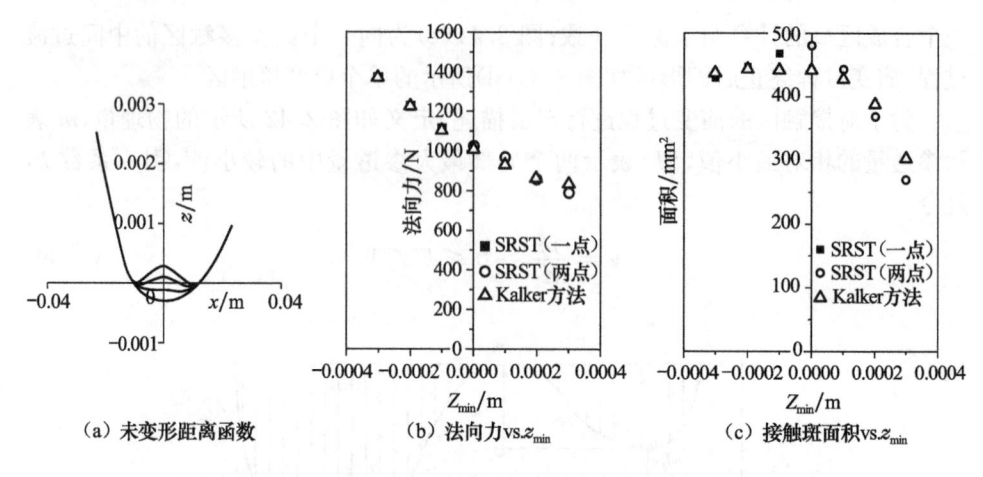

(a) 未变形距离函数　　(b) 法向力vs.z_{min}　　(c) 接触斑面积vs.z_{min}

图 2.43　SRST 方法与 Kalker 精确理论的对比结果

2.5　轮轨滚动接触经典理论

目前广泛应用于车辆动力学仿真计算的轮轨滚动接触理论主要有以下几种：①Carter 二维弹性体滚动接触模型；②Kalker 线性蠕滑率/力模型；③Vermeulen-Johnson 无自旋三维滚动接触解析解；④Shen-Hedrick-Elkins 理论模型；⑤Kalker 的 FASTSIM 模型。本节主要介绍几种常用的求解轮轨蠕滑率/蠕滑力的轮轨滚动接触经典理论。

2.5.1　轮轨滚动接触理论发展历程

轮轨切向接触问题的求解要比法向接触问题复杂很多，这是因为轮轨之间的接触面同时存在着黏着和滑动区域，轮轨接触属于复杂多变的三维滚动接触问题，至今用数学力学的表述模型主要限于两接触体间无第三介质的干摩擦情况，这使得轮轨滚动接触问题成为铁路运输技术问题的研究难点。

轮轨滚动接触基本理论包括轮轨蠕滑率/力理论和轮轨三维弹塑性滚动接触理论。继 Hertz、Boussinescq 和 Cerruti 之后，1926 年，Carter 和 Fromm 提出了经典的基于 Hertz 假设的二维滚动接触蠕滑率/力模型[19]，该模型主要用于求解轮轨之间的纵向蠕滑力，其关于黏着区应力的描述一直沿用到 20 世纪 60 年代，该研究方法和研究思路为三维弹性体滚动接触理论的研究提供了有效手段。从 20 世纪 60 年代开始，研究学者们获得了更多的实验数据，Vermeulen P J 和 Johnson K L 提出了无自旋三维滚动接触的蠕滑率/力模型[20]，也即 Vermeulen-Johnson 模型，该模型在车辆动力学领域中得到了广泛应用。

在轮轨蠕滑理论研究方面做出最大贡献的是荷兰学者 Kalker,他于 1967 年在博士论文中推广了 Galin 定理,给出了三维形式的线性滚动接触蠕滑率/力模型[21],该理论只能适用于小蠕滑和小自旋情形。为了寻找适合于工程计算的蠕滑力快速求解模型,Kalker 于 1973 年至 1982 年致力于滚动接触简化理论[22,23]的研究,这一理论也称为"刷子"理论,其配套程序 FASTSIM 计算效率高,可以处理大自旋大蠕滑的滚动接触问题,被应用于各种动力学仿真软件中。1972 年,Kalker 以 Duvan-Lions 变分原理为基础来求解接触斑上作用力和位移乘积形式的余能最小值问题,并发展了 DUVOROL 计算程序,之后 Kalker 又采用专门的算法将 DUVOROL 更新为 CONTACT 程序[24,25]。CONTACT 的理论基础叫"完全理论",是目前为止研究三维弹性体非 Hertz 滚动接触问题最精确的理论。1983 年,沈志云、Hedrick J K 和 ELKINS J A 合作改进了 Vermeulen-Johnson 的三次曲线型蠕滑率/力计算模型,发展了具有小自旋三维滚动接触的蠕滑率/力模型[26]。图 2.44 给出了不同轮轨滚动接触理论的发展历程,展示了一幅弹性滚动接触理论继承和发展的历史画卷。

上述滚动接触理论都有其成立的前提和假设条件,在实际应用过程中,具体采用哪一种理论进行求解取决于所要解决的具体问题和复杂程度。

2.5.2 Kalker 线性蠕滑率/力模型

Kalker 于 1967 年在其博士论文中用级数方法讨论了具有椭圆接触区的三维稳态滚动接触问题[21],研究中考虑了纵、横向蠕滑率和自旋蠕滑率对蠕滑力的影响。本书不对其理论推导过程进行详述,只给出该理论的具体求解思路和求解过程。

接触斑上的切向力定义为蠕滑力,一般轮轨蠕滑力与蠕滑率的变化规律如图 2.45 所示。蠕滑率较小时蠕滑力与蠕滑率呈线性关系,蠕滑率变大后,蠕滑力与蠕滑率将呈非线性关系,图 2.45 所示的宏观滑动出现后,切向力小于极限摩擦力,与滑动摩擦力相等。Kalker 线性蠕滑率/力模型假设两接触体的材料满足准同一性,即轮轨在碾压变形的过程中,忽略接触斑切向力对接触处法向变形的影响及接触斑法向力对切向变形的影响。且假设接触点对之间无相对滑动,即接触区全部为黏着区,蠕滑力随蠕滑率接近线性变化。

在全黏着区域,纵向蠕滑力与横向蠕滑力无关,而横向蠕滑力与纵向蠕滑力也无关,由此可给出蠕滑力与蠕滑率的线性关系如式(2.71)。

$$T_1 = -f_{11}\xi_1$$
$$T_2 = -f_{22}\xi_2 - f_{23}\xi_3$$
$$M_3 = -f_{32}\xi_2 - f_{33}\xi_3 \quad (2.71)$$

式中,纵向蠕滑系数 $f_{11}=GabC_{11}$;横向蠕滑系数 $f_{22}=GabC_{22}$;自旋/横向蠕滑系数

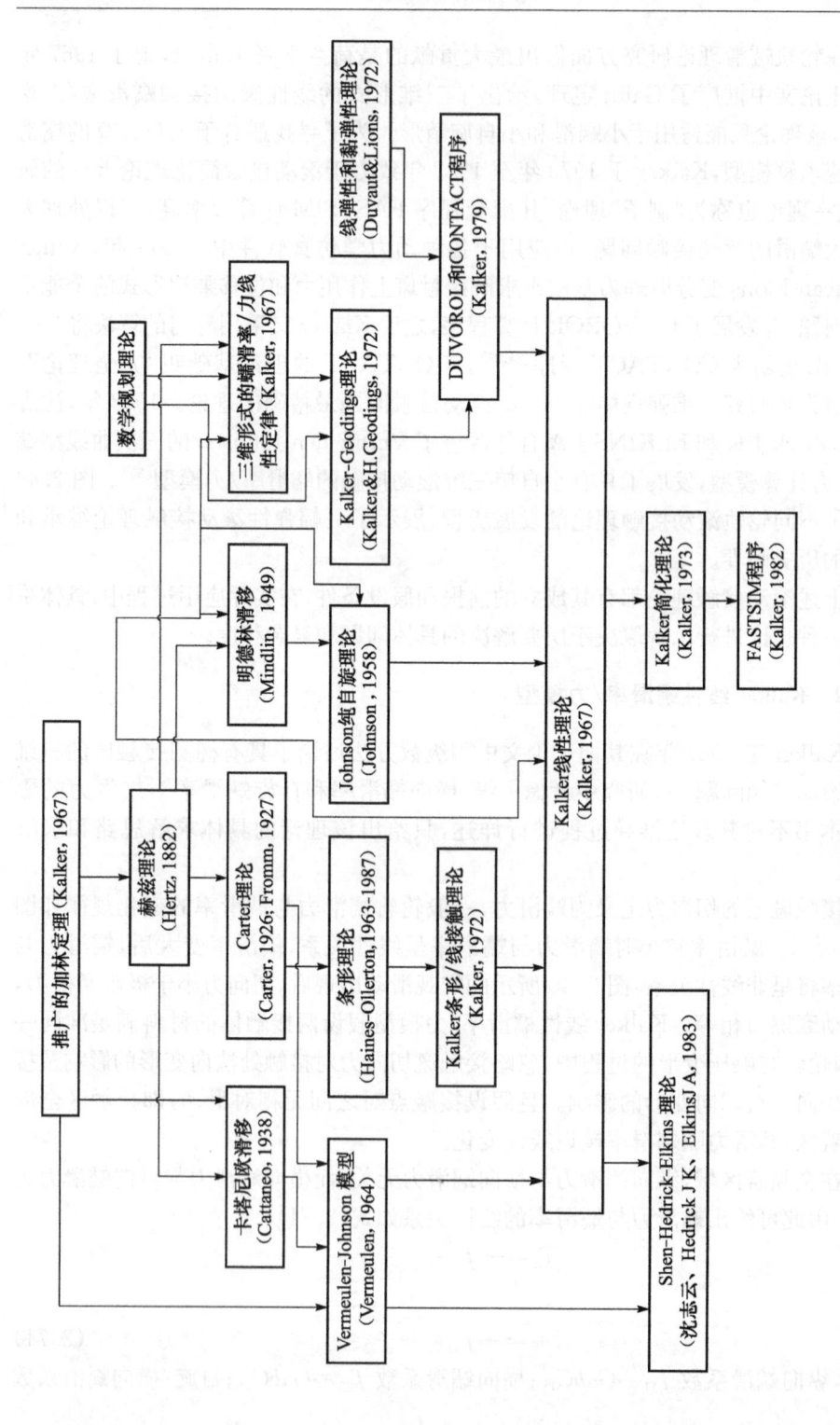

图 2.44 滚动接触理论发展历程

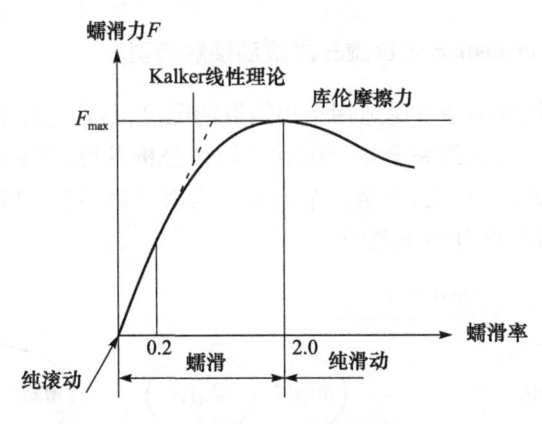

图 2.45 蠕滑力与蠕滑率的关系

$f_{23}=f_{32}=G(ab)^{\frac{3}{2}}C_{23}$；自旋蠕滑系数 $f_{33}=G(ab)^2 C_{33}$；a、b 分别为轮轨接触椭圆斑的长半轴和短半轴；G 为轮轨材料的剪切弹性模量；C_{ij} 为无量纲的 Kalker 系数。

无量纲 Kalker 系数是与金属材料的泊桑比 σ 和接触斑椭圆长短半轴 a、b 有关的系数，绕开弹性力学理论的全椭圆积分的繁琐公式，简化为便于工程应用的系数形式。泊桑比 $\sigma=0.3$ 时的 Kalker 系数列于表 2.5 中。

表 2.5 Kalker 线性理论系数表

a/b	C_{11}	C_{22}	C_{23}	C_{33}	a/b	C_{11}	C_{22}	C_{23}	C_{33}
0.1	1.35	0.98	0.195	3.34	0.9	1.70	1.49	0.628	0.425
0.2	1.37	1.01	0.242	1.74	0.8	1.75	1.56	0.689	0.396
0.3	1.40	1.06	0.288	1.18	0.7	1.81	1.65	0.768	0.366
0.4	1.44	1.11	0.328	0.925	0.6	1.90	1.76	0.875	0.336
0.5	1.47	1.18	0.368	0.766	0.5	2.03	1.93	1.04	0.304
0.6	1.50	1.22	0.410	0.661	0.4	2.21	2.15	1.27	0.275
0.7	1.54	1.28	0.451	0.588	0.3	2.51	2.54	1.71	0.246
0.8	1.57	1.32	0.493	0.533	0.2	3.08	3.26	2.64	0.215
0.9	1.60	1.39	0.535	0.492	0.1	4.60	5.15	5.81	0.183
1.0	1.65	1.43	0.579	0.458	—	—	—	—	—

必须注意的是，由于不考虑接触点对之间的相对滑动，因此 Kalker 线性蠕滑率/力模型仅适用于求解小蠕滑和小自旋的情形，即当蠕滑率在 0.05%~0.2% 之间变化时，接触斑内大部分为粘着区，蠕滑力较小，蠕滑率和蠕滑力之间呈线性关系。随着切向力的增大，蠕滑率相应增大，当蠕滑率达到 3%~5%，切向力接近极限摩擦力时，黏着区消失，滑动区扩大并接近全部接触斑面积，继续使用该模型就会产生较大的误差。如果切向力再继续增大，则会导致车轮在牵引工况下空转或者在制动工况下滑行[27]。

2.5.3　Johnson-Vermeulen 无自旋三维滚动接触模型

上述 Kalker 线性蠕滑理论适用于小蠕滑情况,当车轮通过小半径曲线或受到较大的纵向力作用时,蠕滑率会接近饱和区段。分析发现,随着蠕滑率的增大,接触斑内的滑动区域逐步扩大,直至整个接触斑为滑动区,图 2.46 所示为单一方向蠕滑率变化时的接触区分布示意图。

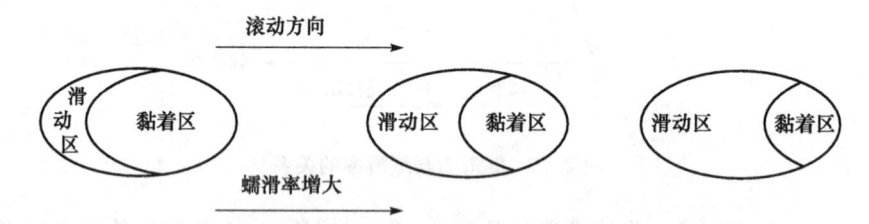

图 2.46　接触斑上的滑动区与黏着区分布随蠕滑率的变化关系

1964 年,Vermeulen P J 和 Johnson K L 将弹性球滚动接触问题[28]的研究推广到椭圆斑的接触情形,形成了不考虑自旋的非线性蠕滑率/力模型。具体做法是:求线性 Kalker 理论的计算结果 T_1 和 T_2 的合力 T'_R,

$$T'_R = \sqrt{T_1^2 + T_2^2} \tag{2.72}$$

设轮轨摩擦系数为 μ,正压力为 N,求出缩减后的蠕滑力为

$$T_R = \begin{cases} \mu N \left[\left(\dfrac{T'_R}{\mu N}\right) - \dfrac{1}{3}\left(\dfrac{T'_R}{\mu N}\right)^2 + \dfrac{1}{27}\left(\dfrac{T'_R}{\mu N}\right)^3 \right], & T'_R \leqslant 3\mu N \\ \mu N, & T'_R > 3\mu N \end{cases} \tag{2.73}$$

定义缩减因子 η,且有

$$\eta = T_R / T'_R \tag{2.74}$$

然后修正纵、横向蠕滑力及蠕滑力矩为

$$\begin{cases} T'_1 = \eta \cdot T_1 \\ T'_2 = \eta \cdot T_2 \\ M'_3 = \eta \cdot M_3 \end{cases} \tag{2.75}$$

Johnson-Vermeulen 蠕滑率/力模型没有考虑物体的自旋效应,该模型对接触区中黏着区的划分也有不完善之处,因此其应用范围具有一定的局限性。

2.5.4　Kalker 的 FASTSIM 算法

1973 年,Kalker 提出了轮轨滚动接触的简化理论,与之配套的 FORTRAN 程序为 FASTSIM。Kalker 简化理论也基于 Hertz 假设,可以解决符合半空间体接触斑为椭圆形状的所有三维非线性滚动接触问题。在该算法中,椭圆接触表面被分成相互独立的纵向平行长方形带,所有长方形带被分成相同数量的单元,从沿滚动方向接触斑的前沿向后沿进行链式求解。在应力计算的过程中,Kalker 简化理论用 Winkler 弹性基础代替精确理论中的弹性半空间,即假设接触区中任一点的弹性位移仅和作用在该点的力的方向有关,且沿某方向的位移仅与同方向的力有关,并且每个单元在法向荷载下的饱和力是独立计算的。

图 2.47 为椭圆接触斑划分的条状单元示意图,任一条状单元平行于滚动方向,由于椭圆形状的约束,每个单元的长度 a_i/MX 并不相等,每个单元的蠕滑率及蠕滑力取单元中心点处的值。

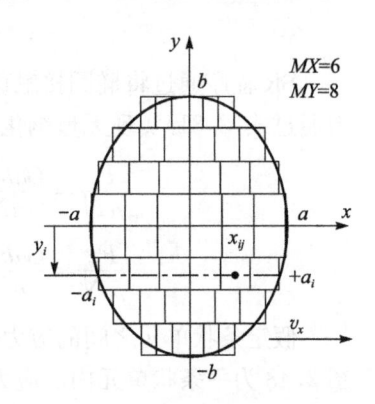

图 2.47 简化理论的条状单元

条状单元上沿 x 方向的不饱和应力分布为

$$p_x(x,y_i) = \frac{v_x}{L_1}(x-a_i) - y_i\frac{\varphi}{L_3}(x-a_i) \tag{2.76}$$

式中,第一项表示平均纵向刚性滑动;第二项表示自旋对条状单元上 (x,y) 点处的局部刚性滑动的影响;$+a_i$ 表示条状单元的前沿。同理可得条状单元上沿 y 方向的不饱和应力分布为

$$p_y(x,y) = \frac{v_y}{L_2}(x-a_i) + \frac{\varphi}{2L_3}(x^2-a_i^2) \tag{2.77}$$

式(2.76)和式(2.77)中,L_1、L_2、L_3 分别为沿 x、y、z 方向的柔度系数,取与 Kalker 精确理论相同的值为

$$L_1 = \frac{8a}{3c_{11}G}, \quad L_2 = \frac{8a}{3c_{22}G}, \quad L_3 = \frac{\pi a\sqrt{a/b}}{4c_{23}G} \tag{2.78}$$

将应力在接触斑内进行积分,即可求得接触力的值,未达饱和时的蠕滑力为

$$F_x = -\iint p_x(x)\mathrm{d}x\mathrm{d}y = \frac{-8a^2bv_x}{3L_1}$$

$$F_y = -\iint p_y(x)\mathrm{d}x\mathrm{d}y = \frac{-8a^2bv_y}{3L_2} - \frac{\pi a^3b\varphi}{4L_3} \tag{2.79}$$

FASTSIM 程序由两部分组成,通过主程序调用应力迭代子程序 SR,该子程序的输入参数为四个蠕滑率:

$$UX = 0.589Gabc_{11}v_x/(\mu N) = \frac{3}{8}\frac{\pi}{2}\mu_x$$

$$UY = 0.589Gabc_{22}v_y/(\mu N) = \frac{3}{8}\frac{\pi}{2}\mu_y$$

$$FIY = 2\times 0.589Gab^{3/2}c_{23}\varphi/(\mu N)$$

$$\text{FIX} = b/a\text{FIY} \tag{2.80}$$

SR 程序通过将椭圆接触斑转化为单位圆接触斑来实现对蠕滑力的求解，蠕滑力通过式(2.81)实现无量纲化。

$$\frac{F_x}{\mu N} = \frac{Gabc_{11}}{\mu N}v_x = \mu_x$$

$$\frac{F_y}{\mu N} = \frac{Gabc_{22}}{\mu N}v_y - Gabc_{23}\sqrt{\frac{b}{a}}\varphi = \mu_y - \mu_\varphi \tag{2.81}$$

假定条状单元之间的应力是相互独立的，但是每个条状单元里的应力不独立。图 2.48 为一条状单元内的应力示意图，右图为无纵向应力的纯自旋的情况。

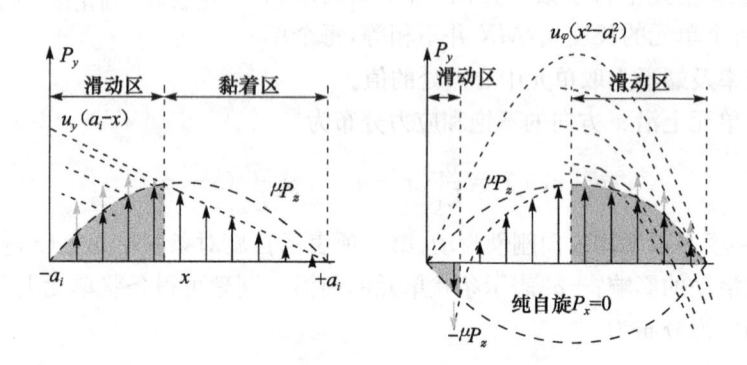

图 2.48 条状单元内的应力示意图

求解过程从接触区前沿 $+a_i$（变形和应力均为 0）开始，向后沿依次确定每个条带的变形和应力。在黏着区从入口边缘开始产生一个逐渐增大的切向应力，例如 oy 方向的应力增量为

$$\Delta p_y(x,y) = \frac{v_y}{L_2}\Delta x - \frac{\varphi}{L_3}\Delta x \tag{2.82}$$

该应力增量对于横向蠕滑增量是一个常数，对于自旋蠕滑是变量。

当切向应力大于 μp_z 的时候（如图 2.48 中的灰色箭头所示），摩擦力达饱和，这时需开始新的步骤重新计算应力值（如图 2.48 中的黑色箭头所示）。

FASTSIM 的计算结果与 CONTACT 的计算结果有较高的一致性，一般误差不高于 5%，纯自旋情况出现误差约达 10%，且其计算速度比 CONTACT 快很多，因此简化理论的精度是有保证的。为了获得类似于 FASTSIM 的计算结果及比 FASTSIM 更快的计算速度，Kalker 提出了基于 FASTSIM 结果的插值方法，NU-CARS 和 VAMPIRE 等车辆动力学软件均采用 FASTSIM 插值数表进行轮轨接触力的求解。

2.5.5 Polach 非线性滚动接触理论

1. 理论及假设

1999 年，Polach[29] 提出了一种轮轨接触力的快速求解方法，该算法基于 Hertz 假设，假定轮轨接触斑为椭圆形状，其与 Kalker 的 FASTSIM 算法相比，提高计算速度的同时又保持了计算精度；与精确理论 CONTACT 相比，计算精度差不多，但计算速度得到了大幅度提高，有利于实现快速计算，因此可作为 FASTSIM 的替代算法。

该方法假设轮轨接触区域形状为椭圆，任意一点处的切向应力的最大值为

$$\tau_{\max} = f \cdot \sigma \tag{2.83}$$

式中，σ 为法向压力；f 为摩擦系数，假定在整个接触斑内的摩擦系数为定值。

轮轨接触区内的黏着和滑动区域的分布范围如图 2.49 所示。假定在整个接触区内，从接触区边缘的 A 点（前导点）到 C 点

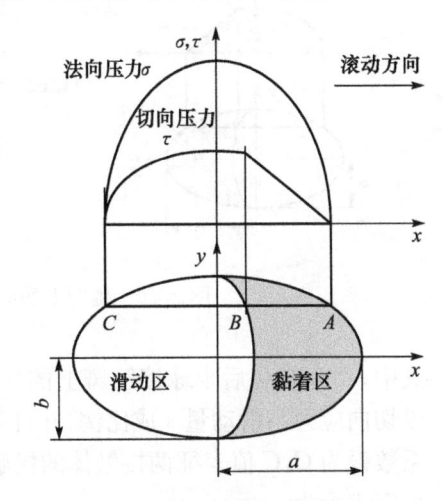

图 2.49 轮轨接触区法向及切向接触应力分布假设图

（跟随点），轮轨之间的相对滑动速度是线性增大的。在黏着区域内，两接触体紧紧黏在一起，该区域内的切向力是线性增加的，由干摩擦库仑定律知，切向力达饱和时两接触体将产生相对滑动。从物理实际的角度来讲，切向应力 τ 实际上起着阻止两接触体表面产生相对滑动的作用，并且接触区内任意点的切向应力值随着该点离前导点 A 的距离的增大而线性增加。当黏着区内 τ 的值增大到式(2.83)表示的最大切向力值时，两接触体开始产生相对滑动。该部分接触区称作滑动区，在该区域内，切向应力起到阻止滑动产生的作用。

两接触面内的切向力可以表示为

$$F = \iint\limits_{(A)} \tau \mathrm{d}x \mathrm{d}y \tag{2.84}$$

式中，A 为接触斑的接触面积。切向力在 x 及 y 方向的分量为

$$F_i = F \cdot \frac{s_i}{s}, \quad i = x, y \tag{2.85}$$

式中，$s = \sqrt{s_x^2 + s_y^2}$ 为总蠕滑率大小，$s_x、s_y$ 分别为纵向和横向蠕滑率。Freibauer[30] 采用了如图 2.50 所示的将椭球面上的分布力转化到半球面上的分布力的方法，给出了不考虑自旋蠕滑时的切向应力的计算公式：

$$y^* = \frac{a}{b}y, \quad \tau^* = \frac{a}{\tau_0}\tau \tag{2.86}$$

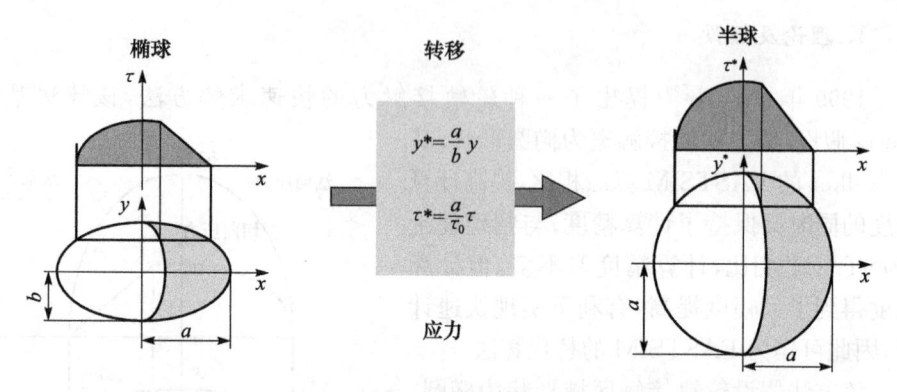

图 2.50 椭圆上的应力转化到半球上的应力的方法

式中，τ^* 为转化后半球接触斑上的切向应力；τ_0 为接触区内的最大接触应力。假设切向应力与滑动量 s 成比例，并且与应力点离接触区前导点的距离成比例，比例系数设为 C，C 值表征两接触体的接触弹性，即切向接触刚度。黏着区的切向应力梯度表示为

$$\varepsilon = \frac{2}{3}\frac{C \cdot \pi \cdot a^2 \cdot b}{Q \cdot f}s \tag{2.87}$$

式中，Q 为轴重，将式(2.87)代入到式(2.84)中即得到切向力的表达式

$$F = \tau_0 \frac{b}{a^2}\iint_{(A)} \tau^* \, \mathrm{d}x \, \mathrm{d}y^* = -\tau_0 \frac{b}{a^2}\frac{4}{3}a^3\left(\frac{\varepsilon}{1+\varepsilon^2} + \arctan\varepsilon\right) \tag{2.88}$$

根据 Hertz 理论有

$$\tau_0 = \sigma_0 \cdot f = \frac{3}{2}\frac{Q \cdot f}{\pi \cdot a \cdot b} \tag{2.89}$$

式中，σ_0 为接触斑内的最大法向应力，将式(2.89)代入到式(2.88)计算得到

$$F = \tau_0 \frac{b}{a^2}\iint_{(A)} \tau^* \, \mathrm{d}x \, \mathrm{d}y^* = -\frac{2 \cdot Q \cdot f}{\pi}\left(\frac{\varepsilon}{1+\varepsilon^2} + \arctan\varepsilon\right) \tag{2.90}$$

将式(2.90)代入到式(2.85)中即得到切向力在 x 及 y 方向的分量为

$$F_i = -\frac{2 \cdot Q \cdot f}{\pi}\left(\frac{\varepsilon}{1+\varepsilon^2} + \arctan\varepsilon\right) \cdot \frac{s_i}{s}, \quad i = x, y \tag{2.91}$$

需要注意的是，在求解轮轨接触问题时，车轮绕其垂直轴 z 轴的自旋运动也是很重要的一个因素，如前所述，自旋蠕滑率 ξ_{sp} 定义为车轮绕 z 轴的旋转角速度与线速度 v 的比值，记为

$$\xi_{sp} = \frac{\omega \cdot \sin\gamma}{v} = \frac{\sin\gamma}{r} \tag{2.92}$$

式中，ω 为车轮的旋转角速度；γ 为接触角；r 为车轮半径。由该表达式可知，在轮缘贴靠钢轨的情况下，接触角 γ 的值较大，尤其是当车轮半径较小时，自旋蠕滑率的值不容忽视。接下来将分析自旋蠕滑率对轮轨接触力的影响。在分析过程中忽略自旋蠕滑和横向蠕滑对车轮所受外力矩的贡献，因为该力矩与其他力矩相比很小，可以忽略不计。

2. 蠕滑力计算模型

纯自旋蠕滑作用下，纵向蠕滑力 F_x 为 0，旋转中心位于接触区的纵轴上，在开始求解时刻并不能确定其具体位置，其取决于受力平衡条件。当椭圆接触斑在纵轴方向上的椭圆半径很小，即当 $a \to 0$ 时，自旋蠕滑的旋转中心趋近于接触斑内坐标系的原点。利用将椭球面上的分布力转化到半球面上的分布力的方法，得到由自旋蠕滑引起的横向蠕滑力的表达式如下：

$$F_y = \tau_0 \frac{b}{a^2} \iint_{(A)} \tau_y^* \mathrm{d}x \mathrm{d}y^*$$

$$= -\frac{3}{8}\pi \cdot \tau_0 \cdot a \cdot b \left[|\varepsilon| \left(\frac{\delta^3}{3} - \frac{\delta^2}{2} + \frac{1}{6} \right) - \frac{1}{3}\sqrt{(1-\delta^2)^3} \right] \quad (2.93)$$

式中，$\delta = \dfrac{\varepsilon^2 - 1}{\varepsilon^2 + 1}$。

将式(2.89)代入式(2.93)，得到 F_y 的进一步展开式为

$$F_y = -\frac{9}{16} Q \cdot f \cdot \left[|\varepsilon| \left(\frac{\delta^3}{3} - \frac{\delta^2}{2} + \frac{1}{6} \right) - \frac{1}{3}\sqrt{(1-\delta^2)^3} \right] \quad (2.94)$$

式(2.94)仅当 $a \to 0$ 时才成立，具体求解时，式(2.87)中的 s 值取为 $\xi_{sp} \times a$。Kalker[31]的研究成果表明：随着 a/b 值的增大，自旋蠕滑率对整个蠕滑力的贡献增大。而对于 $a > 0$ 的情况，为了寻求一种用于仿真的快速计算方法，需对式(2.93)进行修正，并分别求解纵向蠕滑和横向蠕滑引起的蠕滑力以及由自旋蠕滑引起的横向蠕滑力。式(2.85)、式(2.87)和式(2.91)中的蠕滑率 s 需替换为蠕滑率 s_C, s_C 的表达式为

$$s_C = \sqrt{s_x^2 + s_{yC}^2} \quad (2.95)$$

式中，s_{yC} 为等效横向蠕滑率，它可以由式(2.96)获得

$$\begin{cases} s_{yC} = s_y + \xi_{sp} \cdot a, & |s_y + \xi_{sp} \cdot a| > |s_y| \\ s_{yC} = s_y, & |s_y + \xi_{sp} \cdot a| \leqslant |s_y| \end{cases} \quad (2.96)$$

于是，切向力在 y 轴方向上的分力是等效横向蠕滑率的结果，其值由两部分组成，即

$$F_{yC} = F_y + F_{yS} \quad (2.97)$$

式中，F_{yS} 为由自旋蠕滑引起的横向蠕滑力，其值可由式(2.99)得到

$$F_{yS} = -\frac{9}{16}a \cdot Q \cdot f \cdot \left[|\varepsilon| \left(\frac{\delta^3}{3} - \frac{\delta^2}{2} + \frac{1}{6} \right) - \frac{1}{3}\sqrt{(1-\delta^2)^3} \right]$$
$$\cdot \left[1 + 6.3(1 - e^{-\frac{a}{b}}) \right] \cdot \frac{\xi_{sp}}{s_C} \tag{2.98}$$

其中,切向应力梯度 ε 表示为

$$\varepsilon = \frac{2}{3}\frac{C \cdot \pi \cdot a^2 \cdot b}{Q \cdot f} \frac{s_{yC}}{1 + 6.3(1 - e^{-\frac{a}{b}})} \tag{2.99}$$

式(2.87)和式(2.99)中的切向接触刚度 C 可由试验得到,也可由 Kalker 常数推导得到,其之所以可由 Kalker 常数推导得到是由于该方法和 Kalker 理论一样,蠕滑力在黏着区的变化规律都基于线性假设。在不考虑自旋的情况下,当蠕滑率接近 0 时,有 ε→0,根据上述的推导可得

$$F = -\frac{8}{3}a^2 \cdot b \cdot C \cdot s \tag{2.100}$$

而根据 Kalker 理论有

$$F = -G \cdot a \cdot b \cdot c_{jj} \cdot s \tag{2.101}$$

通过比较式(2.100)和式(2.101)可得

$$C = \frac{3}{8}\frac{G}{a}c_{jj} \tag{2.102}$$

将式(2.102)代入式(2.87),可得切向应力梯度 ε 的表达式为

$$\varepsilon = \frac{1}{4}\frac{G \cdot \pi \cdot a \cdot b \cdot c_{jj}}{Q \cdot f}s \tag{2.103}$$

在不考虑自旋蠕滑的情况下,系数 c_{jj} 可由式(2.104)获得

$$c_{jj} = \sqrt{\left(c_{11}\frac{s_x}{s}\right)^2 + \left(c_{22}\frac{s_y}{s}\right)^2} \tag{2.104}$$

根据上述推导,由自旋蠕滑引起的横向蠕滑力在 ε→0 时为

$$F_y = -\frac{1}{4}\pi \cdot a^3 \cdot b \cdot C_s \cdot \xi_{sp} \tag{2.105}$$

根据 Kalker 理论,由自旋蠕滑引起的横向蠕滑力表示为

$$F_y = -G \cdot c_{23} \cdot \xi_{sp} \cdot \sqrt{(a \cdot b)^3} \tag{2.106}$$

同理,通过比较式(2.105)和式(2.106)可得

$$C_s = \frac{4}{\pi}\frac{G \cdot \sqrt{b}}{\sqrt{a^3}}c_{23} \tag{2.107}$$

将式(2.107)代入式(2.99),可得用于计算自旋蠕滑影响的切向应力梯度 ε 为

$$\varepsilon = \frac{8}{3}\frac{G \cdot b \cdot \sqrt{a \cdot b}}{Q \cdot f}\frac{c_{23} \cdot s_{yC}}{1 + 6.3(1 - e^{-\frac{a}{b}})} \tag{2.108}$$

无因次的轮轨切向力表示为

$$f_i = \frac{F_i}{Q \cdot f}, \quad i = x, y \tag{2.109}$$

无因次的蠕滑率表示为

$$\zeta_i = \frac{G \cdot a \cdot b \cdot c_{jj} \cdot s_i}{Q \cdot f}, \quad i = x, y \tag{2.110}$$

式中,当 $i=x$ 时,$j=1$;当 $i=y$ 时,$j=2$。

无因次的自旋蠕滑率表示为

$$\xi_n = \frac{G \cdot (\sqrt{a \cdot b})^3 \cdot c_{23} \cdot \xi_{sp}}{Q \cdot f} \tag{2.111}$$

上面给出了轮轨间横向和纵向蠕滑力的求解方法,自旋蠕滑力矩 M_z 的求解采用 Kalker 线性公式并加以修正。表示为

$$M_z = -G(ab)^{\frac{3}{2}}(c_{32}s_2 + c_{33}(ab)^{\frac{1}{2}}\xi_{sp}) \tag{2.112}$$

2.5.6 经验公式

Ohyama[32] 以及之后的 Ayasse-Chollet-Pascal(即 CHOPAYA)提出一个经典的指数饱和定律

$$F/\mu N = 1 - e^{-u} \tag{2.113}$$

此外,诸如"hyperbolic tangent"和"hyperbolic arctangent"的饱和表达式也被提出,所有这些经验公式都是探索式的,它们虽然与实测数据相符,但是不符合实际物理模型。图 2.51 给出了 Carter 理论、Kalker 线性理论、Kalker 简化理论、V-J 理论及各种经验公式的蠕滑力/率关系图。图中忽略了自旋蠕滑的作用,按照饱和

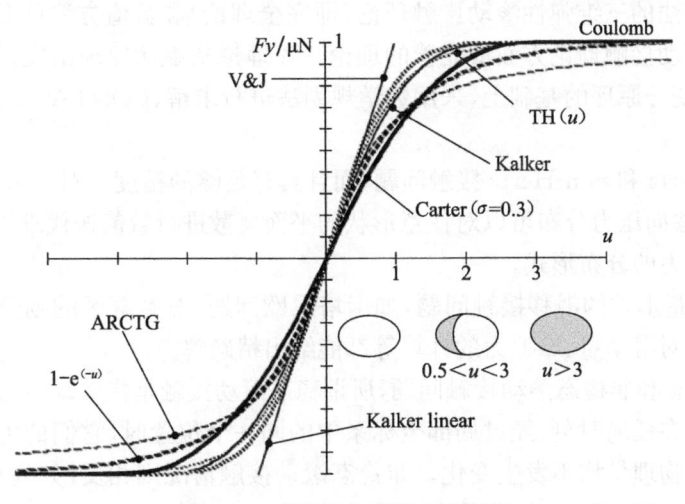

图 2.51 蠕滑力与蠕滑率的关系

机理的不同,图 2.51 可分为三个典型区段,其中,线性区域对应轮轨接触表面处于完全黏着的情况,中间区域对应接触表面部分饱和的情况,并且滑动区域总是处于椭圆接触斑后沿。形象地讲,在无自旋存在的情况下,黏着-滑动边界看起来就像 1/4 月亮随着蠕滑率增长从接触区后沿向前沿逐渐传播的过程。而当考虑自旋蠕滑的时候,作用机理将更加复杂,因此经验公式仅在某些情况下适用,为了更精确地求解剪切应力,使用基本的物理模型是必需的。

2.6 三维滚动接触问题求解方法

上节介绍的轮轨滚动接触经典理论都是基于 Hertz 假设的,因此只能用来分析简化的滚动接触问题,即使是目前滚动接触理论方面最完善的 CONTACT 理论,在实际应用中也存在一定的局限性,例如不能处理考虑车轮高速旋转的惯性力对蠕滑力影响的轮轨接触问题。近年来,对于轮轨三维弹塑性滚动接触问题,国内外研究学者引入了一些新的数值计算方法和研究手段,本节在分析经典滚动接触理论局限性的基础上,介绍几种求解轮轨滚动接触问题的新方法。

2.6.1 经典滚动接触理论的局限性

基于 Hertz 假设的轮轨滚动接触理论必须满足 2.4.1 节所述的 4 条假设和理论推导过程中的诸多假设。因此只能用来分析非常简单的滚动接触问题,或简化的滚动接触问题,并且除 Kalker 的简化理论外,这些经典的 Hertz 理论模型均无法给出轮轨滚动接触斑上切向作用力的分布特性、接触斑上质点对相对弹性滑动量等的计算结果。20 世纪 90 年代初,Kalker 完成了基于弹性力学余能变分原理和数学规划法的三维弹性滚动接触理论(即完全理论)和数值方法(CONTACT),这是目前滚动接触理论方面最完善的理论。该理论从虚功原理出发,导出最小余能原理,在变分原理的基础上,采用数学规划法进行求解,CONTACT 主要求解以下问题:

(1) Hertz 和 non-Hertz 接触问题,而且具有足够的精度。对于 non-Hertz 接触问题,其法向压力分布可以对任意形状的平面离散进行数值迭代求解,而不仅仅是 Hertz 压力的分布形式。

(2) 增量形式的滑移接触问题,如卡塔尼欧问题,对黏着区的划分、接触质点对之间的相对滑动量、摩擦力的计算等都能给出精确解。

(3) 稳态和非稳态滚动接触问题,所谓稳态滚动接触是指滚动接触过程中,物体的介质流在任何时刻,经过局部坐标系中的同一个位置时,它们的力学量、运动量及有关的物理量均不发生变化。非稳态滚动接触情况则相反,如列车在启动和制动过程中,轮对都要经历非稳态滚动过程。

(4) 接触物体内部的弹性场问题,对接触斑的作用力分布、总的作用力的计算都能给出精确解。

(5) 程序中的 Panayiotopoulos 法及其代用法可以处理滚动接触物性参数不相同(非准同一)问题,从而可以同时考虑法向力和切向力之间的相互影响。

文献[33]对 Kalker 三维弹性体非 Hertz 滚动接触理论在轮对/轨道滚动接触蠕滑率/力关系分析中的应用进行了具体阐述,本书不再详述。值得注意的是,CONTACT 在实际应用中还存在一定的局限性,主要表现在以下几个方面:

(1) CONTACT 程序算法是基于弹性半空间假定的,车轮和轨道都必须考虑成弹性半空间,仅适合求解平面形式的接触斑,对于接触斑曲率半径和接触物体几何特征尺寸处于同量级的情况、"共形"接触问题、曲面形式的接触斑等,应用 Kalker 三维弹性体非 Hertz 滚动接触理论只能得到近似解。

(2) CONTACT 程序求解速度较慢,难以直接应用于机车车辆动力学仿真计算中,因此主要用于验证其他理论和模型的精确度。因此 Kalker 又利用 CONTACT 中的 Hertz 型法向力计算模块,编制了以椭圆接触斑的轴长比、蠕滑率为变量的差值数表[34],作为一种轮轨力快速计算模型。

(3) Kalker 理论在处理轮轨切向接触问题时,考虑到滚动速度与 Rayleigh 表面波的传播速度相比很小[35],因此忽略了接触力学中惯性力的影响。但是对于橡胶轮胎的情形,Rayleigh 表面波的传播速度约为 100m/s,几乎等于滚动速度,此时忽略惯性力的影响是不合适的。而对于钢轮钢轨接触问题,Rayleigh 表面波的传播速度约为 3000m/s,更低的情况下,当把钢轨作为剪切柔性梁来看待时,其剪切波速约为 1200m/s。因此对于一般的普速铁路,可以不必考虑惯性力的影响,而对于车速超过 500km/h 时的高速铁路,Kalker 提出需要考虑车轮高速旋转的惯性力对蠕滑力的影响[36],尤其对于紧急制动时的轮轨接触问题。

(4) 原则上,用 CONTACT 可以进行任意离散,例如可以用 200×200 个单元格或更多单元离散接触斑,二维情况下其解是可靠的,但对于三维接触问题的分析,CONTACT 还没法进行任意离散。

(5) CONTACT 算法需要忽略轮轨的塑性变形,因此其局限于分析弹性接触问题,不能处理诸如轨头塑性变形和大变形等滚动接触问题。

(6) 由于需要忽略轮轨接触斑以外的约束条件、接触面的状态因素和接触斑以外轮轨几何型面的影响,因而使其应用范围受到局限。

综合上述内容可知,对于轮轨三维弹塑性滚动接触问题的理论研究和数值方法,目前仍有几大困难亟待解决:①对于高速滚动和非稳态滚动接触问题,波纹问题、裂纹的形成与扩展、残余应力等问题还需进行大量研究工作;②接触形成的切向条件,尤其是在物体刚体运动条件下,物体之间切向大滑动、弹塑性滑动和切向力之间本构关系的确定;③物体在反复滚动条件下,材料的塑性累积变形、材料动强化过程和棘轮效应问题;④滚动材料缺陷的存在、接触表面微观粗糙度、摩擦温度、接触表面"第三介质"(如固体粒、液体膜和其他有机物)等问题,而不是始终停留在库仑摩擦基础上。解决这些问题有待发展新的滚动接触理论。

2.6.2 基于有限元法的轮轨接触力学

随着计算机技术和数值理论的快速发展,有限元方法成为一种研究轮轨滚动接触问题的有效手段。但经典的接触有限元方法在处理轮轨滚动接触问题时有以下几个难点:

(1) 由于车轮的高速转动而引起的所有单元的多重旋转问题。

(2) 与一般的接触问题不同的是,轮轨接触区不仅仅只是接触表面的一小块区域,要想得到精确的压应力和剪切应力分布结果以及黏着区和滑动区的详细分布情况,对车轮的整个圆周区域必须用精细的网格进行离散。虽然自适应网格调整技术是一种能保持低自由度数的有效手段,但在滚动情况下,车轮圆周的网格需要在整个求解过程中定期调整,尤其是在进行轮轨磨耗预测的时候,这项工作很难实现。

(3) 要想得到滚动过程的稳态解,需要对很长的轨道进行离散,这无疑增加了滚动积分时间。

(4) 由于接触区的离散网格较精细,因此必须选择较小的时间积分步长。

专为滚动接触问题而开发的计算机程序开始于20世纪80年代,当时所用的模型比较简单,从实际应用角度看,由于接触条件中用位移代替了速度,并用接触斑切向位移量来描述接触斑的黏着区和滑动区,因此所选择的求解方法得出的只是近似解。德国汉堡军事大学Nackenhorst Udo在他的博士论文中首次引入严格黏着和滑动接触条件[37],将用于流体结构作用分析的变形梯度分解法和任意的"拉格朗日-欧拉"法(Arbitary Lagrangian Eulerian, ALE)推广用于分析滚动接触问题,利用精细的自适应网格技术有效判别接触区域,使得滚动接触副由弹性体对刚性体推广到弹性体对弹性体,由二维滚动接触到三维滚动接触。基于ALE方法求解轮轨滚动接触问题的基本思想是将滚动车轮总的变形分解为车轮的刚体运动和车轮自身的变形。如图2.52所示,车轮网格沿钢轨的刚体运动可用Eulerian方法描述,材料在网格里绕中心轴转动,且材料的运动就像计算流体动力学问题,车轮和轨道的变形用

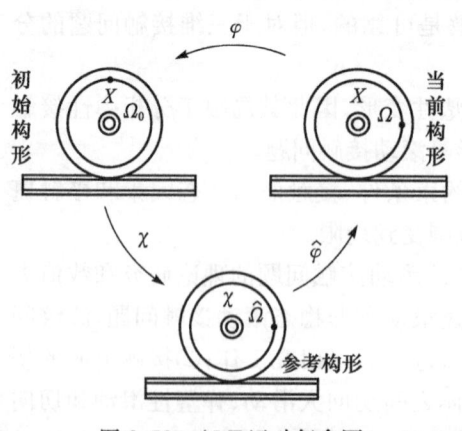

图 2.52 ALE 运动复合图

Lagrangian 方法描述。将物体从初始构形映射到当前构形还需要一个参考域,称为 ALE 域。

Nackenhorst Udo 应用该方法对 UIC60 与 S1002 匹配(轨底坡为 1∶40)时的轮轨稳态滚动接触问题进行了分析[38],轮轨接触有限元离散模型如图 2.53 所示,该模型一共包含 12052 个节点、54389 个四面体单元和 3027 个接触单元。以线性弹性材料为基础进行计算,取弹性模量 $E=$ 210GPa,泊桑比 $v=0.3$,当车速为 200km/h、轴重为 90KN 时,得到的不同横移量条件下的轮轨接触斑及接触应力的分布情况如图 2.54 所示。图中右侧还给出了 Hertz 接触椭圆及接触应力结果作为对比,在 non-Hertz 接触斑中,颜色越深表明应力越大,可见使用有限元法及 Hertz 理论得出的接触斑形状和大小差异明显,且由图中给出的最大应力值可知,用 Hertz 理论计算的最大接触压力明显偏大。当横移量等于+1mm 和+5mm 时,由于接触点的车轮表面曲率大于钢轨表面曲率,轮轨接触共形度增大,不再符合弹性半空间假设,因此没有给出 Hertz 理论的计算结果。图 2.55 为当横移量为+1mm 时利用有限元方法计算得到的表面应力分布结果。

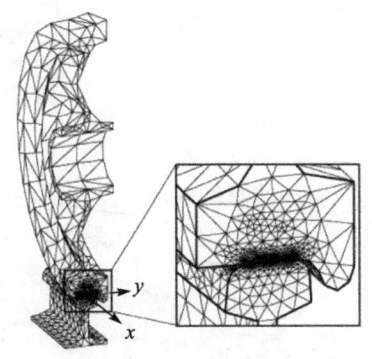

图 2.53 轮轨接触有限元网格

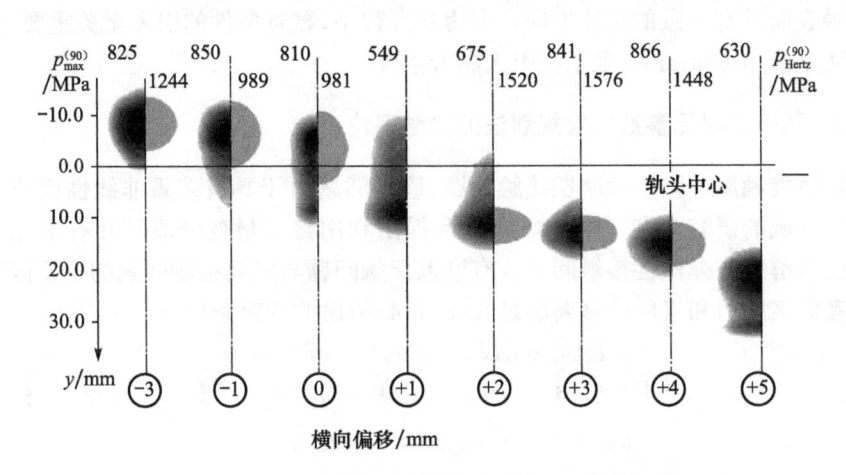

图 2.54 不同横移量下的接触斑及接触应力分布情况

应用基于 ALE 的有限元方法进行轮轨滚动接触求解时,还需要注意以下问题:

(1) 接触表面粗糙度的处理对于接触应力的研究至关重要,虽然 Willner[39] 给出了一种罚函数方法来考虑接触表面粗糙度的影响,在接触模拟时引入了具有"数

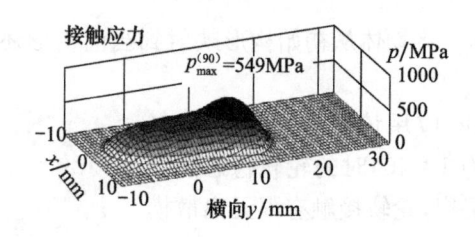

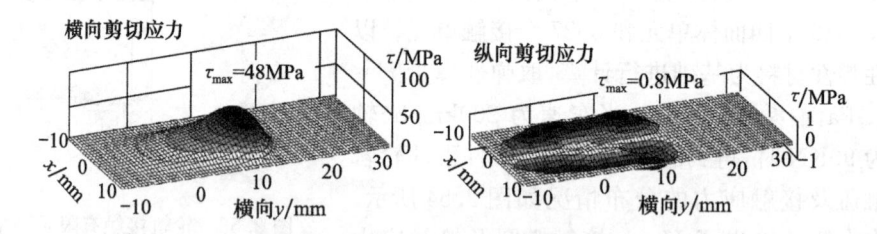

图 2.55 横移量等于 +1mm 时的接触应力分布

值厚度"的第三介质,从而使得对短波长波状磨耗的近似处理成为可能,但这方面的研究工作仍需继续。

(2) 正确的切向接触模型应该是基于速度,而非位移,因此建立接触剪切应力与相对滑移速度的本构关系十分关键。

(3) 黏着接触的条件需要在接触点具有相同的速度,而滑动接触的条件只要求接触表面具有一致的速度方向。在虚功方程中,黏着条件的引入至关重要,目前的做法是借用 Lagrange 乘子法引入黏着条件。

2.6.3 基于有限元参数二次规划法的接触理论

轮轨接触属于弹塑性摩擦接触问题,该类问题由于具有多重非线性而成为计算力学领域的研究难点。钟万勰院士[40]提出利用参变量变分原理和有限元二次规划法求解三维弹塑性接触问题。有摩擦接触问题与经典接触问题的主要区别在于前者的接触力和接触位移要满足式(2.114)给出的约束条件

$$\begin{gathered} |T| < -\mu N, \quad |u_T^{(1)} - u_T^{(2)}| = 0 \\ |T| = -\mu N, \quad |u_T^{(1)} - u_T^{(2)}| > 0 \\ u_N^{(1)} - u_N^{(2)} + \delta_0 \geqslant 0, \quad N \leqslant 0 \\ (u_N^{(1)} - u_N^{(2)} + \delta_0)N = 0 \end{gathered} \tag{2.114}$$

式中,T、N 分别为接触点对的切向和法向接触内力;$u_N^{(i)}$、$u_T^{(i)}$($i=1,2$)分别是两接触体在接触点对局部坐标系下的法向、切向相对位移;μ 为物体间的摩擦系数;δ_0 为接触体间的初始间隙。

参变量变分原理突破了经典变分原理的局限性,引入了现代控制论中的极值变分思想,将原问题转化为在由本构关系导出的状态方程控制之下求泛函最小值

问题。由于塑性力学的状态与加载历史有关,对于一般公式的描述需要用增量理论来进行。空间弹塑性有摩擦接触问题在区域 Ω 上的基本方程为

平衡方程:在 Ω 内 $A^{(\nabla)}\sigma + b = 0$

几何方程:在 Ω 内 $\varepsilon = L^{(\nabla)}u$

本构方程:在 Ω 内 $\sigma = D\varepsilon$

边界条件:在 Γ_p 上 $n\sigma = \bar{p}$,在 Γ_u 上 $u = \bar{u}$,

在可能的接触边界 Γ_C 上, $\begin{cases} f(u_C, \tilde{\lambda}) + \tilde{v} = 0 \\ \tilde{v}^T \cdot \tilde{\lambda} = 0, \quad \tilde{v}^T, \tilde{\lambda} > 0 \end{cases}$ (2.115)

式中,σ、b、ε、u 分别表示应力、体积力、应变和位移;$A^{(\nabla)}$ 和 $L^{(\nabla)}$ 是微分算子矩阵;$\bar{p}$ 和 $\bar{u}$ 为给定面力和位移;$\tilde{\lambda}$ 为不参加变分的参变量,其物理意义为滑动参数;$\tilde{v}$ 为原约束松弛变量;D 为弹性矩阵。

空间弹性接触问题参变量最小势能原理可表述为:在所有满足式(2.115)中的几何条件的可能位移增量场中,真实解使式(2.116)表示的总势能泛函在接触系统状态方程(2.115)的控制下取总体最小值。

$$\Pi[\tilde{\lambda}(\cdot)] = \int_\Omega \frac{1}{2}\varepsilon^T D\varepsilon d\Omega - \left[\int_\Omega b^T u d\Omega + \int_{\Gamma_p} \bar{p}^T u d\Gamma\right] + \int_{\Gamma_C} \left(\frac{1}{2}\varepsilon_C^T D_C \varepsilon_C - \tilde{\lambda}^T \tilde{R}\varepsilon_C\right) d\Gamma$$
(2.116)

式中,D_C 为接触面的弹性矩阵;$\tilde{R} = \left[\dfrac{\partial \tilde{g}}{\partial p_C}\right]D_C$ 是常数矩阵,它表征单元发生滑动时的接触弹性松弛力;$\tilde{g}$ 为流动势函数。

对于参变量变分原理的求解,可以将式(2.116)的总势能泛函离散成如式(2.117)所示的二次规划方程。

$$\begin{cases} \min_{\hat{u}} \Pi = \dfrac{1}{2}\hat{u}^T \cdot K \cdot \hat{u} - \hat{u}(\Phi\tilde{\lambda} + \hat{p}) \\ \text{s.t.} \quad \begin{aligned} C\hat{u} - U\tilde{\lambda} - d + \hat{v} &= 0 \\ \hat{v}^T \cdot \tilde{\lambda} = 0, \quad \tilde{\lambda} &\geqslant 0 \end{aligned} \end{cases}$$
(2.117)

上述二次规划方程的解法已经相当成熟,这就从根本上保证了计算的高效率和高精度。而且参变量变分原理比经典变分原理应用更广泛,它不受塑性流动理论中 Drucker 假设的限制,可以很方便地解决弹塑性材料的不可逆流动、摩擦接触非法向滑动等问题。另外,参变量变分原理简化了非线性问题的解算手段,其数值求解不像传统非线性问题求解那样需要冗长的迭代过程,而且计算精度高。利用基于该理论和数值方法的计算程序 DELNAS,可有效地分析列车启动和制动时轮轨弹塑性滚动接触瞬态行为[41]。但由于该方法把接触单元定义为接触点对的两个点沿切向和法向连接两接触体的两根弹簧,所以在接触定义时只能考虑接触面

点对点的情况,这对轮轨的滚动接触计算造成困难。此外,该理论模型和数值方法中没有考虑滚动和相对自旋运动引起的蠕滑效应,同时也无法给出大滑动非稳态情况下的弹塑性解。所以,它不能求解在已知物体滚动接触条件下的弹塑性问题。该理论模型如经过适当改进,有望求解一般情况下的弹塑性滚动接触问题。

2.6.4 非稳态滚动接触力学

传统滚动接触理论使用的先决条件是其接触斑尺寸 a 与振动波长 L 相比很小,一般情况下有 $L/a>20$,这时滚动接触可作为稳态过程来看待。但当激扰波长与接触斑尺寸在同一个数量级时,如图 2.56 所示,必须按非稳态或瞬态接触力学进行分析。例如在分析轮轨高频振动问题或者当钢轨表面具有短波波状磨耗时,振动波长与接触椭圆直径可能处在同一个数量级上。此时轮轨接触的运动学方程中的 $\partial u_\tau / \partial t$ 项就不能再被忽略了,这时轮轨滚动就成为非稳态接触过程。

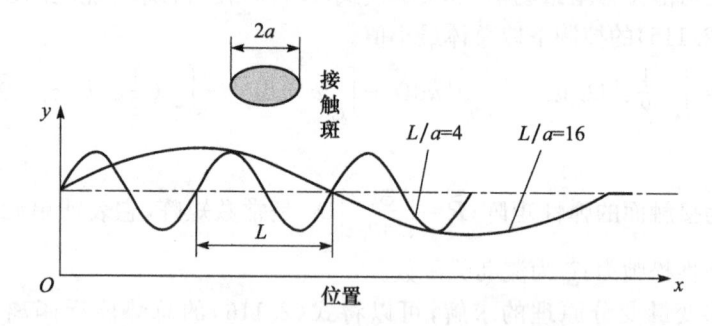

图 2.56 接触斑尺寸 a 与振动波长 L 的比值示意图

当研究滚动噪声或车轮在轻微波纹钢轨上滚动问题时,假设各状态变量相对于参变量的变化都足够小,可以采用线性非稳态接触理论进行分析。Groß-Thebing[42]考虑了这种情况并对 Kalker 的 CONTACT 程序进行了修改,指出当 L/a 小于 10 时,就必须考虑滚动接触的非稳态效应。他给出了与 Kalker 线性理论相同形式的蠕滑力复幅值与蠕滑率复幅值的线性关系式

$$\begin{Bmatrix} \tilde{T}_x \\ \tilde{T}_y \\ \tilde{M}_z \end{Bmatrix} = -Gab \begin{bmatrix} \tilde{c}_{11} & 0 & 0 \\ 0 & \tilde{c}_{22} & \sqrt{ab}\tilde{c}_{23} \\ 0 & -\sqrt{ab}\tilde{c}_{23} & ab\tilde{c}_{33} \end{bmatrix} \begin{Bmatrix} \tilde{v}_x \\ \tilde{v}_y \\ \tilde{\phi}_z \end{Bmatrix} \quad (2.118)$$

式中,带"~"符号的表示复幅值,蠕滑系数 $\tilde{c}_{ik}$ 是与 $L/a = 2\pi v/a\Omega$ 相关的复数值,$\tilde{c}_{ik}/c_{ik}$ 可用如图 2.57 所示的复平面上的频率响应函数来表示。当在 $L/a \to \infty(\Omega=0)$ 时,对应稳态解,若 $\tilde{c}_{ik} = c_{ik}$,所有频响曲线均以 1 为起始点。当 L/a 很小时,曲

线趋于零。当 $\Omega>0$ 时，幅值下降，相位角为负值。由图 2.57 可知，在小蠕滑状态下，非稳态滚动接触的蠕滑力随着波长比的变化存在明显的幅值衰减和相位滞后现象。

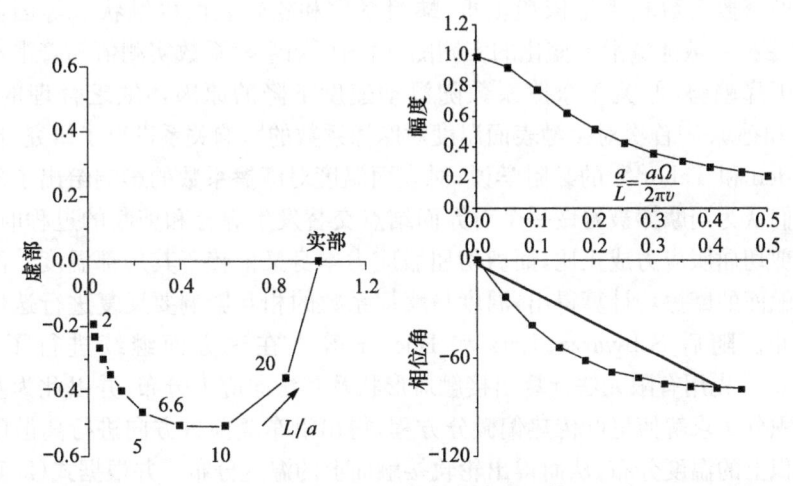

图 2.57 $\tilde{c}_{11}/c_{11}$ 的频率响应函数

频响函数能转化为如图 2.58 所示的轮轨接触等效力学模型，稳态蠕滑系数可看作一阻尼器，最简单的非稳态蠕滑系数模型可看作是一系列的弹簧和阻尼。但频响函数和该等效力学模型不能用来分析大蠕滑问题，例如过曲线时的尖啸叫声等问题。

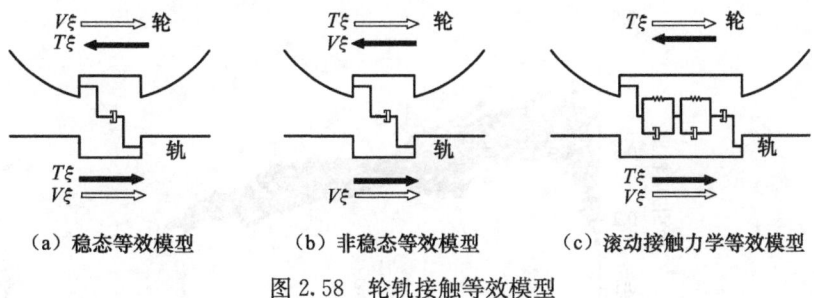

（a）稳态等效模型　（b）非稳态等效模型　（c）滚动接触力学等效模型

图 2.58 轮轨接触等效模型

2.7　考虑接触表面特性的轮轨接触问题分析方法

轮轨接触表面的微观粗糙度、摩擦温度、接触表面"第三介质"等对轮轨接触力有重要影响，在求解三维滚动接触问题时有必要考虑这些因素的影响。近年来，国内外研究学者采用新的研究手段和方法来分析轮轨接触表面的温度和粗糙度等对轮轨接触力的影响问题，并取得了一些成果，丰富了轮轨滚动接触理论。

2.7.1 表面温度对摩擦系数的影响问题

滑动摩擦系数是轮轨滚动接触过程中最重要的参数之一,诸多研究均表明:轮轨之间的摩擦系数较大地依赖轴重、蠕滑系数和轮轨表面接触状态等因素。图 2.59 为摩擦系数随蠕滑率变化的实测图,由图可知摩擦系数实测值随着滑动的增大呈现下降趋势,但关于摩擦系数随滑动速度下降的原因还缺乏合理的解释。Rick[43]和孙琼[44]首次对接触表面温度对摩擦系数的影响关系进行了研究,他们根据 Bowden 和 Tabor[45]的黏附学说,对表面温度对摩擦系数的影响给出了理论解释。他们认为当摩擦被看做一个对界面结点交替发生焊合和剪断的过程时,摩擦系数与剪切屈服应力成正比,而剪切屈服应力本身又依赖于其局部温度。温度可以由接触面的摩擦功计算得出,温度与摩擦系数的相互影响要反复进行迭代直到平衡为止。随后 Schwarze、Ertz 和 Bucher 等人在这方面继续进行了研究,Schwarze[46]先用有限元法计算出接触斑形状及其法向应力分布,并以此为基础采用数值积分法求解傅里叶传热偏微分方程,得出沿车辆前进方向进行离散的任一条形面积上的温度分布,从而得出轮轨接触面上的温度分布。并根据式(2.119)计算出接触斑某点处的摩擦系数 μ 值。

$$\mu(\vartheta) = \frac{\sigma_0 - \alpha_\sigma \cdot \vartheta}{2\sigma_N(\vartheta)} \qquad (2.119)$$

式中,ϑ 表示接触面内某点的温度值;σ_0 表示室温下钢材的屈服极限;α_σ 为钢材屈服极限的近似直线应力梯度;σ_N 为实际法向应力。

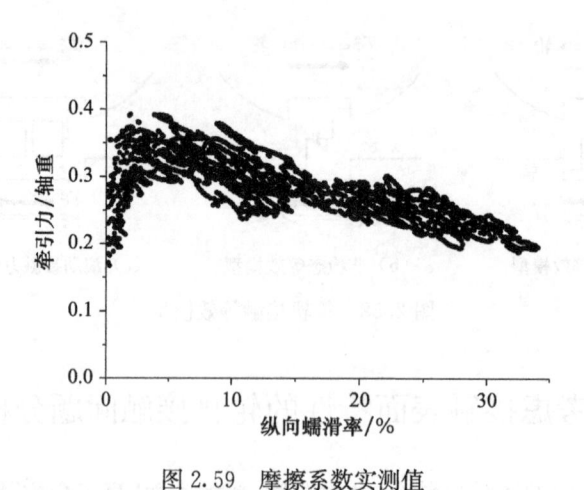

图 2.59 摩擦系数实测值

2.7.2 表面粗糙度对蠕滑力的影响研究

轮轨表面并非绝对光滑,因制造及使用过程中的磨损,存在着几个微米量级的微观表面粗糙度。与光滑平整的接触表面相比,有表面粗糙度的轮轨对接触表面和次表面的应力应变状态的影响是不可忽视的。这主要是由于粗糙的接触表面存在不同程度的凹凸,凸出的表面最先发生接触,导致了表面接触压力的分布极不均匀。轮轨表面的这种粗糙度会对蠕滑力造成很大的影响。目前分析表面粗糙度为三维分布的测量图形还存在一定困难,一般将沿钢轨纵向表面测量所得的表征粗糙表面构造的表面轮廓迹线图转变成输出数字信号,连接到计算机上可得到平均粗糙度、标准偏差及表面轮廓的支承曲线(Abbott 曲线)参数等标准参数值的信息。图 2.60 为车轮纵向粗糙度的测量分布图。

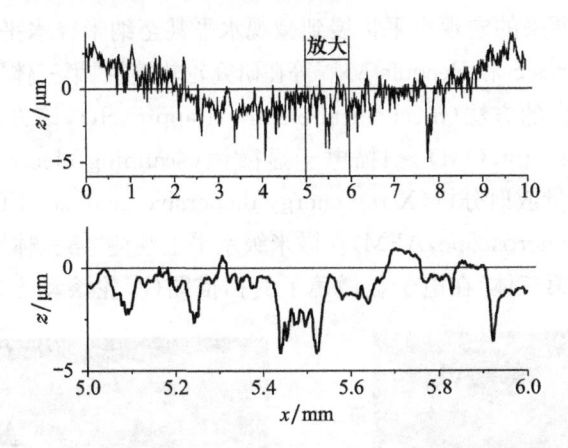

图 2.60　车轮纵向粗糙度典型断面测量图(下图为局部放大图)

Ertz 和 Bucher[47]以 Carter 的二维接触模型为基础,研究了轮轨表面粗糙度对蠕滑力曲线的影响,粗糙表面圆柱体在不同表面平均粗糙度和不同最大空间频率下的蠕滑率曲线如图 2.61 所示。由图可知,与完全光滑的轮轨表面相比,轮轨

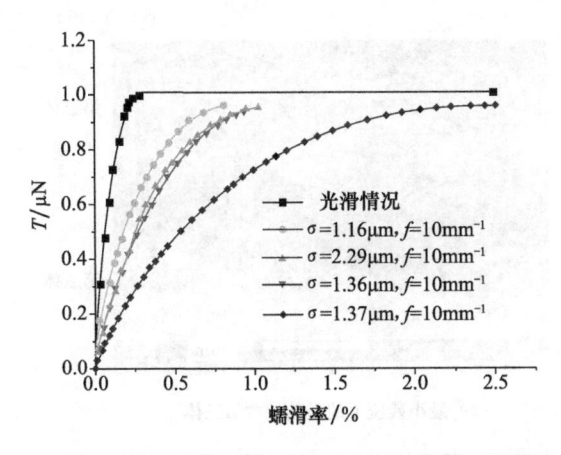

图 2.61　不同表面平均粗糙度和不同最大空间频率下的蠕滑率曲线

表面粗糙度将使蠕滑率曲线的初始斜率变小。此外,他们的研究结果还表明:实际接触面积与 Hertz 接触面积的比值将随粗糙度标准偏差的增大而变小。

目前关于表面粗糙度对蠕滑力的影响研究大多仅限于微小蠕滑的情况,同时粗糙表面稳态切向接触问题的分析目前还没有得到满意的结果,要想真正了解粗糙表面在很高的法向接触应力下的特性,还需进一步研究。

2.7.3 微观水平下的轮轨接触力分析方法

近年来,在轮轨接触力求解方面不断涌现出一些新的求解方法和求解模型,将轮轨接触力问题从原来的宏观水平扩展到微观水平甚至纳米级水平来进行研究。例如,法国的 Descartes S 和 Renoufa M[48]等在研究轮轨接触"第三体"的微观特征时引入了一种机电结合的方法(mechanical-electrical approach),该方法利用光学显微镜(optical microscopy,OM)、扫描电子显微镜(scanning electronic microscopy,SEM)、X 射线能量散射分析(X-ray energy dispersive analysis,EDX)、原子力显微镜(atomic force microscope,AFM)在微米级水平上观测"第三体"的"分流现象"。

图 2.62 为"第三体"在电子显微镜下的扫描图(车轮滚动方向垂直于纸面向

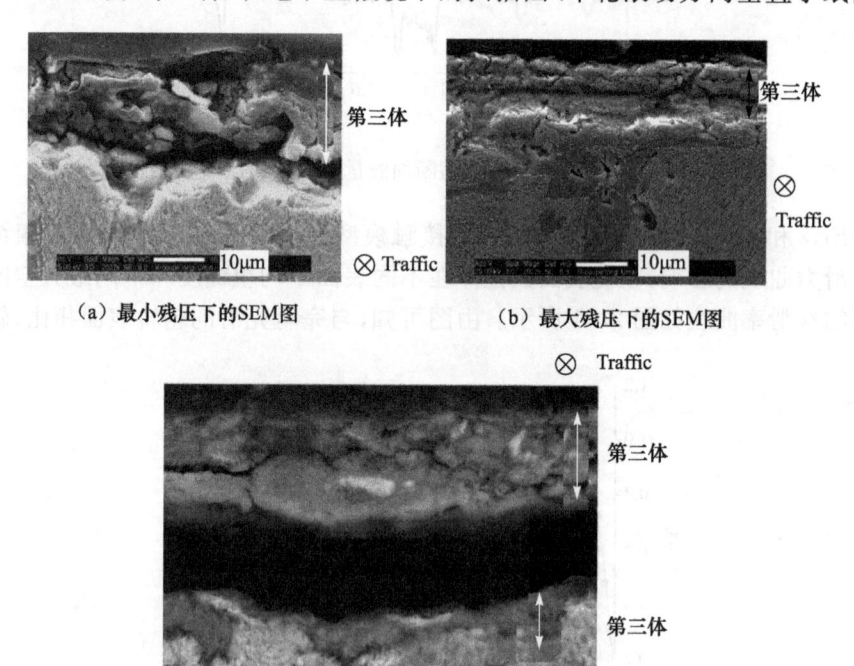

(a) 最小残压下的SEM图　　(b) 最大残压下的SEM图

(c) 最小残压下的无黏性"第三体"

图 2.62　轮轨接触"第三体"SEM 图

里),从图中可以清楚地看到"第三体"表现出的不同形貌特征。图 2.62(a)为最小残压下的 SEM 图,该情况下的"第三体"均质但不紧凑,相比之下,图 2.62(b)为最大残压下的 SEM 图,"第三体"均质且紧凑。图 2.62(c)为在最小残压下扫描得到的无黏性的"第三体"。车轮的滚动速度、滑动速度、自旋蠕滑等作用均会影响轮轨接触第三体流,反过来,第三体的流变学特性通过影响轮轨间的摩擦系数而影响车轮的动态特征。

移动元胞自动机技术(movable cellular automata,以下简称 MCA)作为一种适合于复杂系统时空演化过程的动态模拟研究方法,首先被俄罗斯科学家 Popov V L、Psakhie S G 等[49-51]应用到轮轨摩擦接触过程的研究中,2006 年,Bucher F 等[52]也用 MCA 技术建立了轮轨干摩擦接触模型,并综合考虑了轴重、滑动速度、表面粗糙度、与温度相关的材料常数等对轮轨摩擦系数的影响,并将轮轨摩擦力表示为轴重和材料常数的函数,这种尝试可以较好地解决机车车辆领域内诸如滚动接触噪声和轮轨宏观变形等问题。并且由于科学地建立了摩擦系数与表面温度的变化关系,机车驱动动力学及钢轨疲劳损坏机理的研究取得突破性进展。

试验研究表明[53]:轮轨接触表面具有表面分形特点,即接触表面具有自相似性,并且在不同的长度尺度具有微观异质性,轮轨表面的这种分形特征显示在 0.1～10mm 的波长范围内。这同时也说明了接触斑的尺寸和应力分布取决于表面微观轮廓的精度。

必须注意的一个事实是:对于完全弹性且绝对光滑的轮轨接触情况,法向应力分布是 Hertz 型的,对于轮轨完全弹性接触情况,在微米级范围内考虑轮轨接触表面的分形特征时,实际接触斑趋于零,因此实际接触斑的应力趋向于无穷大。实际上,轮轨材料并不是完全弹性的,接触区及微观接触应力取决于材料硬度等,如在更小的尺寸范围内(如纳米范围内)分析轮轨接触问题,实际接触面积将减小,实际接触压力将增大。在纳米水平上,接触表面材料将发生强化塑性变形,鉴于在大尺寸范围内,单纯弹性变形对摩擦系数贡献不大的事实,可以得出这样的结论:弹性破坏和严重塑性变形理论应用的尺寸范围将决定摩擦力水平的大小。

Bucher F 等以轮轨单点接触情形为例,在亚微米水平建立了轮轨接触的分析模型,接触斑尺寸大约为几微米,并选取接触区域内 100nm 长的一小部分接触斑作为研究对象,将该区域内的压力视为常数,在亚微米范围内研究了塑性变形和断裂过程,并给出了该非弹性变形过程的局部摩擦定律。

图 2.63 为用 MCA 方法建立的轮轨初始结构模型,该模型由四部分组成。其中,上层的自动机

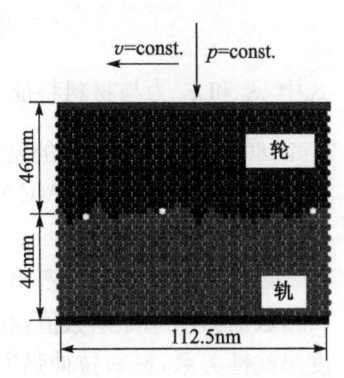

图 2.63　MCA 模型的初始结构图

以 1~10m/s 的速度水平移动，两中间介质层代表两接触体的表面区域，其初始粗糙度在纳米级范围内给定，自动机的最底层为固定支撑。所有自动机的尺寸统一，直径为 2.5nm，自动机的材料特性按照钢的情况给定。为了保证计算过程的稳定性，还引入了黏性系数，在上层元素上施加 0.5~26MPa 的法向压力来模拟轴重。

图 2.64 为不同法向压力下，MCA 模型经过大约 100ns 后的瞬时图。由图可知，两接触体的相对切向运动在仅仅纳秒级的时间内便引起了接触表面的严重变形，并在变形过程中形成图中方括号所示区域的明显边界层。该边界层的单元之间经历了变形、破坏、重构、充分融合等一系列过程，其运动特征与液体的湍流运动相似，因此称之为"准液态层"。该边界层仅保持在初始摩擦表面的附近，而不会向接触体更深的区域传播，而且该边界层的特征深度主要取决于该自动机系统的有效黏度。

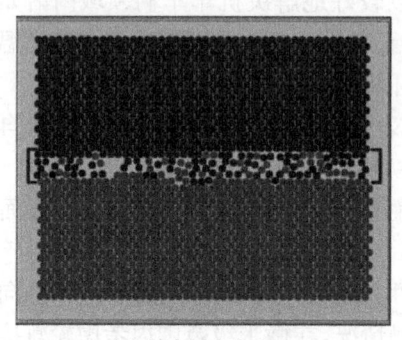

(a) 法向压力为1MPa　　(b) 法向压力为26MPa

图 2.64　MCA 模型瞬时图（假设材料的极限强度为 92MPa）

Bucher F 等利用 MCA 技术仿真模拟给出的轮轨摩擦系数等效解析表达式为

$$\mu = \mu_0 + \mu_1 \cdot \frac{\kappa_1}{1+b\kappa_1} + \mu_2 \cdot \frac{1}{1+c\kappa_2} \tag{2.120}$$

式中，κ_1 和 κ_2 为与材料特征有关的无量纲的参数，$\kappa_1 = \frac{\rho v^2 E}{\sigma_0^2}$，$\kappa_2 = \frac{pE}{\sigma_0^2}$，且满足 $2 \leqslant \kappa_2 \leqslant 1800$。其中，$\rho$ 为钢的密度；p 为轴重；σ_0 为极限拉伸强度；E 为材料的弹性模量；v 为滑动速度；根据 MCA 的数值计算结果，各系数的近似值为

$$\mu_0 = 0.15, \mu_1 = 0.0442, \mu_2 = 0.3243, b = 0.195, c = 0.00212$$

虽然摩擦系数值并不明显依赖于温度，但温度能够通过影响和温度相关的材料常数而影响摩擦系数值，在 MCA 仿真过程中，假设与温度有关的材料常数与温度呈线性关系，材料拉伸强度与温度 ϑ 的关系可表示为

$$\sigma_0(\vartheta) = 1000\left(1 - \frac{\vartheta}{1250}\right)\text{MPa} \tag{2.121}$$

式中，ϑ 为开尔文温度，环境温度设置为温度的零点。基于 Hertz 接触情况的接触区平均温度的近似表达式为

$$\bar{\vartheta} = 0.426\bar{\mu}p_0 v_{\text{sliding}} \sqrt{\frac{a}{\lambda \rho c v_0}} \tag{2.122}$$

式中，a 为 Hertz 接触椭圆长半轴；λ 为导热系数；c 表示比热容；v_0 为车速。

将上述函数型摩擦系数代入轮轨接触模型中，即可得到轮轨蠕滑力。图 2.65 给出了用 MCA 方法仿真得到的局部摩擦系数分布情况，可见，摩擦系数值与局部压力分布有很大关系。

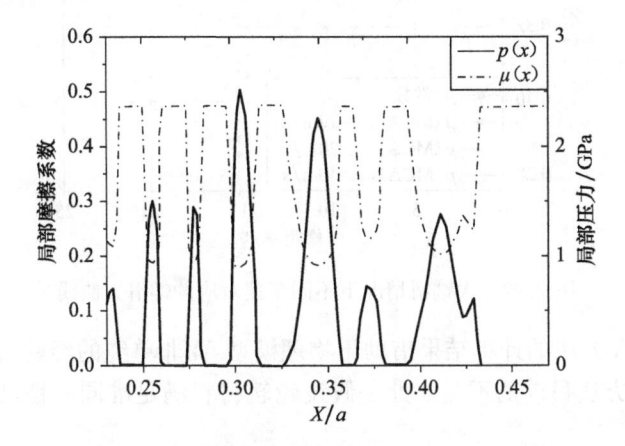

图 2.65 局部摩擦系数随局部压力的分布情况

图 2.66 为不考虑表面接触温度的影响时，对应小蠕滑情况下，切向力随蠕滑系数的变化趋势。由图可见，应用 MCA 的函数型摩擦系数求解得到的切向力能很好地反映轮轨表面粗糙度使蠕滑力曲线的初始斜率变小的规律，这与图 2.61 表现出的规律类似。

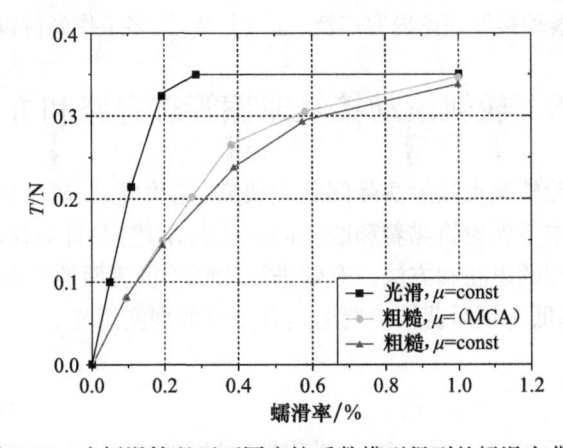

图 2.66 小蠕滑情况下不同摩擦系数模型得到的蠕滑力曲线

大蠕滑情况下的轮轨切向力变化如图 2.67 所示,由于考虑了表面接触温度的影响,蠕滑率越大,切向力减小越多。这主要是受到温度的影响,温度越高,材料的拉伸强度、比例极限、屈服强度等越小。这又一次说明了摩擦系数为常数和摩擦系数为函数时,轮轨蠕滑力存在着本质区别。

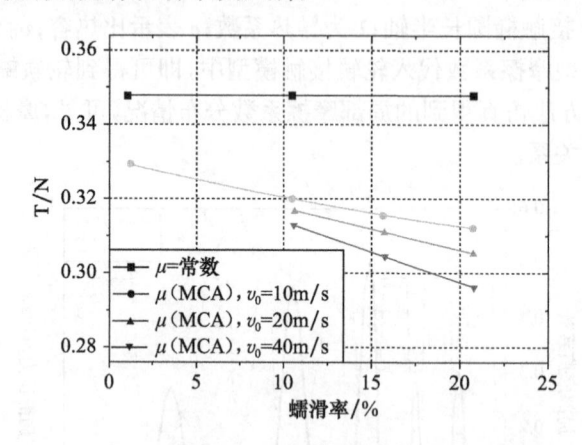

图 2.67 大蠕滑情况下不同车速对应的蠕滑力曲线

利用 MCA 方法的计算结果借助于物理模型,而非单纯的经验公式,与实测值吻合较好。该方法目前的不足之处是假设轮轨材料满足准同一性,因此还需进一步深入研究。

综上所述:迄今所建立的传统滚动接触理论已能满足低频车辆动力学模拟的需要。随着世界各国高速和重载铁路的发展,为适应高频车辆-轨道系统动力学及驱动动力学研究的需要,许多学者积极开展了新的轮轨滚动接触力学研究并取得了一系列成果。近年来发展起来的轮轨接触求解方法,已能解决接触应力分布、温度变化以及粗糙面的塑性变形等接触问题,但暂时还无法求解基于时域的三维接触模型问题。由于滚动接触理论内容广泛、理论复杂,许多工作尚待以后继续完成。

2.8 轮轨滚动接触摩擦管理思路和方法

目前常见的轮轨滚动接触实际问题主要有:轮轨黏着、轮轨磨耗、轮轨滚动接触疲劳等问题。本节就轮轨黏着和磨耗问题进行阐述,并针对轮轨滚动接触实际问题提出摩擦管理的思路和方法。有效进行轮轨接触表面的摩擦管理对于提高车辆的运行品质、降低车辆运营维护费用具有重要的现实意义。

2.8.1 轮轨黏着

如 2.2.1 节所述,列车的牵引和制动是通过轮轨滚动接触过程中的黏着和蠕滑来产生和传递的,因此列车的牵引和制动性能与轮轨间的黏着-蠕滑特性直接相关。车轮的牵引力和制动力等于剪切力密度曲面下的体积,由作用在车轮上的扭矩和轮轨间的摩擦系数决定。随着扭矩的增大,接触区内黏着区面积下降,而剪切力曲面下的体积增大。牵引力最大时,黏着区面积降为零,剪切力曲面变为一个椭球。在列车牵引过程中,如果没有足够的黏着力,便会造成机车动轮空转问题,在列车制动过程中,如果轮轨作用界面之间的黏着失效,将造成车轮滑行。

轮轨间的黏着特性由黏着系数表示,如前所述,轮轨接触区的摩擦力有三个分量,即纵向蠕滑力 F_x、横向蠕滑力 F_y 和自旋蠕滑力矩 M_z。相应的,纵向黏着系数和横向黏着系数被定义为

$$\mu_x = \frac{F_x}{P}, \quad \mu_y = \frac{F_y}{P} \tag{2.123}$$

必须注意的是:轮轨黏着力虽然表征的是轮轨间的摩擦力,但其与库仑摩擦力有区别。轮轨黏着力是指轮轨接触区介于零和某一最大值之间的摩擦力。如图 2.59 所示,黏着蠕滑曲线通常有一个剧烈的拐点,当蠕滑率超过最大黏着点对应的蠕滑率值后,黏着系数将会迅速下降。

在实际应用中,黏着系数水平会受到很多复杂多变的因素的影响。大量的研究表明,影响轮轨黏着系数的主要因素有:①表面状态和环境因素;②道床及轮轨的几何形态;③车轮蠕滑;④轴重;⑤运行速度;⑥轮轨材料特征;⑦牵引电机功率、直流/交流供电及控制系统;⑧车辆的动力作用;⑨接触表面的粗糙度和"第三介质"等。其中,轮轨表面状态及周围环境状况对黏着的影响最大,这主要包括植物(如树叶)、油脂、水、冰、粉尘和钢轨上的铁锈等对轨道的污染以及轮轨接触表面的微观粗糙度等。而这些环境因素往往同时对轮轨黏着产生影响,如小雨天在轨面上形成的由有机物、铁锈、湿气和粉尘污染物混合构成的一层剪切强度低的黏性膏状物质,可使黏着系数显著下降,根据文献[54]的研究结果,这种情况下轮轨黏着系数可降为 0.05~0.1 甚至更低。

针对上述影响黏着系数的主要因素,可以有针对性地提出改善轮轨接触的方法。对于轨面上的落叶和其他有机物,可以采用从轨侧喷水进行清除的方法。针对轨面上的潮气和水,文献[55]提出一种在所有牵引动轮上安装特制的车轮踏面清洁块来增强黏着的方法,该方法不仅可以减少车轮擦伤,增大表面粗糙度,还可以降低轮轨噪声(5~7dB)。在轮轨防滑增黏方面,最古老且普遍采用的措施是撒砂,这种方法至今仍被广泛应用,而且经实践验证最为有效。在轮轨接触区撒砂可以使覆盖在轮轨表面的污染膜破裂,使干净新鲜的金属暴露出来,从而达到增加黏着的效果,同时撒砂可以使坚硬的石英颗粒嵌入轮轨表面,形成楔形体,楔形体彼此相互作用,从而增加黏着。要实现增黏目标,所用砂子必须完全不含黏土或任何其他有机物。降低砂子的颗粒尺寸、提高砂粒硬度也将有效地预防车轮剥离现象。

日本已研究出一种以陶瓷为主的增粘材料替代砂子,不但对环境无污染,而且摩擦系数大于自然砂子,增黏效果比天然砂还好。在降雨、下雪天,把它用喷砂机喷到轮轨之间,可以保证列车爬坡或制动时车轮不打滑,从而有效预防车轮滑行及避免轮轨擦伤剥离。但到目前为止,还没有文献针对增粘剂的力学性质及使用方式等对轮轨滚动时的力学行为和轮轨材料的破坏程度进行专门的理论和数值分析,仅凭经验和试验的结果而被应用于工程[56]。

20 世纪七八十年代,现代机电控制系统也即黏着(蠕滑)控制装置被用来改善轮轨黏着状态。该类控制装置的控制原理主要分为两类:第一种方法是监测某些轮轴的速度并不断比较彼此的速度差,当某一车轮的滑移超过设定值时,缓慢降低功率,直到速度差恢复到控制系统所规定的范围内且车轮实现再黏着为止。第二种方法是使所有车轮发生足够大的蠕滑来控制黏着系数在某一范围内。采用这两种方法和现代微处理器控制系统的三相交流驱动能够得到大于 0.4 的黏着系数。

需要注意的是:在研究提高轮轨滚动接触过程中的黏着效果的同时,不可一味地追求黏着效果,还要考虑轮轨材料强度所承受的能力。轮轨接触面上切向作用力的提高将会导致次表面下最大剪切应力和 von-Miss 等效应力迅速增大,并且最大应力的位置随着摩擦力的增大向接触表面靠近,如图 2.68 所示[57]。图中的 F_1 和 F_2 分别表示轮轨接触斑上的纵向和横向切向力,τ_{max} 为最大剪切应力,σ_e 为等效应力。当总的切向力由 39.82kN 增大到 61.61kN 时,最大等效应力增加了大约 80%,最大接触应力位置几乎到达轮轨接触表面,这种情况极易导致接触表面材料塑性流动、开裂或严重磨损。所以,轮轨增黏效果的提高和轮轨材料强度的提高需要同时考虑,以降低应力水平。

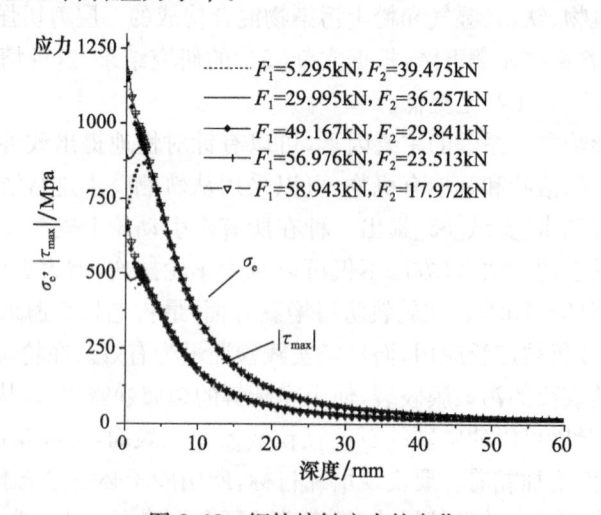

图 2.68 钢轨接触应力的变化

2.8.2 轮轨磨耗

目前我国高速列车行驶速度已居世界第一,重载铁路发展速度也很快,速度增高、轴重增大和由于生产需求导致的铁路运量增长等铁路运输任务全靠轮轨相互作用产生的牵引和制动摩擦力来实现,这使得轮轨间的磨损加剧。轮轨磨损加剧的同时,车轮的镟修公里在缩短,钢轨打磨周期也在缩短,因此轮轨磨耗问题已成为铁路运输中耗资最大的一个问题。

钢轨表面损伤大致可分为侧面磨损和顶面磨损两类,侧面磨损多发生在弯道地区,顶面磨损可分为剥离掉块、顶面塑性变形、顶面压溃、波浪磨耗等。车轮表面磨损分为车轮轮缘磨损和车轮踏面磨损,车轮踏面磨损主要是踏面的剥离磨损和踏面擦伤。

图 2.69(a)为轮缘磨耗以后形成的光带,图 2.69(b)为我国广深准高速线上焊缝附近出现的硬裂伤,纵向裂纹长度达 25mm,深度达 6mm。

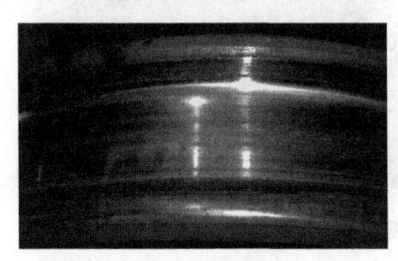

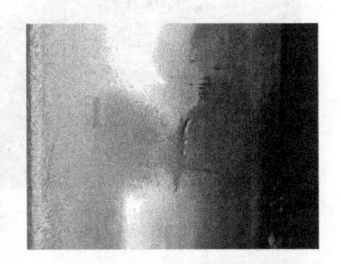

(a) 轮缘磨耗 (b) 钢轨焊接接头附近剥离

图 2.69 轮轨磨损图

图 2.70 为实测获得的京沪线 25T 型客车(速度为 160km/h)上的 LM 车轮不同时期(均在 A2 级修程以内[58])的踏面外形。由图可见,新轮在不到一年的时间里经过 46.5 万公里的运营里程后,圆周磨耗量已达 2.47mm。磨耗后的车轮踏面几何形状发生改变,使得轮对的等效锥度发生变化。一般情况下,随着磨耗的加剧,等效锥度有增大的趋势,这虽然有利于轮对的曲线通过和导向性能,但对车辆的横向运行稳定性有不利影响。

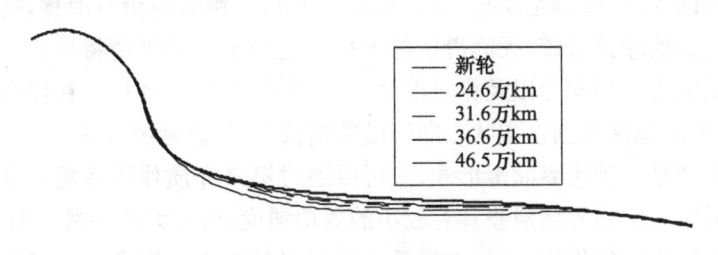

图 2.70 实测 LM 车轮不同时期的外形比较

铁路钢轨尤其是曲线段钢轨,在使用不久后,平顺的接触表面就会出现波状磨损现象。这种磨损现象叫做波浪形磨损,简称波磨,图 2.71 为我国塑黄铁路运煤专用线上某山区曲线段钢轨波磨现象,其波长大约为 150～300mm。钢轨波磨也是轮轨破坏现象中难以解决的问题,随着列车速度的提高、轴重的提高、车流密度的加大等,钢轨波磨现象变得越来越严重。钢轨波磨的形成和发展导致铁路机车车辆和轨道强烈的振动、噪声等问题,严重地影响车辆的运行品质、旅客乘坐舒适度和人们的生活环境。严重的波磨会导致列车脱轨事故的发生。波磨的研究涉及许多学科,如轮轨材料、轮轨几何型面、车辆轨道结构、路基性能、滚动接触力学、动力学、摩擦学、固体力学、计算方法、传热学等。人们对钢轨波浪形磨损的观察和研究已有一百多年,但至今还未形成统一的认识,也没有找到消除它的好办法[59]。

图 2.71 钢轨波浪形磨损

轮轨磨损是一种必然的物理现象,要想彻底清除车轮与钢轨的磨损是不可能的,但可以采取相关措施预防和减少轮轨磨损。在工程设计初期,使轮轨的几何形状、材料等获得最佳匹配可以从根本上预防并减轻车辆在整个服役过程中的轮轨磨耗问题。而轮轨润滑和钢轨打磨技术作为车辆服役过程中的维护手段,具有投资少、见效快的特点。

轮轨润滑技术主要是针对轮缘和轨侧(轨距角)进行润滑。钢轨或轮缘润滑并不是一项新技术,很多年前的蒸汽机车就配备了轮缘润滑器,路旁钢轨润滑器也已经长期投入使用。随着轴重和列车运量的增大,润滑越来越重要。轮轨磨损依赖于第三体层的性质,特别是摩擦系数、接触应力和接触体的相对滑移,这些因素形成了一个复杂的摩擦系统,无润滑条件下打破这个系统的平衡将导致高的轮缘与轨头间的法向力和切向力以及相对滑移,从而引起灾难性磨损。在没有润滑的情况下,将这个系统恢复到正常状态即轻微磨损状态,是非常困难的。

轮轨润滑是一种边界润滑形式,它可以通过第三介质作用在轮轨金属表面形成边界润滑膜。该边界润滑膜具有较小的剪切强度,可大大减小滑动阻力,同时又起到保护金属表面的作用,大幅度降低金属材料的磨损。润滑剂一般分为矿物性润滑油、各种润滑脂或膏状润滑剂和固体润滑材料。润滑剂的材料应符合国家相关标准的规定,应能经受住-40~70℃的环境温度并能承受轮轨相互作用和制动过程中产生的温度。润滑器通常分为以下三种类型:

(1) 移动式外轨润滑器。润滑器把润滑剂涂抹于轨距角,从基于钢轨的机动车到专用的润滑车,涂抹器有许多设计形式。

(2) 机车轮缘润滑器。机车轮缘润滑器把润滑油或固体润滑剂涂抹于轮缘,并通过轮轨接触作用将润滑剂转移到钢轨轨距角。通常以车轮转速来控制润滑剂的喷涂。润滑剂可涂抹于单侧车轮,也可涂抹于双侧车轮。

(3) 路旁润滑器。按照列车的速度和类型,路旁润滑器被安装在区间正线曲线段或车站入口处。润滑器相对曲线的位置、润滑油在不同温度下的黏性以及日常维护水平都会影响路旁润滑器的润滑效果。

润滑效果的主要标准是轮轨磨损率,即机车每运行一定公里或运输一定量货物对应的轮缘和轨侧磨损量。为了对润滑效果进行评价,需要对润滑状态进行定量测量,估算润滑在降低燃料消耗中的经济效益,统计机车轮缘磨损量以及磨损车辆轮对更换率等。

在对轮轨接触表面进行润滑时,需要避免对轨道造成污染,同时还得特别注意润滑剂的使用量,防止过度润滑。过多的润滑虽然更能降低表面磨耗,但会加速钢轨轨面及车轮踏面接触疲劳的扩展、降低车辆曲线通过性能、增加轨道横向荷载。此外,过多的润滑还会使润滑剂转移到钢轨轨头或车轮踏面,引起车轮滑动,这种滑动会降低机车牵引力限值,导致车轮擦伤和轮轨烧伤。因此,要想获得最佳润滑效果,需避免过度润滑,尤其在曲线段和信号区的前部。

2.8.3 摩擦管理

随着对轮轨表面接触状态的深入认识,近年来摩擦管理的概念被提出来,这意味着对轮轨表面接触状态进入了综合管理和良性循环阶段。摩擦管理是指通过仔细选择特殊材料(如摩擦改进剂),形成可获得理想轮轨摩擦特性的摩擦层,从而使轮轨接触状态保持良好的平衡关系。

摩擦特性最直观的反映是摩擦系数,轮轨间的摩擦系数水平一般分成三个等级:①低摩擦系数:0.2 或更低;②中等摩擦系数:0.2~0.4;③高摩擦系数:0.4 或更高。从寻求最优的轮轨黏着-蠕滑特性到减少轮轨磨耗及滚动接触疲劳的角度,轮轨摩擦管理的目标可概括如下:

(1) 在轮缘和轨距角接触界面上保持低摩擦系数。

(2) 在货车车辆车轮踏面和钢轨顶部接触界面上保持中等摩擦系数。

(3) 在机车车轮踏面和钢轨顶部接触界面上保持高摩擦系数。

图 2.72 给出了内侧及外侧轨道理想的轮轨接触摩擦系数分布情况,该情况下

既可以保证轮轨之间有足够的黏着水平,还可以减少轮缘和轨距角的磨耗。

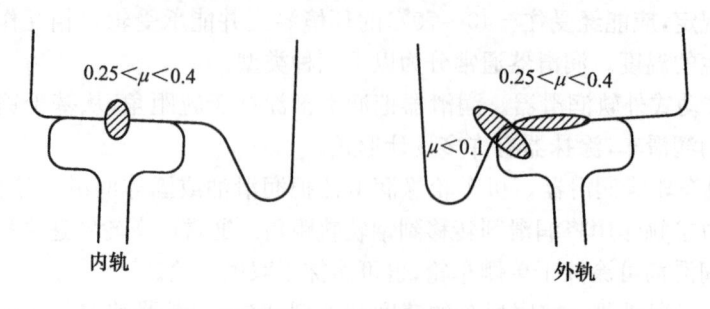

图 2.72 轮轨接触表面理想的摩擦系数分布图

为了实现上述摩擦管理的目标,可采取如下措施:

(1) 采用低摩擦系数调节器(主要是润滑剂)对轮缘和轨距角接触界面进行调节,以获得低于 0.1 的摩擦系数水平。

(2) 使用高摩擦系数调节器(含颗粒的液态产品)对车轮踏面和钢轨顶部接触界面的摩擦系数进行调节,使摩擦系数维持在 0.2~0.4 的水平范围内。

(3) 使用更高的摩擦系数加强器(如撒砂)使得轮轨接触界面获得 0.4~0.6 的摩擦系数水平,从而起到增大牵引和制动时黏着力的作用。

实现对轮轨表面摩擦管理的途径之一是创建和执行高度组织化的润滑管理计划,最佳润滑模式应在降低车轮与钢轨磨损和减少更换率的同时节省能量,且不会对曲线通过和列车操作造成有害的副作用。这就对轮轨表面润滑方式及润滑装置提出了特殊要求,即润滑材料只能涂抹于轮缘与钢轨内侧圆角上,而不能流到车轮踏面与钢轨顶面处,以免降低车轮踏面与钢轨顶面的黏着系数,影响列车的正常运行。同时还需要注意的是车轮凹槽磨损可能会影响或消除润滑取得的减磨效果,因此不要将润滑和打磨计划单独考虑,而应该用系统论方法形成规划。在引进和维护润滑时,应建立高度结构化的润滑管理程序和润滑实践指标,指标应能满足特殊轨道区段的要求。在不对曲线通过和列车操作产生负面影响的前提下,为节约能源和降低轮轨磨损,应使用最佳润滑模式,也就是说,润滑经济效益应考虑潜在的润滑副作用。

综上所述:为了保证高速列车的运行品质和安全运营,对轮轨摩擦进行综合管理非常必要。我国高速列车行驶速度已居世界第一,铁路部门在制定轮轨系统安全维护制度时并无国外现成经验可循,也急需依据可靠的理论研究结果来制定科学的轮轨系统的维护保养制度。目前,对于轮轨黏着系数随着列车运行速度提高会出现下降的事实得到了业界的一致认同,但仍需进一步研究高速列车轮轨滚动接触摩擦系数的变化规律,不断探索高速列车轮轨滚动摩擦系数及其对轮轨滚动接触表面损伤的影响,从而为铁路部门提供有效的理论支撑,方便对轮轨摩擦进行综合管理。

参 考 文 献

[1] 王福天. 车辆系统动力学. 北京:中国铁道出版社,1994:25-27.
[2] 金学松,张雪珊,张剑,等. 轮轨关系研究中的力学问题. 机械强度,2005,27(4):408-418.
[3] Esveld C. Modern Railway Track(2nd ed). Zaltbommel:MRT-Productions,2001.
[4] 詹斐生. 机车动力学. 北京:中国铁道出版社,1990:91-103.
[5] 杨国桢. 磨耗型踏面轮轨接触几何学参数的研究. 中国铁道科学,1980,2(2):83-95.
[6] 张卫华,陈良麒. 机车车辆滚动振动试验台系统轮-轨接触关系的研究. 西南交通大学学报,1995,30(1):76-81.
[7] 金学松,刘启跃. 轮轨摩擦学. 北京:中国铁道出版社,2004:24-27.
[8] Daniele N. A third-order approximation method for three-dimensional wheel-rail contact. Vehicle System Dynamics,2011,50(3):431-448.
[9] 任尊松. 车辆系统动力学. 北京:中国铁道出版社,2007:42-43.
[10] Ren Z,Iwnicki S D,Xie G. A new method for determining wheel-rail multi-point contact. Vehicle System Dynamics,2011,49(10):1533-1551.
[11] International Union of Railways. UIC519,Method for determining the equivalent conicity, 2004,33-37.
[12] Garg V K,Dukkipati R V. 机车车辆系统动力学. 沈利人,译成都:西南交通大学出版社, 1998.
[13] Hertz H. Über die Berührung fester elastischer Körper. Journal für Reine und Angewandte Mathematik,1882,92:156-171.
[14] Alonso A,Giménez J G. A new method for the solution of the normal contact problem in the dynamic simulation of railway vehicles. Vehicle System Dynamics,2005,43:149-160.
[15] Alonso A,Giménez J G. Some new contributions to the resolution of the normal wheel-rail contact problem. Vehicle System Dynamics,2006,44:230-239.
[16] Kalker J J. A simplified theory for non-Hertzian contact // Proceedings of 8th IAVSD Symposium,1984:295-302.
[17] Kalker J J. Contact Mechanics and Wear of Rail/wheel Systems. Waterloo:University of Waterloo Press,1982.
[18] Kalker J J. Three-Dimensional Elastic Bodies in Rolling Contact. Dordrecht:Kluwer Academic Publishers,1990.
[19] Carter F W. On the action of a locomotive driving wheel // Proceedings of the Royal Society of London,1926,A112:151-157.
[20] Vermeulen P J,Johnson K L. Contact of non-spherical bodies transmitting tangential forces. Journal of Applied Mechanics,1964,31:338-340.
[21] Kalker J J. On the rolling contact of two elastic bodies in the presence of dry friction. Ph. D. Dissertation. Delft:Delft University,1967.

[22] Kalker J J. Simplified theory of rolling contact. Delft:Delft University,1973.
[23] Kalker J J. A fast algorithm for the simplified theory of rolling contact. Vehicle System Dynamics,1982,11:1-13.
[24] Kalker J J. Two algorithms for the contact problem in elastostatics. Kalousek J,Dukkipati R V,Gladwell G M L. Contact Mechanics and the Wear of Wheel-Rail Systems. Waterloo: University of Waterloo Press,1983.
[25] Kalker J J. Contact mechanical algorithms. Communications in Applied Numerical methods,1988,4(1):25-32.
[26] Shen Z Y,Hedrick J K,Elkins J A. A comparison of alternative creep-force models for rail vehicles dynamic analysis//Proceedings of 8th International Association of Vehicle Systems Dynamics Symposium,1984:591-605.
[27] 张定贤,鲍维千. 机车车辆轨道系统动力学. 北京:中国铁道出版社,1996:16-17.
[28] Johnson K L. The effect of a tangential contact force upon the rolling motion of an elastic sphere on a plane. Journal of Applied Mechanics,1958,25:339-346.
[29] Polach O. A fast wheel-rail forces calculation computer code//Proceedings of International Association of Vehicle Systems Dynamics Symposium,1999:1-12.
[30] Freibauer L. Adheze kola vozidla na dráze // Proceedings of "VII. vědecká konference VŠDS,3. sekce:Dopravní technika-část A",VŠDS Žilina 1983:214-219.
[31] Kalker J J. A strip theory for rolling with slip and spin//Proceedings of Koninklijke Nederlandse Akademie van Wetenschappen,Amsterdam,1967,B70:10-62.
[32] OhyamaT. Some problems of the fundamental adhesion at higher speeds. Tokyo:Railway Technical Research Institute,1973:14(4):181-182.
[33] 金学松. 轮轨蠕滑理论及其试验研究. 成都:西南交通大学出版社,2006:66-85.
[34] Kalker J J. A book of table for the creep force law//Proceedings of Second Mini Conference on Contact Mechanics and Wear of Wheel-Rail Systems,1996.
[35] 陈泽深,王成国. 机车车辆动力学与控制. 北京:中国铁道出版社,2004:22-29.
[36] Kalker J J. Survey of wheel-rail rolling contact theory. Vehicle System Dynamics,1979,5: 317-358.
[37] Nackenhorst U. The ALE-formulation of bodies in rolling contact theoretical foundations and finite element approach. Computer Methods in Applied Mechanics and Engineering, 2004,193:4299-4322.
[38] Zastrau B,Nackenhorst U,Jarewski J. Zur numerischen Analyse der Beanspruchungen von Rad und Schiene beim Rollkontakt. Zwischenbericht zum Forschungsprojekt,Technische Universität Dresden,1999:141-143.
[39] Willner K. Ein statistisches Modell für den Kontakt metallischer Körper. Universität der Bundeswehr Hamburg,1995.
[40] 钟万勰,张宏武,吴乘伟. 参变量变分原理及其在工程中的应用. 北京:科学出版社,1997.
[41] 张军,吴昌华. 轮轨接触的弹塑性分析. 铁道学报,2000,22(3):16-21.

[42] Groß-Thebing A. Lineare Modellierung des instationären Rollkontaktes von Rad und Schiene. VDI Fortschritt-Berichte(also Dissertation, TU Berlin), Reihe 12, Nr. 199, VDI-Verlag, Düsseldorf, 1993.

[43] Rick F. Zur Erfassung der Geschwindigkeitsabhängigkeit des Kraftschlussbeiwertes eines hochbelasteten Rad-Schiene-Kontaktes. Dissertation, TU Clausthal, 1998.

[44] 孙琼. 高速铁路轮轨粘滑特性及其试验研究. 北京:中国铁道科学研究院博士学位论文, 1998.

[45] Bowden F P, Tabor D. The Friction and Lubrication of Solids. Oxford: Clarendon Press, 1986.

[46] Schwarze H. Geschwindig Keitsabhängiger Kraftschlussbelasteter Rad-Schiene-Kontakt. Elektrische Bahnen, 2001, 99(5):203-218.

[47] Ertz M, Bucher F. Improved creep force model for wheel/rail contact considering roughness and temperature. Vehicle system Dynamics, 2002, (Supplement 37):314-325.

[48] Descartes S, Renoufa M, Fillot N, et al. A new mechanical-electrical approach to the wheel-rail contact. Wear, 2008, 265:1408-1416.

[49] Popov V L, Psakhie S G. Theoretical foundations of simulation of elastoplastic media with the method of movable cellular automata. I. Homogeneous media, Phys. Mesomech. 2001, 4(1):15-25.

[50] Popov V L, Psakhie S G, A. Gerve, et al. Wear in combustion engines: experiment and simulation by the method of movable cellular automata, Phys. Mesomech. 2001, 4(4):73-83.

[51] Popov V L, Psakhie S G, Shilko E V, et al. Friction coefficient in "rail-wheel" contacts as a function of material and loading parameters, Phys. Mesomech. 2002, 5(3):17-24.

[52] Bucher F, Dmitriev A I, Ertz M, et al. Multiscale simulation of dry friction in wheel/rail contact. Wear, 2006, 261:874-884.

[53] Persson B N J, Bucher F, Chiaia B. Elastic contact between randomly rough surfaces: comparison of theory with numerical results. Physical Review-Series B-, 2001, 65(18):184106-184106.

[54] Broster M, Pritchard C, Smith D A. Wheel/Rail adhesion: its relation to rail contamination on British railway. Wear, 1974, 29:309-316.

[55] 大山忠夫. 高速化与高黏着. 国外机车车辆, 1997, 5:50-53.

[56] 金学松, 沈志云. 轮轨滚动接触力学的发展. 力学进展, 2001, 31(1):33-46.

[57] 金学松, 温泽峰, 张卫华. 轮对运动状态对轮轨滚动接触应力的影响. 工程力学, 2004, 21(1):166-173.

[58] 中华人民共和国铁道部. 25T型客车检修规程(A1A2A3级修程). 北京:中国铁道出版社, 2006.

[59] Sato, Yoshihiko, Matsumoto, et al. Review on rail corrugation studies. Wear, 2002, 253(1-2):130-139.

第三章　机车车辆垂向动力学

机车车辆在直线上的响应分为自由振动和受迫振动两种，自由振动是一种理想情况下的运动形式，实际车辆不可避免地会受到外加输入的作用，即表现为强迫振动的特征。从工程角度出发，可将机车车辆振动系统简化，分别从垂向与横向研究车辆的自由与强迫振动规律。本章主要阐述机车车辆运行时车体及转向架的垂向振动特征。

3.1 节通过建立车辆垂向振动简化分析模型，介绍机车车辆在垂向平面内的自由振动动力学特征及其分析方法；3.2 节以简化的单自由度和两自由度车辆系统为例，分析机车车辆在周期性轨道不平顺激励下的振动响应情况；车辆运行时通过轮轨相互作用会一直受到线路随机不平顺等的激励，并产生持续振动，3.3 节分析车辆的垂向随机振动特征，方便读者正确认识车辆的动力学特性与结构参数间的关系；3.4 节以某高速客车为例，从时域和频域两个方面分析车辆高速运行条件下的振动特征；3.5 节简要介绍车辆垂向振动对舒适性及轨道结构动力性能的影响。

3.1　机车车辆自由振动

车辆系统由众多刚体组成，每个刚体具有 6 个自由度。绝大部分机车车辆（包括它们的走行部）都是前后、左右对称或大致对称的结构，车体的重心位于前后左右对称的垂直中心线内。一般情况下，车辆的垂向和横向运动仅存在弱耦合，例如当车辆振动幅度不大时，悬挂系统在线性范围内工作，车体侧滚产生的左右垂向悬挂反力是反对称的，因此不会引起垂向附加运动。而车辆横向与摇头振动在悬挂系统中产生的垂向作用很小，同样也可在车辆垂向振动中忽略不计。因此在线性和对称的条件下，车体的垂向振动（浮沉、点头）与横向振动（摇头、横摆、侧滚）可以解耦，以便简化研究。当车辆前后悬挂对称布置时，车体和转向架各自的点头振动产生的前后支反力也是反向的，不会产生垂向合力，故车体与构架自身的低频浮沉与点头运动也可解耦而进行独立分析。因此可将车辆垂向振动模型视为只具有沉浮和点头这两个自由度的振动系统。

机车车辆垂向振动模型根据所要分析问题的不同考虑的自由度也不同，本节将以单自由度垂向振动模型和两自由度垂向振动模型为例[1]进行分析。

3.1.1 机车车辆简化的单自由度垂向振动模型

机车车辆的主要部件有车体和构架,在振动分析中通常被视为刚体,这主要因为其弹性体振动频率往往大于动力学分析中所感兴趣的低频段。诸如电机、轴箱、弹簧、阻尼等元件的质量较小,它们所产生的惯性力对车辆系统的振动影响不大,因此其质量可以忽略。此外,为了研究车轮以上部分的振动或悬挂系统的作用,通常将车轮看作沿刚性轨道运行,即忽略走行部与线路间相对的微小弹性振动。准确分析机车车辆垂向振动特征的前提是建立合理的分析模型,而要建立合适的分析模型应从解决工程问题的角度出发,获取车辆主要结构特征,将影响车辆振动的次要及非本质因素简化或忽略,抓住关键影响因素建立数学模型以简化分析。

最简单的车辆振动模型为单自由度的垂向振动模型,这种模型适用于车体质量远大于两个构架质量的情况,此时忽略构架的惯性力,仅考虑车体的浮沉自由度Z,该模型用于研究车体的低频浮沉振动,简化模型如图3.1(a)所示。

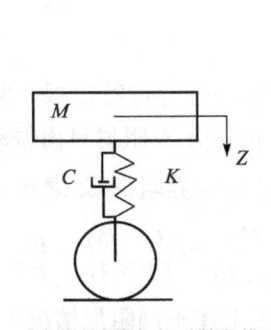

(a)单自由度车辆振动简化模型　　　　(b)液压减振器的工作原理示意图

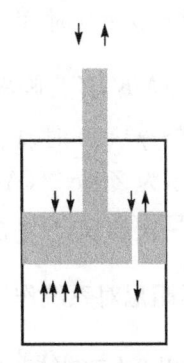

图3.1　单自由度车辆模型

在该模型中,减振器与弹簧一起构成弹簧减振装置。众所周知,车辆上的弹簧起缓冲作用,而减振器则起减小车辆振动幅值的作用。车辆在弹簧上振动时,减振器产生与振动方向相反的作用力,起着衰减振动的作用。通常减振器有变机械能为热能的功能,按减振器的结构特点,可分为摩擦减振器和液压减振器两类,客车上广泛采用性能良好的液压减振器,液压减振器的工作原理图如图3.1(b)所示。

利用第一章提到的牛顿-欧拉法建立车体在静平衡位置的垂向自由振动方程如下:

$$M\ddot{Z} + C\dot{Z} + KZ = 0 \tag{3.1}$$

式中，C 为车辆的垂向黏性阻尼系数；K 为垂向刚度；M 为车体质量。设 $2n=\dfrac{C}{M}$，$p=\sqrt{\dfrac{K}{M}}$，方程改写为

$$\ddot{Z}+2n\dot{Z}+p^2Z=0 \tag{3.2}$$

设方程解为 $Z(t)=Ae^{\lambda t}$，λ 为系统的特征值，代入上式可化简得到振动的特征方程：$\lambda^2+2n\lambda+p^2=0$，其解为 $\lambda_{1,2}=-n\pm\sqrt{n^2-p^2}$。系统的振动特征因为阻尼系数的不同存在差异。具体可分为如下几种情况。

(1) 无阻尼时，即 $C=0$ 时，系统的特征值为 $\lambda_{1,2}=\sqrt{-p^2}=\pm jp$，$p$ 为无阻尼单自由度系统自振的圆频率。车体的振动表示为 $Z=A\sin(pt+\varphi)$，即车体做无衰减的周期振荡，其中振幅 A 和相位 φ 由振动系统的初始条件决定。

(2) 当阻尼系数不为 0 时，又分为以下三种情况：

① 当 $n^2-p^2>0$ 时，系统特征值 $\lambda_{1,2}$ 为负实数，Z 为非周期性的指数衰减运动，此时系统处于过阻尼状态。

② 当 $n^2-p^2=0$ 时，系统特征值 $\lambda_{1,2}=-\dfrac{C}{2M}$，系统处于临界阻尼状态，临界阻尼值 $C_{cr}=2\sqrt{MK}$，Z 为临界的指数衰减运动。

③ 当 $n^2-p^2<0$ 时，$\lambda_{1,2}=-n\pm j\sqrt{p^2-n^2}=-n\pm jp_1$，特征根是共轭复数。车体振动表示为 $Z=e^{-nt}(A_1\cos p_1t+A_2\sin p_1t)$。$p_1$ 表示有阻尼自由振动圆频率，且 $p_1=\sqrt{p^2-n^2}=p\sqrt{1-D^2}$，$D$ 表示阻尼系数 C 与临界阻尼 C_{cr} 之比，称作相对阻尼比，表示阻尼对系统作用的相对大小，$D=\dfrac{C}{2\sqrt{MK}}=\dfrac{C}{2M}\sqrt{\dfrac{M}{K}}=\dfrac{n}{p}$。此时车体将以 $Ae^{-nt}\sin(p_1t+\varphi)$ 作衰减振动。图 3.2 给出了上述不同阻尼情况下车体的振动波形，图中的虚线表示简谐振动的峰值包络线，该包络线为指数衰减曲线。衰减曲线相邻的两个峰值 Z_1 和 Z_2 之间的时差 T_1 为系统的衰减自振周期，两峰值比为 $\dfrac{Z_1}{Z_2}=\dfrac{Ae^{-nt}}{Ae^{-n(t+T_1)}}=\dfrac{1}{e^{-nT_1}}=e^{nT_1}=e^{\delta}$。可见前后峰值的比是固定的，$\delta$ 称为对数衰减率，振幅大时衰减量大，振幅小时衰减量小。这种特性对铁路车辆来说是适合的，因为当车辆在运行中产生大振幅的振动时，就要求减振器对振幅的衰减量也大，即希望减振器具有这种"自动调节"减振的性能。

车辆的垂直振动阻尼比 D 一般取为 0.2～0.4[1]，这样车辆系统的阻尼力不致过大，还可保证系统具备一定的衰减振动的能力。

对于货车来说，广泛采用的是摩擦式减振器，摩擦减振器的结构简单，制造、维修方便。此时减振器的阻尼系数不能再用黏性阻尼系数来表示，摩擦减振器按其

第三章　机车车辆垂向动力学

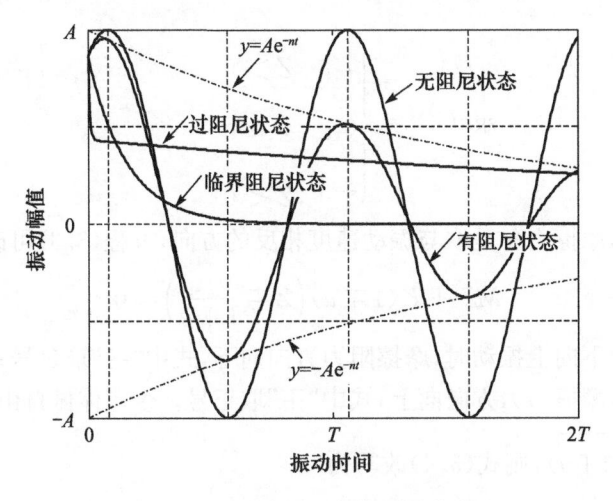

图 3.2　不同阻尼下车体的振动波形

阻力的不同分为两种类型，一种是摩擦阻力在振动过程中保持不变，另外一种是摩擦阻力与振动挠度成比例，变摩擦减振器的系统特性如图 3.3(a)所示，图 3.3(b)为货车上广泛采用的斜楔式变摩擦减振器。

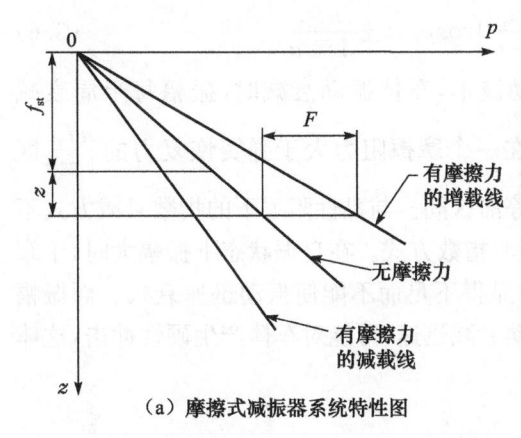

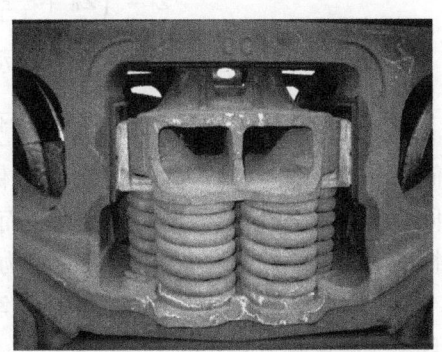

(a) 摩擦式减振器系统特性图　　(b) 变摩擦减振器实物图

图 3.3　变摩擦减振器

图中，变摩擦力 F 等于减振器的相对摩擦系数 u 与弹簧力 T 的乘积，减振器的摩擦系数通常小于 0.1，以车体静平衡位置为原点列系统的振动方程为

$$M\ddot{Z} + \text{sgn}(\dot{Z}) \cdot F + KZ = 0 \tag{3.3}$$

式中，$F = u \cdot T = u \cdot K(f_{st} + Z)$；$Z$ 为车体的垂向位移；K 为弹簧刚度；f_{st} 为弹簧的静挠度；sgn 为符号函数，且有

$$\text{sgn}(\dot{Z}) = \begin{cases} 1, & \dot{Z} > 0 \\ 0, & \dot{Z} = 0 \\ -1, & \dot{Z} < 0 \end{cases}$$

上式表明,摩擦力总是取与振动速度相反的方向,方程(3.3)可改写为

$$M\ddot{Z} + K(1 \mp u)\left(Z \mp \frac{uf_{\text{st}}}{1 \mp u}\right) = 0 \tag{3.4}$$

式中,当车体由下向上振动时,摩擦阻力方向向下,式中"∓"取负号;同理当车体由上向下振动时,摩擦阻力方向向上,式中"∓"取正号。令车体做自由振动的圆频率为 $p_{1,2} = \sqrt{\frac{K}{M}(1 \mp u)}$,则式(3.4)改写为

$$\ddot{Z} + p_{1,2}^2\left(Z \mp \frac{uf_{\text{st}}}{1 \mp u}\right) = 0 \tag{3.5}$$

解式(3.5),得 $Z = A_1 \cos p_{1,2} t + A_2 \sin p_{1,2} t \pm \frac{uf_{\text{st}}}{1 \mp u}$,令初始条件为 $Z = Z_0$,$\dot{Z} = 0$,则有 $A_1 = Z_0 \mp \frac{uf_{\text{st}}}{1 \mp u}$,$A_2 = 0$,于是可得

$$Z = \left(Z_0 \mp \frac{uf_{\text{st}}}{1 \mp u}\right)\cos p_{1,2} t \pm \frac{uf_{\text{st}}}{1 \mp u} \tag{3.6}$$

图 3.4 给出了车体沉浮衰减振动波形,车体振动衰减时,振幅每半周衰减 $\frac{2uf_{\text{st}}}{1 \pm u}$,每周期衰减 $\frac{4uf_{\text{st}}}{1 - u^2}$,直至振幅停在一个摩擦阻力大于弹簧恢复力的 $\frac{uf_{\text{st}}}{1 \pm u}$ 区间,车体将停止振动,因此该区间称为停滞区间。与黏性阻尼下的指数衰减方式不同,干摩擦衰减波的包络线是斜直线而非指数方式。在自振状态下振幅大时,干摩擦的衰减能力较黏性阻尼小,此时阻力显得不足而不能使振动迅速衰减。而振幅小时,干摩擦的衰减作用明显,车体振动衰减迅速,可能对车体产生硬性冲击,这体现了干摩擦减振方式的主要特点。

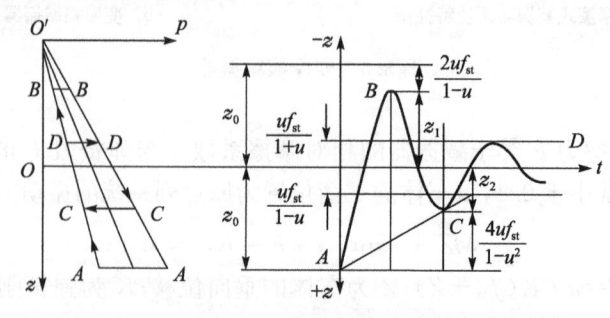

图 3.4 车体在干摩擦下的衰减振动波形

同理可知,对于摩擦力为 F 的常摩擦减振器,车体沉浮振动每半周期,衰减 $\frac{2F}{K}$,自振的停滞区间为 $\pm\frac{F}{K}$,因此通过改变摩擦减振器的结构参数,可以有效控制车辆的振动衰减速度,这在车辆结构设计时是很重要的。

3.1.2 机车车辆简化的两自由度垂向振动模型

通常机车车辆中车体与两个转向架构架的浮沉点头共有六个自由度,由于两个转向架构架点头振动为纵向对称而与车体振动与构架浮沉运动解耦,因而转向架构架点头振动可单独列出振动方程,整车的点头运动将简化为车体点头与前后构架反向浮沉的两自由度振动模型。同时整车的垂向浮沉振动将简化为车体 M_c 与两个同向浮沉运动的构架 $2M_f$ 作垂向振动的模型,如图 3.5 所示。

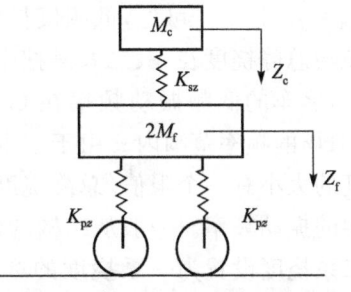

图 3.5 车辆两自由度垂向振动模型

根据牛顿-欧拉定理列出两个自由度的车体与构架的浮沉自由振动微分方程为

$$\begin{cases} M_c \ddot{Z}_c + K_{sz}(Z_c - Z_f) = 0 \\ 2M_f \ddot{Z}_f + K_{sz}(Z_f - Z_c) + 2K_{pz}Z_f = 0 \end{cases} \quad (3.7)$$

式中,K_{pz} 与 K_{sz} 分别为一、二系弹簧的垂向刚度。当车体做浮沉振动时,前后构架将同步浮沉振动。方程可进一步简化为

$$\begin{cases} \ddot{Z}_c + a_1 Z_c - a_1 Z_f = 0 \\ \ddot{Z}_f + a_2 Z_f - a_3 Z_c = 0 \end{cases} \quad (3.8)$$

式中,$a_1 = \frac{K_{sz}}{M_c}$;$a_2 = \frac{K_{sz} + 2K_{pz}}{2M_f}$;$a_3 = \frac{K_{sz}}{2M_f}$。方程解设为 $\begin{Bmatrix} Z_f \\ Z_c \end{Bmatrix} = \begin{Bmatrix} A \\ B \end{Bmatrix} \sin(Pt + \alpha)$,代入方程组(3.8),得

$$\begin{cases} -a_1 A + (a_1 - P^2)B = 0 \\ (a_2 - P^2)A - a_3 B = 0 \end{cases} \quad (3.9)$$

求解得到系统的特征值为

$$P_{1,2}^2 = \frac{1}{2}[(a_2 + a_1) \mp \sqrt{(a_2 + a_1)^2 - 4a_1(a_2 - a_3)}] \quad (3.10)$$

代入 a_1、a_2、a_3,得

$$P_{1,2} = \sqrt{\frac{K_{sz}}{M_c} + \frac{K_{sz} + K_{pz}}{2M_f} \mp \sqrt{\left(\frac{K_{sz}}{M_c} + \frac{K_{sz} + K_{pz}}{2M_f}\right)^2 - \frac{2K_{pz}K_{sz}}{M_c M_f}}} \quad (3.11)$$

式中，$P_{1,2}$ 为两自由度振动系统自振的圆频率，且设 $P_2 > P_1$，即 P_2 为高频，P_1 为低频。一般情况下，考虑到 $M_c \gg M_f$，化简得到：

$$P_2 \approx \sqrt{\frac{(f_{s1}+f_{s2})}{f_{s1}f_{s2}}\left(1+\frac{M_c}{2M_f}\right)g}$$

$$P_1 \approx \sqrt{\frac{g}{f_{s1}+f_{s2}}}$$

式中，f_{s1} 为一系悬挂静挠度；f_{s2} 为二系悬挂静挠度。该车辆系统的总静挠度为 $f_{st}=f_{s1}+f_{s2}$。可见，低频仅与系统的总静挠度有关，高频不仅与总静挠度有关，还与总静挠度在一、二系悬挂中的分配比例、车体和构架的质量有关。一般情况下，客车的低频振动频率在 $0.7 \sim 1.5$ Hz 的频率范围内，高频振动频率在 $7 \sim 13$ Hz 的频率范围内。由于空重车车钩连挂高度的限制，机车车辆的垂向总静挠度的大小有一个限值，总静挠度在一、二系悬挂中的分配比例将决定车体和转向架的振动频率。一般从结构的角度考虑，二系挠度大于一系挠度，通常情况下，二系挠度设置为一系挠度的 $2 \sim 3$ 倍。当在一、二系中选择某系来安装阻尼器时，应在挠度大的二系悬挂处并联垂向阻尼器，这样做的优点在于挠度大，振幅大，阻尼效果明显。在平稳性能要求更高的现代高速客车中，通常在一系也需安装垂向阻尼器以抑制构架点头振动。

将 P_1、P_2 代入到式(3.9)中，则可求得对应两种情况下的系统振型。

$$\frac{A_1}{B_1} = \frac{a_1-P_1^2}{a_1}, \quad \frac{A_2}{B_2} = \frac{a_1-P_2^2}{a_1}$$

故车体与构架垂向振动的通解为

$$\begin{cases} Z_f = A_1 \sin(P_1 t + a_1) + A_2 \sin(P_2 t + a_2) \\ Z_c = B_1 \sin(P_1 t + a_1) + B_2 \sin(P_2 t + a_2) \end{cases} \quad (3.12)$$

经分析，对于低频振型，$\frac{A_1}{B_1}=\frac{a_1-P_1^2}{a_1}>0$，此时构架与车体振动同向；对于高频振型，$\frac{A_2}{B_2}=\frac{a_1-P_2^2}{a_1}<0$，此时构架与车体振动反向。可见系统的振型仅和系统的参数有关，与振动初始条件无关。研究表明：$|A_1|<|B_1|$，$|A_2|>|B_2|$，因此以低频 P_1 振动时车体振幅大于构架，以高频 P_2 振动时构架振幅大于车体，车体和构架的振型如图 3.6 所示。且车体的低频振幅大于高频振幅，车体以低频振动为主，转向架的高频振幅大于低频振幅，其以高频振动为主。

现代客车通常加装垂向减振器，当考虑上述两自由度简化车辆模型的二系粘性阻尼 C_{sz} 时，车体与构架的浮沉自由振动微分方程变为

$$\begin{cases} M_c \ddot{Z}_c + 2K_{sz}(Z_c-Z_f) + 2C_{sz}(\dot{Z}_c-\dot{Z}_f) = 0 \\ 2M_f \ddot{Z}_f + 2K_{sz}(Z_f-Z_c) + 2C_{sz}(\dot{Z}_f-\dot{Z}_c) + 2K_{pz}Z_f = 0 \end{cases} \quad (3.13)$$

(a)   (b)

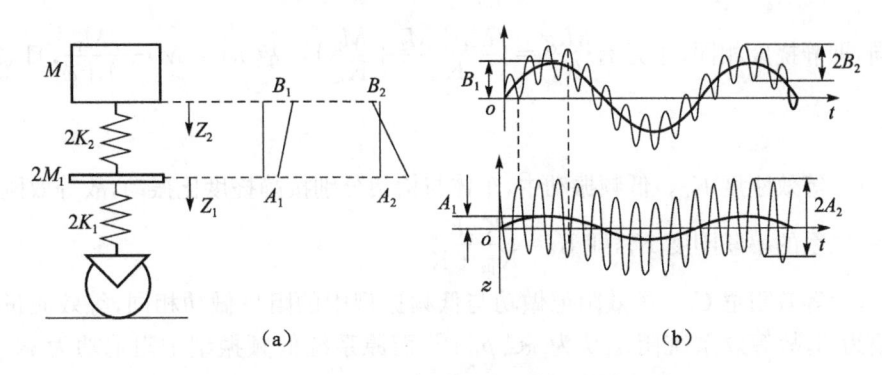

图 3.6 车体和构架沉浮振动的两个振型

解上述方程组可求出系统的特征值为 $\lambda_{1,2}=-n_1\pm \mathrm{j}p_1$，$\lambda_{3,4}=-n_2\pm \mathrm{j}p_2$。$n_1$，$n_2$ 分别表示车辆在两个振动频率下振幅的阻尼衰减特征，而 p_1、p_2 表示对应于两个振型的有阻尼自振的圆频率。车体与构架的复振型可用两组共轭特征向量 $\begin{Bmatrix} Ae^{\mathrm{j}\alpha} \\ Be^{\mathrm{j}\beta} \end{Bmatrix}$ 表示，不同于上述无阻尼自由振动振型的是：车体与构架振动存在相位角，因而车体与转向架振动并非简单的同向与反向振动关系。

由于车辆有阻尼沉浮振动时的振型与无阻尼时相近，利用车辆低频振动为车体构架同向振动且高频振动为车体构架反向振动的特点，可将两自由度有阻尼系统简化为两个单自由度阻尼系统，如图 3.7 和图 3.8 所示。

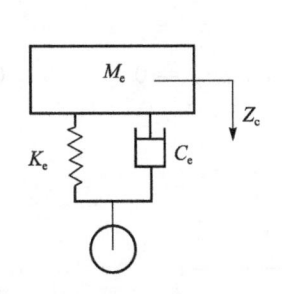

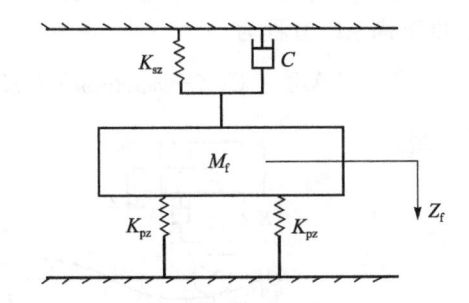

图 3.7 高频振动时系简化模型图   图 3.8 低频振动时系统简化模型

系统做高频振动时，车体惯性力很大，可近似不动，因而将系统简化为构架在一系、二系弹簧间振动的模型。

在低频同向振动中，可将构架质量、弹簧和阻尼系数按一定等效原则视为单个等效车体质量在等效阻尼与弹簧上做低频振动的单自由度模型。低频振动模型的等效原则如下

(1) 等效质量 M_e。等效后的自振频率应与原来二自由度系统的低频自振频率

相同,即静挠度相同,于是有 $\frac{M_e g}{K_e} = \left(\frac{M_1+M_2}{K_{pz}} + \frac{M_2}{K_{sz}}\right)g$,故 $M_e = M_2 + \frac{M_1}{1+\psi}$,且 $\psi = \frac{K_{pz}}{K_{sz}}$。

(2)等效刚度 K_e。低频振动中,车体与构架分别按静挠度比振动,故等效刚度为一、二系的串联刚度 K_e,即 $K_e = \frac{K_{pz} K_{sz}}{K_{pz} + K_{sz}}$。

(3)等效阻尼 C_e。等效阻尼做功与低频振型中的阻尼做功相同,等效质量的振幅为 B,故等效系统阻尼功为 $\pi C_e p_{1c} B^2$,而原系统低频振型中阻尼功为 $\pi C p_{1c} (B-A)^2$,故 $C_e = C \left(\frac{B-A}{B}\right)^2 \approx C \left(\frac{f_{s2}}{f_{st}}\right)^2$。

3.2 机车车辆强迫振动

车辆的自由振动是一种理想的运动形式,是研究车辆振动的基础,实际上的车轮运动是极其复杂的,其会受到外加激励的影响,轨道不平顺等输入条件不仅具有周期性还具有随机性。本节以简化的单自由度和两自由度车辆系统为例,分析其在周期性轨道不平顺激励下的振动响应情况。

3.2.1 机车车辆简化的单自由度强迫振动模型

图 3.9 为单自由度车辆简化模型,轨面不平顺为谐波输入 $a\sin\omega t$,该黏性阻尼单自由度车辆系统方程为

$$M\ddot{Z} + C(\dot{Z} - a\omega\cos\omega t) + K(Z - a\sin\omega t) = 0 \tag{3.14}$$

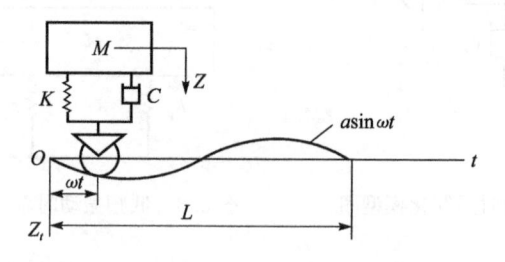

图 3.9 单自由度强迫振动模型

式(3.14)可简化为 $M\ddot{Z} + C\dot{Z} + KZ = F\sin(\omega t + \varphi)$,且 $F = a\sqrt{K^2 + (C\omega)^2}$。激励可用 $ae^{j(\omega t)}$ 表示,车体振动响应为 $Z = Z_0 e^{j(\omega t + \beta)}$,在线性系统条件下,由 $ae^{j(\omega t)}$ 作为线路激励产生的车体响应 Z 与线路激励的比值称为传递函数或频响函数 $H(\omega)$。该机车车辆强迫振动系统的传递函数表示为

$$H(\omega) = \frac{Z_0 e^{j(\omega t+\beta)}}{a e^{j(\omega t)}}, \ |H(\omega)| = \frac{\sqrt{1+4D^2 r^2}}{\sqrt{(1-r^2)^2+4D^2 r^2}} \tag{3.15}$$

式中，D 为系统相对阻尼比；r 为频率比，且 $r=\dfrac{\omega}{p}$，p 为前述内容提到的无阻尼的自振圆频率；$H(\omega)$ 是一个随激振频率 ω 变化的复函数，反映了车辆振动系统自身的特性，车体加速度的放大倍率表示为 $\beta=r^2|H(\omega)|$。

图 3.10、图 3.11 分别为车体位移响应与加速度响应放大倍率比与激励频率的关系。从图中可知：当频率比 $r=\sqrt{2}$ 时，不管相对阻尼值多大，所有的位移放大倍率均为 1，所有的加速度放大倍率均为 2。当激励频率 ω 较低，即当 $r<\sqrt{2}$ 时，车体响应振幅大于线路激励振幅，且系统的阻尼值越大，振幅越小。极端情况下，当 ω 接近零时，车体位移响应近似等于线路激励值。当激励频率 ω 较高，即当 $r>\sqrt{2}$ 时，车体响应幅值小于线路激励值，且系统的阻尼值越大，振幅越大。极端情况下，

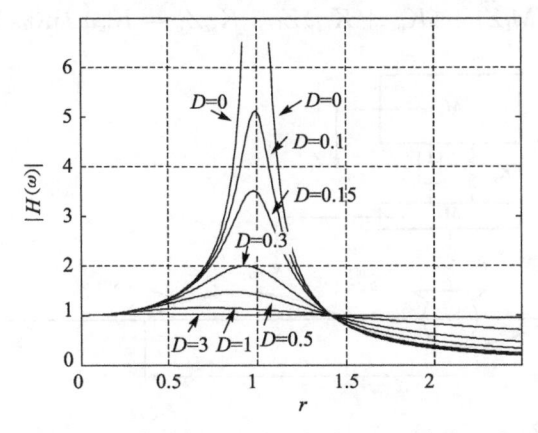

图 3.10　车体位移响应放大倍率比与频率比的关系

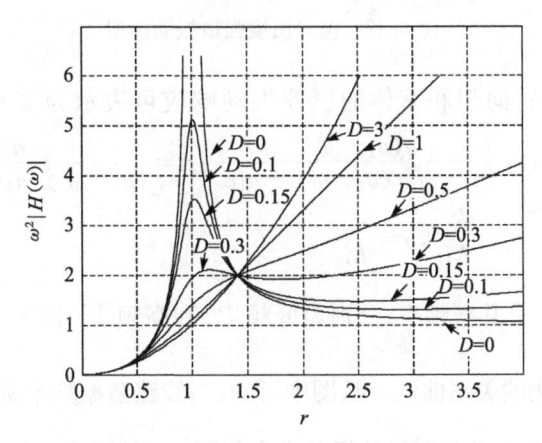

图 3.11　车体加速度响应放大倍率比与频率比的关系

当 ω 很高时,车体的位移响应近似于静止。特殊情况下,当外加激励频率与系统的固有频率相等时,即当频率比等于1时,车体的振动幅值达最大,即产生共振。

由上面的分析可知,车辆的强迫振动频率和幅值会受到车辆的结构参数、轨道激励等条件的影响。阻尼值在全频率范围内对车体振动响应的衰减作用不同,因此要综合考虑高低频的减振作用,选择合适的减振器参数。一般情况下,取 $D=0.2\sim0.3$。此时在高频和低频激励范围中车体加速度响应均较小,这可保证货物的完整性和乘客的舒适性。

3.2.2 机车车辆简化的两自由度强迫振动模型

对于如图 3.12 所示的两自由度强迫振动系统,其受到的线路周期激励为 $a\sin\omega t$,当不考虑二系垂向减振器的减振作用时,该车辆系统的受迫振动微分方程为

$$\begin{cases} M_c\ddot{Z}_c + K_{sz}Z_c - K_{sz}Z_f = 0 \\ M_f\ddot{Z}_f + (K_{pz}+K_{sz})Z_f - K_{sz}Z_c = K_{pz}a\sin(\omega t) \end{cases} \quad (3.16)$$

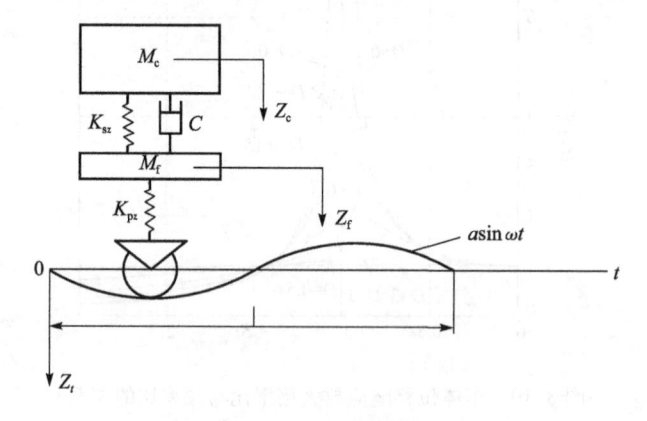

图 3.12 两自由度强迫振动模型

解上述方程,转向架和车体的沉浮振动响应可表示为 $Z_f = A\sin(\omega t)$, $Z_c = B\sin(\omega t)$。其中, $A = \dfrac{q(a_1-\omega^2)}{(a_1-\omega^2)(a_2-\omega^2)-a_1a_3}$; $B = \dfrac{a_1q}{(a_1-\omega^2)(a_2-\omega^2)-a_1a_3}$, $a_1 = \dfrac{K_{sz}}{M_C}$, $a_2 = \dfrac{K_{pz}+K_{sz}}{M_f}$, $a_3 = \dfrac{K_{sz}}{M_f}$, $q = \dfrac{K_{pz}a}{M_f}$。

该系统共有两个共振频率,分别为低频 P_1 和高频 P_2,图 3.13 给出了 $\alpha_1 = \dfrac{A}{a}$ 及 $\alpha_2 = \dfrac{B}{a}$ 随 ω 变化的关系曲线。从图中可知:当线路激振频率 ω 低于 P_1 时,车体和构架沉浮振动同相,并与激励的振动方向相同。ω 接近 P_1 时,α_1 和 α_2 趋于无穷

大。当 ω 稍大于 P_1 时，车体和构架沉浮振动同相，但与激励方向相反，并随着 ω 的逐渐增大，转向架振动经过零点，变为与激励同向，此时，车体与构架振动的方向相反。在 ω 达到 P_2 时，α_1 和 α_2 趋于无穷大，在此共振频率处车体和构架按对应主振型振动。

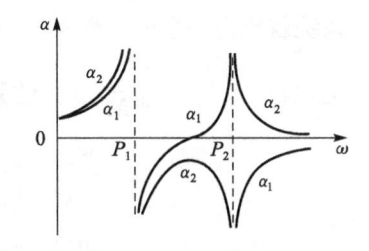

图 3.13 α 随 ω 变化的关系

当考虑安置在二系悬挂中的垂向阻尼时，可得到系统的运动微分方程如下：

$$\begin{cases} M_c\ddot{Z}_c + K_{sz}Z_c - K_{sz}Z_f + C_{sz}\dot{Z}_c - C_{sz}\dot{Z}_f = 0 \\ M_f\ddot{Z}_f + (K_{pz}+K_{sz})Z_f - K_{sz}Z_c - C_{sz}\dot{Z}_c + C_{sz}\dot{Z}_f = K_{pz}a\sin(\omega t) \end{cases} \quad (3.17)$$

上述方程的解是其特解与对应的齐次方程式 (3.16) 的通解之和，用复数来表示激振函数 Z_t 和方程的特解，即

$$Z_t = ae^{j\omega t} = a(\cos(\omega t) + j\sin(\omega t))$$
$$Z_f = A(\cos(\omega t) + j\sin(\omega t))$$
$$Z_c = B(\cos(\omega t) + j\sin(\omega t))$$

代入式 (3.17) 中，解系统的特征方程，可求得振幅 A、B 的数值分别为

$$A = a\sqrt{\frac{K_{pz}^2(K_{sz}-M_c\omega^2)^2 + (K_{pz}C\omega)^2}{\{M_fM_c\omega^4 - [(K_{pz}+K_{sz})M_c + K_{sz}M_f]\omega^2 + K_{pz}K_{sz}\}^2 + [K_{pz}C\omega - C(M_f+M_c)\omega^3]^2}}$$

$$B = a\sqrt{\frac{(K_{pz}K_{sz})^2 + (K_{pz}C\omega)^2}{\{M_fM_c\omega^4 - [(K_{pz}+K_{sz})M_c + K_{sz}M_f]\omega^2 + K_{pz}K_{sz}\}^2 + [K_{pz}C\omega - C(M_f+M_c)\omega^3]^2}}$$

则振幅比为

$$\frac{A}{B} = \sqrt{\frac{K_{pz}^2(K_{sz}-M_c\omega^2)^2 + (K_{pz}C\omega)^2}{(K_{pz}K_{sz})^2 + (K_{pz}C\omega)^2}}$$

车体与构架的强迫振动加速度 $B\omega^2$ 和 $A\omega^2$ 可按上述公式求得。图 3.14 给出了不同挠度比与阻尼比时，车体加速度响应随激振频率 ω 变化的曲线。

由图 3.14 可知：阻尼大小对车体强迫振动加速度的影响很大，特别是在第一临界速度时，过小的阻尼值将使曲线在两个共振区的峰值增大，这是不利的。但如果阻尼过大，虽然共振时特别是低频共振时的振幅被抑制，使其峰值消失，在低频共振区后却出现了新的加速度峰值，阻尼越大，峰值越高。这种现象的物理意义是：阻尼越大，则通过阻尼而传给车体的动作用力也越大，导致车体的振动加速度增大；在极端情况下，当 C 值增加到无穷大时，车体和转向架这两个质量 M_c 和 M_f 彼此相互锁住，两者不能产生相对运动，阻尼也不能产生阻力功，这时的两自由度

系统就成为一个由质量 M_c+M_f 和刚度为 K_{pz} 的弹簧组成的单自由度的无阻尼系统,当 $\omega=\sqrt{\dfrac{K_{pz}}{(M_c+M_f)}}$ 时,达到了共振频率,振幅就趋于无穷大。

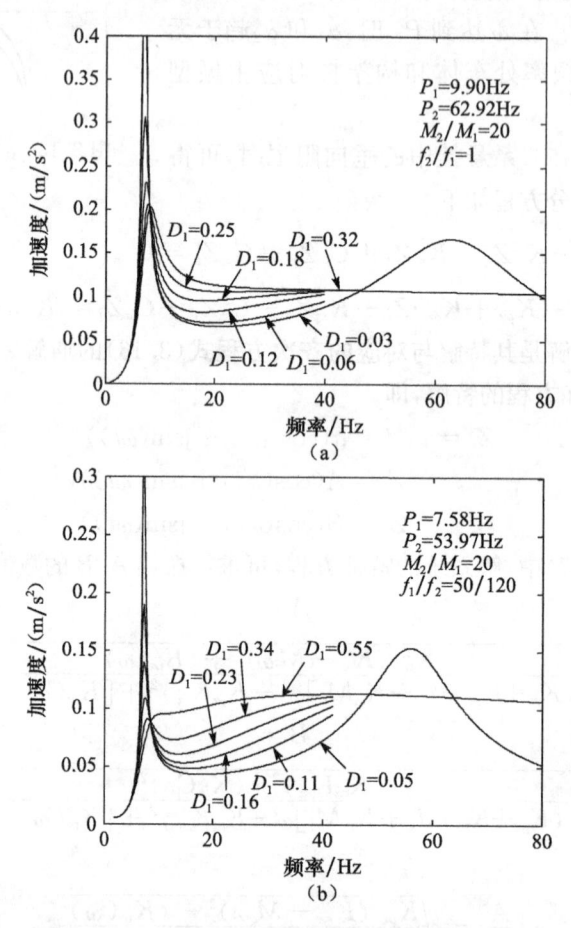

图 3.14 不同挠度与阻尼比时的车体加速度响应随激振频率 ω 变化的曲线

因此,确定最合理的挠度比和最佳阻尼值是保证车辆具有良好动力学性能的前提。众所周知,设计转向架弹簧减振装置的参数时,两系弹簧中的静挠度比可在一定的范围内变更和选择,阻尼系数 C 选择的范围从理论上说则更广。两者选择和匹配得适当,可以得到最佳的或是满意的振动加速度响应。这种响应是指当车辆运行时,在各种激振频率下都能保持车体低的振动加速度,也就是上图中的曲线在不同 ω 时都保持低值且变化要平缓。例如,当挠度比取图 3.14(b) 中的 $f_1/f_2=1:1$ 或其附近值时,减振因数 D_1 值在 0.25 到 0.32 间可得到满意的响应。图中的 D_1 值是由给定的各种 C 值算出相应的 C_e 值,再按 $D_1=\dfrac{C_e}{2M_eP_1}$ 算出的。如两系中的弹簧静挠度比取为相等,则由图 3.14(a)可见,车体振动加速度曲线在低频共振区及其后变化很陡。

车体加速度将影响人体的感受,为了在高低频率范围都能使旅客有较好的舒适度,轴箱垂直挠度与中央二系挠度比通常在 1∶3[2]左右,而二系阻尼通常则应为 0.2~0.3,与单自由度系统结果相同。为了在车辆阻尼器有一定失效数量或性能减弱时,车辆仍能维持一定的性能水平,D 的取值一般应略为偏大。

3.3 机车车辆随机振动

运行在线路上的机车车辆通常受到两大类激励的作用,一种是确定性激励,如轨道接头、车轮不圆度等周期性激励,另一种是随机性激励,如线路不平顺,这就需要在时域与频域中处理机车车辆在线路随机激励下的响应。由确定性激振引起的系统响应是确定的,由随机激励引起的系统响应规律不能用任何确定函数来表示,而只能用概率统计的方法来描述,此时车辆的振动响应即为随机振动。

3.3.1 随机振动基础

图 3.15 为某高速客车转向架实测垂向振动加速度波形图,Z_1、Z_2、Z_3 分别为同一列车不同位置车辆的转向架垂向振动波形,从图中可以看出,实测转向架垂向振动加速度幅值和频率都是随机变化的,与上节所述的稳态强迫振动特点有明显区别。

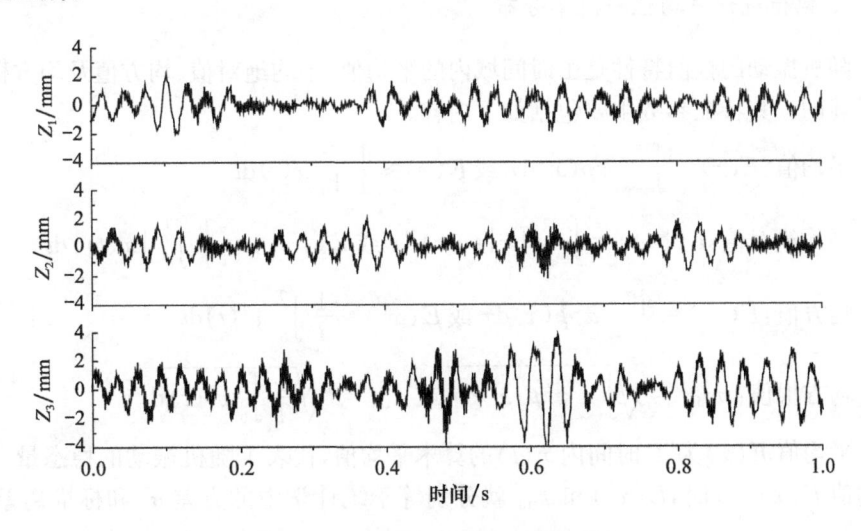

图 3.15 车辆随机振动过程波形图

在研究机车车辆的随机振动过程时,一般作如下假设:

(1) 平稳性假设。机车车辆所受外界激励及其响应都假设为平稳随机过程。简单地讲,多次随机试验检测中,在某时刻 t_1 时,对激励与响应所作的概率统计规律与延时 τ 后的 $t_1+\tau$ 时的概率统计规律相同,不随时间平移而发生变化。必须注意的是:平稳是针对概率分布而言,而不是对样本本身。它的含义是所有平均值、均方值、方差和标准偏差等与时间无关。

(2) 各态历经假设。在理论上,随机振动过程是由大量的随机振动的子样所组成,总集合中的每个子样显示出这个过程一次的振动性质,随机振动的统计性质是考虑全部子样而得到的。如果在任一时刻 t_i 跨越总集合的统计特性与单个子样 $x_i(t)$ 的统计特性相等,则这种随机过程称为各态历经的。一般随机过程都假设为各态历经的,这样就可根据足够长时间的单次时间历程记录来确定随机振动的特性,即机车车辆在一次随机试验中所受的某外界激励与响应的概率统计规律可以反映出从多次试验集合中所获得的统计规律,这就让研究者可以从足够长的单次机车车辆时间历程的记录样本来确定它的随机振动统计特性。

(3) 正态分布假设。假设随机振动中某些参数的概率密度符合正态分布(高斯分布),这将极大地方便分析与运算。

随机信号的时间历程不能预测其确定的变化过程,但也不是完全没有规律性,从在同一条件下所做的多次随机试验可求得其统计规律,一般可以用信号的概率分布、均值和标准偏差、相关函数、功率谱密度函数等特征参数表示。

下面简要介绍各态历经随机过程的常用特征参数。

1. 幅值统计平均值与概率分布

随机振动的幅值特性是由时间域内的平均值、平均绝对值、均方值及均方根值来描述的。其特征参数主要包括如下内容。

平均值: $E(x)=\int_{-\infty}^{\infty} xp(x)\mathrm{d}x$ 或 $E(x)\approx \frac{1}{T}\int_{0}^{T} x(t)\mathrm{d}t$

平均绝对值: $E(|x|)=\int_{-\infty}^{\infty} |x|p(x)\mathrm{d}x$ 或 $E(|x|)=\frac{1}{T}\int_{0}^{T} |x(t)|\mathrm{d}t$

均方值: $E(x^2)=\int_{-\infty}^{\infty} x^2 p(x)\mathrm{d}x$ 或 $E(x^2)\approx \frac{1}{T}\int_{0}^{T} x^2(t)\mathrm{d}t$

均方根值: $x_{\mathrm{rms}}=\sqrt{\int_{-\infty}^{\infty} x^2 p(x)\mathrm{d}x}$ 或 $x_{\mathrm{rms}}=\sqrt{\frac{1}{T}\int_{0}^{T} x^2(t)\mathrm{d}t}$

平均值 $E(x)$ 为 T 时间内 $x(t)$ 的算术平均值,代表了随机振动的稳态量。当平均值 $E(x)=0$ 时,$E(x^2)$ 和 x_{rms} 就分别等于统计学中的方差 σ^2 和标准离差 σ,方差的定义为: $\sigma^2=\int_{-\infty}^{\infty} (x-E(x))^2 p(x)\mathrm{d}x$,$\sigma^2$ 表示随机变量值在其平均值两边的分布特性。均方值和均方根值还能表征随机振动所含的功率,因此是一个重要的描述量。对于振幅为 x_0 的正弦波,不难理解其平均值 $E(x)=0$,其均方值为 $E(x^2)=\sigma^2=\dfrac{x_0^2}{2}$。

随机振动的概率分布通常服从正态分布规律,若振动的瞬时幅值为 x,幅值的平均值为 $E(x)=m$,则其幅值概率密度为 $p(x)=\dfrac{1}{\sigma\sqrt{2\pi}}\mathrm{e}^{\frac{-(x-m)^2}{2\sigma^2}}$。

图 3.16 为满足正态分布的概率密度曲线,σ 改变时,概率密度曲线形状随之改变,但曲线和 x 轴之间包围的面积恒等于 1。σ 越小,则该面积越集中于平均值 m 附近。将 $p(x)$ 积分可知:x 落在 $m-3\sigma\sim m+3\sigma$ 的概率可达 99.7%,即大部分振幅都在 $m\pm3\sigma$ 区域中。因此常把 $m+3\sigma$ 作为随机振动的最大幅值,这对估计正态分布下的振动的最大可能幅值范围有很大的方便。正态分布的均方值可把 $p(x)$ 代入到均方值计算式中,求得 $E(x^2)=\sigma^2+m^2$。

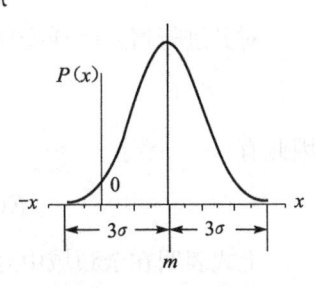

图 3.16 概率密度分布曲线

2. 时延域的自相关函数 $R_x(\tau)$ 与互相关函数 $R_{xy}(\tau)$

对于各态历经随机过程,一次试验记录 $x(t)$ 的自相关函数定义为

$$R_x(\tau) = \lim_{T\to\infty}\frac{1}{T}\int_0^T x(t)x(t+\tau)\mathrm{d}t \tag{3.18}$$

它是一个偶函数,如图 3.17 所示。当 $\tau=0$ 时,自相关函数出现最大相关也即最大值时,它与均方值相等,$R_x(0)=E(x^2)$。对两个各态历经随机过程 $x(t)$ 与 $y(t)$,可以求得它们的互相关函数 $R_{xy}(\tau)$,如图 3.18 所示。

$$R_{xy}(\tau) = \lim_{T\to\infty}\frac{1}{T}\int_0^T x(t)y(t+\tau)\mathrm{d}t \tag{3.19}$$

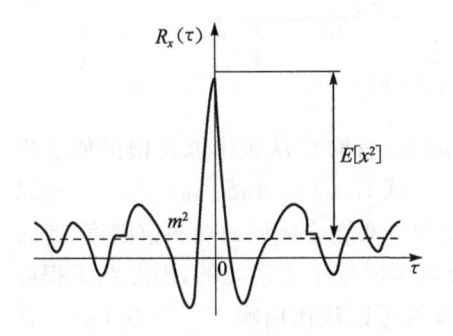

图 3.17 自相关函数

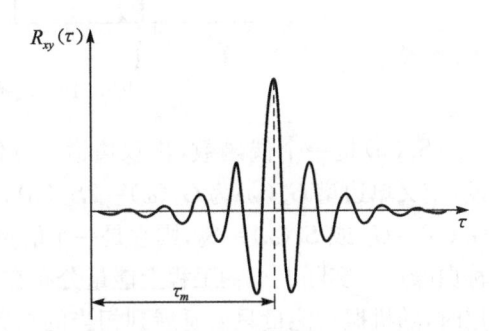

图 3.18 互相关函数

3. 功率谱密度函数

平稳过程可通过对自相关函数 $R_x(\tau)$ 做傅里叶变换得到 $x(t)$ 的功率谱密度函数(也简称为谱密度和功率谱)$S_x(\omega)$，即

$$S_x(\omega) = \frac{1}{2\pi} \int_{-\infty}^{\infty} R_x(\tau) e^{-j\omega\tau} d\tau \qquad (3.20)$$

对其进行傅立叶逆变换即得自相关函数的表达式：

$$R_x(\tau) = \int_{-\infty}^{\infty} S_x(\omega) e^{j\omega\tau} d\omega \qquad (3.21)$$

因此有

$$E(x^2) = R_x(0) = \int_{-\infty}^{\infty} S_x(\omega) d\omega \qquad (3.22)$$

上式表明在全频域中对自功率谱密度积分可获 $x(t)$ 的均方值，因此 $S_x(\omega)$ 是 $x(t)$ 的均方值在全频域的分布密度。$S_x(\omega)$ 与 $R_x(\tau)$ 是两个偶函数，且 $S_x(\omega) \geqslant 0$，$S_x(\omega) = S_x(-\omega)$。在工程上 $\pm\omega$ 表示方向相反、圆频率相同的振动，$2S_x(\omega)\Delta\omega$ 为 $x(t)$ 的频率成分中 ω 处宽 $\Delta\omega$ 的频带中含有的随机振动成分的均方值。

特殊地，当 $x(t) = A_0 \sin\omega_0 t$ 时，该谐波的功率谱密度函数为 $S_x(\omega) = \frac{A_0^2}{4}\delta(\omega \pm \omega_0)$。在 $x(t)$ 的功率谱图 $S_x(\omega)$ 中，出现在 $\pm\omega$ 处的是 δ 函数 $\int_{0-}^{0+} \delta(\omega) d\omega = 1$，其在 $\omega = 0$ 处的积分为 1，故 $S_x(\omega)$ 在 $\omega = 0$ 处给出的是平均值 A_0 的均方值 A_0^2。如果 $x(t) = A_0$，则在 $\omega = 0$ 处是一个 $A_0^2 \delta(\omega)$ 函数，如图 3.19 所示。

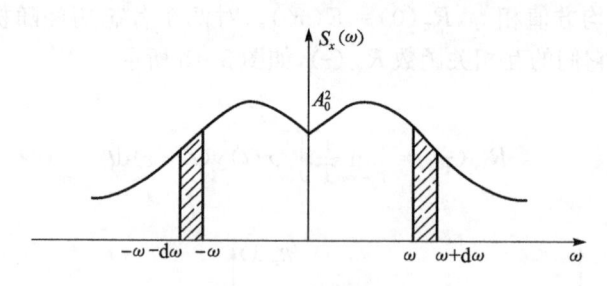

图 3.19 功率谱密度图

$S_x(\omega)$ 是一个偶函数，称双边谱。方便起见，有时会从频率取正值的概念出发，定义单边谱 $G_x(\omega)$ 为 $G_x(\omega) = 2S_x(\omega)$，$\omega \geqslant 0$ 或 $G_x(f) = 4\pi S_x(\omega)$，$f \geqslant 0$。如果 $G_x(\omega) = G_0$ 或 $S_x(\omega) = S_0$，则它是一个能量均匀分布在全频域的功率谱密度，此时称白噪声。实际上车辆工程上能量分布在极高频段是不太现实的，因此在工程应用时，随机振动能量只要延展到相当的高频段就可以认作白噪声。当 $G_x(\omega)$ 仅在低频 ω_0 的一个小频段 $\omega_1 \sim \omega_2$ 中具有均匀能量分布时，而在其余频率范围内能量

很小,则称窄带分布,$\omega_0 \gg (\omega_1 - \omega_2)$,如图 3.20 所示。而在一个相当宽的频段具有均匀能量分布时,称宽带分布,如图 3.21 所示。

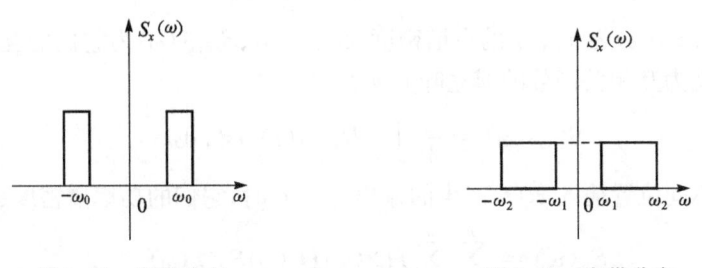

图 3.20　窄带分布　　　　　　图 3.21　宽带分布

窄带分布的振动信号通常是一个围绕频率 ω_0 随机变化的振动信号。而宽带分布时,振动波形的变化在更广的范围中波动。

4. 常系数线性系统的特点

为了简化分析,可以将机车车辆振动系统中的非线性因素等效为常系数线性系统。常系数线性系统具有输入输出的线性叠加的特性,即当 $x_1(t), x_2(t), \cdots, x_n(t)$ 分别作为该系统某一位置的输入时,在系统另一个位置处对应的输出分别为 $y_1(t), y_2(t), \cdots, y_n(t)$,当 $x_i(t)$ 共同对系统激励时,总输入为 $\sum_1^n x_i(t)$,则对应的输出为 $\sum_1^n y_i(t)$。输入的傅立叶变换为 $X_1(\omega), X_2(\omega), \cdots, X_n(\omega)$,输出的傅立叶变换为 $Y_1(\omega), Y_2(\omega), \cdots, Y_n(\omega)$,它们的功率谱密度分别为 $S_{X1}(\omega), S_{X2}(\omega), \cdots, S_{Xn}(\omega), S_{Y1}(\omega), S_{Y2}(\omega), \cdots, S_{Yn}(\omega)$。

如果系统仅有一个输入为 $x(t) = x e^{j\omega t}$,它的傅立叶变换为 $X(\omega)$。而系统输出为 $y(t) = y e^{j(\omega t + \varphi)}$,它的傅立叶变换为 $Y(\omega)$,则系统在指定位置的输出与输入之间随激振频率 ω 变化的关系,称频响函数或传递函数 $H(\omega)$,传递函数一般是复函数,可以表示为

$$H(\omega) = \frac{Y(\omega)}{X(\omega)} \tag{3.23}$$

功率谱密度关系为

$$S_y(\omega) = H^*(\omega) H(\omega) S_x(\omega) = |H(\omega)|^2 S_x(\omega) \tag{3.24}$$

式中,$H^*(\omega)$ 和 $H(\omega)$ 是共轭关系。

单点多输入多输出时,$\sum_{i=1}^n S_{yi}(\omega) = |H(\omega)|^2 \sum_{i=1}^n S_{xi}(\omega)$。有了频响函数,随机振动中输入输出的功率谱密度关系将变得很简单。而对于在两个不同位置有单输入函数 $x_1(t), x_2(t)$,系统在另外位置输出为 $y(t)$ 时,则存在关系

$$S_y(\omega) = H_1^*(\omega)H_1(\omega)S_{x1}(\omega) + H_1^*(\omega)H_2(\omega)S_{x1,x2}(\omega)$$
$$+ H_2^*(\omega)H_1(\omega)S_{x2,x1}(\omega) + H_2^*(\omega)H_2(\omega)S_{x2}(\omega) \qquad (3.25)$$

式中,$S_{x1}(\omega)$、$S_{x2}(\omega)$ 为 x_1、x_2 的自谱密度;$S_{x1,x2}(\omega)$、$S_{x2,x1}(\omega)$ 为它们的互谱密度。互谱密度定义为互相关函数的傅立叶变换,

$$S_{x1,x2}(\omega) = \frac{1}{2\pi}\int_{-\infty}^{\infty} R_{x1,x2}(\tau) \cdot e^{j\omega\tau} \cdot d\omega \qquad (3.26)$$

由 n 个不同位置输入 $x_i(t)$ 产生的输出为 $y(t)$ 时,它们的功率谱密度关系式为

$$S_y(\omega) = \sum_{r=1}^{n}\sum_{s=1}^{n} H_r^*(\omega)H_s(\omega)S_{xr,xs}(\omega) \qquad (3.27)$$

由于轨道不平顺谱中的方向不平顺与高低不平顺谱、方向不平顺与水平不平顺谱的相关性很小,在具体计算中可以忽略这三种不平顺的互谱密度。

3.3.2 机车车辆的垂向随机振动分析模型

1. 两轴机车车辆的垂向振动模型

图 3.22 为一两轴机车车辆的垂向振动模型,车体前后部分关于重心对称,车辆的垂向运动微分方程组为

$$\begin{cases} M\ddot{Z} + 2C\dot{Z} + 2Kz = C(\dot{Z}_{v1} + \dot{Z}_{v2}) + K(z_{v1} + z_{v2}) \\ J_\phi\ddot{\phi} + 2Cl^2\dot{\phi} + 2Kl^2\phi = Cl(\dot{Z}_{v1} - \dot{Z}_{v2}) + Kl(z_{v1} - z_{v2}) \end{cases} \qquad (3.28)$$

式中,Z、ϕ 分别为车体的浮沉和点头振动自由度;M、J_ϕ 分别为车体质量和点头转动惯量;$2l$ 为车辆轴距;车辆前、后轮的轨道垂向不平顺激励分别为 z_{v1} 和 z_{v2},前、后轮垂向不平顺之间的激励关系满足 $z_{v2} = z_{v1}(t-\tau)$;τ 为后轮滞后于前轮的时延,且有 $\tau = 2l/V$;V 为车辆的前进速度。

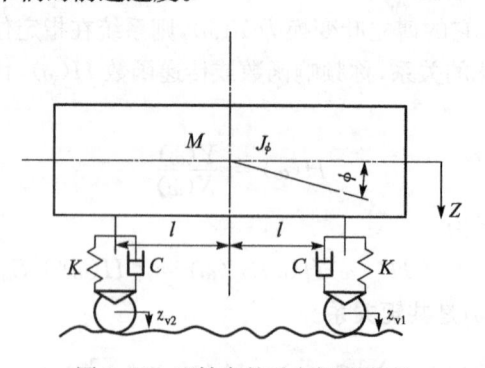

图 3.22 两轴车的垂向振动模型

由该模型的振动微分方程知:其浮沉和点头振动是独立的,并不耦合。两种振动都可由单自由度系统的运动方程来描述。

设车体在 z_{v1} 和 z_{v2} 单独作用下的频响函数分别为 $H_{z1}(\omega)$ 和 $H_{z2}(\omega)$，由于系统对称，则有 $H_{z1}(\omega)=H_{z2}(\omega)$。将 $z_{v1}=e^{j\omega t}$ 和 $z_{v2}=0$ 代入式(3.28)中可得

$$H_{z1}(\omega) = \frac{jC\omega + K}{-M\omega^2 + 2jC\omega + 2K} \tag{3.29}$$

由上式可知：$H_{z1}(\omega)$ 可表示为频率和相对阻尼的函数，令 $P_1^2=2K/M$ 及 $D_1=C/MP_1$，代入式(3.29)得

$$H_{z1}(\omega) = H_{z2}(\omega) = \frac{1}{2} \frac{2jD_1P_1\omega + P_1^2}{P_1^2 - \omega^2 + 2jD_1P_1\omega} \tag{3.30}$$

根据线性系统的迭加原理，系统在受到多个激励时，某一坐标响应即为各个单独激励所引起的响应之和。取 $z_{v1}=e^{j\omega t}$，则 $z_{v2}=e^{j\omega(t-\tau)}$。若 z_{v1} 和 z_{v2} 引起的系统响应分别为 $z_1(t)$ 与 $z_2(t)$，则车体浮沉响应为

$$z(t) = z_1(t) + z_2(t) = H_{z1}(\omega)e^{j\omega t} + H_{z2}(\omega)e^{j\omega(t-\tau)}$$
$$= H_{z1}(\omega)(1+e^{-j\omega\tau})e^{j\omega t} = H_{z1}(\omega)H_{zin}(\omega)e^{j\omega t} = H_z(\omega)e^{j\omega t} \tag{3.31}$$

式中，H_{zin} 为浮沉振动的输入间距函数（相对于车辆重心响应的输入间距函数），其表达式为：$H_{zin}(\omega)=1+e^{-j\omega\tau}$；$H_z(\omega)$ 为车体浮沉振动的频响函数，其值为 $H_z(\omega)=H_{z1}(\omega)H_{zin}(\omega)$。

式(3.31)表明：系统的两个输入间存在时延的情况下可看作仅受一个激励的单输入系统来求解，系统的频响函数 $H_z(\omega)$ 是 $H_{z1}(\omega)$ 和 $H_{z2}(\omega)e^{-j\omega\tau}$ 的矢量和。

当轨道高低不平顺为 $S_v(\omega)$ 时，该两轴机车车辆的浮沉振动的响应谱密度为

$$S_z(\omega) = |H_z(\omega)|^2 S_v(\omega) = |H_{z1}(\omega)|^2 |H_{zin}(\omega)|^2 S_v(\omega) \tag{3.32}$$

并有

$$|H_{zin}(\omega)|^2 = |1+e^{-j\omega\tau}|^2 = |1+\cos(\omega\tau)-j\sin(\omega\tau)|^2 = 2(1+\cos(\omega\tau)) \tag{3.33}$$

类似地可得两轴机车车辆点头振动的频响函数 $H_{\phi 1}(\omega)$（相对于车辆重心响应的输入间距函数），令 $P_2^2=2Kl^2/J_\phi$ 及 $D_2=Cl^2/J_\phi P_2$，可得

$$H_{\phi 1}(\omega) = -H_{\phi 2}(\omega) = \frac{1}{2l} \cdot \frac{2jD_2P_2\omega + P_2^2}{P_2^2 - \omega^2 + 2jD_2P_2\omega}$$
$$H_\phi(\omega) = H_{\phi 1}(\omega)H_{\phi in}(\omega) \tag{3.34}$$

式中，$H_{\phi in}(\omega)$ 为点头振动的输入间距函数，且有 $H_{\phi in}(\omega)=1-e^{-j\omega\tau}$。

于是，点头振动的响应谱密度为

$$S_\phi(\omega) = |H_\phi(\omega)|^2 S_v(\omega) = |H_{\phi 1}(\omega)|^2 |H_{\phi in}(\omega)|^2 S_v(\omega) \tag{3.35}$$

$$|H_{\phi in}(\omega)|^2 = |1-e^{-j\omega\tau}|^2 = 2(1-\cos(\omega\tau)) \tag{3.36}$$

由上面的推导可知：输入间距函数与频率 ω、车辆运行速度 V 及 l 有关。图 3.23 和图 3.24 分别给出了车辆沉浮和点头振动的输入间距函数曲线图，图中 l 取

为 2.5m，V 取为 50m/s。由图 3.23 和图 3.24 可知，车辆沉浮和点头振动的输入间距函数值在 0 与 2 间变化。当 $\omega\tau=\pi,3\pi,5\pi,\cdots$ 时，$|H_{zin}(\omega)|^2=0$，即前后轮反相浮沉引起车体浮沉振动对应于该 ω 的响应在理论上为零，而车体点头振动的 $|H_{\varphi in}(\omega)|^2$ 却达最大值。反之，当 $\omega\tau=0,2\pi,4\pi,\cdots$ 时，车体点头振动的响应为零，而浮沉振动的响应却达最大值。

车辆的轨道输入频谱 $S_v(\omega)$ 是一个连续宽带谱，在不同运行速度时总有不同的 ω 值处于图 3.23 和图 3.24 中的峰谷值处。因此，在车辆响应的谱密度图上就会在这些位置出现起伏现象。

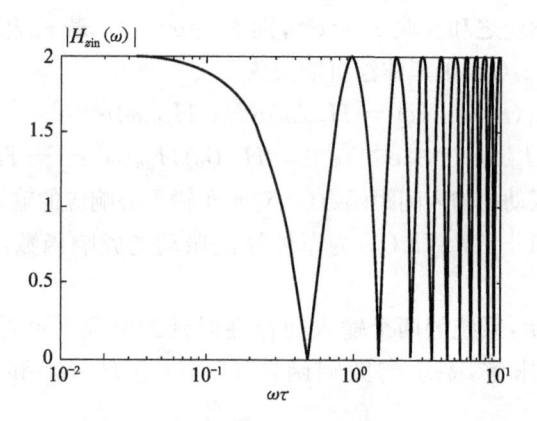

图 3.23　浮沉振动的输入间距函数的变化曲线

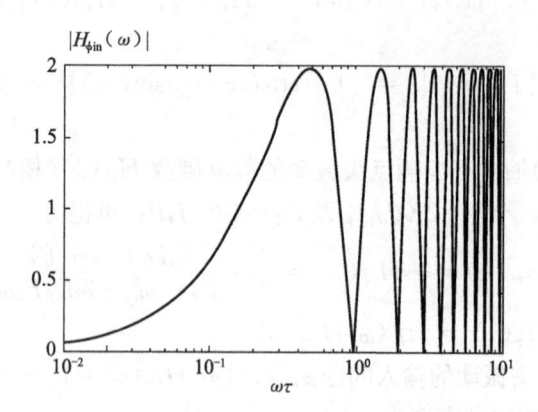

图 3.24　点头振动的输入间距函数的变化曲线

2. 四轴机车车辆的垂向振动模型

图 3.25 的模型为仅有中央悬挂的车辆垂向振动系统，四个轮对同时受到轨道

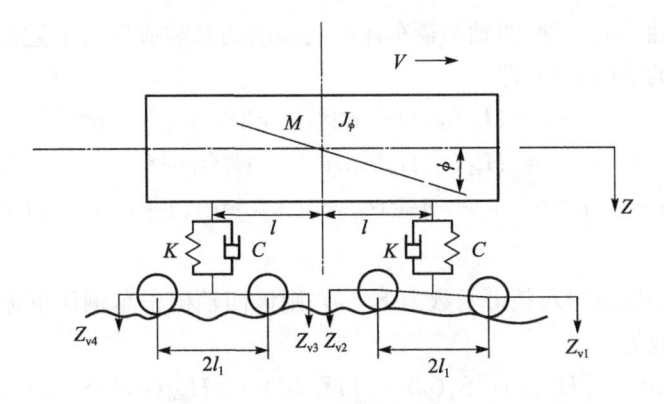

图 3.25 四轴货车的垂向振动模型

不平顺的输入,车体的垂向振动方程表示为

$$\begin{cases} M\ddot{Z} + 2C\dot{Z} + 2Kz = \dfrac{C}{2}(\dot{Z}_{v1} + \dot{Z}_{v2} + \dot{Z}_{v3} + \dot{Z}_{v4}) + \dfrac{K}{2}(Z_{v1} + Z_{v2} + Z_{v3} + Z_{v4}) \\ J_\phi \ddot{\phi} + 2Cl^2\dot{\phi} + 2Kl^2\phi = \dfrac{Cl}{2}(\dot{Z}_{v1} + \dot{Z}_{v2} - \dot{Z}_{v3} - \dot{Z}_{v4}) + \dfrac{Kl}{2}(Z_{v1} + Z_{v2} - Z_{v3} - Z_{v4}) \end{cases}$$
(3.37)

从式(3.37)可知:车辆的浮沉和点头振动是解耦的。式(3.37)中,Z_{v1}、Z_{v2}、Z_{v3}、Z_{v4} 分别为第一、二、三、四位轮对的垂向轨道不平顺输入,$Z_{v2} = Z_{v1}(t-\tau_1)$,$Z_{v3} = Z_{v1}(t-\tau_2)$,$Z_{v4} = Z_{v1}(t-\tau_3)$;$\tau_1$、$\tau_2$、$\tau_3$ 分别为第二、三、四位轮对相对于第一位轮对的时延,其值分别为:$\tau_1 = \dfrac{2l_1}{V}$,$\tau_2 = \dfrac{2l}{V}$,$\tau_3 = \dfrac{2(l_1+l)}{V}$。

令 $Z_{v1} = e^{j\omega t}$,其余 3 个输入为零,代入式(3.37)中可得系统在单输入情况下浮沉振动的频响函数

$$H_{z1}(\omega) = \frac{1}{2} \frac{jC\omega + K}{-M\omega^2 + 2jC\omega + 2K} \tag{3.38}$$

将式(3.38)与式(3.29)比较可知,四轴机车车辆的 $H_{z1}(\omega)$ 仅为两轴机车车辆的 $H_{z1}(\omega)$ 的一半,这是由于采用两轴转向架后,中央弹簧下支承点位移仅为轮对的垂向输入位移的一半。可见,采用转向架方式可以减小线路不平顺对簧上车体质量的动力作用。

第二、三、四位轮对输入相对于第一位轮对输入的关系分别为

$$\begin{cases} Z_{v2} = e^{j\omega(t-\tau_1)} = Z_{v1} e^{-j\omega\tau_1} \\ Z_{v3} = e^{j\omega(t-\tau_2)} = Z_{v1} e^{-j\omega\tau_2} \\ Z_{v4} = e^{j\omega(t-\tau_3)} = Z_{v1} e^{-j\omega\tau_3} \end{cases} \tag{3.39}$$

令对应这三个单独输入的浮沉频响函数分别为 $H_{z2}(\omega)$、$H_{z3}(\omega)$ 及 $H_{z4}(\omega)$,由于车辆的结构和参数对称,显然有 $H_{z1}(\omega) = H_{z2}(\omega) = H_{z3}(\omega) = H_{z4}(\omega)$。

根据线性叠加原理，四轴车辆车体浮沉振动的总响应即为上述四个输入单独作用时产生的响应之和，即

$$\begin{aligned}z(t) &= H_{z1}(\omega)(1+e^{-j\omega\tau_1}+e^{-j\omega\tau_2}+e^{-j\omega\tau_3})e^{j\omega t} \\ &= H_{z1}(\omega)H_{zin}(\omega)e^{j\omega t} = H_z(\omega)e^{j\omega t}\end{aligned} \quad (3.40)$$

式中，$H_{zin}(\omega)=1+e^{-j\omega\tau_1}+e^{-j\omega\tau_2}+e^{-j\omega\tau_3}=(1+e^{-j\omega\tau_1})(1+e^{-j\omega\tau_2})$，$H_z(\omega)=H_{z1}(\omega)H_{zin}(\omega)$。

若车辆的轨道输入频谱函数为 $S_v(\omega)$，则该四轴机车车辆浮沉振动位移的功率谱密度函数为

$$\begin{aligned}S_z(\omega) &= |H_z(\omega)|^2 S_v(\omega) = |H_{z1}(\omega)|^2 |H_{zin}(\omega)|^2 S_v(\omega) \\ &= \left|\frac{1}{2}\frac{jC\omega+K}{-M\omega^2+2jC\omega+2K}\right|^2 |(1+e^{-j\omega\tau_1})(1+e^{-j\omega\tau_2})|^2 S_v(\omega) \\ &= (1+\cos(\omega\tau_1))(1+\cos(\omega\tau_2))\left|\frac{jC\omega+K}{-M\omega^2+2jC\omega+2K}\right|^2 S_v(\omega) \quad (3.41)\end{aligned}$$

由上式可知：响应的谱密度 $S_z(\omega)$ 是 ω 的函数。而实测轨道不平顺的谱密度函数 $S_v(\omega)$ 通常不能用简单的函数表达，一般不用或不可按解析方法来求解车辆响应的谱密度，通常是采用计算机数值求解来求式(3.37)的数值解，其步骤如下：

(1) 根据所用的轨道不平顺谱密度 $S_v(\omega)$ 及其截断频率确定其有效的频率范围。

(2) 在有效的频带宽度内选定一个 ω_i 值，确定对应的 $S_v(\omega)$ 值。

(3) 计算出对应 ω_i 的 $|H_{z1}(\omega)|_i^2$ 和 $|H_{zin}(\omega)|_i^2$ 值。

(4) 根据式(3.41)将三项相乘即得响应谱密度 $S_z(\omega)_i$ 值。

(5) 重复(2)开始的步骤，选取 $\omega_i+\Delta\omega$ 处的 ω 作为新的 ω_i，计算(3)和(4)中的内容。

(6) 得到有效频宽内的 $S_z(\omega)$ 值。

位移响应的均方值为 $E[z^2] = \int_{\omega_{min}}^{\omega_{max}} S_z(\omega)d\omega$

加速度响应的均方值为 $E[\ddot{z}^2] = \int_{\omega_{min}}^{\omega_{max}} \omega^4 S_z(\omega)d\omega$

对于点头振动，其频响函数和功率谱密度求解的方法及步骤与上述相同，不再重复。

车体中心响应为浮沉与点头振动响应的矢量和，其位移和加速度均方根值分别为

$$Z_{\sum\text{rms}} = \sqrt{Z_{\text{rms}}^2+(l\phi)_{\text{rms}}^2} \quad \ddot{Z}_{\sum\text{rms}} = \sqrt{\ddot{Z}_{\text{rms}}^2+(l\ddot{\phi})_{\text{rms}}^2}$$

3.4 高速客车垂向振动响应的数值求解方法

本节以某型高速客车为例,介绍高速客车垂向振动响应的数值求解方法。

现代高速客车为了提高减振吸振性能,广泛采用具有两系弹簧装置的两轴转向架作为走行部,一系悬挂通常采用液压减振器,二系悬挂系统采用空气弹簧装置。图3.26为某型高速客车转向架结构图,其一系采用转臂定位方式。

图3.27为高速客车垂向振动模型图,该系统共有6个自由度,Z_c、ϕ_c分别为车体的浮沉和点头振动自由度,Z_{b1}、ϕ_{b1}、Z_{b2}、ϕ_{b2}分别为前后转向架的浮沉与点头振动自由度,图3.27中箭头所指方向为车体及构架沉浮与点头振动的正方向。

图3.26 高速客车走行部结构图

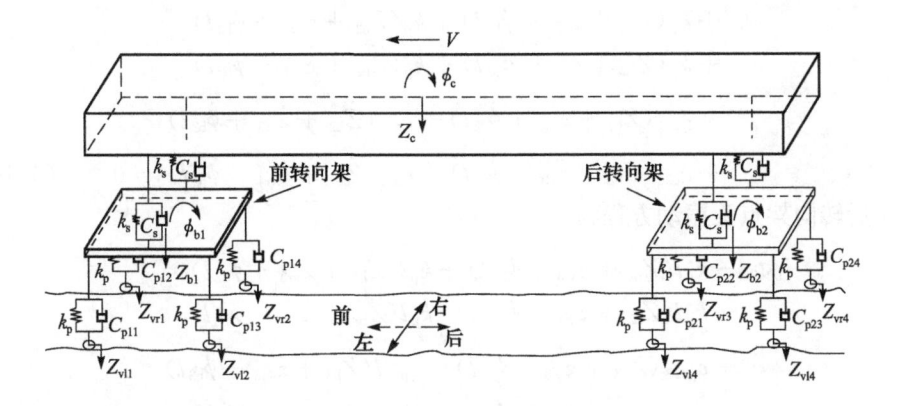

图3.27 高速客车垂向振动模型

根据牛顿-欧拉法可得该高速客车垂向模型的振动微分方程。

车体浮沉振动方程为

$$M_c\ddot{Z}_c + 2k_s(Z_c - Z_{b1} + \phi_c L) + 2c_s(\dot{Z}_c - \dot{Z}_{b1} + \dot{\phi}_c L)$$
$$+ 2k_s(Z_c - Z_{b2} - \phi_c L) + 2c_s(\dot{Z}_c - \dot{Z}_{b2} - \dot{\phi}_c L) = 0 \quad (3.42)$$

车体点头振动方程为

$$I_c\ddot{\phi}_c + 2k_s L(Z_c - Z_{b1} + \phi_c L) + 2c_s L(\dot{Z}_c - \dot{Z}_{b1} + \dot{\phi}_c L)$$
$$- 2k_s L(Z_c - Z_{b2} - \phi_c L) - 2c_s L(\dot{Z}_c - \dot{Z}_{b2} - \dot{\phi}_c L) = 0 \quad (3.43)$$

前转向架浮沉振动方程为

$$M_b\ddot{Z}_{b1} + 2k_s(Z_{b1} - Z_c - \phi_c L) + 2c_s(\dot{Z}_{b1} - \dot{Z}_c - \dot{\phi}_c L)$$
$$+ k_p(Z_{b1} + z_{vl1} + \phi_{b1} l) + k_p(Z_{b1} + z_{vr1} + \phi_{b1} l)$$
$$+ k_p(Z_{b1} + z_{vl2} - \phi_{b1} l) + k_p(Z_{b1} + z_{vr2} - \phi_{b1} l)$$
$$+ c_{p11}(\dot{Z}_{b1} + \dot{z}_{vl1} + \dot{\phi}_{b1} l) + c_{p12}(\dot{Z}_{b1} + \dot{z}_{vr1} + \dot{\phi}_{b1} l)$$
$$+ c_{p13}(\dot{Z}_{b1} + \dot{z}_{vl2} - \dot{\phi}_{b1} l) + c_{p14}(\dot{Z}_{b1} + \dot{z}_{vr2} - \dot{\phi}_{b1} l) = 0 \quad (3.44)$$

前转向架点头振动方程为

$$I_b\ddot{\phi}_{b1} + k_p l(Z_{b1} + z_{vl1} + \phi_{b1} l) + k_p l(Z_{b1} + z_{vr1} + \phi_{b1} l)$$
$$- k_p l(Z_{b1} + z_{vl2} - \phi_{b1} l) - k_p l(Z_{b1} + z_{vr2} - \phi_{b1} l)$$
$$+ c_{p11} l(\dot{Z}_{b1} + \dot{z}_{vl1} + \dot{\phi}_{b1} l) + c_{p12} l(\dot{Z}_{b1} + \dot{z}_{vr1} + \dot{\phi}_{b1} l)$$
$$- c_{p13} l(\dot{Z}_{b1} + \dot{z}_{vl2} - \dot{\phi}_{b1} l) - c_{p14} l(\dot{Z}_{b1} + \dot{z}_{vr2} - \dot{\phi}_{b1} l) = 0 \quad (3.45)$$

后转向架浮沉振动方程为

$$M_b\ddot{Z}_{b2} + 2k_s(Z_{b2} - Z_c - \phi_c L) + 2c_s(\dot{Z}_{b2} - \dot{Z}_c + \dot{\phi}_c L)$$
$$+ k_p(Z_{b2} + z_{vl3} + \phi_{b2} l) + k_p(Z_{b2} + z_{vr3} + \phi_{b2} l)$$
$$+ k_p(Z_{b2} + z_{vl4} - \phi_{b2} l) + k_p(Z_{b2} + z_{vr4} - \phi_{b2} l)$$
$$+ c_{p21}(\dot{Z}_{b2} + \dot{z}_{vl3} + \dot{\phi}_{b2} l) + c_{p22}(\dot{Z}_{b2} + \dot{z}_{vr3} + \dot{\phi}_{b2} l)$$
$$+ c_{p23}(\dot{Z}_{b2} + \dot{z}_{vl4} - \dot{\phi}_{b2} l) + c_{p24}(\dot{Z}_{b2} + \dot{z}_{vr4} - \dot{\phi}_{b2} l) = 0 \quad (3.46)$$

后转向架点头振动方程为

$$I_b\ddot{\Phi}_{b2} + k_p l(Z_{b2} + z_{vl3} + \phi_{b2} l) + k_p l(Z_{b2} + z_{vr3} + \phi_{b2} l)$$
$$- k_p l(Z_{b2} + z_{vl4} - \phi_{b2} l) - k_p l(Z_{b2} + z_{vr4} - \phi_{b2} l)$$
$$+ c_{p21} l(\dot{Z}_{b2} + \dot{z}_{vl3} + \dot{\phi}_{b2} l) + c_{p22} l(\dot{Z}_{b2} + \dot{z}_{vr3} + \dot{\phi}_{b2} l)$$
$$- c_{p23} l(\dot{Z}_{b2} + \dot{z}_{vl4} - \dot{\phi}_{b2} l) - c_{p24} l(\dot{Z}_{b2} + \dot{z}_{vr4} - \dot{\phi}_{b2} l) = 0 \quad (3.47)$$

式(3.42)~式(3.47)中，M_c 和 M_b 分别为车体和转向架的质量；I_c、I_b 分别为车体和转向架的点头转动惯量；k_s 和 c_s 分别为空气弹簧的等效线性刚度和阻尼；k_p 为一系悬挂的等效线性刚度；c_{pij} 表示 8 个一系垂向减振器的阻尼系数；$i=1$ 表示前转向架，$i=2$ 表示后转向架，$j=1,3$ 表示前进方向左手边的减振器，$j=2,4$ 表示前进方向右手边的减振器；L、l 分别为车辆的定距与轴距之半。可见，车体的浮沉和点头振动与两个构架的浮沉和点头振动是耦合的。

为了方便进行数值求解，该高速客车的振动微分方程以矩阵形式表示为

$$\boldsymbol{MZ}'' + \boldsymbol{CZ}' + \boldsymbol{KZ}$$
$$= \boldsymbol{C}_{fl}\boldsymbol{z}'_{vl} + \boldsymbol{C}_{fr}\boldsymbol{z}'_{vr} + \boldsymbol{K}_{fl}\boldsymbol{z}_{vl} + \boldsymbol{K}_{fr}\boldsymbol{z}_{vr} \quad (3.48)$$

第三章　机车车辆垂向动力学

式中，$\boldsymbol{Z} = \{Z_c, \phi_c, Z_{b1}, \phi_{b1}, Z_{b2}, \phi_{b2}\}$；$\boldsymbol{z}_{vl} = \{z_{vl1}, z_{vl2}, z_{vl3}, z_{vl4}\}^T$ 为左轨的不平顺输入；$\boldsymbol{z}_{vl} = \{z_{vl1}, z_{vl2}, z_{vl3}, z_{vl4}\}^T$ 为右轨的不平顺输入；$\boldsymbol{M}$、$\boldsymbol{C}$、$\boldsymbol{K}$ 分别为系统的质量矩阵、阻尼矩阵和刚度矩阵；$\boldsymbol{C}_{fl}$、$\boldsymbol{C}_{fr}$ 为左右轨的激励阻尼矩阵；$\boldsymbol{K}_{fl}$、$\boldsymbol{K}_{fr}$ 为左右轨的激励刚度矩阵。

联立式(3.42)~式(3.47)，可得系统振动方程的系数矩阵的表达式为

$$\boldsymbol{M} = \begin{bmatrix} M_c & 0 & 0 & 0 & 0 & 0 \\ 0 & I_c & 0 & 0 & 0 & 0 \\ 0 & 0 & M_b & 0 & 0 & 0 \\ 0 & 0 & 0 & I_b & 0 & 0 \\ 0 & 0 & 0 & 0 & M_b & 0 \\ 0 & 0 & 0 & 0 & 0 & I_b \end{bmatrix} \quad (3.49)$$

$$\boldsymbol{C} = \begin{bmatrix} 4c_s & 0 & -2c_s & 0 & -2c_s & 0 \\ 0 & 4c_sL^2 & -2c_sL & 0 & 2c_sL & 0 \\ -2c_s & -2c_sL & 2c_s + c_{p11} + c_{p12} + c_{p13} + c_{p14} & l(c_{p11} + c_{p12} - c_{p13} - c_{p14}) & 0 & 0 \\ 0 & 0 & l(c_{p11} + c_{p12} - c_{p13} - c_{p14}) & l^2(c_{p11} + c_{p12} + c_{p13} + c_{p14}) & 0 & 0 \\ -2c_s & 2c_sL & 0 & 0 & 2c_s + c_{p21} + c_{p22} + c_{p23} + c_{p24} & l(c_{p21} + c_{p22} - c_{p23} - c_{p24}) \\ 0 & 0 & 0 & 0 & l(c_{p21} + c_{p22} - c_{p23} - c_{p24}) & l^2(c_{p21} + c_{p22} + c_{p23} + c_{p24}) \end{bmatrix} \quad (3.50)$$

$$\boldsymbol{K} = \begin{bmatrix} 4k_s & 0 & -2k_s & 0 & -2k_s & 0 \\ 0 & 4k_sL^2 & -2k_sL & 0 & 2k_sL & 0 \\ -2k_s & -2k_sL & 2k_s + 4k_p & 0 & 0 & 0 \\ 0 & 0 & 0 & 4k_pl^2 & 0 & 0 \\ -2k_s & 2k_sL & 0 & 0 & 2k_s + 4k_p & 0 \\ 0 & 0 & 0 & 0 & 0 & 4k_pl^2 \end{bmatrix} \quad (3.51)$$

$$\boldsymbol{C}_{fl} = \begin{bmatrix} 0 & 0 & 0 & 0 \\ 0 & 0 & 0 & 0 \\ -c_{p11} & -c_{p13} & 0 & 0 \\ -lc_{p11} & lc_{p13} & 0 & 0 \\ 0 & 0 & -c_{p21} & -c_{p23} \\ 0 & 0 & -lc_{p21} & lc_{p23} \end{bmatrix} \quad (3.52)$$

$$\boldsymbol{C}_{\mathrm{fr}} = \begin{bmatrix} 0 & 0 & 0 & 0 \\ 0 & 0 & 0 & 0 \\ -c_{\mathrm{p}12} & -c_{\mathrm{p}14} & 0 & 0 \\ -lc_{\mathrm{p}12} & lc_{\mathrm{p}14} & 0 & 0 \\ 0 & 0 & -c_{\mathrm{p}22} & -c_{\mathrm{p}24} \\ 0 & 0 & -lc_{\mathrm{p}22} & lc_{\mathrm{p}24} \end{bmatrix} \qquad (3.53)$$

$$\boldsymbol{K}_{\mathrm{fl}} = \boldsymbol{K}_{\mathrm{fr}} = \begin{bmatrix} 0 & 0 & 0 & 0 \\ 0 & 0 & 0 & 0 \\ -k_{\mathrm{p}} & -k_{\mathrm{p}} & 0 & 0 \\ -lk_{\mathrm{p}} & lk_{\mathrm{p}} & 0 & 0 \\ 0 & 0 & -k_{\mathrm{p}} & -k_{\mathrm{p}} \\ 0 & 0 & -lk_{\mathrm{p}} & lk_{\mathrm{p}} \end{bmatrix} \qquad (3.54)$$

令 $x = \begin{bmatrix} Z \\ Z' \end{bmatrix}$，则该车辆系统的状态方程表示为

$$x' = \boldsymbol{A}x + \boldsymbol{B}u \qquad (3.55)$$

此时，系统方程从二阶微分方程降阶为一阶微分方程。$\boldsymbol{A}$ 为系统特征方程的系数矩阵，且有 $\boldsymbol{A} = \begin{bmatrix} 0 & \boldsymbol{E} \\ -\boldsymbol{M}^{-1}\boldsymbol{K} & -\boldsymbol{M}^{-1}\boldsymbol{C} \end{bmatrix}$；系数矩阵 $\boldsymbol{B} = [\boldsymbol{B}_{\mathrm{l}}, \boldsymbol{B}_{\mathrm{r}}]$；$u = \begin{bmatrix} u_{\mathrm{l}} \\ u_{\mathrm{r}} \end{bmatrix}$。其中，$\boldsymbol{B}_{\mathrm{l}} = \begin{bmatrix} 0 & 0 \\ \boldsymbol{M}^{-1}\boldsymbol{K}_{\mathrm{fl}} & \boldsymbol{M}^{-1}\boldsymbol{C}_{\mathrm{fl}} \end{bmatrix}$，$u_{\mathrm{l}} = \begin{bmatrix} z_{\mathrm{vl}} \\ z'_{\mathrm{vl}} \end{bmatrix}$，$\boldsymbol{B}_{\mathrm{r}} = \begin{bmatrix} 0 & 0 \\ \boldsymbol{M}^{-1}\boldsymbol{K}_{\mathrm{fr}} & \boldsymbol{M}^{-1}\boldsymbol{C}_{\mathrm{fr}} \end{bmatrix}$，$u_{\mathrm{r}} = \begin{bmatrix} z_{\mathrm{vr}} \\ z'_{\mathrm{vr}} \end{bmatrix}$。上述模型的车辆参数如表 3.1 所示。

表 3.1 车辆参数表

参数名称	参数值	单位
M_{c}	44236	kg
I_{c}	2060000	kg·m²
M_{b}	2439	kg
I_{b}	1205	kg·m²
K_{s}	182	kN/m
C_{s}	13.0	kN·s/m
K_{p}	950	kN/m
$C_{\mathrm{p}ij}(i=1\sim2, j=1\sim4)$	10.4	kN·s/m
L	17.375	m
i	2.5	m

该高速客车系统是一个多输入多输出系统，具有 8 个输入和 6 个输出，整个系统共有 48 个频响函数 $H_{ik}(\omega)(i=1\sim8, k=1\sim6)$。要求解该车辆响应需先解出全部的 $H_{ik}(\omega)$，这比上述求一两个 $H(\omega)$ 时要复杂得多，因此采用时域的数值积分

法对该系统进行求解。轨道不平顺输入为实测垂向轨道不平顺谱,左右轨的垂向不平顺输入如图 3.28 和图 3.29 所示。

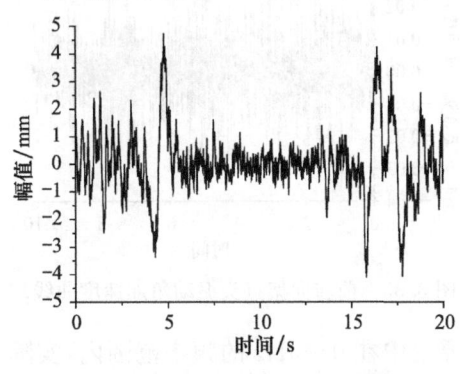

图 3.28　左轨实测垂向不平顺输入

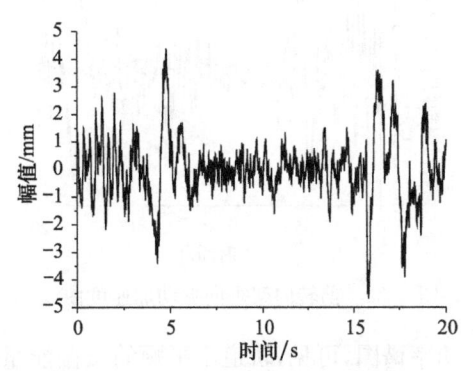

图 3.29　右轨实测垂向不平顺输入

z_{vl1}、z_{vl2}、z_{vl3}、z_{vl4} 之间按车辆轴距 l 与定距 L 存在输入延时,当车辆运行速度为 V 时,轨道不平顺间的输入时延表达为:$\Delta t_1 = 2l/V$, $\Delta t_2 = 2L/V$, $\Delta t_3 = (2l + 2L)/V$;同理可得 z_{vr1}、z_{vr2}、z_{vr3}、z_{vr4} 之间的延时。

利用二阶差分法对状态方程(3.55)进行求解,并编制相应的计算程序。图 3.30~图 3.33 为车速 $v = 100\text{m/s}$ 时,计算得到的车体和转向架振动响应的加速度曲线。

由上图可知,该高速客车在给定运行速度下,车体的垂向振动加速度及点头角加速度很小。可见,空气弹簧的减振效果很好,此时车辆的平稳性指标处于优级。前转向架的垂向振动加速度均值较小,约为 1.08m/s^2。

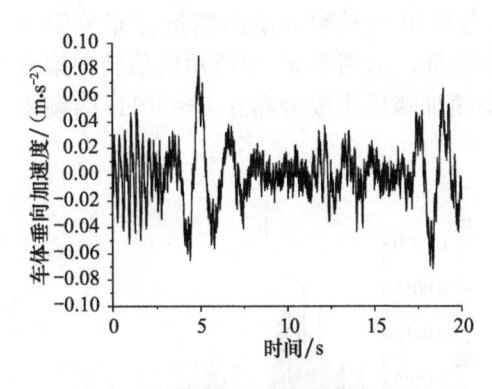

图 3.30　车体垂向振动加速度曲线

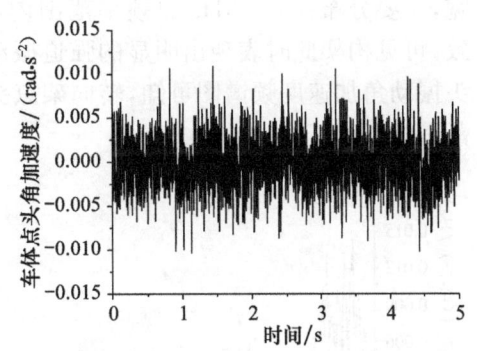

图 3.31　车体点头振动角加速度曲线

图 3.34 为该车车体浮沉加速度的功率谱密度曲线,图中的峰值出现在 0.7Hz 左右,对应于该车的低频浮沉自振频率。作为对比,图 3.35 给出了左轨不平顺的

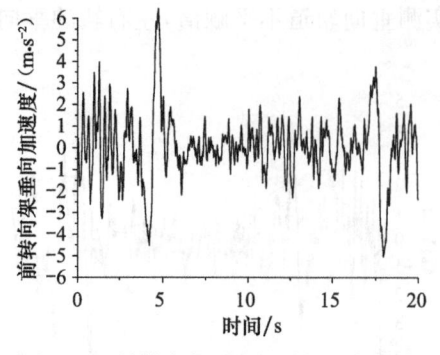

图 3.32 前转向架垂向振动加速度曲线 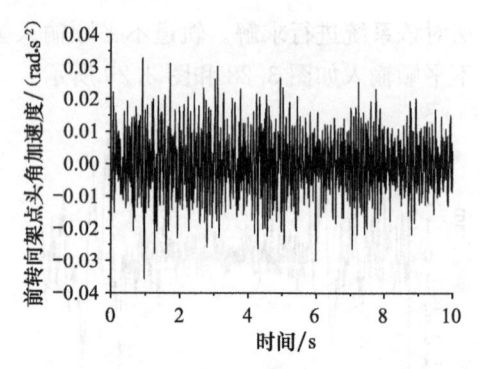　　图 3.33 前转向架点头振动角加速度曲线

功率谱图,可见,轨道不平顺的激振能量主要集中在 0~5Hz 的频率范围内,实际不平顺谱中含有的激励峰值被间距函数放大或缩小了。

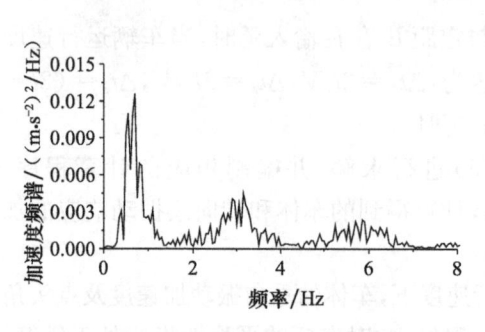

图 3.34 车体垂向振动加速度频谱图 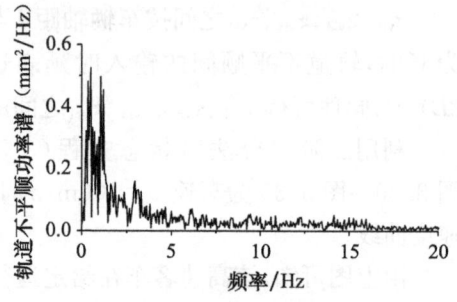　　图 3.35 左轨不平顺频谱图

前转向架垂向加速度频谱如图 3.36 所示,其主频范围较车体垂向加速度要宽,主要分布在 0~3Hz 的频率范围内,与轨道不平顺的激振能量分布范围一致,可见构架此时表现出明显的强迫振动特征。从图 3.37 中所示的前转向架点头振动角加速度频谱图可知,转向架点头角加速度主要分布在 0~50Hz 的频率范围内。

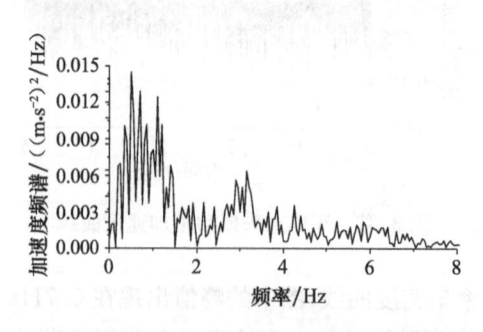

图 3.36 前转向架垂向加速度频谱图 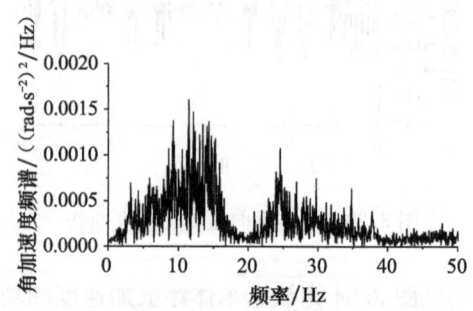　　图 3.37 前转向架点头振动角加速度频谱图

3.5 车辆垂向振动对轨道结构动力性能的影响

车辆运行过程中产生的垂向振动对轮轨间的动力作用有影响,从而影响轨道的疲劳性能。本节将对车辆垂向振动对轨道结构动力性能的影响进行简要介绍。

3.5.1 车辆垂向振动影响轨道结构动力性能评定标准

在提速及高速线路上,由于列车运行速度的提高,轮轨之间的动力作用随之增加。过大的轮轨垂向力和横向力不仅对钢轨、扣件、轨枕(轨道板)等部件产生损伤、破坏,而且可能导致轨道不平顺的急剧增大,影响线路的养护维修工作量和费用,严重时还将危及行车安全。因此,必须对轮轨间的动力作用加以限制。车辆对轨道结构的动力作用主要表现在轮轨动态作用力、轨道结构动态变形和轨道结构振动三方面。因此,评价轨道结构动力作用的指标主要有轮轨垂向力、轮轨横向力、轮轴横向力、线路结构应力、轨道动态变形、轨道结构振动等。下面将对轮轨垂向冲击力的相关问题进行阐述。

日本在既有线铁路提速试验规范中对轮重最大值有明确规定,要求其小于轨道部件(PC 轨枕、轨道板)的设计载荷。所谓设计载荷,是考虑了因车轮扁疤引起的轮轨动力冲击作用而采用的荷载。经过调查分析,车轮扁疤引起的轮载动静比约为 1.7,考虑一定的安全系数后取为 2.0,最大扁疤轮重可取为静轮重的 3 倍,并将其作为设计荷载。新干线采用轴重 170kN 的 P 标准活载,设计载荷为 270kN,而既有线采用轴重 160kN 的 K 活载,设计载荷为 255kN。

英国铁路(BR)早在 20 世纪 70 年代便注意到机车车辆通过钢轨低接头时严重的动力作用问题,通过试验首次发现了轮轨冲击力的特性,并由此定义了轮轨冲击力的特性 P_1、P_2。英国的 Lyon 还利用欧拉梁弹性基础模型(EBEF)与数值方法仿真了低接头处的轮轨冲击过程,得到所谓的 P_1、P_2 轮轨力光滑波形,如图 3.38 所示。

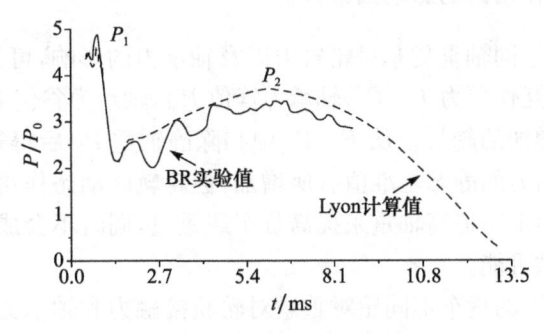

图 3.38 Lyon 模型仿真结果与试验对比图

P_1力是由机车车辆簧下质量与钢轨质量之间发生的高频接触振动而引起的冲击力,其作用很快被钢轨及其轨道的惯性反作用力所抵消而衰减,来不及向上和向下传播,是导致车轮扁疤、轨头破损、螺栓孔裂纹及鱼尾板折断的主要原因。P_2是低频振动载荷,可直接向钢轨以下和车轮以上传递,对轨枕、道床和路基的破坏较大,并造成列车由垂向振动引发的性能恶化。

研究表明:P_1受静轮载影响很小,簧下质量对其影响也非常有限,主要是受到轨道参与振动的质量影响较大,并随着列车速度的提高而加大。可以通过减小钢轨垫板的动刚度来实现减小轨枕的参与质量,达到减小P_1力的目的。P_2受静轮载的影响也很小,簧下质量对其影响亦有限,但轨道弹性和机车车辆簧下质量对P_2的影响较大,并随着列车速度的提高而加大。所以,对高速铁路而言,增加轨道弹性,减小机车车辆的簧下质量,以达到减小P_2力的大小是有重要意义的。

英国铁路规定了对于车辆通过钢轨接头等瞬态冲击作用时的轮轨垂向力P_1、P_2的限制标准,如表3.2所示。

表3.2 英国铁路(BR)关于轮轨垂向力P_1、P_2的许用值

车种	车轮踏面外形	P_1	P_2	P_1+P_2
货车	锥形	400	250	600
	磨耗形	425	250	625
机车	锥形	480	340	820
	磨耗形	510	340	850

德国联邦铁路规定,就线路负荷而言,轮轨垂向力不允许超过极限值170kN。我国《高速试验列车动力车强度及动力学性能规范》(95J01-L)中也规定,动力车通过直线、曲线、道岔和桥梁时,导向轮对每个车轮作用于轨道的垂向力峰值的极限值为

$$P_{max} \leqslant 170 \text{kN} \tag{3.56}$$

3.5.2 轮轨动态作用力的影响因素分析

图3.39给出不同轴重货车对轮轨力以及轴承力的影响,可见,随着半轴重的增加,轮轨间的相互作用力P_1、P_2,轴承力峰值P_{b1},轴承力谷值P_{b2}以及轨垫力P_t基本呈现出线性增加的趋势。从P_1、P_2中扣除静轴重P_0后得知:虽然轴重的增加会使轮轨间作用力的静态基准值有所增加,但轮轨间动态作用力的增幅却小于轴重的增幅。这为采用提高轴重来提高货车载重量,同时不会成比例地增大轮轨间冲击作用力提供可能。

图3.40给出了的货车不同轮对重量对轮轨接触力和轴承力的影响,它表明:随着半轮对重量的增加,直接参与轮轨间冲击作用的簧下质量增加,低频作用力

P_2 基本上呈线性增加。随着这个簧下质量的增加,轮轨的高频打击力 P_1 开始增大,但当半轮对簧下质量增加到 500kg 后,高频轮轨冲击力逐渐趋于饱和并几乎不变,这表明尽量减少轮对质量有明显优点。降低一系簧下质量也可以有效降低 P_2 冲击力,由于低频作用力 P_2 的作用时间较长,可直接传递到轨下基础部分,对轨道产生的破坏作用较大,所以合理降低簧下质量可以有效改善轮轨冲击对轨道的破坏。

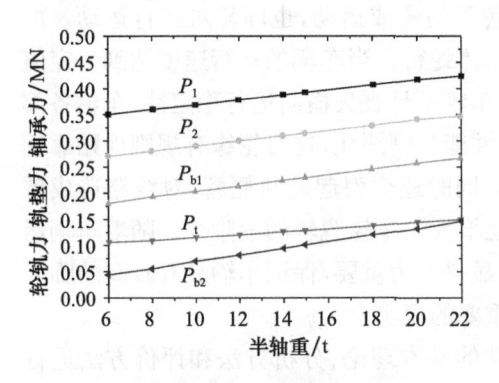

图 3.39 轴重对轮轨接触力和轴承力的影响

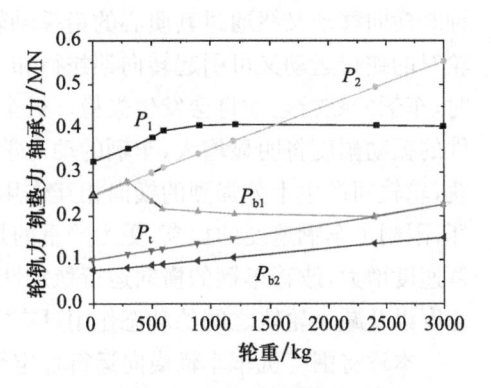

图 3.40 半轮对重对轮轨接触力和轴承力的影响

图 3.41 是运用车辆-轨道耦合动力学理论计算得出的车辆运行速度对轮轨垂向冲击力的影响关系[3]。由图可知,该客车在低速运行($v=40$km/h)时,轮轨作用力响应曲线十分平坦,P_1 和 P_2 力值相差不大。并且随着速度的提高,P_1 和 P_2 增大得很快。可见车辆高速运行将使轮轨的冲击力大幅增大,因此必须加强车轮与轨道养护,否则轮轨表面的缺陷或轨道不平顺使高速车辆与轨道间产生过大冲击作用,将恶化车辆与轨道的状态,并反过来加大破坏作用。对于轴重提高的重载货车而言,必须采取低动力的加垫措施。

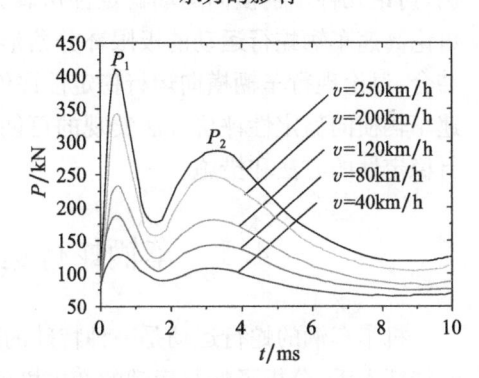

图 3.41 不同车速下轮轨的冲击响应

参 考 文 献

[1] 王福天. 车辆动力学. 北京:中国铁道出版社,1981.
[2] 胡用生. 现代机车车辆动力学. 北京:中国铁道出版社,2009.
[3] 翟婉明. 车辆—轨道耦合动力学. 3 版. 北京:科学出版社,2007.

第四章 机车车辆的横向运行稳定性

由于机车车辆的车轮踏面具有一定的锥度,当轮对沿着钢轨滚动时,会产生一种既横向移动又绕通过其质心的铅垂轴转动的合成运动,也即轮对蛇行运动。由轮对的蛇行运动又可引起转向架蛇行和车体蛇行。当车辆的运行速度达到一定值时,车辆的蛇行运动将会发生失稳。机车车辆一旦丧失横向运行稳定性,车辆各部件的振动幅度将明显增大,车辆的动力学性能急剧恶化,这时轮缘有规则地贴靠钢轨,轮轨间产生十分强烈的横向相互作用,同时还会引起轮轨侧磨,对线路造成破坏,限制了车辆速度的提高,更为严重的是增大了车轮脱轨的危险性。随着车辆运营速度增大,改善车辆的横向运行稳定性显得尤为重要,保证车辆具有较高的临界速度以及减小轮轨之间的动态作用具有重要的现实意义。

本章将围绕机车车辆横向运行稳定性的基本理论、分析方法和评价方法进行论述。4.1节首先介绍机车车辆蛇行运动及自激振动的机理;4.2节结合具体实例,讨论几种车辆横向运动稳定性仿真分析方法;4.3节基于极限环和分岔理论,讨论高速车辆蛇行运动的极限环分岔形式;4.4节将理论分析与工程实践应用相结合,讨论现行车辆横向运行稳定性评价方法的差异和适用性,并论述一种新的高速车辆横向稳定性评价方法实现的可能性;4.5节概括提高机车车辆系统横向运行稳定性的方法和措施。

4.1 车辆蛇行运动与自激振动机理

机车车辆的蛇行运动是一种特殊的运动形式,本节从分析机车车辆蛇行运动的特征入手,分析了蛇行运动的产生机理和形成原因,并论述了稳定的蛇行运动及不稳定蛇行运动的形成条件。

4.1.1 机车车辆的蛇行运动

1. 自由轮对的蛇行运动

具有一定形状踏面的轮对沿着平直轨道运行时,一直存在着蛇行运动,图4.1为自由轮对的蛇行运动,机车车辆的蛇行运动是由轮对特殊的形状特征所决定的。轮对运动初始时刻,轮对中心与轨道中心线重合,左右车轮滚动圆半径大小相等。当滚动过程中轮对开始向右侧产生横移时,右侧滚动圆半径将变大,而左侧滚动圆半径将变小,因此右侧车轮将比左侧运动得要快一些,这使得轮对绕垂直轴产生摇头,这样一直进行到右侧滚动圆半径达到最大值而左侧滚动圆半径达到最小值为止,此时,轮对摇头角重新变为0。再继续向前滚动,左侧滚动圆半径增大,右侧滚动圆半径减小,直至轮对中心处于轨道中心线上时,其摇头角达到最大值。如此往复,轮对一边横向移动,一边又绕通过其质心的铅垂轴转动,这两种运动的耦合称为轮对蛇行运动。

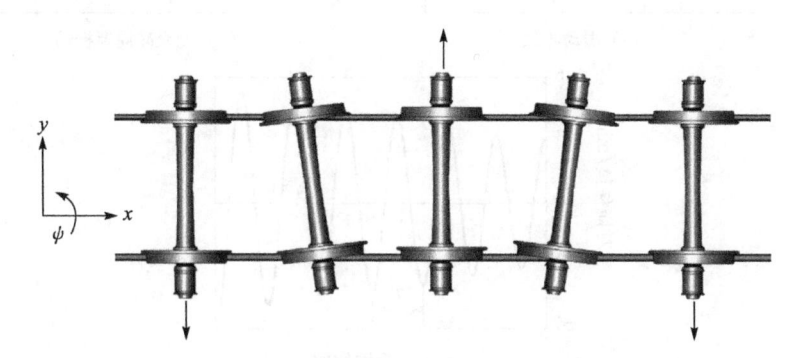

图 4.1 轮对绕轨道中心的蛇行运动

轮对在理想平直光滑轨道上的蛇行运动轨迹为一正弦形波形,该正弦形曲线的波长为轮对的蛇行运动波长 L,当轮对的前进速度为 v 时,其蛇行运动周期为

$$T = \frac{L}{v} \tag{4.1}$$

由此可得自由轮对蛇行运动的圆频率为

$$\omega = \frac{2\pi v}{L} \tag{4.2}$$

在理想平直轨道上运动的车辆,当其运行速度较低时,其轮对蛇行运动收敛,如图 4.2(a)所示;当运动速度等于蛇行临界速度时,轮对表现为无衰减的周期振动,如图 4.2(b)所示;一旦车辆运行速度超过其临界速度,轮对蛇行运动就表现为剧烈的极限环振动,其幅值逐渐增大,如图 4.2(c)所示。当轮对蛇行运动收敛时,轮对横移振动的相轨迹(每时刻的位移及对应速度在同一平面上描绘出曲线)如图 4.3(a)所示;当轮对蛇行运动发散时,轮对横移振动的相轨迹如图 4.3(b)所示,这时轮对横移运动的相轨迹逐渐离开初始位置,并趋近于相平面内的封闭曲线,形成稳定极限环,此时轮对横移量超过轮轨间隙,开始产生轮缘碰撞钢轨的现象。

1883 年,德国工程师 Klingel[1]首次提出轮对的蛇行运动,并推导得到轮对蛇行运动的波长和圆频率,即著名的 Klingel 公式。轮对横移 y 和摇头 ϕ 与轨道纵

（a）振动收敛

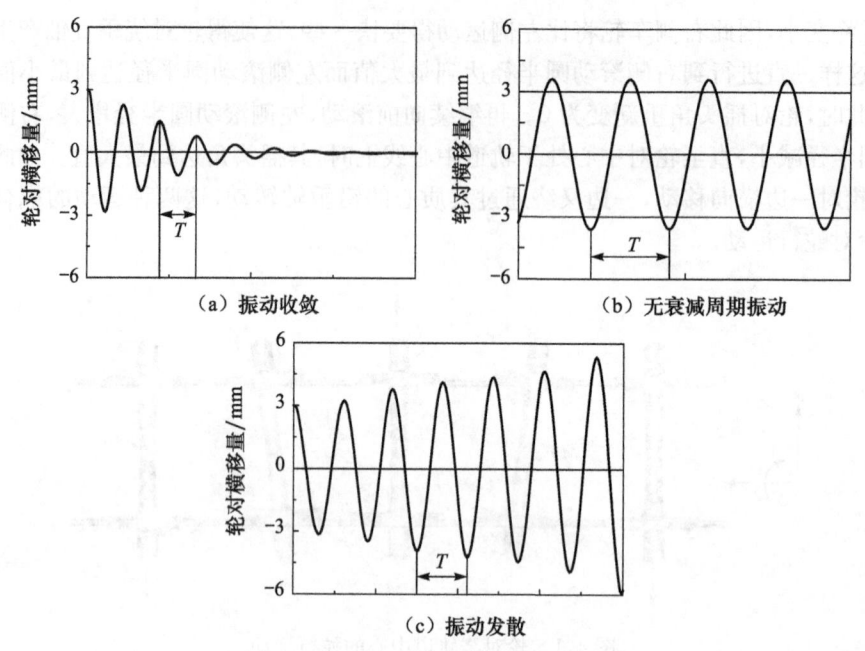

（b）无衰减周期振动

（c）振动发散

图 4.2 轮对在理想平直轨道上的蛇行运动

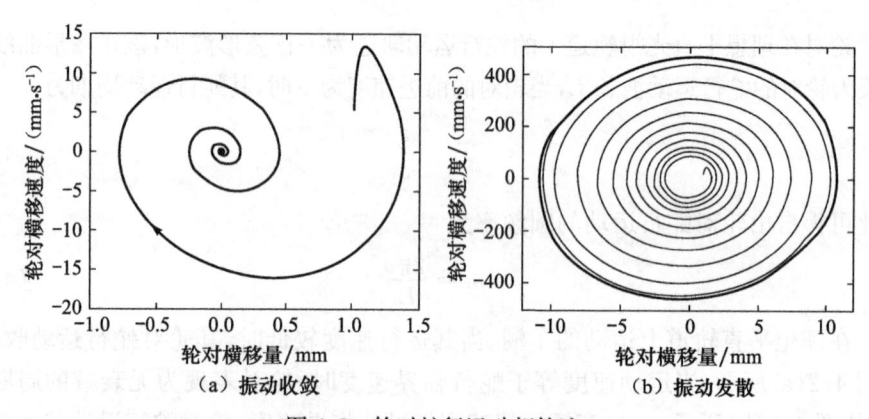

（a）振动收敛

（b）振动发散

图 4.3 轮对蛇行运动相轨迹

向坐标 x 的函数关系可用式(4.3)和式(4.4)表示为

$$y = y_0 \sin \frac{2\pi x}{L} \tag{4.3}$$

$$\psi = \psi_0 \cos \frac{2\pi x}{L} \tag{4.4}$$

从图 4.1 可知，轮对绕垂直轴的摇头角 ψ 可表示为

$$\psi = \frac{\mathrm{d}y}{\mathrm{d}x} \tag{4.5}$$

因此，由式(4.4)有

$$\psi = \frac{y_0 \cdot 2\pi}{L}\cos\frac{2\pi x}{L} \tag{4.6}$$

为得到与时间有关的运动变化过程，以 $x=vt$ 代入式(4.3)和式(4.6)，可将轮对的运动变化用给定的横移量 y_0 及蛇行运动波长 L 来表示：

$$y = y_0\sin\frac{2\pi vt}{L} \tag{4.7}$$

$$\psi = \frac{y_0 \cdot 2\pi}{L}\cos\frac{2\pi vt}{L} \tag{4.8}$$

图 4.4 为自由轮对在钢轨上发生横移和侧滚时的几何关系。图 4.4(a)表示轮对处于中心位置时的情况，图 4.4(b)表示轮对横移 y_0 后的情况。假定轮对为刚体且角速度 Ω 恒定，则在纯滚动情况下，左右车轮的滚动速度分别为

$$v_L = \Omega r_L, \quad v_R = \Omega r_R \tag{4.9}$$

式(4.9)中，

$$\Omega_0 = \frac{v}{r_0} \tag{4.10}$$

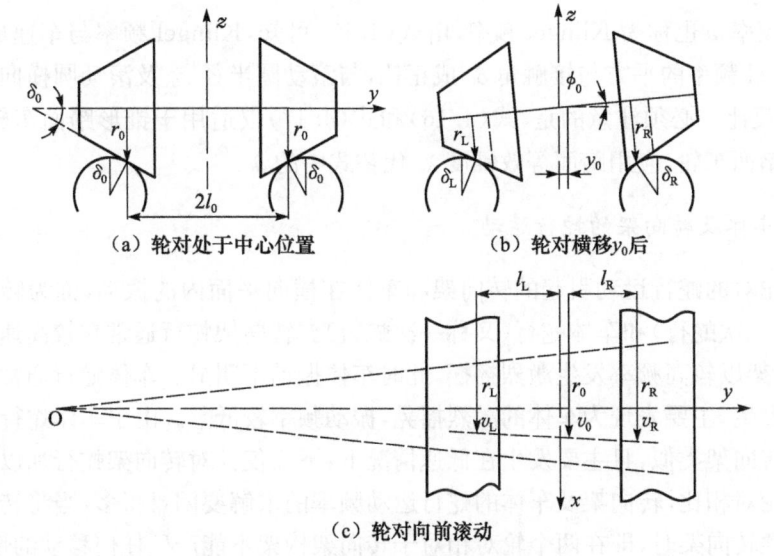

(a) 轮对处于中心位置

(b) 轮对横移 y_0 后

(c) 轮对向前滚动

图 4.4　自由轮对的运动几何关系

在图 4.4(c)中，轮对在 xy 平面上的滚动可看作绕 M 点的转动，根据几何关系可得左右车轮速度与轮对绕垂直轴的摇头角的关系式为

$$v_L = v - \dot{\psi}l_L, \quad v_R = v - \dot{\psi}l_R \tag{4.11}$$

将式(4.11)中的左右车轮速度相减，并将式(4.7)~式(4.10)代入可得

$$\frac{v}{r_0}(r_L - r_R) = yv\left(\frac{2\pi}{L}\right)^2(l_L + l_R) \tag{4.12}$$

对于图 4.4 所示的锥形踏面车轮，可由几何关系得到

$$l_L + l_R \approx 2l_0$$
$$r_L \approx r_0 + \delta_0 y$$
$$r_R \approx r_0 - \delta_0 y \tag{4.13}$$

于是有

$$r_L - r_R \approx 2\delta_0 y \tag{4.14}$$

将式(4.14)代入式(4.12)得

$$\frac{\delta_0}{r_0} = l_0 \left(\frac{2\pi}{L}\right)^2 \tag{4.15}$$

由式(4.15)可求得锥形踏面轮对的蛇行运动波长为

$$L = 2\pi \sqrt{\frac{l_0 r_0}{\delta_0}} \tag{4.16}$$

蛇行运动圆频率为

$$\omega = v \sqrt{\frac{\delta_0}{l_0 r_0}} \tag{4.17}$$

圆频率 ω 也称为 Klingel 频率，由式(4.17)可知，Klingel 频率与车速成正比，而 Klingel 频率的平方与接触角 δ_0 成正比，与滚动圆半径 r_0 及滚动圆横向间距之半 l_0 成反比。必须注意的是，式(4.16)和式(4.17)仅适用于锥形踏面车轮，对于磨耗型踏面车轮，应用踏面等效锥度 λ_e 代替式中的 δ_0。

2. 车体及转向架的蛇行运动

由轮对的蛇行运动引起的转向架和车体在横向平面内的振动，称为转向架蛇行(又称二次蛇行)和车体蛇行(又称一次蛇行)。转向架蛇行通常在较高速度下发生，转向架以较高频率发生激烈摇摆，此时车体振动不明显。车体蛇行通常在较低速度下发生，主要表现为车体的激烈摇晃，振动频率较低[2]。由于车体蛇行的表现形式与转向架类似，且主要发生在低速情况下，下面仅针对转向架蛇行加以说明。

与轮对相比，转向架及车体的蛇行运动频率的求解要困难得多，当将转向架简化为刚性转向架时，即在两个轮对相对于转向架构架不能产生任何移动的情况下，可以推导得到与 Klingel 公式相对应的刚性转向架的蛇行运动频率为

$$\omega = v \sqrt{\frac{\lambda_e}{l_0 r_0 \left(1 + \frac{f_{22}}{f_{11}} \cdot \frac{a^2}{l_0^2}\right)}} \tag{4.18}$$

蛇行运动波长为

$$L = 2\pi \sqrt{\frac{l_0 r_0}{\lambda_e} \left(1 + \frac{f_{22}}{f_{11}} \cdot \frac{a^2}{l_0^2}\right)} \tag{4.19}$$

式(4.18)和式(4.19)中,a 为转向架轴距之半;$f_{11}=GabC_{11}$ 为纵向蠕滑系数;$f_{22}=GabC_{22}$ 为横向蠕滑系数。由式(4.18)可知,刚性连接转向架的蛇行运动频率随着速度的增大而增大,与式(4.17)相比,同样速度情况下,刚性转向架的蛇行运动频率一定比自由轮对的低,与之对应的,刚性转向架的蛇行运动波长比自由轮对的长。同时必须注意:实际轮轨间是一种非纯滚动的动态蠕滑,蛇行运动并非是纯滚动下的蛇行。处于这种动态蛇行运动下的轮对或转向架蛇行频率与车速 v 成不严格的线性关系。

转向架在横向运动平面内的自由度有横移、摇头和侧滚,如图 4.5 所示。由于轮对发生蛇行运动引起的转向架蛇行有如图 4.6 所示的 3 种振型。

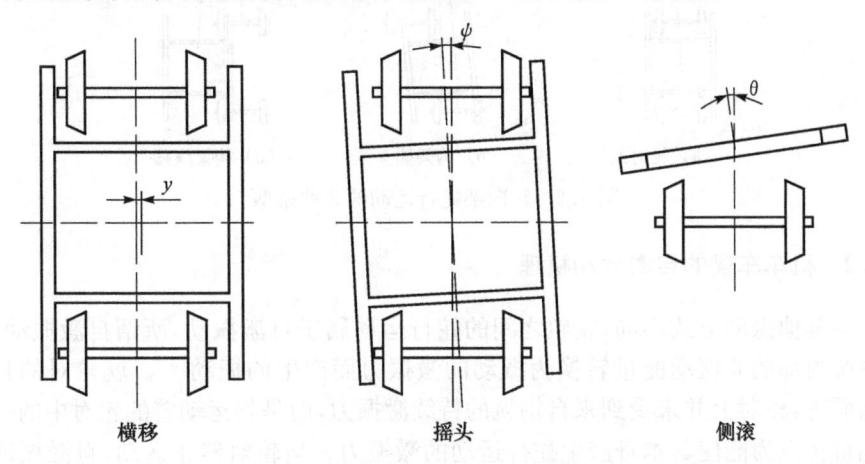

图 4.5 转向架的自由度

图 4.6(a)为两个轮对的蛇行运动,轮对的摇头运动 ψ_w 与横移运动 y_w 的相位差为 90°,图中给出的转向架构架的蛇行运动与两个轮对的蛇行运动相位几乎相同,但实际情况中两个轮对与构架之间的横移以及摇头运动可能出现小的相位差,轮对与构架振动的幅值也不相等。图 4.6(b)为构架的摇头运动振型,此时两个轮对作反相的蛇行运动,构架摇头运动的相位与轮对摇头运动的相位差为 90°或 270°。图 4.6(c)为构架的横移运动振型,此时轮对的蛇行运动近于同相,而构架的运动则几乎与轮对反相。

当转向架蛇行波长根据走行部几何尺寸而定为某一数值时,在不同的运行速度下,转向架具有不同的蛇行运动频率。当蛇行运动频率和车体横向自振频率吻合或成倍数关系时,即能产生车体一次蛇行。当转向架的蛇行运行频率和其本身自振频率相吻合时,即能产生转向架二次蛇行。因此,在进行车辆设计时,应避免车辆在常用速度范围内产生一、二次蛇行。这可以通过合理选择匹配的悬挂参数(例如一、二系横向刚度、轮对纵向刚度、阻尼、车轮踏面锥度、走行部几何尺寸、转向架摇头及侧滚惯量等)来实现。

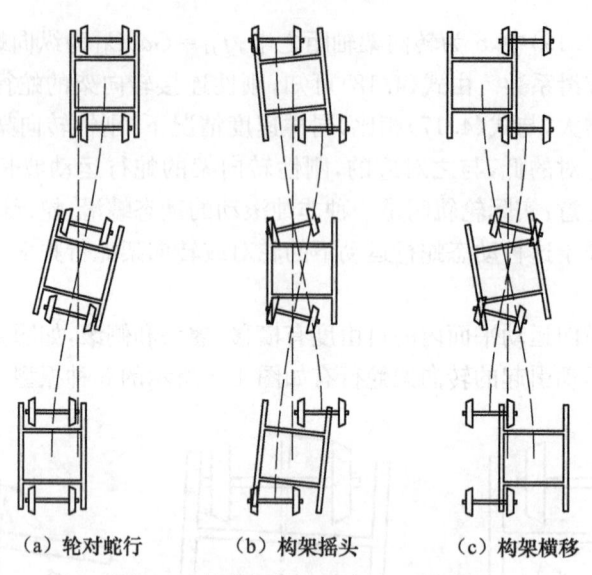

(a) 轮对蛇行　　　(b) 构架摇头　　　(c) 构架横移

图 4.6　转向架蛇行运动的 3 种振型

4.1.2　机车车辆的自激振动机理

与其他振动形式不同，轮轨之间的蛇行运动属于自激振动，所谓自激振动，即由系统内部的非振动能量转换为振动的激振力而产生的振动[3]。就轮对的自由振动而言，轮对上并未受到来自钢轨的持续激振力，而是将运动着的轮对中的一部分能量转换为能使其本身产生蛇行运动的激振力。当轮对停止运动，自激振动也随之中止。低速时，自激振动的频率通常等于或接近系统的自振频率，振幅取决于初始条件。

对于强迫振动系统，只要激振力中的某一个频率与该系统自振频率中的某一个相等时就会发生共振，超过共振速度后，共振现象就消失。而对于自激振动系统，当车辆的运行速度略超过某一最低临界速度值，系统就开始失稳。系统一旦失稳，随着速度的提高，失稳程度也越严重。因此，车辆的运行速度可以容许超过共振的临界速度，而绝对不能超过蛇行运动的临界速度。

必须明确的是：机车车辆的自激振动虽然不依靠外加交变激励，但也不是"自给振动"，必须依靠系统外的能源补充能量，并通过系统自身结构的控制作用，将非振动能量转换为振动的激振力。

在分析机车车辆自激振动机理时，先简要介绍一下极限环的基本概念。极限环是相平面上表示非线性、非保守系统的周期性运动，当系统在一个周期中，耗散的能量与吸收的能量相等时，就形成周期性的极限环。极限环运动区别于保守系统的周期性运动，也区别于强振系统的周期性运动。如果起始于极限环外部或内部的轨迹均收敛于极限环，则该极限环称为稳定的极限环，如图 4.7(a)所示。如果极限环附近的相轨迹从极限环发散出去,则该极限环称为不稳定的极限环。在这种情况下,不稳定区域包围着稳定区域。如果相轨迹起始于不稳定极限环内的稳定区域内,则该相轨迹收敛于极限环的奇点(相平面图上原点)。如果轨迹起始于不稳定极限环外部,随着时间的推移,相轨迹将继续发散出去,如图 4.7(b) 所示。一个自激振动系统,可能没有极限环,也可能在不同条件下有一个或数个极限环。

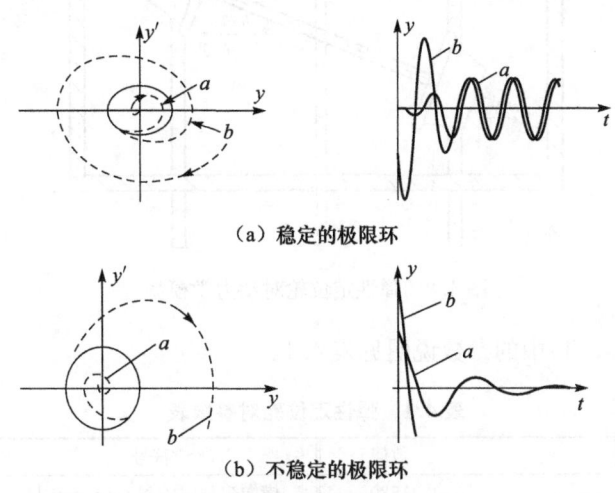

(a) 稳定的极限环

(b) 不稳定的极限环

图 4.7 极限环及对应的 y-t 曲线

在机车车辆的自激振动系统中,随运行速度或悬挂参数变化,即使没有外界激扰,在内因下可能形成不同振幅或形态的极限环。自激振动振幅过大必然限制车辆的提速,由允许的最大极限环振幅所对应的运行速度被称为"限制速度",也即临界速度。

以下将以如图 4.8 所示的弹性定位轮对为例[4],从能量的角度对自激振动的能量机制进行分析。

考虑轮对横移和摇头 2 个自由度,分别用 y 和 ψ 表示,根据受力平衡条件,可列出该弹性定位轮对的运动微分方程为

$$\begin{bmatrix} m & 0 \\ 0 & I \end{bmatrix} \begin{bmatrix} \ddot{y} \\ \ddot{\psi} \end{bmatrix} + \begin{bmatrix} c_y & 0 \\ 0 & b^2 c_x \end{bmatrix} \begin{bmatrix} \dot{y} \\ \dot{\psi} \end{bmatrix} + \begin{bmatrix} k_y + \gamma W & 0 \\ 0 & b^2 k_x \end{bmatrix} \begin{bmatrix} y \\ \psi \end{bmatrix} + \begin{bmatrix} F_r(y) \\ 0 \end{bmatrix} + \boldsymbol{F} = \begin{bmatrix} 0 \\ 0 \end{bmatrix}$$

(4.20)

式中,$\boldsymbol{F}$ 为轮轨蠕滑力矢量,其与轮对的横移量、摇头角大小、横移速度、摇头角速度均有关,因此 $\boldsymbol{F}$ 中包含了阻尼部分和刚度部分,即 $\boldsymbol{F} = \boldsymbol{F}\begin{pmatrix} y \\ \psi \end{pmatrix} + \boldsymbol{F}\begin{pmatrix} \dot{y} \\ \dot{\psi} \end{pmatrix}$;$F_r$ 为轮缘与钢轨的非线性接触力,

$$F_r(y) = \begin{cases} k_r(y-\delta), & y > \delta \\ 0, & -\delta \leqslant y \leqslant \delta \\ k_r(y+\delta), & y < -\delta \end{cases}$$

(4.21)

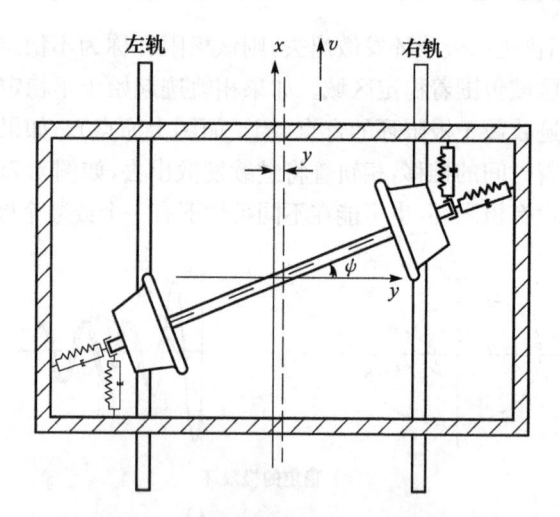

图 4.8 弹性定位轮对动力学模型

式(4.20)和式(4.21)中的参数说明见表 4.1。

表 4.1 弹性定位轮对参数表

符号	数值	符号	数值
质量 m/kg	1530	横向阻尼 $c_y/(\text{N}\cdot\text{s}\cdot\text{mm}^{-1})$	40
摇头惯量 $I/(\text{kg}\cdot\text{m}^2)$	1017	横向定位间距 b/m	2.1
纵向定位刚度 $k_x/(\text{N}\cdot\text{mm}^{-1})$	1000	滚动圆间距 l_0/m	1.5
横向定位刚度 $k_y/(\text{N}\cdot\text{mm}^{-1})$	1000	名义滚动圆半径 r_0/m	0.42
轨道横向刚度 $k_r/(\text{MN}\cdot\text{m}^{-1})$	20	轮轨间隙 δ/m	0.009
重力刚度 $\gamma W/(\text{N}\cdot\text{mm}^{-1})$	1530	踏面等效锥度 λ	0.2
纵向阻尼 $c_x/(\text{N}\cdot\text{s}\cdot\text{mm}^{-1})$	40		

令 $\boldsymbol{u}=[y,\psi]^\text{T}$,则式(4.20)表达为

$$\boldsymbol{M}\ddot{\boldsymbol{u}}+\boldsymbol{C}\dot{\boldsymbol{u}}+\boldsymbol{K}\boldsymbol{u}+\boldsymbol{F}=\boldsymbol{0} \tag{4.22}$$

式中,$\boldsymbol{M}$、$\boldsymbol{C}$、$\boldsymbol{K}$ 分别为系统的质量、阻尼和刚度矩阵,为了确定各种力对系统所做的功,对方程(4.22)左乘 $\text{d}\boldsymbol{u}^\text{T}=\dot{\boldsymbol{u}}^\text{T}\text{d}t$ 得

$$\dot{\boldsymbol{u}}^\text{T}(\boldsymbol{M}\ddot{\boldsymbol{u}}+\boldsymbol{C}\dot{\boldsymbol{u}}+\boldsymbol{K}\boldsymbol{u}+\boldsymbol{F})\text{d}t=0 \tag{4.23}$$

因为矩阵 $\boldsymbol{M}$、$\boldsymbol{K}$ 是对称的,因此方程(4.23)可写成

$$\frac{\text{d}}{\text{d}t}\left(\frac{1}{2}\dot{\boldsymbol{u}}^\text{T}\boldsymbol{M}\dot{\boldsymbol{u}}+\frac{1}{2}\boldsymbol{u}^\text{T}\boldsymbol{K}\boldsymbol{u}\right)\text{d}t+\dot{\boldsymbol{u}}^\text{T}\boldsymbol{C}\dot{\boldsymbol{u}}\text{d}t+\dot{\boldsymbol{u}}^\text{T}\boldsymbol{F}\text{d}t=0 \tag{4.24}$$

对式(4.24)从 $t=0$ 到 t 进行积分得

$$\frac{1}{2}\dot{\boldsymbol{u}}^\text{T}\boldsymbol{M}\dot{\boldsymbol{u}}+\frac{1}{2}\boldsymbol{u}^\text{T}\boldsymbol{K}\boldsymbol{u}=\frac{1}{2}\dot{\boldsymbol{u}}_0^\text{T}\boldsymbol{M}\dot{\boldsymbol{u}}_0+\frac{1}{2}\boldsymbol{u}_0^\text{T}\boldsymbol{K}\boldsymbol{u}_0-\int_0^t\dot{\boldsymbol{u}}^\text{T}\boldsymbol{C}\dot{\boldsymbol{u}}\text{d}\tau-\int_0^t\dot{\boldsymbol{u}}^\text{T}\boldsymbol{F}\text{d}\tau \tag{4.25}$$

式(4.25)的左边第一项为系统在 t 时刻的动能,记为 T,第二项为 t 时刻一系

弹簧的势能,记为 U,同理,右边第一项为系统 0 时刻的动能 T_0,第二项为 0 时刻的弹性势能 U_0,则有

$$T+U = T_0+U_0 - \int_0^t \dot{\boldsymbol{u}}^T \boldsymbol{C}\dot{\boldsymbol{u}} \mathrm{d}\tau - \int_0^t \dot{\boldsymbol{u}}^T \boldsymbol{F} \mathrm{d}\tau \tag{4.26}$$

由式(4.26)可见,轮轨非保守耗散系统在受到一个初始扰动后,系统获得的初始能量 T_0+U_0 不再保持不变,而是由于瑞利耗散函数 $\int_0^t \dot{\boldsymbol{u}}^T \boldsymbol{C}\dot{\boldsymbol{u}} \mathrm{d}\tau$ 及摩擦力做功项 $\int_0^t \dot{\boldsymbol{u}}^T \boldsymbol{F} \mathrm{d}\tau$ 的综合作用发生变化。由于此处的瑞利耗散函数恒为正并起到耗散能量的作用,因此只能由蠕滑力做功项 $\int_0^t \dot{\boldsymbol{u}}^T \boldsymbol{F} \mathrm{d}\tau$ 来补充系统的振动能量。又由上述分析可知,蠕滑力矢量 $\boldsymbol{F}$ 包括不对称的刚度矩阵 $\boldsymbol{F}(\boldsymbol{u})$ 和阻尼矩阵 $\boldsymbol{F}(\dot{\boldsymbol{u}})$,经分析,刚度项 $\boldsymbol{F}(\boldsymbol{u})$ 起到输入能量的作用,而阻尼项 $\boldsymbol{F}(\dot{\boldsymbol{u}})$ 起到耗散能量的作用。于是可由式(4.27)表示该弹性定位轮对与轨道组成的振动系统的能量组成部分。

$$T+U = T_0+U_0 \underbrace{- \int_0^t \dot{\boldsymbol{u}}^T \boldsymbol{C}\dot{\boldsymbol{u}} \mathrm{d}\tau - \int_0^t \dot{\boldsymbol{u}}^T \boldsymbol{F}(\dot{\boldsymbol{u}}) \mathrm{d}\tau}_{能量输出} \underbrace{- \int_0^t \dot{\boldsymbol{u}}^T \boldsymbol{F}(\boldsymbol{u}) \mathrm{d}\tau}_{能量输入} \tag{4.27}$$

式中,令 $f_C(*) = -\int_0^t \dot{\boldsymbol{u}}^T \boldsymbol{C}\dot{\boldsymbol{u}} \mathrm{d}\tau - \int_0^t \dot{\boldsymbol{u}}^T \boldsymbol{F}(\dot{\boldsymbol{u}}) \mathrm{d}\tau$,$f_C(*)$ 称为系统的等效阻尼力。式中蠕滑力刚度项起到为轮轨系统输送振动能量的作用,而系统等效阻尼力起到耗散系统能量的作用。当左右轮产生滚动半径差时,纵、横向蠕滑率即刻发挥作用,蠕滑力中的刚度项通过干摩擦作用将列车向前运动的一部分能量输送到轮对的横向运动中,这正是轮对自激振动的能量来源。

轮对系统等效阻尼耗散能量及蠕滑力刚度项输入能量的相对大小决定了其在一个运动周期内损失和吸收能量是否平衡,从而影响着轮对系统的运动状态。该轮对在不同运行速度及不同初始扰动下的运动情况如图 4.9 所示。

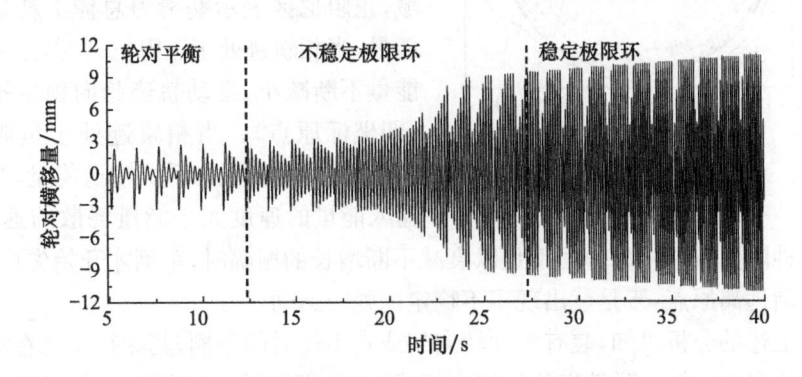

图 4.9　不同初始条件下轮对横移量时域图

可见，随着运动速度随时间的线性增大及初始扰动的不断变化，轮对运动经历了由收敛状态变为不稳定极限环直到形成稳定极限环的过程。轮对的这三种不同运动状态分别对应图 4.10 所示相平面内的三个环域，其中 a 表示轮对稳定自激振动的振幅，它的大小与轮轨系统的结构参数及运行速度有关，b 为不稳定自激振动的幅值，它的大小受输入条件的影响。当轮对运动速度大于其蛇行临界速度时，轮对运动总能形成稳定极限环，图 4.11 为该轮对在受到较大及较小的初始扰动后，相轨迹沿不同方向趋于稳定极限环 a 的计算实例。轮对之所以能从不同的初始位置出发收敛到同一极限环，是等效阻尼耗散能量及摩擦力刚度项输入能量维持平衡的结果。

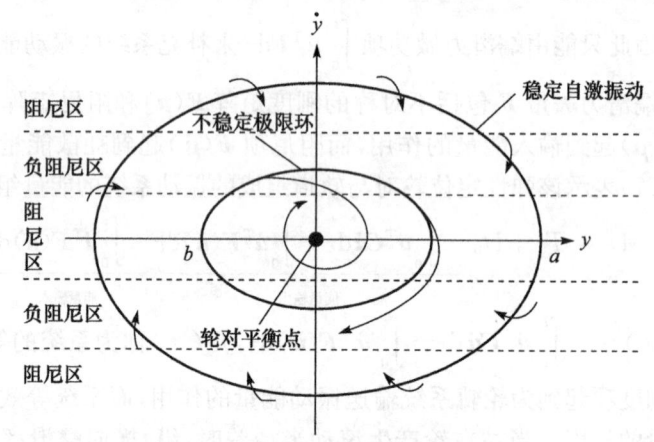

图 4.10　轮对横移运动的相平面特征图

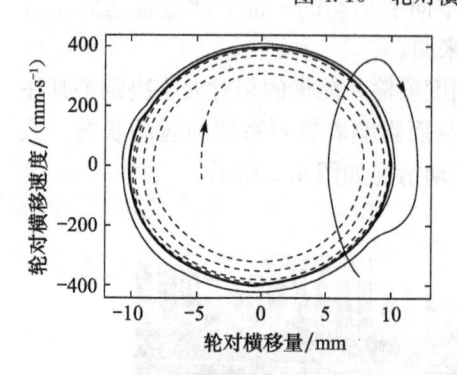

图 4.11　轮对横移运动稳定极限环相轨迹

值得注意的是：蠕滑力中的刚度和阻尼项常常耦合在一起发挥作用。根据蠕滑力做功的正负，轮对横移运动的相平面可以划分为图 4.10 所示的五个不同阻尼区域，正阻尼区表示蠕滑力总体上耗散系统能量，当相轨迹处于正阻尼区时，系统振动能量不断减小，运动轨迹趋向稳定平衡点（即坐标原点）。当相轨迹处于负阻尼区时，蠕滑力总体上向系统输送能量，当系统输入能量的速度大于能量耗散的速度，蠕滑及各种阻尼所产生的作用不足以衰减不断增长的振幅时，车辆才开始失稳，运动轨迹逐渐远离原点，于是就出现了不稳定的蛇行运动。

从上述的分析可知，装有刚性转向架或自由轮对的车辆，其蛇行运动在本质上就是不稳定的。轮对弹性定位的转向架式车辆，即使转向架与车体之间不存在回转阻尼或回转复原弹簧，车体在低速范围内也是稳定的。

虽然从表面上看,速度大小将影响轮对运动是否形成极限环,但其归根到底是通过影响轮轨相对滑动速度大小从而影响蠕滑力变化来发挥作用的,轮对系统中存在的这种滑动速度内反馈机制是产生横向自激振动必不可少的条件。

综上所述:轮对横向自激振动属于轮轨相对滑动速度内反馈引起的自激振动,自激振动所消耗的能量来自于机车牵引力。

4.2 车辆横向运行稳定性仿真分析方法

稳定性包含静态平衡稳定性及动态(运动)稳定性两大类。静态平衡稳定性是从静力平衡条件来确定稳定与否,例如车体的抗倾覆稳定性、轮对抗脱轨稳定性等。而动态稳定性通常称为运动稳定性,则必须从运动方程或者其解的特征来判断。本节结合具体计算实例介绍了车辆横向运行稳定性的理论和仿真分析方法。

4.2.1 车辆横向运行稳定性线性分析方法

稳定性的物理意义是指一个系统的响应是否有界,这是李雅普诺夫稳定性理论的基础。车辆在轨道上运行时,车辆和轨道就构成了一个复杂的动力学系统,车辆从轨道获取振动输入,并通过系统自身的传递函数对输入产生响应。通过对系统响应的求解结果进行分析,可直接确定系统的稳定性:如果系统响应的幅值是有限的,那么这个系统是稳定的,反之就是不稳定;另外,如果系统的响应最终回到初始状态,则这个系统为渐进稳定。

将非线性车辆系统适当线性化,通过分析该线性系统特征根的性质来判断系统稳定性的方法称为线性分析方法。在车辆横向运行稳定性线性分析方法中,车轮踏面等效锥度的取值和车辆系统非线性特征的线性化处理方法会直接影响线性临界速度的大小,因此,线性稳定性理论分析方法适用于对悬挂元件和轮轨接触均在线性范围内变化的车辆横向运行稳定性评估。线性化的方法有很多,常见的有通过对位移与动力特性和速度与动力特性之间的平衡点出发进行线性化,还有的从能量角度出发,计算出等效常数来实现线性化。

下面将对车辆横向运行稳定性的几种常见线性分析方法作简要介绍。

1. Routh-Hurwitz(罗斯-霍尔维茨)稳定性判据

Routh-Hurwitz 稳定性判据是一种代数判据,它根据系统特征方程式来判断特征根在 S 平面的位置,从而判断系统的稳定性[5]。Routh-Hurwitz 稳定性判据具备实用、方便的特点,因而得到了广泛的应用。假设机车车辆系统的特征方程为

$$a_n s^n + a_{n-1} s^{n-1} + a_{n-2} s^{n-2} + \cdots + a_0 = 0 \quad (4.28)$$

若式(4.28)的特征根为正实数,则系统为静态不稳定,其位移将呈逐渐增长的

趋势；若特征根为含正实部的复数，则系统为动态不稳定，这种情况下系统振动的幅值将逐渐增大而发散出去；若特征根为负实数或含负实部的复数，则无论初始条件如何，系统的振幅将最终衰减到平衡位置。因此，一个系统稳定的必要和充分条件是其特征方程的所有根都必须为负实数或为具有负实部的复数，即稳定系统的全部根 S_i 均在 S 平面的左半平面，如图 4.12 所示；反之，若有 S_i 落在包括虚轴在内（原点除外）的右半平面，则可判断该系统是不稳定的。如果落在虚轴上，则系统产生持续振荡，落在右半平面，则系统产生发散振荡。

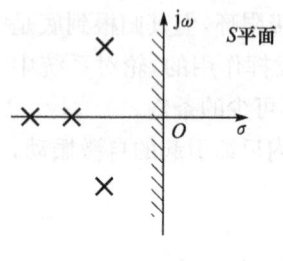

图 4.12 根平面

如果利用"根轨迹"方法判断系统的稳定性，则要求出一个系统特征方程的全部根，这项工作十分繁杂，甚至是不可能的。Routh-Hurwitz 稳定性判据通过系统特征方程的根与系数的关系来间接判别方程的根是否具有负实部，从而判别系统是否稳定。

Routh-Hurwitz 稳定性判据通过以下步骤来判别系统的稳定性。

(1) 观察方程(4.28)的系数 $a_n, a_{n-1}, a_{n-2}, \cdots, a_0$ 的符号是否相同，若有不同的符号或其中某个为零（除 $a_0=0$ 外），则方程(4.28)就会带有正实部的根，系统不稳定。

(2) 如果方程(4.28)的各项系数的符号相同，再计算如式(4.29)所示的 Routh 数列：

$$\begin{vmatrix} a_n & a_{n-2} & a_{n-4} & a_{n-6} & \cdots \\ a_{n-1} & a_{n-3} & a_{n-5} & \cdots \\ c_1 & c_2 & c_3 & \cdots \\ d_1 & d_2 & d_3 & \cdots \\ \cdots & \cdots & \cdots \\ g_1 \\ h_1 \end{vmatrix} \tag{4.29}$$

式中，$c_1 = \dfrac{a_{n-1}a_{n-2} - a_n a_{n-3}}{a_{n-1}}$；$c_2 = \dfrac{a_{n-1}a_{n-4} - a_n a_{n-5}}{a_{n-1}}$；$c_3 = \dfrac{a_{n-1}a_{n-6} - a_n a_{n-7}}{a_{n-1}}$；$d_1 = \dfrac{c_1 a_{n-3} - a_{n-1} c_2}{c_1}$；$d_2 = \dfrac{c_1 a_{n-5} - a_{n-1} c_3}{c_1}$；…；一直算到第 $n+1$ 行为止，系数的完整阵列为三角形。

(3) 判定系统的稳定性：系统稳定的必要和充分条件是其特征方程(4.28)的系数的符号全部相同，并且其 Routh 数列的第 1 列（$a_n, a_{n-1}, c_1, d_1, \cdots, g_1, h_1$）的所有各项全部为正，否则系统不稳定。如果 Routh 数列的第 1 列发生符号变化，则其符号变化的个数就是其不稳定根的数目。

2. 最小阻尼系数法

除了用特征根对机车车辆系统进行稳定性判断外,还可以利用阻尼系数对其进行判断。设 λ 为系统特征矩阵 A 的特征值,特征值的一般形式为 $\lambda_{2i-1,2i} = \alpha_i \pm j\beta_i (i=1 \sim n)$。根据特征根和特征向量,可以按单自由度振动机理推出 n 个振动模态的无阻尼振动频率 ω_i 和振动阻尼比 β_i 等信息,即

$$\omega_i = \sqrt{a_i^2 + b_i^2}, \quad i = 1 \sim n \tag{4.30}$$

$$\beta_i = a_i/\omega_n, \quad i = 1 \sim n \tag{4.31}$$

阻尼对系统振动具有良好的衰减作用,阻尼系数是表征车辆系统是否稳定的重要因素。

如果在某速度下系统对应的阻尼系数为负,那么系统是稳定的,且绝对值越大,系统的稳定程度越高;如果对应的阻尼系数为正,那么系统是不稳定的,且绝对值越大,系统的稳定程度越低;如果系统的阻尼系数等于零,那么此时对应的速度为系统的临界速度。在工程实践中,如果某一速度下车辆所有振动模态的阻尼比 $-\beta_i$ 均超过 0.05,则认为该速度下车辆的运动是稳定的。

3. 弹性定位轮对稳定性线性分析

在研究稳定性问题时,因为仅考虑轮轨接触平衡点处小位移下形成的线性系统稳定性问题,可将非线性因素等效线性化后进行分析。如图 4.13 所示的轮对受到纵、横向定位刚度的约束,其受到的蠕滑力、一系悬挂力及惯性力相平衡。设轨道坐标系为 XOY,原点位于轨道中心上。轮对相对于轨道中心线的横向偏移 y_w 和轮对的摇头 ψ_w。设轴重为恒定的 W,踏面等效锥度为 λ,滚动圆半径为 r_0。

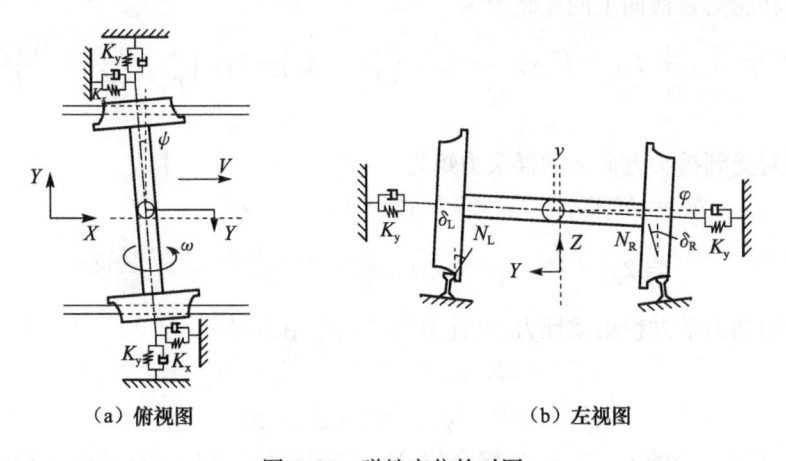

(a) 俯视图　　　　　　　　　(b) 左视图

图 4.13　弹性定位轮对图

根据定义,轮对左右侧车轮的蠕滑率表示为

$$\xi_{xL} = -\xi_{xR} = \frac{b\dot{\psi}_w}{V} + \frac{\lambda y_w}{r_0}$$

$$\xi_{yR} = \xi_{yL} = \frac{\dot{y}_w}{V} - \psi_w \qquad (4.32)$$

$$\xi_{\text{spin\_L}} = \frac{\lambda}{r_0} + \frac{\dot{\psi}_w}{V}, \xi_{\text{spin\_R}} = -\frac{\lambda}{r_0} + \frac{\dot{\psi}_w}{V}$$

式中,$\xi_{xL(R)}$ 为左右轮纵向蠕滑率;$\xi_{yL(R)}$ 为左右轮横向蠕滑率;$\xi_{\text{spin\_L(R)}}$ 为左右轮自旋蠕滑率;b 为滚动圆间距之半。

当蠕滑率不大时(0.001 以下),蠕滑力与蠕滑率近似呈线性关系,因此作用在左右车轮踏面上的纵向蠕滑力 $T_{xL(R)}$ 和横向蠕滑力 $T_{yL(R)}$ 为

$$T_{xL} = -T_{xR} = -f_{11}\xi_{xL} = -f_{11}\left(\frac{b\dot{\psi}_w}{V} + \frac{\lambda y_w}{r_0}\right)$$

$$T_{yR} = T_{yL} = -f_{22}\xi_{yL} - f_{23}\xi_{\text{spin\_L}} = -f_{22}\left(\frac{\dot{y}_w}{V} - \psi_w\right) - f_{23}\left(\frac{\lambda}{r_0} + \frac{\dot{\psi}_w}{V}\right) \quad (4.33)$$

左、右侧车轮的自旋蠕滑力矩为

$$M_{zL} = f_{23}\xi_{yL} - f_{33}\xi_{\text{spin\_L}} = f_{23}\left(\frac{\dot{y}_w}{V} - \psi_w\right) - f_{33}\left(\frac{\lambda}{r_0} + \frac{\dot{\psi}_w}{V}\right)$$

$$M_{zR} = f_{23}\xi_{yR} - f_{33}\xi_{\text{spin\_R}} = f_{23}\left(\frac{\dot{y}_w}{V} - \psi_w\right) - f_{33}\left(-\frac{\lambda}{r_0} + \frac{\dot{\psi}_w}{V}\right) \quad (4.34)$$

车轮沿中心线滚动时,车身的重心最低,当轮对有偏移时,弹簧对车体向上做功,由于踏面有锥度,随着轮对的偏移 y_w,左右踏面上的正压力在 Y 方向分力的合力不为零,因此产生一个与偏移方向相反的横向力,这个力是重力势能下的复原力,大小为 $W\lambda y_w/b$,因此 $W\lambda/b$ 也称为重力刚度 K_c。考虑重力刚度的作用,可列车作用在轮对在横向上的轮轨力为

$$T_y = T_{yL} + T_{yL} - K_c y_w = -2f_{22}\left(\frac{\dot{y}_w}{V} - \psi_w\right) - 2f_{23}\left(\frac{\lambda}{r_0} + \frac{\dot{\psi}_w}{V}\right) - \frac{W\lambda y_w}{b}$$
$$(4.35)$$

轮对受到摇头方向上的摇头力矩为

$$M_z = b(T_{xR} - T_{xL}) + M_{zL} + M_{zR}$$

$$= 2f_{23}\left(\frac{\dot{y}_w}{V} - \psi_w\right) - 2f_{33}\frac{\dot{\psi}_w}{V} - \frac{2f_{11}b^2\dot{\psi}_w}{V} - \frac{2f_{11}b\lambda y_w}{r_0} \quad (4.36)$$

则轮对的动力学方程由惯性力、悬挂力及轮轨作用力组成,为

$$m\ddot{y}_w + 2K_y y_w + 2C_y \dot{y}_w - T_y = 0$$

$$I\ddot{\psi}_w + 2K_x b^2 \psi_w + 2C_x b^2 \dot{\psi}_w - M_z = 0 \quad (4.37)$$

T_y 与 M_z 中的 y_w 与 ψ_w 是耦合的,通常考虑到 f_{23} 和 f_{33} 与其他项相比很小,

因此往往将 f_{23} 和 f_{33} 略去不计,式(4.37)因此简化为

$$\begin{cases} m\ddot{y}_w + \left(2C_y + \dfrac{2f_{22}}{V}\right)\dot{y}_w + \left(2K_y + \dfrac{W\lambda}{b}\right)y_w - 2f_{22}\psi_w = 0 \\ I\ddot{\psi}_w + \dfrac{2f_{11}b^2}{V}\dot{\psi}_w + 2K_xb^2\psi_w + 2C_xb^2\dot{\psi}_w + \left(\dfrac{2f_{11}b\lambda}{r_0}\right)y_w = 0 \end{cases} \quad (4.38)$$

将悬挂参数项与轮轨接触参数项分离,方程可表示为 2×2 阶矩阵。

$$\boldsymbol{M}\begin{bmatrix}\ddot{y}_w \\ \ddot{\psi}_w\end{bmatrix} + \left\{\boldsymbol{C} + \dfrac{\boldsymbol{C}_{wr}}{V}\right\}\begin{bmatrix}\dot{y}_w \\ \dot{\psi}_w\end{bmatrix} + \{\boldsymbol{K} + \boldsymbol{K}_{wr}\}\begin{bmatrix}y_w \\ \psi_w\end{bmatrix} = \boldsymbol{0} \quad (4.39)$$

式中,$\boldsymbol{M} = \begin{bmatrix} m & 0 \\ 0 & I \end{bmatrix}$;$\boldsymbol{K} = \begin{bmatrix} 2K_y & 0 \\ 0 & 2K_xb^2 \end{bmatrix}$;$\boldsymbol{C}_{wr} = \begin{bmatrix} 2f_{22} & 0 \\ 0 & 2f_{11}b^2 \end{bmatrix}$;

$\boldsymbol{K}_{wr} = \begin{bmatrix} \dfrac{W\lambda}{b} & -2f_{22} \\ \dfrac{2f_{11}b\lambda}{r_0} & 0 \end{bmatrix}$;$\boldsymbol{C} = \begin{bmatrix} 2C_y & 0 \\ 0 & 2C_xb^2 \end{bmatrix}$。

定义变量 $\boldsymbol{x} = \begin{bmatrix} \dot{y} & \dot{\psi} & y & \psi \end{bmatrix}$,可得到系统降为一阶的状态方程表达式

$$\dot{\boldsymbol{x}} = \boldsymbol{A}\boldsymbol{x} \quad (4.40)$$

式中,$\boldsymbol{A} = \begin{bmatrix} -\boldsymbol{M}^{-1}\left\{\boldsymbol{C} + \dfrac{\boldsymbol{C}_{wr}}{V}\right\} & -\boldsymbol{M}^{-1}\{\boldsymbol{K} + \boldsymbol{K}_{wr}\} \\ \boldsymbol{I} & \boldsymbol{0} \end{bmatrix}$。

设 $\dot{\boldsymbol{x}} = \boldsymbol{X}e^{\lambda t}$,则该系统的特征方程为:$\boldsymbol{AX} = \lambda \boldsymbol{IX}$。用标准 QR 算法计算出矩阵 $\boldsymbol{A}$ 的全部特征根 λ_i 和对应的特征向量 $\boldsymbol{\phi}_i$。

随着速度的提高,方程中阻尼阵中以速度 V 为分母的项逐渐变小,系统将由稳定转变为不稳定,其转变速度为临界速度。临界速度的大小受一系定位刚度、等效斜度、轮轨粘着和接触刚度、轴重和轮对质量等参数的影响。

当轮对的质量为 1670kg,轮对的摇头转动惯量为 1068kg·m²,踏面等效斜度为 0.3,轮轨表面为清洁的全蠕滑状态,临界速度随一系纵向刚度 K_x 和横向刚度 K_y 的变化如图 4.14 所示,可见在低定位刚度范围内,一系定位刚度的提高能使临界速度增大。图 4.15 给出了不同等效斜度和蠕滑状态下的临界速度。

4. 转向架蛇行运动稳定性线性分析

图 4.16 为构架式两轴转向架直线运行的俯视图,在分析该转向架的横向运行稳定性时,考虑两轮对及构架的横移、摇头运动自由度,图中,y_{wi} 为第 i 位轮对相对于轨道中心线的横移量,ψ_{wi} 为第 i 位轮对摇头角,图示方向为正;y_t 为转向架横移量,ψ_t 为转向架的摇头角。转向架通过二系定位刚度与假定近似不动的车体相连。通常求解高速时转向架蛇行失稳模型中车体蛇行振幅很小,而转向架蛇行幅度大。

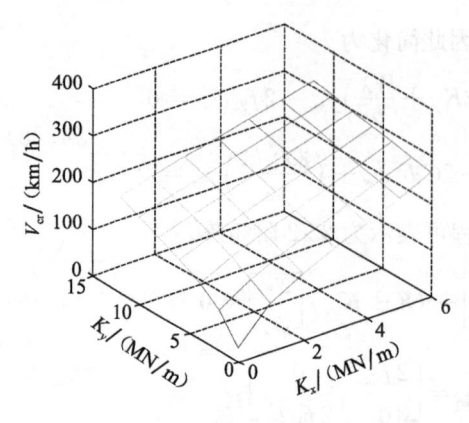

图4.14 不同一系纵、横向定位刚度下的临界速度

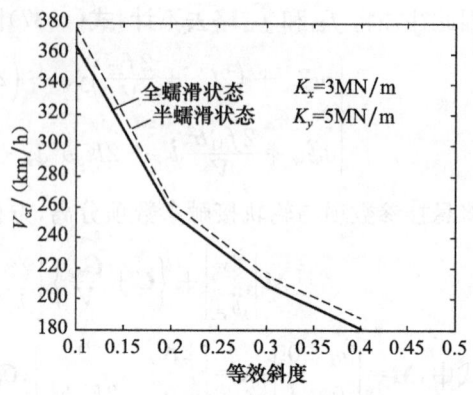

图4.15 不同等效斜度和蠕滑状态下的临界速度

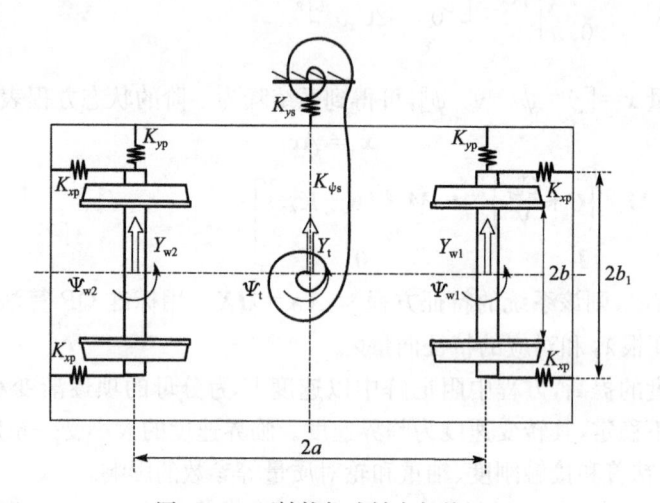

图4.16 两轴构架式转向架俯视图

根据受力平衡条件,得到该转向架的运动方程为

$$m_w \ddot{y}_{w1} + \frac{2f_{22}}{V}\dot{y}_{w1} - 2f_{22}\psi_{w1} + \frac{W\varepsilon}{b}y_{w1} = K_{yp}(y_t - y_{w1} + \psi_t a) \quad (4.41)$$

$$I\ddot{\psi}_{w1} + \frac{2f_{11}b^2}{V}\dot{\psi}_{w1} + \frac{2f_{11}b\lambda}{r_0}y_{w1} = 2K_{xp}b_1^2(\psi_t - \psi_{w1}) \quad (4.42)$$

$$m_w \ddot{y}_{w2} + \frac{2f_{22}}{V}\dot{y}_{w2} - 2f_{22}\psi_{w2} + \frac{W\varepsilon}{b}y_{w2} = K_{yp}(y_t - y_{w2} - \psi_t a) \quad (4.43)$$

$$I\ddot{\psi}_{w2} + \frac{2f_{11}b^2}{V}\dot{\psi}_{w2} + \frac{2f_{11}b\lambda}{r_0}y_{w2} = 2K_{xp}b_1^2(\psi_t - \psi_{w2}) \quad (4.44)$$

$$m_t \ddot{y}_t + K_{yp}(y_t + \psi_t a) + K_{yp}(y_t - \psi_t a) = -K_{ys}y_t + K_{yp}(y_{w1} + y_{w2}) \quad (4.45)$$

$$I\ddot{\psi}_t + 2K_{yp}\psi_t a^2 + K_{xp}b_1^2(\psi_t - \psi_{w1}) + K_{xp}b_1^2(\psi_t - \psi_{w2}) = -K_{\psi s}\psi_t + K_{yp}(y_{w2} - y_{w1})a \tag{4.46}$$

以上六个方程可形成矩阵形式

$$M\ddot{y} + C\dot{y} + Ky = 0 \tag{4.47}$$

式中,M、K 和 C 均为 6×6 的矩阵,定义变量 $x = [\dot{y}_{w1}, \dot{\psi}_{w1}, \dot{y}_{w2}, \dot{\psi}_{w2}, \dot{y}_t, \dot{\psi}_t, y_{w1}, \psi_{w1}, y_{w2}, \psi_{w2}, y_t, \psi_t]$,可得到该转向架系统降为一阶的状态方程表达形式

$$\dot{x} = Ax \tag{4.48}$$

计算系数矩阵 A 的特征值和特征向量,即可获得蛇行临界速度和对应的振型。图 4.17 为一典型地铁车辆转向架蛇行失稳振型(模态)矢量图,第 1、3 和 5 号矢量分别代表一、二位轮对的横移和转向架的横移振动,第 2、4 和 6 号矢量分别代表一、二位轮对的摇头和转向架的摇头振动。由图可知,轮对与构架横移振动基本同相位,幅值也基本相近,轮对与构架摇头振动的相位也基本一致。而轮对横移和摇头振动间的相位差接近 90 度。这表明蛇行运动接近失稳时,振型表现为整个转向架横移运动和摇头运动。

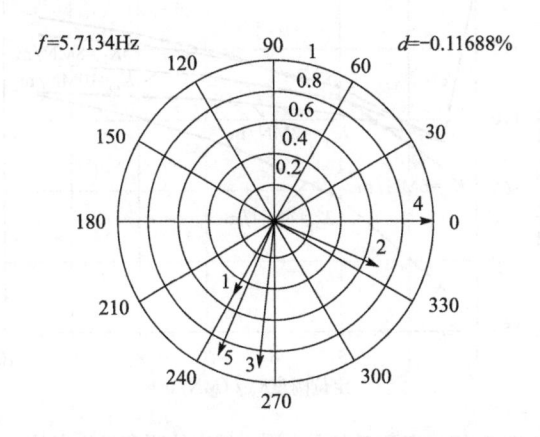

图 4.17 失稳振型的"幅值比-相位差"矢量图

不同蠕滑状况下临界速度随等效斜率变化的计算结果如图 4.18 所示。由图可知,临界速度随等效斜度的增大而降低,当等效斜度小于 0.35 时,临界速度随轮轨黏着状态(蠕滑水平)的降低而下降。

图 4.19 给出了一系横向和纵向定位刚度对转向架蛇行临界速度的影响,此时轮对的等效斜度取为 0.4,轮轨蠕滑水平为 1/1。由图可知,与单轮对相似,临界速度基本上随横向和纵向定位刚度的增加而增加,但当横向定位刚度较大时,纵向刚度大于一定值后,临界速度反而下降。

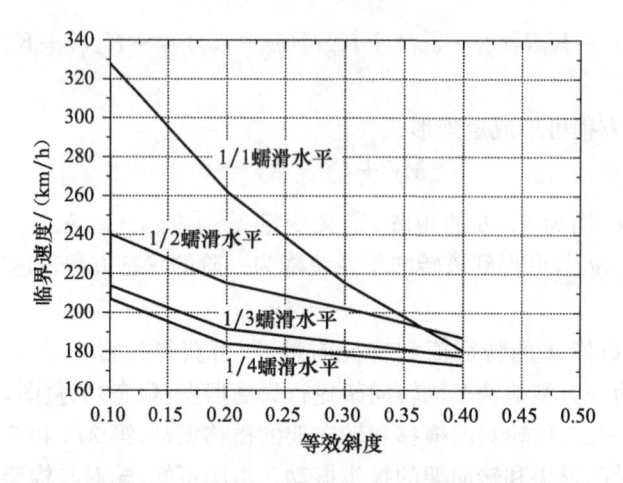

图 4.18 临界速度随等效斜率变化的曲线

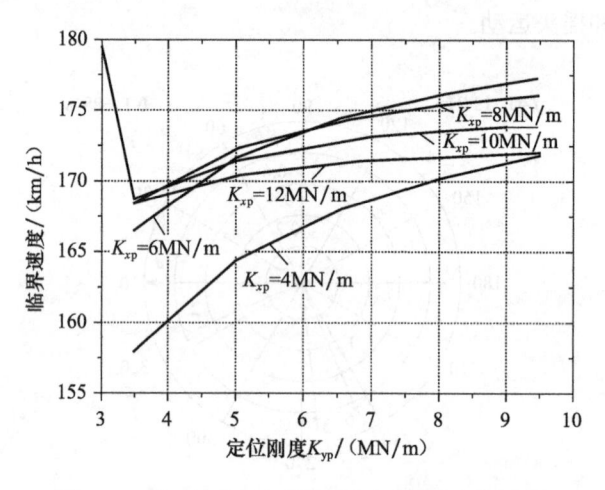

图 4.19 空载工况下不同一系定位刚度下拖车的蛇行临界

以转向架振幅为主的蛇行失稳称为二次蛇行失稳,图 4.20 和图 4.21 分别为某一工况下的转向架振型的阻尼比和蛇行频率随运行速度变化的情况,由图可知,其蛇行频率随着运行速度的提高呈现增加的趋势,直至阻尼比先后趋于零。

当将机车车辆作为线性系统研究时,如果达到或超过蛇行临界速度时,就会出现蛇行失稳,理论上蛇行振幅将无限扩大,实际上的轮轨关系中存在着轮缘,将限制振幅的无限增加。

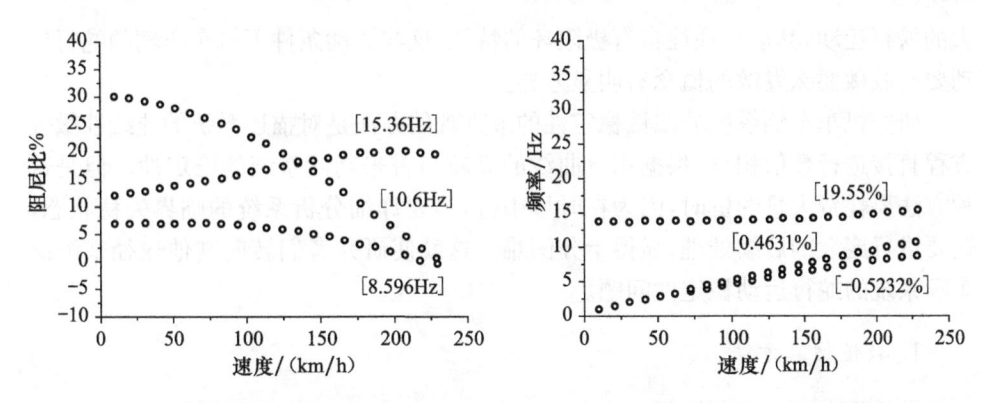

图 4.20 各主要振型阻尼比随速度的变化　　图 4.21 各主要振型有阻尼频率随速度的变化

4.2.2 车辆横向运行稳定性非线性分析方法

上节介绍的横向运行稳定性分析方法将车辆系统的各个非线性因素均进行了等效线性化，而实际车辆系统中存在着各种非线性因素，例如，轮轨接触及蠕滑率/力的关系均呈现非线性，悬挂系统中也存在诸多非线性因素（如横向止挡、空气弹簧、橡胶元件、摩擦式减振器和液压式减振器等），图 4.22 给出了悬挂系统中存在的几种非线性特性。线性化模型的局限性在于只能研究平衡点附近的局部稳定性问题，若要研究系统的全局稳定性则必须考虑非线性因素，即建立机车车辆非线性微分方程组。考虑车辆各种非线性因素后，得到的临界速度称为非线性临界速度。

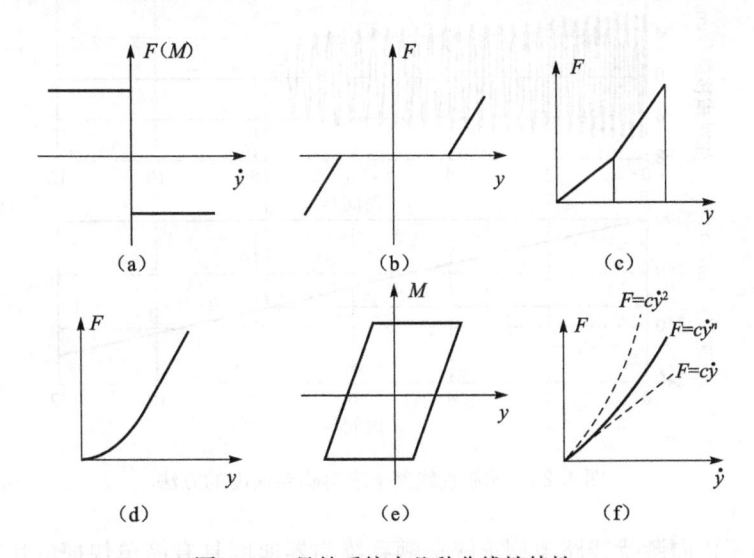

图 4.22 悬挂系统中几种非线性特性

带有强烈非线性因素的机车车辆直线运行时，在某些速度区间将发生振幅较大的蛇行运动,其运动往往带有极限环的特征,这与线性条件下机车车辆的蛇行运动要么收敛要么发散的概念有明显差异。

研究机车车辆系统非线性稳定性的最直观的办法是对描述系统的非线性微分方程直接进行数值积分,根据积分曲线的衰减与否来判断系统的稳定性。但是这种方法要耗费大量的机时,因为在时域中进行,要详细分析系统的临界失稳状态,还要进行庞大的后续处理,显得十分困难。这就使研究者们转向其他途径来解决车辆系统的蛇行运动稳定性问题。

1. 数值仿真方法

数值仿真是车辆系统稳定性分析的常用手段,根据仿真线路模型的特点可分为无横向激扰和有横向激扰两种基本类型。

1) 无横向激扰

无激扰的线路模型只给出钢轨外形,轨道不平顺值为 0,也就是一条理想光滑的轨道。在这种线路上对车辆进行稳定性仿真时,因为没有轨道激扰的作用,应使车辆从初始时刻起就处于极限环振动状态,此时车辆的运行速度高于临界速度。然后逐渐减小车速,极限环振动的幅值也随着逐渐减小,到某一个时刻幅值减小到 0,车辆系统由极限环振动状态转为平衡运动状态。如图 4.23 所示,系统由失稳到稳定转换时刻所对应的速度即为车辆模型的临界速度。

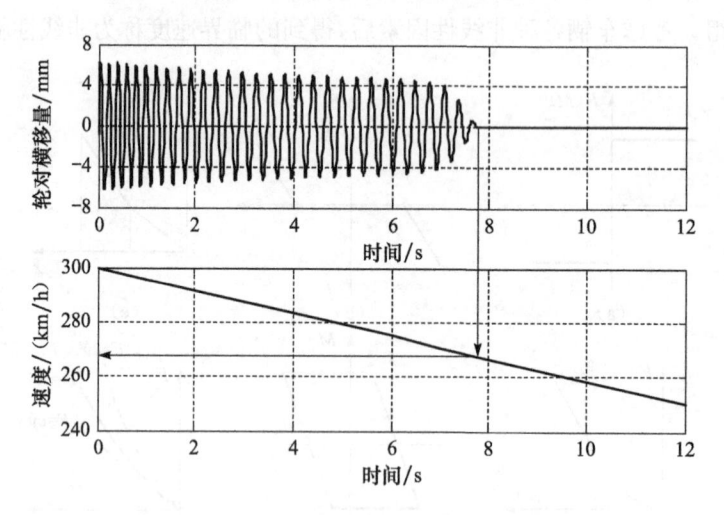

图 4.23 无激扰线路上求解临界速度的方法

利用无横向激扰线路模型求解车辆系统临界速度具有简单快捷的优点,但由于系统在极限环振动状态下,速度减小到临界点后需要经过一小段衰减过程才能过渡到平衡状态,因而难以准确判断临界点的位置,求解结果往往误差较大。

2) 有横向激扰

在利用有横向激扰的线路模型求解车辆系统的临界速度时,通常将轨道分为两段,前面一段加入不同幅值的不平顺数据模拟不同大小的轨道激励,后面一段则为未加不平顺的理想光滑钢轨。车辆在有横向激扰的线路上运行时,速度较小时振动会在理想光滑轨道区段趋于平衡位置,而当速度较高时则会趋于极限环振动,如图 4.24 所示。对于特定的钢轨激扰,存在一个速度,轮对的横向振动由平衡状态转为极限环振动状态,这个速度即为车辆在该线路条件下的临界速度。具体应用时可采取数值方法来对系统微分方程进行积分求解,或借助车辆动力学仿真分析软件来进行计算。

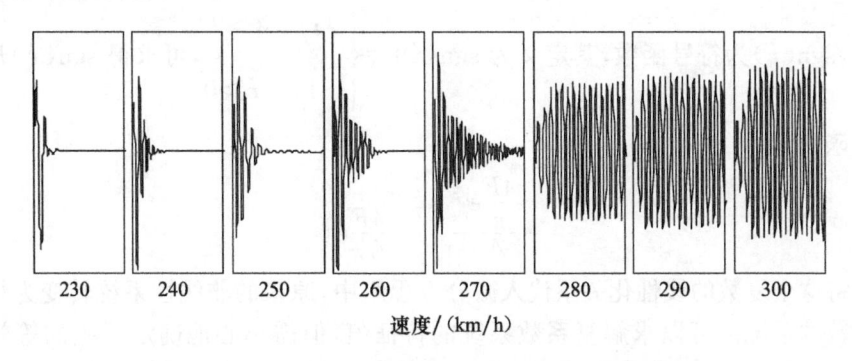

图 4.24 有横向激扰下轮对横向振动随速度的变化情况

2. 描述函数法

除了通过计算量大的数值仿真求解自激蛇行的稳定极限环外,还有一种采用描述函数求解稳态极限环的方法,特别适应研究参数、结构、速度组合调整变化时的情况。

利用描述函数和基波求解机车车辆非线性方程无激扰下的自激振动收敛在极限环上的解,可直接获得稳态下转向架主要部件的振幅、相位与频率等模态特征。其基本思想是针对非线性环节,以单一正弦波输入,提取该环节的输出基波,构造所谓的描述函数来代表原来的非线性环节。形成的方程将保持原非线性系统方程的基本特点,由新系统求解出的极限环与非线性系统仿真结果有很好的一致性,为求解机车车辆的蛇行极限环提供一种快速途径。

描述函数是一种采用线性化输入输出关系来处理非线性环节的方法。当输入为

$$x(t) = X\sin\omega t \tag{4.49}$$

非线性环节的稳态输出是一个以 $\sin\omega t$ 为基波的周期性波形

$$y(\omega t) = Y_1\sin(\omega t + \varphi_1) + Y_2\sin(2\omega t + \varphi_2) + Y_3\sin(3\omega t + \varphi_3) + \cdots \tag{4.50}$$

而描述函数定义为输出的周期函数的基波与输入的正弦波之比,即

$$Y(X,\omega) = \frac{Y_1}{X} e^{j\varphi_1} \tag{4.51}$$

下面为典型的干摩擦非线性特性的描述函数,摩擦阻尼是机车车辆转向架中广泛使用的一种强非线性单元。对于一个正弦波的输入,由库仑摩擦所得到的输出是一个矩形波,按照描述函数的定义将这个周期性矩形波作傅立叶级数展开,取其基波项就可获取描述函数

$$y = \mathrm{sgn}(\dot{x})F = \sum_{i=1}^{\infty} B_n \cos(n\omega t + \varphi) \tag{4.52}$$

式中,$\mathrm{sgn}(\dot{x})$为符号函数,其定义为 $\mathrm{sgn}(\dot{x}) = \begin{cases} 1, & \dot{x} \leqslant 0 \\ -1, & \dot{x} > 0 \end{cases}$,可求得 $\mathrm{sgn}(\dot{x})F$ 的描述函数为

$$\frac{-\frac{4F}{\pi} e^{j\frac{\pi}{2}}}{A} = -\frac{4F}{A\pi} e^{j\frac{\pi}{2}} \tag{4.53}$$

将这个复数的线性化关系代入微分方程组中,原来的非线性系统转变为带有复系数的系统。可以求解复系数系统的特征值,但需小心地确定系统的等效稳定性。

3. 极限环法原理

如果非线性动力学系统在初始激扰后存在着极限环,即系统在激扰下的振动会逐渐趋向一个极限过程,稳态时的相平面是一个极限环,它的稳态解必然是一个周期性函数

$$y = \sum_{n=1}^{\infty} (a_n \sin(n\omega t) + b_n \cos(n\omega t)) \tag{4.54}$$

当稳态解作为非线性系统中线性单元的输入时,线性单元输出与稳态解呈线性关系,如

$$x_1 = A \sum_{n=1}^{\infty} (a_n \sin(n\omega t) + b_n \cos(n\omega t)) \tag{4.55}$$

但作为非线性系统中的非线性单元输入时,其输出仍是周期性函数,但与输入的关系就是非线性的,即

$$x_2 = \sum_{n=1}^{\infty} (a'_n \sin(n\omega t) + b'_n \cos(n\omega t)) \tag{4.56}$$

将上述稳态解代入由线性与非线性两部分组成的非线性系统的运动方程后得到

$$\Big[\sum_{i=1}^{k} A_i \sum_{n=1}^{\infty}(a_{ni}\sin(n\omega t)+b_{ni}\cos(n\omega t))\Big]+\Big[\sum_{i=1}^{f}\sum_{n=1}^{\infty}(a'_{ni}\sin(n\omega t)+b'_{ni}\cos(n\omega t))\Big]=0 \tag{4.57}$$

如果以复矢量表示,并将方程的实部和虚部分开,可得

$$\sum_{i=1}^{k} A_i a_i \sin(\omega t) + \sum_{i=1}^{f} a'_i \sin(\omega t) = 0 \tag{4.58}$$

$$\sum_{i=1}^{k} A_i b_i \sin(\omega t) + \sum_{i=1}^{f} b'_i \sin(\omega t) = 0 \tag{4.59}$$

……

$$\sum_{i=1}^{k} A_i a_{ni} \sin(n\omega t) + \sum_{i=1}^{f} a'_{ni} \sin(n\omega t) = 0 \tag{4.60}$$

$$\sum_{i=1}^{k} A_i b_{ni} \sin(n\omega t) + \sum_{i=1}^{f} b'_{ni} \sin(n\omega t) = 0 \tag{4.61}$$

由于蛇行运动中形成的非线性极限环的高次谐波系数较小,因而可用基波来近似代替各次谐波叠加的精确解。这样求解精确解就转变为求解基波,只需求解方程(4.58)~(4.61)中的前两个方程集合就行了。

4. Lyapunov(李雅普诺夫)直接法

当需要判断非线性系统和线性时变系统的稳定性时,可以借助于俄国人 Lyapunov 在1892年建立的李雅普诺夫直接法来分析。李雅普诺夫直接法是从能量的观点来分析系统的稳定性。如果一个系统储存的能量是逐渐衰减的,则这个系统就是稳定的;反之,如果系统不断从外界吸收能量,则这个系统就是不稳定的。

李雅普诺夫直接法的基本思想是,针对扰动微分方程构造一个标量函数 $V(x)$,该函数称为李雅普诺夫函数,函数 $V(x)$ 用来表示系统的能量,用 $\dot{V}(x)$ 表示能量的变化趋势,通过 $\dot{V}(x)$ 的性质来判断系统的稳定性。

考虑非线性定常系统

$$\dot{x} = f(x) \tag{4.62}$$

假设平衡点为 $x_e = 0$。$V(x)$ 表示一个 $R^n \to R$ 的连续函数,称 $V(x)$ 在 $x_e = 0$ 附近是局部正定,如果 $V(0)=0$ 且对某些 $r, V(x)>0, 0<\|x\|<r$ 成立,则 $V(x)$ 是局部正定的函数。

局部正定函数 $V(x)$ 相当于将状态限制在一定范围内才能保证 $V(x)$ 是正定的,例如对二维状态空间,局部正定函数定义的区域如图 4.25 所示。

将 $V(x)$ 沿系统(4.62)的轨迹求导,得

$$\dot{V}(x) = \frac{\partial V(x)}{\partial x}\dot{x} = \frac{\partial V(x)}{\partial x}f(x) \tag{4.63}$$

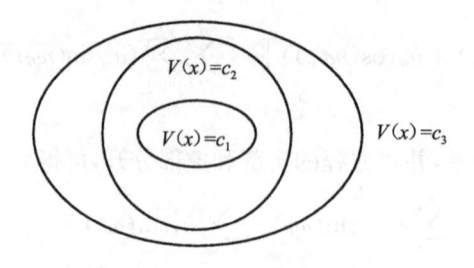

图 4.25　局部正定函数 $V(x)$ 定义的区域，$c_1 < c_2 < c_3$

$V(x)$ 是一个局部正定函数，$\dot{V}(x)$ 是 $V(x)$ 沿系统(4.62)的轨迹的导数，如果 $\dot{V}(x)$ 是局部半负定的，即 $\dot{V}(x) \leqslant 0$，那么 $V(x)$ 称为系统(4.62)的一个 Lyapunov 函数。

Lyapunov 稳定性定理概括为：对于系统(4.62)，如果存在一个 Lyapunov 函数 $V(x)$，那么 $x_e = 0$ 是 Lyapunov 意义下稳定的，此外：

(1) 如果存在 r_1，使得 $\dot{V}(x) < 0, 0 < \|x\| < r_1$，即 $\dot{V}(x)$ 是局部负定的，那么 $x_e = 0$ 是渐近稳定的平衡点。如果 $\|x\| \to \infty$ 时，$V(x) \to \infty$，那么平衡点是大范围渐近稳定的。

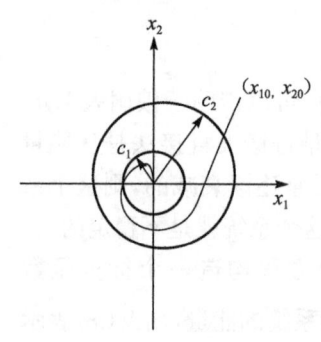

(2) 如果存在 r_1，使得 $\dot{V}(x) \leqslant 0, 0 \leqslant \|x\| < r_1$，即 $\dot{V}(x)$ 是局部负半定的，但是 $x \neq 0$ 时，$\dot{V}(x)$ 不恒为零，那么 $x_e = 0$ 是渐近稳定的平衡点。如果 $\|x\| \to \infty$ 时，$V(x) \to \infty$，那么平衡点是大范围渐近稳定的。

(3) 如果 $\dot{V}(x)$ 为正定的，则平衡点是不稳定的。

可以从以下几个方面来理解该定理：

(1) 正定函数 $V(x)$ 表示了系统的能量，$V(x) = C$ 表示某一能量级别，也定义了状态变量的一个包络线，如图 4.26 所示。

图 4.26　Lyapunov 稳定性判据的图示

(2) $\dot{V}(x)$ 表示了能量沿系统轨迹变化的趋势。在图 4.26 中，沿某一个起始点 (x_{10}, x_{20}) 运动的状态轨迹，如果 $\dot{V}(x) < 0$，表示能量一直减少，轨迹最后落入平衡点，这是渐近稳定；如果 $\dot{V}(x) \leqslant 0$，表示能量减少或保持为一个恒定值，那么轨迹可能会落入一个新的能量状态，并保持状态不变，如落入 $V(x) = C_1$ 表示的包络线上，这是 Lyapunov 意义下的稳定；如果起始点可以扩展到整个状态空间，那么系统就是大范围渐近稳定或大范围 Lyapunov 意义下稳定的。如果 $\dot{V}(x) > 0$，表示能量是增大的，轨迹向外扩张，所以系统是不稳定的。

(3) Lyapunov 稳定性判据只是判断系统稳定的充分条件，而不是充要条件。即如果找到一个 Lyapunov 函数，表明系统是渐近稳定或 Lyapunov 意义下稳定的，就可以得到稳定性结论。但是，如果不能找到这样的 Lyapunov 函数，则不能断定系统是不稳定的。

（4）对于一个系统来说，Lyapunov 函数不是唯一的。

（5）最简单形式的 Lyapunov 函数是二次型，即
$$V(x) = x^\mathrm{T} I x = x_1^2 + x_2^2 + \cdots + x_n^2 \tag{4.64}$$
那么，$V(x)=C$ 表示了以原点为中心、以 C 为半径的一个超球面。

（6）如果 $\dot{V}(x) \leqslant 0, 0 < \|x\| \leqslant r_1$，而 $\dot{V}(x) > 0, \|x\| > r_1$，那么 r_1 表示了平衡点吸引域的大小。

李雅普诺夫直接法把稳定性的判断归结为寻找李雅普诺夫函数 $V(x)$ 或 $V(x, t)$，避免了对方程或其特征根的求解。然而需要指出的是，对于不稳定的系统，当然找不到满足稳定性条件的 $V(x)$ 或 $V(x, t)$，但找不到 $V(x)$ 或 $V(x, t)$ 并不能肯定系统是不稳定的，因为目前还没有一个适合于所有系统的寻找李雅普诺夫函数的普遍方法，特别是非线性系统。

5. 高速车辆横向运行稳定性非线性分析方法

1) 模型介绍

前述内容已经介绍了车辆横向运行稳定性非线性分析方法，下面以某型高速车辆为例进行分析，为了更接近实际情况，将车辆在横向和垂向平面内的运动耦合起来，建立如图 4.27 所示的具有 27 个自由度的高速车辆动力学分析模型。取车辆前进方向为 X 轴，水平向右为 Y 轴，与 X 轴和 Y 轴构成右手坐标系的轴为 Z

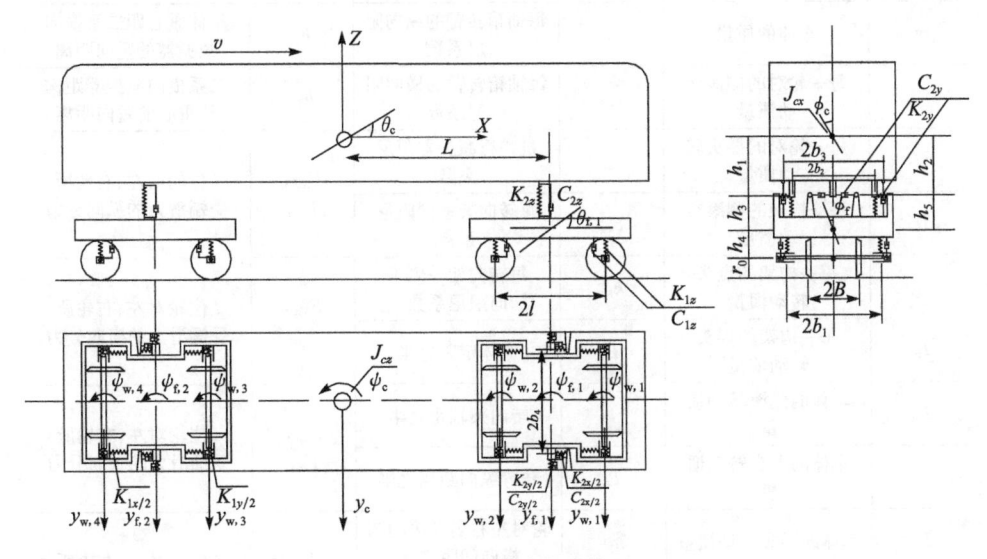

图 4.27 整车动力学模型

轴。车体、转向架及轮对的各个自由度的运动正方向按右手定则选取,该系统的自由度如表 4.2 所示。

表 4.2 高速车辆动力学系统的自由度参数列表

车辆部件	横移量/m	沉浮量/m	侧滚角/rad	点头角/rad	摇头角/rad
车体	y_c	z_c	ϕ_c	θ_c	ψ_c
转向架	y_{fj}	z_{fj}	ϕ_{fj}	θ_{fj}	ψ_{fj}
轮对	y_{wi}		ϕ_{wi}		ψ_{wi}

注:$j=1,2$ 为车辆前、后转向架的编号;$i=1,2,3,4$ 为车辆由前往后轮对的编号。

在列整车动力学微分方程之前作如下假定:
(1)车体相对于通过重心的纵向垂直平面左右对称。
(2)前、后转向架结构与各元件参数完全相同。
(3)转向架构架在一系与二系悬挂之间构成侧滚振动。

运动方程中的符号说明如表 4.3 所示,与普速机车车辆相比,高速车辆需考虑二系横向止挡刚度、转向架抗侧滚扭杆刚度、抗蛇行减振器阻尼系数等。

表 4.3 整车参数表

m_w	每一轮对的质量	c_{py}	每轴箱横向阻尼系数	h_7	车体重心距抗蛇行减振器的垂向距离
m_f	每一构架的质量	c_{pz}	每轴箱一系垂向减振器阻尼系数	h_8	抗蛇行减振器距构架重心的垂向距离
m_c	车体的质量	c_{ax}	每轴箱转臂的纵向阻尼系数	h_9	车体重心距二系横向减振器的垂向距离
I_{wx}	每一轮对的侧滚转动惯量	c_{ay}	每轴箱转臂的横向阻尼系数	h_{10}	二系横向减振器距构架重心的垂向距离
I_{wz}	每一轮对的摇头转动惯量	c_{sx}	抗蛇行减振器阻尼系数	F_{xli}, F_{xri}	i 位轮对左、右轮所受蠕滑力的纵向分力
I_{fx}	每一构架的侧滚转动惯量	c_{sy}	每转向架横向阻尼系数		
I_{fy}	每一构架的点头转动惯量	k_{sz}	每转向架一侧垂向阻尼系数	F_{yli}, F_{yri}	i 位轮对左、右轮所受蠕滑力的横向分力
I_{fz}	每一构架的摇头转动惯量	L	车体定距之半		
I_{cx}	车体的侧滚转动惯量	l	转向架轴距之半	F_{zli}, F_{zri}	i 位轮对左、右轮所受蠕滑力的垂向分力
I_{cy}	车体的点头转动惯量	l_a	转臂纵向距离之半		
I_{cz}	车体的摇头转动惯量	a	轮对左右名义滚动圆横向间距之半	N_{yli}, N_{yri}	i 位轮对左、右轮所受法向力的横向分力
k_{px}	每轴箱纵向定位刚度	R_0	车轮滚动圆半径		

续表

k_{py}	每轴箱横向定位刚度	b_1	轴箱弹簧横向间距之半	N_{zli}, N_{zri}	i 位轮对左、右轮所受法向力的垂向分力
k_{pz}	每轴箱弹簧的垂向刚度	b_2	转臂横向间距之半		
k_{ax}	每轴箱转臂的纵向刚度	b_3	抗蛇行减振器横向间距之半	M_{zli}, M_{zri}	i 位轮对左、右轮所受蠕滑力矩的垂向分力
k_{ay}	每轴箱转臂的横向刚度	b_4	空气弹簧横向间距之半		
k_{sx}	每空气弹簧的纵向刚度	h_1	车体重心距空气弹簧上平面的垂向距离	M_{yli}, M_{yri}	i 位轮对左、右轮所受蠕滑力矩的横向分力
k_{sy}	每空气弹簧的横向刚度	h_2	二系悬挂下平面距构架重心的垂向距离		
k_{sz}	每空气弹簧的垂向刚度	h_3	构架重心距一系悬挂上平面的垂向距离		
k_b	每转向架二系横向止挡刚度	h_4	一系悬挂下平面距车轴中心线的垂向距离		
k_φ	每转向架抗侧滚扭杆刚度	h_5	构架重心到转臂的垂向距离		
c_{px}	每轴箱纵向阻尼系数	h_6	转臂到轮对中心的垂向距离		

2) 轮轨接触非线性处理方法

由第二章的论述可知：轮轨接触几何参数是轮对横移量的非线性函数，包括车轮滚动圆半径、车轮横断面曲率半径、接触角、轮对侧滚角、轨头横断面曲率半径等。由于车轮和钢轨可以具有任意外形，轮轨接触几何参数很难直接表示为轮对横移量的显函数形式，具体做法为将上一步计算得到的轮对横移量和摇头角代入轮轨接触几何计算程序中，得到当前步的轮对侧滚角、左右轮滚动圆半径等参数。经这样处理，轮对的侧滚与轮对的横移量是一一对应的关系，因此轮对的侧滚自由度是非独立的自由度，该模型独立自由度为23个。

3) 车辆系统非线性悬挂特性的处理

上述所建立的高速车辆动力学系统由二系悬挂和一系悬挂系统组成，二系悬挂系统装配在车辆和构架之间，一系悬挂系统装配在构架和轮对之间，悬挂系统起到缓和冲动、衰减振动的重要作用。中央悬挂(二系悬挂)系统主要包括空气弹簧、横向减振器、抗蛇行减振器等；轴箱悬挂(一系悬挂)系统主要包括轴箱弹簧、垂向减振器、转臂定位装置等，悬挂系统可以有选择地对车辆系统提供三个或几个方向的弹簧力和阻尼力以及抗扭转力矩。图 4.28 是车辆系统在垂向和横向平面内的悬挂装置，横向和垂向悬挂装置都可以提供弹簧力和阻尼力。车辆系统采用的弹性元件为了减小振动，刚度会随着载荷的变化而变化，当位移达到一定的范围后，弹簧力会加速增大，即呈现"先软后硬"的非线性特性。在进行车辆动力学性能分析时,一般将悬挂系统的这种非线性特征模拟成具有两级刚度的双线性弹簧,另外一种处理方法为将表征悬挂系统刚度及阻尼特性的数据拟合成非线性函数,用插值的方法获取与变形量相对应的刚度及阻尼值。

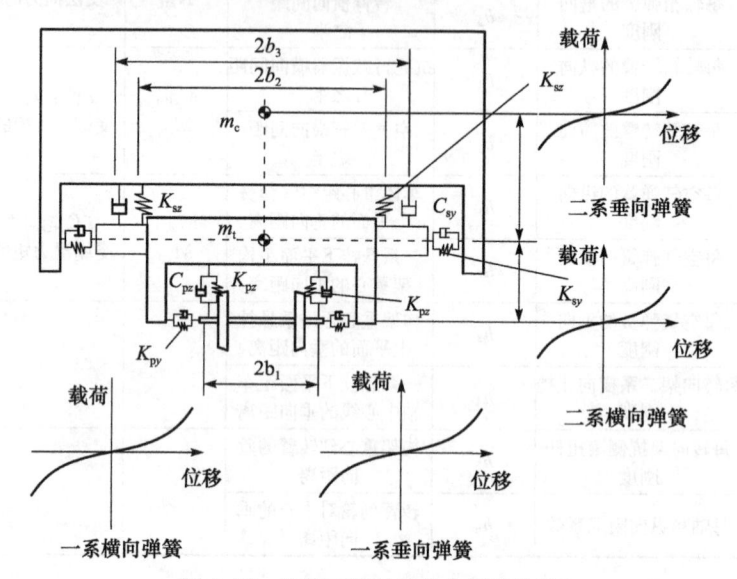

图 4.28 车辆系统的悬挂非线性特性

4) 车辆系统各部件的受力分析

车辆系统除受到自重、轮轨接触力外,在纵向、横向和垂向还承受着悬挂系统提供的各种载荷。在建立车辆系统动力学模型之前,需要先对各个部件进行受力分析,图 4.29 是轮对、转向架及车体的受力分析图。

5) 车辆系统动力学模型建立

根据图 4.29 所示的车辆系统各部件受力分析,由牛顿-欧拉方法建立车辆系统动力学方程。

轮对横移运动方程为

$$
\begin{aligned}
m_w \ddot{y}_{wi} &+ 2k_{py}(y_{wi} - y_{ti} \mp l\psi_{tj} - h_3\phi_{tj} - h_4\varphi_{wi}) + 2k_{ay}(y_{wi} - y_{ti} \mp l_a\psi_{tj} - h_5\varphi_{tj} - h_6\varphi_{wi}) \\
&+ 2c_{py}(\dot{y}_{wi} - \dot{y}_{ti} \mp l\dot{\psi}_{tj} - h_3\dot{\phi}_{tj} - h_4\dot{\varphi}_{wi}) + 2c_{ay}(\dot{y}_{wi} - \dot{y}_{ti} \mp l_a\dot{\psi}_{tj} - h_5\dot{\varphi}_{tj} - h_6\dot{\varphi}_{wi}) \\
&+ k_g y_{wi} = F_{yli} + F_{yri} + N_{yli} + N_{yri}
\end{aligned}
$$

(4.65)

式中,$i=1\sim 4$。当 $i=1,3$ 时,方程中"$\mp$"取负号,对应前导轮对的运动方程;当 $i=2,4$ 时,方程中"$\mp$"取正号,对应跟随轮对的运动方程。k_g 为轮对的重力刚度,考虑轮轨非线性几何接触条件下,k_g 取值为 $\dfrac{W \cdot (\delta_L - \delta_R)}{2y_{wi}}$。其中 W 为轴重,$\delta_L - \delta_R$ 为左右车轮的接触角差。

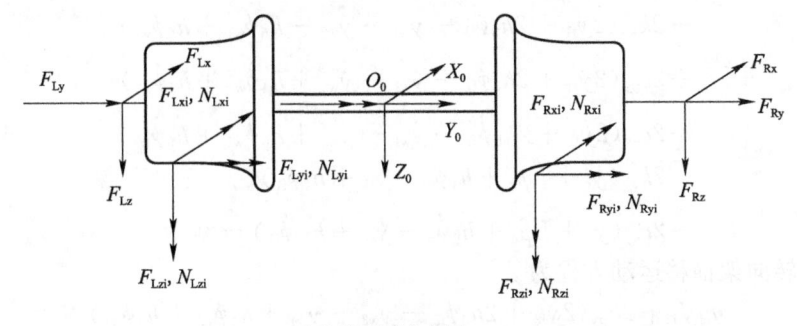

第四章 机车车辆的横向运行稳定性

（a）轮对受力分析

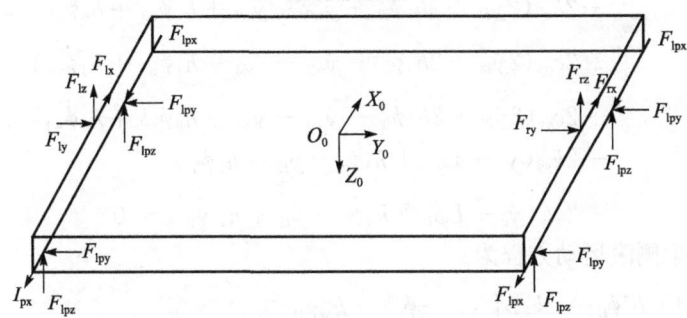

（b）转向架受力分析

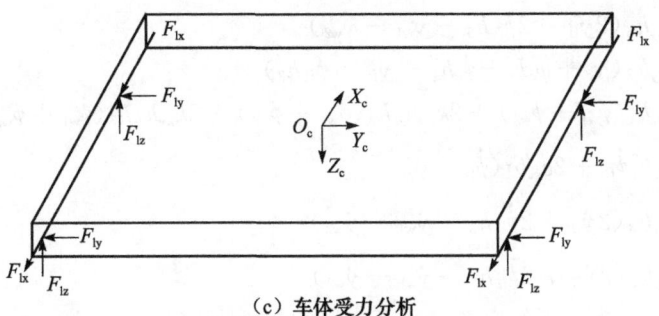

（c）车体受力分析

图 4.29 车辆系统的受力分析

轮对摇头运动方程为

$$I_{wz}\ddot{\psi}_{wi} + 2(k_{ax}b_2^2 + k_{px}b_1^2)(\psi_{wi} - \psi_{fj}) + 2(c_{ax}b_2^2 + c_{px}b_1^2)(\dot{\psi}_{wi} - \dot{\psi}_{fj})$$
$$- c_g\psi_{wi} = (F_{xri} - F_{xli})a + (F_{yri} + N_{yri} - F_{yli} - N_{yli})a\psi_{wi} + M_{zli} + M_{zri}$$
(4.66)

式中，$i=1\sim4$。当 $i=1,2$ 时，$j=1$；当 $i=3,4$ 时，$j=2$。c_g 为轮对的重力角刚度，考虑轮轨非线性几何接触条件下，c_g 取值为 $-\dfrac{aW \cdot (\delta_L + \delta_R)}{2\psi_{wi}}$。

前转向架横移运动方程为

$$m_f\ddot{y}_{f1} + 2k_{py}(2y_{f1} + 2h_3\phi_{f1} - y_{w1} - y_{w2} + h_4\phi_{w1} + h_4\phi_{w2})$$

$$+2k_{ay}(2y_{f1}+2h_5\phi_{f1}-y_{w1}-y_{w2}+h_6\phi_{w1}+h_6\phi_{w2})$$
$$+2c_{py}(2\dot{y}_{f1}+2h_3\dot{\phi}_{f1}-\dot{y}_{w1}-\dot{y}_{w2}+h_4\dot{\phi}_{w1}+h_4\dot{\phi}_{w2})$$
$$+2c_{ay}(2\dot{y}_{f1}+2h_5\dot{\phi}_{f1}-\dot{y}_{w1}-\dot{y}_{w2}+h_6\dot{\phi}_{w1}+h_6\dot{\phi}_{w2}) \quad (4.67)$$
$$-2k_{sy}(y_c+L\psi_c+h_1\phi_c-y_{f1}+h_2\phi_{f1})$$
$$-2c_{sy}(\dot{y}_c+L\dot{\psi}_c+h_9\dot{\phi}_c-\dot{y}_{f1}+h_{10}\dot{\phi}_{f1})=0$$

后转向架横移运动方程为

$$m_f\ddot{y}_{f2}+2k_{py}(2y_{f2}+2h_3\phi_{f2}-y_{w3}-y_{w4}+h_4\phi_{w3}+h_4\phi_{w4})$$
$$+2k_{ay}(2y_{f2}+2h_5\phi_{f2}-y_{w3}-y_{w4}+h_6\phi_{w3}+h_6\phi_{w4})$$
$$+2c_{py}(2\dot{y}_{f2}+2h_3\dot{\phi}_{f2}-\dot{y}_{w3}-\dot{y}_{w4}+h_4\dot{\phi}_{w3}+h_4\dot{\phi}_{w4})$$
$$+2c_{ay}(2\dot{y}_{f2}+2h_5\dot{\phi}_{f2}-\dot{y}_{w3}-\dot{y}_{w4}+h_6\dot{\phi}_{w3}+h_6\dot{\phi}_{w4}) \quad (4.68)$$
$$-2k_{sy}(y_c-L\psi_c+h_1\phi_c-y_{f2}+h_2\phi_{f2})$$
$$-2c_{sy}(\dot{y}_c+L\dot{\psi}_c+h_9\dot{\phi}_c-\dot{y}_{f1}+h_{10}\dot{\phi}_{f1})=0$$

前转向架侧滚运动方程为

$$I_{fx}\ddot{\phi}_{f1}+4k_{pz}b_1^2\phi_{f1}+2k_{sz}b_4^2(\phi_{f1}-\phi_c)-k_{s\phi}\phi_{f1}$$
$$+2k_{py}h_3(2y_{f1}+2\phi_{f1}h_3-y_{w1}-y_{w2})$$
$$+2k_{ay}h_5(2y_{f1}+2\phi_{f1}h_5-y_{w1}-y_{w2})$$
$$+2k_{sy}h_2(y_c+\psi_cL+\phi_ch_1-y_{f1}+\phi_{f1}h_2)$$
$$-2k_{pz}b_1^2(\phi_{w1}+\phi_{w2})+2k_{py}h_4h_3(\phi_{w1}+\phi_{w2})+2k_{ay}h_6h_5(\phi_{w1}+\phi_{w2})$$
$$+4c_{pz}b_1^2\dot{\phi}_{f1}+2c_{sz}b_4^2(\dot{\phi}_{f1}-\dot{\phi}_c)$$
$$+2c_{py}h_3(2\dot{y}_{f1}+2\dot{\phi}_{f1}h_3-\dot{y}_{w1}-\dot{y}_{w2})$$
$$+2c_{ay}h_5(2\dot{y}_{f1}+2\dot{\phi}_{f1}h_5-\dot{y}_{w1}-\dot{y}_{w2})$$
$$+2c_{sy}h_2(\dot{y}_c+\dot{\psi}_cL+\dot{\phi}_ch_1-\dot{y}_{f1}+\dot{\phi}_{f1}h_2)$$
$$-2c_{pz}b_1^2(\dot{\phi}_{w1}+\dot{\phi}_{w2})+2c_{py}h_4h_3(\dot{\phi}_{w1}+\dot{\phi}_{w2})+2c_{ay}h_6h_5(\dot{\phi}_{w1}+\dot{\phi}_{w2})=0$$
$$(4.69)$$

同理可得后转向架侧滚运动方程为

$$I_{fx}\ddot{\phi}_{f2}+4k_{pz}b_1^2\phi_{f2}+2k_{sz}b_4^2(\phi_{f2}-\varphi_c)-k_{s\phi}\phi_{f2}$$
$$+2k_{py}h_3(2y_{f2}+2\phi_{f2}h_3-y_{w3}-y_{w4})$$
$$+2k_{ay}h_5(2y_{f2}+2\phi_{f2}h_5-y_{w3}-y_{w4})$$
$$+2k_{sy}h_2(y_c-\psi_cL+\phi_ch_1-y_{f2}+\phi_{f2}h_2)$$
$$-2k_{pz}b_1^2(\phi_{w3}+\phi_{w4})+2k_{py}h_4h_3(\phi_{w3}+\varphi_{w4})+2k_{ay}h_6h_5(\phi_{w3}+\phi_{w4})$$
$$+4c_{pz}b_1^2\dot{\phi}_{f2}+2c_{sz}b_4^2(\dot{\phi}_{f2}-\dot{\phi}_c)$$

$$+ 2c_{py}h_3(2\dot{y}_{f2} + 2\dot{\phi}_{f2}h_3 - \dot{y}_{w3} - \dot{y}_{w4})$$
$$+ 2c_{ay}h_5(2\dot{y}_{f2} + 2\dot{\phi}_{f2}h_5 - \dot{y}_{w3} - \dot{y}_{w4})$$
$$+ 2c_{sy}h_2(\dot{y}_c - \dot{\psi}_c L + \dot{\phi}_c h_1 - \dot{y}_{f2} + \dot{\phi}_{f2}h_2)$$
$$- 2c_{pz}b_1^2(\dot{\phi}_{w3} + \dot{\phi}_{w4}) + 2c_{py}h_4h_3(\dot{\phi}_{w3} + \dot{\phi}_{w4}) + 2c_{ay}h_6h_5(\dot{\phi}_{w3} + \dot{\phi}_{w4}) = 0 \quad (4.70)$$

前转向架摇头运动为

$$I_{fz}\ddot{\psi}_{f_1} + 2k_{px}b_1^2(2\psi_{f1} - \psi_{w1} - \psi_{w2}) + 2c_{px}b_1^2(2\dot{\psi}_{f1} - \dot{\psi}_{w1} - \dot{\psi}_{w2})$$
$$+ 2k_{ax}b_2^2(2\psi_{f1} - \psi_{w1} - \psi_{w2}) + 2c_{ax}b_2^2(2\dot{\psi}_{f1} - \dot{\psi}_{w1} - \dot{\psi}_{w2})$$
$$+ 2k_{sx}b_4^2(\psi_{f1} - \psi_c) + 2c_{sx}b_3^2(\dot{\psi}_{f1} - \dot{\psi}_c)$$
$$- 2k_{py}l(y_{w1} - y_{w2} - 2\psi_{f1}l) - 2k_{py}l(h_4\varphi_{w1} - h_4\varphi_{w2}) \quad (4.71)$$
$$- 2c_{py}l(\dot{y}_{w1} - \dot{y}_{w2} - 2\dot{\psi}_{f1}l) - 2c_{py}l(h_4\dot{\phi}_{w1} - h_4\dot{\phi}_{w2})$$
$$- 2k_{ay}l_a(y_{w1} - y_{w2} - 2\psi_{f1}l_a) - 2k_{ay}l_a(h_6\phi_{w1} - h_6\phi_{w2})$$
$$- 2c_{ay}l_a(\dot{y}_{w1} - \dot{y}_{w2} - 2\dot{\psi}_{f1}l_a) - 2c_{ay}l_a(h_6\dot{\phi}_{w1} - h_6\dot{\phi}_{w2}) = 0$$

后转向架摇头运动为

$$I_{f2}\ddot{\psi}_{f2} + 2k_{px}b_1^2(2\psi_{f2} - \psi_{w3} - \psi_{w4}) + 2c_{px}b_1^2(2\dot{\psi}_{f2} - \dot{\psi}_{w3} - \dot{\psi}_{w4})$$
$$+ 2k_{ax}b_2^2(2\psi_{f2} - \psi_{w3} - \psi_{w4}) + 2c_{ax}b_2^2(2\dot{\psi}_{f2} - \dot{\psi}_{w3} - \dot{\psi}_{w4})$$
$$+ 2k_{sx}b_4^2(\psi_{f2} - \psi_c) + 2c_{sx}b_3^2(\dot{\psi}_{f2} - \dot{\psi}_c)$$
$$- 2k_{py}l(y_{w3} - y_{w4} - 2\psi_{f2}l) - 2k_{py}l(h_4\phi_{w3} - h_4\phi_{w4}) \quad (4.72)$$
$$- 2c_{py}l(\dot{y}_{w3} - \dot{y}_{w4} - 2\dot{\psi}_{f2}l) - 2c_{py}l(h_4\dot{\phi}_{w3} - h_4\dot{\phi}_{w4})$$
$$- 2k_{ay}l_a(y_{w3} - y_{w4} - 2\psi_{f2}l_a) - 2k_{ay}l_a(h_6\phi_{w3} - h_6\phi_{w4})$$
$$- 2c_{ay}l_a(\dot{y}_{w3} - \dot{y}_{w4} - 2\dot{\psi}_{f2}l_a) - 2c_{ay}l_a(h_6\dot{\phi}_{w3} - h_6\dot{\phi}_{w4}) = 0$$

前转向架沉浮运动方程为

$$m_b\ddot{z}_{f1} + (4k_{pz} + 2k_{sz})z_{f1} + (4c_{pz} + 2c_{sz})\dot{z}_{f1} - 2k_{sz}z_c$$
$$- 2c_{sz}\dot{z}_c + 2k_{sz}L\theta_c + 2c_{sz}L\dot{\theta}_c = 0 \quad (4.73)$$

后转向架沉浮运动方程为

$$m_b\ddot{z}_{f2} + (4k_{pz} + 2k_{sz})z_{f2} + (4c_{pz} + 2c_{sz})\dot{z}_{f2} - 2k_{sz}z_c$$
$$- 2c_{sz}\dot{z}_c - 2k_{sz}L\theta_c - 2c_{sz}L\dot{\theta}_c = 0 \quad (4.74)$$

前转向架点头运动方程为

$$I_{fy}\ddot{\theta}_{f1} + 4k_{px}h_3^2\theta_{f1} + 4c_{px}h_3^2\dot{\theta}_{f1} + 4k_{ax}h_5^2\theta_{f1} + 4c_{ax}h_5^2\dot{\theta}_{f1}$$
$$+ 2k_{sx}h_2^2\theta_{f1} + 2k_{sx}h_1h_2\theta_c + 4k_{pz}l^2\theta_{f1} + 4c_{pz}l^2\dot{\theta}_{f1} \quad (4.75)$$

$$+2c_{sx}h_7h_8\dot{\theta}_c+2c_{sx}h_8^2\dot{\theta}_{f1}=0$$

后转向架点头运动方程为

$$\begin{aligned}&I_{fy}\ddot{\theta}_{f2}+4k_{px}h_3^2\theta_{f2}+4c_{px}h_3^2\dot{\theta}_{f2}+4k_{ax}h_5^2\theta_{f2}+4c_{ax}h_5^2\dot{\theta}_{f2}\\ &+2k_{sx}h_2^2\theta_{f2}+2k_{sx}h_1h_2\theta_c+4k_{pz}l^2\theta_{f2}+4c_{pz}l^2\dot{\theta}_{f2}\\ &+2c_{sx}h_7h_8\dot{\theta}_c+2c_{sx}h_8^2\dot{\theta}_{f2}=0\end{aligned} \quad (4.76)$$

车体横移运动方程为

$$\begin{aligned}&m_c\ddot{y}_c+4k_{sy}y_c+4k_{sy}h_1\phi_c-2k_{sy}(y_{f1}+y_{f2})+2k_{sy}h_2(\phi_{f1}+\phi_{f2})\\ &+4c_{sy}\dot{y}_c+4c_{sy}h_9\dot{\phi}_c-2c_{sy}(\dot{y}_{f1}+\dot{y}_{f2})+2c_{sy}h_{10}(\dot{\phi}_{f1}+\dot{\phi}_{f2})=0\end{aligned}$$
$$(4.77)$$

车体侧滚运动方程为

$$\begin{aligned}&I_{cx}\ddot{\phi}_c+k_{s\phi}\phi_{f1}+k_{s\phi}\phi_{f2}+4k_{sz}b_4^2\phi_c+4c_{sz}b_4^2\dot{\phi}_c-2k_{sz}b_4^2\phi_{f1}\\ &-2k_{sz}b_4^2\phi_{f2}-2c_{sz}b_4^2\dot{\phi}_{f1}-2c_{sz}b_4^2\dot{\phi}_{f2}+4k_{sy}h_1y_c+4k_{sy}h_1^2\phi_c\\ &-2k_{sy}h_1(y_{f1}+y_{f2})+2k_{sy}h_1h_2(\phi_{f1}+\phi_{f2})+4c_{sy}h_1\dot{y}_c+4c_{sy}h_9h_1\dot{\phi}_c\\ &-2c_{sy}h_1(\dot{y}_{f1}+\dot{y}_{f2})+2c_{sy}h_{10}h_1(\dot{\phi}_{f1}+\dot{\phi}_{f2})=0\end{aligned}$$
$$(4.78)$$

车体摇头运动方程为

$$\begin{aligned}&I_{cz}\ddot{\psi}_c-2k_{sx}b_4^2(\psi_{f1}+\psi_{f2})+4k_{sx}b_4^2\psi_c-2c_{sx}b_4^2(\dot{\psi}_{f1}+\dot{\psi}_{f2})\\ &+4c_{sx}b_4^2\dot{\psi}_c+4k_{sy}L^2\psi_c+2k_{sy}L(y_{f2}-y_{f1})+2k_{sy}h_2L(\phi_{f1}-\phi_{f2})\\ &+4c_{sy}L^2\dot{\psi}_c+2c_{sy}L(\dot{y}_{f2}-\dot{y}_{f1})+2c_{sy}h_{10}L(\dot{\phi}_{f1}-\dot{\phi}_{f2})=0\end{aligned}$$
$$(4.79)$$

车体沉浮运动方程为

$$m_c\ddot{z}_c+4k_{sz}z_c-2k_{sz}(z_{f1}+z_{f2})+4c_{sz}\dot{z}_c-2c_{sz}(\dot{z}_{f1}+\dot{z}_{f2})=0 \quad (4.80)$$

车体点头运动方程为

$$\begin{aligned}&I_{cy}\ddot{\theta}_c+k_{sz}L(2z_{f2}-2z_{f1})+4k_{sz}L^2\theta_c+c_{sz}L(2\dot{z}_{f2}-2\dot{z}_{f1})\\ &+4c_{sz}L^2\dot{\theta}_c+4k_{sx}h_1^2\theta_c+2k_{sx}h_1h_2(\theta_{f1}+\theta_{f2})\\ &+4c_{sx}h_7^2\dot{\theta}_c+2c_{sx}h_8h_7(\dot{\theta}_{f1}+\dot{\theta}_{f2})=0\end{aligned} \quad (4.81)$$

上述运动微分方程组可用矩阵形式表示为

$$M\ddot{y}+C\dot{y}+Ky=F \quad (4.82)$$

式(4.82)中,M、C 和 K 分别为系统的质量矩阵、阻尼矩阵和刚度矩阵;$y=\{y_{w1}$, $\phi_{w1}, \psi_{w1}, y_{w2}, \phi_{w2}, \psi_{w2}, y_{w3}, \phi_{w3}, \psi_{w3}, y_{w4}, \phi_{w4}, \psi_{w4}, y_{f1}, z_{f1}, \phi_{f1}, \theta_{f1}, \psi_{f1}, y_{f2}, z_{f2}, \phi_{f2}, \theta_{f2}$, $\psi_{f2}, y_c, z_c, \phi_c, \theta_c, \psi_c\}^T$;$F$ 为轮轨蠕滑力及蠕滑力矩向量。且有

$$F = \begin{bmatrix} F_{yl1} + F_{yr1} + N_{yl1} + N_{yr1} \\ 0 \\ (F_{xr1} - F_{xl1})a + M_{zl1} + M_{zr1} \\ F_{yl2} + F_{yr2} + N_{yl2} + N_{yr2} \\ 0 \\ (F_{xr2} - F_{xl2})a + M_{zl2} + M_{zr2} \\ F_{yl3} + F_{yr3} + N_{yl3} + N_{yr3} \\ 0 \\ (F_{xr3} - F_{xl3})a + M_{zl3} + M_{zr3} \\ F_{yl4} + F_{yr4} + N_{yl4} + N_{yr4} \\ 0 \\ (F_{xr4} - F_{xl4})a + M_{zl4} + M_{zr4} \\ \mathbf{0}_{15 \times 15} \end{bmatrix} \quad (4.83)$$

M 为常系数矩阵，C 和 K 为时变的系数矩阵，式(4.82)在每一个积分步长内为二阶常微分方程，在数值计算过程中为了方便求解，需要对其进行降阶处理，降阶后的方程为

$$\begin{bmatrix} M & C \\ 0 & E \end{bmatrix} \begin{bmatrix} y' \\ y \end{bmatrix}' + \begin{bmatrix} 0 & K \\ -E & 0 \end{bmatrix} \begin{bmatrix} y' \\ y \end{bmatrix} = \begin{bmatrix} F \\ 0 \end{bmatrix} \quad (4.84)$$

或

$$\begin{bmatrix} M & 0 \\ 0 & E \end{bmatrix} \begin{bmatrix} y' \\ y \end{bmatrix}' + \begin{bmatrix} C & K \\ -E & 0 \end{bmatrix} \begin{bmatrix} y' \\ y \end{bmatrix} = \begin{bmatrix} F \\ 0 \end{bmatrix} \quad (4.85)$$

经验证，式(4.84)和式(4.85)这两种降阶方式的计算结果相差不大，式(4.84)可整理得

$$\begin{bmatrix} y' \\ y \end{bmatrix}' = \begin{bmatrix} M & C \\ 0 & E \end{bmatrix}^{-1} \left(\begin{bmatrix} 0 & -K \\ E & 0 \end{bmatrix} \begin{bmatrix} y' \\ y \end{bmatrix} + \begin{bmatrix} F \\ 0 \end{bmatrix} \right) \quad (4.86)$$

式(4.85)可整理得

$$\begin{bmatrix} y' \\ y \end{bmatrix}' = \begin{bmatrix} M & 0 \\ 0 & E \end{bmatrix}^{-1} \left(\begin{bmatrix} -C & -K \\ E & 0 \end{bmatrix} \begin{bmatrix} y' \\ y \end{bmatrix} + \begin{bmatrix} F \\ 0 \end{bmatrix} \right) \quad (4.87)$$

令 $X = (y', y)$，则式(4.86)和式(4.87)可以表示为

$$X' = f(X, t) \quad (4.88)$$

至此，可以采用前述方法及数值积分方法进行车辆横向运动稳定性分析。

车辆在运动过程中由于轨道不平顺输入的影响，各部件会在横向和垂向平面内产生振动，并承受由其带来的动载荷，计算实时的加速度变化引起的动载荷比较困难，可以将轨道不平顺看作轨道的实时位移变化，通过影响轮轨间接触几何参数继而影响车辆系统的受力和动力学行为。

6) 整车的蛇行运动稳定性分析

将某高速车辆的结构参数代入式(4.88)中进行求解,通过观察轮对横移运动的收敛情况来判断车辆的蛇行临界速度,图4.30为不同速度下1位轮对横移运动时间历程图,由图4.30(a)中1位轮对横移量在给定3种速度下的分布情况可知,$V=120\text{m/s}$ 时,轮对横移运动很快收敛;$V=140\text{m/s}$ 时,轮对横移运动发散,轮对作小振幅的蛇行振荡;$V=180\text{m/s}$ 时,轮对横移运动以很快的速度发散。因此可以断定,该高速车辆的非线性临界速度介于120m/s和140m/s之间。图4.30(b)中1位轮对左轮横向蠕滑力也表现出和轮对横移量相同的振动特征。

(a) 1位轮对横移量　　(b) 1位轮对左轮横向蠕滑力

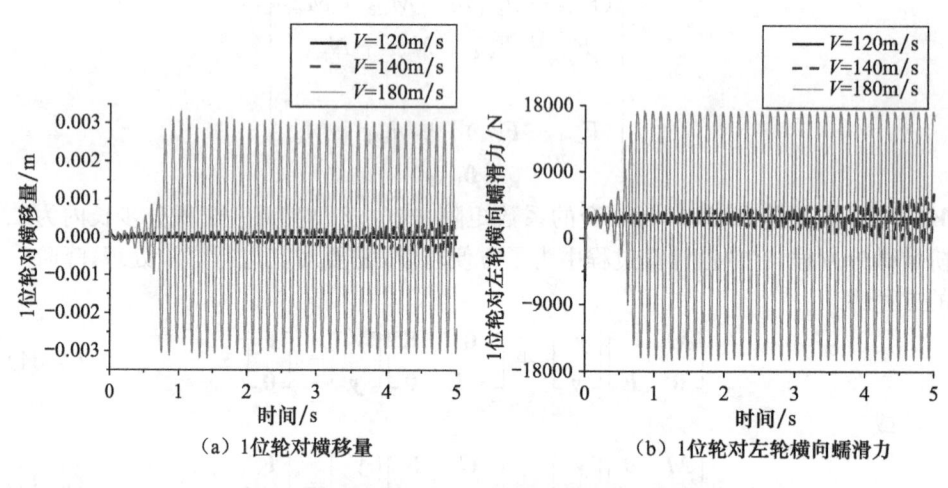

图4.30　不同速度下1位轮对横移运动时程图

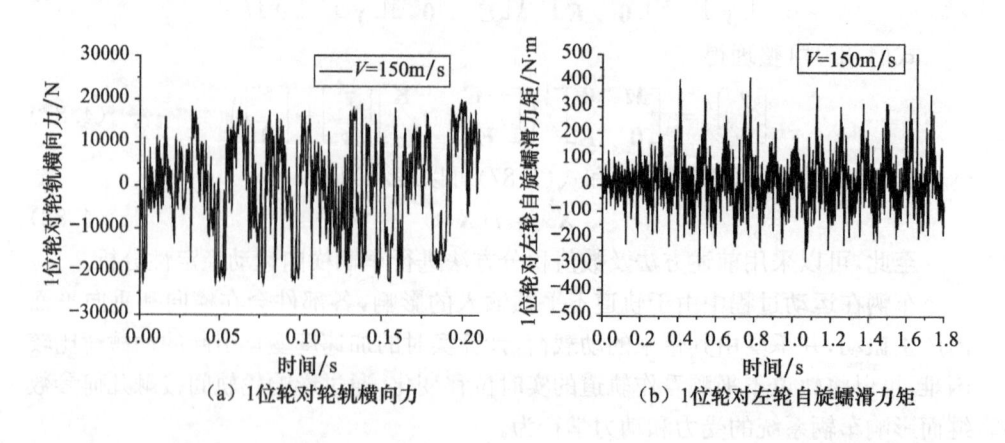

图4.31为$V=150\text{m/s}$情况下1位轮对轮轨蠕滑力时程图,可见当车辆失稳以后,轮轨之间的蠕滑力也表现出很强的极限环运动特征。

(a) 1位轮对轮轨横向力　　(b) 1位轮对左轮自旋蠕滑力矩

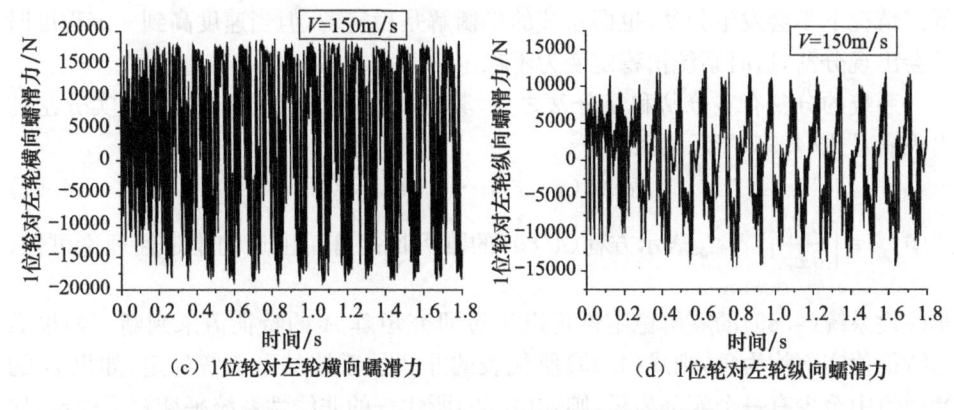

(c) 1位轮对左轮横向蠕滑力　　　　　　(d) 1位轮对左轮纵向蠕滑力

图 4.31　$V=150$m/s 情况下 1 位轮对轮轨蠕滑力时程图

4.3　车辆的蛇行失稳极限环分岔形式

对于一个非线性的动力系统而言，通常有四种运动形态或定态解，即平衡解、周期解、拟周期解和混沌。混沌现象是一种对初始条件极其敏感的复杂的非周期振动现象。仿真求解具有较强非线性特性的机车车辆蛇行运动，或同时考虑轨道几何因素随机变化或随机激励时，响应会随机地绕极限环摄动，极限环将以混沌方式出现，从而引起系统周期响应的本质变化，这种系统的定性性态（如平衡态和稳定性等）的变化就称为分岔。本节将就机车车辆非线性系统蛇行运动的典型分岔形式进行阐述。

4.3.1　机车车辆系统常微分方程的分岔

1. 出现 Hopf 分岔的条件

由前面的内容可知，具有 n 个自由度的车辆系统动力学微分方程可以降阶为式(4.93)所示的 n 维非线性常微分方程：

$$\frac{\mathrm{d}X}{\mathrm{d}t} = f(X, \alpha) \tag{4.89}$$

式中，α 为控制参数，在大多数情况下，α 为车辆的前进速度 v，当然也可以是系统中的其他参数。对于给定的 $\overline{X}=(\overline{x}_1, \overline{x}_2, \cdots, \overline{x}_i)^\mathrm{T}$ 值，方程的平衡解 $\overline{X}=(\overline{x}_1, \overline{x}_2, \cdots, \overline{x}_i)^\mathrm{T}$ 满足式(4.94)所示的 n 维非线性代数方程组：

$$f(\overline{x}_1, \overline{x}_2, \cdots, \overline{x}_i, v) = 0, \quad i=1,2,\cdots,n \tag{4.90}$$

从式(4.90)可知，方程(4.89)的平衡解 $\overline{X}=(\overline{x}_1, \overline{x}_2, \cdots, \overline{x}_i)^\mathrm{T}$ 与速度 v 有关。随着 v 的变化，系统(4.89)出现分岔，其解的拓扑结构发生改变。平衡点 $\overline{X}$ 从稳定变为不稳定叫做"失稳"，此时对应的 $v=\overline{v}$ 称为系统的临界速度。机车车辆系统一般在

低速情况下不会发生分岔,也即系统的平衡解是稳定的,但当速度高到一定程度时就会出现分岔,这时系统由稳定变为不稳定。

系统的分岔有实分岔和复分岔之分,其中复分岔又称 Hopf 分岔。实分岔的出现满足式(4.95)所示的条件：

$$\det \boldsymbol{A}(\bar{x}_1, \bar{x}_2, \cdots, \bar{x}_i, \bar{v}) = 0 \quad (4.91)$$

式中,$\boldsymbol{A} = \left[\dfrac{\partial f_i}{\partial x_j}\right]_{\substack{i=1,2,\cdots,n \\ j=1,2,\cdots,n}}$ 表示方程(4.89)的雅可比矩阵。由运动稳定性理论可知,非线性系统(4.89)的零解稳定性可以通过研究矩阵 A 的特征值来判断。如果 A 的特征值实部均为负,则式(4.89)所代表的非线性系统的平衡解稳定;如果 A 的特征值中至少有一个实部为正,则式(4.89)所代表的非线性系统平衡解不稳定;如果 A 有纯虚特征值,但是其余的特征值均有负实部,则属于临界状态,系统(4.89)有可能出现 Hopf 分岔。因此,当车辆的运行速度 $v=\bar{v}$ 时,机车车辆系统出现 Hopf 分岔的条件是,矩阵 A 有一对纯虚特征值,而其余的特征值的实部均为负,即

$$\lambda_{1,2} = u(\bar{v}) \pm iw(\bar{v}), u(\bar{v}) = 0, u'(\bar{v}) \neq 0, w(\bar{v}) > 0, \quad (4.92)$$

对于实际的机车车辆系统来说,其剧烈的蛇行运动即属于这种 Hopf 分岔情况,这时系统从平衡位置分岔为周期解或极限环。

2. Hopf 分岔的数值计算方法

Hopf 分岔的数值计算最常用的方法包括：QR 算法＋二分法,特征值变换法和中心流形法。下面将简要对其进行介绍。

1) QR 算法＋二分法

利用该方法的具体计算步骤如下：

(1) 设置车辆的初始速度为 v_0,速度步长为 Δv,特征值的实部控制精度设为 ε。

(2) 利用差分法,根据方程(4.89)和(4.91),求出雅可比矩阵 $\boldsymbol{A}$。

(3) 应用 QR 算法求矩阵 $\boldsymbol{A}$ 的特征值,找出特征值的最大实部 R_m,如果 $|R_m| \leqslant \varepsilon$,则此时车辆的运行速度即为 Hopf 分岔速度值。

(4) 如果 $|R_m| > \varepsilon$,且满足 $R_m < 0$,则系统稳定,取 $v = v_0 + \Delta v$;如果 $|R_m| > \varepsilon$,且满足 $R_m > 0$,则系统失稳,取 $v = v_0 - \Delta v$。

(5) 重复(3)、(4)过程直到 R_m 的符号发生变化。

(6) 应用二分法,对最大实部的特征根 R_m 符号发生变化的两个速度 v_1 和 v 之间重复应用(3)、(4)的计算过程,直到找到速度分岔值。

2) 特征值变换法

特征值变换法的具体计算过程如下：

对 $\boldsymbol{B} = [\boldsymbol{A} + \boldsymbol{E}][\boldsymbol{A} - \boldsymbol{E}]^{-1}$ 变换引入雅克比矩阵 $\boldsymbol{A}(v)$,其中 $\boldsymbol{E}_{n \times n}$ 为单位阵。$\boldsymbol{A}(v)$

和 B 满足式(4.97)所示的条件：

$$\lambda(\boldsymbol{A}) \neq 1, \lambda(\boldsymbol{B}) \neq 1 \text{ 且 } \lambda(\boldsymbol{B}) = \frac{\lambda(\boldsymbol{A})+1}{\lambda(\boldsymbol{A})-1}, \lambda(\boldsymbol{A}) = \frac{\lambda(\boldsymbol{B})+1}{\lambda(\boldsymbol{B})-1} \quad (4.93)$$

当 $\lambda(\boldsymbol{A}) = \pm i\omega$ 时，

$$\lambda(\boldsymbol{B}) = \frac{\pm i\omega + 1}{\pm i\omega - 1} = \frac{\omega^2 - 1}{\omega^2 + 1} \pm \frac{2\omega}{\omega^2 + 1} i \quad (4.94)$$

可得

$$|\lambda| = 1 \quad (4.95)$$

所以，可利用求幂法求 B 的最大模、共轭复特征值，用此方法时，不需要求出全部的共扼复特征值，可以采用下面的判据判断系统的稳定性。

(1) $|\lambda(\boldsymbol{B})| < 1$，则 $\text{Re}(\lambda(x)) < 0$，系统平衡解稳定。
(2) $|\lambda(\boldsymbol{B})| > 1$，则 $\text{Re}(\lambda(x)) > 0$，系统平衡解不稳定。
(3) $|\lambda(\boldsymbol{B})| = 1$，则 $\text{Re}(\lambda(x)) = 0$，出现 Hopf 分岔。

从表面上看，特征值变换法比"QR算法＋二分法"要节约计算时间，因为它使用了求幂法，但是由于该算法要计算矩阵的逆，经过比较，发现上述两种方法所耗机时相差不超过几秒。

3) 中心流定理

对 Hopf 分岔现象研究的方法主要分为两种：一种是用数值积分法对系统进行本质上的研究；另一种是对简单系统进行分析。前一种方法工作量大，且不容易找到系统失稳的临界点，后一种方法由于对系统进行了简化，因此不能得到系统失稳的详细信息。而中心流形方法[6]是这两种方法的中和，因为系统中的非线性项可以用泰勒公式表示，其中一部分可以控制不同的系数，一部分为纯粹的数值项。以下是对中心流形定理的介绍：

一个满足中心流形定理条件的系统，常可以通过非奇异线性变换将其变成式(4.96)所示的规范型系统

$$\begin{cases} \dot{x} = \boldsymbol{A}x + f(x,y) \\ \dot{y} = \boldsymbol{B}y + g(x,y) \end{cases}, \begin{cases} x(0) = x_0 \\ y(0) = y_0 \end{cases} \quad (4.96)$$

式中，$x \in R^n, y \in R^m, f(0,0) = g(0,0) = 0, f'(0,0) = g'(0,0) = 0$，它们的特征根分别有零实部和负实部，$(0,0)$ 是系统的一个平衡点。由中心流形定理可降阶判定系统(4.96)的稳定性，但当系统(4.96)很大时，要定量分析它的动特性工作量很大，并且当考虑系统在临界点附近的性能时，由于其不能用线性化方法简化分析，因而无法应用线性系统的降阶方法。因此，如要降阶简化分析系统(4.96)需另辟途径。

在此给出此类系统在局部范围内 $|x| < \delta$ 的一种降阶方法和模型。如果 $f(x,y)$ 和 $g(x,y)$ 是 k 次($k \geq 2$)可导函数，那么系统(4.96)在原点领域内存在中心流形 $y = h(x), h(x)$ 是 $k-1$ 次可导。但是 $y = h(x)$ 仅反映了实际状态 y 受 x 影响的慢

变部分的情况,所以还需考虑 y 本身的快变部分的影响。因为矩阵 B 的特征根有负实部,所以取其线性部分常可较好地反映它本身的快变部分情况。因此系统(4.96)可用式(4.97)所示的简化系统来近似描述系统受到初始扰动 x_0($|x_0|$足够小)和 y_0 时的动态过程。

$$\begin{cases} \dot{x} = \boldsymbol{A}x + f(x,h(x)) \\ \dot{y}_1 = \boldsymbol{B}y_1 \\ y = y_1 + h(x) \end{cases}, \quad \begin{cases} x(0) = x_0 \\ y_1(0) = y(0) - h(x) \end{cases} \qquad (4.97)$$

如果简化分析系统(4.97)的平衡点是局部稳定(或不稳定、渐进稳定)的,那么原系统的平衡点也是局部稳定的(或不稳定、渐近稳定)。再将式(4.96)的第一式代入式(4.97)的第一式,得到 $h(x)$ 应满足

$$h'(x)[\boldsymbol{A}x + f(x,h(x))] - \boldsymbol{B}h(x) + g(x,h(x)) = 0 \qquad (4.98)$$

式(4.98)还应满足 $h(0)=0, h'(0)=0$。$h(x)$ 不能由式(4.98)精确求解,但是可以得到其近似解。

所以采用中心流形方法分析非线性系统稳定性时的步骤如下:

(1) 解式(4.98),得到中心流形 $y=h(x)$ 的近似解。

(2) 将中心流形 $y=h(x)$ 代入系统(4.96),得到1个简化分析系统(4.97)。

(3) 分析简化分析系统(4.97)的稳定性。

4.3.2 机车车辆 Hopf 分岔形式及影响因素

1. 机车车辆 Hopf 分岔形式

由前面的分析可知,分岔是指系统中的参数超过某个临界值以后,系统的稳定性发生变化,系统的微分方程解的拓扑结构也发生改变。对于机车车辆系统而言,当车辆的运行速度超过某一个临界值之后,车辆的横向振幅会扩大,车辆系统微分方程的零解会转变为极限环的周期解,车辆系统的动力学性能也随之发生改变,车辆系统便会出现 Hopf 分岔现象,图 4.32 为以混沌方式出现的机车车辆蛇行振动极限环。

已有的研究成果表明[7],非线性车辆系统的蛇行运动一般会出现如图 4.33 所示的3种主要分岔形式:图 4.33(a)为亚临界 Hopf 分岔,图 4.33(b)和图 4.33(c)为超临界 Hopf 分岔。而实际的机车车辆系统以图 4.33(a)和图 4.33(b)所示的两种分岔形式最为常见。图中横坐标为车辆系统的运行速度,横坐标轴为系统的平衡位置,图中实线表示平衡位置是稳定的,虚线表示平衡位置是不稳定的。纵坐标轴表示系统中任一刚体振动的极限环幅值,实际应用中常以轮对横移量为纵坐标分析车辆的极限环分岔形式,实曲线表示稳定的极限环幅值,虚曲线表示不稳定的极限环幅值。

第四章 机车车辆的横向运行稳定性 · 213 ·

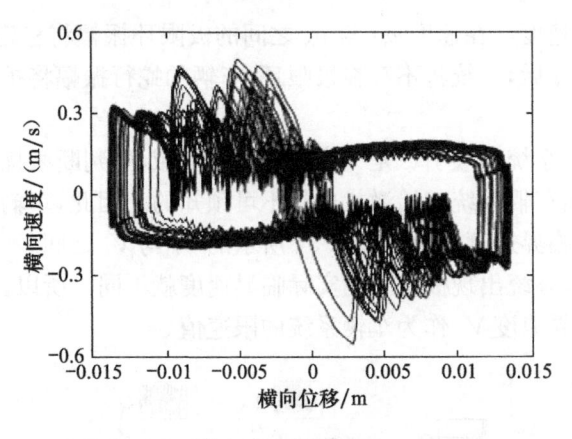

图 4.32 混沌现象

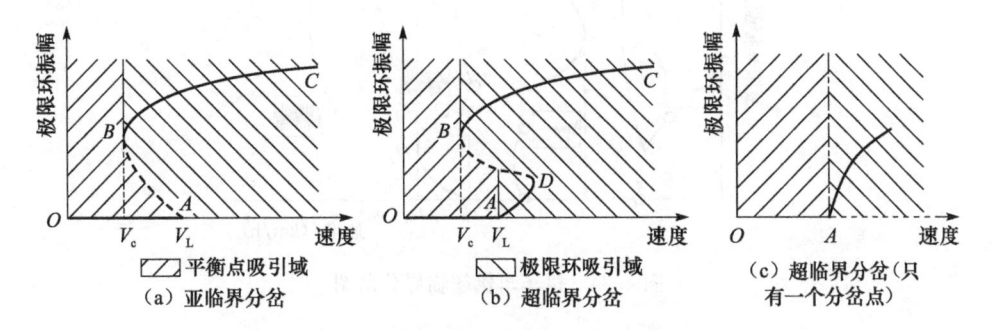

图 4.33 车辆非线性系统蛇行运动典型分岔图
(a) 亚临界分岔　(b) 超临界分岔　(c) 超临界分岔(只有一个分岔点)

图 4.33 中,A 为系统的 Hopf 分岔点,B 为系统的拐点,也称为鞍结分岔点。Hopf 分岔点对应的速度值通常定义为系统的线性临界速度,而鞍结分岔点对应系统首次出现极限环的速度,B 点对应的速度往往低于 Hopf 分岔点 A 对应的速度。

像机车车辆这样具有多个稳定极限环的系统,其蛇行运动先从哪一点开始出现蛇行失稳或者趋向哪一条极限环与外界初始扰动对应的相点落在哪个区域内密切相关。以图 4.34 所示的机车车辆的超临界极限环分岔形式进行说明,当车辆速度低于图 4.34 所示的 V_c 时,蛇行运动没有极限环,车辆受任意激扰产生的蛇行运动都会收敛。V_c 一般称为车辆的非线性临界速度,在鉴定车辆的横向运动稳定性时,非线性临界速度是一项重要指标。当速度位于 V_c 与 V_L 之间时,当外界激扰位于图 4.34 所示的平衡点吸引域时,系统的振动就趋于稳定的平衡点;而当外界激扰位于图 4.34 所示的极限环吸引域时,系统的振动趋于稳定的极限环。当轨道激扰较小时,机车车辆系统可能首先从 A 点出现失稳,具有最高的临界速度;当轨道激扰较大时,机车车辆系统则可能首先出现 B 点的极限环振动,此时车辆具有最低的非线性临界速度。在速度 v_M 与 v_N 之间的极限环振幅将稳定地落到曲线 EC 段上，速度超过 v_N 后，系统将不存在极限环，车辆的蛇行振幅将扩大到脱轨或倾覆程度。

实际上，由于系统的吸引域是一个多维的空间域，要判断激扰位于哪个吸引域是极为复杂的，而车辆系统初始激扰也是不可预知的。因此，车辆系统在实际轨道上运行时失稳的临界速度总位于图 4.34 所示的 V_c 与 V_l 之间，不同的线路对车辆系统的激扰不同，系统出现极限环的实际临界速度就不同。所以，应该以最不利情况值即非线性临界速度 V_c 作为车辆系统的限速值。

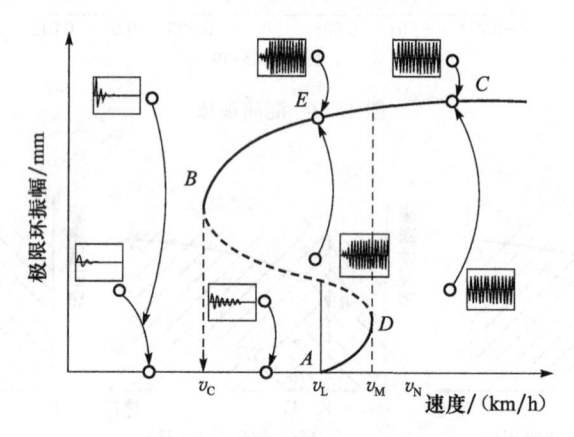

图 4.34　机车车辆超临界分岔图

2. 机车车辆极限环分岔形式的影响因素

上节已提到，机车车辆主要表现为超临界分岔及亚临界分岔这两种极限环分岔形式，具体表现为哪种类型的极限环分岔形式会受到很多因素的影响，其中轮轨的非线性几何特性是一项重要的影响因素[8]。

下面以两组典型的轮轨匹配情况为例说明轮轨接触非线性对车辆极限环分岔形式的影响。图 4.35 给出了两组轮轨廓形匹配时的轮轨接触点分布情况，由图可知：A 型轮轨匹配时，轮轨接触点分布较集中，B 型轮轨匹配时，轮轨接触点会发生多处跳跃。图 4.36 和图 4.37 分别为轮对的左右轮滚动圆半径差随横移量的变化情况及等效锥度随轮对振动幅值的变化情况。由图可知：A 型轮轨匹配时，滚动圆半径差随着横移量的增大呈现渐近增大的趋势，且轮对的等效锥度随着轮对振动幅值也逐渐增大；B 型轮轨匹配时，滚动圆半径差随轮对横移量在 0~1mm 区间发生跳跃变化，这是因为在此区间，轮轨接触区域的位置发生较大变化，当轮对振动幅值在 0~4mm 区间发生变化时，轮对的等效锥度大幅减小，此时轮轨接触处于远离轮缘接触的踏面接触区。

(a) A型轮轨几何匹配

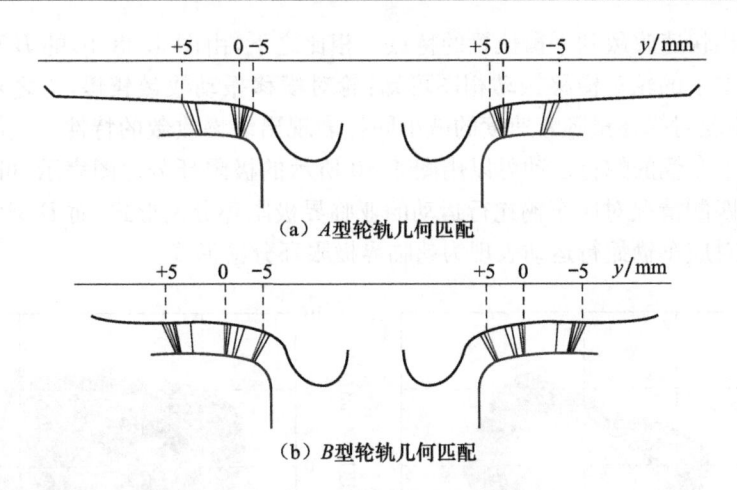

(b) B型轮轨几何匹配

图 4.35　轮轨接触点分布图

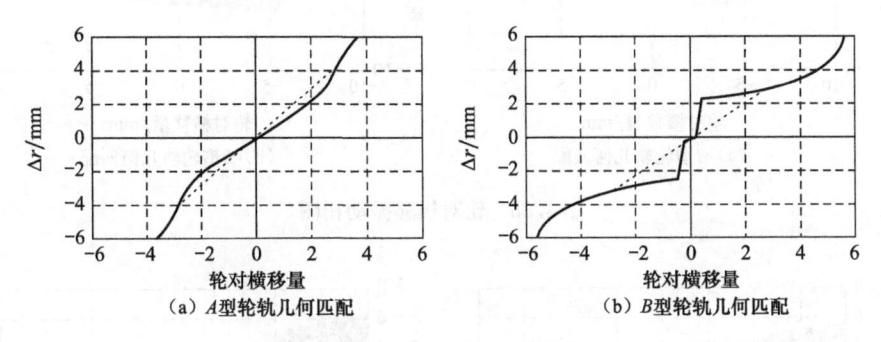

(a) A型轮轨几何匹配

(b) B型轮轨几何匹配

图 4.36　轮对左右轮滚动圆半径差

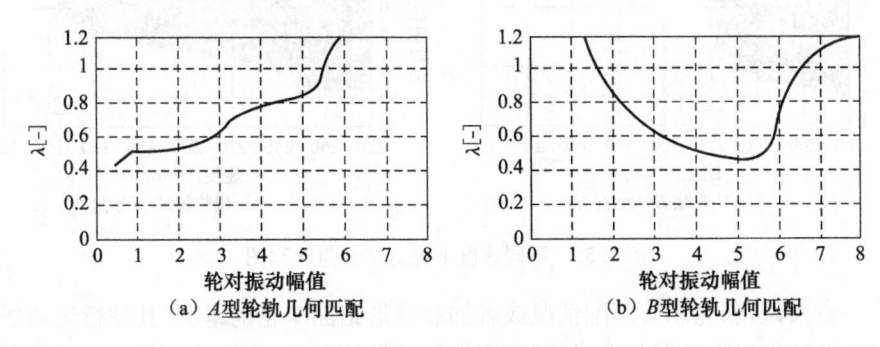

(a) A型轮轨几何匹配

(b) B型轮轨几何匹配

图 4.37　轮对等效锥度

图 4.38 为两组轮轨匹配情况下轮对横移振动的相轨迹图,由图 4.38(a)可知:A 型轮轨几何匹配情况下,轮对横移振动快速收敛,图 4.39(a)为对应该型轮轨匹配情况下,速度逐级减小时轮对横移量的时程图,轮对横移量随着速度的减小

同样表现出快速收敛到平衡位置的特点。相比之下，由图 4.38(b) 的 B 型轮轨几何匹配情况下的轮对横移振动相图可知：轮对横移振动收敛较慢，与之对应的图 4.39(b) 中轮对横移量随着速度的减小同样表现出缓慢收敛的特性。这两组轮轨匹配情况下车辆的蛇行运动可以用图 4.40 所示的极限环分岔图表示，可见，A 型轮轨几何匹配情况对应车辆蛇行运动的亚临界极限环分岔形式，而 B 型轮轨几何匹配情况对应车辆蛇行运动表现为超临界极限环分岔形式。

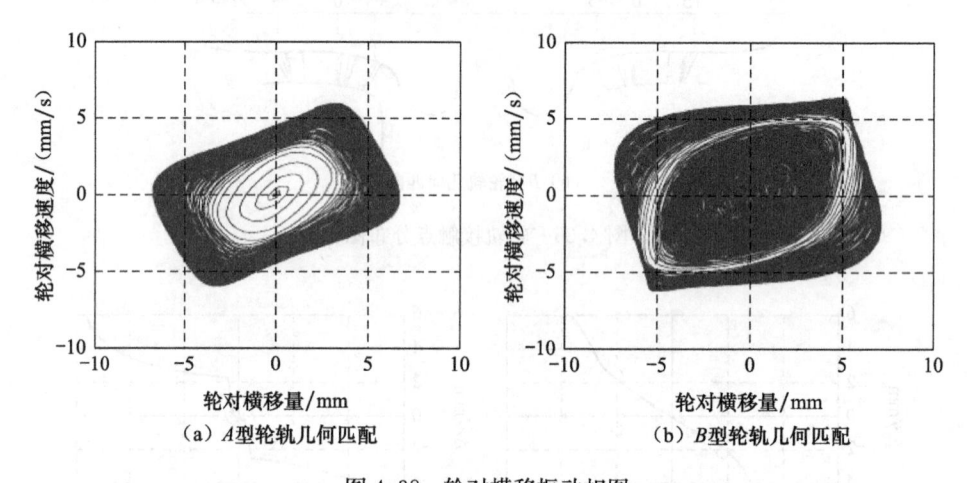

(a) A 型轮轨几何匹配

(b) B 型轮轨几何匹配

图 4.38　轮对横移振动相图

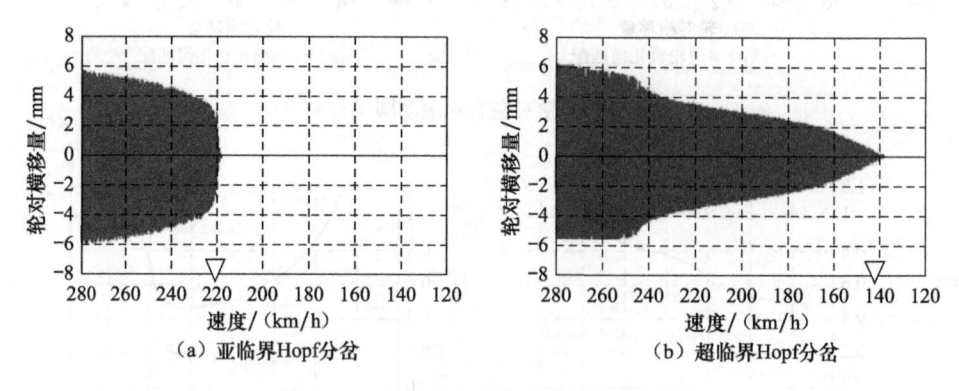

(a) 亚临界 Hopf 分岔

(b) 超临界 Hopf 分岔

图 4.39　不同速度下轮对横移量时程图

一般来说，新轮新轨匹配情况或者加装锥形踏面车轮的车辆，其蛇行运动通常表现为亚临界极限环分岔形式，磨耗型轮轨匹配情况下，车辆的蛇行运动通常表现为超临界极限环分岔形式。由上面的分析可知：对应不同的极限环分岔情况下，轮对表现出不同的横向振动特点。发生亚临界分岔时，车辆在加速的过程中失稳是一个突变的过程，这样可能会威胁列车运行安全；而发生超临界分岔时，车辆在加速的过程中，失稳是一个渐变的过程，这样有利于及早发现从而避免车辆失稳的发

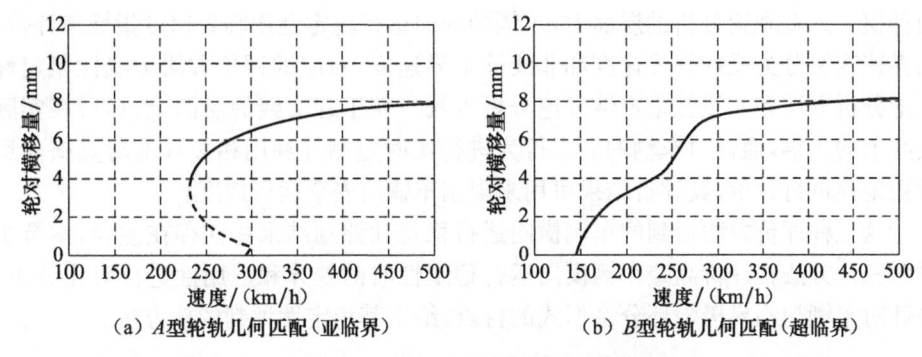

(a) A型轮轨几何匹配（亚临界）　　　　(b) B型轮轨几何匹配（超临界）

图 4.40　蛇行运动极限环分岔形式

生。这种差异给车辆的横向运行稳定性评价也提出了挑战，为了保证车辆的安全运行，其运行速度必须低于图 4.41 所示的非线性临界速度 v_C，车辆发生亚临界分岔情况下，如果给定的轨道不平顺或者初始激扰小于实际值，则仿真得到的蛇行失稳临界速度会高于实际的 v_C 值，且其值会落在图 4.41(a)中的 $v_C \sim v_L$ 区间内。车辆发生超临界分岔情况下，车辆各部件作小振幅蛇行振荡，其对应的加速度水平也较低，尚未达到安全限值，在进行车辆在线试验时，这种小振幅蛇行振荡容易被忽略，因此对应图 4.41(b)中 $v_C \sim v_D$ 的速度区段为使用构架加速度安全限值进行车辆横向稳定性评价时无法监测到的车辆失稳区段。在该速度区段内虽然有时候并不影响行车安全，但会导致轮轨的疲劳破坏，甚至影响舒适性。该速度区段的车辆横向运行稳定性最好采用其他的方法进行评判，下节将对其进行具体介绍。

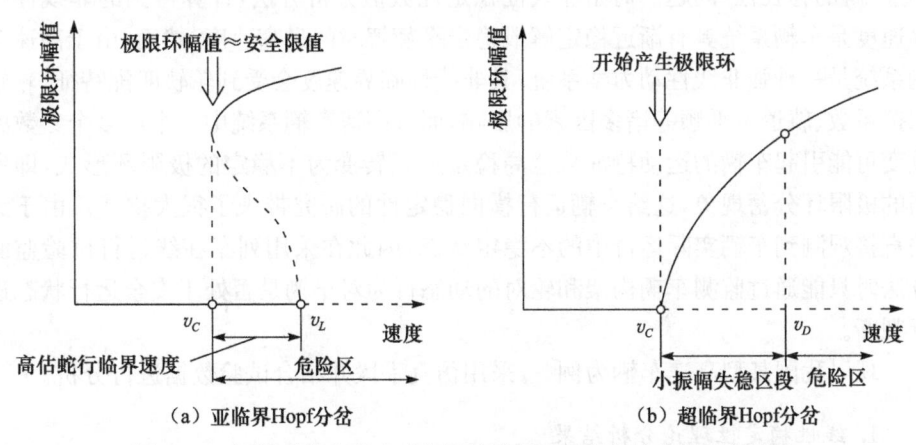

(a) 亚临界Hopf分岔　　　　(b) 超临界Hopf分岔

图 4.41　极限环分岔形式对车辆的横向运行稳定性的影响分析图

4.4　高速车辆横向运行稳定性评价方法

高速车辆的横向运行稳定性评价分为理论意义上的评价和工程意义上的评价

两种概念。在理论分析的层面上,车辆的横向运行稳定性用临界速度指标来评价,临界速度又分为线性临界速度和非线性临界速度,对应的评价方法为线性稳定性理论分析方法和非线性稳定性理论分析方法。在工程实践的层面上,运行在实际线路上的车辆,通常对车辆的动态行为进行实时监测并利用相关标准对其横向运行稳定性进行评价,其评价结果可用来限制车辆的安全运行速度。

这三种评价方法得到的车辆横向运行稳定性评判结果往往存在差异,本节主要对三种方法在评价高速车辆横向运行稳定性时的差异和适用性进行对比分析,并针对车辆超临界极限环分岔形式的特点,给出其稳定性评判的新方法。

4.4.1 高速车辆稳定性评价方法案例比较分析

前面已经介绍到,在线性稳定性理论分析方法中,将车辆考虑为线性系统,通过求解系统的特征方程获得其线性临界速度;在非线性稳定性理论分析方法中,对描述车辆系统的非线性微分方程直接进行数值积分,通过观察车辆主要部件在时域范围内的动态行为,得到车辆的非线性临界速度,用于判断车辆的横向运行稳定性;列车在线运行试验监测方法则是对运行中车辆转向架的横向加速度进行观测,根据观测到的数据评价车辆运行的横向稳定性。

以上 3 种评价高速车辆横向运行稳定性的方法对车辆安全运行的最高速度有着不同的解释。对于线性稳定性理论分析方法,车辆的线性临界速度被看做是车辆系统具有稳定平衡解时的最高速度,因此,求解车辆线性临界速度变成了一个数学上"解的存在性"问题。对于非线性稳定性数值分析方法,计算得到的非线性临界速度是车辆系统具有渐近稳定解或稳定平衡解时的最高速度;然而,由于高速车辆系统是一种强非线性动力学系统,其非线性临界速度会受到轮轨匹配特征、轮轨摩擦系数、轨道不平顺等诸多因素的影响,而且高速车辆系统中一个或多个参数的改变可能引起车辆的运动特征从全局稳定形式转变为不稳定的极限环形式,即所谓的极限环分岔现象,这给车辆运行横向稳定性的研究带来了很大挑战。由于无法直接观测到车辆实际运行中的不稳定状态,因此在采用列车在线运行试验监测方法时只能通过监测车辆构架和轮对的动态行为对车辆是否处于安全运行状态进行判断。

现以我国某型高速车辆为例[9],采用仿真手段并结合试验数据进行分析。

1. 线性稳定性理论分析结果

将高速车辆系统的弹簧、减振器、止挡等悬挂元件的非线性特性按其特征曲线在原点附近的变化作线性化处理,轮轨之间的摩擦系数取为 0.4,踏面等效锥度取为 0.3,得到高速车辆系统线性方程组的特征方程为

$$[\lambda I - A]y = 0 \tag{4.99}$$

式中，λ 为车辆系统的特征值；y 为车辆系统的特征向量；A 为车辆系统的系数矩阵。

在工程实践中，如果某一速度下车辆所有振动模态的阻尼率 λ_i（$\lambda_i = -\alpha_i / \sqrt{\alpha_i^2 + \beta_i^2}$）均超过 0.05，则认为该速度下车辆的运动是稳定的。据此得到车辆在给定等效锥度条件下的线性临界速度为 518km/h。

2. 非线性稳定性理论分析结果

建立该车辆的非线性多体动力学模型，对该车辆的非线性稳定性进行评价。由于高速车辆的横向运行稳定性不仅取决于高速车辆系统本身的结构参数，而且还会受轨道不平顺等诸多因素的影响。对于同一辆车，在不同的线路条件下运行时，其动态特征也可能出现较大差异。因此，在用非线性稳定性理论分析方法对高速车辆横向稳定性进行评价时，考虑如下 3 种线路情况：

(1) 幅值为 5mm 的横向脉冲激扰之后为理想的平直轨道。

(2) 前 350m 轨道输入实测的轨道不平顺谱（如图 4.42 所示），之后为理想的平直轨道。

(3) 对车辆运行的轨道全程均输入如图 4.42 所示的实测轨道不平顺谱。

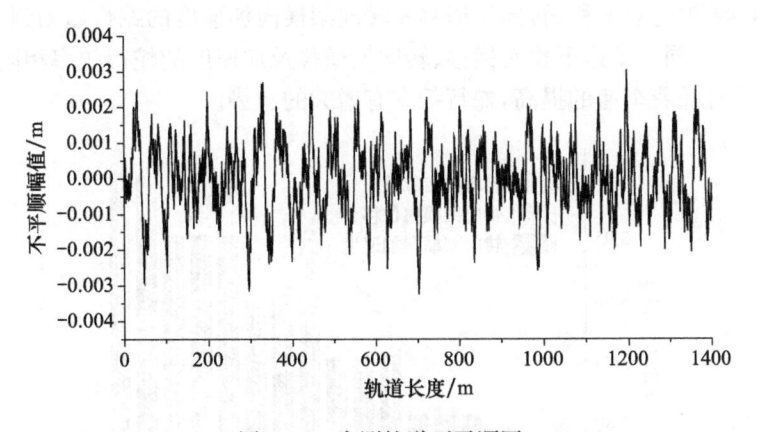

图 4.42 实测轨道不平顺图

为了研究轨道不平顺幅值对车辆动态行为的影响，还针对(2)和(3)这 2 种情况增设了 0.5，1.5 和 2.0 这 3 种轨道不平顺幅值比例系数。

在对车辆稳定性进行评价时，首先考察轮对横向位移在时域范围内的收敛性；然后用我国铁道客车行车安全监测标准对车辆运行横向稳定性进行评价，在铁道客车行车安全监测标准中规定：当转向架横向加速度经 10Hz 滤波后的峰值连续 6 次以上(含 6 次)达到或超过极限值取 $8m/s^2$ 时，则判定转向架失稳，这与 UIC 515 标准中的规定类似。

对应第1种轨道不平顺输入情况,不同车速下轮对横移量的变化趋势如图4.43所示。当车速达到464km/h时,轮对开始作等幅周期振动,即该工况下车辆的蛇行失稳临界速度为464km/h。

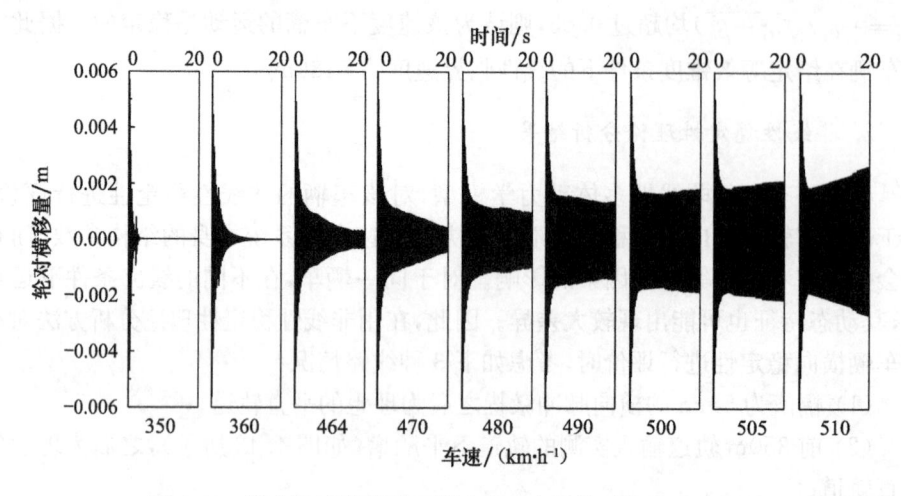

图4.43 横向脉冲激扰下不同速度对应的轮对横移量时程图

图4.44为轮对横移、转向架横移及转向架横向加速度的蛇行运动频率与车速的关系,可见,同一车速下轮对横移、转向架横移及加速度的蛇行频率相同,其值接近4Hz,并且随着车速的提高,蛇行频率有增大的趋势。

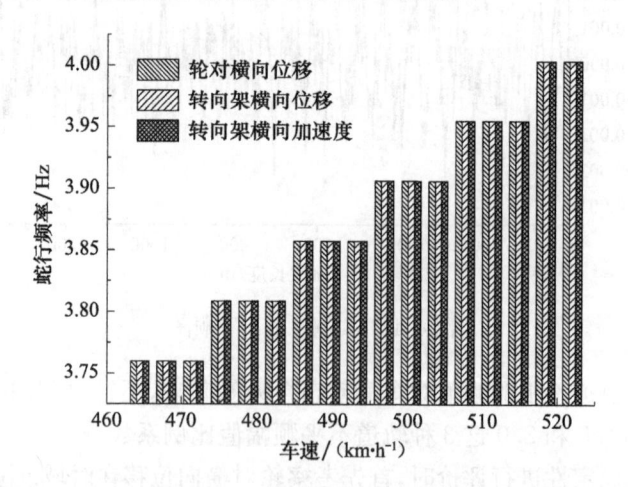

图4.44 理想轨道下转向架轮对蛇行运动频率随速度的变化情况

图4.45为对应第2种线路情况下轮对及转向架横向位移的稳定幅值随速度的变化情况。由图可见,当车速达到486km/h时,轮对和转向架横向振动开始发散,从理论上讲,486km/h为该车的非线性临界速度;在车速达到540km/h之前,

第四章 机车车辆的横向运行稳定性

轮对及转向架均在作小幅度振荡,并且其横向振动幅值随速度的提高增加缓慢;但是当车速超过 540km/h 后,轮对及转向架的横向振动幅值急剧增大,按照极限环分岔理论,此种情况属于超临界分岔形式。

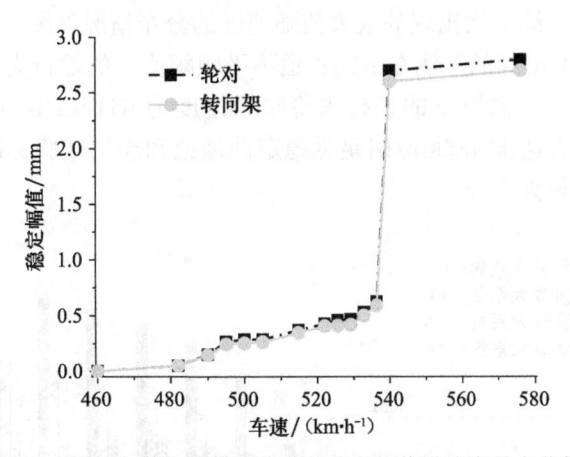

图 4.45　轮对及转向架横向位移的稳定幅值随速度的变化情况

当车速为 486km/h 时,不同轨道不平顺幅值下转向架横向加速度的时域波形对比如图 4.46 所示。在实际轨道不平顺激励下,加速度经 10Hz 低通滤波后,其最大值仅为 $3m/s^2$,这种情况虽然在理论上被视为发生不稳定运动,但由于远小于铁道客车行车安全监测标准规定的 $8m/s^2$ 限值,因此在工程上并不认为发生了失稳。当轨道不平顺幅值缩小 0.5 倍时,轮对横向振动有收敛的趋势;当轨道不平顺幅值增加 1 倍时,轮对和转向架的横向振动幅值也相应增大,转向架横向加速度经 10Hz 低通滤波后的最大值达到 $9m/s^2$。可见,车辆的横向运行稳定性受轨道不平顺的影响很大,因此在评估车辆的横向稳定性时,应充分考虑实际线路的最不利轨道不平顺情况。

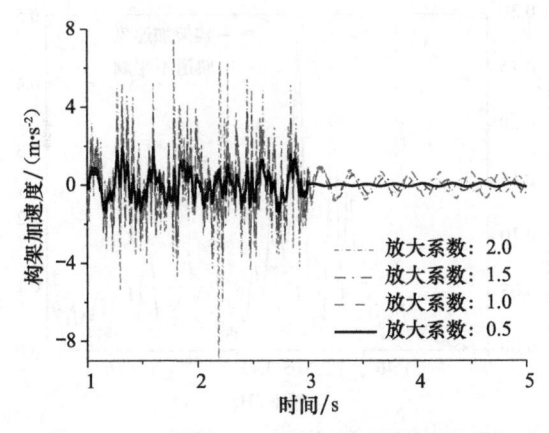

图 4.46　不同轨道不平顺下的构架横向加速度

与上述 2 种情况不同的是,车辆在第 3 种线路情况下,转向架及轮对的动态行为主要表现出频带丰富、随机性强的受迫振动特点,无法直接通过轮对及转向架横向位移的收敛情况来判断其横向运动稳定性。在不同轨道不平顺幅值情况下,转向架横向加速度连续 6 次出现的最大值随速度的分布情况如图 4.47 所示,表 1 为按照 UIC515 标准得到的车辆在不同轨道不平顺幅值下的蛇行失稳临界速度。可见该车在轨道不平顺激励下的蛇行失稳临界速度为 641km/h,远大于如图 4.45 所示的非线性临界速度 486km/h,足见稳定性理论和现场试验标准在评价车辆运行稳定性时存在较大差异。

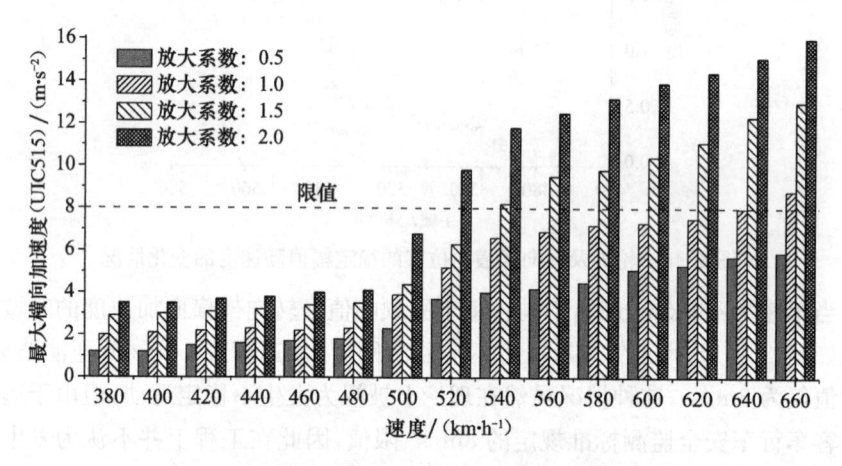

图 4.47 实测轨道不平顺下转向架横向加速度峰值

图 4.48 为速度等于 375km/h 时轨道不平顺与构架横向加速度频谱的对比图,虚线所对应的频率为构架横向加速度和轨道不平顺共有的峰值频率,由此可见,1.46Hz、2.5Hz、3.05Hz 及 3.42Hz 是该速度下构架横向振动的敏感频率,对

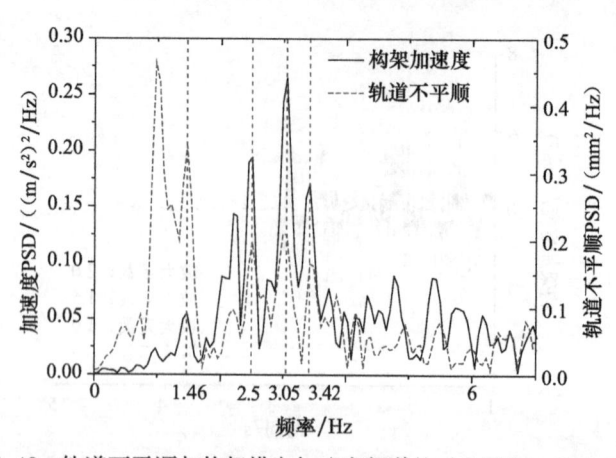

图 4.48 轨道不平顺与构架横向加速度频谱的对比图($v=375$km/h)

应的敏感波长分别为 71.35m、41.67m、34.15m 和 30.46m。通过对不同速度下构架加速度频谱进行同样的分析可得：当车速小于非线性临界速度 486km/h 时，构架加速度频谱中存在与上述四个敏感波长相对应的频率峰值，而当车速超过 486km/h 后，无法观察到与之对应的峰值频率。这说明车辆在达到非线性临界速度之前，主要表现出强迫振动的特征，失稳之后强迫振动特征变得不再明显。

为了进一步分析转向架在蛇行失稳前后的振动特征，对不同车速下转向架横向加速度的频响特征进行分析，结果如图 4.49 所示。当车速小于非线性临界速度 486km/h 时，构架横向振动主要集中在 2~3.5Hz 频带范围内，表现出强迫振动的特征；当车速超过非线性临界速度 486km/h 时，构架横向加速度在 4Hz 附近出现较明显的峰值，且该峰值所对应的频率与图 4.44 所示的蛇行频率一致，由此可以判断此时构架的横向振动同时存在强迫振动和自激振动。值得注意的是，车辆刚开始失稳时，构架横向加速度频响能量仍主要集中在强迫振动的频带范围内，但随着车速的提高，蛇行振动峰值有增大的趋势。与此同时，轮对的横向位移也表现出与转向架横向加速度相似的频响特征，并且其频率分布范围也与转向架横向加速度一致，如图 4.50 所示。

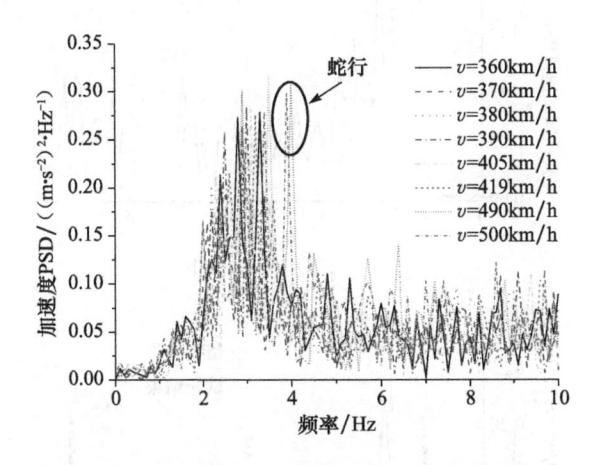

图 4.49 不同车速下构架横向加速度的频响特征

3. 线路试验监测方法

实测转向架横向加速度的功率谱与仿真计算结果在 0~10Hz 范围内的对比情况如图 4.51 所示。实测的转向架横向加速度强迫振动主频与仿真计算结果基本一致，即分布在 2~3.5Hz 的频率范围内。

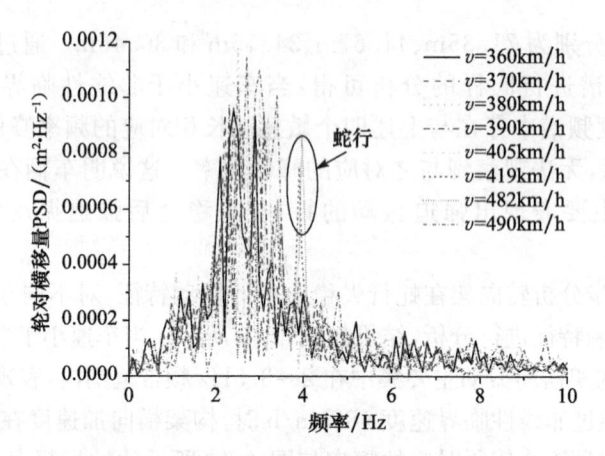

图 4.50　不同车速下轮对横向位移的频响特征

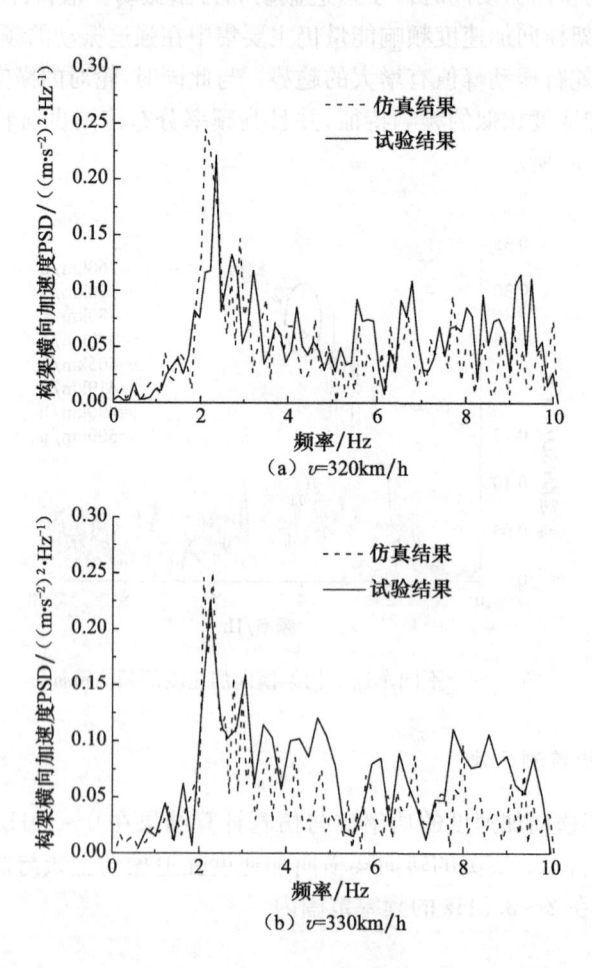

（a）$v=320$km/h

（b）$v=330$km/h

(c) $v=340$km/h

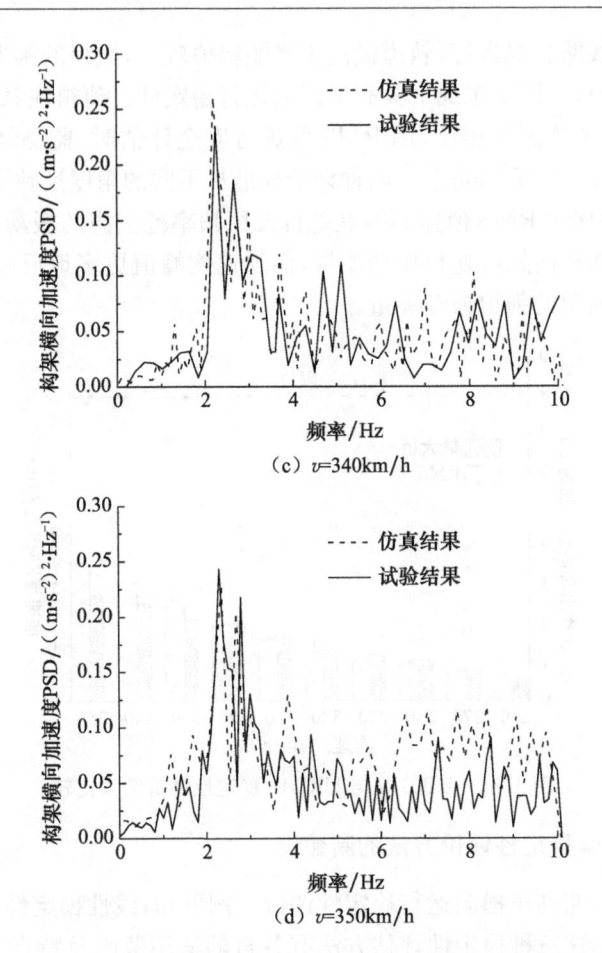

(d) $v=350$km/h

图 4.51　转向架横向加速度仿真与试验结果对比

与线性稳定性评价方法和非线性稳定性评价方法相比,线路试验检测方法由于受现场试验条件的限制,无法观测到车辆的不稳定运行状态,为了保证列车的安全运营,通常依照相关标准监测列车在实际运行过程中的稳定性。下面对两种典型评价标准进行讨论,首先是前述提到的 UIC515 对构架横向加速度峰值的监测方法;其次是 UIC518 的评价标准,其通过监测构架横向加速度均方根值评价车辆运行稳定性,该标准规定:对构架横向加速度进行 $f_0\pm2$Hz 带通滤波(f_0 对应构架蛇行失稳频率),在整个试验过程中以 10m 的步长计算 100m 长度的移动均方根值 RMS,其值不能超过 $(s\ddot{y}^+)_{\lim}$。

$$(s\ddot{y}^+)_{\lim} = \frac{1}{2}\left(12-\frac{m_b}{5}\right)(\text{m}/\text{s}^2) \qquad (4.100)$$

式中,m_b 为转向架质量(t),此处取值为 5.4135m/s²。

图 4.52 为该车在上述两种评价标准下的构架实测横向加速度稳定性分析结

果。由于实际线路状况良好,轨道横向不平顺幅值较小,测得的构架横向加速度远未达到安全限值,在测试工况下具有良好的运行稳定性。值得注意的是,相同速度下,与加速度峰值监测法相比,用 RMS 值进行安全评估时,监测结果更接近极限值。产生这种差异的原因是上述两种评价标准从不同的角度反映了车辆的横向运行稳定性,其中移动 RMS 值监测的是蛇行失稳频率范围内的振动能量,因此其值的大小更能反映转向架的蛇行振动能量,而加速度峰值更多地反映了当前轨道不平顺激励下转向架的强迫振动能量。

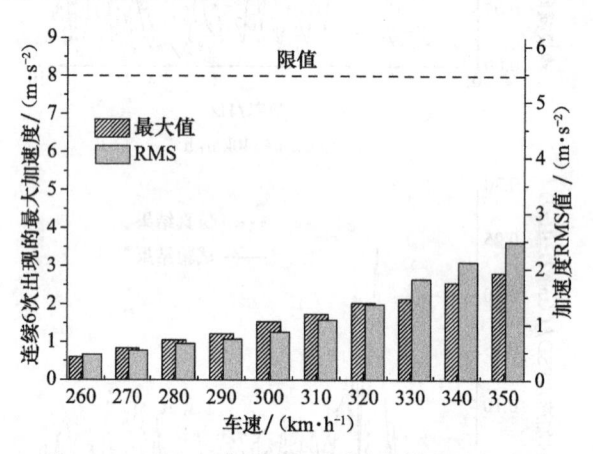

图 4.52 UIC515 与 UIC518 稳定性评价结果比较

4.4.2 高速车辆稳定性评价方法的新建议

通过以上高速列车横向运行稳定性评价实例可知,线性稳定性、非线性稳定性及试验检测判据这三种稳定性评估方法有各自的适用范围及特点,在对算例车辆进行稳定性评价时,由于评价指标和输入条件的不同,得到的结果各不相同。表4.4 汇总了上述不同评价方法得到的车辆蛇行临界速度,其非线性临界速度远低于用 UIC515 中的安全限值得到的失稳临界速度。一旦线路情况变差,例如当轨道不平顺幅值增大为原来的 1.5 倍时,转向架横向振动幅值增大较快,其失稳临界速度将迅速减小为 539km/h。因此从考虑线路最不利情况及提高车辆横向稳定性安全裕量的角度,应提出一种有效监测车辆蛇行运动超临界极限环分岔情况下,转向架小振幅蛇行振动的评价方法。

表 4.4 不同方法评价得到的高速车辆蛇行临界速度(km/h)汇总表

线性临界速度	非线性临界速度		UIC515			
	横向脉冲激励	实测轨道不平顺之后为理想轨道	实测轨道不平顺放大系数			
			0.5	1.0	1.5	2.0
583	464	486	780	641	539	510

第四章 机车车辆的横向运行稳定性

由上述的分析结果可知,该车的转向架横向振动能量的频率主要分布在 2~5Hz 范围内,其中强迫振动能量主要分布在 2~3.5Hz 范围内,蛇行振动能量的频率主要分布在 3.5~5Hz 范围内。基于此,在新方法中引入 2 个观测变量,分别记为 R_{MS}^F 和 R_{MS}^H。其中,R_{MS}^F 为经过 $[f_{F0} \sim f_{F1}]$Hz 带通滤波后,且在整个试验过程中以 10m 的步长计算 100m 长度的转向架横向加速度移动均方根值,R_{MS}^H 为转向架横向加速度在 $[f_{H0} \sim f_{H1}]$Hz 频率范围内的移动均方根值。通过实时在线监测,若 R_{MS}^F 和 R_{MS}^H 满足式(4.101),则认为转向架振动能量主要以蛇行振动的形式表现,且所对应的最小车速即被认为是车辆的蛇行失稳临界速度。

$$\begin{cases} R_{MS}^F \leqslant \alpha(s\ddot{y}^+)_{lim} \\ R_{MS}^H > \beta(s\ddot{y}^+)_{lim} \end{cases} \quad (4.101)$$

式(4.101)中,α、β 为阀值的折减系数;$(s\ddot{y}^+)_{lim}$ 为 UIC518 标准中关于转向架横向加速度移动均方根限值。对于不同的车辆结构及轨道不平顺情况,α 和 β 的取值不尽相同,滤波器 $[f_{F0} \sim f_{F1}]$ 及 $[f_{H0} \sim f_{H1}]$ 的范围也应根据转向架实际强迫振动能量及自激振动能量的主频分布范围进行取值。

为了验证新方法的合理性,对我国某型高速动车组的横向运行稳定性进行分析。对于给定转向架类型,$[f_{F0} \sim f_{F1}]=[2 \sim 3.5]$Hz,$[f_{H0} \sim f_{H1}]=[3.5 \sim 5]$Hz,$\alpha$ 值取 0.2,β 值取 0.4,由式(4.101)可知:当该转向架的 $R_{MS}^F \leqslant 1.0827$m/s² 且 $R_{MS}^H > 2.1654$m/s² 时,认为该车辆失稳。图 4.53 为实测轨道不平顺激励下转向架横向加速度移动均方根值 R_{MS}^F 与 R_{MS}^H 的对比。

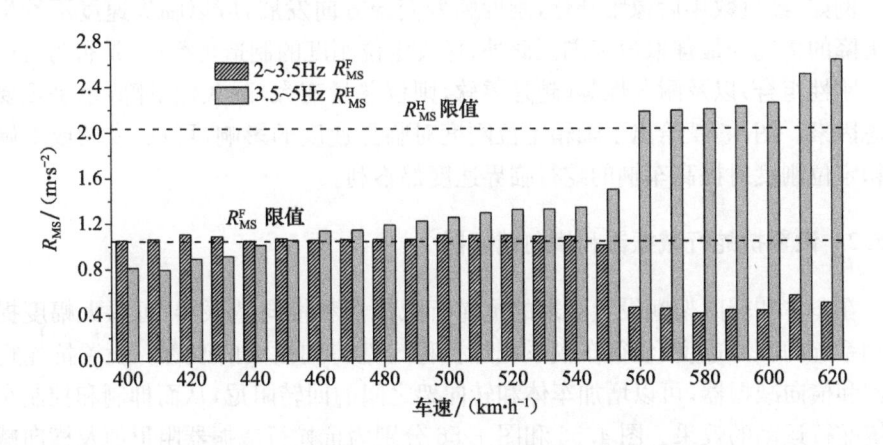

图 4.53 用新方法评价的转向架横向加速度结果

由图 4.53 可见,当车速达到 560km/h 时,R_{MS}^F 值迅速减小,而 R_{MS}^H 值激增至 2.1842m/s² 并超过了该车的转向架横向加速度移动均方根限值(2.1654m/s²),因此用新方法得到的车辆蛇行失稳临界速度为 560km/h,这相比由非线性稳定性理论分析方法得到的非线性临界速度(486km/h)而言,缩小了与由 UIC515 标准得到的蛇行失稳临界速度(641km/h)之间的差距,从而实现对高速列车小幅蛇行振荡的监测。

4.5 提高机车车辆横向运行稳定性的方法

为了提高列车的运行速度,国内外对机车车辆的横向运行稳定性的影响因素进行了大量的理论和试验研究,其研究成果可用于新型车辆的设计和制造。由前几节的内容可知,车辆的横向运行稳定性会受到诸多因素的影响,包括车辆结构参数、轮轨非线性几何特征和外加激励等的影响。本节将车辆结构参数作为主要考虑因素,介绍几种提高机车车辆横向运行稳定性的方法。

4.5.1 合理的轴箱定位刚度

采用轮对弹性定位的转向架是抑制车体蛇行的措施之一,同时对提高转向架的临界速度也极为有效。选取最佳轴箱定位刚度值的方法是：对纵向和横向轴箱定位刚度进行不同组合,反复计算系统临界速度,直至获取最佳的纵、横向轴箱定位刚度组合。

确定轴箱定位刚度值时,除了保证车辆具有较高的蛇行临界速度外,还需要考虑车辆的曲线通过能力以及经过数年后弹性定位装置性能变化对临界速度的影响。例如,经过数年后橡胶硬化,刚度朝着变硬方向发展,应以临界速度不发生急剧下降的情况为最佳取值范围。此外,橡胶定位刚度的制造可行性(是否为可以制造的刚性组合)以及耐久性等(越是柔软,则位移量变大,耐久性下降)也是重要的考虑因素。图 4.54 给出了轴箱定位刚度对临界速度的影响,可见,太软或太硬的轴箱定位刚度对提高车辆的蛇行临界速度都不利。

4.5.2 设置抗蛇行减振器和横向减振器

在车体和转向架间设置合理的抗蛇行减振器和横向减振器,可以大幅度提高车辆系统的临界速度,使得车辆系统运行稳定性得到极大的改善。设置抗蛇行减振器和横向减振器,可以增加车体和转向架之间的回转阻尼,从而抑制和控制车辆系统蛇行运动的效果。图 4.55 和图 4.56 分别为抗蛇行减振器阻尼值及横向减振器阻尼值与临界速度的关系,可见,抗蛇行减振器和横向减振器阻尼值增加时,车辆的蛇行临界速度显著提高。但过大的抗蛇行减振器阻尼值不利于曲线通过,尤其是对小曲线通过的影响更大。另外,过大的阻尼值对平稳性也有一定的影响。因此在选择减振器阻尼值时,需要从稳定性和平稳性两方面来综合考虑。

第四章　机车车辆的横向运行稳定性

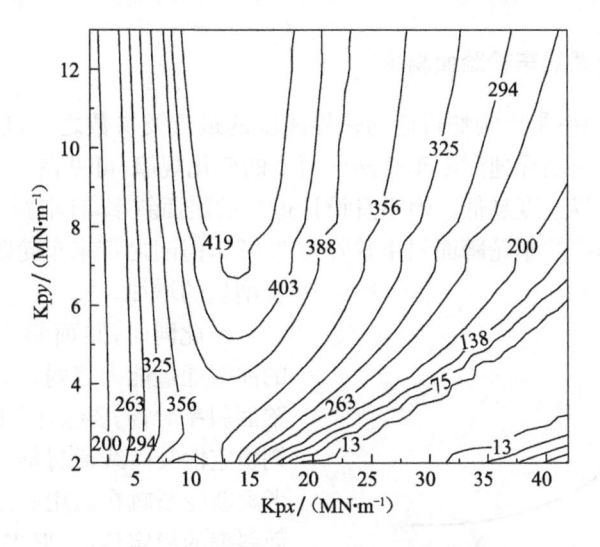

图 4.54　轴箱定位刚度对临界速度的影响

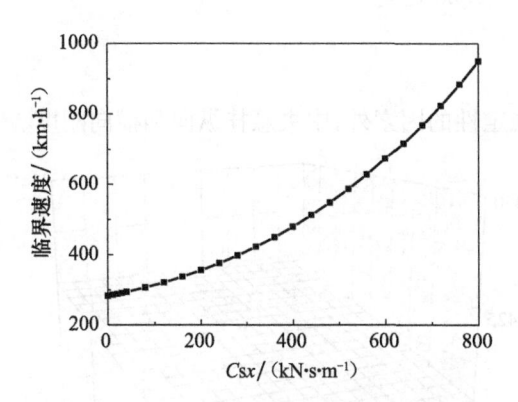

图 4.55　抗蛇行减振器阻尼与临界速度关系

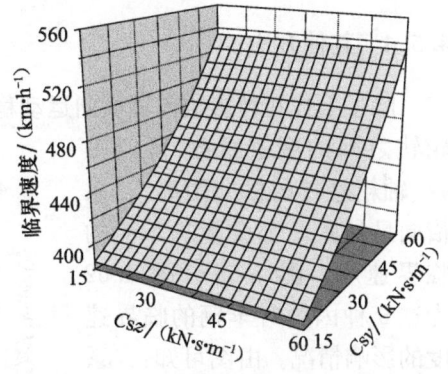

图 4.56　二系横向减振器阻尼与临界速度的关系

由于高速列车运行的曲线半径一般都比较大,曲线通过性能相对于稳定性来说不是主要矛盾,所以高速转向架的一系水平定位刚度与二系回转阻力矩可以适当选取得大一些。

同时必须注意的是:高速车辆参数选取时,不能过多地依靠抗蛇行减振器来提高系统的临界速度,否则一旦抗蛇行减振器失效,将严重地影响车辆的运行安全性和平稳性。为了避免因抗蛇行减振器失效后影响系统运行安全性,在设置系统结构和选择参数方面,必须保证在没有抗蛇行减振器条件下,仍有能够满足正常运行需要的系统临界速度。

4.5.3 选择合理的车轮踏面斜率

车轮踏面斜率是影响蛇行运动临界速度的最重要参数之一,仅次于轮对定位刚度。图4.57为临界速度随车轮踏面斜率的变化规律,可见在一定范围内踏面斜率越大,系统临界速度越低。但不宜设计过小的踏面斜率,日本新干线为追求高的临界速度,动车组的车轮踏面斜率曾降至0.025,但随之带来车轮踏面旋削次数及旋削量的增加。

与此同时,踏面斜率越大车辆系统的曲线通过能力越弱,因此,在选择车轮踏面斜率时,需要综合考虑踏面斜率对车辆稳定性及曲线通过能力的影响。还需考虑新轮新轨在运用一段时间后车辆踏面斜率的稳定值,一般来说,经过一段时期后,车轮踏面斜率大致稳定在0.15~0.25之间。

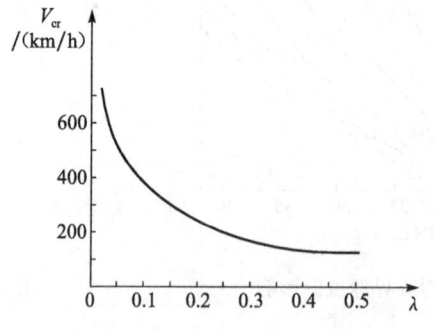

图4.57 临界速度随车轮踏面斜率的关系

4.5.4 其他方法

除了上述几种影响车辆横向运动稳定性的因素外,中央悬挂纵向和横向刚度、轮轨之间的摩擦系数、固定轴距、轴箱悬挂的横向距离、二系横向悬挂距离都会影响车辆的临界速度。图4.58~图4.62为这5种因素对车辆的临界速度的影响情况。由图可知:二系横向悬挂距离及轴距越大,系统临界速度越高。不难理解,横向悬挂距离及轴距越大,支撑车体的面积越大,系统越稳定。如何选取最佳的二系横向悬挂距离及轴距,需要考虑多方面的因素。即要综合考虑车辆的稳定性、车下部件布置及结构紧凑性、转向架受力状态和结构强度等问题,以期能获得空间布置、动力学及结构强度等的最佳组合。

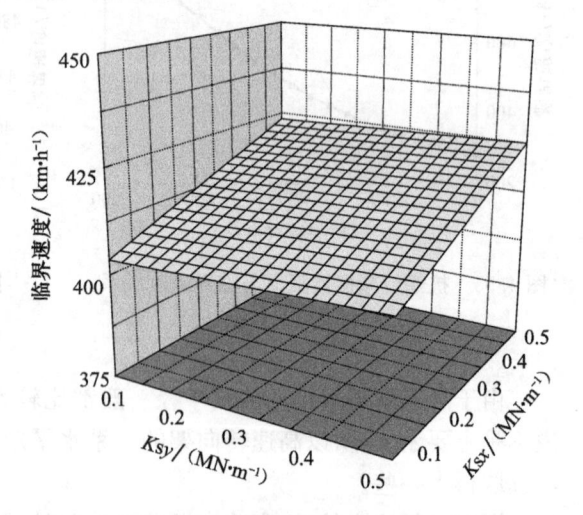

图4.58 中央悬挂纵向和横向刚度对临界速度的影响

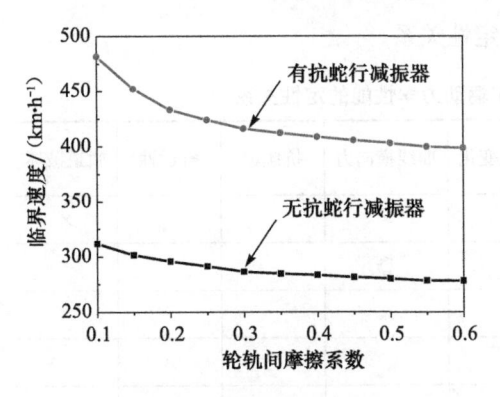

图 4.59 轮轨间摩擦系数与临界速度的关系

图 4.60 轴距与临界速度的关系

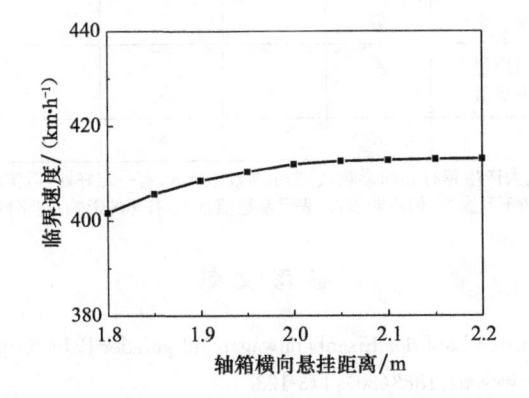

图 4.61 轴箱悬挂的横向距离与临界速度的关系

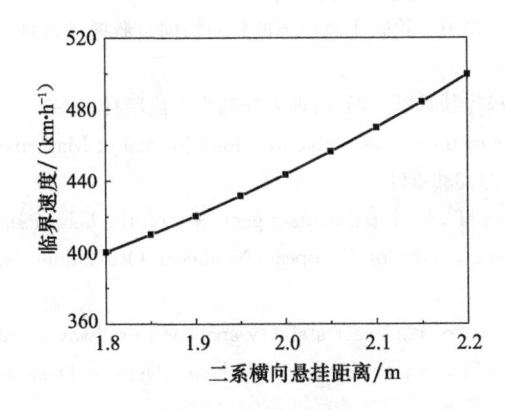

图 4.62 二系悬挂横向距离与临界速度的关系

总之,影响车辆横向运行稳定性的因素有很多,在进行车辆设计时,往往需进行多种方案的比较,以便根据车辆动力学性能的多个方面进行全面考虑。表 4.5

给出了转向架参数与车辆动力学性能的定性关系。

表 4.5　转向架参数与车辆动力学性能的定性关系

参数 \ 性能		稳定性	轮重变化	曲线横向力	抗倾覆	舒适性	轨道破坏
轴距		○		×			×
车轮直径	踏面等效锥度	×		◎			
轴箱定位纵向刚度		◎		×			×
一系弹簧刚度			△		○	×	
二系弹簧	垂向刚度		△		◎	×	
	横向刚度		△		◎	◎	
转向架回转力矩		◎		×			×
转向架质量	簧间质量	△				△	
	簧下质量	×	×	×			×
转向架转动惯量		×		×			×

注：◎表示参数值越大产生越有利的影响；○表示参数值越大，有一定好处，但实际差别不大；△表示参数值越大，有一定的不利影响，但不明显；×表示参数值越大，有坏的影响；空格则表示相互关系不大。

参 考 文 献

[1] Klingel W. Über den Lauf der Eisenbahnwagen auf gerader Bahn. Organ für die Fortschritte des Eisenbahnwesens,1883(20):113-123.

[2] 陈泽深,王成国. 机车车辆动力学与控制. 北京:中国铁道出版社,2004.

[3] 丁文镜. 自激振动. 北京:清华大学出版社,2009.

[4] 孙丽霞,姚建伟,侯福国. 轮轨干摩擦下的轮对横向自激振动机理. 中国铁道科学,2012, 33(5):60-67.

[5] 陈康宁. 机械工程控制基础. 西安:西安交通大学出版社,1997.

[6] Kelley A. Stability of the center-stable manifold. Journal of Mathematical Analysis and Applications,1967(18):336-344.

[7] Polach O. Influence of wheel/rail contact geometry on the behaviour of a railway vehicle at stability limit//Proceedings of European Nonlinear Oscillations Conference,2005:2203-2210.

[8] Polach O. Application of nonlinear stability analysis in railway vehicle industry//Thomsen PG, True H. Non-Smooth Problems in Vehicle Systems Dynamics. Berlin Heidelberg: Springer,2010:15-27.

[9] Yao J W,Sun L X,Hou F G. Study on evaluation methods for lateral stability of high-speed trains. China Railway science,2012,33(6):132-139.

第五章 机车车辆曲线通过分析方法

车辆曲线通过问题,是指求解车辆以一定速度通过线路曲线时,车辆各部件(如车体、构架和轮对等)在曲线上的运动形态以及与轨道的位置关系和作用力关系,深入理解车辆在通过曲线时的行为和机理对合理设计车辆的悬挂参数、提高车辆的曲线通过能力具有重要意义。

良好的曲线通过性能,意味着机车车辆在通过曲线时轮轨间的相互作用力足够小,这样就能减轻车轮与钢轨间的磨耗,减小轨排横移和线路维修工作量,还可以减少机车牵引力,节约能耗。

曲线通过问题主要分为稳态曲线通过和动态曲线通过两类。在机车车辆曲线通过理论和计算模型发展历史上,相继有四个阶段,即早期的经典曲线通过理论、线性稳态曲线通过理论、非线性稳态曲线通过理论和非线性动态曲线通过理论。这些理论反映了对曲线通过机理由定性到定量、从局部到全面的系统认识过程,它们在不同阶段对机车车辆动力学的发展起到了重要作用。

5.1节介绍曲线通过过程中轮对的蠕滑力导向机理;在此基础上,5.2节介绍车辆线性稳态及非线性稳态曲线通过理论及分析方法;5.3节阐述车辆的动态曲线通过分析方法,径向转向架与独立轮对作为提高车辆的曲线通过能力、同时又不降低车辆的横向运行稳定性的特殊结构,其导向机理和动力学特性与传统轮对有所不同;5.4节和5.5节分别对径向转向架和独立轮对的结构特点和导向机理进行介绍;5.6节介绍几种常用的评价机车车辆曲线通过性能优劣的指标。

5.1 蠕滑力导向机理

车辆在曲线上运行时,各运动部件之间以及轮对与钢轨之间将会产生相对位移,由此引起悬挂系统的弹性复原力和轮轨之间的蠕滑力。这两个力对车辆通过曲线的性能起着十分重要的作用。机车车辆通过大半径曲线时主要通过轮轨之间的蠕滑力进行导向,本节对蠕滑力的导向机理进行简要介绍。

5.1.1 轮对通过曲线时的纯滚线

一个具有锥形踏面的自由轮对以等速在一定曲率半径的曲线上作稳态运动时,能以其不同的滚动半径与钢轨相接触,并依靠轮轨间的蠕滑力和力矩使车轮实现理想的纯滚动。

为使一个自由轮对沿半径为 R 的曲线作纯滚动,外轮的滚动距离必须大于内轮的滚动距离。由于车轮踏面是锥形的,内外两个车轮可有不同的滚动半径。当轮对向曲线外侧横向移动距离 y_0 时,如图 5.1 所示,外轮的滚动半径大于内轮,这样就能实现纯滚动的要求。因此车轮具有锥形的车轮踏面是它在曲线上具备纯滚动的必要条件。

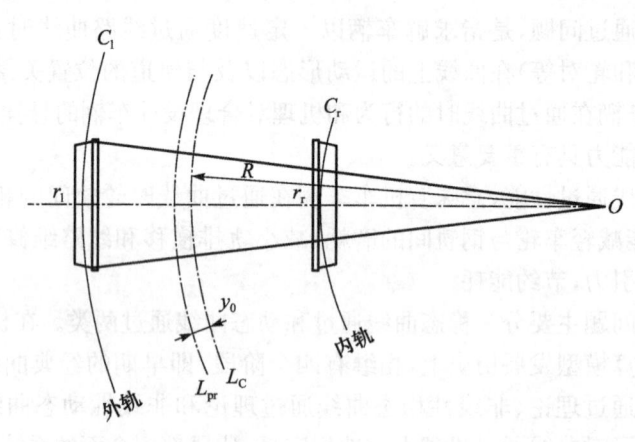

图 5.1 自由轮对纯滚动时的轮轨几何关系

轮对作纯滚动时,轮对中心所走过的轨迹在轨道平面内的铅垂投影,称纯滚线。纯滚线是一段圆弧,它与圆曲线相平行,其曲率中心与圆曲线的曲率中心是重合的,纯滚线总是位于圆曲线线路中心线的外侧。

在不考虑超高的情况下,轮对作如图 5.1 所示的纯滚动时,在外轮滚动圆半径 r_1 处作一垂直于轮对轴线的截面得一圆 C_1;在内轮滚动圆半径 r_r 处得一圆 C_r。显然,圆 C_1 的半径大于圆 C_r,连接两圆圆周上相应的点,并延长交于线路的曲率中心 O 点,即可得到一母线为各连线组成的圆锥形。这样,轮对在圆曲线上纯滚动时,相当于圆锥体以其尖顶绕 O 点在钢轨平面内滚动。

设轮对左右两车轮滚动圆间的横向距离为 $2b$。轮对两滚动圆与钢轨的接触点与线路中心线间的相对位置未变。因此有

$$\frac{R}{r_0} = \frac{R+b}{r_1} \tag{5.1}$$

式中,r_0 为车轮标称半径,将 $r_0 = \frac{r_1 + r_r}{2}$ 代入式(5.1),即可表示为

$$r_1 - r_r = \frac{2r_0 b}{R} \tag{5.2}$$

5.1.2 曲线通过时作用在轮对上的蠕滑力

假定轮对在曲线上的横向位移不大,轮轨间的接触角较小,因此可以认为轮轨

接触几何关系是线性的,蠕滑力变化规律也是线性的。在不考虑自旋蠕滑的情况下,沿纵向和横向的蠕滑力分量分别为

$$T_x = -f_{11}\nu_x, \quad T_y = -f_{22}\nu_y \tag{5.3}$$

由 UIC 建议的方法可知纵向蠕滑率和横向蠕滑率分别为

$$\begin{cases} \nu_x = \dfrac{v_{rx} - v_{wx}}{v} \\ \nu_y = \dfrac{v_{ry} - v_{wy}}{v} \end{cases} \tag{5.4}$$

式中,v_{rx}、v_{ry} 分别为钢轨接触斑上沿 x、y 轴两个方向的速度分量;v_{wx}、v_{wy} 分别为车轮接触斑上沿 x、y 轴两个方向的速度分量;v 为轮对运行速度。

轮对在稳态工况下通过右曲线时,左右侧钢轨和车轮接触斑上的各速度分量分别为

$$v_{rx} = v\left(1 \mp \frac{b}{R}\right), \quad v_{ry} = 0 \tag{5.5}$$

$$v_{wx} = v\left(1 \pm \frac{\lambda y}{r_0}\right) + \dot{\phi} r_0, \quad v_{wy} = v\psi \tag{5.6}$$

式中,$\dot{\phi}$ 表示轮对实际转速与 $\dfrac{v}{r_0}$ 的差值,它与左右轮重的增减量有关;ψ 为摇头角。

假定由于超高不足引起的轮重变化率为 $q = \dfrac{\Delta p}{p}$,蠕滑系数大致与($\dfrac{2}{3} \times$轮重变化率)成比例,于是左右车轮的蠕滑系数各不相等,由此计算得出的蠕滑系数 f_{11}、f_{22} 须各乘以 $\left(1 \pm \dfrac{2}{3}q\right)$ 进行修正。式(5.5)和式(5.6)中对减载的右侧车轮取负号。

在轮对转速为常数的条件下,由纵向蠕滑力引起的合成力偶必等于零,即

$$T_{xr}r_r + T_{xl}r_l = 0 \tag{5.7}$$

由式(5.1)、式(5.3)、式(5.4)、式(5.5)、式(5.6)联立,且令 $r_r \approx r_l$,即可得到

$$\dot{\phi} = \frac{2qv\lambda}{3r_0^2} y^* \tag{5.8}$$

式中,y^* 为轮对横移,且有 $y^* = y - y_0$;y 为轮对中心距线路中心线的坐标;y_0 为纯滚动线距线路中心线的距离,且 $y_0 = -r_0 b/\lambda R$。

由此可见,轮对转速的差值 $\dot{\phi}$ 与轮重变化率 q 成正比。左右轮的蠕滑率可分别写成:

$$\nu_{xl} = \left(1 - \frac{2}{3}q\right)\frac{\lambda y^*}{r_0}, \quad \nu_{yl} = -\psi \tag{5.9}$$

$$\nu_{xr} = -\left(1 + \frac{2}{3}q\right)\frac{\lambda y^*}{r_0}, \quad \nu_{yr} = -\psi \tag{5.10}$$

相应地,纵向和横向蠕滑力为

$$T_{xl} = -T_{xr} = \left(1 - \frac{4}{9}q^2\right)f_{11}\frac{\lambda y^*}{r_0} \tag{5.11}$$

$$T_{yl} = \left(1 + \frac{2}{3}q\right)f_{22}\psi, \quad T_{yr} = \left(1 - \frac{2}{3}q\right)f_{22}\psi \tag{5.12}$$

由此可以看出,由于轮重的差异,造成减载的右侧车轮的纵向蠕滑率增大,而增载的左侧车轮的纵向蠕滑率减小。因此,两车轮上的纵向蠕滑力也各不相等,迫使轮对产生一个微小的角位移,直至调整到两轮的纵向蠕滑力大小相等、方向相反时为止,这时的蠕滑力一般略小于轮重相等时的情况。左右车轮的横向蠕滑率虽然相等,但蠕滑系数不等,因此两侧车轮的横向蠕滑力也各不相同。

作用在轮对上的合成横向蠕滑力与蠕滑力矩如图 5.2 所示,表达式为

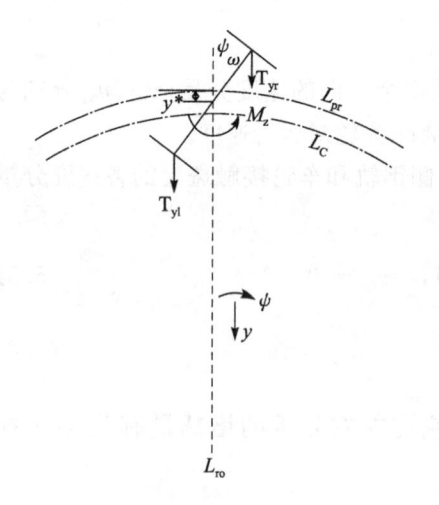

图 5.2 轮对在理想平直轨道上的蛇行运动

$$T_y = T_{yl} + T_{yr} = 2f_{22}\psi \tag{5.13}$$

$$M_z = (T_{xl} - T_{xr})b = -2f_{11}\left(1 - \frac{4}{9}q^2\right)\frac{\lambda b}{r_0}y^* \tag{5.14}$$

5.1.3 蠕滑力导向机理

由式(5.13)、式(5.14)和图 5.3 可以看出,横向蠕滑力 T_y 的大小与方向很大地取决于 ψ;而蠕滑力矩 M_z 则由轮对横摆 y^* 引起,由于 $y^* = y - y_0$,因此其大小和方向不仅与轮对相对线路中心线的横向位移 y 有关,而且还受纯滚动线与线路中心线间距离 y_0 的影响。图 5.3 给出了轮对在曲线上运行的四种基本工况,现针对这四种工况对轮对的蠕滑力导向机理进行如下说明。

(1) 工况一:假定由于某种原因,使轮对轴线偏离其径向位置 $+\psi$(顺时针),而 $y^* = 0$。轮对在偏转 $+\psi$ 时产生横向蠕滑力 T_y,其方向指向曲线内侧,此时 y^* 由零变为正值,于是产生逆时针方向的蠕滑力矩 M_z,使轮对向 $-\psi$(逆时针)方向回转,因此轮对轴线偏转指向径向位置,与此同时,轮对又产生向曲线外侧的横向蠕滑力,使 y^* 由正值趋于零。以上的过程都是微小地、自动地同时进行的,直至 $\psi = 0, y^* = 0$,调整位置的过程结束。

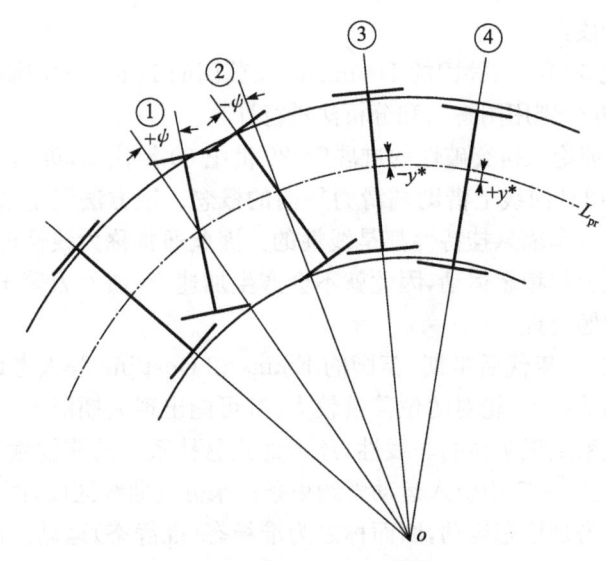

图 5.3 轮对在曲线上的四种基本工况

(2) 工况二：$\psi=$负值，$y^*=0$，与工况一的过程相反。

(3) 工况三：$\psi=0$，$y^*=$负值，轮对的横向位移 y^* 由零变为负值的过程中，将产生顺时针方向的蠕滑力矩 M_z，轮对受到 M_z 后，作顺时针方向偏转 $+\psi$，由此产生横向蠕滑力 T_y 指向曲线内侧，使轮对向内侧移动，逐渐趋于纯滚线，与此同时，又产生逆时针方向的 M_z，从而使轮对轴线回复到曲线的径向位置，直至轮对微小地调整到 $\psi=0$，$y^*=0$ 的位置。

(4) 工况四：$\psi=0$，$y^*=$正值，与工况三所述的过程相反。

如果轮对在通过曲线的全过程中，始终能保持其轴线处于径向且轮对中心在纯滚线上，即 $\psi=0$，$y^*=0$，则轮轨间将不产生蠕滑力和蠕滑力矩，轮对在曲线上作纯滚动运动。事实上，不可能存在这种理想情况，一旦轮对开始运动，其中心就会偏离纯滚线，同时轮对轴线也会偏转径向位置一个角度（图 5.3 上的②、③工况的综合）。于是轮对上同时作用有顺时针方向的 M_z 与向曲线外侧的 T_y，轮对在这两个力的联合作用下产生位移，不断地调整其位置，直到理想状态为止。随着轮对的持续运动，上述自动调整过程将不断进行。

对于磨耗型踏面的自由轮对，也能依靠蠕滑力和力矩导向，完成其理想的曲线通过。不过，此时轮轨接触几何关系是非线性的，蠕滑规律也是非线性的，但定性地分析其通过曲线的过程则与上述完全一致。

5.2 车辆稳态曲线通过分析方法

机车车辆稳态曲线通过分析方法包括线性和非线性这两种分析方法，历经了

如下三个发展阶段:

(1) 20 世纪 30 年代,德国的 Heumann 及英国的 Poter 应用摩擦中心机理来研究曲线通过,并分别用图解法和分析法进行计算。

(2) 在蠕滑理论取得突破性的进展后,20 世纪 60 年代末,英国的 Newland 和 Boocock 分别提出在曲线上借助蠕滑力导向的概念。该方法假定蠕滑特性、轮轨接触几何关系以及车辆悬挂特性都是线性的。因此通常称为线性曲线通过,并且认为车辆在曲线上作稳态运动,因此就不会产生加速度,惯性力等于零,于是便可按一般静力学问题处理。

(3) 20 世纪 70 年代后半期,英国的 Elkins 和 Gostling 等人考虑到车辆在通过小半径曲线的情况下,轮对的位移量较大,有可能出现大蠕滑现象,蠕滑特性和轮轨接触几何关系呈现明显的非线性,还考虑到悬挂系统的非线性。于是提出了一种新的计算方法,研究中引入运动学约束条件来分割曲线区段,而在每个小段的曲线区段上仍认为是稳态运动,因而称之为准稳态(准静态)运动。由此使理论研究与实际情况更为接近,这种方法又称之为非线性曲线通过。

本节将对机车车辆的线性和非线性稳态曲线通过分析方法[1,2]进行简要介绍。

5.2.1 线性稳态曲线通过

稳态曲线通过(steady-state curving)指机车车辆以等速在曲率半径和超高都是常数、且轨道绝对圆顺和平顺的圆曲线上运行。在该过程中不产生加速度,惯性力为零,可当做一般的静力学问题处理。在线性稳态曲线通过的分析中,假定蠕滑特性、车辆悬挂特性以及轮轨接触几何关系都是线性的,并忽略重力刚度及回旋蠕滑等微小作用,认为车辆在曲线上作稳态运动。

在以上假设下,线性理论的适用范围一般以轮对出现真滑动为界限,因此,存在着一个可以通过的最小曲率半径,若曲线半径小于该半径,线性理论将不适用。线性理论概念清晰,计算简单,用它来评价和比较转向架不同结构方案的曲线通过特性很有价值。

图 5.4 为四轴转向架的计算简图,图 5.5 为车辆前转向架位于圆曲线上的示意图。前、后转向架各由两个质量为 m 的刚性轮对组成,轮对通过一系悬挂与质量为 m_b 的刚性转向架的构架相连。令一系悬挂的横向和摇头刚度为 k_y、k_ψ。二系悬挂将转向架构架与质量为 m_c 的刚性车体相连,其横向及摇头刚度分别为 k_{yb} 及 $k_{\psi b}$。假定每一悬挂的作用均平行于轨道平面,车辆以等速 v 沿曲线运行,且轨道中心线的半径 R_0 及超高角 θ_0 保持不变。

选择一个合适的广义坐标系,若不考虑垂直平移及滚动位移,可表示车辆在水平面内的位置。前转向架的位置参数如表 5.1 所示,后转向架的位置可用类似的坐标表示。

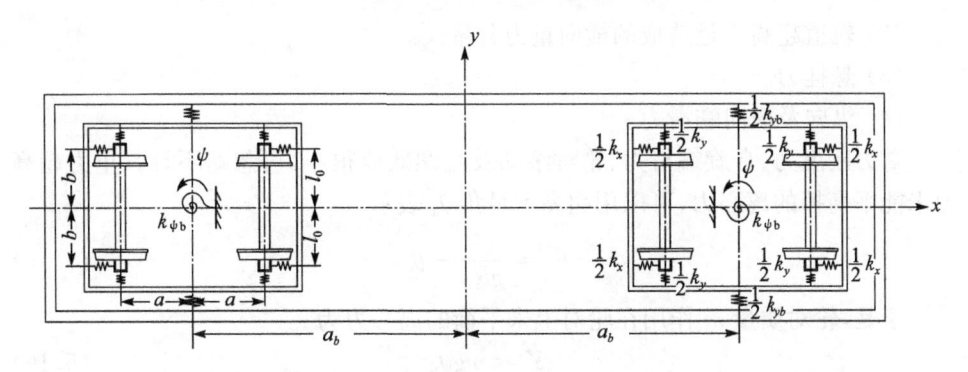

图 5.4　四轴转向架动力学计算简图

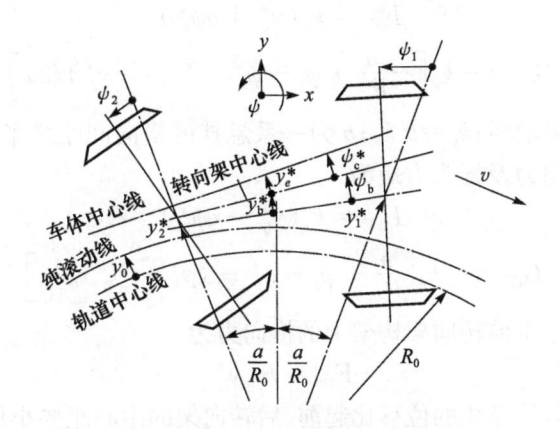

图 5.5　转向架曲线通过示意图

表 5.1　前转向架的位置参数

参　数	含　义
y_1^*, y_2^*	前导轮对及后随轮对质心相对于纯滚动线的横向位移
ψ_1, ψ_2	前导轮对及后随轮对的冲角
y_b^*	转向架构架的质心相对于前、后轮对质心连线中点的横向位移
ψ_b^*	转向架构架的纵向中心线相对于前、后轮对质心连线的角位移
y_c^*	车体质心相对于前、后转向架构架质心连线的横向位移
y_0	纯滚动线的侧偏量

1. 车辆上的作用力

作用于车辆上的主要力及力偶如下：

（1）离心力。

(2) 轨道超高不足造成的横向重力分量。
(3) 悬挂力。
(4) 纵向及横向蠕滑力。

重力刚度力、自旋蠕滑力、轮对滚动及陀螺效应很小,可忽略不计。重力超高力未能平衡掉的离心力,可以用超高不足角 θ_d 表示,

$$\theta_d = \frac{v^2}{gR_0} - \theta_0 \qquad (5.15)$$

于是,轮对质量 m 作用在轮对上未平衡的离心力为

$$Y = mg\theta_d \qquad (5.16)$$

一系悬挂作用于前导轮对的横向力及摇头力矩为

$$F_{y1} = k_y(y_b^* + a\psi_b^*) \qquad (5.17)$$

$$G_{\psi 1} = -k_\psi \left[-\frac{a}{R_0} + \psi_1 - \psi_b^* - (y_1^* - y_2^*)/2a \right] \qquad (5.18)$$

式中,$2a$ 为转向架轴距;$k_\psi = b^2 k_x$;b 为一系悬挂的横向间距之半。一系悬挂作用于后随轮对的横向力及摇头力矩为

$$F_{y2} = k_y(y_b^* - a\psi_b^*) \qquad (5.19)$$

$$G_{\psi 2} = -k_\psi \left[\frac{a}{R_0} + \psi_2 - \psi_b^* - (y_1^* - y_2^*)/2a \right] \qquad (5.20)$$

二系悬挂作用于前转向架构架上的横向力为

$$F_{yb} = k_{yb} y_c^* \qquad (5.21)$$

假定轮对及悬挂系统的位移比起前、后转向架的中心距要小得多,则车体在其中点近似与轨道相切。这时,二系摇头悬挂力矩的表达式为

$$G_{\psi b} = -k_{\psi b} \left[-\frac{a_b}{R_0} + \psi_b^* + (y_1^* - y_2^*)/2a \right] \qquad (5.22)$$

式中,$2a_b$ 为前、后转向架中心距。

蠕滑力是由于轮轨接触区存在很小的相对速度而产生的。假定轮轨接触角很小,则蠕滑力在纵向及横向的分量为

$$T_x = -f_{11} v_x, \quad T_y = -f_{22} v_y \qquad (5.23)$$

式中,v_x,v_y 分别是纵向及横向蠕滑率。

如 q 是因超高不足而造成的轮重相对变化,由于蠕滑系数随轮重的 2/3 次方变化而变化,故对于左右两个车轮应使用不同的蠕滑系数。在轮重相同的条件下计算所得到的 f_{11} 及 f_{22} 必须分别乘以近似为 $\left(1 \mp \frac{2}{3} q\right)$ 的系数进行修正。

2. 运动方程及其解

根据车辆曲线通过时力的平衡关系,可建立描述其 14 个自由度的 14 个运

动方程,分别为4个轮对的横向位移及摇头角位移,2个转向架构架的横向位移及摇头角位移,车体质心的横向位移及车体的摇头角位移。使用推导式(5.22)时所做的简化假定,可以将前、后转向架及车体的方程解耦。进行如下的参数变换:

对前转向架,

$$m_c^* = (1+e)m_c, a_b^* = a_b \tag{5.24}$$

对后转向架,

$$m_c^* = (1-e)m_c, a_b^* = -a_b \tag{5.25}$$

式中,m_c为转向架构架的质量;e为车体质心偏移率;ea_b是车体的质心与其几何中心之间的距离。只需用7个方程便可对单个转向架的7个自由度(2个轮对的横向位移及摇头角位移、转向架构架的横向位移及摇头角位移、车体质心的横移)进行描述,而且这些方程对于前、后转向架都可以使用。

车体及转向架的相对横向位移可用下式表示:

$$y_c^* = \frac{m_c^* g\theta_d}{2k_{yb}} \tag{5.26}$$

$$y_b^* = \frac{\left(m_b + \frac{1}{2}m_c^*\right)g\theta_d}{2k_y} \tag{5.27}$$

分别建立前导轮对及后随轮对的力平衡和力矩平衡方程,以及前转向架力矩平衡方程,可以得到除式(5.26)和式(5.27)中的y_c^*,y_b^*以外的其他5个自由度,即y_1^*,ψ_1,y_2^*,ψ_2及ψ_b^*相耦合的5个运动方程:

$$\begin{cases} 2f_y\psi_1 + k_y a\psi_b^* = -W\theta_d \\ -2f_x\dfrac{\lambda_e l_0}{r_0}y_1^* - k_\psi\psi_1 + k_\psi\psi_b^* + \dfrac{k_\psi}{2a}(y_1^* - y_2^*) = -k_\psi\dfrac{a}{R_0} \\ 2f_y\psi_2 - k_y a\psi_b^* = -W\theta_d \\ 2f_x\dfrac{\lambda_e l_0}{r_0}y_2^* - k_\psi\psi_2 + k_\psi\psi_b^* + \dfrac{k_\psi}{2a}(y_1^* - y_2^*) = -k_\psi\dfrac{a}{R_0} \\ k_\psi\psi_1 + k_\psi\psi_2 - (2k_\psi + k_{\psi b} + 2a^2 k_y)\psi_b^* - (2k_y + k_{yb})\dfrac{(y_1^* - y_2^*)}{2} = -k_{\psi b}\dfrac{a_b^*}{R_0} \end{cases} \tag{5.28}$$

式中,W为轴重,$W = \left[m + \dfrac{1}{2}\left(m_b + \dfrac{1}{2}m_c^*\right)\right]g$。

不难看出,车辆在通过圆曲线时基本上只有两个确定性输入,即线路的曲率和超高不足。方程组(5.28)可写成矩阵形式:

$$\begin{bmatrix} 0 & 2f_y & 0 & 0 & ak_y \\ -2f_x\dfrac{\lambda_e l_0}{r_0}+\dfrac{k_\psi}{2a} & -k_\psi & -\dfrac{k_\psi}{2a} & 0 & k_\psi \\ 0 & 0 & 0 & 2f_y & -ak_y \\ \dfrac{k_\psi}{2a} & 0 & -2f_x\dfrac{\lambda_e l_0}{r_0}-\dfrac{k_\psi}{2a} & -k_\psi & k_\psi \\ -\dfrac{k_\psi}{a}-\dfrac{k_{\psi b}}{2a} & k_\psi & \dfrac{k_\psi}{a}+\dfrac{k_{\psi b}}{2a} & k_\psi & -2(k_\psi+k_{\psi b}+2a^2 k_y) \end{bmatrix}\begin{bmatrix} y_1^* \\ \psi_1 \\ y_2^* \\ \psi_2 \\ \psi_b^* \end{bmatrix}$$

$$=\begin{bmatrix} 0 & -W \\ -k_\psi a & 0 \\ 0 & -W \\ k_\psi a & 0 \\ -k_{\psi b} a_b^* & 0 \end{bmatrix}\begin{bmatrix} \dfrac{1}{R_0} \\ \theta_d \end{bmatrix}$$

(5.29)

由式(5.29)可解得[1]

$$y_1^*,y_2^* = \pm \frac{k_\psi r_0}{2f_x \lambda_e l_0 K_1}\left\{\left(K_0 \pm \frac{k_\psi r_0}{2f_x \lambda_e l_0 a}\right)\frac{a}{R_0}+\frac{k_{\psi b}}{2}\left[\frac{1}{2f_y a}\left(1\pm\frac{k_\psi r_0}{2f_x\lambda_e l_0 a}\right)\pm\frac{1}{k_y a^2}\right]\frac{a_b^*}{R_0}\right.$$
$$\left.\pm\left[K_2 \mp \frac{k_\psi}{2f_y a}+\frac{k_{\psi b}}{2f_y a^2}\right]\frac{W\theta_d}{2f_y}\right\} \quad (5.30)$$

$$\psi_1,\psi_2 = \pm\frac{1}{2f_y a K_1}\left[\frac{k_\psi\left(k_\psi+\frac{1}{2}k_{\psi b}\right)r_0}{2f_x\lambda_e l_0 a}\frac{a}{R_0}-\frac{k_{\psi b}}{2}\frac{a_b^*}{R_0}\right]-\left(1\mp\frac{k_\psi}{2f_y a K_1}\right)\frac{W\theta_d}{2f_y}$$

(5.31)

$$\psi_b^* = -\frac{1}{k_y a^2 K_1}\left[\frac{k_\psi\left(k_\psi+\frac{1}{2}k_{\psi b}\right)r_0}{2f_x\lambda_e l_0 a}\frac{a}{R_0}-\frac{k_{\psi b}}{2}\frac{a_b^*}{R_0}+k_\psi\frac{W\theta_d}{2f_y}\right] \quad (5.32)$$

式中,$K_0 = 1+\dfrac{\left(k_\psi+\frac{1}{2}k_{\psi b}\right)}{k_y a^2}$; $K_1 = K_0 + \dfrac{\left(k_\psi+\frac{1}{2}k_{\psi b}\right)k_\psi r_0}{4f_x\lambda_e l_0 f_y a^2}$; $K_2 = 1 + \dfrac{k_{\psi b}k_\psi r_0}{8f_x\lambda_e l_0 f_y a^2}$。

对于无二系摇头约束的转向架,即 $k_{\psi b}=0$,这相当于单一转向架或一台两轴车辆的模型,则按式(5.30)~式(5.32)简化为

$$y_1^*,y_2^* = \pm\frac{k_\psi r_0}{2f_x\lambda_e l_0 K_1}\left\{\left(K_0\pm\frac{k_\psi r_0}{2f_x\lambda_e l_0 a}\right)\frac{a}{R_0}\pm\left(1\mp\frac{k_\psi}{2f_y a}\right)\frac{W\theta_d}{2f_y}\right\} \quad (5.33)$$

$$\psi_1,\psi_2 = \pm\frac{1}{K_1}\left(\frac{k_\psi^2 r_0}{4f_x\lambda_e l_0 f_y a^2}\frac{a}{R_0}\right)-\left(1\mp\frac{k_\psi}{2f_y a K_1}\right)\frac{W\theta_d}{2f_y} \quad (5.34)$$

$$\psi_b^* = -\frac{k_\psi}{k_y a^2 K_1}\left[\frac{(k_\psi r_0)}{2f_x\lambda_e l_0 a}\frac{a}{R_0}+\frac{W\theta_d}{2f_y}\right] \quad (5.35)$$

式中，$K_0 = 1 + \dfrac{k_\psi}{k_y a^2}$；$K_1 = K_0 + \dfrac{k_\psi^2 r_0}{4 f_x \lambda_e l_0 f_y a^2}$。

方程(5.30)～(5.32)及方程(5.33)～(5.35)仅适用于车轮未发生真滑动及轮缘不接触钢轨时的情况。一般来说，当等效锥度大于 0.05 时，车轮在轮缘接触钢轨前将会出现真滑动。事实上，对于凹形踏面来说，由于接触点沿着连续的轨迹由踏面向轮缘移动，会造成等效锥度及重力刚度的增加。因此，轮缘接触并不是一个十分准确的界限。所以，真滑动成为线性理论应用的界限。这可以由蠕滑力的矢量和与极限摩擦力之间的等式来表示，即

$$(T_x^2 + T_y^2)^{1/2} = \mu T_z \quad (5.36)$$

式中，μ 是轮轨间最大摩擦系数；T_z 为车轮垂向载荷，式(5.36)可以写成

$$\left[(f_x \lambda_e y^* / r_0)^2 + \left(1 \mp \dfrac{2}{3} q\right)^2 (f_y \psi)^2 \right]^{1/2} = \dfrac{1}{2} \mu (1 \mp q) W \quad (5.37)$$

如不考虑轮重增减的影响，式(5.37)可简写成

$$\left[(f_x \lambda_e y^* / r_0)^2 + (f_y \psi)^2 \right]^{1/2} = \dfrac{1}{2} \mu W \quad (5.38)$$

显然，滑行应首先发生在减载一侧的车轮处。由于蠕滑的非线性规律，蠕滑系数随蠕滑率的增大而变化。在滑行条件下的蠕滑系数，近似地可取为相当于蠕滑率接近零时的 1/3。此时轮对的运动可描述为：当蠕滑力较大而超过轮轨间极限摩擦力时，轮对产生滑行，一旦滑行开始，蠕滑力由于蠕滑系数的下降而减少，于是就停止滑行，此后蠕滑系数恢复上升，又导致蠕滑力大于极限摩擦力，再度出现滑行。所以，当蠕滑较大时，轮对通过曲线的过程是：蠕滑-滑行-蠕滑-滑行，以此周而复始。

5.2.2 非线性稳态曲线通过

在上节线性系统理论分析中，由于假定车辆的各种位移都很小，认为轮轨接触几何关系、弹性悬挂元件以及蠕滑特性都是线性的，这就限制了线性理论的应用范围，一般只适用于具有柔软一系悬挂系统的车辆，且曲线半径必须足够大。当曲线半径小到一定值时线性理论就不能再适用。因此，对径向转向架来说，完整的研究必须引入非线性的内容，这样才能准确地分析车辆的曲线通过特性。

引入非线性曲线通过基于两个主要内容：一是要深入分析轮轨接触的非线性几何关系，二是要引入蠕滑力/率的非线性关系。至于悬挂装置中存在的摩擦元件或其他非线性元件一般可忽略不计，否则必须对其进行线性化处理。

1. 轮轨接触非线性因素

1)轮轨接触几何关系的非线性

轮轨接触几何关系的非线性主要体现在：

(1) 车轮滚动圆半径差与轮对横向位移的非线性关系,即踏面等效锥度 λ_e 的非线性。

(2) 轮轨接触角差与轮对横移的非线性关系,即重力刚度的非线性。接触角随接触点向轮缘的移动而增大。

(3) 轮轨"接触斑"的大小和形状随轮对横移变化的非线性关系。

2) 非线性蠕滑力

蠕滑力/率线性关系仅适用于蠕滑率较小的情况(约为 10^{-3} 级),当车辆通过小半径曲线时,蠕滑率增大,Kalker 线性理论就不再适用。在这种情况下必须使用能反映实际情况的计算方法。根据第二章的论述,目前用得较多的方法是根据简化的 Kalker 理论而编制的 FASTSIM 程序以及以 Johnson-Vermeulen 实验为基础的蠕滑力近似计算公式。下面给出便于使用的 Johnson-Vermeulen 计算式,该式忽略了自旋蠕滑下横向和纵向蠕滑力 T_y、T_x 与其蠕滑率 v_i 的变化关系,其计算式为

$$\begin{cases} T_i = \mu N \left[f_i v_i - \dfrac{1}{3}(f_i v_i)^2 + \dfrac{1}{27}(f_i v_i)^3 \right], & v_i \leqslant \dfrac{3}{f_i} \quad (i=1,2) \\ T_i = \mu N, v_i > \dfrac{3}{f_i} \quad (i=1,2) \end{cases} \quad (5.39)$$

式中,蠕滑率 $v_1 = v_x, v_2 = v_y$;N 为轮轨法向力;$f_1 = \dfrac{f_{11}}{\mu N}, f_2 = \dfrac{f_{22}}{\mu N}$,而 $f_{11} = GabC_{11}$,$f_{22} = GabC_{22}, f_{23} = G(ab)^{3/2}C_{23}$。蠕滑率的近似值为

$$v_{\varepsilon L(R)} \approx (\mp) \dfrac{\lambda_e}{r_0} y (\mp) \dfrac{l_0}{v} \dot{\psi}, v_{\eta L(R)} \approx -\psi + \dfrac{1}{v}\dot{y} \quad (5.40)$$

式中,v_ε,v_η 表示纵向和横向蠕滑率。

则左、右轮的蠕滑力可表示为

左轮纵向蠕滑力:

$$T_{Kx,L} = f_{11,L}\left[1 - \dfrac{1}{3}\dfrac{f_{11,L}\lambda_e}{\mu N r_0}|y_k^*| + \dfrac{1}{27}\left(\dfrac{f_{11,L}\lambda_e}{\mu N r_0}y_k^*\right)^2\right]\dfrac{\lambda_e}{r_0}y_k^* \quad (5.41)$$

右轮纵向蠕滑力:

$$T_{Kx,R} = -f_{11,R}\left[1 - \dfrac{1}{3}\dfrac{f_{11,R}\lambda_e}{\mu N r_0}|y_k^*| + \dfrac{1}{27}\left(\dfrac{f_{11,R}\lambda_e}{\mu N r_0}y_k^*\right)^2\right]\dfrac{\lambda_e}{r_0}y_k^* \quad (5.42)$$

左轮横向蠕滑力:

$$T_{Ky,L} = f_{22,L}\left[1 - \dfrac{1}{3}\dfrac{f_{22,L}}{\mu N}|\psi_k| + \dfrac{1}{27}\left(\dfrac{f_{22,L}}{\mu N}\psi_k\right)^2\right]\psi_k \quad (5.43)$$

右轮横向蠕滑力:

$$T_{Ky,R} = f_{22,R}\left[1 - \dfrac{1}{3}\dfrac{f_{22,R}}{\mu N}|\psi_k| + \dfrac{1}{27}\left(\dfrac{f_{22,R}}{\mu N}\psi_k\right)^2\right]\psi_k \quad (5.44)$$

左、右轮的自旋蠕滑力矩：

$$\begin{cases} M_{K,L} = -f_{23,L}\psi_k \\ M_{K,R} = -f_{23,R}\psi_k \end{cases} \tag{5.45}$$

在计算横向蠕滑力 T_y 时，应按式(5.45)将自旋影响考虑在内。

不论轮对所处的位置和列车速度怎样，通过上述方法都可以较精确地求解钢轨作用于轮对上的力。

一般来说，任何方向的蠕滑力既取决于横向及纵向的蠕滑同时也取决于自旋。如当横向蠕滑率增大时，给定纵向蠕滑率下产生的纵向力就可能会降低，因为其合成切向力不能超过法向力的 μ 倍。自旋是轮对转动速度在倾斜的接触法线方向上的分量，能在车轮上产生朝轮缘方向的横向力，可降低有效的纵向蠕滑力。在自旋值很高的情况下，纵向力可能急剧下降，而横向力接近于法向力的 μ 倍。

2. 二轴车的稳态曲线通过

以前后和左右都对称的二轴车为例讨论其稳态曲线通过能力[3]。设该二轴车由车体和前后两轮对所组成。每一轮对与车体间存在横向刚度为 k_{yp} 和偏转刚度为 $k_{\psi p}$ 的一系悬挂，车体和轮对都具有横移和摇头两个自由度。

图 5.6 给出了二轴车以等速 v 通过半径为 R_0 的右曲线时的情况。轮对的横移以 y_{w1} 和 y_{w2} 表示，并且都从轨道中心线(当存在超高时，则从与轨道相垂直的一个圆弧面)计起。车体的横移量以 y 表示，并从 $y_{w1} = y_{w2} = 0$ 时，连接着轮对中心线的一条直线计起。轮对的偏转角 ψ_{w1}、ψ_{w2} 和车体的偏转角 ψ 都从各自的径向位置记起。令轴距为 $2a$，m 和 m_w 分别表示车体和每一轮对的质量，$\psi_{1,0}$ 和 $\psi_{2,0}$ 表示前后两轮对的偏转定位误差。

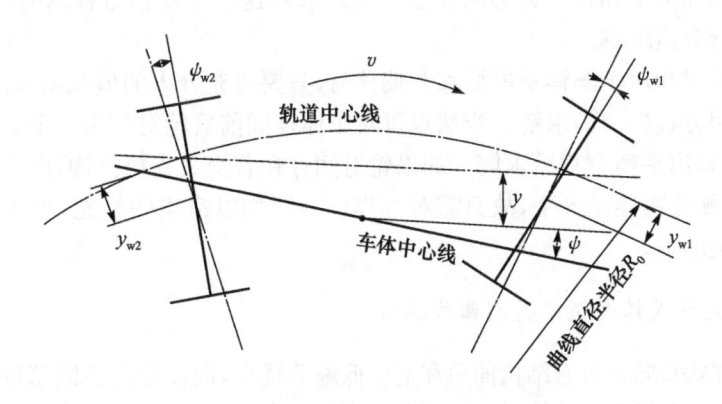

图 5.6 二轴车通过右曲线的简图和坐标系

于是可由受力平衡条件列出下列方程：

$$\begin{cases} 2k_{yp}y - k_{yp}y_{w1} - k_{yp}y_{w2} = -mg\theta_4 \\ 2(k_{\psi p} + a^2 k_{yp})\psi - ak_{yp}y_{w1} - k_{\psi p}\psi_{w1} + ak_{yp}y_{w2} - k_{\psi p}\psi_{w2} = 0 \\ -k_{yp}y - ak_{yp}\psi + k_{yp}y_{w1} = T_{y1} - m_w g\theta_d \\ -k_{\psi p}\psi + k_{\psi p}\psi_{w1} = M_{z1} - k_{\psi p}\left(\dfrac{a}{R_0} - \psi_{1,0}\right) \\ -k_{yp}y + ak_{yp}\psi + k_{yp}y_{w2} = T_{y2} - m_w g\theta_d \\ -k_{\psi p}\psi + k_{\psi p}\psi_{w2} = M_{z2} + k_{\psi p}\left(\dfrac{a}{R_0} + \psi_{2,0}\right) \end{cases} \quad (5.46)$$

式中，T_{y1} 和 T_{y2} 为左、右两轨分别作用在前后两轮对左右两轮上的横向力 T_{yl} 和 T_{yr} 的合成；M_{z1} 和 M_{z2} 分别为作用在前后两轮对上的蠕滑力矩。等号右边含 a/R_0 的项，是由所取的坐标系造成的。

对方程(5.46)求解时，应该分别对前后两轮对的转速进行调整。因此若把转速的调整量 $\delta\dot\varphi_1$ 和 $\delta\dot\varphi_2$ 也各计为一个自由度时，二轴车共有 8 个自由度。上述二轴车模型适用于具有类似结构的二轴货车以及采用独立驱动的二轴机车，可用以分析在惰行、牵引或制动等任一工况下的稳态曲线通过特性。不过在牵引和制动工况下，必要时应该计及轴载荷的转移，并考虑车钩力的横向分力的影响。

方程(5.46)可改写成下列一般形式：

$$\boldsymbol{Aq} = \boldsymbol{B} \quad (5.47)$$

式中，q 是以广义坐标为元素的列矩阵；$\boldsymbol{A}$ 为刚度矩阵；$\boldsymbol{B}$ 为由不显含 q 的各种力和力矩所构成的列矩阵，它包括横向力 T_{yi} 和偏转力矩 M_{zi} ($i=1,2$)，其中(牵引力或制动力的影响也在内)，以及与曲线半径、欠超高、轮对偏转定位误差等有关的力和力矩。

这是一个非线性方程，即使未计及悬挂力的非线性，仅力 T_{yi} 和力矩 M_{zi} 就含有轮轨接触几何学和蠕滑力的两种非线性。求解这种非线性方程组时，可用最速下降法进行数值求解。

如果轮对相对于车体不能横移和偏移时，只要将充分大的值赋给 k_{yp} 和 $k_{\psi p}$，即可继续利用方程(5.46)求解。当然也可对车体连同前后轮对作为一个 2 自由度的整体，另外列出平衡方程后求解。如果轮对间存在着交叉支撑机构，由于自由度数未变，则平衡方程还是 6 个，故只需对方程(5.46)加以适当的补充，加入与交叉支撑构件有关的项。

3. 三大件式转向架的稳态曲线通过

三大件式转向架具有结构简单和造价低廉等优点，因而在许多国家得到了广泛应用。但是随着货车载重的增大和列车速度的提高，其在动力学性能上的一些问题日益突出，除蛇行外，曲线轨道上钢轨的严重磨损问题也引起越来越多的关注。

第五章 机车车辆曲线通过分析方法

早期的三大件转向架存在多处间隙,这有利于轮对以接近径向的位置通过曲线,减小了冲角。后来为了适应速度提高的需求,在摇枕与侧架间设置了斜楔以提供摩擦阻尼,这种转向架的曲线通过性能逊于三大件转向架。随着用滚动轴承代替滑动轴承,使轮对相对于轴箱的偏转受到更多的限制。

为了让三大件式转向架的寿命得以延长,不少国家的铁路都很重视三大件式转向架的现代化。由于在三大件式转向架的有关部件之间存在较大的间隙和摩擦,开发出适于进行工程应用的数学模型比较困难。

在三大件式转向架的基础上发展起来的交叉支承式转向架则当过大的间隙和摩擦不再存在时,就不难导出如式(5.47)所示的运动方程。用变换矩阵法可确定式(5.47)中的矩阵 $\boldsymbol{A}$、$\boldsymbol{B}$、$\boldsymbol{q}$ 的具体表达式:

$$\boldsymbol{A} = \begin{bmatrix} 2k_{yp} & 0 & 0 & -k_{yp} & 0 & -k_{yp} & 0 \\ 0 & 2k_l + 2k_{\psi p} & 2k_{\psi p} & 0 & -k_{\psi p} & 0 & -k_{\psi p} \\ 0 & 2k_{\psi p} & 2k_{\psi p} + 2a^2 k_{yp} & -ak_{yp} & -k_{\psi p} & ak_{yp} & -k_{\psi p} \\ -k_{yp} & 0 & -ak_{yp} & k_{yp}+k_{CB} & -ak_{CB} & -k_{CB} & -ak_{CB} \\ 0 & -k_{\psi p} & -k_{\psi p} & -ak_{CB} & k_{\psi p}+a^2 k_{CB} & ak_{CB} & a^2 k_{CB} \\ -k_{yp} & 0 & ak_{yp} & -k_{CB} & ak_{CB} & k_{yp}+k_{CB} & ak_{CB} \\ 0 & -k_{\psi p} & -k_{\psi p} & -ak_{CB} & a^2 k_{CB} & ak_{CB} & k_{\psi p}+a^2 k_{CB} \end{bmatrix}$$

(5.48)

$$\boldsymbol{B} = \begin{Bmatrix} -m_b g\theta_d \\ 0 \\ 0 \\ T_{y1} - m_w g\theta_d \\ M_{z1} - k_{\psi p}\left(\dfrac{a}{R_0} - \psi_{1,0}\right) \\ T_{y2} - m_w g\theta_d \\ M_{z2} + k_{\psi p}\left(\dfrac{a}{R_0} + \psi_{2,0}\right) \end{Bmatrix}$$

(5.49)

$$\boldsymbol{q} = \begin{Bmatrix} q_1 \\ q_2 \\ q_3 \\ y_{w1} \\ \psi_{w1} \\ y_{w2} \\ \psi_{w2} \end{Bmatrix}$$

(5.50)

式中，q_1, q_2, q_3 分别为两侧架连同摇枕（作为一体）的横移、菱形和偏转自由度；y_{wi}, ψ_{wi} 分别为轮对的横移和偏移自由度，这里 i 分别取 1 和 2 以表示导轴和从轴；k_1 为摇枕每端的抗菱形错位刚度；k_{CB} 为交叉支撑剪切刚度；$k_{yp}、k_{\psi p}$ 分别为每轮对的一系横向刚度和偏转刚度；m_b 为包括左右两侧架、摇枕以及车体（含有效载荷）在内的质量之半。

4. 非线性曲线通过方程的解

以车辆等速通过等曲率圆曲线为研究基础，除引入上述非线性外，其他条件与线性计算所确立的条件相同。因此可根据蠕滑力、悬挂力及超高不足力相平衡的关系建立非线性系统的计算方程。系统作准静态运动简化的非线性方程组可采用迭代法求解。非线性系统方程可表示为下列形式：

$$K(u)u = F \tag{5.51}$$

在采用逼近法求解时，应先选取一个近似解，这一初设解的选取是非常重要的，它的准确性对迭代求解过程的收敛快慢及发散有重要影响。

系统对向量 U 求解，应力图使其余数 R 即 $K(U)U - F$ 等于或接近于零。迭代算法如图 5.7 所示。

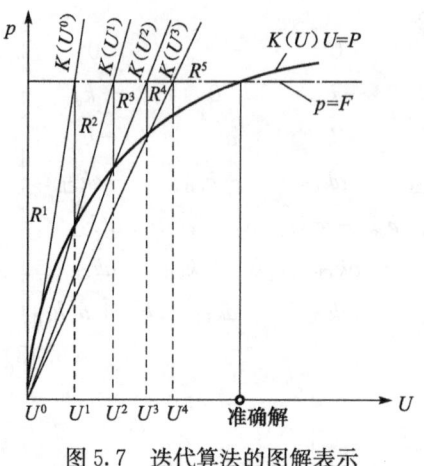

图 5.7 迭代算法的图解表示

5.3 车辆动态曲线通过分析方法

动态曲线通过指车辆在轨道横向不平顺等因素的激扰下以振动的形式通过曲线，车辆各部件的位移、加速度和作用力等每一时刻各不相同，稳态曲线通过是动态曲线通过的特例。线路运行表明，列车的脱轨事故常发生在缓和曲线上。因此研究它的运动情况对保证列车安全运行有着较大实际意义。

本节将简要介绍机车车辆非线性动态曲线通过的 MIT 法[2]（美国麻省理工学院 Massachusetts Institute of Technology 的缩写）。此方法可以计算机车车辆在圆曲线（含直线）和缓和曲线上通过时的动态过程。它考虑的非线性因素较多，主要包括：

（1）轮轨接触几何学参数的非线性以及曲线上轮轨间的两种接触情况，即一点接触和两点接触。

（2）蠕滑力与蠕滑率之间的非线性。

(3) 悬挂参数的非线性。
(4) 牵引力的影响。
(5) 钢轨横向刚度。
(6) 缓和曲线上超高的变化。
(7) 轨道不平顺的影响。

5.3.1 轨道模型

轨道模型包括超高、曲率及轨道不平顺。后者包括：高低不平顺、水平不平顺和方向不平顺。轨道由直线段、缓和曲线段和圆曲线段所组成。直线段曲率和超高都为零，圆曲线段两者都为常数，而在缓和曲线段的曲率和超高都是变化的。可以认为，直线和圆曲线是通过缓和曲线平滑地连接的。超高角 θ_0 和曲率 $1/R_0$ 可作为沿轨道延伸距离 x 的函数表示。

设缓和曲线最后的超高角为 $\bar{\theta}_0$，曲率为 $1/\bar{R}_0$。缓和曲线的前半段（图 5.8 中曲线 1）假设为上凹抛物线（即顶点在下）；后半段（图 5.8 中曲线 2）假设为下凹抛物线（即顶点在上）。曲率沿轨道展开距离的函数表达式为

$$\frac{1}{R_0} = \begin{cases} \dfrac{1/\bar{R}_0}{\left(\dfrac{1}{2}DS^2\right)}(x-DT)^2, & x \leqslant DT + \dfrac{1}{2}DS \\ -\dfrac{1/\bar{R}_0}{\left(\dfrac{1}{2}DS^2\right)}[x-(DT+DS)]^2 + 1/\bar{R}_0, & x \geqslant DT + \dfrac{1}{2}DS \end{cases} \quad (5.52)$$

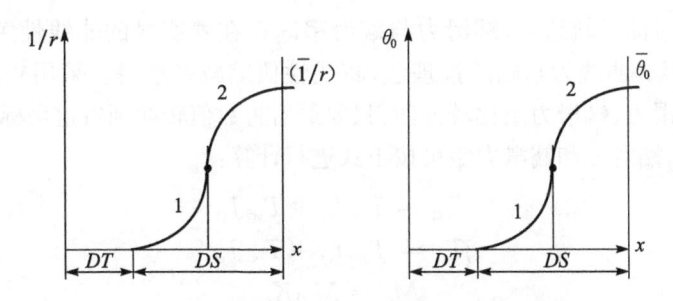

图 5.8 在缓和曲线上曲率和超高角的变化

图 5.8 中，DT 表示直线轨道的长度；DS 表示缓和曲线的长度。超高角沿轨道延伸距离 x 的函数表达式为

$$\theta_0 = \begin{cases} \dfrac{\bar{\theta}_0}{\left(\dfrac{1}{2}DS^2\right)}(x-DT)^2, & x \leqslant DT + \dfrac{1}{2}DS \\ -\dfrac{\bar{\theta}_0}{\left(\dfrac{1}{2}DS^2\right)}[x-(DT+DS)]^2 + \bar{\theta}_0, & x \geqslant DT + \dfrac{1}{2}DS \end{cases} \quad (5.53)$$

图 5.9 是轨道曲率(超高角)随直线、缓和曲线及圆曲线的变化关系。

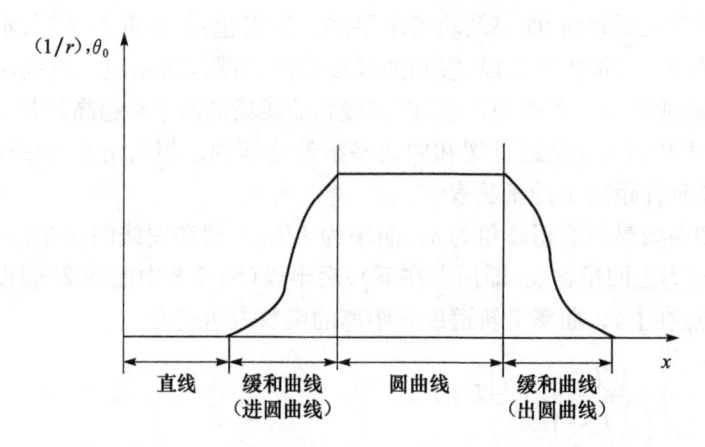

图 5.9　轨道曲率(超高角)随直线、缓和曲线及圆曲线的变化关系

5.3.2 蠕滑力-蠕滑率模型

轮对通过曲线轨道时，蠕滑力与蠕滑率间存在着明显的非线性关系，这能用 Johnson 的经验曲线为基础的推理法，将线性值缩减来求得。采用轮轨接触斑坐标系计算蠕滑力、蠕滑力矩比较方便，只要最后将数值转换到轨道坐标系。在接触斑坐标系中，蠕滑力和蠕滑力矩可按下式进行计算：

$$T_{cl} = T_{xcl}I_{cl} + T_{ycl}J_{cl} \quad (5.54)$$

$$T_{cr} = T_{xcr}I_{cr} + T_{ycr}J_{cr} \quad (5.55)$$

$$M_{cl} = M_{zcl}K_{cl} \quad (5.56)$$

$$M_{cr} = M_{zcr}K_{cr} \quad (5.57)$$

式(5.54)~式(5.57)中，T_{xcl}、T_{xcr} 分别为左、右轮接触面的纵向蠕滑力；T_{ycl}、T_{ycr} 分别为左、右轮接触面的横向蠕滑力；M_{zcl}、M_{zcr} 分别为左、右轮接触面的蠕滑力矩；I、J、K 分别为坐标系中相对应的三个单位向量。

再将接触斑坐标系中的蠕滑力及蠕滑力矩换算到轨道坐标系中，如图 5.10 所示。

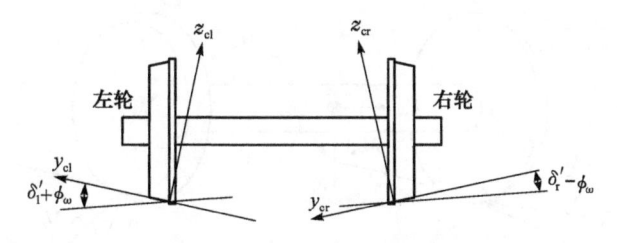

图 5.10 轮轨接触斑坐标系

对左轮,有

$$T_{xl} = T_{xcl}, \quad T_{yl} = T_{ycl}\cos(\delta_1'+\phi_w), \quad T_{zl} = T_{ycl}\sin(\delta_1'+\phi_w) \quad (5.58)$$

$$M_{xl} = 0, \quad M_{yl} = -M_{zcl}\sin(\delta_1'+\phi_w), \quad M_{zl} = M_{zcl}\cos(\delta_1'+\phi_w) \quad (5.59)$$

对右轮,有

$$T_{xr} = T_{xcr}, \quad T_{yr} = T_{ycr}\cos(\delta_r'-\phi_w), \quad T_{zr} = -T_{ycr}\sin(\delta_r'-\phi_w) \quad (5.60)$$

$$M_{xr} = 0, \quad M_{yr} = M_{zcr}\sin(\delta_r'-\phi_w), \quad M_{zr} = M_{zcr}\cos(\delta_r'-\phi_w) \quad (5.61)$$

式(5.58)~式(5.61)中,δ_1'、δ_r'分别为左、右轮接触角(以车轴为基准计起);ϕ_w为轮对侧滚角(以两轨顶平面为基准计起)。轮轨蠕滑力和蠕滑力矩采用非线性模型计算。

$$T_x = \varepsilon T_x', \quad T_y = \varepsilon T_y', \quad M_z = \varepsilon M_z' \quad (5.62)$$

式中,T_x'、T_y'、M_z'分别是纵向、横向蠕滑力及回旋蠕滑力矩的线性值;ε为缩减因子。

设

$$\beta = \frac{1}{N\mu}\sqrt{(T_x')^2+(T_y')^2} \quad (5.63)$$

$$\varepsilon = \begin{cases} \dfrac{1}{\beta}\left[\beta-\dfrac{1}{3}\beta^2+\dfrac{1}{27}\beta^3\right], & \beta < 3 \\ \dfrac{1}{\beta}, & \beta \geqslant 3 \end{cases} \quad (5.64)$$

5.3.3 轮对动态曲线通过的运动方程

1. 作用在轮对上的力

轮对在曲线轨道上运行时的受力图如图 5.11 和图 5.12 所示。图 5.11 是轮轨间一点接触时的情况;而图 5.12 是两点接触时的情况。图中所示为力和力矩的正方向,图中符号说明如表 5.2 所示。

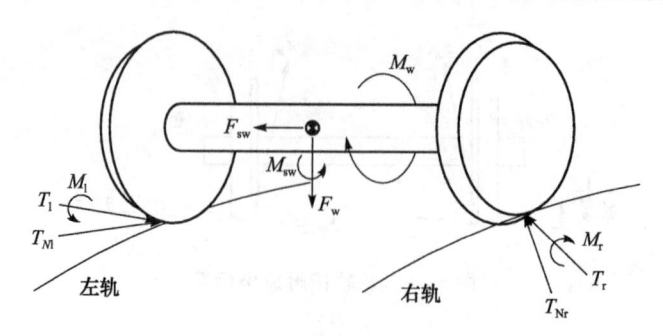

图 5.11　一点接触时作用在轮对上的力

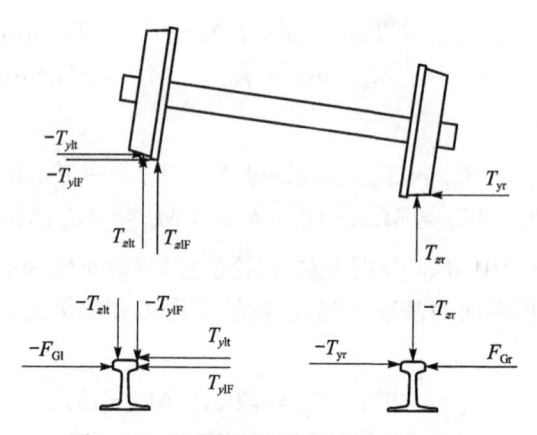

图 5.12　两点接触时作用在轮对上的力

表 5.2　符号说明表

参数	含义	参数	含义
T_l、T_r	左、右轮的蠕滑力	φ_w	轮对侧滚角
T_{Nl}、T_{Nr}	左、右轮轨接触面上的法向作用力	θ_w	轮对点头角
M_l、M_r	左、右轮的蠕滑力矩	V	轮对前进速度
T_{ylt}、T_{ylF}	左轮 y 向踏面、轮缘上的蠕滑力	r_0	车轮名义滚动圆半径
T_{zlt}、T_{zlF}	左轮 z 向踏面、轮缘上的蠕滑力	F_t	轮对牵引力
T_{yr}、T_{zr}	右轮 y、z 向的蠕滑力	T_d	轮对牵引(制动)力矩
F_{Gl}、F_{Gr}	左、右钢轨作用力	a	轨距之半
F_{sw}、M_{sw}	作用于轮对上的悬挂力、悬挂力矩	m_G	钢轨质量
F_w、M_w	轮对重力和其他外力所引起的力、力矩	Y_{Gl}、Y_{Gr}、$\dot{Y}_{Gl}$、$\dot{Y}_{Gr}$、$\ddot{Y}_{Gl}$、$\ddot{Y}_{Gr}$	左、右钢轨的横向位移、速度及加速度
F_{sxw}	轮对悬挂力的 x 向分力	K_G	钢轨的横向刚度
F_{szw}	轮对悬挂力的 z 向分力	C_G	钢轨的横向阻尼
m_w、W_w	轮对质量,重量	ψ_w	轮对摇头角
a_w	轮对加速度		

2. 一点接触时轮对的运动方程

由图 5.11 可得，
$$m_w \boldsymbol{a}_w = \boldsymbol{T}_l + \boldsymbol{T}_r + \boldsymbol{T}_{Nl} + \boldsymbol{T}_{Nr} + \boldsymbol{F}_{sw} + \boldsymbol{F}_w \tag{5.65}$$

推导求得前后轮对的六个运动方程为

轮对伸缩：
$$m_w(\ddot{X}_w + \dot{V}) = T_{xl} + T_{xr} + F_{sxw} + F_t \tag{5.66}$$

轮对横移：
$$m_w(\ddot{Y}_w - r_0 \ddot{\theta}_0) = T_{yl} + T_{yr} + T_{Nyl} + T_{Nyr} + F_{syw} + W_w(\theta_d - \varphi_w) \tag{5.67}$$

式中，θ_d 为欠超高角，$\theta_d = \dfrac{V^2}{Rg} - \theta_0$；$R$ 为曲线半径；θ_0 为超高角。

轮对浮沉：
$$m_w(\ddot{Z}_w + a\ddot{\theta}_0) = T_{zl} + T_{zr} + T_{Nzl} + T_{Nzr} + F_{szw} + W_w \tag{5.68}$$

轮对侧滚：
$$I_{wx}(\ddot{\varphi}_w + \ddot{\theta}_0) = I_{wy}\dot{\theta}_w(\dot{\psi}_w - \dfrac{V}{R}) + a(T_{zl} + T_{Nzl}) + r_l(T_{yl} + T_{Nyl} - \psi_w T_{xl})$$
$$- a(T_{zr} + T_{Nzr}) + r_r(T_{yr} + T_{Nyr} - \psi_w T_{xr}) + M_{sxw} + \psi_w(M_{yl} + M_{yr}) \tag{5.69}$$

轮对点头：
$$I_{wy}\ddot{\theta}_w = -r_l(T_{xl} + \psi_w T_{yl}) - r_r(T_{xr} + \psi_w T_{yr}) + M_{yl} + M_{yr} + $$
$$M_{syw} + \varphi_w(M_{zl} + M_{zr}) + T_d \tag{5.70}$$

轮对摇头：
$$I_{wz}\left[\dot{\psi}_w - \dfrac{\dot{V}}{R} - V\left(\dfrac{1}{R}\right)\right] = -I_{wy}\dot{\theta}_w(\dot{\psi}_w + \dot{\theta}_0) - a(T_{xl} - T_{xr}) - \varphi_w(M_{yl} + M_{yr})$$
$$+ M_{zl} + M_{zr} + M_{szw} - \psi_w\{[a - r_l \text{tg}(\delta'_l + \varphi_w)]$$
$$\cdot (T_{yl} + T_{Nyl}) - [a - r_r \text{tg}(\delta'_r - \varphi_w)]\}(T_{yr} + T_{Nyr}) \tag{5.71}$$

式中，I_{wx}、I_{wy}、I_{wz} 分别为轮对侧滚、点头、摇头的转动惯量；r_l、r_r 分别为轮对左、右轮滚动圆半径。

轮轨间一点接触时，左、右钢轨的横移方程为
$$m_G \ddot{y}_{Gl} + c_G \dot{y}_{Gl} + K_G y_{Gl} = -T_{Nyl} - T_{yl} \tag{5.72}$$
$$m_G \ddot{y}_{Gr} + c_G \dot{y}_{Gr} + K_G y_{Gr} = -T_{NYr} - T_{yr} \tag{5.73}$$

利用轮对浮沉运动方程(5.68)及侧滚运动方程(5.69)，可以求得左、右轮轨接触面上的法向力 T_{Nl} 和 T_{Nr}。

3. 两点接触时轮对的运动方程

根据图 5.12 所示的外轮发生两点接触时的受力情况,可推导出前后轮对的六个运动方程,下标 t,F 分别表示踏面、轮缘上的作用力。

轮对伸缩:
$$m_w(\ddot{X}_w + \dot{V}) = T_{xlt} + T_{xlF} + T_{xr} + F_{sxw} + F_t \tag{5.74}$$

轮对横移:
$$m_w(\ddot{y}_w - r_0\ddot{\theta}_0) = T_{ylt} + T_{ylF} + T_{yr} + T_{Nylt} + T_{NylF} + T_{Nyr} + F_{syw} + W_w(\theta_d - \varphi_w) \tag{5.75}$$

轮对浮沉:
$$m_w(\ddot{Z}_w + a\ddot{\theta}_0) = T_{Nzlt} + T_{NzlF} + T_{zlt} + T_{zlF} + T_{zr} + T_{Nzr} + F_{szw} - W_w \tag{5.76}$$

轮对侧滚:
$$I_{wx}(\ddot{\varphi}_w + \dot{\theta}_0) = I_{wy}\dot{\theta}_w(\dot{\psi}_w - \frac{V}{R}) + a(T_{zlt} + T_{zlF} + T_{Nzlt} + T_{NzlF}) + r_{lt}(T_{ylt}$$
$$+ T_{Nylt} - \psi_w T_{xlt}) + r_{lF}(T_{ylF} + T_{NylF} - \psi_w T_{xlF}) - a(T_{zr} + T_{Nzr})$$
$$+ r_r(T_{yr} + T_{Nyr} - \psi_w T_{xr}) + M_{sxw} + \psi_w(M_{ylt} + M_{ylF} + M_{yr}) \tag{5.77}$$

轮对点头:
$$I_{wy}\ddot{\theta}_w = -r_{lF}(T_{xlt} + \psi_w T_{ylt}) - r_{lF}(T_{xlF} + \psi_w T_{ylF}) - r_r(T_{xr} + \psi_w T_{yr}) + M_{ylF}$$
$$+ M_{ylt} + M_{yr} + M_{Syw} + \varphi_w(M_{zlt} + M_{zlF} + M_{zr}) + T_d \tag{5.78}$$

轮对摇头:
$$I_{wz}\left[\ddot{\psi}_w - \frac{\dot{V}}{R} - V\left(\frac{1}{R}\right)\right] = -I_{wy}\dot{\theta}_w(\dot{\psi}_w + \dot{\theta}_0) - a(T_{xlt} + T_{xlF} - T_{xr})$$
$$- \psi_w\{[a - r_{lt}\text{tg}(\delta'_{lt} + \varphi_w)](T_{ylt} + T_{Nylt})$$
$$+ [a - r_{lF}\text{tg}(\delta'_{lF} + \varphi_w)](T_{ylF} + T_{NylF})$$
$$- [a - r_r\text{tg}(\delta'_r - \varphi_w)](T_{yr} + T_{Nyr})\}$$
$$M_{zlt} + M_{zlF} + M_{zr} + M_{szw} - \psi_w(M_{ylt} + M_{ylF} + M_{yr}) \tag{5.79}$$

两点接触时,左、右钢轨的横移方程为
$$\begin{cases} m_G\ddot{y}_{Gl} + c_G\dot{y}_{Gl} + K_G y_{Gl} = -T_{ylt} - T_{Nylt} - T_{ylF} - T_{NylF} \\ m_G\ddot{y}_{Gr} + c_G\dot{y}_{Gr} + K_G y_{Gr} = -T_{yr} - T_{Nyr} \end{cases} \tag{5.80}$$

外轮两点接触时,
$$y_w - y_{Gl} = y_{Fl}, \quad \dot{y}_w = \dot{y}_{Gl}, \quad \ddot{y}_w = \ddot{y}_{Gl} \tag{5.81}$$

式中，y_{Fl} 为外（左）轮轮缘的横移量。

由轮对浮沉、侧滚运动方程式(5.76)、(5.77)及式(5.80)、式(5.81)，即可求得左、右轮轨间的法向力 T_{Nlt}、T_{Nlf} 及 T_{Nr}。轮轨接触面上的法向力和蠕滑力是相互联系的，因此在求法向力的过程中，需采用迭代法求值。

5.3.4 转向架及车体动态曲线通过的运动方程

1. 转向架的运动方程

转向架和机车的力学模型如图 5.13 及图 5.14 所示。设转向架构架的侧滚角 φ_F 是两轮对侧滚角的平均值，即 $\varphi_{F1} = \frac{1}{2}(\varphi_{w1} + \varphi_{w2})$，$\varphi_{F2} = \frac{1}{2}(\varphi_{w3} + \varphi_{w4})$。

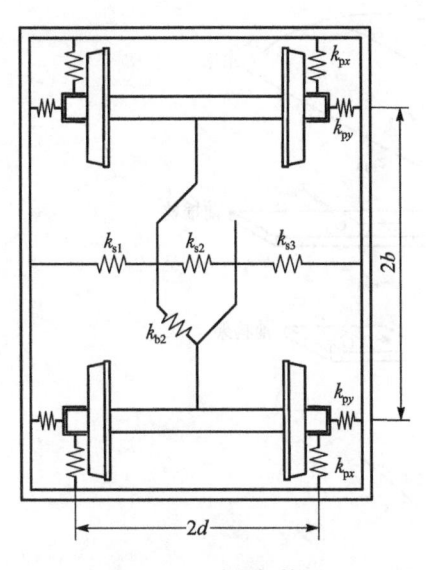

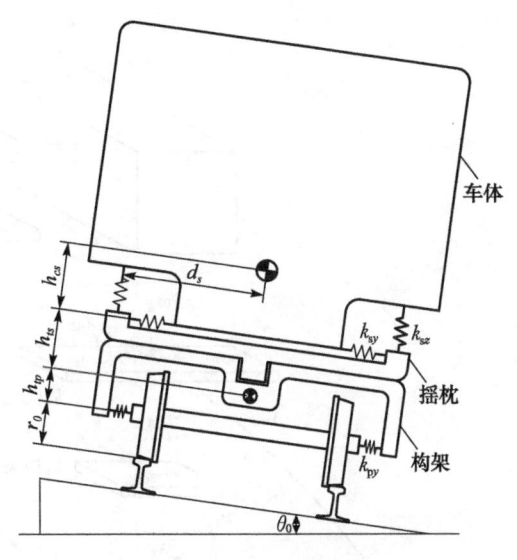

图 5.13 转向架简图　　　　图 5.14 机车横断面简图

构架和摇枕的运动，除摇头运动外，完全相同。其推导过程如下：
转向架构架（摇枕）的横移

$$(m_B + m_F)[\ddot{y}_F - (r_0 + h_{tp})\ddot{\theta}_0] = (w_F + w_B)\left[\theta_d - \frac{1}{2}(\varphi_{w1,3} + \varphi_{w2,4})\right] + F_{syF} \tag{5.82}$$

转向架构架的摇头

$$I_{Fz}\left[\ddot{\psi}_F - \frac{\dot{V}}{R} - V\left(\frac{1}{R}\dot{\,}\right)\right] = M_{szF} \tag{5.83}$$

摇枕的摇头

$$I_{Bz}\left[\ddot{\psi}_B - \frac{\dot{V}}{R} - V\left(\frac{1}{R}\right)\right] = M_{szB} \tag{5.84}$$

式中，φ_{F1}、φ_{F2} 分别为前、后转向架构架的侧滚角；m_B、m_F 分别为摇枕、构架质量；$\ddot{y}_F$ 为构架横向加速度；W_B、W_F 分别为摇枕、构架重量；F_{syF} 为构架 y 向悬挂力；M_{szF}、M_{szB} 分别为构架和摇枕的垂向悬挂力矩；I_{Fz}、I_{Bz} 分别为构架、摇枕的摇头转动惯量；$\ddot{\psi}_F$、$\ddot{\psi}_B$ 分别为构架、摇枕摇头角加速度。

对于无摇枕的转向架，可去掉式(5.84)，并在式(5.82)中令 m_B、W_B 为零。

2. 车体的运动方程

由图 5.15 所示的整车受力模型，可推导得到车体的运动方程。

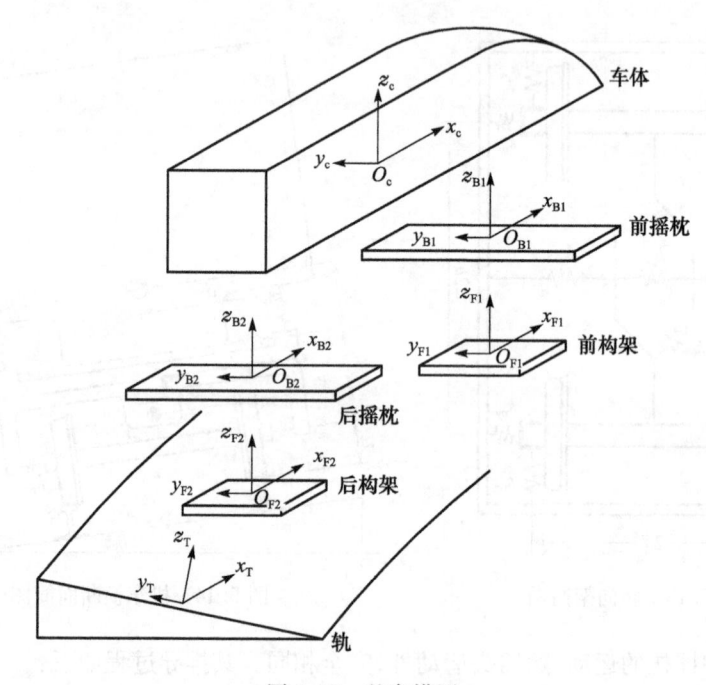

图 5.15 整车模型

车体的横移
$$m_c\left[\ddot{y}_c - (r_0 + h_{tp} + h_{ts} + h_{cs})\ddot{\theta}_0\right] = W_c(\theta_d - \varphi_c) + F_{syc1} + F_{syc2} \tag{5.85}$$
车体的摇头
$$I_{cz}\left[\ddot{\psi}_c - \frac{\dot{V}}{R} - V\left(\frac{1}{R}\right)\right] = M_{szc1} + M_{szc2} \tag{5.86}$$

车体的侧滚

$$I_{cx}(\ddot{\theta}_0 + \ddot{\varphi}_c) = M_{sxc1} + M_{sxc2} \tag{5.87}$$

式中，m_c、W_c分别为车体的质量和重量；$\ddot{y}_c$为车体的横向加速度；h_{tp}为车轴中心至构架质心的距离；h_{ts}为构架质心至二系横向弹簧的距离；h_{cs}为车体质心至二系横向弹簧的距离；φ_c、$\ddot{\varphi}_c$为车体侧滚角和侧滚角加速度；$\ddot{\psi}_c$为车体摇头角加速度；F_{syc1}、F_{syc2}分别为前、后转向架作用于车体的横向悬挂力；M_{sxc1}、M_{sxc2}分别为前、后转向架作用于车体的垂向悬挂力矩；M_{szc1}、M_{szc2}分别为前、后转向架作用于车体的纵向悬挂力矩；I_{cx}、I_{cz}分别为车体绕x轴及z轴的转动惯量。

5.4 径向转向架

早在20世纪70年代，Wickens就已指明："对于任何对称的两轴车辆，要使它具有良好的曲线通过性能，就要求轮对间的弯曲刚度为零。而如果弯曲刚度为零，则表征蛇行运动失稳的临界速度也为零"。这就表明转向架悬挂系统主要参数之一的轮对纵向定位刚度对蛇行运动稳定性和曲线通过性能两者的影响是完全相反的。至于转向架的其他主要参数（如轮对横向定位刚度、踏面斜率、二系悬挂刚度、转向架固定轴距、轴重等）对蛇行运动稳定性和曲线通过性能的影响作用是相反的。转向架设计者就是要根据对车辆的不同要求，采用折中的方法，协调两者的矛盾，或者开发一种新型转向架，使两者的矛盾得到缓和。于是，径向转向架与独立轮对就此应运而生。

径向转向架一般可分为自导向径向转向架和迫导向径向转向架两种。两种径向转向架的结构不同，导向机理也不一样，对适用的线路也有所不同。自导向径向转向架是通过解除对轮对的摇头约束，依靠轮轨之间的蠕滑力导向。迫导向径向转向架是利用车辆通过曲线时车体相对构架的转角来迫使轮对趋于曲线的径向位置。本节分别对自导向和迫导向径向转向架进行简要介绍[1,4]。

5.4.1 自导向径向转向架

对于任何结构形式的转向架，都可以按静力学观点把它等效为两个相互弹性约束的轮对。假设一弹簧悬挂装置在水平面内的特性不变，该弹性约束即可用等效剪切刚度K_s和等效弯曲刚度K_b来模拟，二者的定义为

$$K_s = \frac{因一轮对横移作用于另一轮对的横向力}{两轮对间的相对横移量}$$

$$K_b = \frac{因一轮对摇头作用于另一轮对的摇头力矩}{两轮对间的相对摇头角}$$

从提高转向架曲线通过性能的角度，要求K_b尽可能小，在此条件下，为提高

转向架的横向稳定性,又需要较大的 K_s。而在非零的剪切刚度作用下,轮对有占据径向位置的能力,因此可以采用降低弯曲刚度的办法来改善曲线通过性能,这就是 Wickens 提出的轮对间相互连接或对角交叉支撑的自导向径向转向架的基本原理。

自导向径向转向架是在同一转向架前后轮对间加装导向机构,将前后轮对的摇头运动耦合起来,这样转向架通过曲线时,导向机构可以将前轮对趋于曲线径向位置的趋势反向传递给后轮对,使前后轮对在通过曲线时均有趋于曲线径向位置的作用。因此,自导向转向架的导向依然是靠轮轨间的蠕滑力导向。自导向转向架的自导向机构由于不与车体相连,故结构相对简单,在半径较大的曲线上有较好的径向调节作用,在半径较小的曲线上径向作用相对较弱,其改善程度仍受横向稳定性的制约。故自导向转向架只能在一定程度内解决曲线通过与横向稳定性之间的矛盾,并不能完全实现径向通过曲线。

5.4.2 迫导向径向转向架

与自导向径向转向架相比,迫导向径向转向架是能够主动控制曲线通过时轮轨间的冲角。其基本设计思想是:利用机车车辆通过曲线时车体与转向架之间的相对回转位移,通过连接车体和轮对的导向机构迫使前后轮对反向回转而趋于曲线的径向位置。图 5.16 是杠杆式迫导向机构的导向原理图。

迫导向径向转向架通过曲线时,车体相对构架要转动一定角度 α,α 的值取决于车辆定距 $2L$ 和曲线半径 R,可用式(5.88)表示:

$$\alpha \approx \sin\alpha = \frac{L}{R} \tag{5.88}$$

要使轮对在曲线上完全处于径向位置,轮对需要转动一定角度 β,β 与转向架轴距 $2b$ 和曲线半径 R 有关,可用式(5.89)表示:

$$\beta \approx \sin\beta = \frac{b}{R} \tag{5.89}$$

由于在车体和轮对之间有导向装置,如果导向装置将车体相对构架的转角 α 按一定的比例 g 传递给轮对,迫使轮对转动一定的角度 αg,则轮对的冲角 ψ 为

$$\psi = \alpha g - \beta = \frac{L}{R}g - \frac{b}{R} \tag{5.90}$$

要使轮对处于曲线径向的位置,即冲角 $\psi = 0$,根据式(5.90)可得

$$g = \frac{b}{L} \tag{5.91}$$

式(5.91)所得导向增益 g 称为迫导向机构的理论导向增益,它是设计迫导向径向转向架的关键参数。理论上讲,只要导向机构没有间隙,且无弹性变形,其实际导向增益等于理论导向增益时,轮对即可处于曲线的径向位置。但在实际设计

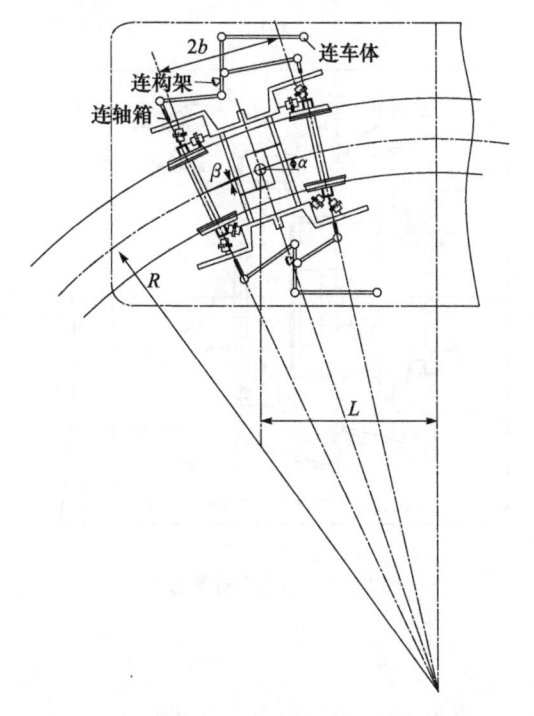

图 5.16　杠杆式迫导向转向架的导向原理

过中,考虑到导向机构的间隙和弹性变形,以及使用过程中还可能存在磨损,其实际导向增益应比理论值稍大。

理论上迫导向转向架不但能够使轮对在任何曲线上处于曲线径向位置,且其导向机构同时还可提供较大的轮对纵向定位刚度,故也能满足直线运行稳定性的要求。但迫导向径向转向架的导向机构要直接或间接地与车体相连,结构比自导向径向转向架和一系柔性转向架复杂,制造精度要求较高。所以在曲线不多、曲线半径较大的线路上运行的车辆则可不必采用迫导向径向转向架。

5.4.3　动力学特性分析模型及运动方程

建立一个如图 5.17 所示的径向转向架动力学简化模型,如去掉杆 1,则为自导向转向架计算模型;如去掉杆 2,则为迫导向转向架计算模型。

为简化运动方程和方便计算,将车辆系统分离为若干子系统,其相应的坐标系统为 (O_i, X_i, Y_i, Z_i)。首先,分别对各部件进行受力分析,建立其运动方程如下。

车体:
$$X_C = M_C^{-1} Q_C \tag{5.92}$$

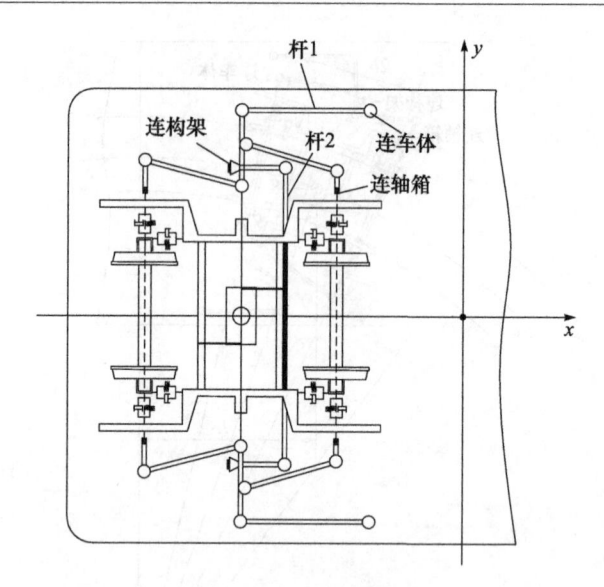

图 5.17　动力学计算模型

其中，

$$X_C = \begin{pmatrix} \ddot{y}_C \\ \ddot{\varphi}_C \\ \ddot{\psi}_C \end{pmatrix}; \quad M_C^{-1} = \begin{pmatrix} m_C^{-1} & 0 & 0 \\ 0 & J_{Cx}^{-1} & 0 \\ 0 & 0 & J_{Cz}^{-1} \end{pmatrix}; \quad Q_C = \begin{pmatrix} Q_{C1} & 0 & 0 \\ 0 & Q_{C2} & 0 \\ 0 & 0 & Q_{C3} \end{pmatrix}$$

(5.93)

式中，y_C, φ_C, ψ_C 分别为车轮的横移、侧滚、摇头自由度；m_C 为车体质量，J_{Cx}, J_{Cz} 分别为车体绕 x、z 轴的转动惯量；Q_C 为车体所受外力和外力矩，包括弹簧悬挂力、导向杠杆的等效力（力矩）及曲线通过时曲线半径变化、超高变化引起的力及离心力等。

前转向架构架：

$$X_{T1} = M_{T1}^{-1} \cdot Q_{T1} \tag{5.94}$$

其中，

$$X_{T1} = \begin{pmatrix} \ddot{y}_{T1} \\ \ddot{\varphi}_{T1} \\ \ddot{\psi}_{T1} \end{pmatrix}; \quad M_{T1}^{-1} = \begin{pmatrix} m_{T1}^{-1} & 0 & 0 \\ 0 & J_{T1x}^{-1} & 0 \\ 0 & 0 & J_{T1z}^{-1} \end{pmatrix}; \quad Q_C = \begin{pmatrix} Q_{T11} & 0 & 0 \\ 0 & Q_{T12} & 0 \\ 0 & 0 & Q_{T13} \end{pmatrix}$$

(5.95)

式中，$y_{T1}, \varphi_{T1}, \psi_{T1}$ 分别为前转向架构架的横移、侧滚、摇头自由度；m_{T1} 为构架质量；J_{T1x}, J_{T1z} 分别为构架绕 x、z 轴的转动惯量；Q_{T1} 为构架所受外力，包括弹簧悬挂力、离心力等。

后转向架构架的运动方程与前转向架构架类似,此处不再详细介绍。

轮对:

$$X_W = M_W^{-1} Q_W \tag{5.96}$$

式中,

$$X_w = \begin{pmatrix} \ddot{y}_{wi} \\ \ddot{\varphi}_{wi} \\ \ddot{\psi}_{wi} \end{pmatrix}; \quad M_w^{-1} = \begin{pmatrix} m_{wi}^{-1} & 0 & 0 \\ 0 & J_{wyi}^{-1} & 0 \\ 0 & 0 & J_{wzi}^{-1} \end{pmatrix};$$

$$Q_w = \begin{pmatrix} Q_{w1} & 0 & 0 \\ 0 & Q_{w2} & 0 \\ 0 & 0 & Q_{w3} \end{pmatrix} \quad (i = 1 \sim 4) \tag{5.97}$$

式中,y_{wi}、φ_{wi}、ψ_{wi} 分别为轮对的横移、点头、摇头自由度;m_{wi} 为轮对质量;J_{wyi}、J_{wzi} 分别为轮对绕 y、z 轴的转动惯量;Q_w 为轮对所受外力,包括弹簧悬挂力、蠕滑力、导向杠杆的等效力(力矩)及曲线通过时曲线半径变化、超高变化、轨道不平顺等引起的力。

将上述车体、前后转向架构架及轮对的运动方程联立就得到车辆系统的运动方程,利用数值积分方法可求出各刚体随车辆行程(或时间)变化的加速度、速度和位移等,进而求出车辆的各个动力学性能指标。

5.5 独立轮对

独立车轮轮对的左右车轮之间不存在刚性连接,可以绕各自车轴自由转动,在理论上讲独立车轮没有纵向蠕滑率,因此也没有纵向蠕滑力,仅由回旋蠕滑产生的回转力矩也很小。系统由于没有自激振动源,独立轮对运动不以蛇行运动的形态振动,稳定的车辆系统在直道上运行不会随着车辆运行速度的提高而失稳。更重要的一点是车轮与钢轨之间的横向接触力和磨损比刚性连接轮对要小的多。本节将对独立轮对的结构和特点及其导向机理进行简要介绍[5,6]。

5.5.1 独立轮对的结构及特点

已有研究表明[6],传统刚性轮对这种结构形式是所有车轮可能组成结构中轮轨磨损最严重的一种。采用如图 5.18 所示的独立车轮可以使轮轨之间的磨损和噪声大幅降低,这对于车辆和轨道的维护及环境的保护都是很重要的。同时,独立车轮转向架可缩短转向架轴距,减小转向架尺寸和重量,有利于曲线区段高速运行。

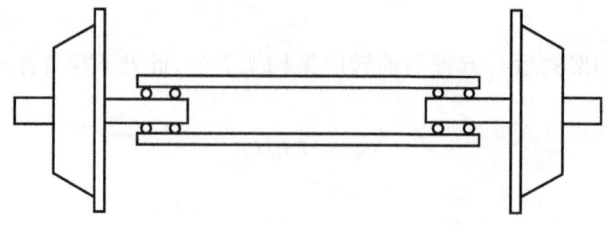

图 5.18 独立轮对

由于独立车轮没有回转蠕滑力矩的作用，轮对不具备复位和自动导向的能力。独立轮对由于左右轮不存在绕车轴的转动约束，其动力学特点与刚性轮对存在很大差别。虽然它消除了轮对的蛇行现象，对提高稳定性有好处，但这一优点同时也是它的缺点，即它沿轨道运行时自动对中的能力也减弱了。

对于图 5.19 所示的独立车轮轮对，当轮对偏移 y 时，产生的重力复原力差使轮对向轨道中心复位。因为重力复原力差随 y 衰减而减小，轮对要在很长时间以后才能趋近轨道中央。

当轮对顺时针偏转 φ 角度时，所产生的横向蠕滑力迫使轮对从中央位置向右侧运动，由于独立车轮的左右车轮各自绕车轴自由转动，因而缺少纵向蠕滑力矩，所以轮对的偏转运动不会复位，轮对以不变的偏转角 φ 滚向右侧钢轨，直到左右车轮产生的重力复原差与左右车轮的横向蠕滑力之和平衡时，轮对的横移才停止。

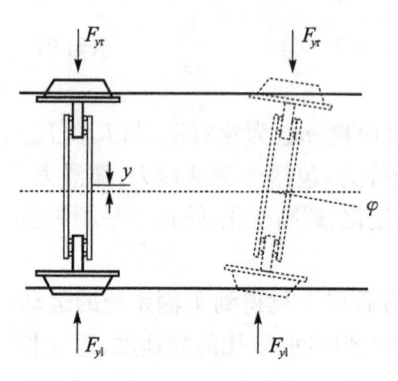

图 5.19 独立轮对的导向原理

由于独立车轮轮对不具备从偏斜位置复位的能力，因此必须通过外部调节装置获得满意的导向特性。

5.5.2 自调节独立轮对的导向原理

图 5.20 为一独立车轮单轴走行部，它的左、右独立车轮能够绕构架外侧各自的回转中心旋转，因而可以由重力复原力产生一个绕垂直轴的复原力矩，此力矩能够驱使独立车轮自动地进行调节复位，使车轮自动地处于径向位置。通常把这种只依靠轮轨间作用力使车轮回复到径向位置的独立车轮称为自调节独立轮对。

如图 5.21 所示，这种自调节独立车轮可绕其位于轴中心线外侧的一个支点 P 自由摆动。由于车轮为独立旋转车轮，纵向蠕滑力可忽略，因而作用在车轮上的轮轨间作用力是横向蠕滑力和重力复原力。横向蠕滑力的大小主要取决于轮对的摇头角，而重力复原力的大小主要取决于轮轨接触处的接触角，减小横向蠕滑力的关键是减小轮对的冲角。

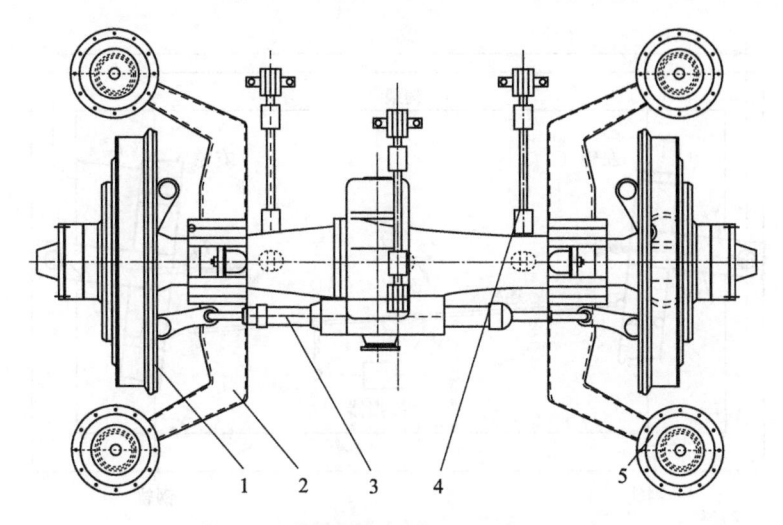

图 5.20 自动调节的独立车轮单轴走行部
(1. 车轮 2. 构架 3. 连杆 4. 拉杆 5. 空气弹簧)

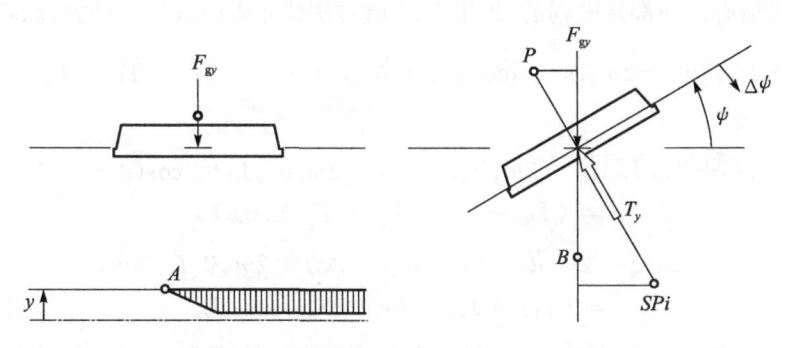

图 5.21 自动调节的独立车轮的导向原理

当车轮发生偏转角 $\Delta\psi$ 时,横向蠕滑力 T_y 和重力复原力 F_{gy} 迫使轮对回转到平衡位置。由于横向蠕滑力 T_y 的方向总是垂直于车轮的纵向平面,即通过支点 P,因而它对车轮不产生回转力矩。重力复原力 F_{gy} 的方向则总是指向钢轨内侧,它绕支点 P 形成的力矩使车轮的偏转角 $\Delta\psi$ 减小。当轮对冲角减小 $\Delta\psi$ 时,重力复原力 F_{gy} 绕支点 P 回转的力臂也逐渐减小,最后当车轮纵平面达到与钢轨纵平面平行时为止,重力复原力 F_{gy} 的回转力矩也为零,达到了稳定状态。当轮对横移 y 而处于位置 A 时,由重力复原力 F_{gy} 直接复位。

自动调节的独立车轮单轴走行部的力学模型如图 5.22 所示。走行部存在三个自由度,即轮辐的横移 y_w、摇头 ψ_w 以及构架的摇头 ψ_t。T_{Lx}、T_{Rx} 为左右车轮的横向蠕滑力,F_{Ly}、F_{Ry} 为左右车轮的重力复原力。由于自旋蠕滑影响较小,可忽略不计。

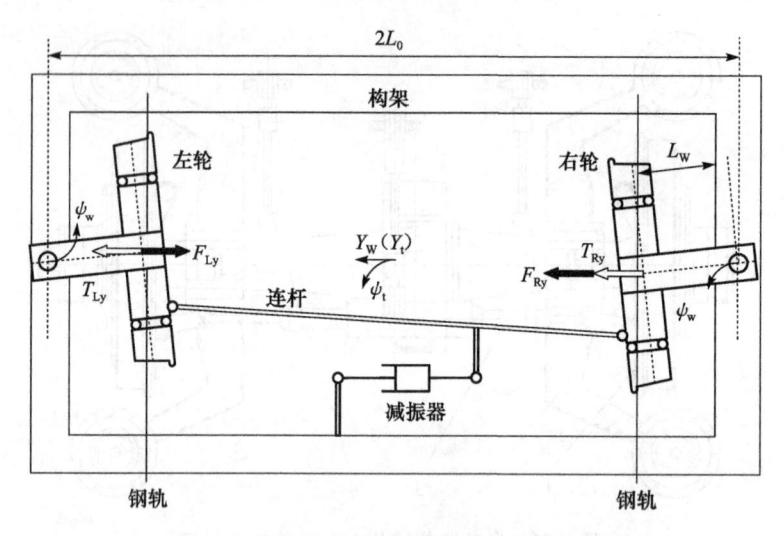

图 5.22 自动调节的独立车轮单轴走行部的力学模型

假设所有运动都是微幅的,采用牛顿-欧拉法建立走行部的运动方程如下:

$$(m_t + 2m_w)\ddot{y}_w - 2m_w\ddot{\psi}_t L_0 \sin\psi_t + 2m_w\ddot{\psi}_w L_{wc} \sin\psi_w = T_{Ry} + T_{Ly} + F_{Ry} - F_{Ly} \tag{5.98}$$

$$(J_t + 2m_w L_0^2)\ddot{\psi}_t - 2m_w \ddot{y}_w L_0 \sin\psi_t - 2m_w \ddot{\psi}_{Lw} L_0 L_{wc} \cos(\psi_t - \psi_w)$$
$$= (T_{Ry} - T_{Ly} + F_{Ry} + F_{Ly})\sin\psi_t L_0 \tag{5.99}$$

$$2J_{wo}\ddot{\psi}_w - 2m_w \ddot{\psi}_t L_0 L_{wc} \cos(\psi_t - \psi_w) + 2m_w \ddot{y}_w L_{wc} \sin\psi_w$$
$$= (T_{Ly} - T_{Ry} - F_{Ly} - F_{Ry})\sin\psi_w L_w \tag{5.100}$$

式(5.98)~式(5.100)中,m_w,m_t 分别为车轮和构架的质量;J_t,J_{wo} 分别为构架和车轮绕回转点的转动惯量;L_{wc} 为车轮质心到铰接处的距离。由于连杆的质量较小,在推导中予以忽略。

T_{Ly},T_{Ry} 为左、右车轮的横向蠕滑力,

$$T_{Ly} = f_{22} \cdot \frac{1}{V}[\dot{y}_w - V\psi_w] \tag{5.101}$$

$$T_{Ry} = f_{22} \cdot \frac{1}{V}[\dot{y}_w - V\psi_w] \tag{5.102}$$

由于构架与车体在摇头自由度上紧密约束,在分析轮辐的运动特性时可以假设将构架接地,即令

$$\psi_t = 0 \tag{5.103}$$

各自由度均为微幅运动,忽略两阶微小量,则自调节轮辐走行部的运动方程可

以简化为

$$\begin{bmatrix} m_t + 2m_w & 0 \\ 0 & 2J_{wo} \end{bmatrix} \begin{Bmatrix} \ddot{y}_w \\ \ddot{\psi}_w \end{Bmatrix} = \begin{Bmatrix} -\dfrac{2f_{22}}{V}(\dot{y}_w - V\psi_w) + F_{Ly} - F_{Ry} \\ (F_{Ly} + F_{Ry})\psi_w L_w \end{Bmatrix} \quad (5.104)$$

F_{Ly}, F_{Ry} 为左、右车轮的重力的复原力,它是车轮载荷 Q 和接触点斜率(接触角 δ 的正切)的函数:

$$F_{Ly} = Q \cdot \mathrm{tg}\delta_L \quad (5.105)$$

$$F_{Ry} = Q \cdot \mathrm{tg}\delta_R \quad (5.106)$$

接触点的斜率通常又表示为轮对横移量 y_w 的函数。为了简化表示,将接触点的斜率展开为零位接触点的泰勒级数形式,即有

$$\mathrm{tg}\delta = \gamma_0 + \gamma_1 \cdot y_w + \gamma_2 \cdot y_w^2 + \cdots \quad (5.107)$$

式中,γ_0 为零位接触点的踏面斜率;γ_1 为踏面斜率的一阶增量系数;γ_2 为踏面斜率的二阶增量系数。忽略两阶以上各项,则重力复原力可以表达如下:

$$F_{Ly} = Q \cdot (\gamma_0 + \gamma_1 y_w) \quad (5.108)$$

$$F_{Ry} = Q \cdot (\gamma_0 - \gamma_1 y_w) \quad (5.109)$$

代入式(5.104),则方程简化为

$$\begin{bmatrix} m_t + 2m_w & 0 \\ 0 & 2J_{wo} \end{bmatrix} \begin{Bmatrix} \ddot{y}_w \\ \ddot{\psi}_w \end{Bmatrix} + \begin{bmatrix} 2\dfrac{f_{22}}{V} & 0 \\ 0 & 0 \end{bmatrix} \begin{Bmatrix} \dot{y}_w \\ \dot{\psi}_w \end{Bmatrix} + \begin{bmatrix} 2Q\gamma_1 & -2f_{22} \\ 0 & 2Q\gamma_0 L_w \end{bmatrix} \begin{Bmatrix} y_w \\ \psi_w \end{Bmatrix} = \begin{Bmatrix} 0 \\ 0 \end{Bmatrix}$$

$$(5.110)$$

将上式以矩阵形式表达为

$$\boldsymbol{M}_w \ddot{\boldsymbol{x}}_w + \boldsymbol{C}_w \dot{\boldsymbol{x}}_w + \boldsymbol{K}_w \boldsymbol{x}_w = 0 \quad (5.111)$$

式中,

$$\boldsymbol{x}_w = \begin{bmatrix} y_w \\ \psi_w \end{bmatrix}, \boldsymbol{M}_w = \begin{bmatrix} m_w & \\ & l_w \end{bmatrix}, \boldsymbol{C}_w = \begin{bmatrix} 2\dfrac{f_{22}}{V} & \\ & 0 \end{bmatrix}, \boldsymbol{K}_w = \begin{bmatrix} 2Q\gamma_1 & -2f_{22} \\ 0 & 2Q\gamma_0 L_w \end{bmatrix}$$

$$(5.112)$$

通过计算分析可知,当摇头阻尼取值合理时,车辆在圆曲线上运行时,轮辐的冲角能够较快地回复到零,横向蠕滑力为零,横向力可完全由重力复原力提供,达到通过曲线的理想状态。

5.6 车辆曲线通过性能评价方法

实践表明,列车的脱轨事故常发生在缓和曲线上。因此评价机车车辆曲线通

过性能的优劣对于保证列车安全运行具有重要意义,同时车辆曲线通过性能的优劣还会影响线路维修工作量。车辆曲线通过性能评价指标主要包括轮轨相互作用力、脱轨系数、离心加速度、冲角等,本节主要针对这些评价指标及其评价方法进行简要介绍[2]。

5.6.1 轮对与轨道间的横向力

对线路来说,过大的侧向力将导致轨距扩宽、轨排横移或钢轨翻转,增加线路的维修工作量,甚至危及行车安全;此外,线路的横向不平顺有可能加剧,影响车辆的运行平稳性[4]。

轮对与轨道间的横向力指的是轮对的左右两轮分别与左右两钢轨间横向力的合力 Y,可以用轮轴横向力 H 近似表示为

$$H \approx Y = Y_L + Y_R \tag{5.113}$$

该力过大时,会引起轮对在轨道上横向爬行,从而导致脱轨。根据《高速试验列车动力车强度及动力学性能规范》(95J01-L)和《高速试验列车客车强度及动力学性能规范》(95J01-M)的相关规定,轮轴横向力最大允许值 H_{max} 为

$$H_{max} = 0.85(10 + P_0/3) \tag{5.114}$$

式中,P_0 为静轴重,单位为 kN。

这是基于轨道的养护考虑的,离真正会造成轨排横移或机车车辆脱轨还有一定的安全裕度。

5.6.2 脱轨系数

脱轨系数是轮轨间的横向力与垂向力之比,常用 Q/P 表示。对脱轨系数最大容许值的研究已有很长的历史,其中 Nadal 提出的脱轨系数公式被很多国家的铁路部门用于判别轮缘是否有爬上钢轨的可能。其公式表示为

$$\frac{Q}{P} \leqslant (\tan\alpha - \mu)/(1 + \mu\tan\alpha) \tag{5.115}$$

式中,Q 表示作用在车轮上的横向力;P 表示作用在车轮上的垂向力;μ 表示轮缘处的摩擦系数;α 表示最大轮缘接触角。

关于脱轨系数限值,不同国家采用的标准不尽相同,6.4 节将对其进行详细介绍。

5.6.3 离心加速度

列车通过曲线时,由于行车速度不可能完全对应于外轨的平衡超高,因此车体

及车内乘客均会受到离心力的作用,与其对应的未被平衡离心加速度就会作用在车内的乘客身上。在圆曲线部分受到恒定的离心加速度作用,而在缓和曲线部分则受到随时间变化的离心加速度作用。

未被平衡的离心加速度,作为车辆通过曲线的乘坐舒适性能指标,其变化率同时也是决定缓和曲线长度的依据之一。我国《铁道机车动力学性能试验鉴定方法及评定标准》(TB/T2360-93)及《高速试验列车动力车强度及动力学性能规范》(95J01-L)中规定,机车以线路的不同限制速度通过不同半径的曲线区段时,车体未被平衡的离心加速度应符合

$$a_{ec} \leqslant 0.784 \text{m/s}^2 \tag{5.116}$$

另外,当列车通过竖曲线时产生的未被平衡的离心加速度,法国 TGV 根据飞机的试验结果原则上采用了 0.045g,个别情况下在凸曲线时为 0.05g,凹曲线为 0.06g,而日本采用的是 0.05g。

5.6.4 冲角

冲角是车轮在前进中冲向钢轨的角度,其大小与轮对的偏转角相同,如图 5.23 所示。它与轮轨间的横向蠕滑率和横向相互作用力、车轮的脱轨系数以及轮轨的磨耗等都有关系。它涉及机车车辆曲线通过性能的各个方面,但本身并无定量的评估标准,只能与同类型的产品作对比。

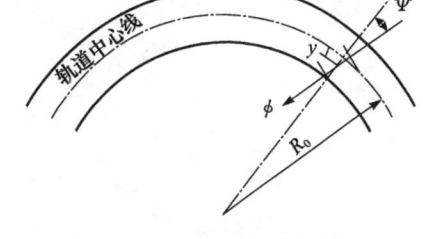

图 5.23 轮对相对圆曲线的位置

5.6.5 磨耗数和磨耗指数

用以评估轮轨磨耗的指标有磨耗数和磨耗指数。磨耗指数按下式确定:

$$\text{磨耗指数} = T_1\gamma_1 + T_2\gamma_2 \tag{5.117}$$

式中,$T_1\gamma_1 + T_2\gamma_2$ 表示车轮前进每单位距离时,轮轨间因存在着相对滑动而损失的能量。

磨耗数是车轮前进单位距离中单位轮轨接触面积上的能量损失,即

$$\text{磨耗数} = \frac{T_1\gamma_1 + T_2\gamma_2}{A} \tag{5.118}$$

式中,A 表示轮轨接触斑面积。

试验表明,磨耗率与磨耗指数间存在着接近于正比的关系。两指标相比,更多的是采用磨耗指数作为磨耗指标,因为其避免了轮轨接触斑面积不易准确测定和控制的困难。

参 考 文 献

[1] 陈泽深,王成国.机车车辆动力学与控制.北京:中国铁道出版社,2004.
[2] 张定贤.机车车辆轨道系统动力学.北京:中国铁道出版社,1994.
[3] 陈泽深.独立车轮转向架的导向原理(1).铁道机车车辆,1998,(4):1-6.
[4] 李芾,傅茂海,黄运华.径向转向架机理及其动力学特性研究.中国铁道科学,2002,23(5):46-51.
[5] 陈泽深.独立车轮转向架的导向原理(2).铁道机车车辆,1999,(1):16-23.
[6] 原亮明,陈泽深,王成国,等.新型独立车轮动车组导向机理的研究.中国铁道科学,2002,23(3):17-22.

第六章 机车车辆脱轨安全性

脱轨事故一旦产生,将会造成严重的人员伤亡和财产损失,因此保证机车车辆运营过程中的脱轨安全至关重要。深入开展列车脱轨安全性研究,对于制定脱轨安全标准以及防止车辆脱轨具有重要的理论、经济和社会价值。国际上关于列车脱轨问题的研究已有近120年的历史,脱轨的研究涉及轮轨相互作用理论、结构动力学、运动稳定性理论、轨道动力学、桥梁工程学和数值计算方法等多种学科之间的交叉和融合,是铁路运输系统中典型而复杂的动力学问题,因此具有很高的研究难度,属于世界性研究难题。

6.1节对脱轨进行合理分类,并分析多种可能引起列车脱轨的原因;6.2节和6.3节分别从仿真分析及脱轨试验这两个方面阐述国内外脱轨研究取得的成果;6.4节围绕列车脱轨安全性的合理评判,论述几种经典的列车脱轨安全性评价方法及其适用性;6.5节针对现行脱轨安全性评价方法的局限性,介绍近几年发展的脱轨评价新方法和新思路;6.6节提出预防脱轨的具体措施。

6.1 脱轨类型及原因分析

对脱轨的类型进行合理划分是准确进行脱轨研究的前提,本节将针对脱轨发生过程所表现出来的运动特征和受力条件等对脱轨的类型进行具体阐述。此外,针对脱轨的产生原因和影响因素进行了讨论。

6.1.1 脱轨的过程及其分类

机车车辆脱轨是指车轮脱离了钢轨的正常约束。按照脱轨产生的模式不同,脱轨可以分为爬轨、跳轨、滑轨、掉轨和倾覆脱轨等。爬轨往往发生在车辆以较低的速度通过曲线的情况,此时脱轨侧车轮的轮重减载较大,轮对具有正向冲角,外轮在巨大的横向蠕滑力作用下爬上外轨,并在轨顶上运行直至外侧车轮脱离轨道。跳轨往往发生在车辆高速行驶的情况下,由于侧向产生巨大的冲击力,使轮对冲击钢轨,从而发生跳轨脱轨。掉轨是由于横向轮轨力使轨道扩张或翻转,使轮对落入道床。滑轨发生在轮对的冲角为负值时,一侧轮子落入钢轨内侧道床。倾覆脱轨是指轮对随同车体侧滚发生倾覆。在实际的脱轨过程中,并不完全只存在一种脱轨模式,有时是上述多种脱轨模式的组合。

1. 爬轨脱轨

前已提及，爬轨极易发生在轮轨横向力很大且轮轨接触侧车轮垂向减载的情况下，此外，直线运行的车辆在轨道不平顺和车辆横向振动性能很差的情况下也可能产生爬轨，例如蛇行和过制动引起的爬轨。

根据爬轨过程中轮轨接触点的位置变化，将爬轨过程划分为如图 6.1 所示的 5 个阶段。

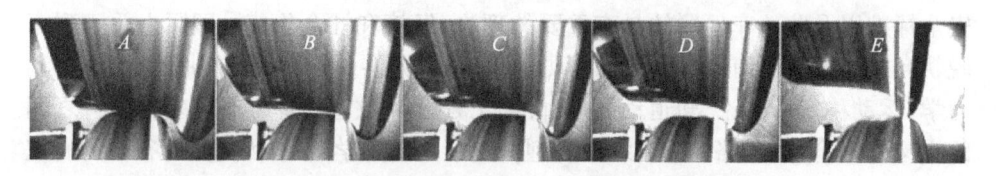

图 6.1 按接触点位置不同划分的爬轨脱轨过程

初始时刻，车轮处于平衡位置，在横向力作用下轮对向左移动，第 1 阶段中轮轨接触点始终处在踏面的非轮缘接触区内；第 2 阶段中轮缘根部的起点与钢轨产生接触，此时轮缘和钢轨之间还存在间隙；第 3 阶段中轮轨接触点在轮缘根部移动，直至轮轨之间的间隙变为 0；第 4 阶段轮轨接触达到最大轮缘接触角，对于不同的踏面形状在这个阶段轮轨接触状态是不同的，锥型踏面接触点在轮缘根部移动时会出现轮轨的两点接触情况，造成接触点位置的跳跃，即接触点未走遍完整的轮缘根部就会跳至轮缘上，对于磨耗型车轮踏面则是连续接触；第 5 阶段轮轨接触点开始在轮缘上移动，直至轮缘底部爬至钢轨轨面之上。

按照轮轨之间蠕滑力方向的变化，可将轮缘爬上轨头的过程分为如图 6.2 所示的 3 个阶段。

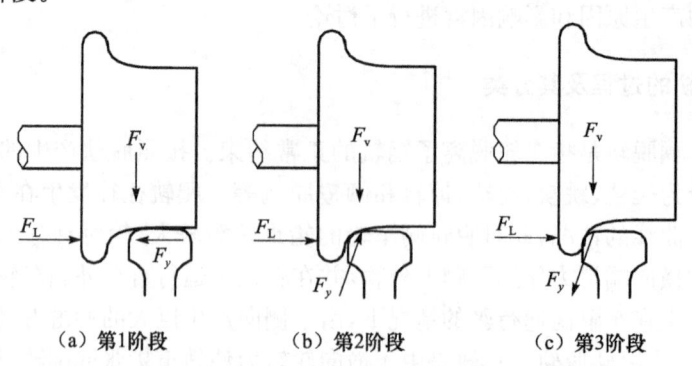

(a) 第1阶段　　(b) 第2阶段　　(c) 第3阶段

图 6.2 按受力状态不同划分的爬轨脱轨过程

在第 1 阶段，轮对在图示横向力 F_L 的作用下，车轮向右侧移动使轮缘接触钢轨，此时轮轨之间产生一个作用于车轮上的横向蠕滑力 F_y，该力的方向与爬轨的方向相反。

在车轮的爬轨过程中,很重要的物理量为图 6.3 所示的轮对冲角 ψ 和横移速

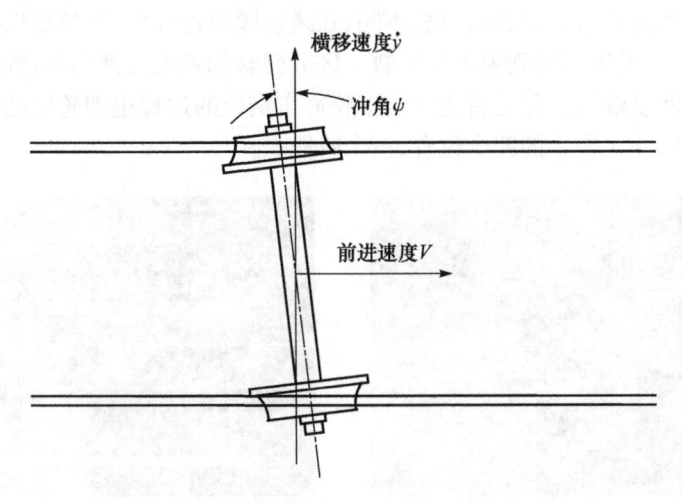

图 6.3 轮对爬轨过程中的冲角和横移速度

度 $\dot{y}$,轮对向前滚动过程中会在横向产生一速度分量,表示为

$$V_t = -\omega r \sin(\psi) \tag{6.1}$$

式中,ω 为轮对的滚动角速度;r 为滚动圆半径;当 ψ 值较小时,有 $\sin(\psi) \approx \psi$,于是可得轮对的合成横向速度为

$$V_y = \dot{y} - \omega r \psi \tag{6.2}$$

因此,轮轨之间的横向蠕滑率 ξ_y 可以表示为轮轨之间相对横向速度的函数

$$\xi_y = \left(\psi - \frac{\dot{y}}{V}\right) \sec(\delta) \tag{6.3}$$

式中,由于轮缘接触角 $\sec(\delta)$ 项在轮缘爬轨的过程中总为正,因此横向蠕滑率的方向仅取决于 $\left(\psi - \frac{\dot{y}}{V}\right)$ 的符号,当 ψ 和 $\frac{\dot{y}}{V}$ 相等时,横向蠕滑率为 0。

在第 2 阶段,随着轮缘逐渐爬上钢轨,轮缘接触角 δ 增加,轮对的横向速度改变方向,$\left(\psi - \frac{\dot{y}}{V}\right)$ 的符号发生变化,横向蠕滑率和横向蠕滑力的方向也随之发生变化,如图 6.2(b)所示。在这一阶段,轮对要完全爬上钢轨,必须有足够大的蠕滑力的推动作用以克服钢轨对轮缘的阻碍作用。

当越过了最大轮缘接触角那一点时,轮对的横向位移迅速增大。由于轮对横向速度方向的改变,$\left(\psi - \frac{\dot{y}}{V}\right)$ 的值逐渐趋于 0 并改变符号。于是,轮对的横向蠕滑率和横向蠕滑力均改变方向,蠕滑力在此时起到阻止车轮轮缘爬上钢轨的作用,如图 6.2(c)所示,于是进入爬轨的第 3 阶段。

2. 跳轨脱轨

跳轨脱轨过程与爬轨脱轨过程不同,在跳轨脱轨过程中,车轮将以一定的横向速度冲击钢轨,发生弹跳现象以至脱轨。区分爬轨和跳轨的准则是:判断接触点及轮轨接触几何参数的变化是否连续。车轮冲击钢轨的过程也即轮轨的碰撞过程可以划分为如图 6.4 所示的四个位置、三个阶段[1]。

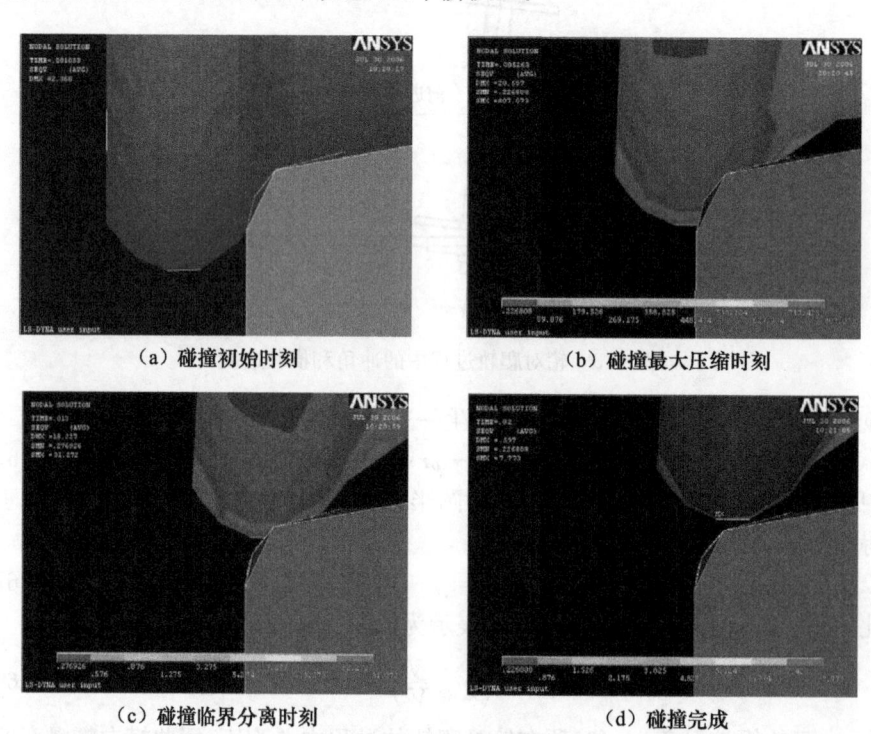

(a) 碰撞初始时刻　　　　　　(b) 碰撞最大压缩时刻

(c) 碰撞临界分离时刻　　　　(d) 碰撞完成

图 6.4　跳轨碰撞过程

图 6.4(a)对应碰撞的初始位置,轮对以一较大的横向速度整体运行,轮轨开始接触,接触点位于轮对最大接触角处和钢轨侧面上;图 6.4(b)对应于碰撞的压缩变形最大位置,轮对产生严重挤压变形,接触点沿轨面缓慢向上移动;图 6.4(c)为碰撞恢复位置,轮轨碰撞挤压的变形量开始减小,轮对抬升趋势明显,沿钢轨轨面上升速度加快;图 6.4(d)对应于轮轨碰撞完成后的分离位置,随着轮对抬升量的增加,轮轨之间不再存在接触,碰撞后车轮的抬升高度使得轮缘底部位于钢轨轨面之上,车轮完全脱离轨道的约束。

3. 由蛇行失稳引起的脱轨

随着车速的提高及轮对等效锥度的增大,轮对、转向架、车体将会产生大幅度的横向运动,即失稳,车辆失稳以后限制其运动的唯一条件是轮缘与钢轨的接触。失稳产生的大的轮轨横向力不仅会损坏钢轨,严重时还会引起车辆脱轨,也即通常所说的蛇行脱轨。高速车辆蛇行运动失稳时,由轮轨间产生横向碰撞力而引起的脱轨称之为蛇行脱轨。

由失稳引起的脱轨过程比较复杂,蛇行失稳以后的巨大横向力可能引起车轮爬轨、轨距加宽、轨道倾转、轨道平移或者这四种情况的组合。蛇行脱轨通常在机车车辆高速运行的情况下发生,随着我国高速铁路运营里程的增加,对蛇行失稳引起脱轨的研究已成为一项重要的研究课题。

最开始针对蛇行脱轨过程进行研究的是日本缩小比例的试验研究,之后一些学者采用仿真手段进行了蛇行脱轨过程和机理的分析,本章后续内容将对其进行详细介绍。

6.1.2 脱轨原因及影响因素

1. 脱轨原因

各国轨道交通部门为了保证运输安全,防止脱轨事故的发生,开展了大量的研究工作,逐步加深了对脱轨原因的认识。实际运行中,影响车辆脱轨性能的原因很多且很复杂,有机车车辆本身的原因(如机车车辆的结构参数改变、性能变差、编组、装载、操纵等),也有线路方面的原因(如线路的质量下降和轨道的不平顺等),但归根结底机车车辆的脱轨通常是多种不利因素共同作用的结果。排除自然灾害、人为或意外事故所造成的列车脱轨,引起脱轨的因素大致可以分为车辆、轨道和运输装载三个方面。根据对国内外脱轨事故的总结,引起脱轨的10种主要原因为[2]:

(1) 外部条件不良时的紧急制动或完全的常用制动,据俄罗斯统计资料,该原因造成的脱轨占总脱轨事故的30%。

(2) 列车运行速度超限。

(3) 接头拉开和轨缝胀大造成的断轨。

(4) 温度应力或无缝线路在列车作用下的横向跑道(胀道)。

(5) 车辆或转向架零部件断裂。

(6) 不合理的车辆悬挂刚度及车体扭转刚度。

(7) 严重的水平方向的线路不平顺或水平、三角坑、高低等不平顺组合,轨道有大的扭曲。

(8) 提速状态下的全列空载货车和轻、重货车混编。

(9) 桥梁横向刚度不够。

(10) 若干种不同因素的组合,这些因素单独存在时不构成脱轨危险。

其中,(1)~(5)属于非正常行车导致的脱轨,(6)~(10)属于正常行车导致的脱轨。

国际上脱轨事故时有发生，欧洲的脱轨事故可分为低速和高速两种情况，据不完全统计，其中大部分(93%)发生在 30km/h 以下的低速情况，并以长轴距、小载重或空车的情况为主。例如，意大利在 1961～1966 年 6 年间约发生 100 起脱轨事故，其中约有 60 次为缓和曲线区段的轮重减载所致。高速时的脱轨事故以英国居多，在英国随着列车速度的提高，脱轨事故从 1958 年开始迅速增加，且大部分是短轴距的 2 轴货车在速度为 96km/h 左右时发生的脱轨事故。可见运行速度是列车脱轨很重要的一个因素。

据统计，仅 2013 年全球发生的主要火车脱轨事故便有 9 起。2013 年 7 月 12 日，法国首都巴黎大区所在的埃松省奥尔日河畔布雷蒂尼镇一个火车站发生一起火车脱轨事故，造成 6 人死亡、30 人受伤。法国国营铁路公司认为该起脱轨事故是铁路道岔上一个钢制部件松脱所致，图 6.5(a)为该起脱轨事故现场。2013 年 7 月 24 日 20 时 41 分，一列从西班牙首都马德里开往北部城市费罗尔的快速列车在行驶至距圣地亚哥——德孔波斯特拉 3 公里处发生脱轨。事故造成至少 80 人死亡，170 余人受伤，成为欧洲史上最严重的列车事故之一，该起事故是由列车在弯道运行时严重超速所致。

(a) 法国客车脱轨事故　　(b) 西班牙客车脱轨事故

图 6.5　列车脱轨事故现场

图 6.5(b)为西班牙客车脱轨事故现场，发生脱轨的路段是一个急转弯，限速 80km/h，但当时的车速却达到了 190km/h。图 6.6 为公布的列车脱轨瞬间视频截图，由图可知，车头后的数节车厢先脱轨，并带动整列列车脱轨，且车头发生倾覆。

2. 脱轨的影响因素

不利的轮轨接触情况可能引发脱轨，和轮轨接触参数有关的影响脱轨的因素包括：

(a) 车头后的数节车厢在拐弯时侧翻脱轨 　　(b) 车头和脱轨的车厢撞向了铁轨边的水泥墙

(c) 惯性下,车身继续高速往前冲 　　(d) 车头倾覆

图 6.6　西班牙列车脱轨过程

(1) 最大的轮缘接触角（和爬轨有关）。
(2) 滚动圆半径差（和爬轨及转向架的导向性能有关）。
(3) 等效锥度（和直线上的车辆的运行稳定性有关）。
(4) 轨距（和轨距加宽引起的脱轨有关）。
(5) 轮轨接触位置（和轨道倾转有关）。
(6) 轮轨接触一致性（影响转向架的导向性能和横向力水平）。
(7) 车轮踏面中心的磨耗深度（和轨道倾转、爬轨以及车辆的稳定性均有关）。
(8) 严重的轮缘磨耗和轨距加宽（和失稳有关）。
(9) 轮轨廓形（和爬轨及车辆的运行稳定性有关）。

除了轮轨接触参数外，车辆方面的因素也是脱轨的重要影响因素。这主要是因为车辆的状态会对轮轨接触力有较大的影响。车辆的结构参数直接影响车辆本身对扭曲线路的适应能力，比如当转向架的侧滚角刚度、前后轮对间的侧滚角刚度、铰接车之间的侧滚角刚度等设计不合理时，就会在车辆出入缓和曲线时，出现个别车轮的减载，从而增加脱轨危险。此外，轮对的冲角与转向架的性能密切相关，轮对的正冲角越大，则横向蠕滑力越大，轮轨之间的横向力越大，车辆越容易脱轨。

对于加装独立车轮的车辆,往往容易发生曲线脱轨事故。因为独立轮能够自由转动,因此在回转方向不存在纵向蠕滑力或回转力矩。但是纵向蠕滑力的缺失会导致横向蠕滑力限值的大幅提高。对于刚性轮对,如图 6.7(a)所示,横向蠕滑力 T_{y1} 的最大绝对值受到式(6.4)的限制:

$$T_{y1} = T \cdot \sin(\psi) \leqslant \mu N \cdot \sin(\psi) \tag{6.4}$$

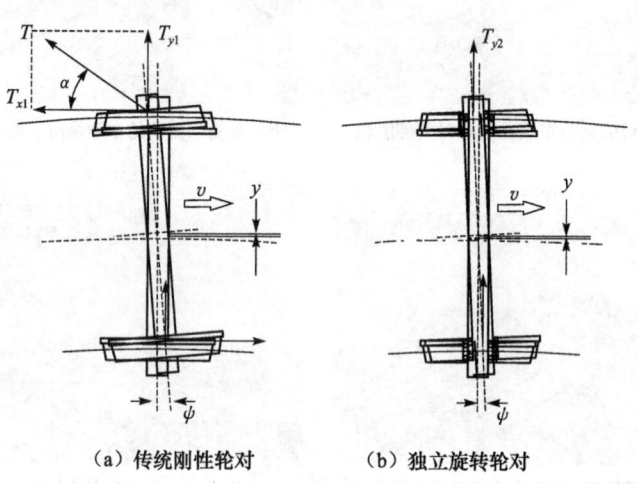

(a) 传统刚性轮对　　　　(b) 独立旋转轮对

图 6.7　横向蠕滑力的比较

式中,N 为轮轨接触正压力;μ 为轮轨粘着系数;ψ 为轮对的冲角;T 为合成的蠕滑力;$\sin(\psi)$ 的值小于 1,并且曲线半径越小该值越小。

而对于独立轮对,如图 6.7(b),横向蠕滑力 T_{y2} 的最大绝对值受到式(6.5)的限制:

$$T_{y2} \leqslant \mu N \tag{6.5}$$

显然 T_{y2} 大于 T_{y1},特别在较小曲线半径上。因此独立轮上的横向蠕滑力在较小半径曲线上会大于刚性轮对。因此独立轮踏面的轮缘角往往设计得比较大。

轨道方面的因素也会极大地影响轮轨力,尤其是轮轨垂向力,主要包括:

(1) 外轨的超高设置不当,未平衡的超高使个别轮重减载。
(2) 顺坡率设置过大,使轮重减载增大。
(3) 轨道局部的不平整可能会引起很大的横向力。
(4) 钢轨的侧面磨损会改变钢轨头部的外形,提供给车轮一个可以爬越的坡面。

6.2　脱轨仿真研究

计算机仿真是进行脱轨研究时不可或缺的重要手段,近年来国内外学者围绕机车车辆脱轨进行了大量仿真研究,本节将选取几个方面进行阐述。

6.2.1 对准静态爬轨过程的仿真研究

巴西的 Barbosa 教授[3]建立了如图 6.8 所示的单轮对脱轨模型用于研究轮对的准静态爬轨过程。其中,给定的轮对质量为 1887kg,在轮对中心施加一大小为 154.715kN 的垂向载荷,轮对与地面通过

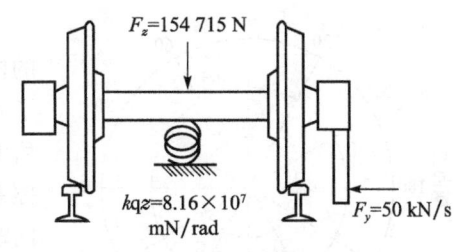

图 6.8 单轮对脱轨模型

一大小为 8.16×10^7 mN/rad 的垂直角刚度相连。为了促使轮对脱轨,在车轮一侧施加一以每秒 50kN 速度缓慢增大的横向力 F_y,该横向力施加在轮轨接触水平面上,这样可以避免横向力 F_y 产生额外的垂向分量。

在仿真过程中,当最大接触角达到 70°时,即认为达到了准静态脱轨临界时刻。图 6.9 为当摩擦系数为 $\mu=0.6$ 时,采用 POLACH 的 ADH(第三章已提到)轮轨接触算法计算得到的达到脱轨临界时刻的轮轨力时程图。图中给出了 5 种力的变化情况,分别为:轮轨接触面上的纵向蠕滑力 T_x、横向蠕滑力 T_y、法向接触力 N、投影到轮对参考坐标系内的横向力 L 和垂向力 V。由于外加横向力 F_y 施加在轮轨接触水平面上,因此垂向载荷基本上为常数,并未发生轮重减载。

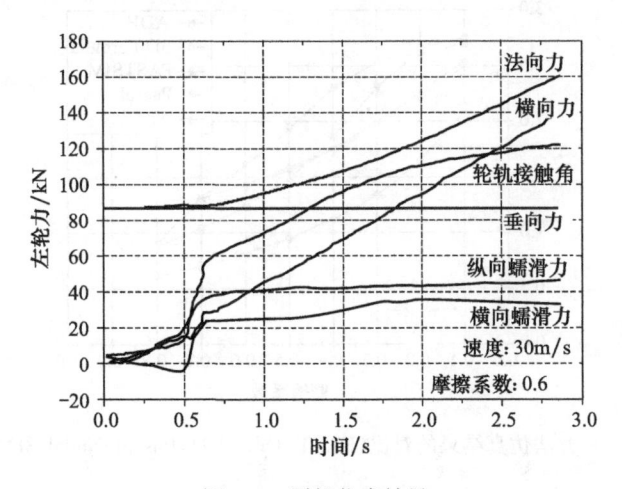

图 6.9 脱轨仿真结果

由图 6.9 可知,各个力在轮缘接触时刻(0.5s 之前)产生急剧变化,纵向蠕滑力 T_x 最终趋于一定值,横向蠕滑力 T_y 在初始时刻为定值,这是由踏面斜度造成的,之后由于横向蠕滑率的作用变为负值,在产生轮缘接触以后,由于轮轨接触角的增大,自旋蠕滑对横向蠕滑力的贡献增大,横向蠕滑力变为正值。法向接触力在发生轮缘接触以后也急剧增大,图 6.9 中为了显示方便,轮轨接触角放大了 100 倍,当其值达到 1.22rad(70°)时,仿真结束。

图 6.10 为轮轨横向蠕滑力与纵向蠕滑力的极坐标图,其中切向力的大小被法向力进行了归一化处理。图中最外面的圆表示归一化后的切向力最大值,该值等于计算所选取的摩擦系数值,由图可知在脱轨的整个过程中,横向蠕滑力与纵向蠕滑力的比值接近常数,集中在 30°~40°的极坐标范围内。

图 6.11 为用 5 种方法计算得到的脱轨系数值随摩擦系数的变化情况。其中三种分别为利用图 6.8 的模型采用 Kalker 的 FASTSIM 算法和 POLACH 的 ADH 算法得到的脱轨系数值以及利用 Pascal 的标准模型[4]计算得到的脱轨系数值。另外两种分别为 Nadal 准则及三维准静态准则(3D formula,6.5.4 节将提到)求得的脱轨系数值。可见其他方法计算得到的脱轨系数值比 Nadal 标准限值大 40%~60%,这又一次证明了 Nadal 准则的保守性。

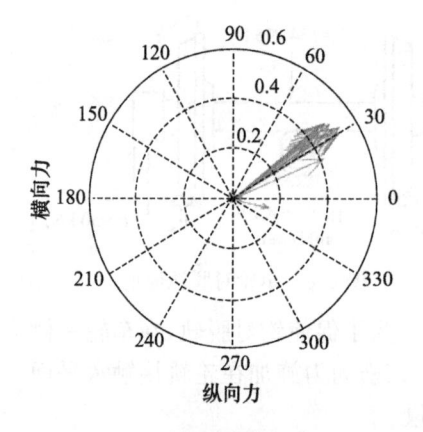

图 6.10 横向蠕滑力与纵向蠕滑力在极坐标轴的分布

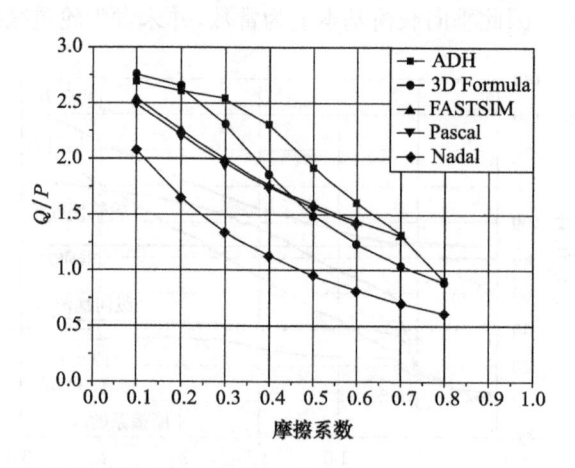

图 6.11 5 种方法仿真结果的对比(FASTSIM,ADH,Pascal,Nadal,3D Formula)

6.2.2 高频轮重变化对脱轨影响的仿真研究

随着列车速度的提高,车轮的高频轮重变化越来越显著,由于轮重变化自身的频率为 50~60Hz,因此轮重减载的时间为 1/100s 左右,轮重减载在极短的时间内发生,为了研究这种高频轮重变化对列车脱轨安全性的影响作用,日本学者松尾雅树[5]利用如图 6.12 所示的单轮对模型对其进行了仿真研究。他用轨面上微小的凹凸不平顺来激励高频轮重减载的产生,激励的频率取为 50Hz,在轮对上施加一横向载荷作用的同时,在轮重中心施加一从 0 开始逐级增大的力矩 M 的作用,直至车轮在该力的作用下爬上钢轨而产生脱轨。

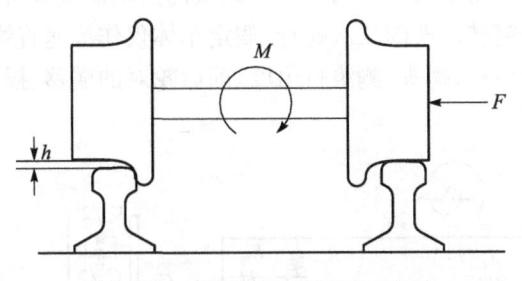

图 6.12　脱轨研究的单轮对模型

图 6.13 为单轮对在有高频激励及无激励时的仿真结果对比图,由图可知,车轮开始爬轨时,两种情况下所需的力矩 M 的大小相差不大,这说明 50 Hz 高频轮重变化情况下,脱轨的可能性并无增加。

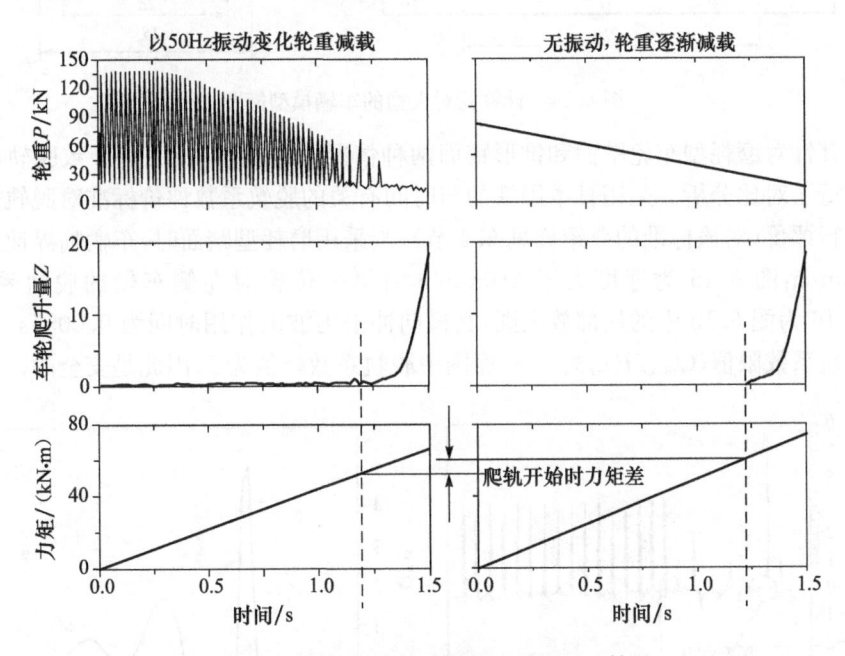

图 6.13　有无高频轮重变化时脱轨对比结果

6.2.3　对蛇行失稳导致脱轨过程的仿真研究

由于日本采用 1∶5 的模型作滚动台上的蛇行失稳试验时,模型与实物间并不能完全遵守相似准则,加上轮-轮与轮-轨间接触模型的差异,使得模型试验的结果不能完全定量地应用到实际车辆-轨道系统中,因此,对蛇行脱轨过程还需继续进行更多的理论研究来加以完善。在国内,沈钢[6]采用某高速试验型客车的结构参数,建立了如图 6.14 所示的该车的单转向架横向振动模型来研究车辆的蛇行脱轨过程。该模型仅研究转向架的二次蛇行,假定车体仅作等速直线纵向运动,分析中计及转向架构架的横移、摇头、侧滚自由度,前后轮对的横移、摇头自由度以及左右钢轨的横移自由度。

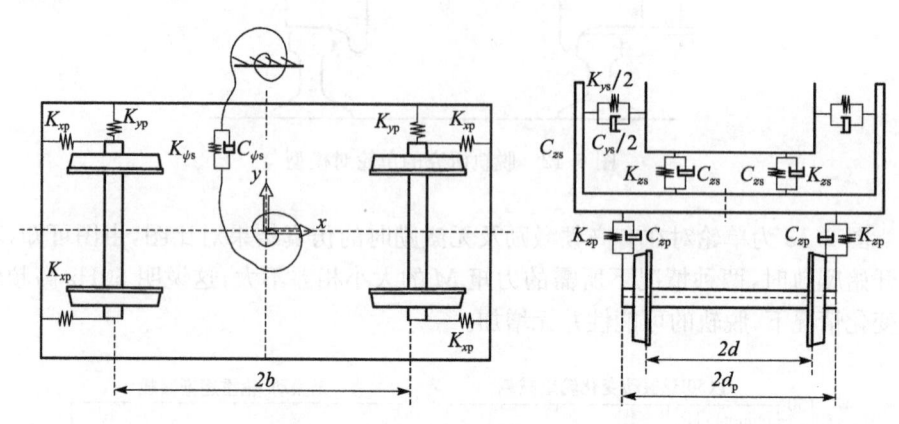

图 6.14 计算轮对失稳的车辆模型简图

其针对磨耗型车轮踏面和锥形踏面两种情况下,轮对蛇行失稳导致脱轨的过程进行了对比分析。采用日本国铁的与时间有关的脱轨系数评价标准对脱轨安全性进行评价(对该标准的介绍详见 6.4 节),当采用磨耗型踏面时,车辆临界速度为 280km/h,图 6.15 为速度大于 280km/h 时第一位轮对左侧车轮的脱轨系数,图 6.16 为图 6.15 中的局部放大图,其横向冲击力波的作用时间为 0.0055s,对应的脱轨系数限值$(Q_{max}/P)_{cr}$为 7.3,而图中脱轨系数峰值为 5,因此是安全的。

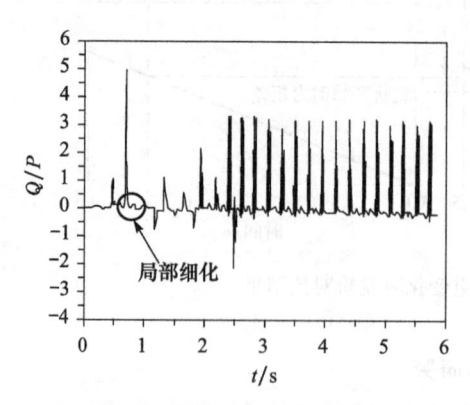

图 6.15 第一位轮对左侧车轮的脱轨系数(磨耗型踏面)

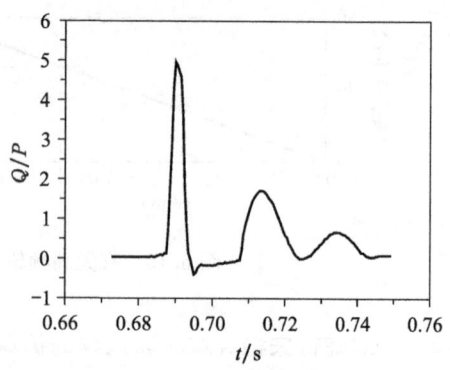

图 6.16 第一位轮对左侧车轮的脱轨系数局部放大图

当采用标准锥型踏面时,车辆临界速度为 400km/h,1 位轮对左侧车轮的脱轨系数如图 6.17 所示,图 6.18 为图 6.17 的局部细化图。其中,第 2 个横向冲击力的作用时间为 0.033s,相应的脱轨系数限值$(Q_{max}/P)_{cr}$为 1.2,而图中最大峰值则达到 3.7,已超出了允许限度,存在产生脱轨的危险。

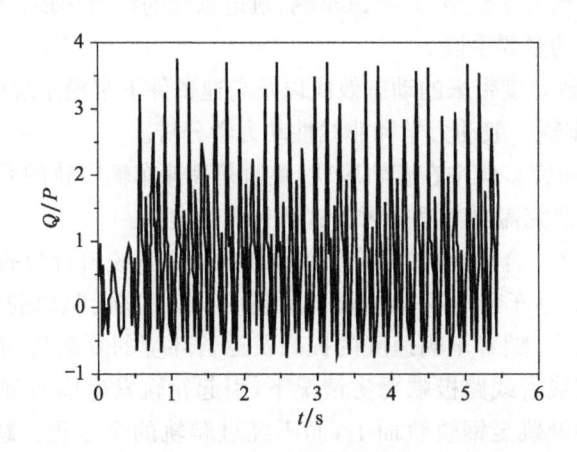

图 6.17　第一位轮对左侧车轮的脱轨系数(标准锥形踏面)

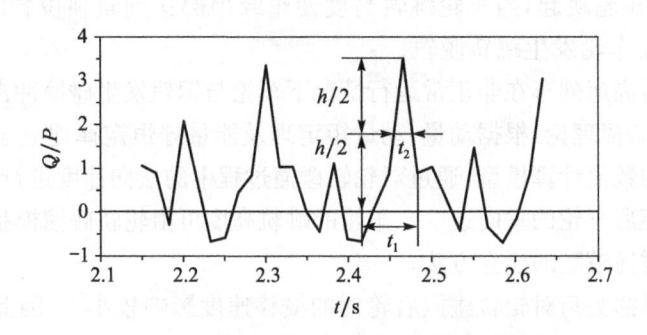

图 6.18　第一位轮对左侧车轮的脱轨系数局部放大图

上述的仿真研究表明:高速车辆轮对蛇行运动是否导致脱轨与轮对踏面型式及参数密切相关。上述的理论计算从一定程度上揭示了蛇行失稳导致脱轨的一些规律,但模型的简化与假设及轮对蛇行失稳时轮轨间动力关系的复杂性,会导致理论计算与实际模型间存在差异。

6.2.4　动态脱轨过程的仿真研究

早期的脱轨研究主要针对准静态条件下的脱轨进行仿真分析,由于车辆行驶速度低,轮对运动过程中的动态效应被忽略,且脱轨研究较多地使用单轮对模型。

随着世界高速铁路的发展,高速铁路动态脱轨问题成为脱轨研究的热点及难点问题。因此需要建立适合于脱轨分析的高速车辆动力学模型,新的模型需要具备如下特点：

（1）需要考虑车体、转向架以及轨道的运动状态对轮对运动的影响,因此建立完整的车辆系统动力学模型,并考虑车辆、轨道系统的动力学耦合作用成为研究轮对动态脱轨行为的必要手段。

（2）考虑车辆速度带来的动态效应以及高速条件下车辆系统中非线性因素的影响,完善高速车辆一般动力学和非线性动力学分析。

（3）以往的研究多集中在爬轨脱轨,跳轨是高速车辆脱轨的另一主要形式,高速车辆动态脱轨研究需要考虑并区分这两种脱轨类型。

（4）需要建立适合求解极端工况、复杂接触状态下脱轨行为的动力学模型。

前已提及,实际车辆的脱轨过程可能包含爬轨脱轨、跳轨脱轨等多种形式,对于高速列车而言,随着车辆速度的提高及运营环境的复杂化,有可能发生跳轨脱轨。比如地震或者线路极端恶劣情况下,引起轮轨发生横向碰撞,轮轨接触点直接从轮缘接触处跳至钢轨轨面上,而不经过爬轨的全过程。跳轨脱轨表现为轮缘与钢轨之间剧烈的横向碰撞和轮轨脱离接触,当碰撞能量积累到一定程度时,将可能使车轮跳起,当车轮跳轨高度使轮缘顶部达到轨顶位置时,稍微的横向激扰即可使车轮发生跳轨脱轨。

为了分析高速列车在非正常运行情况下车轮与钢轨发生碰撞冲击后的跳轨行为,可基于斜碰撞理论,根据动量、动量矩定理及能量守恒定律建立了单轮对与钢轨横向碰撞的数值计算模型,通过对轮轨碰撞过程中的法向速度进行积分,可获得轮轨横向碰撞后车轮的垂向速度。车轮的跳轨高度可由轮轨碰撞模型来求解。以下简述轮轨碰撞模型的建立方法。

由于轮对摇头角对轮轨碰撞后轮对的横移速度影响较小[7],因此仅考虑碰撞过程中轮对的横移和侧滚 2 个自由度；另外,在轮轨发生碰撞这一短暂的动力学过程中,悬挂力、轮轨接触力、轮对受到的重力等非冲击力对碰撞过程的影响很小,因此只考虑冲击力对碰撞过程的影响。轮轨碰撞模型如图 6.19 所示,假设右侧车轮与钢轨发生碰撞,C 为碰撞接触点,$2B$ 为接触点的横向距离,r 为车轮的滚动圆半径,v_{Cn} 为车轮撞向钢轨的法向碰撞速度,v_{Ct} 为车轮撞向钢轨的切向碰撞速度,θ 为碰撞后车轮速度 v_r 与水平面的夹角。车轮冲击力 F 在轮轨碰撞接触点 C 上的法向力和切向力分量分别为 F_n 和 F_t,F_z 为轮对受到的垂向力。

在轮轨的整个碰撞过程中,轮对有绕 A 点转动的趋势,假定轮对的质心位置和相对质心的姿态在短暂的碰撞过程中保持不变,则可根据动量定理和动量矩定理分别得到轮对质心的平移方程和绕 A 点的转动方程为

$$\frac{\mathrm{d}}{\mathrm{d}t}(m\dot{y} - mr\dot{\varphi}) = F_\mathrm{t}\cos\delta_0 - F_\mathrm{n}\sin\delta_0$$
$$\frac{\mathrm{d}}{\mathrm{d}t}[J_{\mathrm{w}x}\dot{\varphi} - mr\dot{y} + m(r^2 + B^2)\dot{\varphi}] = 2B(F_\mathrm{t}\sin\delta_0 + F_\mathrm{n}\cos\delta_0)$$
(6.6)

式中,m 为轮对质量;$\dot{y}$ 为轮对的横移速度;$\dot{\varphi}$ 为轮对的侧滚角速度;δ_0 为轮轨碰撞初始时刻的轮轨接触角;$J_{\mathrm{w}x}$ 为轮对相对于质心的转动惯量。

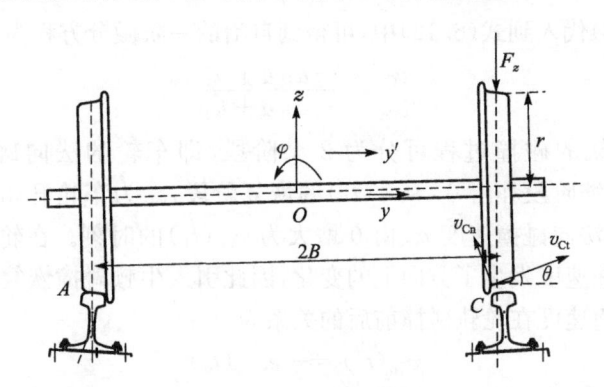

图 6.19 轮轨碰撞模型

轮轨碰撞过程中轮轨接触点坐标系内车轮的切向碰撞速度 v_Ct 和法向碰撞速度 v_Cn 分别为

$$v_\mathrm{Ct} = \dot{y}\cos\delta_0 + 2B\dot{\varphi}\sin\delta_0 \tag{6.7}$$

$$v_\mathrm{Cn} = -\dot{y}\sin\delta_0 + 2B\dot{\varphi}\cos\delta_0 \tag{6.8}$$

对式(6.7)和式(6.8)求导得

$$\begin{bmatrix} \dot{v}_\mathrm{Ct} \\ \dot{v}_\mathrm{Cn} \end{bmatrix} = \begin{bmatrix} \cos\delta_0 & 2B\sin\delta_0 \\ -\sin\delta_0 & 2B\cos\delta_0 \end{bmatrix} \begin{bmatrix} \ddot{y} \\ \ddot{\varphi} \end{bmatrix} \tag{6.9}$$

将式(6.6)进一步展开得

$$\ddot{\varphi} = \frac{(r\cos\delta_0 + 2B\sin\delta_0)F_\mathrm{t} - (r\sin\delta_0 - 2B\cos\delta_0)F_\mathrm{n}}{J_{\mathrm{w}x} + m(r^2 + B^2) - mr^2} \tag{6.10}$$

$$\ddot{y} = \frac{\{[J_{\mathrm{w}x} + m(r^2 + B^2)]\cos\delta_0 + 2Brm\sin\delta_0\}F_\mathrm{t} - \{[J_{\mathrm{w}x} + m(r^2 + B^2)]\sin\delta_0 - 2Brm\cos\delta_0\}F_\mathrm{n}}{m[J_{\mathrm{w}x} + m(r^2 + B^2) - mr^2]}$$
(6.11)

将式(6.10)和式(6.11)代入到式(6.9)中,可得

$$\begin{bmatrix} \dot{v}_\mathrm{Ct} \\ \dot{v}_\mathrm{Cn} \end{bmatrix} = \begin{bmatrix} a_{11} & a_{12} \\ a_{21} & a_{22} \end{bmatrix} \begin{bmatrix} F_\mathrm{t} \\ F_\mathrm{n} \end{bmatrix} \tag{6.12}$$

式(6.12)中,

$$a_{11} = \frac{[J_{\mathrm{w}x} + m(r^2 + B^2)]\cos^2\delta_0 + 2mB(r\sin(2\delta_0) + 2B\sin^2\delta_0)}{m[J_{\mathrm{w}x} + m(r^2 + B^2) - mr^2]}$$

$$a_{12} = a_{21} = \frac{2mBr\cos(2\delta_0) + \sin\delta_0\cos\delta_0[m(3B^2 - r^2) - J_{wx}]}{m[J_{wx} + m(r^2 + B^2) - mr^2]}$$

$$a_{22} = \frac{[J_{wx} + m(r^2 + B^2)]\sin^2\delta_0 - 2mB(r\sin(2\delta_0) - 2B\cos^2\delta_0)}{m[J_{wx} + m(r^2 + B^2) - mr^2]}$$

根据库仑摩擦定律，切向力与法向力之间存在式(6.13)所示的关系。

$$\boldsymbol{F}_t = -\mu \boldsymbol{F}_n \tag{6.13}$$

将式(6.13)代入到式(6.12)中，可得到自治的一阶微分方程为

$$\frac{\dot{v}_{Ct}}{\dot{v}_{Cn}} = \frac{-a_{11}\mu + a_{12}}{-a_{21}\mu + a_{22}} \tag{6.14}$$

车轮与钢轨的碰撞过程可分为 2 个阶段，即车轮的法向碰撞速度 v_{Cn} 由 $v_{Cn}(t_0) \to 0$ 的压缩阶段和由 $0 \to v_{Cn}(t_1)$ 的恢复阶段，t_0 为车轮开始碰撞钢轨的时刻，t_1 为车轮的法向碰撞速度 v_{Cn} 由 0 增大为 $v_{Cn}(t_1)$ 的时刻。在轮轨碰撞过程中车轮的法向碰撞速度发生了方向上的变化，因此引入牛顿碰撞恢复系数 e，可得到车轮的法向碰撞速度在轮轨碰撞前后的关系为

$$v_{Cn}(t_1) = -ev_{Cn}(t_0) \tag{6.15}$$

对式(6.15)在 $t_0 \sim t_1$ 之间积分可得

$$v_{Ct}(t_1) = v_{Ct}(t_0) + \frac{a_{12} - a_{11}\mu}{a_{22} - a_{21}\mu}[v_{Cn}(t_1) - v_{Cn}(t_0)] \tag{6.16}$$

已知轮对横移速度 $\dot{y}_0$ 和侧滚角速度 $\dot{\varphi}_0$ 的情况下，则由式(6.7)和式(6.8)可得碰撞开始时刻车轮的初始切向碰撞速度 $v_{Ct}(t_0)$ 和初始法向碰撞速度 $v_{Cn}(t_0)$ 为

$$v_{Ct}(t_0) = \dot{y}_0\cos\delta_0 + 2B\dot{\varphi}_0\sin\delta_0 \tag{6.17}$$

将式(6.17)代入式(6.16)，可得碰撞后车轮的切向碰撞速度为

$$v_{Ct}(t_1) = \dot{y}_0\cos\delta_0 + 2B\dot{\varphi}_0\sin\delta_0 - \frac{a_{12} - a_{11}\mu}{a_{22} - a_{21}\mu}(e+1)(2B\dot{\varphi}_0\cos\delta_0 - \dot{y}_0\sin\delta_0) \tag{6.18}$$

如果由式(6.18)得到的车轮切向速度 $v_{Ct}(t_1) = 0$，则说明轮轨处于黏着接触状态；如果得到的 $v_{Ct}(t_1) > 0$，则说明轮轨处于滑动接触状态。在轨道坐标系中轮轨碰撞后的车轮垂向速度 v_Z 可表示为

$$v_Z = v_{Cn}(t_1)\sin\theta + v_{Ct}(t_1)\cos\theta \tag{6.19}$$

式中，$\theta = \mathrm{tg}^{-1}\left(v_{Cn}(t_1)/v_{Ct}(t_1)\right)$。

轮轨处于黏着接触时，$v_Z = v_{Cn}(t_1)\sin\theta$。车轮与钢轨碰撞后，轮对有绕非轮缘接触侧的接触点 A 逆时针旋转的趋势，即垂向速度将克服碰撞侧车轮的重力及其所受载荷，并将旋转的动能转化为车轮跳轨的势能，根据能量守恒定理可得到有关碰撞侧车轮的跳轨高度 h' 的方程式为

$$F_Zh' + mg\frac{h'}{2} = \frac{1}{2}J_{wA}\left(\frac{v_Z}{2B}\right)^2 \qquad (6.20)$$

式中，J_{wA} 为轮对绕 A 点的转动惯量。

至此便求得碰撞侧车轮的跳轨高度 h'。如果跳轨高度超过了轮缘高度 h_e，即认为轮对达到了跳轨临界状态。

利用整车系统动力学模型对某型高速车辆的蛇行脱轨过程进行分析[8]。轮轨型面以 UIC60 型钢轨与 S1002 型车轮踏面相匹配为例，当轮对内侧距为 1360mm 时，轮轨初始游间为 9mm，轮缘高度 h_e 为 28mm。

图 6.20 给出了轮轨游间不为 0 时不同速度下前导轮对左右侧车轮的爬轨量计算结果。由图 6.20(a)可见，在车辆失稳之前，轮对的横移量较小，车轮踏面与轨顶相接触，轮轨的接触状态较好；当车辆运行速度达到高速车辆非线性临界速度 v_c=136m/s 时，车辆振动发散，车轮表现出向钢轨上爬的趋势，如图 6.20(b)所示；随着车辆运行速度的进一步增加，车辆的蛇行运动幅值增大，车辆振动加剧，左右侧车轮交替向钢轨上爬，如图 6.20(c)所示，开始出现车轮瞬时浮起的现象；当车辆运行速度达到 181m/s 时，车轮的最大爬轨量达到 4.5mm，如图 6.20(d)所

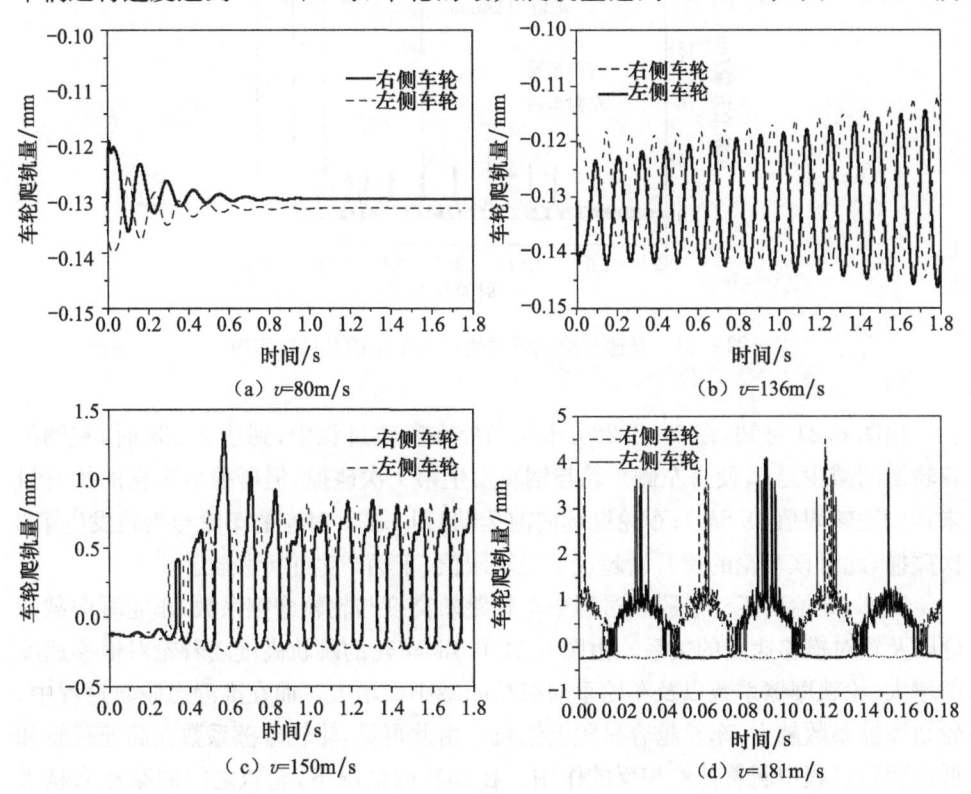

图 6.20 轮轨游间不为 0 时不同速度下车轮爬轨量时程图

示,虽然此时轮缘的主要部分仍在轨面以下,但任一横向扰动便可能引发脱轨,因此车辆脱轨的概率急剧增大。

在车辆蛇行运动过程中,当轮对横移量足够大且轮轨游间为 0 时,车轮以一较大的横移速度与钢轨碰撞。然后可能继续沿轨道向前运动,也可能在很短的时间内脱离轨道约束发生脱轨。车轮与钢轨碰撞而引发脱轨需要有一个过程,即车轮与钢轨碰撞一次也可能多次所引发的脱轨,需要轮轨之间碰撞冲击力持续作用一定的时间以积累到脱轨所需的能量。从能量的观点来说,轮对横向自激振动的能量越大,轮对横向运动的动能也越大,碰撞之后车轮所获得的垂向速度也便越大。归根结底,产生脱轨的能量来自于列车向前运动的一部分能量,这部分能量通过轮轨之间的干摩擦作用输送到轮对的横向运动中,可见轮轨之间的蠕滑力在脱轨过程中起着重要的作用。图 6.21 为高速车辆蛇行脱轨过程车轮抬升量时程图。

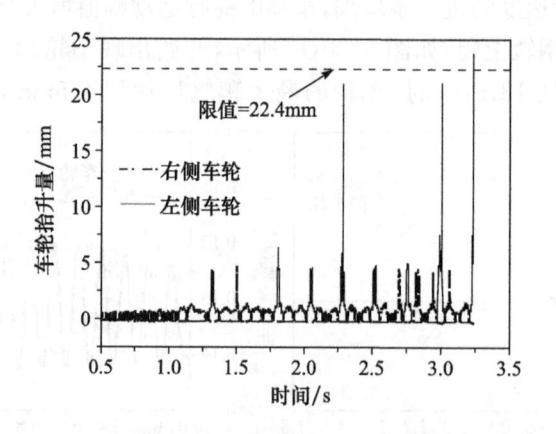

图 6.21 高速车辆蛇行脱轨过程车轮抬升量时程图

由图 6.21 可知,在 0~2.28s,车轮尚处在爬轨过程中;到达 2.28s 时,左侧的轮轨游间减少至 0,使得左侧车轮与钢轨发生第 1 次碰撞,但碰撞后车轮的抬升量未达到脱轨限值($0.8h_e$);车轮继续向前运动,到 3.23s 时左侧车轮与钢轨发生第 3 次碰撞,此时该车轮的抬升量超过了脱轨限值,车辆产生蛇行脱轨。

图 6.22 给出了动态脱轨过程中车轮跳轨高度与轮轨摩擦系数、车轮垂向载荷 Q 以及轮对横移速度的关系。由图 6.22 可知,车轮的跳轨高度随着轮对横移速度的增大、轮轨摩擦系数以及车轮垂向载荷的减小而增大。而在准静态脱轨过程中,轮轨摩擦系数越大,车轮越容易爬上钢轨。由此可见,轮轨摩擦系数在高速跳轨和低速爬轨过程中起着截然相反的作用。在爬轨的情况下,轮轨之间的摩擦力越大越容易脱轨,但是在跳轨脱轨的情况下,摩擦力对弹跳起限制作用,所以摩擦力越

大越难于脱轨。

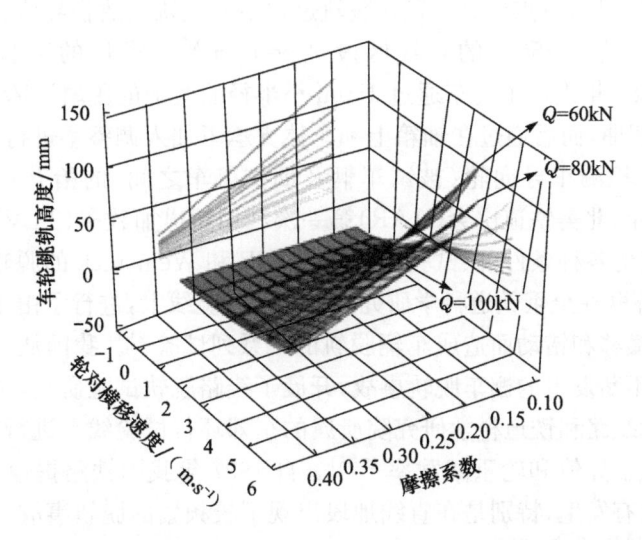

图 6.22　摩擦系数、垂向载荷及轮对横移速度对跳轨高度的影响

此外,轮轨碰撞时刻的轮轨接触角、轮对侧滚角等对车轮的跳轨高度也有影响。因此必须研究这些众多影响因素的主次关系及相互关系,这对于找到引起高速车辆脱轨的"最致命"影响因素十分重要。

6.3　脱轨试验研究

脱轨试验是车辆脱轨安全性研究的重要手段,国内外脱轨试验研究所采用的试验方法主要有线路试验、模型试验及振动试验台三种。其中,线路试验是脱轨研究最直接的手段,模型试验及振动试验台试验可以模拟线路试验无法实现的极端工况,许多国家均根据自身的情况开展了不同规模的脱轨试验,得出了重要的结论和规律,积累了关于脱轨的数据和资料。本节分别选取日本、中国、意大利的典型脱轨试验进行简要阐述。

6.3.1　脱轨试验简介

从 20 世纪 60 年代开始,中国和日本、英国、法国、德国、美国、前苏联、罗马尼亚等国家都曾进行过车辆在实际线路上的脱轨试验[9]。日本国铁(JNR)在 1967~1979 年间,在狩胜试验线上对两轴货车的脱轨现象进行了试验;1976 年,又对转向架式货车进行试验,以修改三大件转向架的结构和车轮踏面形状[10]。英国铁路(BR)分别于 1977 年及 1979 年在 Derby 进行了小半径曲线及直线线路区段上的脱轨试验[11,12],重点研究车辆在脱轨过程中的脱轨系数临界值。罗马尼亚铁路(CFR)在一条长 250m 的直线区段进行了与英国类似的试验。法国铁路(SNCF)于 1987 年进行了货车通过 150m 小半径曲线上的脱轨试验,试验线路预设 3mm/m 的扭曲,而后通过在轴箱上和车体支承下加入调整垫进行"补充扭曲",试验中测量了检测车导向轮(被试车辆及助推机车之间)的抬升量和冲角的大小[13]。1994 年,北美铁道协会(AAR)第一次利用轨道加载车(TLV)试验了导致车轮爬轨脱轨的各种条件,该试验对 Nadal、JNR 和 Weinstock 的脱轨标准进行了验证[14]。前苏联在全俄铁道科学研究院的环形试验线上,进行了由于转向架走行部挤出、轨排横移和错动而造成车辆脱轨的一系列试验[2]。我国从 20 世纪 70 年代开始,针对不断发生的棚车脱轨事故,开展了线路脱轨试验研究,试验在事故多发地段的实际线路和铁道科学研究院所属的东郊环行试验线上进行,所监测指标仍为脱轨系数临界值和轮重减载率[15,16]。自 1997 年我国铁路提速以来,货物列车脱轨事故时有发生,特别是在直线地段出现了较频繁的脱轨事故。为了找出车辆脱轨的原因,铁道科学研究院于 1997 年组织了南津浦线及大秦线上的大规模货物列车脱轨试验[17,18]。

线路试验虽然是脱轨研究最直接的手段,但其存在以下局限性:

(1)试验参数难以随意调整且线路工况变化单一,试验中的许多参数无法精确控制。

(2)轨道对被试车辆的输入不一致,试验结果具有随机性,无法重复。

(3)对于特定的线路及被试车辆,其试验结果往往不易直接推广到其他差异较大的机车车辆和实际运营线路上去。

(4)受限于试验条件,无法对诸如列车脱轨掉道等极端工况进行试验。

(5)由于有时候在车辆结构采用了特殊的施加横向力的方法,因此很难说是真正的脱轨事故的全面模拟。

(6)试验周期长、费用高、影响线路运行。

鉴于线路试验的上述缺点,国内外还积极开展了室内脱轨模型试验。最早将机车车辆滚动振动试验台(Roller Rig)用于脱轨试验研究的是日本。如前所述,横濑景司使用 1∶10 和 1∶5 模型滚动试验台及模型轮对,对单一轮对的脱轨现象进行了试验研究。Sweet 等[19]用 1∶5 模型对准静态条件下的单轮对脱轨进行了试验,但只有部分试验结果与理论分析一致。

由于缩小比例模型试验不能保证所有参数与实际情况的相似性。因此,从 20 世纪 50 年代开始,中国、日本、法国、德国、英国、美国和意大利等国家纷纷建立了各自的试验台。我国铁道科学研究院在单轮对滚动试验台上进行了 1∶1 实物轮对在假定载荷作用下的脱轨全过程试验[20]。西南交通大学牵引动力实验室采用全尺寸机车车辆滚动振动试验台,在实验室再现了单因素引起的轮对脱轨过程[21]。2001 年,意大利 Lucchini Sidermeccanica S. p. A 利用 BU300 滚动试验台对单轮对的脱轨过程进行了全面分析[22]。

6.3.2　日本狩胜试验线上的货车脱轨试验

以 1963 年的鹤见事故为契机,为真正弄清楚 2 轴货车的综合性脱轨原因,日本国铁在 1967 年建立了狩胜试验线。在 1967～1979 年,共进行了 7 次货车脱轨试验。1967 年,以实际货车达到脱轨整个过程中的轮重、横向力、脱轨系数等为测量对象,初步研究了货车的运行性能;1968 年,在试验车辆上加装了预防脱轨的设备,利用脱轨试验验证了所采取安全措施的效果,同时对编组列车制动时对脱轨的影响进行了试验;1969 年,延续了上一年防脱轨安全措施的验证试验,并就编组货车之间的相互影响进行了试验研究;1970 年,对上一年各试验中的残留问题进行了补充试验,继续验证了提高货车安全性所采取的各种预防措施的效果;1971 年,针对上一年度试验存在的问题进行了补充试验,并为将来的货车设计提供了指导;1976 年,对复合不平顺下的转向架式 2 轴货车的运行安全性进行了探讨;1979 年,选择有综合性脱轨经历的现有转向架和改进转向架,试验了转向架的改进效果,同时在各种复合不平顺情况下对转向架式货车的运行稳定性及轨道不平顺对其的影响进行了试验。

1979 年进行的脱轨试验区段如图 6.23 所示,该区段是进行脱轨试验的理想线路,可在试验中利用大坡道进行车辆的溜放,即使车辆在新得原野发生脱轨和颠覆,也不会妨碍人员安全。表 6.1 为预设的正弦形方向和水平不平顺值,试验过程中主要研究了脱轨系数和轮重减载率的变化,并分析了轨道不平顺的相位、幅值和频率对被试车脱轨安全性的影响。图 6.24 为试验得到的轨道不平顺及其对应的轮轨力测试结果。

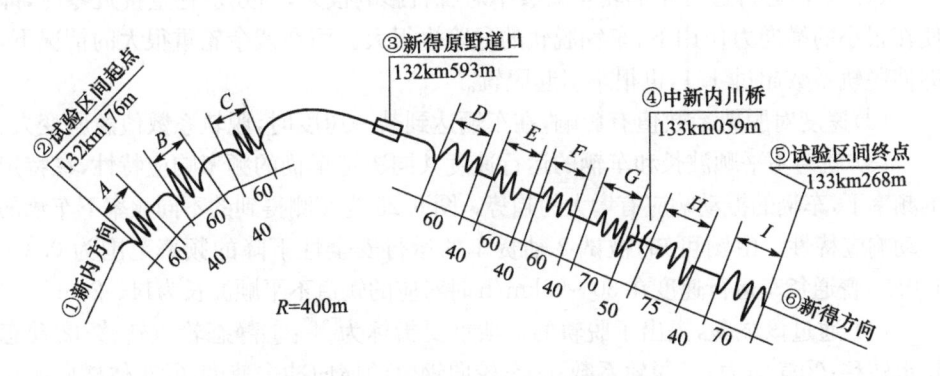

图 6.23　1979 年脱轨试验区段配置图

表6.1 预设的正弦形方向和水平不平顺值

序号	波长	曲线 A	B	C	直线 D	E	F	G	H	I
1~6	20	8 11 13	6 14 23	12 5 23	8 11 23	6 14 23	12 5 23	8 11 23	8 11 23	10 25 3
		6 11 20	5 14 22	11 8 25	8 13 24	7 15 26	12 9 27	8 13 25	8 12 24	14 33 3
7	20	5 10 18	9 5 18	2 15 18	5 10 18	9 5 18	2 15 18	10 25 2	13 30 1	17 35 1
		5 10 18	9 8 21	2 13 16	4 11 17	9 7 22	2 14 17	10 26 2	14 34 1	16 38 1
8	20	2 25 28	15 5 28	9 15 28	2 25 28	15 5 28	9 15 28	13 30 2	17 35 2	20 40 1
		2 21 24	15 11 34	9 16 29	1 22 24	16 11 35	9 17 31	13 33 2	17 39 2	22 51 1
9	15	5 10 18	9 5 18	2 15 18	5 10 18	9 5 18	2 15 18	13 30 1	10 25 2	7 20 3
		5 12 20	9 10 23	3 16 20	4 12 18	10 5 22	2 18 21	13 34 1	11 30 2	11 29 3
10	15	9 10 23	12 5 23	15 5 23	9 10 23	12 5 23	15 5 23	17 35 1	13 30 2	10 25 3
		10 11 26	12 10 28	5 14 22	8 15 22	12 12 30	6 19 28	18 45 1	14 38 2	11 30 3
11	15	2 25 28	15 5 28	9 15 28	2 25 28	15 5 28	9 15 28	20 40 1	17 35 2	13 30 3
		5 18 26	16 13 37	9 15 28	2 23 26	16 13 37	9 20 33	21 49 1	18 44 2	14 38 3

注：1) 表中表示"水平、方向、复合值 mm"(3 波连续)，上面为计划值，下面为实际值。
2) 序号 1~6 的 G 区段波长为 15m，H 区段波长为 25m。
3) 虚线框内的数值为"水平、复合值 mm，极大半波个数"，方向不平顺全为 10mm，极大不平顺前后按水平 4mm，方向 7mm，复合值 13mm，3 波连续中半波的第 5 个，两个极大值为第 5、6 个，3 个极大值为第 4、5、6 个。

狩胜试验线上的货车脱轨试验得到了关于脱轨的重要结论，主要包括：

(1) 车辆运行过程中的轮重减载率对脱轨影响很大，当残余轮重接近零时，即使在很小的横向力作用下，车辆脱轨的危险也很大。而在残余轮重很大的情况下，即使脱轨系数超过 1.1，也很难引起脱轨。

(2) 速度对脱轨系数值有影响，在车辆达到某一速度时，脱轨系数值急剧变大。

(3) 轨道不平顺波长和车辆的运行速度共同决定车辆的频率响应特性，在特定的频率下，车辆的振动响应有增大的趋势。图 6.25 为实测得到的不同频率下车辆的振动响应特性。由图可知，被试 2 轴货车的运行安全性下降的频率范围为 0.8~1.0Hz，普通货车运行速度在 50~75km/h 时对应的轨道不平顺波长为 14~26m。

(4) 通过该试验，提出了脱轨的 7 项重要指标为[23]：①静态轮重转移；②动态轮重转移；③横向力；④脱轨系数；⑤车轮向钢轨的横向冲击速度；⑥车体横向振动加速度；⑦脱轨联合力。

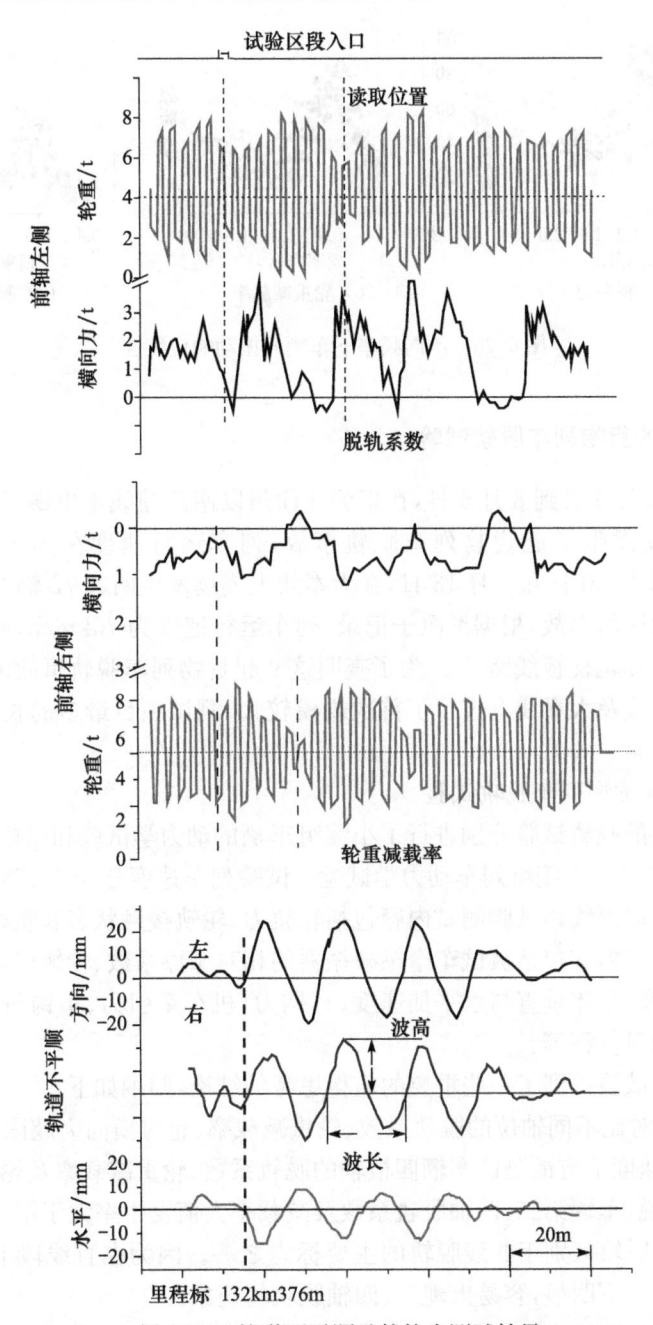

图 6.24 轨道不平顺及轮轨力测试结果

(5) 货车的装载方式对脱轨有重要影响作用,具体表现为:左右偏载轮重达 15% 以上时开始影响脱轨安全性,达 30% 以上时会显著降低运行安全性。同一转向架斜对角布置的轮重差达 30% 时,运行安全性也会显著下降。

(a) 横向力 (b) 轮重减载率 (c) 脱轨系数

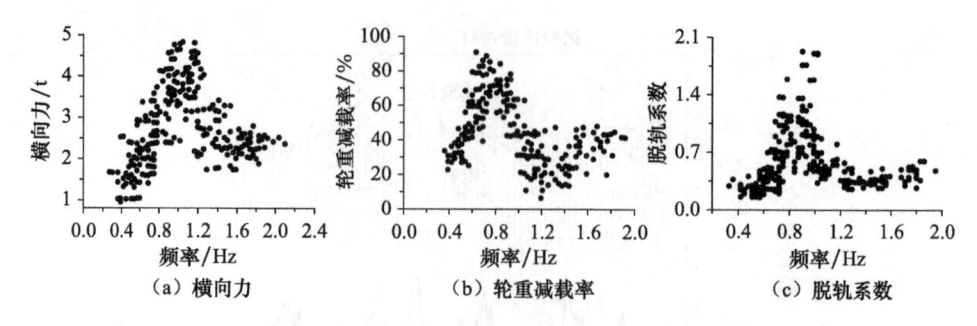

图 6.25 不同频率下车辆的振动响应特性

6.3.3 中国的货物列车脱轨试验

1997年5月9日到8月6日,在京沪线徐州以南津浦线十里堡至桃山集间的直线区段连续发生7起货物列车脱轨事故,列车运行速度在63～77km/h之间[17]。同年6月30日和7月13日,在大秦线上连续发生两起72辆$C_{63}A$空车同向编组列车的脱轨事故,根据黑匣子记录,列车运行速度为75km/h,线路为直线、千分之三下坡和轨枕板线路[18]。为了查明这9起货物列车脱轨事故的具体原因,分别在南津浦线及大秦线上进行了首次规模较大、测试项目最多的长大货物列车编组的脱轨试验。

1) 大秦线货物列车脱轨试验

大秦线上的脱轨试验分别进行了小编组车辆的动力学试验和以模拟脱轨事故实况为主的72辆空车编组列车动力学试验。试验列车速度分为70、75、80、85km/h四个速度档。地面线路试验测试内容包括轮轨力、轮轨接触状态和轨枕、轨排横向阻力。列车测试内容包括被试车摩擦减振器的相对摩擦系数、轮轨横向力、脱轨系数、轮重减载率、车体垂直与水平加速度、车钩力、机车牵引力、车钩与车体之间的垂直与水平相对位移等。

通过此次试验得到了一些重要的值得思考的结论,归纳如下:

(1) 通过对比不同轴位的脱轨系数、轮重减载率、轮对横向力超限值的百分比可知:除个别速度下有的测区车辆四根轴的脱轨系数、轮重减载率及轮对横向力相近外,总的来说,车辆第二、四轴脱轨系数及减载率大值发生率大于第一、三轴。这是直线段车辆脱轨区别于曲线脱轨的主要标志之一。因为在直线段上,转向架前轮对的导向作用不明显,容易出现二、四轴脱轨的现象。

(2) 无心盘垫时减载率出现较大值的比率高于有心盘垫时,这种差异在隧道内表现得更为明显。

(3) 车辆间的纵向动力作用对垂向动力作用和脱轨有影响,在列车制动前后脱轨系数的变化在0.24以下,个别轮重减载率变化的最大值在0.35以下,车钩上抬量均在 10mm 以下。$C_{63}A$ 空敞车通常在纵向压钩力大于 300kN 时才有较明显的影响,表明在制动作用时 $C_{63}A$ 空车的抗抬稳定性较好。

(4) 大量的测试数据分析表明:景忠山隧道内的线路(轨枕板轨道结构)与隧道外的线路(Ⅱ型轨枕轨道结构)相比,在各种列车编组方案及各种速度级条件下,同样的车辆通过隧道内直线线路时的脱轨系数、轮重减载率、横向力的平均最大值均比通过隧道外直线线路时大。

(5) 当 $C_{63}A$ 型敞车空车的技术状态不良时(心盘垫严重磨耗破碎,斜楔、立柱磨耗板严重磨耗等),在直线段以较高速度运行时将发生严重的蛇行运动,导致脱轨系数和减载率的增大,这是车辆发生脱轨事故的隐患。

2) 南津浦线货物列车脱轨试验

南津浦线的脱轨试验考虑了 3 种不同列车编组的情况,第 1 组为 55 辆重-空-重车混编列车,第 2 组为 55 辆重空车混编列车,第 3 组为 68 辆全空车编组列车,被试车加装转 8A 转向架。分别对 1、3 方案按 65、70、75、80km/h 这 4 个速度级在脱轨区段各往返试验 3 次,根据其试验结果,找出各被试车辆动力学性能较差的 3 个速度级,即 65、75、80km/h,按方案 2 编组后各往返试验 3 次,并在 80km/h 速度级试验时,在 K718~K715 区间按 85km/h 最高速度运行并测试数据。

此次试验主要测量了与脱轨安全性有关的参数值,包括轮轨间的脱轨系数、轮重减载率、轮轨横向力等,同时车上和地面上全程摄录了轮轨间的接触状态。试验中除采用 GB 5599—85 中的脱轨系数和轮重减载率的脱轨安全限值进行评判外,还考虑了瞬间轮轨最大脱轨系数及此最大脱轨系数持续的时间。因此试验中采用连续式测力轮对记录了脱轨系数全部波形,并精确地测得了其全部峰值。参照欧美、日本等国的试验研究成果,将脱轨系数持续作用时间小于 0.015s 作为安全评判标准,认为当最大脱轨系数持续作用时间在 0.05s 以上时,脱轨系数超过 1.2 即是危险的,当最大脱轨系数持续作用时间在 0.015s~0.05s 时,脱轨系数的限值按一定关系增大,即为

$$\frac{Q}{P} \leqslant 1.2K, \quad K = \frac{0.05}{t} \tag{6.21}$$

式中,t 为最大脱轨系数持续作用的时间,单位为 s。在 65~85km/h 速度范围内,被试的货车车辆的蛇行频率大致在 2.5Hz 左右,且其最大脱轨系数持续作用时间约为 0.025s,因此根据上述标准可得本次试验在直线区段货车的脱轨系数安全评判参考标准为 $\frac{Q}{P}=1.2\times\frac{0.05}{0.025}=1.2\times2=2.4$,相应的轮重减载率应小于 0.8。

通过本次脱轨试验得到了以下重要结论:

(1) 速度对脱轨安全性有较大的影响,尤其是对于状态差的车辆影响更明显。随着速度的增加,最大脱轨系数均随之增大。但对于检修状态符合厂、段修标准的

车辆,其最大脱轨系数值随速度增加而增高的速率较小,即使速度达到 80~85km/h,也未达到脱轨的危险状态,但相反,对于检修状态差的车辆,其脱轨系数最大值随速度的提高而增大的速率很大,当速度达到 70km/h 时就发生了较剧烈的蛇行运动,速度达到 80km/h 时减载率达到 1.0,车轮也时有发生完全悬浮状态。

（2）车辆在列车编组中的位置对车辆脱轨性能有较大影响。相同线路及速度情况下,当同一辆被试车辆在列车前部时,比在列车后部时脱轨系数要小,试验数据统计结果显示后部空车的脱轨系数一般比前部空车的脱轨系数大 40% 以上。

（3）线路上的曲线对车辆的蛇行运动具有明显的抑制作用,主要表现为：曲线上的脱轨系数一般较小,在直线区段车辆发生明显的蛇行横向激振,但当其进入曲线区段,激振立即被有效地抑制。

（4）牵引、制动状态对脱轨均有一定影响,列车制动时引起的车钩纵向压缩力大于 150kN 时,脱轨系数将在原有基础上增大 0.1~0.5,轮重减载率将增大 0.1~0.4,且处于列车后部的车辆比列车前部车辆所受影响大得多。当列车处于牵引状态时,能抑制车辆的蛇行运动,此时,脱轨系数和减载率均很小。而当列车处于惰行状态,车钩力接近零时,车辆在直线区段将产生强烈的蛇行运动,脱轨的可能性增大。

（5）与大秦线脱轨试验结果相同的是,不论右轮还是左轮,二、四轴脱轨系数的统计结果比一、三轴大,且第二轴的减载率比其他各轴均大,其次是第四轴。

（6）将直线区段行车方向的右轨抬高 4mm 造成阴阳轨的设置能明显抑制车辆蛇行运动的恶化,阴阳轨能减少列车车轮悬浮数 65%~88%,对最终减少车辆脱轨具有积极作用。

综合我国货物列车脱轨试验可知：车辆脱轨不单单是车辆本身的问题,也不一定就是线路尺寸超限的结果,而是车辆与轨道相互作用的共同结果。即使是车辆和轨道均符合运用安全要求,二者在特定条件下组合起来也可能会产生最不利的耦合作用效果,从而引发脱轨。

6.3.4 意大利实心车轴单轮对脱轨试验

2001 年,在意大利 Lucchini 进行的准静态条件下的脱轨试验中,研究人员利用全尺滚动试验台对单轮对的爬轨脱轨过程进行了试验,研究了轮对冲角以及作用于爬轨侧轮缘和非爬轨侧轮缘上的垂向载荷的比率等参数对试验结果的影响。

BU300 滚动试验台由 2 个直径为 2m 的轨道轮组成,如图 6.26(a)所示。轨道轮的横断面与 UIC60 钢轨型面一致。这 2 个滚轮固联在一起,由直流电动机驱动,最高线速度可达到 300km/h。轮对通过一系悬挂安装在圆形滚轮顶部的横梁上,该横梁与轮对组成一个"半转向架"。这个"半转向架"承受着 3 个液压作动器施加的横向载荷和垂向载荷,如图 6.26(b)所示,F_{Q1} 和 F_{Q2} 分别为施加在半转向架左侧和右侧的垂向力，F_Y 是施加在半转向架上的横向力。此外，作用在半转向架上的 4 个机电式作动器（Z_1、Z_2、Z_3 和 Z_4）可以使半转向架产生摇头运动，从而使轮对相对于 2 个固定轨道轮产生冲角。由于脱轨的特殊性，在左轮上安装了横向止挡以防止轮对过大的横移。当轮缘爬升到轨顶时，止挡可以限制轮对的进一步横移。

(a) 轮对安装照片

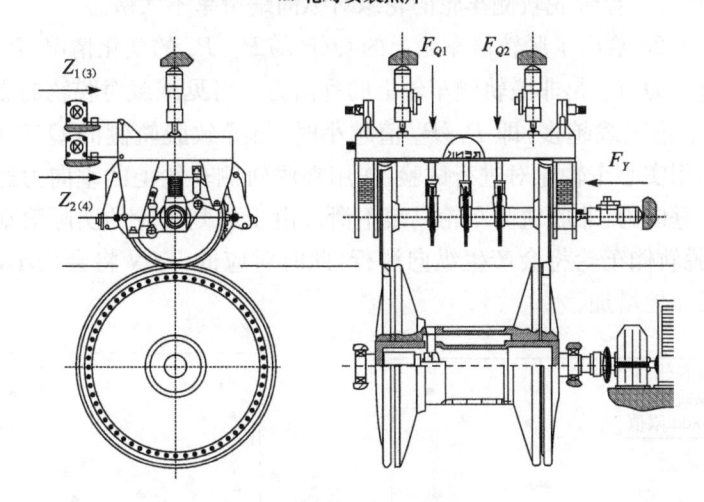

(b) 轮对安装及受力示意图

图 6.26　BU300 全尺寸滚动试验台

采用最高速度为 160km/h 的中途列车上装用的实心车轴轮对进行试验，该轮对采用弹性车轮，车轮原始踏面为 ORE S1002 型。为了考虑反复爬轨造成的轮缘磨损，在每次试验的结束阶段均用 Miniprof 轮轨外形测量仪测量磨损后的轮轨型面曲线。

在脱轨试验中使用数码摄像机对轮对的运动过程进行全程记录，除此以外测量的物理量还包括：滚动速度、各作动器施加载荷的大小、轨道轮顶部和中心的横向位移、左轮（轮缘）接触点附近的横向位移、左轮（轮缘）抬升量、半转向架摇头角和轮对相对于半转向架的摇头角。

通过垂向和横向作动器施加的力可以计算出轮轨接触力垂向分力的大小,而通过纵向作动器施加的力可以计算出轮轨接触力纵向分力的大小。由轨道轮顶部的横向偏移可以计算出轮轨接触力横向分力的大小。根据这些测得的物理量可分析得到冲角、纵向接触力和轮重减载对脱轨的影响。总结如下:

(1) 随着冲角 ψ 的减小,脱轨的最小 Q/P 值将增大。当 $\psi=6\text{mrad}$ 时, Q/P 值恰好和 Nadal 限度重合,但是,冲角的减小相应地会使 Q/P 值增大。因此该试验也证明了对应小冲角情况下,Nadal 限度值在很大程度上是保守的。

(2) 从图 6.27 可见,当轮轨纵向接触力与法向接触力的比值 L/N 很小时,导致脱轨的最小 Q/P 值接近 Nadal 限度值,车轮出现爬轨现象。相反,当 L/N 较大时, Q/P 比 Nadal 限度值大很多时才发生脱轨。这是因为当纵向接触力 L 存在时,轮轨横向接触力与法向接触力的比值 T/N 将小于摩擦系数 μ。

需要说明的是,上述结论与 Shust 和 Elkinsc[24] 的结果形成鲜明的对比。造成这种差异的原因是 Shust 和 Elkins 的试验是在大冲角(30mrad)条件下进行的,在横向产生纯滑动,导致脱轨侧车轮的轮缘对纵向蠕滑率不太敏感。

(3) 图 6.28 给出了脱轨侧车轮上的 Q/P 随 P_1/P_2 的变化情况, P_1 是脱轨侧车轮上的垂向力, P_2 是非脱轨侧车轮上的垂向力。可见减载对脱轨的影响非常显著:脱轨侧车轮减载越多,即 P_1/P_2 值越小时,将导致脱轨侧的 Q/P 增大很多。这是由于利用实心车轴轮对进行试验,作用在脱轨侧车轮上的垂向力远小于非脱轨侧车轮的垂向力,非脱轨侧车轮只滚不滑。由于两侧车轮的实际滚动圆半径相差很多,故脱轨侧车轮将会产生纵向滑行,此时对应的 T/N 将会变小,因此脱轨限度值将相应地增加。

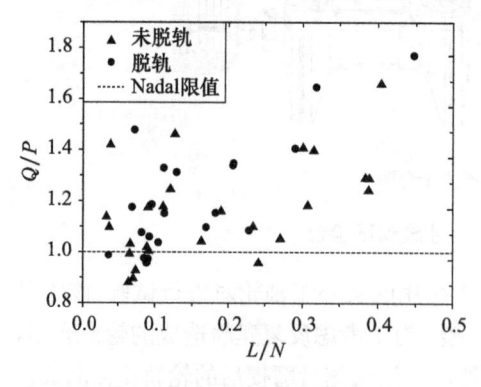

图 6.27　脱轨侧车轮的最大 Q/P 值随 L/N 的变化情况

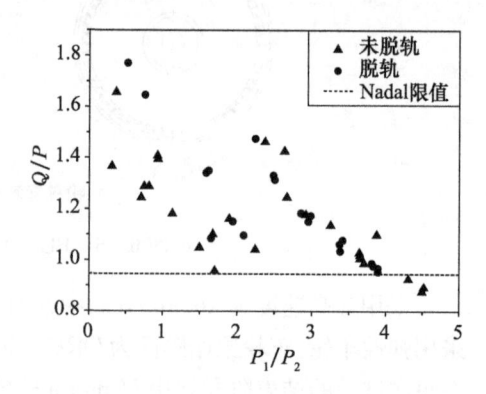

图 6.28　脱轨侧车轮的最大 Q/P 值随 P_1/P_2 的变化情况

值得注意的是,该试验是在准稳态条件下进行的,而实际的脱轨过程可能非常短暂,以致非常短暂的动力作用的变化都有可能改变上述结论。

6.4 现行脱轨评价方法

对机车车辆的脱轨安全性进行有效监测和评价是确保车辆安全运营的关键。最早针对脱轨评价方法的研究可追溯到 19 世纪末。世界各国根据自身情况及研究成果、应用经验,采用了不尽相同的脱轨评价标准,本节将对这些评价准则和方法进行具体阐述。

6.4.1 车辆爬轨脱轨准则

1. Nadal 关于单个车轮的脱轨系数值

1896 年,Nadal 首先根据爬轨车轮出现爬轨趋势的静力平衡条件,提出了临界脱轨系数 Q/P 的计算公式[25],并以此作为车轮开始脱轨的评判准则。该脱轨系数评价标准被各国铁路广泛应用。

Nadal 假定脱轨侧车轮处于两点接触状态,且轮缘接触点超前于踏面接触点,因此可推断轮缘接触点处的车轮材料相对于轨道材料有向下运动趋势,并认为轮缘相对于钢轨已处于宏观滑动状态。根据这一假定,可以得出脱轨临界状态下轮轨接触点的受力情况,其受力分析如图 6.29 所示。

由图 6.29 可知,在垂向外力 P 和横向外力 Q 的作用下,钢轨对轮缘接触点的法向反力为 N,切向摩擦力为 T,其合力为 F,与 P 和 Q 的合力大小相等,方向相反。设车轮的轮缘角为 α,则可在轮缘接触点处的切向和法向建立平衡方程:

$$\begin{cases} P\sin\alpha - Q\cos\alpha = \mu N \\ N = P\cos\alpha + Q\sin\alpha \end{cases} \quad (6.22)$$

求解方程(6.22),可得 Nadal 方程给出的 Q/P 的极限值为

$$\frac{Q}{P} = \frac{\tan\alpha - \mu}{1 + \mu\tan\alpha} \quad (6.23)$$

式(6.23)给出了车轮轮缘在横向力作用下逐渐爬上轨头而无法下滑的 Q/P 限值。从该式可见,摩擦系数和轮缘角决定了脱轨的临界值。给定摩擦系数的前提条件下,轮轨接触角取最大值时,可以得到爬轨所需要的脱轨系数最小值。图 6.30 给出了不同摩擦系数和不同轮缘角时的脱轨系数临界值,可见,摩擦系数越大,脱轨系数临界值越小,说明车辆越容易脱轨。

许多国家根据各自的情况制定了不同的脱轨系数评价标准限值。德国 ICE 高速列车试验标准为 $Q/P \leqslant 0.8$;日本新干线提速试验标准也为 $Q/P \leqslant 0.8$;北美铁路则规定 $Q/P \leqslant 1.0$。

我国铁路关于脱轨系数限值的规定主要见于《铁道车辆动力学性能评定和试验鉴定规范》(GB 5599—85)和《铁道机车动力学性能试验鉴定方法及评定标准》

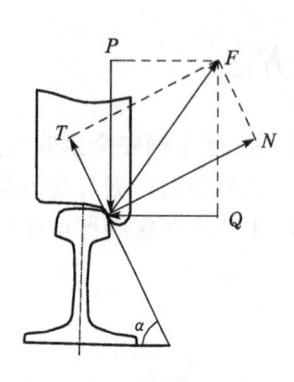

图 6.29　脱轨临界状态下轮轨间的作用力

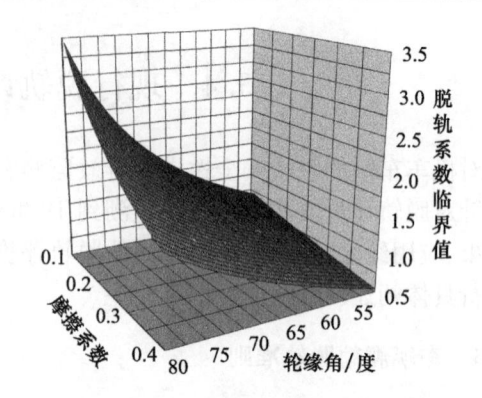

图 6.30　不同摩擦系数和轮缘角时的脱轨系数临界值

(TB/T 2360—93)。其中,根据 GB 5599—85 的规定,若试验鉴定车辆测定的横向力是车轮力(利用测力轮对直接测量的轮轨力),则脱轨系数应符合以下条件。

第一限度: $\dfrac{Q}{P} \leqslant 1.2$ （6.24）

第二限度: $\dfrac{Q}{P} \leqslant 1.0$ （6.25）

一般来讲,第一限度是评定车辆运行安全的合格标准,第二限度是增大了安全余量的标准。式中,横向力 Q 的作用时间应大于 $0.05s$。对作用力时间进行评定,这是因为测力轮对测得的横向力与垂向力均为动态力,车轮爬轨是在横向作用力较大,且持续时间较长的情况下发生的,即时间是导致爬轨的重要因素之一。

而根据 TB/T 2360—93 的规定,脱轨安全性评价指标包括 $(Q/P)_{\max}$ 和 $(Q/P)_{m \cdot M}$。$(Q/P)_{\max}$ 指的是试验样本中出现的最大脱轨系数值,$(Q/P)_{m \cdot M}$ 为脱轨系数的常见最大值,且有

$$(Q/P)_{m \cdot M} = \overline{Q/P} + 1.65\sigma \quad (6.26)$$

式中,$\overline{Q/P}$ 为 Q/P 的统计平均值;σ 为 Q/P 试验样本的均方差。

标准中规定了"合格"、"良好"、"优良"三个等级的脱轨系数界限值,试验机车的动力学性能都应不低于其"合格"等级。脱轨系数各等级的界限值列于表 6.2。

表 6.2　脱轨系数 Q/P 的限界值

	优 良	良 好	合 格
$(Q/P)_{\max}$	0.6	0.8	0.9
$(Q/P)_{m \cdot M}$	0.4	0.6	0.7

当脱轨系数 $(Q/P)_{\max} > 0.9$ 时,应同时检查该脱轨系数的持续时间。如果不

符合下列规定之一时,则判定为不合格。

(1)当按间断测量法测量轮轨力时,不得连续出现两个超过 0.9 的峰值。

(2)当采用连续测量法测量轮轨力时,脱轨系数超过 0.9 的持续时间不得超过 0.07s。

(3)当脱轨系数超过 0.9 的持续时间未超过 0.07s 时,脱轨系数在该持续时间内的最大值应满足式(6.27)的要求:

$$(Q/P)_{max} \leqslant 0.065 \frac{1}{t_1} \quad (6.27)$$

式中,t_1 的定义如图 6.31 所示。

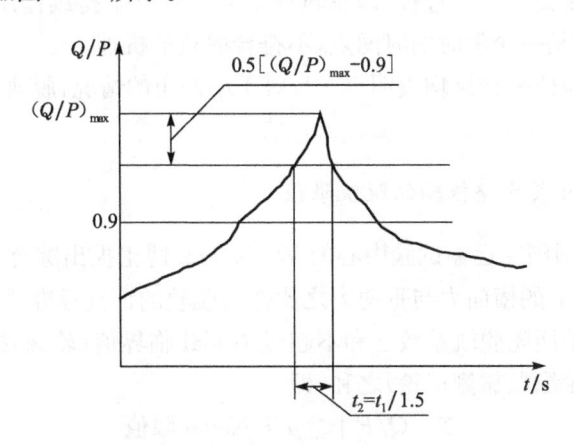

图 6.31 t_1 的定义

而 UIC518 对脱轨系数限值的规定采用的是 Q/P 在 2m 轨道长度范围内的滑动平均值$(Q/P)_{2m}=0.8$,其规定$((Q/P)_{2m})_{lim}=0.8$。运行高速车辆的 SNCF(法国国铁)、DB(德国国铁)、SJ(瑞典国铁)等西欧各国的铁路,根据 ORE 专门委员会研讨结果按下面规定的数据分析方法作为 UIC 规定进行脱轨系数的评价:

(1)计算窗宽 2m,步长为 0.5m 的脱轨系数移动平均值。

(2)求出在一定距离内(DB 为 500m)的累积频次,算出相当于累积发生概率为 99.85%的值。

(3)给出运行速度与 99.85%值的关系图像,确认速度效果。

尽管 Nadal 准则一直被广泛采用,但是它具有很大的保守性。在美国进行的机车试验中发现轮缘接触侧车轮的脱轨系数达到 2.0 时仍未脱轨[26]。我国铁道科学研究院于 1997 年进行的货物列车脱轨试验中曾大量测出脱轨系数超出危险限值 1.2 但仍未脱轨的例子[17,18]。其中在南津浦线进行的货物列车脱轨试验中,55 辆空重车混编列车在 75km/h 的速度下,最大脱轨系数值竟高达 4.98,但整个试验过程中被试列车安全无恙,并未出现脱轨事故。因此,Nadal 公式并非是充分有效的脱轨判据,它仅仅表示车轮开始爬轨时的脱轨系数下限值,并不意味着脱轨系数一旦达到其临界值就会脱轨。归纳起来,Nadal 准则的局限性主要表现在以下方面:

(1)该标准仅考虑了脱轨侧车轮的运动状态,不考虑非轮缘接触侧摩擦系数对轮缘接触侧的影响。

(2)该准则是从爬轨车轮不下滑出发推导得到的,相应的轮对运动参数表现为:较小的横向速度、足以使摩擦饱和的正冲角。然而,在大多数情况下,实际有效摩擦系数较名义摩擦系数小,甚至为负,这样容易产生误判,误判的根源在于轮缘接触侧车轮的横向力与垂向力之比不足以直接反映轮对的脱轨特征。

(3)脱轨通常需要一个过程,即轮轨冲击力需要一个持续作用的时间历程,该标准将脱轨看成是一个瞬时的时间点,不符合脱轨的机理。

(4)大量试验研究结果均表明[27~29]:对于小冲角的情况,脱轨系数评价结果偏于保守。

2. Weinstock 关于整根轴的脱轨限值

1984 年,美国国家运输试验中心的 Weinstock 博士提出综合考虑轮缘贴靠侧和非贴靠侧车轮上的横向力与垂向力之比作为脱轨的评判标准[30]。Weinstock 提出的准则是:整轴两轮脱轨系数之和不超过 Nadal 临界值(轮缘贴靠侧车轮)和轮轨摩擦系数(非轮缘贴靠侧车轮)之和,即

$$\Sigma \mid Q/P \mid \leqslant \mu + \text{Nadal 限值} \tag{6.28}$$

图 6.32 给出了当轮缘角等于 68°时,Nadal 与 Weinstock 脱轨限值随摩擦系数的变化情况。由该图可知,摩擦系数对 Weinstock 限值的影响比 Nadal 限值要小,特别是摩擦系数较大时,这一特征更加明显。减小摩擦系数对脱轨限值的影响非常重要,因为在轨道检测中很难准确测得实际摩擦系数值。除了对摩擦系数的变化不敏感外,Weinstock 准则与 Nadal 准则相比的另一个优点是:在小冲角或负冲角情况下,比 Nadal 公式具有较少的保守性,即降低了误判率[31]。

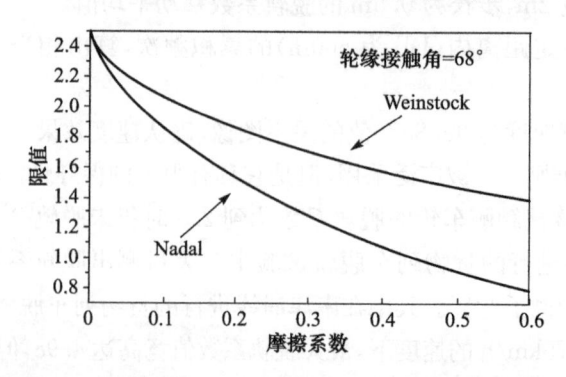

图 6.32 摩擦系数对 Nadal 与 Weinstock 判据的影响比较

然而,对于瞬时出现的整轴 $\Sigma|Q/P|$ 极大值,Weinstock 准则评判脱轨仍然回避不了冲击力的作用时间问题,仍然解决不掉将脱轨看成一个瞬时量而非过程量所带来的问题。

自 1987 年起,美国 AAR 标准中规定的货车安全认证试验,综合采用了单轮限度和整轴 Weinstock 限度[32],即

$$\begin{cases} Q/P < 1.0 \\ \Sigma|Q/P| < 1.5 \end{cases} \quad (6.29)$$

这一规定假设同一轴轮缘接触侧与非轮缘接触侧轮轨摩擦系数均为 0.5。由于式中 μ 是指非轮缘接触侧轮轨摩擦系数,因此,如果试验是在非轮缘接触侧 μ 小于 0.5 的情况下进行,则有可能在整轴 $\Sigma|Q/P|$ 小于 1.5 时发生脱轨。但是如果将整轴 $\Sigma|Q/P|$ 限度从 1.5 的水平降低,整轴 $\Sigma|Q/P|$ 限度将可能比单轮 Q/P 限度更保守,这样也就失去了引入 Weinstock 指标的本来意义。这是 AAR 脱轨评判标准的缺陷。

3. 轮重减载率指标

中国、日本、德国等国家除采用脱轨系数评判指标之外,还将轮重减载率 $\Delta P/P_0$ 作为辅助的评价指标来综合评定车辆运行安全性。这是因为当车轮大幅度减载时,轮轨垂向力和横向力数值往往也较小,受测量误差的影响,很难求出正确的脱轨系数,特别是当轮载减至零时将无法测出脱轨系数,这就给采用脱轨系数指标评定车辆运行安全性带来困难[33]。日本新干线现场试验结果表明,轮重减载大的时候往往比脱轨系数大的时候更容易发生脱轨,由于这时轮重较小,冲角稍许变化就会产生较大的横向力。因此轮重减载率被用作评定车辆在轮对横向力为零或接近于零的条件下,因一侧车轮严重减载而脱轨的安全性指标,与脱轨系数一起被用来对机车车辆脱轨安全性进行评判。

按照我国 GB 5599—85 的规定:轮重减载率 $\Delta P/P_0 \leqslant 0.60$ 为允许限度,$\Delta P/P_0 \leqslant 0.65$ 为危险限度,这一标准规定的试验工况是车辆稳态通过 9 号单开道岔及低速通过小半径曲线。研究学者认为[34],该标准不适用于对轨缝、轨面局部凹凸不平顺引起的动态轮重减载率进行评判,因为这种情况下的轮重减载率常常超出 0.65,甚至达到 1.0。因此,利用轮重减载率评定车辆运行安全性时,有必要区分静态和动态轮重减载率。

日本学者解释的静态轮重减载率的意义是:在缓和曲线上,轨道存在轨面不平顺、车辆扭曲、乘客和装载物的偏载以及曲线上的过超高等因素引起的比较缓和的轮重变化,即静载荷引起的轮重变化。当然,除了静态轮重减载率外,还有动态轮重减载率的概念,动态减载是因车辆摆动等引起的比较短时间的轮重减载,其中包括由于轨缝、道岔的冲击和轮对的振动惯性力等引起的瞬时的轮重减载。关于动态轮重

减载率的限值目前还没有足够的理论依据,而是参考试验线上的脱轨试验结果来确定。日本学者根据单轮对脱轨仿真计算极小半径曲线上的脱轨试验结果,确定0.6为静态轮重减载率限值,0.8为动态轮重减载率的限值;北美规定的动态轮重减载率标准值为0.9;德国高速列车试验中,采用的轮重减载率限值也为0.9[2]。

4. 车辆爬轨的脱轨系数距离限值指标

北美铁路协会(AAR)下属机构美国运输技术中心(TTCl)利用轨道加载车(TLV)和机车车辆动力学通用软件NUCARS对车轮爬轨脱轨问题进行了大量的研究,取得了大量宝贵的试验数据。他们对脱轨动态过程的研究表明:车轮爬轨取决于与脱轨系数有关的车辆走行距离,而不是脱轨系数持续时间[35,36]。

美国联邦铁路集团(FRA)于1998年提出的铁路安全标准中提到[37]:对于行驶在6级及以上轨道不平顺情况下的高速客车,车辆与脱轨系数有关的爬轨距离限值为5ft。该标准是TTCI基于各种城市轨道交通车辆和高速客车车辆的现场试验得到的。

此外,TTCI于1999~2000年提出了一项爬轨准则,其评估对象是北美采用AAR1B型车轮并且轮缘角为75°的货车以不高于80km/h的速度通过曲线时出现的爬轨情况。该标准包含两个限值:单轮的脱轨系数Q/P限值和Q/P所对应的车辆走行距离限值,距离限值指的是单轮的Q/P值超限但不发生爬轨的车辆走行最大距离。图6.33和图6.34分别给出了脱轨系数限值及脱轨系数超限的最大距离随冲角的变化情况。

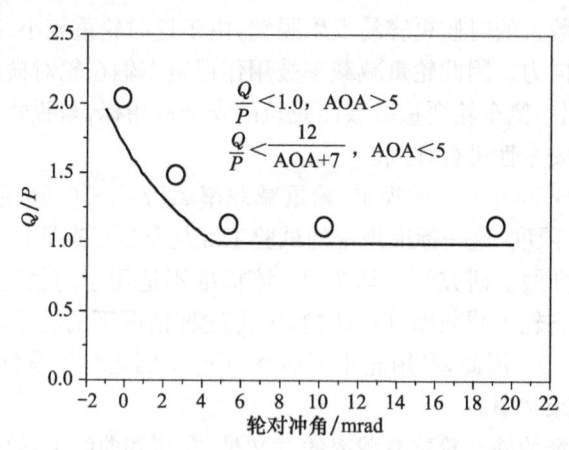

图6.33 脱轨系数限值Q/P随冲角的变化曲线

该标准是首次将冲角明确包含在内的爬轨准则。试验和仿真结果均表明:脱轨的距离限值是冲角的函数。由于冲角在试验过程中不方便测量,因此该准则以两种形式给出:一种是关于冲角的表达形式,用于进行仿真研究;另一种是关于轨

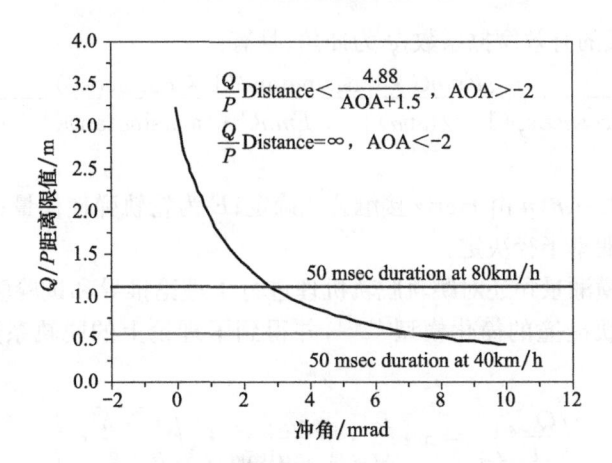

图 6.34　Q/P 超限的最大距离随冲角的变化曲线

道曲率变化的表达形式,用于进行线路试验。

从图 6.33 和图 6.34 可以看出,当冲角增大到某一值时,Q/P 限值及距离限值最终都趋向于一个定值。该准则局限于特定的车辆和轨道润滑状态,为了提高其对加装不同车轮的车辆进行脱轨安全评价时的通用性,TTCI 目前正致力于进一步完善其关于爬轨 Q/P 限值及车辆走行距离限值的研究成果。

6.4.2　JNR 以及 EMD 的脱轨系数持续时间指标

20 世纪中叶以来,日本国铁以及后来的铁道综合技术研究所对列车运行稳定性及脱轨机理进行了大量、系统的理论与试验研究,并制定了脱轨安全标准。

首先发现蛇行失稳后引起脱轨的是日本机车车辆专家松平精(Tadashi Matsudaira),他根据事故现场的"s"形轨道判断:1947 年 7 月,日本 D51 蒸汽机车脱轨、客车翻入大海的重大事故是由于车辆自激振动引起的蛇行失稳,并用 1∶10 模型试验进行了验证[38]。

1965 年,日本另一名机车车辆专家横瀬景司(Keiji Yokose)利用滚动蠕滑理论对单轮对脱轨问题进行了详细的理论研究,并使用 1∶10 和 1∶5 模型进行了系列的试验验证[39]。他根据轮轨接触力学的试验结果,提出用有效摩擦系数来描述轮轨间的滑动状态,并据此提出了能够考虑冲角影响的脱轨判别准则,如式(6.30)所示。

$$\left(\frac{Q}{P}\right)_c = \begin{cases} \dfrac{\tan\alpha - \mu_e}{1 + \mu_e \tan\alpha}, & \psi > 0 \\ \tan\alpha, & \psi = 0 \\ \dfrac{\tan\alpha + \mu_e}{1 - \mu_e \tan\alpha}, & \psi < 0 \end{cases} \quad (6.30)$$

式中，μ_e 为定义的有效摩擦系数；ψ 为冲角；且有：

$$\mu_e = \frac{\mu EmnC \cdot \tan\alpha\sin\alpha\tan\psi(1 \mp \cot^2\alpha\cos\psi)}{\mu[P\cos\alpha\cos\psi(1+\lambda\tan\alpha)]^{\frac{1}{3}} + EmnC \cdot \tan\alpha\sin\alpha\tan\psi(1 \mp \cot^2\alpha\cos\psi)} \tag{6.31}$$

式中，$\lambda=(Q/P)_C$；m、n 由 Hertz 接触公式确定；E 为轮轨弹性模量；C 由轮轨材料参数和接触点曲率半径决定。

松平精和横濑景司还对跳轨脱轨机理进行了理论推导和试验验证，根据冲量定理建立了轮轨碰撞的简化模型[40,41]，并得到了理论上的脱轨系数限界值如式(6.32)所示。

$$\left(\frac{Q_{max}}{P}\right)_{cr} = \pi \cdot \frac{i_B}{G} \cdot \frac{\tan\alpha-\mu}{1+\mu\tan\alpha} \cdot \sqrt{\frac{p_w \cdot h}{p \cdot g}} \cdot \frac{1}{t} \tag{6.32}$$

式中，Q_{max} 为轮轨横向力峰值；G 为左右轮轨接触点距离；i_B 为轮对绕非脱轨侧车轮与钢轨接触点的旋转半径；p_w 为车轮簧下重量；h 为轮缘高度；g 为重力加速度；t 为横向力作用时间。

按照当时日本国铁标准车轮，取轮缘角为 $60°$，摩擦系数为 0.25，计算得到 $\frac{\tan\alpha-\mu}{1+\mu\tan\alpha}$ 为 1.03，取 $\frac{i_B}{G}=1$，$\frac{p_w}{p}=\frac{1}{5}\sim\frac{1}{10}$，$h=20mm$，将这些参数代入式(6.32)中，即得到的与时间有关的跳轨脱轨系数限值为

$$\left(\frac{Q_{max}}{P}\right)_{cr} = 0.05 \cdot \frac{1}{t} \tag{6.33}$$

考虑到 20% 的安全余量后得脱轨系数允许限度为

$$\left(\frac{Q_{max}}{P}\right)_{cr} = 0.04 \cdot \frac{1}{t} \tag{6.34}$$

综合前面几节提到的爬轨脱轨限值和跳轨脱轨限值，JNR 采用式(6.35)对车辆的脱轨安全性进行评价。

$$\frac{Q}{P} \leq \begin{cases} \lambda, & t \geq 0.05s \\ \frac{0.05}{t}\lambda, & t < 0.05s \end{cases} \tag{6.35}$$

式中，λ 是脱轨系数的目标值，并由此区分危险限度($\lambda=0.8$)和最大容许限度($\lambda=1.0$)两类标准，图 6.35 为 JNR 的脱轨评定标准。

JNR 的脱轨判断准则的优点是：区分了稳态爬轨脱轨和动态跳轨脱轨的不同性质，考虑了横向力作用时间对脱轨的影响。值得注意的是：在用该标准对爬轨脱轨过程进行评价时，轮重数值选取轮重测量波形的瞬态值。在对跳轨脱轨过程进行判断时，由于轮重不包括簧下质量产生的惯性力，而等于轮对自重与车体、转向架间车轮垂向作用力之和。在进行数据处理时应忽略轮重测量波形中剧烈变动的成分，而只用比较缓和变动的成分作为轮重值，以此来判断车轮发生跳轨的可能性。

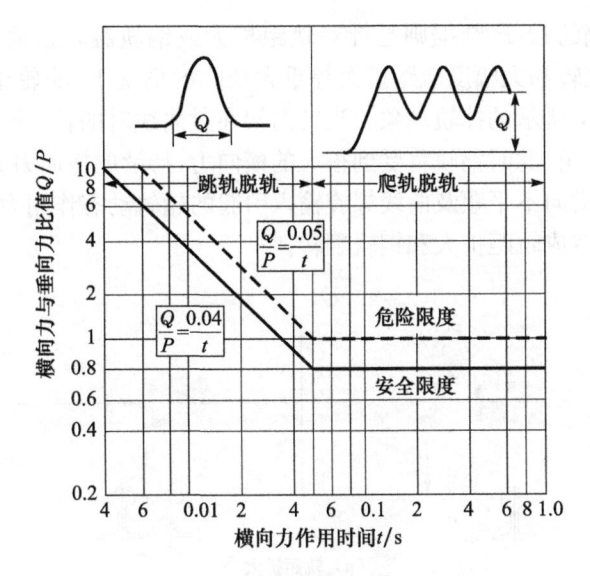

图 6.35　JNR 的脱轨评定标准

JNR 的脱轨判断准则是以两轴货车为研究对象的，其转向架的结构和客车不同，因此该标准对高速客车脱轨评价的适用性有待进一步验证。

之后美国 EMD(Electromotive Division of General Motors)提出了一个比 JNR 标准偏宽松的标准，将脱轨持续时间的临界值改为 10ms，如图 6.36 所示。

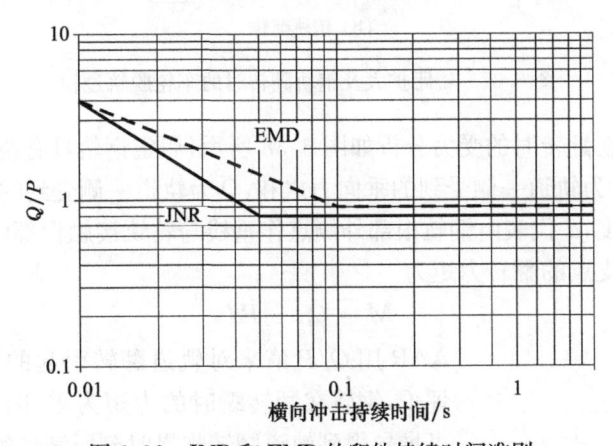

图 6.36　JNR 和 EMD 的爬轨持续时间准则

6.4.3　由轨距扩大或钢轨翻转引起的脱轨的评价准则

1. 轨道翻转情况下的脱轨准则

上述几种评定标准都是针对轮轨力引起车轮轮缘爬轨造成脱轨而制定的，最

大的转向架一侧的 Q/P 判据则是针对轨距扩大或钢轨翻转造成脱轨而提出的。轨道产生诸如翻转和大幅度轨距扩大等重大缺陷的情况下,非轮缘接触侧的车轮会产生如图 6.37 所示的掉轨现象。当转向架在过曲线时的转向性能较差时,轮对将具有较大的冲角,此时钢轨将受到很大的横向力,持续的横向力会使钢轨受到破坏,再加上轨道横向不平顺及曲线螺旋输入引起的轮轨动态作用力,将加剧钢轨的破坏,久而久之造成轨距扩大和钢轨翻转。

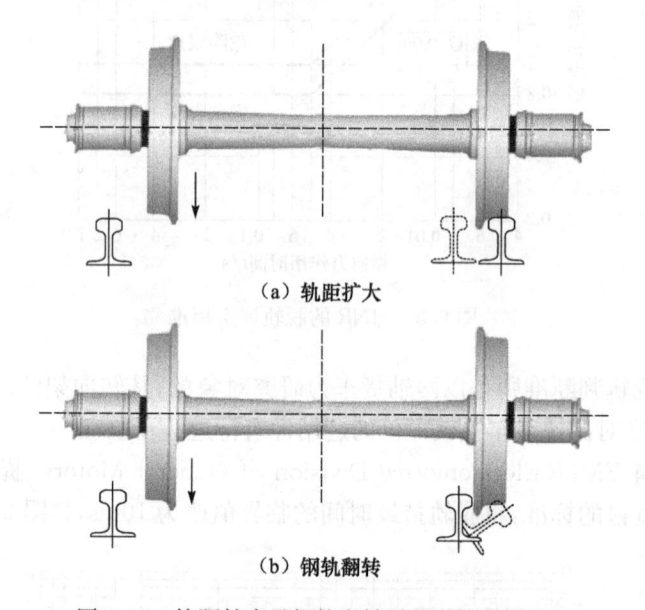

(a) 轨距扩大

(b) 钢轨翻转

图 6.37 轨距扩大及钢轨翻转时的车轮脱轨过程

典型的钢轨翻转时的受力分析如图 6.38 所示,假定钢轨具有绕轨角处的支点翻转的趋势,P 为轨道一侧受到的垂向力之和,Q 为轨道一侧受到的横向力之和,h 代表钢轨的高度,d 代表由钢轨根部外侧点作垂线与轮轨接触根部间的横向距离。钢轨相对轨角支点的翻转力矩为

$$M = Qh - Pd \qquad (6.36)$$

AAR 用 Q/P 值来对轨道翻转引起的脱轨现象进行评价,钢轨在翻转瞬时的力矩为零,因此由式(6.36)可推导得到轨道翻转临界时刻所满足的条件:

$$\frac{Q}{P} = \frac{d}{h} \qquad (6.37)$$

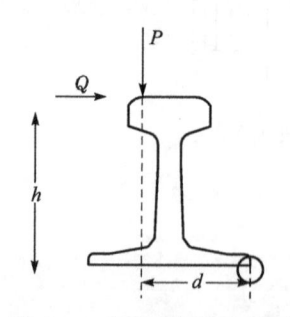

图 6.38 钢轨翻转受力分析

为了确定钢轨的翻转标准,首先要考虑的是邻近车轮间钢轨的扭转刚度,其次还要考虑转向架一侧车轮受到的合力。相邻转向架之间,由于固定装置和扭

转刚度的存在,在钢轨翻转时被视为不产生变形。于是,所谓的 Q/P 值指的是转向架一侧车轮上作用的总的横向力和总的垂向力的比值。AAR 的 Manual of Standards and Recommended Practice 里规定:在进行车辆摇头及横移试验时,转向架一侧的 Q/P 值不应超过 0.6。

2. 轨距扩大情况下的滑轨准则

由轨距扩大引起的脱轨与轮轨的几何外形及它们之间的相对位置有关,轨距扩大情况下的轮轨几何接触关系如图 6.39 所示。车轮滑轨的情况下,轮轨之间的几何关系满足式(6.38)

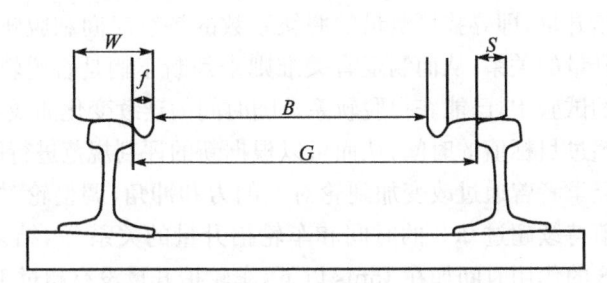

$$G \geqslant B + W + f \tag{6.38}$$

图 6.39 轨距扩大情况下的轮轨几何关系

式(6.38)中,G 为轨距;B 为轮对内侧距;W 为车轮宽度;f 为轮缘厚度。计算以上变量时应考虑到可能的弹性变形量。非轮缘接触侧的轮轨的最小重合宽度为安全间隙 S,由几何关系得,安全间隙满足式(6.39)。

$$(B + W + f) - G > S \tag{6.39}$$

在 G, B, W 为定值的情况下,随着车轮磨耗量的逐级增加,轮缘厚度 f 逐渐减小,安全间隙 S 有减小的趋势。

6.5 脱轨评价新方法

近年来,随着学者们对脱轨过程及机理的深入研究,一些新的脱轨评价标准及评价方法被提出来,丰富了机车车辆脱轨安全性研究理论。本节简要论述几种有代表性的方法。

6.5.1 根据车轮抬升量评判车辆脱轨的方法与准则

所谓的脱轨就是车轮从几何关系上脱离钢轨的约束,所以脱轨最直接的评判指标为车轮的抬升量。车轮抬升量由图 6.40 所示的值来定义,即车轮踏面名义接触点 A 和钢轨顶面最高点 B 之间的垂向距离。

由图 6.40 可知,只要车轮的抬升量小于轮缘高度 h_e,则在理论上可认为机车车辆未脱轨,这是因为轮缘的最低点仍位于轨面最高点之下,车轮并未完全摆脱钢轨的几何约束,只要车轮抬升量不继续增大,车轮最终还将回到轮轨的正常接触状态。反之,一旦车轮抬升量等于或超过轮缘高度 h_e,则车轮随时有可能脱轨。根据以上分析得到基于车轮抬升量的机车车辆脱轨评判准则为

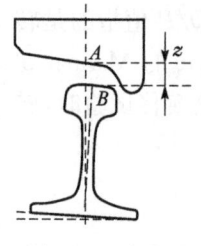

图 6.40 车轮抬升量 z 的定义

$$z \geqslant h_e \tag{6.40}$$

对于不同的轮轨匹配情况,轮缘高度 h_e 取值不同,可是直接测量车轮的抬升量有困难,在线路试验中也是不现实的。所以研究学者们采用了一种间接的方法来限定车轮的抬升量,即寻找可测量的脱轨系数的持续时间和脱轨系数的移动平均值与车轮抬升量的关系,从而制定有关准则来判断车辆是否脱轨。而目前在连续测量轮轨力的试验中,已能获得脱轨系数随时间的连续变化曲线,由此可以得到脱轨系数持续超过目标值的时间,从而可以根据新的评判规范进行脱轨评判。

日本的研究学者曾通过改变加到轮对上的力和冲角,调整轮对的滚动速度来研究脱轨系数值持续超过 0.8 的时间和车轮抬升量的关系[42],结果显示:脱轨系数持续超过 0.8 的作用时间如在 15ms 以下,车轮抬升量没有超过 1mm,可以保证车辆有足够的稳定性,于是提出脱轨系数超过 0.8 的作用时间在 15ms 以下作为新的脱轨安全标准。

我国的研究学者[43]运用车辆-轨道耦合动力学理论,对单轮对爬轨脱轨和跳轨脱轨过程进行了计算仿真,得出脱轨系数超限时间与车轮抬升量之间的关系,提出最大允许超限时间为 35ms 的安全准则。

6.5.2 车辆脱轨安全评判的动态限度

1999 年,铁科院曾宇清等在深入分析 Nadal 准则以及考虑脱轨过程的 AAR、JNR 修正准则的基础上,提出了考虑轮轨纵向力的动态脱轨评判准则[44]。

当轮对在轨道上横移时,轮轨接触角、接触点与滚动圆半径差,轮对摇头角等几何参量均发生变化,并且这些参量的变化会影响轮轨间的作用力,因此可通过轮轨力的测量反映车轮与钢轨之间的几何关系。为了突破 Nadal 准则的局限性,引入有效摩擦系数 μ_e 的概念,μ_e 隐含了几何量及包含冲角、接触角余弦、轮对横移速度、名义速度等在内的轮对运动参数的影响。定义脱轨系数为有效摩擦系数的函数,如式(6.41)所示。

$$\frac{Q}{P} = \frac{N\sin\delta - N\mu_e\cos\delta}{N\cos\delta + N\mu_e\sin\delta} = \frac{\tan\delta - \mu_e}{1 + \mu_e\tan\delta} \tag{6.41}$$

考虑到轮缘接触时轮轨间将产生可观的纵向力,纵向力与切向力作为法向力

的摩擦力存在如式(6.42)所示的约束关系：

$$(N\mu_e)^2 + l^2 \leqslant (N\mu)^2 \tag{6.42}$$

因此可以通过对纵向力 l 的测量，约束 μ_e，从而安全提高 Nadal 限度。在类似脱轨系数的参数下，要降低误判率，必须使名义摩擦系数接近实际有效摩擦系数。故此得到修正的动态限度：

$$\begin{cases} \dfrac{Q}{P} = \dfrac{N\sin\delta - N\mu_e\cos\delta}{N\cos\delta + N\mu_e\sin\delta} \leqslant \dfrac{\tan\delta_{\max} - \mu_e}{1 + \mu_e\tan\delta_{\max}} \\ \mu_e = \sqrt{\left(\mu^2 - \dfrac{l^2}{p^2+q^2}\right) \cdot \dfrac{p^2+q^2}{p^2+q^2+l^2}} \end{cases} \tag{6.43}$$

式中，l 为可测量的轮轨纵向蠕滑力；p 为垂向力；q 为横向力；δ 为轮轨接触角；μ_e 为有效摩擦系数；μ 为最大静摩擦系数。由于 p、q、l 可测，μ、$\delta_{\max}$ 已知，则修正的动态 Nadal 限度具有可测量性。该标准考虑了轮轨纵向力对脱轨系数限值的影响，但未直接考虑轮轨间的蠕滑现象，适用于爬轨脱轨的判别。

6.5.3 列车脱轨能量随机分析理论

中南大学曾庆元院士领导的列车脱轨研究课题组自 1998 年以来对列车脱轨问题进行了一系列深入的研究，创立了一种列车脱轨能量随机分析理论[45~48]。

曾院士结合反馈控制系统设计理论、Tacoma 悬索桥风致自激振动失稳破坏特性、列车振动的自激性质等论证了列车脱轨机理是"列车-轨道(桥梁)时变系统"横向振动系统丧失横向稳定性，从而将列车脱轨理论分析问题转化为分析该系统的横向振动稳定性问题。由于该系统具有自激性及时变性等特点，其横向振动稳定性无法直接用现有的运动稳定性理论来分析，因此提出了一种列车脱轨能量随机分析理论来分析脱轨，根据能量增量思想及列车是否脱轨的条件，建立了评判列车是否脱轨的能量增量准则：

$$\begin{cases} \sigma_c > \sigma_{p\max}, & \text{不脱轨} \\ \sigma_c = \sigma_{p\max}, & \text{脱轨临界} \\ \sigma_c < \sigma_{p\max}, & \text{脱轨} \end{cases} \tag{6.44}$$

式中，σ_c 为"列车-轨道(桥梁)时变系统"横向振动极限抗力做功；$\sigma_{p\max}$ 为输入该系统的最大横向振动能量。该方法判断脱轨的思路为：对"列车-轨道(桥梁)时变系统"横向振动极限抗力做功大小与此系统横向振动最大输入能量进行比较。

6.5.4 三维准静态脱轨准则的研究

为了更准确地分析车轮爬轨的限值要求，巴西 Barbosa 教授[49,50]及西班牙巴斯克大学的研究学者们[51]采用了对轮轨三维接触状态下的受力平衡条件进行准静态求解的思路。图 6.41 为轮轨三维接触力分析图,受摩擦力饱和特性的限值,轮轨切向力 T 的大小被限制在图中的摩擦锥内。

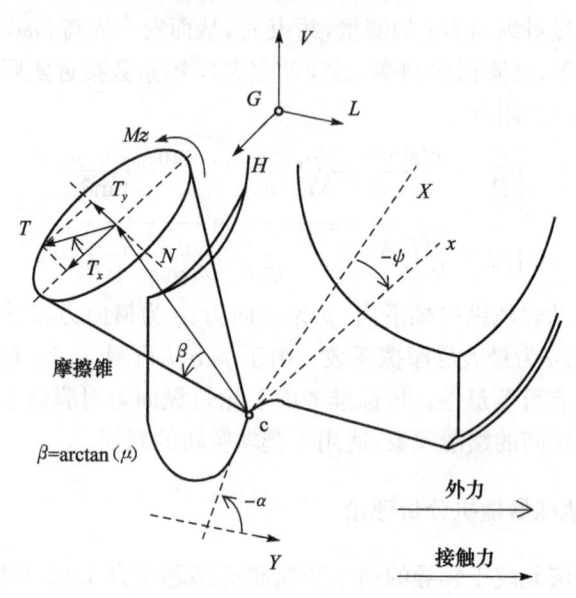

图 6.41 轮轨三维接触力分析

在三维准静态条件下,将轮轨接触力从轮轨接触坐标系转化到轨道全局坐标系中,即可得到如式(6.45)所示的 L/V 比值。

$$\frac{L}{V} = \frac{(\cos\alpha\sin\psi)T_x + (\cos\alpha\cos\psi)T_y - N\sin\alpha}{(\sin\alpha\sin\psi)T_x + (\sin\alpha\cos\psi)T_y + N\cos\alpha} \tag{6.45}$$

式中,α 为轮轨接触角;ψ 为冲角;T_x 为纵向蠕滑力;T_y 为横向蠕滑力;其中横向蠕滑力 T_y 包含横向蠕滑率引起的蠕滑力 T_L 和自旋蠕滑率引起的蠕滑力 T_ω,即 $T_y = T_L + T_\omega$。引入和冲角有关的量 $k_x = \dfrac{T_x}{T_L}$ 以及和自旋蠕滑作用有关的量 $k_y = \dfrac{T_\omega}{T_L}$,在切向力达饱和的情况下有

$$T_L \sqrt{k_x^2 + 1 + 2k_y + k_y^2} = \mu N \tag{6.46}$$

将式(6.46)代入式(6.45)可得三维脱轨判别准则:

$$\frac{L}{V} = \frac{A\mu - B\tan\alpha}{B + A\mu\tan\alpha} \tag{6.47}$$

式中,A 是与轮对冲角紧密相关的系数;B 仅与 k_x 和 k_y 之间的关系有关。且有

$$A = k_x \sin\psi + (1 + k_y)\cos\psi$$
$$B = \sqrt{k_x^2 + 1 + 2k_y + k_y^2} \tag{6.48}$$

图 6.42 为给定摩擦系数 μ 和轮轨接触角 α 的情况下,由式(6.47)得到的 L/V 限值随 k_x 及 k_y 的变化情况。

三维准静态脱轨准则虽然考虑了冲角的影响及轮对的自旋蠕滑效应,但由于其基于车轮爬轨临界时刻的准静态假设,在评价车辆动态脱轨过程中仍具有局限性。

6.5.5 高速列车动态脱轨评价方法

作者围绕高速列车动态脱轨评价方法进行了多年的研究,提出了基于轮对横移加速度、转向架横向振动加速度以及脱轨系数指标的高速列车脱轨安全性综合评价方法。

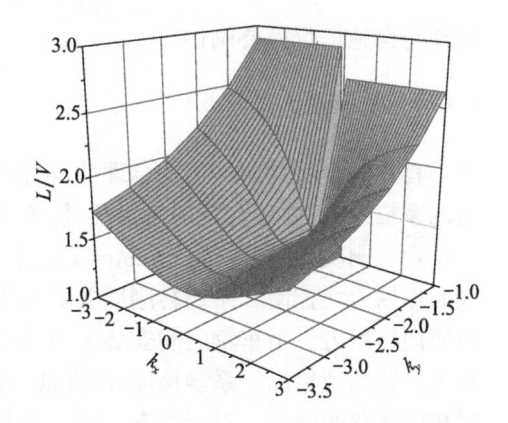

图 6.42 L/V 限值随 k_x 及 k_y 的变化情况

按照该方法的规定:高速列车在实际运行过程中,当监测得到的转向架横向加速度、轮对横移加速度及脱轨系数值这三个指标中的任意两个指标超限时,认为高速列车处于脱轨危险状态,应当采取降速处理。即当监测得到的轮对横移加速度、转向架横向振动加速度以及脱轨系数值满足式(6.49)~式(6.51)中的任意两个公式时,认为存在脱轨危险。反之,则认为高速列车处于安全运营状态。

$$s\ddot{y}_w \geqslant (s\ddot{y}_w)_{\lim} \tag{6.49}$$

$$\ddot{y}_b \geqslant (\ddot{y}_b)_{\lim} \text{ 或 } s\ddot{y}_b \geqslant (s\ddot{y}_b)_{\lim} \tag{6.50}$$

$$\frac{Q}{P} \geqslant 0.8 \tag{6.51}$$

式(6.49)中,$s\ddot{y}_w$ 表示轮对横移加速度均方根值。其具体计算方法为:对轮对横移加速度进行 200~450Hz 带通滤波,在整个试验过程中以 5ms 的时间步长计算 50ms 窗宽的轮对横移加速度 $s\ddot{y}_w$ 的移动均方根值;$(s\ddot{y}_w)_{\lim}$ 表示轮对横移加速度移动均方根限值,针对不同的车辆,$(s\ddot{y}_w)_{\lim}$ 的取值有差别。

式(6.50)中,$\ddot{y}_b$ 表示转向架横向加速度值;$(\ddot{y}_b)_{\lim}$ 为转向架横向加速度安全限值。当采用我国铁道客车行车安全监测标准评价转向架的横向运动稳定性时,$(\ddot{y}_b)_{\lim}$ 取值为 8m/s^2。$s\ddot{y}_b$ 为转向架横向加速度移动均方根值,$(s\ddot{y}_b)_{\lim}$ 为转向架横向加速度移动均方根安全限值,其可依照 UIC515 及欧盟的相关标准进行取值。

6.6 脱轨预防措施

对脱轨进行事前预防是有效避免列车脱轨事故的重要手段,预防脱轨的措施可以从车辆设计、轨道设计、运用维护等三大方面开展,本节主要围绕这三大类脱轨预防措施进行简要阐述。

6.6.1 车辆设计方面

首先是车轮踏面外形的合理性,根据实际的车辆和线路条件及轮轨接触面可能的摩擦系数,确定合理的轮缘角,使轮子具有足够大的抗脱轨能力。优化转向架一系定位刚度,一般降低一系纵向定位刚度能使轮对导向能力得以发挥,减小轮轨横向作用力。控制二系回转刚度或阻力矩能降低车辆曲线通过时的阻力,减小轮轨横向作用力。当车辆之间安装车间纵向减振器时,要尽可能低地设置摩擦器饱和力。适当地增加一系静挠度,即降低一系垂向刚度可以降低轮重减载率,提高通过扭曲线路的能力。对于货车,可以采用空重多级弹簧装置,这样当空载时,也有足够的静挠度。采用左右侧架能扭转的结构,当通过扭曲线路时,转向架本身就能适应线路的扭曲,而不必靠一系弹簧来减缓轮重减载率。如三大件转向架就是一个很好的例子。还有应用在旧金山的 BART 上的客车转向架,如图 6.43 所示,也是一个实例。

图 6.43　旧金山的 BART 上的客车转向架

6.6.2 轨道设计方面

在关键线路上安装护轨是非常有效的方法,可以限制轮对的横移,从而避免轮对的脱落。如图 6.44 所示,在一处独立轮车辆容易脱轨的曲线内轨添加常接触护轨。

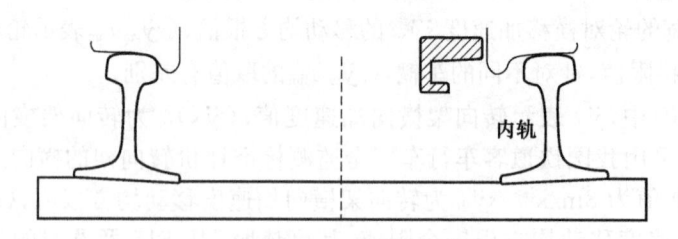

内轨

图 6.44　在曲线内轨添加常接触护轨

6.6.3 运用维护方面

在对运行的车辆及其轨道系统了解的基础上,系统地实施维护往往是防止脱轨等安全事故发生的有效途径。比如在车辆上对轮缘进行润滑,可以减小轮缘磨耗,在踏面上控制摩擦系数到一较低的安全水平,如 0.25~0.35,可以明显减小横向蠕滑力,减小爬轨和滑轨的可能。在轨道上也可以实施润滑和摩擦系数控制,曲线外轨侧面的润滑可以减小爬轨几率。对曲线内轨轨顶或左右轨轨顶摩擦系数加以控制可以减小横向蠕滑力水平,从而减小滑轨的可能,同时还可以达到减小曲线阻力、减缓波浪形磨耗、提高稳定性的效果。

在运用中经常对轮轨踏面外形进行检测,除了基本的轮缘厚度、轮缘高度等参数外,还需要用更精密的仪器对整个踏面外形和钢轨轨头外形进行测录,分析踏面的等效锥度、踏面的凹度等。如图 6.45 所示,踏面凹度 q 定义为滚动圆附近区域 $P7$ 中的最低点与踏面外侧区域 $P8$ 中最高点的径向距离。及时除去踏面的凹陷,对于防止钢轨倾覆、提高直线运行稳定性、减小不利于曲线通过的轮径差都是有利的。

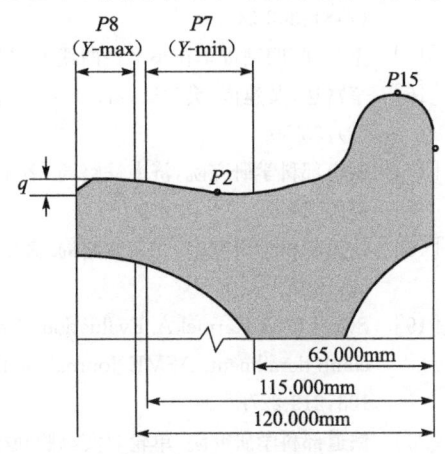

图 6.45 踏面凹度的定义

参 考 文 献

[1] 王伟. 高速车辆脱轨非线性动力学及其动态仿真. 哈尔滨:哈尔滨工业大学博士学位论文,2009.
[2] 铁道部科学研究院. 铁路行车安全译文集. 北京:铁道部科学研究院机车车辆研究所,1998.
[3] Barbosa R S. Safety of a railway wheelset-derailment simulation with increasing lateral force. Vehicle System Dynamics,2009,47(12):1493-1510.
[4] Pascal J P. Benchmarks for multibody simulation software-first railway benchmark//Proceedings of International Association of Vehicle Systems Dynamics-Symposium,1991.
[5] 松尾雅树. RRR,1990,(12):13-16.
[6] 沈钢,王福天. 轮对蛇行失稳导致脱轨的机理研究. 上海铁道大学学报,2000,21(8):1-6.
[7] Zeng J,Wu P. Study on the wheel/rail interaction and derailment safety. Wear,2008,265(9/10):1452-1459.
[8] 孙丽霞,姚建伟. 高速车辆蛇行脱轨安全性评判方法研究. 中国铁道科学. 2013,34(5):82-91.
[9] 薛弼一. 脱轨机理及试验研究. 成都:西南交通大学博士学位论文,1998.
[10] Ikemori M. Improvement of running safety of freight cars. Quarterly Report of the Railway Technical Research Institute,1978,19(2):49-57.
[11] ORE. Derailment tests at Derby,DT63(C138)E. Utrecht:ORE,1977.
[12] ORE. Derailment tests with two-axle wagon at Derby,C138/RP3. Utrecht:ORE,1979.
[13] Moreau A. Revuegénéraledes cheminsdefer,1987,106(4):25-32.

[14] Magdy EL-Sibaie Semih Kalay. American Railway Engineering Association. 1994, 95(748):343-346.

[15] 王浦强. 四轴货车在小半径曲线上的脱轨稳定性. 中国铁道科学,1980,2(1):71-82.

[16] 李富达,黄建苒,樊建民,等. 小半径曲线上棚车脱轨安全性研究. 中国铁道科学,1986,7(2):35-50.

[17] 铁道部科学研究院,济南铁路局. 南津浦线货物列车脱轨试验报告. 北京:铁道部科学研究院,1997.

[18] 铁道部科学研究院,北京铁路局. 大秦线货物列车脱轨试验报告. 北京:铁道部科学研究院,1997.

[19] Sweet L M, Karmel A. Evaluation of time-duration dependent wheel load criteria for wheel climb derailment. ASME Journal of Dynamic Systems, Measurement and Control, 1981, 103:219-227.

[20] 铁道部科学研究院. 单轮对实物脱轨模拟试验报告. 北京:铁道部科学研究院,1993.

[21] 张卫华,薛弼一,吴学杰. 单轮对脱轨试验及其理论分析. 铁道学报,1998,20(1):39-44.

[22] Bruni S, Cheli F, Resta F. A model for an actively controlled roller rig for tests on full-size railway wheelsets//Proceedings of IMechE-Part F-Rail and Rapid Transit, 2001:215(F4),277-288.

[23] 宫本昌幸. 机车车辆的脱轨机理. 铁道综研报告,1996,10(3):31-38.

[24] Shust W C, Elkins J A. Wheel forces during flange climb part I and part II//Proceedings of IEEE/ASME Joint Railroad Conference, 1997.

[25] Nadal M J. Theorie de la stabilite des locomotives. Dunod et Vicq,1896,10:232-255.

[26] Koci H H, Swenson C A. Locomotive wheel-rail loading-A systems approach//Proceedings of the Heavy Haul Railways Conference, 1978.

[27] Gilchrist A O, Brickle B V. A re-examination of the proneness to derailment of a railway wheel-set. Journal of Mechanical Engineering Science,1976,18(3):131-141.

[28] Braghin F, Bruni S, Diana G. Experimental and numerical investigation on the derailment of a railway wheelset with solid axle. Vehicle System Dynamics,2006,44:305-325.

[29] Elkins J A, Carter A. Testing and analysis techniques for safety assessment of rail vehicles: the state of the art. Vehicle System Dynamics,1993,22:185-208.

[30] Weinstock H. Wheel climb derailment criteria for evaluation of rail vehicle safety//Proceedings of the ASME Winter Annual Meeting,1984:1-7.

[31] Shust W C, Thompson R, Elkins J. Controlled wheel climb derailment tests using a force measuring wheelset and AAR's track loading vehicle//Proceedings of 12th International Wheelset Congress,1998.

[32] Association of American Railroads. Manual of Standards and Recommended Practices, M-1001. Washington D. C. ,1993:Chapter XI.

[33] 俞展猷. 防脱轨性能的评定. 机车电传动,1999,24(5):1-4.

[34] 翟婉明. 车辆—轨道耦合动力学. 2版. 北京:中国铁道出版社,2002:98.

[35] Wu H, Elkins J. Investigation of wheel flange climb derailment criteria. Association of American Railroads Report, 1999(R-931):7.

[36] Elkins J, Wu H. New criteria for flange climb derailment//Proceedings of IEEE/ASME Joint Railroad Conference, 2000:1-7.

[37] Federal Railroad Administration. Track Safety Standards, 1998(September):Part 213, Subpart G.

[38] Matsudaira T. Dynamics of high speed rolling stock. Japanese National Railway RTRI Quartely Reports, Special Issue, 1960:57-65, 1961:20-26, 1962:13-22, 1963:21-27, 1964:21-26.

[39] 横瀬景司. 一軸車輪の脱線. 鉄道研究所報告, 1965, 504(11):1-20.

[40] 松平精, 横瀬景司. 車輪の横衝撃による脱線について. 東海道新幹線に関する研究(第3冊). 鉄道技術研究所, 1962(4):235-244.

[41] Yokose K. Experiment of hunting derailment with a one-fifth model wheelset. Quarterly Report of RTRI, 1970, 11(4):228-231.

[42] 石田弘明, 手冢和彦, 植木键司. 脱线に対する安全性评価指标の研究. 铁道综研报告, 1995, 9(8):8-9.

[43] 翟婉明, 陈果. 根据车轮抬升量评判车辆脱轨的方法与准则. 铁道学报, 2001, 23(2):17-26.

[44] 曾宇清, 王卫东. 车辆脱轨安全评判的动态限度. 中国铁道科学, 1999, 20(4):70-77.

[45] Xiang J, Zeng Q Y, Lou P. Transverse vibration of train-bridge and train-track time-variant system and the theory of random energy analysis for train derailment. Vehicle System Dynamics, 2004, 41(2):129-155.

[46] Xiang J, Zeng Q Y. A study on mechanical mechanism of train derailment and preventive measures for derailment. Vehicle System Dynamics, 2005, 43(2):121-147.

[47] 向俊, 曾庆元, 娄平. 再论列车脱轨能量随机分析. 中国铁道科学, 2002, 23(2):26-32.

[48] 向俊, 曾庆元. 列车脱轨机理与脱轨分析理论研究. 中国铁道科学, 2008, 29(01):127-129.

[49] Barbosa R S. A 3D contact force safety criterion for flange climb derailment of a railway wheel. Vehicle System Dynamics, 2004, 42(5):289-300.

[50] Barbosa R S. Safety of a railway wheelset-derailment simulation with increasing lateral force. Vehicle System Dynamics, 2009, 47(12):1493-1510.

[51] Santamaria J, Vadillo E G, Gomez J. Influence of creep forces on the risk of derailment of railway vehicles. Vehicle System Dynamics, 2009, 47(6):721-752.

第七章 机车车辆动力学性能试验技术

在实际工程中,机车车辆动力学性能测试是解决和验证车辆动力学问题必不可少的手段之一。通过试验可以得到第一手的数据资料,它是检验理论计算结果的有力依据。车辆动力学系统是十分复杂的,许多问题难以用理论或仿真进行准确描述。对实际系统而言,理论或仿真计算都存在着不可避免的缺陷,而试验具有理论分析或仿真模拟所不能替代的作用。理论分析和仿真计算是对实际系统的抽象和概括,它们往往可以抓住主要矛盾,更深刻地揭示问题的本质。因而,理论计算与试验相辅相成,缺一不可。

动力学性能测试是通过检测实际运营或试验车辆在线路上运行时的动力学性能参数,从而对列车运行的安全性和平稳性进行评价。本章以机车车辆线路动态试验为主要内容,涵盖了试验方案设计、试验方案实施、试验方法、试验数据处理以及试验结果的评定等多个方面。

7.1 试验方案设计

动力学试验方案设计,就是根据试验的基本要求以及现场实际情况确定测试方案,从而保证短时间、高效率地实现对机车车辆在工作状态下动力学性能参数的测试与验证,为机车车辆的研制与运营工作提供更有价值的数据支持。

本节就试验的目的、试验方案选择、试验条件、试验线路选定及试验测试参数的设计进行具体阐述。

7.1.1 试验的必要性

机车车辆动力学试验的主要目的是检验新车状态和正常维修状态下的机车车辆在不同线路(包括直线、道岔、曲线及缓和曲线)上运行时的运行安全性、平稳性以及车辆系统参数是否满足评定标准及设计要求。每一种型号的列车上线前必须通过安全性指标和平稳性指标的检验。实践经验表明,安全性指标主要体现在轮轨横向力、减载率和脱轨系数上,平稳性指标主要体现在列车加速度和振动偏移量上。这些指标的安全标准必须通过线路试验进行确定。

机车车辆动力学试验在以下几个方面起到重要作用:
(1) 动力学试验是铁路技术创新与发展的基础工作。
(2) 通过试验可以为设计人员提供参考数据,为机车车辆可靠性设计提供依据,保证机车车辆线路运行的安全性、稳定性及可靠性。

(3) 无论是新车验证还是车辆性能扩展验证,往往选择最不利的工况开展试验,对机车车辆极限条件下的动力学性能进行检验,对车辆系统中的薄弱环节进行判断,通过改进设计达到既保证系统的可靠性又降低成本的效果。

7.1.2 试验方案选择

从动力学性能角度对机车车辆进行试验,可采用以下两种试验方法:一种试验方法为"常规方法"[1],即测试轮轨相互作用力与车体加速度,它是最直接体现车辆动力学性能的方法;另一种方法为"简化方法",即测试轮轴横向力,和/或轮对、转向架构架和车体的加速度。具体试验方法的选择可按照图 7.1 的流程进行判断。

试验方法确定后,需根据试验程序对车辆进行验收。根据验收程序的性质,验收程序可分为:全套程序,即将所有运行条件包括直线线路、曲线线路、缓和曲线以及道岔和辙叉的侧线等所有线路条件考虑在内的全程序试验;部分程序,即为考虑上述条件中的一部分的程序试验。具体的试验程序选择,应根据试验对象的特点(图 7.2)以及参数(表 7.1~表 7.4)进行选择。

7.1.3 试验条件

在试验开始前,需明确各因素对机车车辆动力学性能的影响,从而保证试验结果的有效性及准确性,因此对试验条件具有严格规定。

试验车辆的特性参数必须事先测量,且检查结果必须符合规定的特性。如有必要,在线路试验之前首先进行静态/准静态试验,以保证车辆自身的动力学参数(刚度、摩擦力矩、阻尼等)符合维修误差范围要求。

开展试验前,还需对列车运营状态的设计质量和正常装置的设计质量进行载荷试验,明确车辆的质量分布、重心位置等。

除对车辆具有特定要求外,还需明确车辆的运行方向、试验车的编组位置以及气候条件等。一般来讲,机车车辆动力学试验应在正反两个运行方向上进行。如有特殊原因不能满足,那么装有测试设备的转向架需置于在初步试验被确定为最不利的位置上。试验车辆的编组也有明确规定:如果试验车为拖车,应将其放置在列车的后部,车钩处于放松状态;如果是动车,应在牵引工况下试验。

对于气候条件,直线轨道上的稳定性试验要求试验区段必须是 100% 的干燥轨面,其他情况下的试验要求每个区域的试验区段至少应有 80% 的干燥轨面。所有试验的轨道条件、气候条件和试验日期都应在试验报告中加以明确。

图 7.1 试验方法的选择

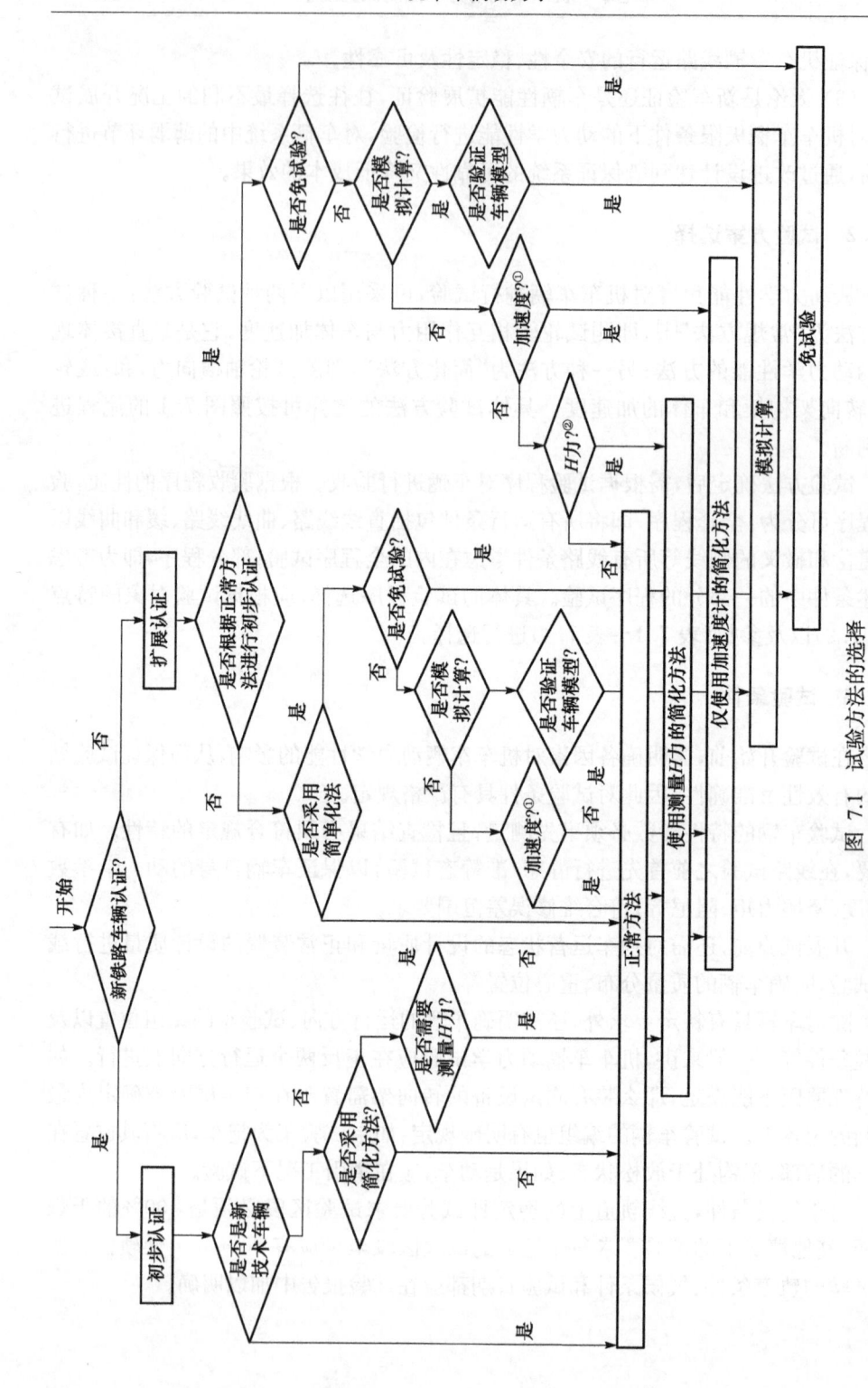

①是否满足仅用加速度计测量的简化方法的条件；②是否满足H/l的简化方法条件

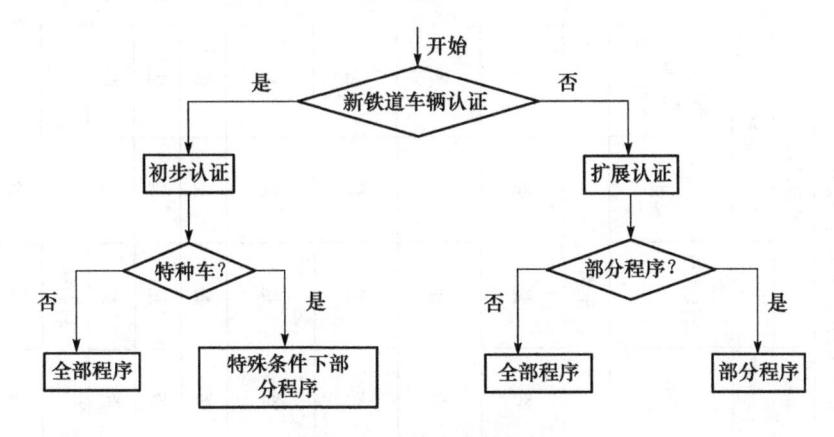

图 7.2 试验程序的选择

7.1.4 试验线路的选定

1. 试验区段的要求

试验及数字模拟过程中的运行条件主要指不同曲线半径下的速度及欠超高限值,以及统计分析要求将试验轨道分成区段的个数。

在直线、超大半径曲线、大半径曲线区段,按照 UIC518 的规定,一般最高试验速度为线路设计速度 V_{lim} 的 110%,而中等半径、小半径、超小半径曲线的最高试验速度为欠超高限值的允许运行速度 V_I,速度容差一般在±5km/h 以内。对于曲线区段,欠超高一般在其允许限值 I_{adm} 的 0.75~1.1 倍,容差范围为欠超高允许限值的±5%以内。

为了保证数据经统计分析得出的结果可靠、可用,一般每个区段的分段数不得小于 25 个,每段的长度 l 根据线路的不同均有不同的规定,如表 7.5 所示。

2. 试验线路的选定

试验线路通常应在运营线路中选择,不能采用环行道试验来代替线路试验。曲线的选择需满足试验对运行速度和欠超高的要求,如表 7.6 所示。且试验线路需满足轮轨接触条件以及轮轨间隙方面的要求。

就其对车辆自身动力学性能的检验与评估来说,需保证轨道垂向不平顺、横向不平顺、轨距、三角坑等轨道几何参数满足轨道标准限值要求[2~5]。

7.1.5 试验主要参数

对于机车车辆动力学性能参数的测试,"常规方法"主要测量每个测力轮对上

表 7.1 机车的试验方法选择[1]

修改的参数		免除试验、模拟计算或应用简化方法的条件			应采用的(全部、部分)程序					
		试验分配	采用模拟计算与已认证车辆相比的参数变化范围	简化方法		载荷条件		试验区域		
				测量 $y^*, \dot{y}^*, \ddot{z}^*$ 许最大限度	测量 $H, \dot{y}^*, \ddot{z}^*$ 许最大限度	空车	重车	直线轨道	大半径曲线	小半径曲线或较小半径曲线
车辆								车辆		
	转向架中心销间的距离 $2a^*$ 或无转向架车辆轴距 $2a^*$	−5%, +20%	−7%, +20%	−10%, +20%	−10%, +20%	是	否	是	否	是
	重心高度	−20%, 10%	—	+20%, 许最大限度	+20%, 许最大限度	是	否	是	否	是
质量	一级悬挂(如果车辆设有二系悬挂装置,则指总重量)	±5%	−10%, +7%	−40%, +20%	−40%, +20%	是	否	是	是	否
	两级悬挂	±10%	±15%	±10%	±10%	是	否	是	是	否
	绕垂向中心轴的车体转动惯量	±10%	−20%, +10%	±10%	±10%	是	否	是	是	是
	运营速度的增加	—	0, +10km/h	0, +10km/h	0, +20km/h	是	否	是	是	否
转向架								转向架		
	转向架轴距 $2a^+$	0, +5%	0, +20%	±5%	0, +20%	是	否	否	否	是
			—	—	—	是	否	是	是	否

续表

修改的参数		免除试验、模拟计算或应用简化方法的条件			应用目的（全部、部分）程序				
		与已认证车辆相比的参数变化范围			载荷条件		试验区域		
		采用模拟计算或基本设计的对比	简化方法		空车	重车	直线轨道	曲线	
			测量 $\dot{y}^*,\ddot{z}^*$	测量 $H,\dot{y}^*,\ddot{z}^*$				大半径曲线	小半径曲线或极小半径曲线
	试验分配								
公称车轮直径	−10%,+15%	−10%,+15%	−10%,+15%	−10%,+15%	是	否	是	是	是
一系悬挂装置的垂向刚度（对于不带有二系悬挂装置的车辆）	±20%	±20%	±20%	±20%	是	否	是	是	是
一系悬挂装置的垂向刚度（对于带有二系悬挂装置的车辆）	±10%	±20%	±10%	±10%	是	否	是	是	否
二系悬挂装置的垂向刚度	±10%	±40%	±40%	±40%	是	否	是	是	否
阻尼、间隙等	0,+10%	−5%,+10%	±10%	±10%	是	否	是	是	否
车轴导向 刚度	±10%	±10%	±10%	—	是	否	是	是	是
车轴导向 阻尼、间隙等	±10%	−20%,+10%	−20%,+10%	−10%,+20%	是	否	否	是	否
旋转力矩 绕垂向中心轴的转向架转动偶量	−100%,+5%	−10%,+20%	−100%,+10%	−100%,+10%	是	否	是	否	否
二系悬挂装置横向（刚度、阻尼、间隙等）	±10%	±15%	±10%	±10%	是	否	是	是	是

表 7.2 动车组与轨道车辆的试验方法选择[1]

修改的参数	试验分配 免除试验,模拟计算与轨道车辆相比简化方法的参数变化范围 与已认证车辆设计或改造的对比	采用模拟计算与基本设计的对比	简化方法 测量 $y^*, \dot{y}^*, \ddot{z}^*$	测量 $H, \dot{y}^*, \ddot{z}^*$	应采用的(全部,部分)程序 载荷条件 空车	重车	试验区域 直线轨道	大半径曲线	小半径曲线或极小半径曲线
车辆									
转向架中心销间的距离 $2a^*$ 或无转向架车辆轴距 $2a^*$	−5%,+20%	−7%,+20%	−10%,+20%	−10%,+20%	是	否	是	否	否
重心高度	−20%,10%	−40%,+20%	−40%,+20%	−40%,+20%	是	否	是	是	是
一级悬挂(如果车辆没有二系悬挂装置,则指总重量)	±5%	−10%,+7%	±10%	±10%	是	否	是	是	否
两级悬挂	±10%	±15%	+20%,+∞(5)	+20%,+∞	是	否	是	是	是
质量									
绕垂向中心轴的车体转动惯量	±10%	−20%,+10%	−40%,+20%	−40%,+20%	是	是	是	是	是
运营速度的增加	—	0,+10km/h	0,+10km/h	0,+20km/h	是	否	否	否	是
转向架									
转向架轴距 $2a^+$	0,+5%	0,+20%	±5%	0,+20%	是	是	是	是	否

第七章 机车车辆动力学性能试验技术

续表

修改的参数	免除试验、模拟计算或应用简化方法的条件				应采用的(全部、部分)程序			
	与已认证车辆相比的参数变化范围				载荷条件		试验区域	
	试验分配	采用模拟计算或与基本设计的对比	应用简化方法的条件		空车	重车	直线轨道	曲线
			简化方法					大半径曲线 / 小半径曲线或极小半径曲线
			测量 $\ddot{y}^*,\ddot{z}^*$	测量 $H,\ddot{y}^*,\ddot{z}^*$				
公称车轮直径	-10%,+15%	-10%,+15%	-10%,+15%	-10%,+15%	是	是	是	是 / 是
一系悬挂装置的垂向刚度(对于带有二系悬挂装置的车辆)	±20%	±20%	±20%	±20%	是	是	是	是 / 是
一系悬挂装置的垂向刚度(对于不带有二系悬挂装置的车辆)	±10%	±20%	±10%	±10%	是	否	是	是 / 否
二系悬挂装置的垂向刚度	±10%	±40%	±40%	±40%	是	否	是	是 / 否
车轴导向 刚度	0,+10%	-5%,+10%	±10%	±10%	是	否	是	是 / 否
车轴导向 阻尼、间隙等	±10%	±10%	-20%,+10%	±10%	是	是	是	是 / 是
旋转力矩	±10%	-10%,+20%	-10%,+20%	—	是	否	是	否 / 否
绕垂向中心轴的转向架转动惯量	-100%,+5%	-100%,+10%	-100%,+10%	-100%,+10%	是	否	是	否 / 否
二系悬挂装置横向(刚度、阻尼、间隙等)	±10%	±15%	±10%	±10%	是	是	是	是 / 是

表 7.3 客车的试验方法选择[1]

修改的参数		免除试验,模拟计算或应用简化方法的条件			应采用的(全部、部分)程序				
		试验分配	采用模拟计算与车辆相比或与基本设计或改造的对比	简化方法		载荷条件		试验区域	
								直线轨道	曲线
				测量 $\dot{y}^+, \dot{y}^*, \dot{z}^*$	测量 $H, \dot{y}^*, \dot{z}^*$	空车	重车		大半径曲线	小半径曲线或极小半径曲线
车辆								车辆		
转向架中心销间的距离 $2a^*$ 或无转向架车辆轴距 $2a^*$		−5%, +20%	−7%, +20%	−10%, +20%	−10%, +20%	是	否	是	否	否
		−20%, 10%	—	+20%(5), +∞	+20%, +∞	是	否	是	否	是
重心高度		−20%, 10%	−40%, +20%	−40%, +20%	−40%, +20%	是	否	是	是	否
一级悬挂(如果车辆设有二系悬挂装置,则指总重量)		±5%	±10%, +7%	±10%	±10%	是	否	是	是	否
两级悬挂		±10%	±15%	±10%	±10%	是	是	是	是	是
质量	绕垂向中心轴的车体转动惯量	±10%	−20%, +10%	±10%	±10%	是	否	是	是	是
		—	0, +10km/h	—	—	是	是	是	是	否
运营速度的增加		—	—	0, +10km/h	0, +20km/h	是	是	是	是	否

续表

修改的参数		免除试验、模拟计算或应用简化方法的条件					应采用的（全部、部分）程序					
		试验分配	与已认证车辆相比的参数变化范围				载荷条件		试验区域			
			采用模拟计算与基本设计或改造的对比	简化方法						曲线		
				测量 $y^+,\dot{y}^*,\ddot{z}^*$	测量 $y^+,\dot{y}^*,\ddot{z}^*$	测量 $H,\dot{y}^*,\ddot{z}^*$	空车	重车	直线轨道	大半径曲线	小半径曲线或极小半径曲线	
转向架	转向架轴距 $2a^+$	0,+5%	0,+20%	—	0,+20%	—	否	是	转向架 否	否	是	
	公称车轮直径	−10%,+15%	—	±5%	—	—	是	否	是	是	否	
	一系悬挂装置的垂向刚度（对于带有二系悬挂装置的车辆）	±20%	−10%,+15%	−10%,+15%	−10%,+15%	—	是	是	是	是	是	
	一系悬挂装置的垂向刚度（对于不带有二系悬挂装置的车辆）	±10%	±20%	±20%	±20%	—	是	否	是	是	是	
	二系悬挂装置的垂向刚度	±10%	±10%	±10%	±10%	—	是	否	是	是	否	
	刚度	±10%	±40%	±40%	±40%	—	是	否	是	是	否	
	阻尼，间隙等	0,+10%	−5%,+10%	±10%	±10%	±10%	是	是	是	是	是	
车轴导向	旋转力矩	±10%	−20%,+10%	−20%,+10%	—	—	是	否	否	是	否	
	绕垂向中心轴的转向架转动偏量	−100%,+5%	−10%,+20%	−10%,+20%	−10%,+20%	−10%,+20%	是	否	是	是	是	
		−100%,+10%	−100%,+10%	−100%,+10%	−100%,+10%	−100%,+10%	是	是	是	是	否	
二系悬挂装置横向（刚度、阻尼、间隙等）		±10%	±15%	±10%	±10%	±10%	是	是	是	是	是	

表 7.4 货车的试验方法选择[1]

修改的参数		应采用的(全部,部分)程序						
		免除试验、模拟计算应或用简化方法的条件			载荷条件		试验区域	
		试验分配	采用模拟计算与已认证基本设计或改造的对比	与已认证车辆相比的参数变化范围			直线轨道	曲线
				简化方法				
				测量 $\dot{y}^+,\dot{y}^*,\ddot{z}^*$	测量 $H,\dot{y}^*,\ddot{z}^*$	空车	重车		大半径曲线	小半径曲线或极小半径曲线
车辆	转向架中心销间的距离 $2a^*$ 或无转向架车辆轴距 $2a^*$: $2a^* \geq 9\text{m}$	$-15\%, +\infty^{(5)}$	$-30\%, +\infty$ $2a^* \geq 8.10\text{m}$	$-30\%, +\infty$	$-30\%, +\infty$	是	否	是	否
	$2a^* < 9\text{m}$	$-5\%, +\infty^{(5)}$	$-10\%, +\infty$	$-10\%, +\infty$	$-10\%, +\infty$	是	否	是	否
	空车 h_G	$-100\%, +20\%$	$-100\%, +100\%$	$-100\%, +100\%$	$-100\%, +100\%$	是	否	是	是
	重心高度: 重车 $P_0 \leq 225\text{kN}, h_G$	$-100\%, +50\%$	$-100\%, +100\%$	$-100\%, +100\%$	$-100\%, +100\%$	否	是	是	是
	重车 $P_0 > 225\text{kN}, X$	$-100\%, +0.8(\lambda'-1) \times 100\%$	$-100\%, +0.8(\lambda'-1) \times 100\%$	$-100\%, +0.8(\lambda'-1) \times 100\%$	$-100\%, +0.8(\lambda'-1) \times 100\%$	否	是	是	是
	扭转刚度 C_t^* (10^{10}kN/rad): $C_t^* \leq 3$	$-66\%, +200\%$	$-66\%, +200\%$	$-66\%, +200\%$	$-66\%, +200\%$	是	是	是	是
	$C_t^* > 3$	$-50\%, +\infty^{(5)}$	$-50\%, +\infty^{(5)}$	$-50\%, +\infty$	$-50\%, +\infty$	是	是	是	是
	自重 $\geq 16\text{t}$	$-15\%, +\infty^{(5)}$	$-15\%, +\infty^{(5)}$	$-30\%, +\infty$	$-30\%, +\infty$	否	是	否	否
	最大轴重的增加 ($P_{omax} \leq 250\text{kN}$)	$0, +5\%$	$0, +10\%$	$0, +5\%$	$0, +10\%$	是	是	是	是
	运营速度的增加	—	$0, +10\text{km/h}$	$0, +10\text{km/h}$	$0, +20\text{km/h}$	是	是	是	否

第七章 机车车辆动力学性能试验技术

续表

修改的参数	免除试验、模拟计算或应用简化方法的条件					应采用的(全部、部分)程序				
	与已认证车辆相比的参数变化范围					载荷条件		试验区域		
	试验分配	采用模拟计算或设计或基本改造的对比	简化方法 简化方法			空车	重车	直线轨道	曲线 曲线	
			测量 $\dot{y}^+, \dot{y}^*, \ddot{z}^*$	测量 $H, \dot{y}^*, \ddot{z}^*$					大半径曲线	小半径曲线或板小半径曲线
转向架										
转向架轴距 $2a^+$	0,+10%	0,+20%	—	−10%,+20%	是	是	否	否	是
公称车轮直径	—	—	±10%	—	是	否	是	是	否
一系或二系悬挂装置垂向 — 增加的刚度(es)	−10%,+15%	−10%,+15%	−10%,+15%	−10%,+15%	是	是	是	是	是
一系或二系悬挂装置垂向 — 较低的过渡载荷	0,+25%	0,+50%	0,+25%	0,+25%	是	是	是	是	是
车轴导向(刚度、阻尼、间隙等)	−5%,0	±10%	−5%,0	−5%,0	是	是	是	是	是
旋转力矩	—	—	—	—	是	否	是	是	否
绕垂向中心轴的转向架转动惯量	±20%	±20%	±20%	±20%	是	是	是	是	是
二系悬挂装置横向(刚度、阻尼、间隙等)	−100%,+5%	−100%,+10%	−100%,+10%	−100%,+10%	是	是	是	是	是
	—	±10%	—	—					

表 7.5 不同试验区段的试验速度与欠超高限值表[1]

限值参数 试验区段	试验设计速度 V_{lim}/(km/h)	试验速度 V/(km/h)	试验速度容差 /(km/h)	欠超高限值 I/mm	欠超高容差 /mm	线路分段数 N	每段长度 l/m
直线/超大半径曲线区段	≤220	$1.1V_{lim}$	±5	≤40mm	—	≥25	250
	>220						500
大半径曲线区段	≤140		±5	$0.75I_{adm} \leqslant I$ $\leqslant 1.1I_{adm}$	$\pm 0.05I_{adm}$	≥25	100
	$140 < V_{lim} \leqslant 220$	$V_{lim} \leqslant V \leqslant 1.1V_{lim}$					250
	>220						500
中等半径曲线区段 600m<R≤900m	≥200	V_1	±5	$0.75I_{adm} \leqslant I$ $\leqslant 1.1I_{adm}$	$\pm 0.05I_{adm}$	≥25	250
小半径曲线区域 400m≤R≤600m	—		±5	$0.75I_{adm} \leqslant I$ $\leqslant 1.1I_{adm}$	$\pm 0.05I_{adm}$	≥50	100
超小半径曲线区域 250m≤R≤400m	—		±5	$0.75I_{adm} \leqslant I$ $\leqslant 1.1I_{adm}$	$\pm 0.05I_{adm}$	≥25	70
道岔利辙叉的侧线 (侧线半径 R≤190m)	—	40	±5	—	—	—	—

表 7.6　需考虑欠超高的值

列车类型		速度限值 $V_{\lim}/(km/h)$	超高允许值 I_{adm}/mm
Ⅰ—货物列车 225kN<P_0≤250kN		$V_{\lim}$≤100	100
货物列车(常规设计)P_0≤250kN		$V_{\lim}$≤120	130
Ⅰ—货物列车(适当的设计)		120<$V_{\lim}$≤140	130
Ⅰ—货物列车(适当的设计),也可以与客车共线运营		140<$V_{\lim}$≤160	150
Ⅱ-旅客列车(常规设计)		$V_{\lim}$≤230ª	150
Ⅲ-具有特殊性能的(如重心低、轴重小)非摆式动车组和轨道车辆	常规线路	$V_{\lim}$≤160	165
		160<$V_{\lim}$≤230	150
	高速线路	200<$V_{\lim}$≤250	150
		$V_{\lim}$>250	130ᵇ
Ⅳ-装有欠超高补偿系统的和/或高于Ⅰ至Ⅲ类车所需要的欠超高值的车辆	常规线路	$V_{\lim}$≤230	275 或 300ᶜ
	高速线路	200<$V_{\lim}$≤250	150
		$V_{\lim}$>250	130ᵇ

注:1) 对于由机车牵引、V>200km/h的列车,机车应具有与表中Ⅲ类动车组相同的特性。
2) 对于采用混凝土板式轨道高速线的列车,外轨欠超高的建议值可为 I_{adm}=150mm。
3) 该处建议值275mm,根据验收标准车辆的预期性能,可以设定在300mm。
然而,当车辆在一个或多个试验区段上与特定限度值不符时,需要对以下两项进行补充分析:
(1) 整个半径范围内可允许降低的欠超高值 I_{red}。
(2) 欠超高值 I_{adm} 可行对应的半径范围。

的轮轨横向力和垂向力,车体两端端部横向加速度和垂向加速度,各转向架构架上、每条外侧轮对位置处的横向加速度;"简化方法"需要测量每个测力轮对的轮轴横向力,车体端部的横向加速度和垂向加速度,以及构架和外侧轮对的横向加速度。具体测试参数的说明如表 7.7 所示。

表 7.7　测试参数说明

参数说明	符号	单位
车轮 i 上的轮轨横向力	Q_{i1},Q_{i2}	kN
车轮 i 上的轮轴横向力	H_i	kN
车轮 i 上的轮轨垂向力	P_{i1},P_{i2}	kN
车端横向加速度	$\ddot{y}_{\mathrm{I}}^*,\ddot{y}_{\mathrm{II}}^*$	m/s²
车端垂向加速度	$\ddot{z}_{\mathrm{I}}^*,\ddot{z}_{\mathrm{II}}^*$	m/s²
车体中部横向加速度	$\ddot{y}_m^*$	m/s²
车体中部垂向加速度	$\ddot{z}_m^*$	m/s²
转向架端部横向加速度	$\ddot{y}_1^+,\ddot{y}_2^+$	m/s²
轮对 i 的横向加速度	$\ddot{y}_i$	m/s²

7.2　试验方案实施

动力学性能测试是在被试机车车辆上安装测力轮对、车体加速度传感器、构架和轴箱加速度传感器,当试验列车通过不同线路区段时,安装在测力轮对以及车辆上的不同传感器实时采集,从而得到轮轨作用力、振动加速度及位移等数据。

本节首先介绍动力学性能测试的一般原理以及常用的测试传感器,并简要介绍试验实施中的测点布置与测试设备,给出试验的测试流程。

7.2.1 一般方法及原理

在车辆试验中广泛地采用电阻应变片作为传感元件来测定位移、应力、加速度、频率等各种数值。测量振动时,电阻应变片粘贴在一个弹性元件上,以此作为加速计或位移计的传感元件。

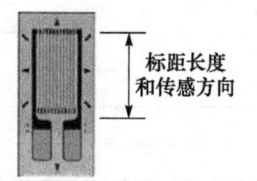

应变片的工作原理是在被测物体发生应变的时候测量导体的电阻变化,通过电阻的变化来确定应变、应力的变化。图7.3所示为最常见的铜合金式弹性应变片。当弹性元件受力后产生相对变形 Δl 时,应变片电阻丝的相对线应变 $\varepsilon = \frac{\Delta l}{l}$ 又必然引起它的电阻变化 $\frac{\Delta R}{R}$,且二者成正比,即

$$\frac{\Delta R}{R} = K \frac{\Delta l}{l} = K\varepsilon \tag{7.1}$$

式中,R 为应变片电阻丝的初始电阻;ΔR 为电阻丝由于受压(拉)而产生的电阻减(增)量;l 为电阻丝直线部分的初始全长;Δl 为电阻丝由于受压(拉)而产生的直线部分的长度减(增)量;K 为应变片的灵敏系数,$K = \frac{\Delta R}{R} \big/ \frac{\Delta l}{l}$。

设计弹性元件时,还要进行强度和刚度计算。应使粘贴应变片的元件有足够大的应变,以使传感器有相当的灵敏度,同时要使弹性元件的应力有足够的安全系数。弹性元件应设计得较为紧凑,但也要便于粘贴。

图7.3 铜合金式应变片

应变片所产生的电阻变化是非常小的,通常情况是百分之几欧姆。为了便于测试,通常使用惠斯顿电桥(以下简称电桥)方式进行测量。

图7.4是最普通的电桥电路,它是由四个连接到一个直流电源的电阻组成的。DC 为一桥压,AB 为电桥输出端。根据电工原理,输出电压 ΔE 是电压 U_{BC} 与 U_{AC} 之差,即

$$\Delta E = U_{BC} - U_{AC}$$
$$= \frac{R_3}{R_3 + R_4} U - \frac{R_2}{R_1 + R_2} U$$

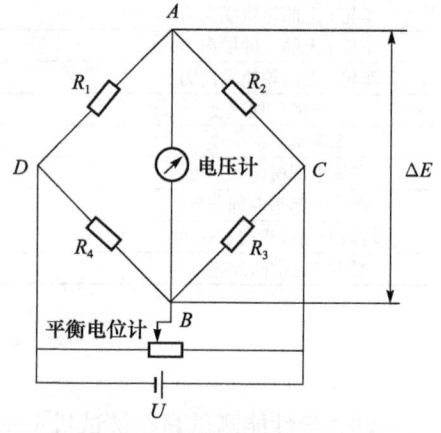

图7.4 惠斯顿电桥

$$= \frac{R_1R_3 - R_2R_4}{(R_1+R_2)(R_3+R_4)}U \tag{7.2}$$

为了使测量前电桥平衡,即连接桥的电压表显示为 0V,应使

$$R_1R_3 = R_2R_4 \tag{7.3}$$

这个等式表明:①如果增加应变器在测量电路中的数量,连接桥的灵敏度可以增加;②可以通过改变 R_1、R_2(或 R_3、R_4)电阻来"平衡"桥的另一半电阻的变化。

正确选用各桥臂的电阻值,可以消除电桥的恒定输出量,使输出电压只与应变片的电阻变化有关。根据分析,在符合式(7.3)的条件下,输出电压可用式(7.4)计算:

$$\Delta E = \frac{R_1R_2}{(R_1+R_2)^2}\left(\frac{\Delta R_1}{R_1} - \frac{\Delta R_2}{R_2} + \frac{\Delta R_3}{R_3} - \frac{\Delta R_4}{R_4}\right)U \tag{7.4}$$

实际应用上可分下列几种情况:

(1)对称情况,即 $R_1=R_2$,$R_3=R_4$。这时式(7.4)可以写为

$$\Delta E = \frac{U}{4}\left(\frac{\Delta R_1}{R_1} - \frac{\Delta R_2}{R_2} + \frac{\Delta R_3}{R_3} - \frac{\Delta R_4}{R_4}\right) \tag{7.5}$$

当只有两个桥臂 R_1、R_2 接入应变片时,称为半桥接法,另两个臂为固定电阻,则无电阻变化,$\Delta R_3 = \Delta R_4 = 0$。

(2)非对称情况,$R_1=R_4$,$R_2=R_3$。如令 $\frac{R_2}{R_1} = \frac{R_3}{R_4} = \alpha$,这时(7.4)可以写为

$$\Delta E = \frac{\alpha U}{(1+\alpha)^2}\left(\frac{\Delta R_1}{R_1} - \frac{\Delta R_2}{R_2} + \frac{\Delta R_3}{R_3} - \frac{\Delta R_4}{R_4}\right) \tag{7.6}$$

如果 R_1、R_4 为应变片,则 $\Delta R_2 = \Delta R_3 = 0$。

(3)全等情况,$R_1=R_2=R_3=R_4$。这时输出电压公式与式(7.6)相同。如果四个桥臂都是应变片,则称为全桥接法。传感器电路大多采用全桥接法,以增加灵敏度。此外,电阻应变片还可串联或并串联接入桥臂从而达到测试所需的灵敏度。

7.2.2 测试用传感器

1. 位移传感器

位移传感器常用于测量线性或旋转位移。最常见的传感器类型是线性可变差动变压器(LVDT)。它包括一个变压器和缠绕在如图 7.5 所示的中空圆筒形管上的一个单一的初级线圈和两个次级线圈。在此管中,铁磁芯可以上下移动。该管中心处的初级线圈被一个交流信号激发,同时在二次线圈中产生一个电压。次级线圈通常按照图 7.6 所示的方式连接,将铁磁芯放置在中心位置或零位置,使它具有输出电压为零的效果。随着芯的移动,初级线圈和其中一个次级线圈之间耦合的增加使之与其他次级线圈的耦合成正比例减少。如果线圈和芯布局正确,所产生的输出电压基本上与芯的行程呈线性关系。应当指出的是,当芯通过零位置(中央的初级线圈)时,输出电压发生 180 度的相变。

图 7.5　LVDT

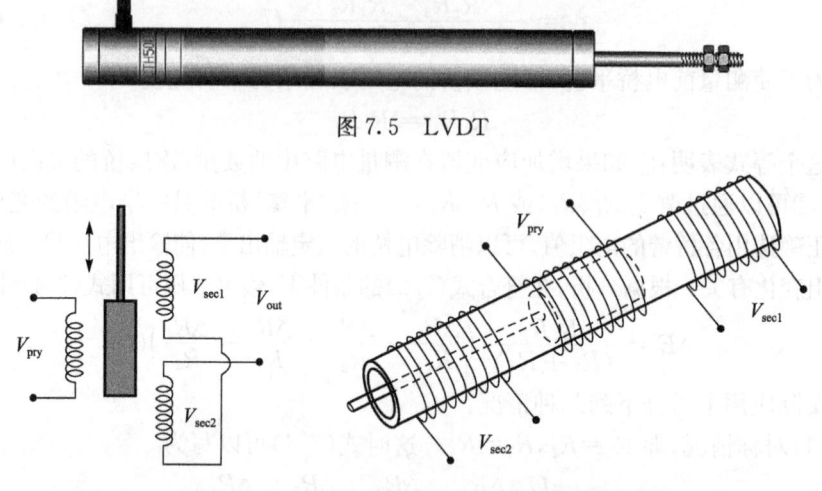

图 7.6　LVDT 的初级线圈和次级线圈示意图

在实践中,单独使用交流输入并产生交流输出的传感器是不便捷的,所以加入了一个信号处理模块用于与 LVDT 配合。这用来感测上述通过零位置阶段时的位移,并以此来区分零位置不同侧的相同幅值的交流信号。调节后的输出结果是零位置某一侧的直流电压。信号调节模块通常也将直流电源电压转换成所需的初级线圈的交流励磁。信号调节可能在一个单独的模块里,但往往设置在机壳内部的转换器。

LVDT 一般都具有非接触设备固有的优点,通常在其指定范围内会达到优于 1‰ 的线性精度。

2. 轮轨力测量

轮轨力测量的最简单形式是通过测量轮轴横向力计算出轮轨作用力。测量轮轴力 H 的方法是在轴颈和轴箱之间安装应变器(图 7.7),通过校准的应变与力的关系来估计轮轴横向力。

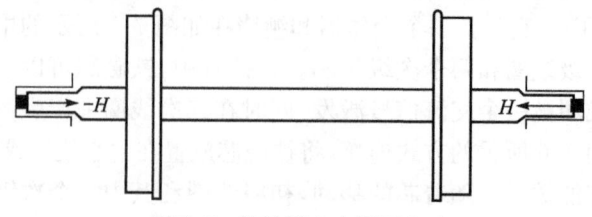

图 7.7　轮轴横向力测量方法

轮轨力测量的另一种形式是通过测力轮直接测量轨道与车轮之间的相互作用。无论在轮轨试验台试验中,还是线路试验中,选用实际的机车车辆轮对作为力传感器测量轮轨间的相互作用力的方法,是所有轮轨力测量方法中最真实的、不可取代的方法。

测力轮对是将应变器安装在车轮轮辐上,利用车轮变形获取轮轨力,如图 7.8。测力轮对可分为连续测力轮对和间断测力轮对。测力轮对的电阻应变片布置方式和测量路桥的连接方法很多,常见的几种测试方法如图 7.9～图 7.16 所示[5]。

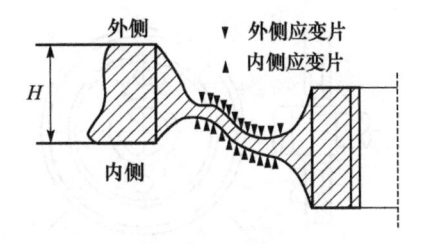

图 7.8 辐板应变测试的布点示意图

(a)垂向力应变片布置方式　　(b)垂向力测量桥路及输出波形

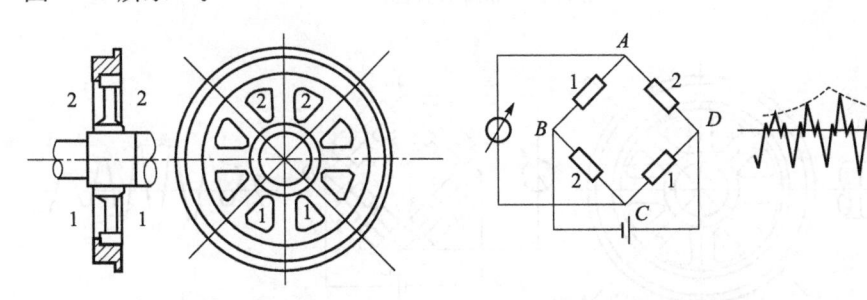

图 7.9 布置方式一

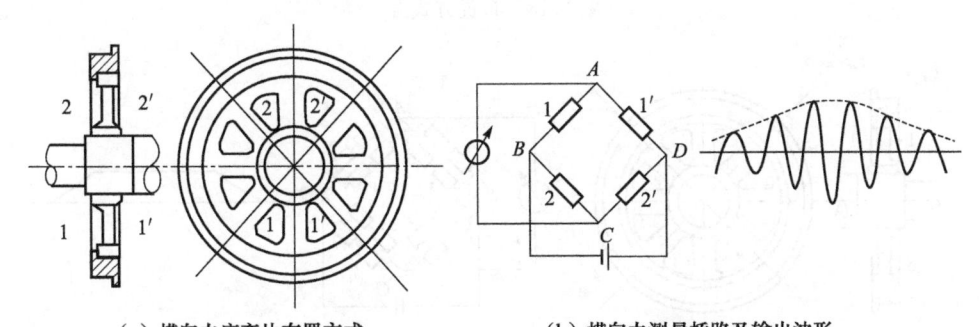

(a)横向力应变片布置方式　　(b)横向力测量桥路及输出波形

图 7.10 布置方式二

(a)垂向力应变片布置方式　　(b)垂向力测量桥路及输出波形

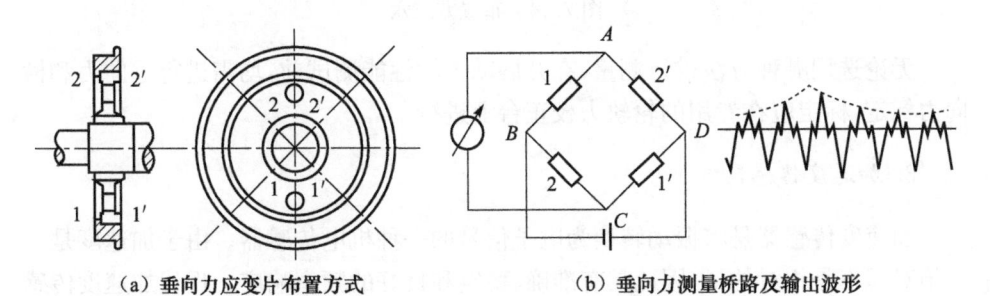

图 7.11 布置方式三

(a) 横向力应变片布置方式　　(b) 横向力测量桥路及输出波形

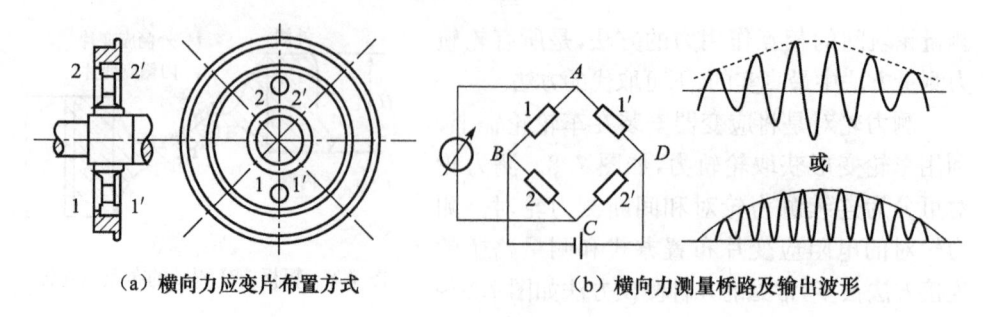

图 7.12　布置方式四

(a) 垂向力应变片布置方式　　(b) 垂向力测量桥路及输出波形

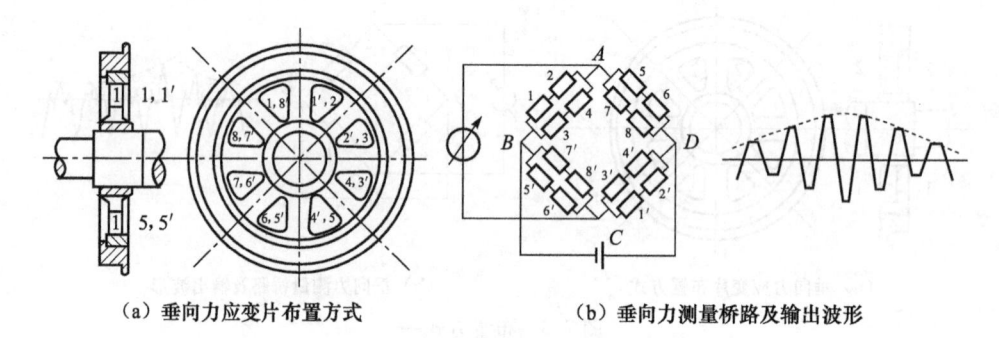

图 7.13　布置方式五

(a) 横向力应变片布置方式　　(b) 横向力测量桥路及输出波形

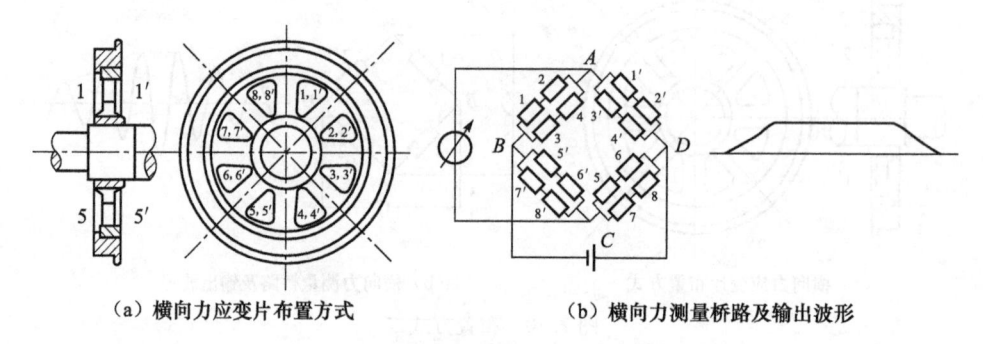

图 7.14　布置方式六

无论选用哪种方法进行测量，在开展动力学性能测试前，均需进行垂向力和横向力标定，标定应在专用的轮轨力校正台上进行。

3. 加速度传感器

加速度传感器是将振动转换为电子信号的一种机电传感器。由于加速度是一个绝对而不是相对的量，因此具有准确、稳定和良好的频率响应。现代加速度传感器具有较高的灵敏度，可以提高测试精度。

（a）垂向力应变片布置方式　　　　（b）垂向力测量桥路及输出波形

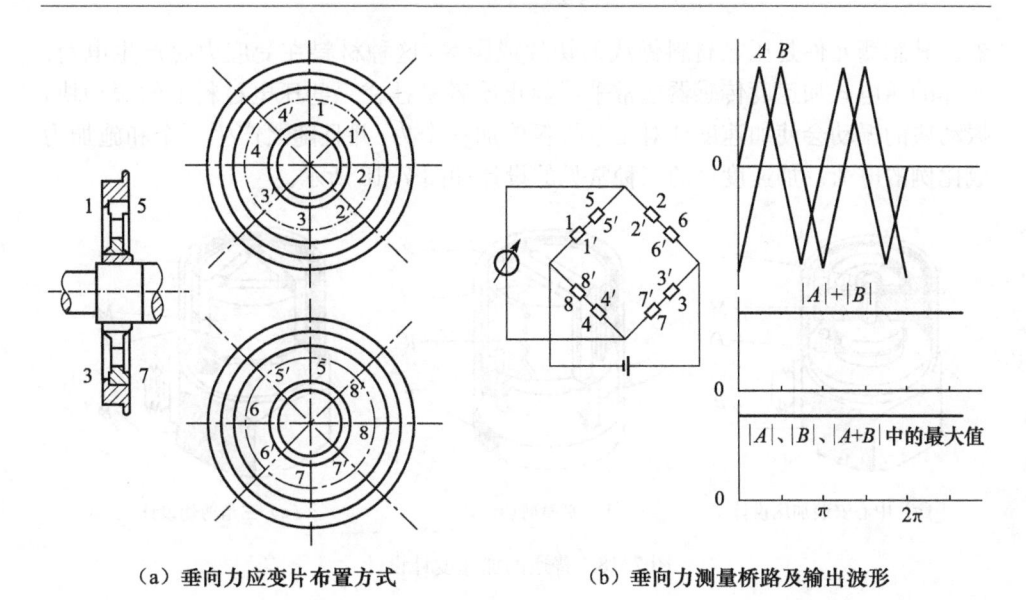

图 7.15　布置方式七

（a）垂向力应变片布置方式　　　　（b）垂向力测量桥路及输出波形

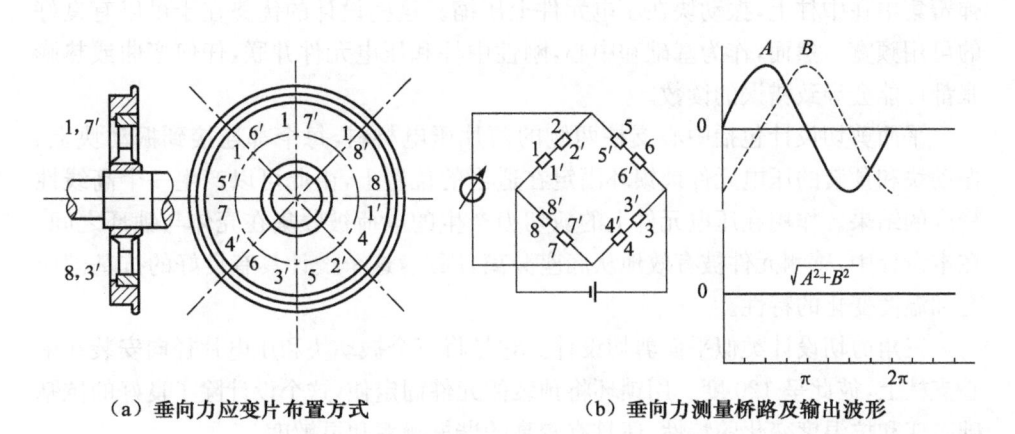

图 7.16　布置方式八

加速传感器的简化结构如图 7.17 所示，它是将一个振动块安装在刚性弹簧和阻尼器中间。由于振动块的自然频率比所需的测量频率范围要高，所以振动块位移的振幅与加速激化振子成正比，加速度传感器通过感测振动块的相对位移来工作。

1）压电式加速度计[6]

压电式加速度传感器是最常用的加速度传感

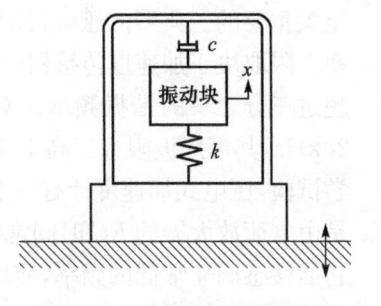

图 7.17　简化加速度传感器

器。其感测元件是压电材料做成的切片或圆盘,这种材料在受应力时产生电荷。实际的压电式加速度传感器通常采用静止或者悬挂在一些压电材料上的振动块,振动块的振动会使加速度计对压电材料施加一个力,并且随之产生一个和施加力成比例的电荷。加速度计的三种常见的设计如图7.18所示。

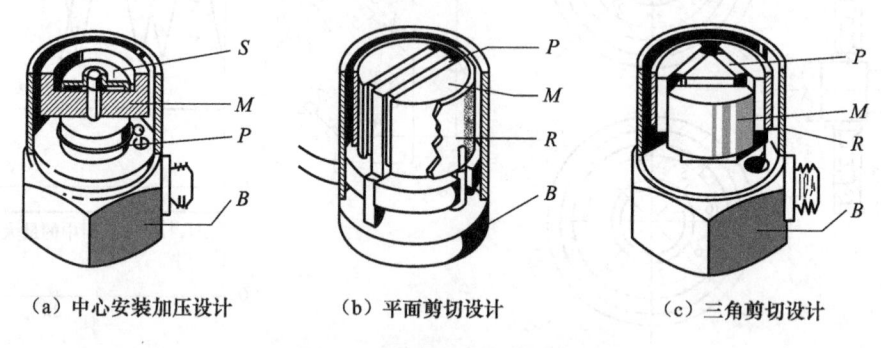

(a) 中心安装加压设计　　(b) 平面剪切设计　　(c) 三角剪切设计

图7.18　普通的加速度计设计

中心安装加压结构是一个相对简单的设计,振动块通过一个提供预加载荷的弹簧集中在中柱上,振动块在压电元件上压缩。这些设计的优势在于可以有良好的可用频宽。然而,作为基础和中心,刚性中柱和压电元件并联,任何弯曲或热膨胀都可能会导致错误的读数。

平面剪切设计包括中心支柱两侧的两片压电材料,每个都连接到振动块上。振动块和预装的压电元件被锁环固定在适当的位置上,由此可以产生一个高线性精度的结果。作用在压电元件上的剪切力产生的电荷被收集在壳体与锁环之间。在本设计中,感测元件被有效地从底座分离,因此,这个设计具有良好的抗基础应变和温度变化的特性。

三角剪切设计类似平面剪切设计。它是将三个振动块和压电片径向安装在中心支柱上,彼此呈120度。用锁环将预装的元件固定住,这个设计除了良好的抗基础应变和抗温度变化的特性,还具有较高的谐振频率和灵敏度。

了解一个设备的可用带宽,对于车辆测试中如何选择一个正确的加速度计是至关重要的。典型的压电式加速度计的频率响应如图7.19所示。移动设备的频率上限取决于加速度传感器的谐振频率。一个常用的经验法则是,频率上限应不超过三分之一的谐振频率。对于一般用途的压电式加速度计,谐振频率可以是20kHz,其可用极限远远高于任何可能的车辆动力学应用需要。考虑到车辆动力学试验,压电式加速度计有一个很重要的限制,即频率下限不是由加速度计本身而是由电荷放大器的RC时间常数来确定这些用于制约转换器的信号常数的。虽然它能够感测非常低的频率,使用具有非常高的阻抗,但一般的前置放大器专用设备可能会限制较低的可用频率上限至1~3Hz。很显然,这对车辆动力学工程师有重要意义。一个通用的压电式加速度计就可以满足人们的要求,它可以安装在非悬挂装置上,比如轴箱,但安装在转向架框架时只能在其频率下限附近工作。车体可能出现的振动会在0.5Hz或更低的频率,因此这会低于该通用压电式加速度计的频率下限。

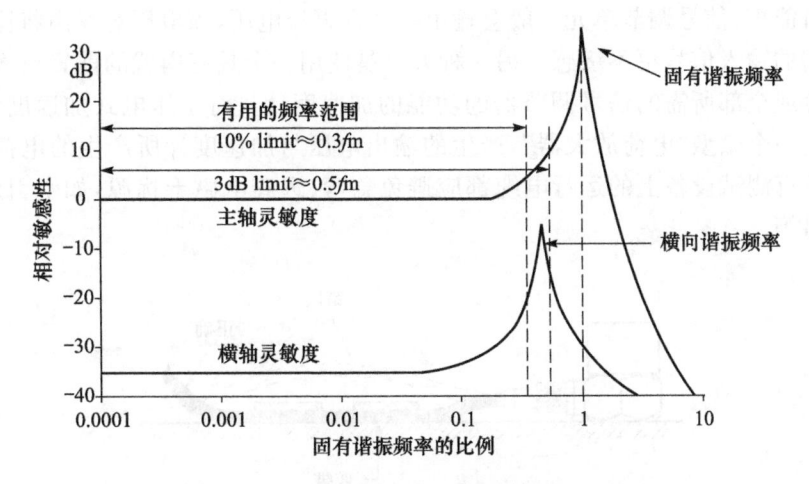

图7.19 典型的压电式加速度计的频率响应

一个理想的加速度计设计将只响应主传感轴的振动。然而,在实践中,大多数加速度计与主轴线呈90度的时候会表现出一定的灵敏度,这被称为横向灵敏度。这些都是由压电材料的不规则造成,导致最大灵敏度的轴线与加速度计的操作轴线稍有错位。因此,可以设想,该横向灵敏度不会是恒定的,将在彼此90度的方向上有最大和最小的灵敏度。一些加速度计的设计指明了加速度计上最小横向灵敏度的方向,可以帮助操作人员正确安装移动设备。人们普遍发现,横向的谐振频率低于主谐振频率,属于该加速度计的可用频宽。然而,车辆动力学研究主要是针对相对较低的频率,最大横向灵敏度通常小于主轴灵敏度的4%。

为了得到可靠的结果,在安装压电加速度计和布线时,应当格外小心。该装置可使用双头螺栓直接安装到测试部件,或通过胶带黏结到一个干净平坦的表面。然而,在许多铁路车辆上应用的加速度计都被安装在它的一个托架的螺柱上,进而用螺栓固定或夹紧到车辆上。在这种情况下,安装支架和夹紧装置的刚度应尽量的高一些,以确保所测得的数据不会随它本身的振动或偏转而变化。通常在加速度计和装备之间放置一个薄垫圈,和带绝缘的螺柱一起使用,来使加速度计的试验片与其他电气隔离。应当指出的是,把一个加速度计置于坚硬的物体上,如车间地板,造成的冲击负荷超过设计的最大限制时将会对设备造成永久的损害。

如上所述,压电传感器在受到机械应力时会产生一个小的充电过程。加速度计和信号调节器产生的任何噪声都会对电荷放大器模块获得结果的准确性产生不利的影响。由于分离层内使用的是共轴电缆,挠曲加速度计电缆可诱导电荷的产生,被称为摩擦电效应。当检测低水平的振动时,这些电荷可以大到足以产生显著的"噪声"。因此,加速度计电缆应牢固地夹紧或用胶带固定,以防止弯曲的电缆诱导这样的电荷产生(图7.20)。此外,加速度计和电荷放大器之间的电缆应该尽可能短,信号调节单元一般会输出一个强直流电压,该电压对噪声将比来自转换器的输入信号更不敏感。另一种方法是使用一个具有内置的前置放大器执行部分或全部所需的信号调节器的功能的加速度计。对于压电式加速度计,这通常是一个微型"电荷放大器",产生的输出电压与加速度计所产生的电荷成比例。所有测试设备上的运行电缆都应避免急弯、远离电磁干扰源,如牵引设备、受电弓等。

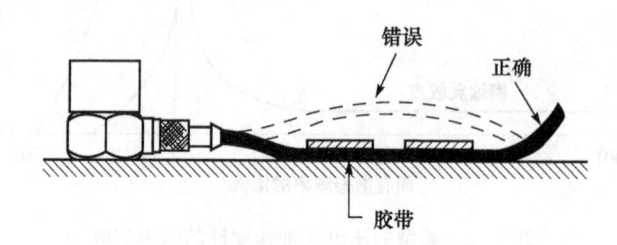

图 7.20 加速度计的支架和电缆

2)电容式加速度传感器[7]

压电式加速度计具有非常高的可用频率上限,它们在其频率范围内的下限(这依赖于所采用的电荷放大器)大约可达到1Hz。与此相反,电容式加速度计没有下限频率,因为它们在其可用频率范围内能够提供一个直流或静态响应,这使得其更适用于进行铁路车辆测试。在低频下电容式加速度传感器不会有相位的转换,对温度和电磁影响不敏感,并具有较高的信噪比和较低的横向感光度。

该传感器包括一个振动块,插入两个作为电极的硅板之间。该板被布置作为电容半桥,板之间的狭小空间填充有气体,为振动块提供了必要的阻尼。图 7.21 为电容式加速度传感器布置示意图。这个设计的特点是,该板提供了一个具有机械止动件的振动块,防止冲击载荷的伤害。当加速度计是稳定状态时,块在两个硅片之间。施加的加速度导致块朝着其中一个板偏移并破坏电容半桥的平衡,这就导致电荷与施加的加速度成比例。这种类型的装置通常包括集成了信号处理功能的加速度计。因此,虽然该半桥被高频交流电压激发,但是该加速度计只需要一个低电流(几毫安)直流的输入,并提供一个DC输出,这就可以直接提供数据采集器。

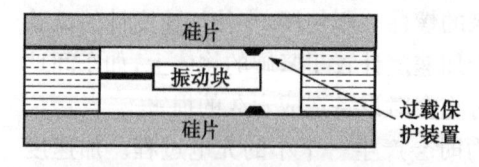

图 7.21 电容式加速度传感器

由于频率是有上限的,该设备可以被胶合或通过螺栓连接到测试部件,安装方法并不是很严格。然而,避免任何额外振动可能导致不够牢固的安装支架是必不可少的。典型的电容式加速度计,适用于手持或转向架安装,可以测得大概 2g 左右的加速度,其频率响应为 0~300Hz,或 10g 左右的加速度,其频响范围为 0~180Hz。应当指出的是,在一般情况下,增加加速度测量范围,是以较低的灵敏度为代价实现的。作为一个静态装置,电容式加速度计还可以测量重力加速度。因此,加速度计的输出是被测量的振动的总和再加上由于重力作用对检测轴主体加速度的影响。

7.2.3 测点布置

动力学性能测试需充分考虑列车编组位置、转向架型式、车辆品种及质量配置等差异。用于评估车辆运行稳定性的测力轮对,应安装在检测列车运行方向的最不利位置,构架和车体加速度等依据相关的规范安装。

如某型和谐号动车组由 8 节车辆组成,动力配置为 4 动 4 拖。测力轮对安装在头车前转向架的一、二轴位置,如图 7.22 所示。采用测力轮对方法测量轮轨作用力,测力轮对可以采用辐板式或辐条式,条件许可时也可采用试验机车的原有轮对,但必须根据测试要求进行加工改造。测力轮对每个轮上一周的垂直力和横向力的测力点不少于两个。

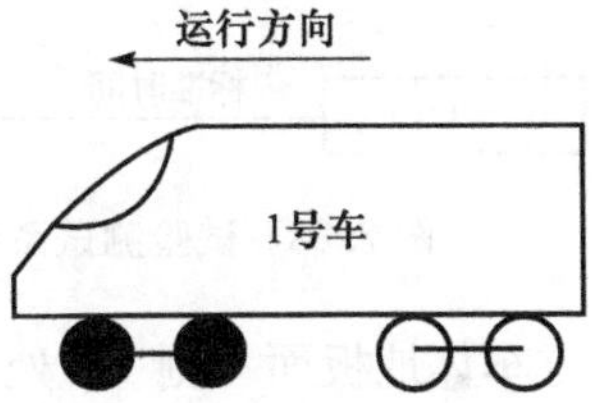

图 7.22 测力轮对安装轴位
(图中黑色●表示测力轮对)

车体加速度测点布置在机车前转向架上方距车体纵向中心线左或右 1m 处的车体地板上;构架加速度的测点布置在转向架构架侧梁中心处;轴箱振动加速度测点布置在第一轮对轴箱体上[8]。

车体离心加速度测量要求较高,一般采用灵敏度较高的加速度传感器(下限可用频率为 0Hz)。测点一般设置在车体纵向中心平面上,尽量靠近车体重心的位置。当机车静置于平直线上时,加速度传感器的测量灵敏度轴线应保持水平,并与车体纵轴线垂直。

机车车辆主要部件动荷载特性测点布置在轴箱与构架、构架与车体之间,它是测量轴箱与转向架构架之间,转向架构架与车体之间的相对位移。即在轴箱与构架一系悬挂之间布置垂向和横向位移计;在构架与车体的一系悬挂之间布置垂向、横向和纵向位移计。

7.2.4 测试设备

在试验列车上安装车载测试系统随车进行列车运行全程测试。车载测试系统主要由传感器、集成测控数据采集系统、GPS等部分组成,如图7.23所示。各传感器将测得的压力信息经A/D转换后记录在计算机中进行分析处理。除压力传感器外,测试系统的其他装置全部置于列车内进行数据采集和处理。

1. 测试设备安装

1)轮轨间作用力

轮轨间作用力采用测力轮对方法测定。测力轮对安装于动车组转向架上,可以测定轮轨间的横向力和垂向力。通过轮轨间作用力计算脱轨系数、轮重减载率、轮轴横向力等稳定性指标。

2)振动加速度

① 车体振动加速度

在测力轮对对应转向架中心正上方车体地板面一侧1m处安装2个加速度传感器(垂直、横向)。

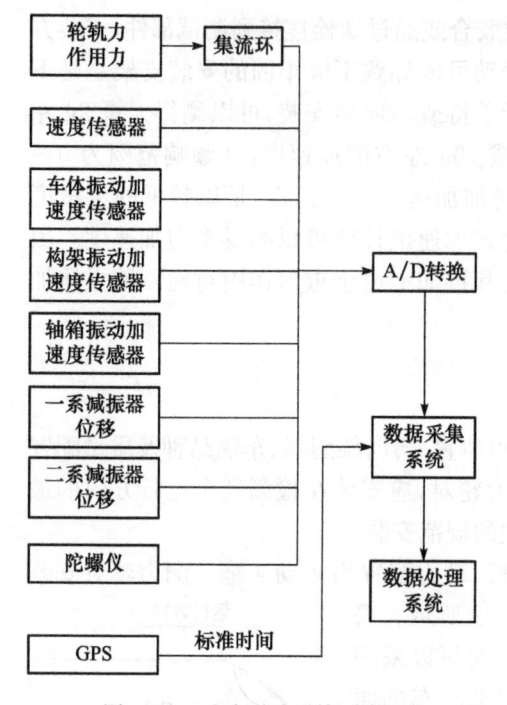

图7.23 试验测试系统示意图

在一节车内的车体地板面中心位置、车体侧墙上安装横向加速度传感器。

② 构架振动加速度

在测力轮对对应转向架的轴箱上方构架上安装横向加速度传感器,用以评判转向架横向稳定性。

③ 轴箱振动加速度

在测力轮对的轴箱端部安装垂向加速度传感器。

3)陀螺仪

在一节车内的地板上安装摇头方向的陀螺仪。

4)位移传感器

在测力轮对对应转向架上安装位移传感器,测量车辆一系、二系减振器位移。

2. 测试同步模式

数据采集系统可采用GPS同步对时,同步模式有两种。一种模式为同一位置需采集多重数据,如图7.24所示。此时,副通道经由时间同步模块与主通道同步,主通道再经由GPS卫星进行同步对时。另种一种模式为不同位置的数据采集,是通过GPS天线同时与卫星进行同步对时,如图7.25所示。

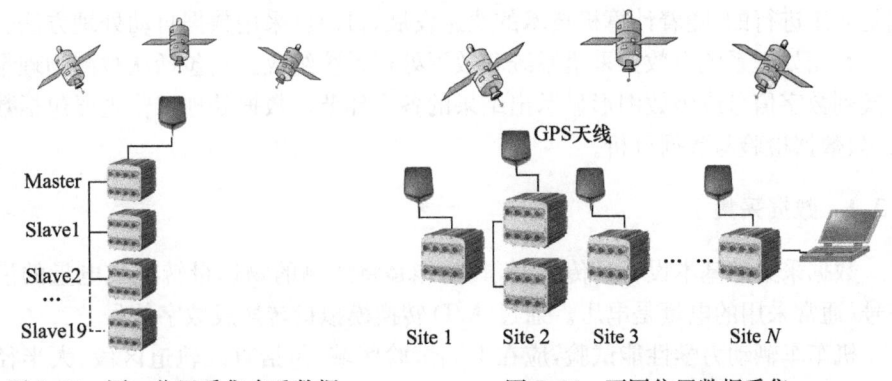

图 7.24　同一位置采集多重数据　　　　图 7.25　不同位置数据采集

3. 数据采集方式

集成测控数据采集系统可通过有线、无线与计算机连接。有线连接，不仅可以通过 PC 连线接口，还可通过 LAN、ADSL 有线网络进行连接；无线连接，即通过无线网络实现数据输出。

7.2.5　测试流程

动力学性能测试采用逐级提速的方法开展。试验列车首先以一个较低的基础速度在被测区域匀速运行。应实时统计轮轨力、构架横向加速度、及稳定性指标的大小。如行驶至某试验区段时，安全性指标达到或超过标准限值，应立即通知停车，停止试验以确保行车安全。如果在行驶过程中安全性指标在正常范围内，试验列车可以在现有速度的基础上继续提速，最终，试验列车按照测试区段的最高试验速度运行，并获取安全性、平稳性指标。其测试流程如图 7.26 所示。

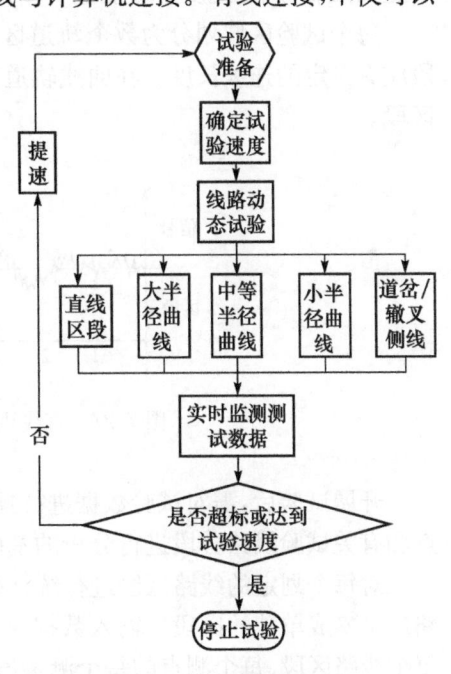

图 7.26　测试流程图

7.3　试验数据采集与处理方法

在车辆动力学试验中，需采集很多测量数据，如振幅、振动加速度、频率等。试验中采集到的一般为波形图，通过处理得到以数字表示的试验数据。过去数据整理是人工进行的,随着计算机技术的快速发展,目前已采用数据自动处理方法。

数据处理系统由数据采集系统和数据处理系统组成。它包括从被测物理量的变换到数字信号或函数图形显示出结果的各个环节。数据处理工作主要包括数据采集、数据检验与数据分析。

7.3.1 数据采集

数据采集的基本设备是传感器,其功能是将所测的物理量转换成电量的模拟信号,通常采用的电量是电压。通过 A/D 转换模拟量转换成数字信号。

机车车辆动力学性能试验,应在不同试验区域,包括直线轨道区段、大半径曲线、中等半径曲线、小半径曲线、极小半径曲线,均进行试验验证,并对试验数据进行采集。如果试验具有特殊要求,可根据试验目的对试验区域进行选择,例如车辆提速扩充试验时,无须在小半径和极小半径曲线上运行,这是因为在这两个区段由于超高限制,试验速度不可能进一步提高。

每个试验区域划分为数个轨道区段,每个区段不可重叠(图 7.27),且每个区段应有一定的连续长度。在曲线轨道上,缓和曲线段和圆曲线段应当构成独立的区段。

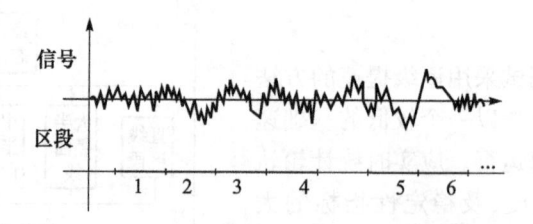

图 7.27 直线轨道上试验区域划分示例

开展试验后,需对试验数据进行预处理,从而能够得到用于对测量参数、测量点和有关试验线路分段进行分析的基础数据。

对每个划定的线路区段进行统计处理。对于曲线区段,缓和曲线和圆曲线线路应拼凑成单独的区段。输入数据 x_i 是从试验区段的统计处理汇总得出的。对每个线路区段、每个测点的每个测量值应进行以下统计分析。

1. 常规方法

按照 OIC518 规定,对轮轨横向力和脱轨系数进行统计处理前需滤波,其滤波截止频率为 20Hz,低通滤波器在 -3dB 处的衰减率需大于等于 24dB/倍频程,公差在 ± 0.5dB 范围内。计算其 2m 滑动平均值作为其统计计算方法,计算步长一般为 0.5m。直线区段,需计算轮轨力分布函数置信概率为 0.15% 时所对

应的百分位数 $x_i(F_1)$，以及置信概率为 99.85% 时所对应的百分位数 $x_i(F_2)$；在曲线区域中，右曲线需统计其分布函数置信概率为 99.85% 时所对应的百分位数 $x_i(F_2)$；左曲线统计其置信概率为 0.15% 时所对应的百分位数 $x_i(F_1)$。

计算车辆曲线通过时的轮轨横向力 Q_{qst}、垂向力 P_{qst}、脱轨系数 $(Q/P)\mathrm{ir}$ 及车体横向加速度 $\ddot{y}_{qst}^*$ 准静态分量时，应分别求出其分布函数 $F(X)$ 的中间值 $x_i(F_0)$，$x_i(F_0)$ 是与分布函数置信概率为 50% 对应的百分位数。

从以后扩展认证考虑，对于转向架和车体的横向加速度 $\ddot{y}_s^+$ 和 $\ddot{y}_s^*$，应计算出与分布函数置信概率为 $F_1=0.15\%$、$F_2=99.85\%$ 对应的 $x_i(F_1)$ 和 $x_i(F_2)$ 的百分位数。

根据不同的运营条件，表 7.8 规定了各组输入数据的每个量在处理过程中所用到的滤波方法、分类方法和统计参数。

2. 简化方法

计算与安全性相关的轮轴横向力 H 和车体垂向加速度 $\ddot{Z}_s^*$，或构架横向加速度 $\ddot{y}_s^+$、车体横向加速度 $\ddot{y}_s^*$ 与车体垂向加速 $\ddot{Z}_s^*$ 的分布函数；计算与运行性能相关的车体横向加速度 $\ddot{y}_q^*$ 与车体垂向加速 $\ddot{Z}_q^*$ 的分布函数。由此得出与分布函数置信概率为 $F_1=0.15\%$ 和 $F_2=99.85\%$ 相对应的统计量 $x_i(F_1)$ 和 $x_i(F_2)$ 的百分位数，计算车辆通过曲线时的车体横向加速度准静态分量 $\ddot{y}_{qst}^*$，并求出分布函数 $F(X)$ 的中间值 $x_i(F_0)$，$x_i(F_0)$ 是与分布函数置信概率为 50% 对应的百分位数。

对于不同的运营条件，表 7.9、表 7.10 规定了各组输入数据的每个量在处理过程中所用到的滤波方法、分类方法和统计参数。

7.3.2 数据检验

分析处理随机振动数据以及判断分析结果的方法是否正确，主要取决于数据的一些基本特性。测试数据所要满足的三个最主要的特征是数据的平稳性、周期性和正态性。平稳性特别重要，因为非平稳数据的分析方法一般比平稳性数据的分析方法要复杂得多。数据的周期问题也是一定要进行鉴别，以免在进行结果的分析中出现错误。最后应该研究数据的高斯概率密度函数假设是否正确。对随机数据的许多解析应用来说，正态性假设是很重要的。对于数据的这些性质的检验，可以在数据详细分析之前分别单独进行，它是数据分析的完整过程中不可缺少的部分。

表 7.8 常规方法测量参数的统计处理[1]

序号	评估量	滤波频率(处理前)截止频率	按照区段进行统计处理			数据分组		
			计算方法	使用的百分位	直线轨道	大半径或中等半径曲线	小半径和极小半径曲线
1	$(\Sigma Q)_{2m}$ 所有测力轮对	20Hz	滑动平均值；大于2m-计算步长0.5m	$F_1=0.15\%$ $F_2=99.85\%$	对于每条轮对,总计 $\|x_i(F_1)\|$ 和 $x_i(F_2)$	对于每条曲线 右侧曲线 $x_i(F_2)$; 左侧曲线 $\|x_i(F_1)\|$	对于每条轮对,总计 右侧曲线 $x_i(F_2)$; 左侧曲线 $\|x_i(F_1)\|$
2	$(Q/P)_{2m}$ 导向轮对	20Hz		$F_1=0.15\%$ $F_2=99.85\%$	—	对于曲线上的外侧车轮,总计 右侧曲线 $x_i(F_2)$; 左侧曲线 $\|x_i(F_1)\|$	对于曲线上的外侧车轮,总计 右侧曲线 $x_i(F_2)$; 左侧曲线 $\|x_i(F_1)\|$
3	$\ddot{y}_s^+$ 外侧轮对	10Hz		$F_1=0.15\%$ $F_2=99.85\%$	对于每条轮对,总计 $\|x_i(F_1)\|$ 和 $x_i(F_2)$	对于每条曲线 右侧曲线 $x_i(F_2)$; 左侧曲线 $\|x_i(F_1)\|$	对于每条曲线 右侧曲线 $x_i(F_2)$; 左侧曲线 $\|x_i(F_1)\|$
4	$\ddot{y}_s^*$ 端部I,II的车体加速度	6Hz		$F_1=0.15\%$ $F_2=99.85\%$	对于每一端,总计 $\|x_i(F_1)\|$ 和 $x_i(F_2)$	对于每条曲线 右侧曲线 $x_i(F_2)$; 左侧曲线 $\|x_i(F_1)\|$	对于每条轮对一端,总计 右侧曲线 $x_i(F_2)$; 左侧曲线 $\|x_i(F_1)\|$
5	η 倾覆系数	1.5Hz		$F_2=99.85\%$	对每台转向架,总计 $\|x_i(F_1)\|$ 和 $x_i(F_2)$	对每台转向架,总计 指向右侧的加速度 $x_i(F_2)$; 指向左侧的加速度 $x_i(F_1)$	对每台转向架,总计 指向右侧的加速度 $x_i(F_2)$; 指向左侧的加速度 $x_i(F_1)$
6	P 所有测力轮对的车轮	20Hz		$F_2=99.85\%$	$x_i(F_2)$ 所有车轮总计	$x_i(F_2)$ 曲线上外侧车轮总计	$x_i(F_2)$ 曲线上外侧车轮总计

续表

序号	评估量	滤波频率(处理前)截止频率	按照区段进行统计处理 计算方法	按照区段进行统计处理 使用的百分位	数据分组 直线轨道	数据分组 大半径或中等半径曲线	数据分组 小半径和极小半径曲线
7	Q_{qst} 所有测力轮对的车轮	20Hz	—	$F_0=50\%$	—	—	对于曲线上每条轮对的外侧车轮,总计:右侧曲线$x_i(F_0)$;左侧曲线$\|x_i(F_0)\|$
8	P_{qst} 所有测力轮对的车轮	20Hz	—	$F_0=50\%$	—	—	$x_i(F_0)$,曲线上侧车轮总计:右侧曲线$x_i(F_0)$;左侧曲线$\|x_i(F_0)\|$
9	$(Q/P)_{ir}$ 所有测力轮对的车轮	20Hz	—	$F_0=50\%$	—	—	对于曲线上每条轮对的内侧车轮,总计:左侧曲线$x_i(F_0)$;右侧曲线$\|x_i(F_0)\|$
10	$\ddot{y}_q^*$ 和 $\ddot{z}_q^*$ 端部I和端部II	0.4~10Hz	—	$F_1=0.15\%$ $F_2=99.85\%$	对于各个量和各端,总计$\|x_i(F_1)\|$ 和 $x_i(F_2)$		
11	$\ddot{y}_{qst}^*$ 端部I和端部II	20Hz	—	均方根值 $s\ddot{y}_q^*$ 和 $s\ddot{z}_q^*$	对于各个量和各端,均方根值		
				$F_0=50\%$	对于每一端,$x_i(F_0)$;左侧曲线$\|x_i(F_0)\|$		右侧曲线$x_i(F_0)$,总计
12	ΣQ 所有测力轮对	$f_0\pm 2$Hz	—	—	以步长为10m在100m长度上测得的滑动均方根值		

表 7.9 简化方法：轮轴力和车体加速度测量的统计处理[1]

N^o	评估量	滤波频率(采样前)截止频率	按照区段进行统计处理			数据分组		
			计算方法	使用的百分位	直线轨道	大半径或中等半径曲线	小半径和极小半径曲线
1	$(H)_{2m}$ 所有测力轮对	20Hz	滑动平均值；大于 2m 计算步长 0.5m	$F_1 = 0.15\%$ $F_2 = 99.85\%$	对于每条轮对，总计 $\|x_i(F_1)\|$ 和 $x_i(F_2)$	对于每条轮对，总计 $x_i(F_2)$ 右侧曲线 $\|x_i(F_1)\|$ 左侧曲线 $\|x_i(F_1)\|$
2	$\ddot{z}_s^*$ 端部 I 和端部 II	0.4~4Hz	—	$F_1 = 0.15\%$ $F_2 = 99.85\%$	—	对于每一端，总计 $\|x_i(F_1)\|$ 和 $x_i(F_2)$
3	$\ddot{y}_q^*$ 和 $\ddot{y}_q^*$ 端部 I 和端部 II	0.4~10Hz	—	$F_1 = 0.15\%$ $F_2 = 99.85\%$	—	对于各个量和各端，均方根值
				均方根值 $\ddot{y}_q^*$ 和 $\ddot{z}_q^*$			
4	$\ddot{y}_{qst}^*$ 端部 I 和端部 II	≥20Hz	—	$F_0 = 50\%$	—	对于各端，总计 $x_i(F_0)$ 右侧曲线 $x_i(F_0)$ 左侧曲线 $\|x_i(F_0)\|$
5	H 所有测力轮对	$f_0 \pm 2$Hz	—	—	以步长为 10m 在 100m 长度上测得的滑动均方根	—
6	$\ddot{y}_s^*$ 所有测力轮对	$f_0 \pm 2$Hz	—	—	以步长为 10m 在 100m 长度上测得的滑动均方根	—

表 7.10 简化方法:加速度测量法的统计处理[1]

N^o	评估量	滤波频率(采样前)截止频率	按照区段进行统计处理 计算方法	按照区段进行统计处理 使用的百分位	数据分组 直线线路	数据分组 大半径或中等半径曲线	数据分组 小半径和极小半径曲线
1	$\ddot{y}_s^+$ 所有测力轮对	10Hz	—	$F_1 = 0.15\%$ $F_2 = 99.85\%$	对于每条轮对,总计 $\|x_i(F_1)\|$ 和 $x_i(F_2)$	对于每条曲线,总计 右侧曲线 $x_i(F_2)$ 左侧曲线 $\|x_i(F_1)\|$	小半径和极小半径曲线
2	$\ddot{y}_s^*$ 端部 I 和端部 II	6Hz	—	$F_1 = 0.15\%$ $F_2 = 99.85\%$	对于每一端,总计 $\|x_i(F_1)\|$ 和 $x_i(F_2)$	对于每条曲线,总计 $x_i(F_2)$ 左侧曲线 $\|x_i(F_1)\|$	
3	$\ddot{z}_s^*$ 端部 I 和端部 II	0.4~4Hz	—	$F_1 = 0.15\%$ $F_2 = 99.85\%$		对于每一端,总计 $\|x_i(F_1)\|$ 和 $x_i(F_2)$	
4	$\ddot{y}_q^*$ 和 $\ddot{z}_q^*$ 端部 I 和端部 II	0.4~10Hz	—	均方根值 $s\ddot{y}_q^*$ 和 $s\ddot{z}_q^*$	对于各个量和各端,总计	对于各个量和各端,均方根值	
5	$\ddot{y}_{qst}^*$ 端部 I 和端部 II	≥20Hz	—	$F_0 = 50\%$		对于各端,总计 右侧曲线 $x_i(F_0)$ 左侧曲线 $\|x_i(F_0)\|$	
6	$\ddot{y}_s^*$ 端部 I 和端部 II	$f_0 \pm 2$Hz	—	—	以步长为 10m,100m 长度上测得的精动均方根		—

7.3.3 数据的统计处理方法

由于直线与曲线的运行速度、评判标准等具有一定的差异,因而为对动力学性能进行合理评判,需分区域进行。所谓区域处理,是指针对某一区域的所有区段进行统计分析。如在直线轨道上有 N 个区域,每条轮对的横向力即有 2N 个数值,从而可分析出置信概率 0.15% 和 99.85% 的统计分布函数值。

振动数据处理方法有许多,包括第一章介绍的时域分析法、频域、功率谱密度方法等。从动力学的角度对车辆进行验收,可采用一维或二维方法对每个试验区段进行分析处理。一般直线区域可采用一维处理方法;圆曲线区域可采用一维方法,但当一维方法不能完全满足要求(超出限度值、轨道几何质量不能接受等)时,应用二维回归方法对统计进行补充处理。由此可以得出影响动力学性能有效的允许值,如运行速度、曲线半径、欠超高等。

1. 一维统计处理方法

采用一维统计方法,首先需计算出参数的算数平均值 $\bar{x}$ 与其标准差 s,从而根据式(7.7)计算出各统计量的最大估计值:

$$x_{\max} = \bar{x} + k \cdot s \tag{7.7}$$

式中,k 为系数,主要取决于选定的置信水平[9]。在计算动力学性能参数最大估计值时,k 的具体取值如表 7.11 所示。

表 7.11　k 参数表

序号	常规方法 评估量	系数 k	简化方法评估量 (轮轴力和车体加速度)	系数 k
1	$(\Sigma Q)_{2m}$ 所有测力轮对	3	$(H)_{2m}$ 所有测力轮对	3
2	$(Q/P)_m$ 导向轮对	3	$\ddot{z}_s^*$ 端部 I 和端部 II	3
3	$\ddot{y}_s^+$ 外侧轮对构架加速度	3	$\ddot{y}_q^*$ 和 $\ddot{z}_q^*$ 端部 I 和端部 II	2.2
4	$\ddot{y}_s^*$ 端部 I,II 的车加速度	3	$\ddot{y}_{qst}$ 端部 I 和端部 II	0
5	η 倾覆系数	3	H　所有测力轮对	—

续表

序号	常规方法评估量	系数 k	简化方法评估量（轮轴力和车体加速度）	系数 k
6	P 所有测力轮对的车轮	2.2	$\ddot{y}_s^*$ 所有测力轮对	—
7	Q_{qst} 所有测力轮对的车轮	0	$\ddot{y}_s^+$ 所有测力轮对	3
8	P_{qst} 所有测力轮对的车轮	0	$\ddot{y}_s^*$ 端部Ⅰ和端部Ⅱ	3
9	$(Q/P)_{ir}$ 所有测力轮对的车轮	0	$\ddot{z}_s^*$ 端部Ⅰ和端部Ⅱ	3
10	$\ddot{y}_q^*$ 和 $\ddot{z}_q^*$ 端部Ⅰ和端部Ⅱ	2.2	$\ddot{y}_q^*$ 和 $\ddot{z}_q^*$ 端部Ⅰ和端部Ⅱ	2.2
11	$\ddot{y}_{qst}^*$ 端部Ⅰ和端部Ⅱ	0	$\ddot{y}_{qst}^*$ 端部Ⅰ和端部Ⅱ	0
12	ΣQ 所有测力轮对	—	$\ddot{y}_s^*$ 端部Ⅰ和端部Ⅱ	

总体来说，对于与安全性相关的估计量来说，一般取 $k=3$；对于与轨道疲劳和运行性能相关的评估量来说，$k=2.2$。

2. 二维统计处理方法

通常，曲线上试验数据可用二维统计处理方法计算个性能参数的最大估计值，此外本方法还可以用来确定某个特定参数的影响，如运行速度、轨距等。

使用二维统计方法，因变量 y_c 和自变量 x 存在着线性关系：

$$y_c = a + bx \tag{7.8}$$

当 $x=x_0$ 时，y 的平均值等于直线回归所给定的值，即 $y_c(x_0)=a+bx_0$。另外，当 $x=x_0$ 时，可以用学生分布 t 来找到 y 的分布范围，其中 y_p 是 y 的预测值：

$$t = \frac{y_c(x_0) \pm y_p}{s_y(x_0)} \tag{7.9}$$

在 $N-2$ 个自由度的情况下，N 为 (x,y) 数对的数量：

$$s_y(x_0) = s_e \sqrt{1 + \frac{1}{N} + \frac{N(x_0-\bar{x})^2}{N\Sigma x^2 - (\Sigma x)^2}} \tag{7.10}$$

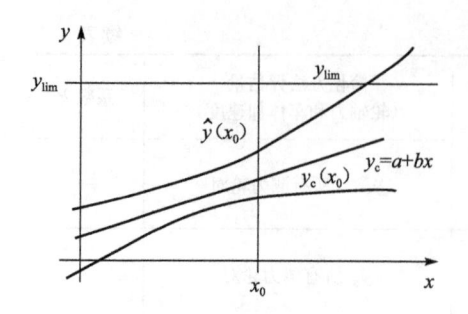

图 7.28 准静态参数估计

式中，s_e 表示对于 x 所有值来说 y 值在回归线周围的分布，$s_e = \sqrt{\dfrac{\Sigma(y-y_c)^2}{N-2}}$。

其最大估计值等于区间内的最大值（图 7.28），即

$$\hat{y}(x_0) = y_p = y_c(x_0) + t \cdot s_y(x_0) \tag{7.11}$$

式中，t 为分布系数。根据双边置信区间（对于安全参数来说为 99%，而对于轨道疲劳和运行性能参数来说为 95%），所应用的 t 分布的系数在表 7.12 中给出。

表 7.12 分布系数表

区段数(N)		25	30	40	50	60	80	100	∞
N-2 个自由度		23	28	38	48	58	78	98	∞
置信区间	95%	2.069	2.048	2.024	2.011	2.002	1.991	1.985	1.960
	99%	2.807	2.763	2.712	2.682	2.663	2.641	2.627	2.576

对于准静态参数来说，$x=x_0$ 的估计值等于直线回归的平均值，即

$$\hat{y}(x_0) = a + bx_0 \tag{7.12}$$

如果 $\hat{y}(x_0)$ 大于限度值 $y_{\lim}$，那么可以用二维法来找出限度值达到 $\hat{y}(x'_0) = y_{\lim}$ 的参数值 x'_0，如图 7.29 所示。

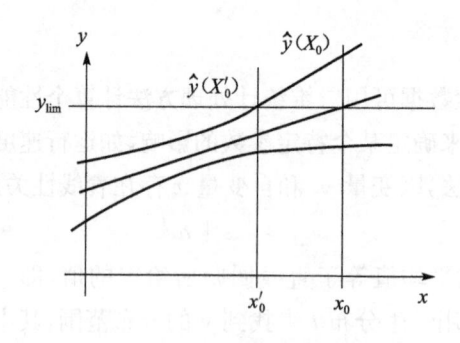

图 7.29 二维法参数估计

7.4 试验结果评判标准

机车车辆动力学性能关系到车辆运行品质及安全。通常用车辆的运行安全

性、稳定性等指标对机车车辆动力学性能进行评判。由于车辆的用途不同,对动力学性能的评判标准[9~13]也不尽相同,本节主要介绍 UIC518 及我国对机车车辆动力学性能的评判标准,此外,还介绍了美国联邦铁路管理局(FRA)于 2013 年新发布的车辆安全评判标准。

7.4.1 车辆安全性评判标准

1. 常规方法

1) 横向力允许限值

横向力允许限值是评判轨道车辆是否因轮轨力过大而发生道钉拔起、轨距变宽、轨道永久变形的考核标准,是评判车辆对线路破坏力的指标。横向力的允许限度为

$$(\Sigma Q_{2m})_{\lim} = a\left(10 + \frac{P_0}{3}\right) \tag{7.13}$$

式中,Q_{2m} 为 2m 轨道长度范围内轮对横向力的滑动平均值;P_0 为静轴重;a 为系数,a 的值确定了车辆在横向力作用下,为保持轨道稳定性所要求的最低抗力。按照 UIC518 的规定,动车、客车的系数 a 一般为 1,货车的系数 a 为 0.85。

2) 脱轨系数

如第六章所述,脱轨系数的统计方式主要分为两类:一类是不考虑作用时间的脱轨系数,另一类是考虑作用时间的脱轨系数。国际上多采用第一类脱轨系数作为评判标准。

按照第六章的推导过程,脱轨系数的临界值为

$$\frac{Q}{P} = \frac{\tan\alpha - \mu}{1 + \mu\tan\alpha} \tag{7.14}$$

式(7.14)说明,脱轨系数临界值与轮缘角 α 和轮轨间的摩擦系数 μ 有关。轮缘角越大,脱轨系数临界值越大,摩擦系数越大,脱轨系数临界值越小。按照 UIC518 规定,脱轨系数的允许限值为

$$(Q/P)_{2m} \leqslant 0.8 \tag{7.15}$$

式中,$(Q/P)_{2m}$ 表示 2m 轨道长度范围内的单个车轮的脱轨系数滑动平均值。

3) 轮重减载率

轮重减载率为评定车辆在轮对横向力较小的条件下,因一侧车轮严重减载而脱轨的安全性指标,与脱轨系数并用来对机车车辆脱轨安全性进行确认。轮重减载率计算公式为

$$\frac{\Delta P}{P} = \frac{P_2 - P_1}{P_2 + P_1} \tag{7.16}$$

式中,ΔP 为轮重差,$\Delta P = (P_2 - P_1)/2$;P 为平均轴重,$P = (P_2 + P_1)/2$。

我国《铁道车辆动力学性能评定和试验鉴定规范》(GB 5599—85)规定车辆轮

重减载率应符合的标准值如表 7.13 所示。

表 7.13 轮重减载率安全限定值

指标	第一限度	第二限度
减载率	$\leqslant 0.65$	$\leqslant 0.60$

4) 失稳

失稳是评判轨道车辆是否因轮轨横向力变化幅度过大而丧失保持平稳运行的能力,是评判动力学性能的一项重要指标。轮轨横向力的大小是有严格规定的,按照 UIC518 的规定,其允许限值可用下式表示：

$$(S\Sigma Q)_{\lim} = (\Sigma Q_{2m})_{\lim}/2 \tag{7.17}$$

式中, SQ 为轮轨横向力的标准差; $(Q_{2m})_{\lim}$ 为 2m 轨道长度范围内轮轨横向力的平均值的极限值。

5) 倾覆系数

倾覆系数用于评价车辆在侧风、离心力、横向振动惯性力等最不利组合下是否会导致车辆向一侧倾覆。设车辆的 A 侧车轮的轮轨垂向力为 P_A, B 侧车轮的轮轨垂向力为 P_B, 倾覆系数 η 可以用下式表示：

$$\eta = \frac{P_A - P_B}{P_A + P_B} \tag{7.18}$$

按照 UIC518 的规定,倾覆系数应满足 $\eta \leqslant 1$。

2. 简化方法

1) 测量轮轴横向力和车体加速度的简化方法

(1) 轮轴横向力

轮轴横向力的允许限度为

$$H_{2m} \leqslant \beta\left(10 + \frac{P_0}{3}\right) \tag{7.19}$$

式中, β 为系数,按照 UIC518 的相关规定,对于动车、客车其取值为 0.9, 对于货车空车其取值为 0.75, 重车为 0.8。

(2) 车体垂向加速度 $\ddot{z}_s^*$

为保证车辆的平稳性,按照 UIC518 的规定,车体的垂向加速度也有严格的规定,如表 7.14 所示。

表 7.14 车体垂向加速度限值表

车辆类型	动车及客车		货车和特种车
	仅有一级悬挂或故障模式	具有两级悬挂	
垂向加速度限值	5m/s²	3m/s²	5m/s²

(3) 失稳

按照 UIC518 的规定,客车与货车的轮轴横向力允许限值均表示为

$$SH \leqslant (H_{2m})_{\lim}/2 \tag{7.20}$$

即轮轴横向力的标准差需小于轮轴横向力 2m 滑动平均值的极限值之半。

2) 仅测量车体加速度的简化方法

(1) 转向架构架的横向加速度 $\ddot{y}_s^+$

$$\ddot{y}_s^+ \leqslant 12 - \frac{M_b}{5} \tag{7.21}$$

式中,M_b 为转向架的质量,单位为 t,该转向架质量包括转向架所有组成部件以及轮对在内。

(2) 车体的横向加速度 $\ddot{y}_s^*$

车体横向加速度根据不同车辆类型及线路条件具有不同限值要求,如表 7.15 所示。

表 7.15 车体横向加速度限值

车型 安全限值	动车、客车				货车和特种车
	直线	大半径曲线	400m≤R≤600m	250m≤R<400m	
车体横加速度 $(\ddot{y}_s^*)_{\lim}$	3m/s²	3m/s²	2.8m/s²	2.6m/s²	3m/s²

(3) 车体的垂向加速度 $\ddot{z}_s^*$

车体垂向加速度 $\ddot{z}_s^*$ 的限值要求如表 7.16 所示。

表 7.16 车体垂加速度限值

车型 安全限值	动车		客车		货车和特种车
	一级悬挂	两级悬挂	一级悬挂	两级悬挂	
车体垂向加速度 $(\ddot{z}_s^*)_{\lim}$	4m/s²	3m/s²	4m/s²	3m/s²	5m/s²

(4) 失稳

客车与货车的失稳允许限值均表示为

$$(s\ddot{y}_s^+) \leqslant \frac{(\ddot{y}_s^+)_{\lim}}{2} \tag{7.22}$$

式中,$(s\ddot{y}_s^+)$ 为以 10m 步长计算 100m 长度的构架横向加速度移动均方根值。

3. 美国关于车辆运行安全性评定标准的新规定

美国联邦铁路管理局(FRA)于 2013 年 3 月 13 日最新发布了名为《Vehicle/Track Interaction Safety Standards; High-Speed and High Cant Deficiency Operations; Final Rule》[14](《车辆/轨道相互作用系统安全标准;高速及欠超高;最终

版》)的铁路安全标准(以下简称 VTI),VTI 标准的适用范围为对速度高达 220 mph(354.1km/h)的车辆在各种运动情况下进行安全评价。

VTI 标准对单个车轮、整个轮对及转向架一侧的 Q/P 安全限值进行了规定,如表 7.17 所示。标准规定车轮垂向及横向力的采样频率必须大于 250Hz,低通滤波器的最小截止频率为 25Hz。

表 7.17 轮轨力限值要求

参 数	安全限值	滤波/窗口	要 求
单个车轮的轮重减载率	$\geqslant 0.15$	5ft	该值为每个车轮的实际轮重与静轮重的比值,为保证运行安全,不允许出现单个车轮的轮重减载率低于 15% 的持续运行距离大于 5feet(1.524m)的情况,其中静轮重指车轮在水平轨道上受到的稳定载荷。
单个车轮的 Q/P 限值	$\leqslant \dfrac{\tan\delta - 0.5}{1 + 0.5\tan\delta}$	5ft	δ 为轮缘接触角,单个车轮施加在一侧钢轨上的横向力及垂向力的比值超过规定限值的运行距离不能大于 5feet (1.524m)。
整个轮对的 Q/P 限值	$\leqslant 0.4 + \dfrac{5.0}{Va}$	5ft	该值为轮轴横向力与静轴重的比值,Va 为以 kips 为单位的静轴重。
转向架一侧的 Q/P 限值	$\leqslant 0.6$	5ft	该值指的是转向架一侧的所有车轮施加在钢轨上的横向力之和与这些车轮施加在钢轨上的垂向力的比值。

VTI 标准对车体加速度及转向架加速度的安全限值及数据处理方法的规定如表 7.18 和表 7.19 所示。

表 7.18 车体加速度限值要求

参数	客车车体	其他车辆	要求
车体横向加速度(瞬时值)	$\leqslant 0.65g$(峰-峰值) 1s 时间窗	$\leqslant 0.75g$(峰-峰值) 1s 时间窗	加速度采样频率至少为 100Hz,低通滤波器的最小截止频率为 10Hz。以 1s 的时间窗对车体横向加速度进行监测,剔除持续时间小于 50ms 的峰值。

续表

参数	客车车体	其他车辆	要求
车体横向加速度(持续振荡)	≤0.10g RMS$_t$ 4s时间窗 4s持续振荡	≤0.12g RMS$_t$ 4s时间窗 4s持续振荡	RMS$_t$为去除零线漂移(with linear trend removed)的车体横向加速度4s时间窗滑动均方根值。车体横向加速度波形持续时间不得小于4s。
车体垂向加速度(瞬时值)	≤1.0g(峰-峰值) 1s时间窗	≤1.25g(峰-峰值) 1s时间窗	加速度采样频率至少为100Hz,低通滤波器的最小截止频率为10Hz。以1s的时间窗对车体垂向加速度进行监测,剔除持续时间小于50ms的任何峰值。
车体垂向加速度(持续振荡)	≤0.25g RMS$_t$ 4s时间窗 4s持续振荡	≤0.25g RMS$_t$ 4s时间窗 4s持续振荡	RMS$_t$为去除零线漂移(with linear trend removed)的车体垂向加速度4s时间窗滑动均方根值。车体加速度波形持续时间不得小于4s。

注:RMS$_t$与RMS$_m$的意义不同,RMS$_t$为去除零线漂移后的均方根值,而以往采用的RMS$_m$为去除均值后的均方根值。

表7.19 转向架加速度限值要求

参数	安全限值	滤波/窗口	要求
转向架横向加速度	≤0.30g RMS$_t$	2s时间窗 2s持续振荡	车辆在最大允许速度之下不允许失稳。去除零线漂移(with linear trend removed)的转向架横向加速度2s时间窗滑动均方根值不得超过0.30g。

由表7.18和表7.19可知:VTI标准对试验数据的处理方式进行了严格的规定。与其他标准不同的是,VTI标准对车辆失稳给出了新的规定,即转向架横向加速度均方根值超过0.3g的持续时间大于2s便认为失稳。

同时还值得注意的是:VTI标准关于车体加速度限值的规定区分了加速度瞬时值和加速度持续振动波形的不同。此外,VTI标准考虑到高频小振幅振动情况下的振动能量相对较小,认为其对车辆运行安全性的影响不是很大,因此持续时间低于50ms的加速度峰值被忽略。

7.4.2 轨道疲劳

由于线路条件的限制及列车运行速度的提高,轮轨之间的动力作用力随之增加。过大的轮轨垂向力和横向力不仅对扣件、轨枕(轨道板)等部件产生损伤,而且可能导致钢轨产生疲劳破坏,影响列车的运行安全及线路的维修养护费用。因此,必须对轮轨间的动力作用加以限制。由于轨道疲劳评判的依据为轮轨作用力,因而此标准仅适用于常规方法。

1. 轮轨垂向力

在每个车轮的最大静载荷 P_0 不超过 125kN 的前提条件下,根据轨道的疲劳载荷限值,规定轮轨垂向力最大值需满足以下要求:

$$P \leqslant 90 + P_0$$

此外,除轮轨垂向力最大值外,对不同车辆运行极限速度 V_{lim} 下的轮轨垂向力有如表 7.20 所示的规定。

表 7.20 轮轨垂向力允许限值

运行速度 V_{lim}/(km/h)	垂向力允许限值 P_{lim}/(kN)
$V_{lim} \leqslant 100$	210
$V_{lim} \leqslant 160$	200
$160 < V_{lim} \leqslant 200$	190
$200 < V_{lim} \leqslant 250$	180
$250 < V_{lim} \leqslant 300$	170
$V_{lim} > 300$	160

待选择的限度值是上述变化规律的限度值以及由速度决定的限度值两者之间的较小值。

2. 曲线上的准静态横向力

对于小半径曲线($400\text{m} < R \leqslant 600\text{m}$)及超小半径曲线($250\text{m} \leqslant R \leqslant 400\text{m}$)的准静态横向力 Q_{qst} 有如下限值要求:

$$Q_{qst} \leqslant (30 + 10500/R_m)\text{kN} \tag{7.23}$$

式中,R_m 为被评估的轨道区段的平均半径。

3. 曲线上的准静态垂向力

对于一般车辆经过小半径曲线及超小半径曲线的准静态垂向力 P_{qst} 也有明确的限值要求:

$$P_{qst} \leqslant 145\text{kN}$$

对于静态轴重 P_0 大于 112.5kN 和速度低于 100km/h 的货车,其通过曲线时的准静态垂向力需小于 155kN,即 $P_{qst} \leqslant 155\text{kN}$。

4. 轨道准静态承载力

对于小半径曲线及超小半径曲线,除需保证线路的垂向、横向力不超过限值外,还需限制轨道的准静态承载力。UIC518 规定的轨道准静态承载力为

$$B_{qst} = Q_{qst} + 0.83 \cdot P_{qst} + [a - (30 + 10500/R_m)] \quad (7.24)$$

式中,B_{qst} 为轨道准静态承载力;a 为与曲线半径有关的系数,对于小半径曲线,$a=53.3$,对于超小半径曲线,$a=67.5$。一般规定,轨道准静态承载能力不允许超过以下限值:

$$B_{qst} \leqslant 180 \text{kN}$$

7.4.3 平稳性(舒适性)评判标准

车辆运行平稳性,又称车辆运行性能,主要评价列车运行时产生各种振动影响旅客的乘坐舒适度和装运货物的完整性。

评价机车车辆乘坐舒适性的最直接指标是车体振动加速度,为了更准确地对舒适度进行评价,不仅要考虑加速度的大小,还要考虑加速度振动频率的影响。当考虑车体加速的频率来评定舒适度时,采用的标准有许多。一般来说,对于短时间内的舒适度分析,车体振动加速度是一个最主要的指标,而对于长时间的舒适度的分析则需要考虑加速度的幅值、频率以及持续时间等指标。

1. UIC518 评定标准

引起车辆系统振动的因素很多,如轨道接缝、道岔等线路不连续、车辆自身的结构特征、车轮偏心引起的振动、车辆交会产生的气动干扰等。可见车辆振动的大小除与线路质量有关外,还与车辆走行部分的结构及参数有关,因此对于不同结构的车辆,UIC518 规定了车体振动加速度的限值要求,如表 7.21 所示。

表 7.21 车辆运行平稳性评价指标限值表

车辆类型 限值参数	动 车	客 车	转向架式 货车
车体最大横向加速度值/(m/s²)	2.5	2.5	3
车体最大垂向加速度值/(m/s²)	2.5	2.5	5
车体横向加速度均方根值/(m/s²)	0.5	0.5	1.3
车体垂向加速度均方根值/(m/s²)	1	0.75	2
车体准静态横向加速度限值/(m/s²)	1.5	1.5	1.3

2. 振动加速度其他评定标准

欧洲规范"EUROCODE"对客车车体垂向振动加速度的评定标准如表 7.22

所示。

表 7.22 "EUROCODE"关于客车车体垂向振动加速度评定限值

评定等级	优秀	良好	合格
车体垂向振动加速度/(m/s²)	1.0	1.3	2.0

前苏联对客、货车车体振动加速度评判标准如表 7.23 所示。

表 7.23 前苏联对客、货车车体振动加速度评判标准

评判等级		客车振动加速度/(m/s²)		货车振动加速度/(m/s²)	
		垂向	横向	垂向	横向
Ⅰ	优秀	<1.0	<0.5	<2.0	<1.0
Ⅱ	良好	1.0~1.5	0.5~1.0	2.0~3.5	1.0~1.5
Ⅲ	满意(对客车允许)	1.6~2.0	1.1~2.0	3.6~4.5	1.6~3.0
Ⅳ	允许(对货车)	2.1~3.5	2.1~3.0	4.6~6.5	3.1~4.5
Ⅴ	不适合长期运行	≥3.6	≥3.1	≥6.6	≥4.6
Ⅵ	运行不安全	≥7.0	≥5.0	≥7.0	≥5.0

当客车运行平稳性按车体平均最大振动加速度来评判时,按照我国《机车车辆动力学性能评定和试验鉴定规范》(GB 5599—85)的规定,在客车运行速度小于 140km/h 时,车体平均最大加速度(g)不应超过($0.00027V+C$),其中 V 为运行速度的(km/h),C 为常数,其取值如表 7.24 所示。

表 7.24 客车加速度常数 C

评价等级	C	
	垂向	横向
优	0.025	0.010
良好	0.030	0.018
合格	0.035	0.025

为防止车辆安全性变差及货物损坏,国标规定货车在 120km/h 范围内,垂向加速度最大值不应超过 $0.7g$,横向加速度最大值不应超过 $0.5g$。一些特殊货车或货物所能承受的最大冲击加速度或加速度则有专门的评价指标和评价方法。为约束城市轨道车辆频繁启动制动时的冲动(纵向加速度导数)对乘客的舒适性产生影响,增加了最大加速度导数应小于 $0.75g/s^3$ 指标的限制。

我国在 200~350km/h 的轨检车动态不平顺管理标准中,对车体振动加速度实行日常保养、舒适度、紧急补修三级管理,标准如表 7.25 所示。

表 7.25　高速铁路轨道不平顺动态管理标准建议值（半峰值）

管理标准	车体垂向振动加速度/g	车体横向振动加速度/g
日常保养	0.10	0.06
舒适度	0.15	0.10
紧急补修	0.20	0.15

我国高速铁路客车在进行动力学性能评判时,参考国内外相关规定,车体振动加速度的舒适度标准取为:垂向振动加速度 $0.13g$,横向振动加速度 $0.10g$。

3. UIC513 评判标准

在 UIC513[9] 中,对舒适度指标的测量和计算方法有三种,包括坐姿时的完整方法、站姿时的完整方法、坐姿或站姿时的简单方法,三种测量方法的计算公式如表 7.26 所示。

表 7.26　UIC513 舒适度的三种计算方法

测量方法	测量变量	计算公式
坐姿的完整方法	地板上垂向加速度 a_{ZP};座椅面上横向与垂向加速度 a_{YA}, a_{ZA};座椅背面 a_{XD}	$N_{VA} = 4(a_{ZP95}^{W_b}) + 2\sqrt{(a_{YA95}^{W_d})^2 + (a_{ZA95}^{W_b})^2} + 4(a_{XD95}^{W_c})$
站姿的完整方法	地板面上三个方向加速度 a_{XP}, a_{YP}, a_{ZP}	$N_{VD} = 3\sqrt{16(a_{XP50}^{W_d})^2 + 4(a_{YP50}^{W_d})^2 + (a_{ZP50}^{W_b})^2} + 5(a_{YP95}^{W_d})$
坐姿和站姿的简单方法	地板面上三个方向加速度 a_{XP}, a_{YP}, a_{ZP}	$N_{MV} = 6\sqrt{(a_{XP95}^{W_d})^2 + (a_{YP95}^{W_d})^2 + (a_{ZP95}^{W_d})^2}$

计算公式中每个加速度的上标表示频率加权,下标表示加速度有效值的置信点,如 $a_{YP95}^{W_d}$ 表示横向加速度使用 W_d 频率加权且取 95% 置信点的有效值。标准中给出了各加速度频率的加权传递函数的和,图 7.30 表示 W_b、W_c 和 W_d 的频率加权曲线。

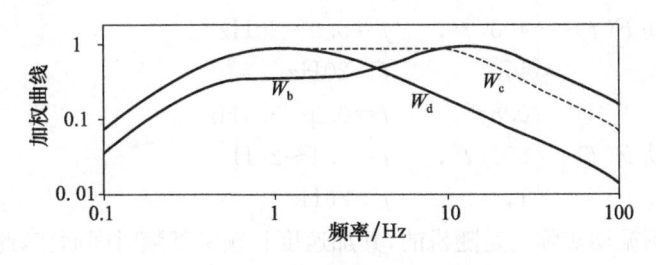

图 7.30　舒适度指标加权曲线

舒适度指标的计算时间为持续 5min,每 5s 为一计算单元,求得加权有效值,然后取 60 个有效值的 50% 或 95% 的置信点,最后综合三个方向加速度,计算得到舒适度,所记频谱范围为 0.4~80Hz。

通过三个方向加速度统计量计算得出舒适度指标,其评价指标分为 5 级,如表 7.27 所示。

表 7.27 舒适度的评价指标

舒适度 N	评 定
$N<1$	非常舒适
$1 \leqslant N<2$	很舒适
$2 \leqslant N<4$	较舒适
$4 \leqslant N<5$	不舒适
$N \geqslant 5$	非常不舒适

4. Sperling 指标评判标准

用 Sperling 指标来评价车辆运行性能的方法在国际上获得广泛的应用。Sperling 基于大量试验而制定的平稳性指标用于评判车辆本身的运行品质和旅客乘坐舒适度,运行品质由车辆本身来衡量,而舒适度则还与旅客对振动环境的敏感度有关。平稳性指标 W 由下式表示:

$$W = 0.896 \sqrt[10]{\frac{a^3}{f}} \tag{7.25}$$

用于舒适度评价时

$$W = 0.896 \sqrt[10]{\frac{a^3}{f} F(f)} \tag{7.26}$$

式中,a 为振动加速度(cm/s^2);f 为振动频率(Hz);$F(f)$ 为与振动频率有关的修正系数。以上是根据单一频率的等幅振动得到的。$F(f)$ 的引入是考虑到人体对各种振动频率的敏感度不同,在常用的频率范围内,垂向和横向的 $F(f)$ 值是不同的。

$$\text{垂直振动 } F(f) = \begin{cases} 0.325 f^2, & f = 0.5 \sim 5.9 \text{Hz} \\ 400/f^2, & f = 5.9 \sim 20 \text{Hz} \\ 1, & f > 20 \text{Hz} \end{cases}$$

$$\text{横向振动 } F(f) = \begin{cases} 0.8 f^2, & f = 0.5 \sim 5.4 \text{Hz} \\ 650/f^2, & f = 5.4 \sim 26 \text{Hz} \\ 1, & f > 26 \text{Hz} \end{cases}$$

由于车辆振动实际上是随机的,其加速度和频率都随时间而变,此时需将振动波形按频率分组,统计每一频率中不同加速度的值,总的平稳性指标按下式求得:

$$W = (W_1^{10} + W_2^{10} + \cdots + W_n^{10})^{\frac{1}{10}} \tag{7.27}$$

图 7.31 和图 7.32 分别为垂向和横向平稳性指标曲线,图中已计及 $F(f)$ 的影响,由振动频率及加速度可直接从图中查得相应的平稳性指标值。

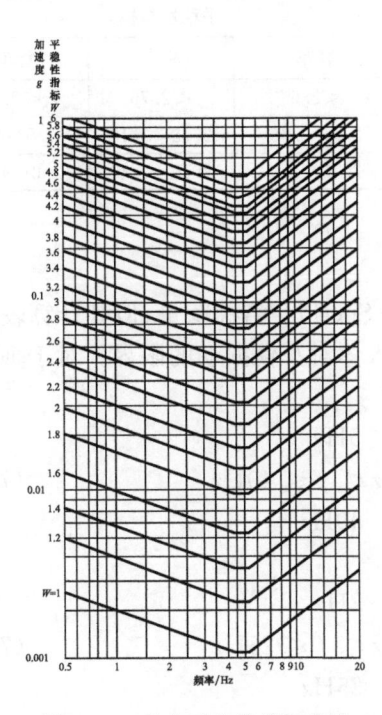

图 7.31　垂向平稳性指标曲线 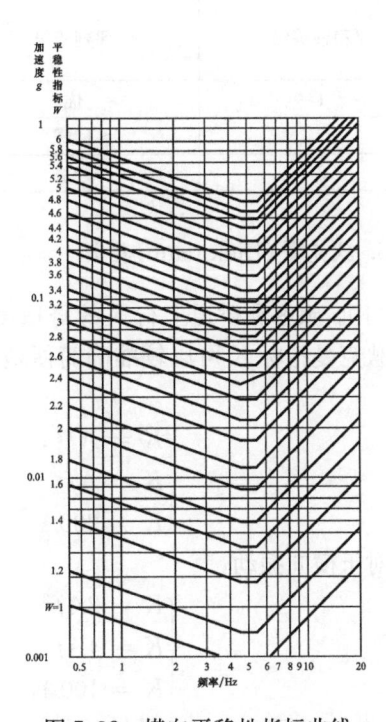　　图 7.32　横向平稳性指标曲线

Sperling 平稳性指标等级一般分为 5 级,sperling 乘坐舒适度指标一般分为 4 级。但在两等级之间可按要求进一步细化。根据 W 值来评定平稳性的等级如表 7.28 所示。

表 7.28　基于 W 值评定平稳性等级表

W 值	运行品质	W 值	乘坐舒适度(对振动的感觉)
1	很好	1	刚能感觉
2	好	2	明显感觉
3	满意	2.5	更明显,但无不快
4	可以运行	3	强烈,不正常,但还能忍受
		3.25	很不正常
4.5	运行不合格	3.5	极不正常,可厌,烦恼,不能长时间忍受
5	危险	4	极可厌,长时间忍受有害

我国也主要用平稳性指标来评判车辆的运行性能,但对等级作了简化,如表 7.29 所示。

表 7.29 我国基于平稳性指标评判车辆运行性能表

平稳性等级	评判等级	平稳性指标 客车	平稳性指标 机车	平稳性指标 货车
1	优	<2.5	<2.75	<3.5
2	良好	2.5~2.75	2.75~3.10	3.5~4.0
3	合格	2.75~3.0	3.10~3.45	4.0~4.25

5. 狄克曼(Diekmann)指标

司机、旅客和桥道上行人的舒适度可用 Sperling 指标衡量,但其计算较为繁琐。狄克曼指标 K 可以较准确简便地判别人体对车辆振动的限界。对于垂向振动,

$$\begin{cases} K = Af^2, & f < 5\text{Hz} \\ K = Af, & 5\text{Hz} \leqslant f \leqslant 40\text{Hz} \\ K = 200A, & f > 40\text{Hz} \end{cases} \quad (7.28)$$

对于横向振动,

$$\begin{cases} K = 2Af^2, & f < 2\text{Hz} \\ K = 4Af, & 2\text{Hz} \leqslant f \leqslant 25\text{Hz} \\ K = 100A, & f > 25\text{Hz} \end{cases} \quad (7.29)$$

式中,A 是振幅(ram);f 是结构振动频率。狄克曼(Diekmann)指标 K 的等级标准如表 7.30 所示。

表 7.30 狄克曼指标评判等级

K	舒适程度
0.1	能感觉到振动的下限
1.0	能忍受任意长时间的振动
10	能忍受短期振动
100	一般人对振动过分疲劳的上限

6. ISO2631 评定标准

ISO[10](国际标准化组织)在综合大量有关人体振动研究工作的基础上,制定了国际标准《人体承受全身振动的评价指南》(ISO2631-74)[10]。该标准把振动对人体的影响用疲劳时间 T 表示,从维持工作效能、健康和舒适度出发,相应提出了下列三种限度:工效下降限度(令人感到疲倦的限度)、承受限度和舒适度下降限度。

当人体连续受到机械振动时,经一段时间后便因疲劳而使工作效能下降。至于疲劳到何种程度使工作效能下降则取决于众多因素(如振动的加速度幅值、振动的频率等),且因人而异。图7.33、图7.34表明工效下降时间限度与振动加速度和频率时间的关系,这是根据对飞行员和汽车驾驶员大量测试研究而得到的。图中曲线表明了人体全身暴露在不同频率振动环境中能够保持工作时间的振动强度界限。由两图可见,就水平振动而言,人对频率在2Hz以下的振动最敏感;就垂向振动而言,人对频率在4~8Hz的振动最敏感。因此,如果振动频率较低,那么人体对水平振动的敏感性大于对垂直振动的敏感性;如果振动频率升高,则这一趋势呈相反状态。

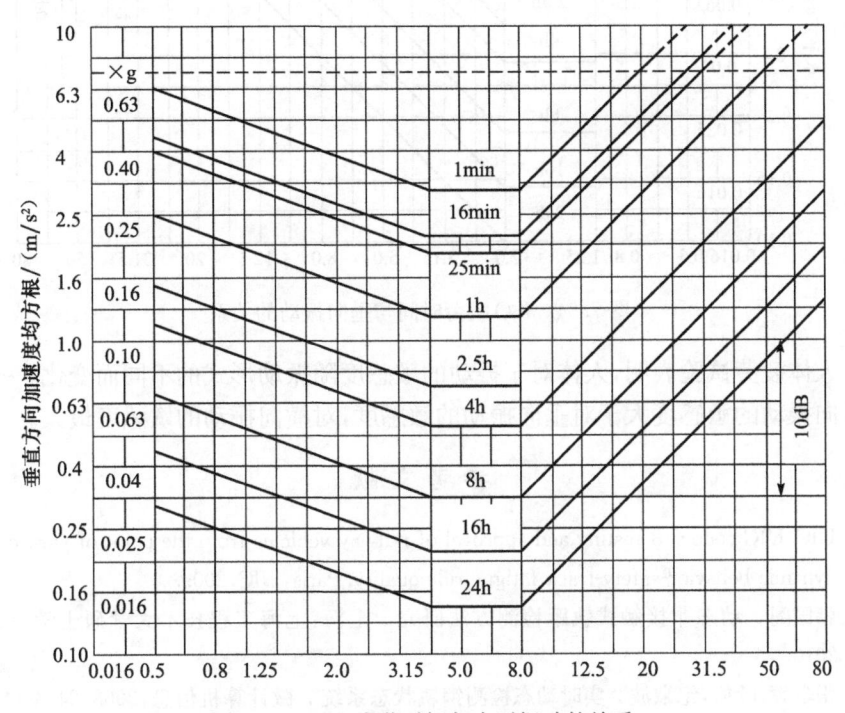

图7.33 ISO疲劳时间与水平振动的关系

另外两种限度曲线都与工效下降限度曲线的形状相同,将工效下降曲线的振动加速度乘以2提高到6dB,可得到承受限度曲线。超过这一曲线范围,将会对人体健康产生危害。将工效下降曲线的加速度除以3.15即降低10dB(振动强度降低70%),可得到舒适度下降限度曲线。超过这一曲线范围,就会影响人体舒适性。

还有其他各种评价车辆运行性能的方法,如法国的疲劳时间法、英国的平稳性指数法和日本的等舒适度曲线法等。

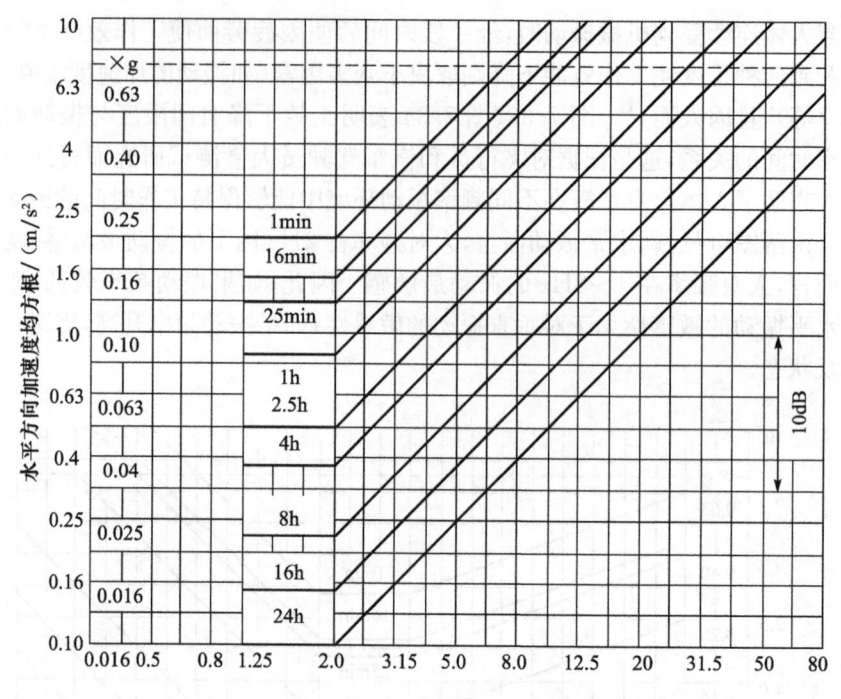

图 7.34　ISO 疲劳时间与垂向振动的关系

人体疲劳试验表明,人体对于振动的敏感度随振动形式的不同而变化,一般是对纵向振动的敏感度大于对垂向振动的敏感度,对横向振动的敏感度最大。

参 考 文 献

[1] UIC. UIC code 518 testing and approval of railway vehicles from the point of view of their dynamic behavior-safety-track fatigue-ride quality. Paris:UIC,2009.

[2] 韩国阁. 动态非接触式轨距检测方法研究. 上海:上海工程技术大学硕士学位论文, 2010.

[3] 张学辉,叶松,纪淑波. 实时动态检测钢轨状态系统. 微计算机信息,2008,24(4-1):151-153.

[4] 李大社,纪淑波. 实时动态检测钢轨状态研究. 激光与红外,2005,35(5):359-362.

[5] 中华人民共和国铁道部. 铁道机车动力学性能试验鉴定方法及评定标准,TB/T 2360—93. 北京:1993.

[6] 徐小玉,刘少锟. 中国铁道科学院轨道动力学实验室. 中国铁路,1996,(4):52.

[7] Serridge M and Licht T R. Piezoelectric accelerometers and vibration preamplifier handbook. Bruel and Kjaer,1987.

[8] Berther T,Gautschi G H,and Kubler J. Capacitive accelerometers for static and low-frequency measurements. Sound and Vibration,1996.

[9] 姚建伟. 提速机车车辆动力学性能及安全性和平稳性评估指标的探讨. 铁道机车车辆, 2002, 99(增刊): 164-172.

[10] UIC. UIC code 513 evaluating passenger comfort in relation to vibration in railway vehicle. Paris: UIC, 1994.

[11] International Standard Organization. ISO2631-2 mechanical vibration and shock-evaluation of human exposure to whole body vibration. Switzerland: ISO, 2003.

[12] 康熊, 曾宇清. 车辆振动加速度响应分析的速度—频域方法. 中国铁道科学. 2013, 33(1): 61-70.

[13] 翟婉明, 蔡成标, 王开云. 高速铁路线路平纵断面设计的动力学评估方法. 高速铁路技术, 2010, 1(1): 1-5.

[14] Federal Railroad Administration. Vehicle/Track Interaction Safety Standards; High-Speed and High Cant Deficiency Operations; Final Rule. 2013.

第八章　机车车辆动力学新发展

近年来国际上机车车辆系统动力学研究进展显著,特别是随着世界各国高速铁路的建设和高速列车的研制,许多国家的铁路研究部门和高等院校对机车车辆动力学领域中的热点和难点问题进行了研讨,例如在车辆关键零部件的疲劳问题、车辆动力学性能优化、高速车辆非线性动力学研究、车辆主动控制技术、车轮型面优化、车辆故障诊断等方面的研究相当活跃。此外,在弓网动力学、空气动力学等相关领域也逐渐涌现出一些研究成果,这些均丰富了机车车辆动力学的研究内容。

本章主要围绕近年来国际机车车辆系统动力学的研究新技术和新方法进行论述和展望,8.1 节首先介绍刚柔耦合系统动力学应用在机车车辆动力学中的建模方法,并结合具体实例介绍刚柔耦合系统动力学的应用方向;8.2 节就近几年国内外在机车车辆主动控制方面的一些最新研究成果进行简要综述,并给出主动控制技术在机车车辆性能优化中的应用实例;8.3 节结合机车车辆故障诊断技术的典型应用实例,进行机车车辆故障监测及诊断技术的简要综述;8.4 节对列车大系统动力学研究体系及其建模方法进行综述和展望;8.5 节围绕机车车辆动力学优化的热点及难点问题进行论述。

8.1　刚柔耦合系统动力学

机车车辆动力学的出现是基于多刚体动力学理论,对于普通机车车辆而言,通常把车体、转向架构架和轮对等均考虑为刚体,并不考虑结构弹性变形的影响。但随着高速车辆车体和其他部件质量的减轻,将容易引起车体、转向架等的结构弹性振动,产生过大高频动应力,影响车体疲劳强度或轮轨磨耗。仅用刚体模型进行研究和仿真不能弄清这类结构振动引起的疲劳和可靠性问题。对于重载车辆,承载结构的弹性变形对车辆系统振动特性的影响不容忽视,因此有必要将刚柔耦合多体动力学理论引入到机车车辆系统中,分析考虑承载结构弹性振动的影响。随着计算科学和计算机技术的发展,考虑零部件的弹性已不再成为难题,在一些车辆动力学仿真软件中已可以考虑结构弹性的作用,考虑机车车辆零部件弹性已经成为机车车辆动力学研究的热点。

本节针对机车车辆系统结构和刚柔耦合系统理论研究的特点,简要介绍刚柔耦合系统动力学模型的建立、求解和仿真分析方法。并列举采用刚柔耦合模型进行机车车辆动力学分析的典型应用实例。

8.1.1 机车车辆刚柔耦合系统建模方法

1. 车体

随着车辆的轻量化,将引起车体刚度降低。为此,国内外不少研究者在车辆系统动力仿真中考虑车体的柔性,并采用主动或者半主动控制技术来提高车辆运行品质[1~4]。

在列车系统中,相邻车体之间通过车端连接装置(如铰接、车钩或缓冲器等)连接,在垂直方向,车体一般通过柔软的二系悬挂(一般为刚度和阻尼并联方式)与转向架连接,由于其垂直刚度和阻尼值较小,在多体系统中可以看成是弱耦合系统,此时可将车体简化为一个无约束的均质欧拉梁,此时其弹性振动振型可以有解析形式。

根据需要,可以选择不同阶数的模态集合来代表车体的弹性振动。图 8.1 为典型客车车体和悬挂模型,模型中将构架、轮对视为刚性体,将车体视为柔性体,考虑车体的垂向弯曲振动。其中 L_0 为车体长度,L 为车辆定距,x_1、x_{t1}、x_{t2} 分别为车体、前转向架、后转向架垂向位移,θ 为车体点头角,C_1、K_1、C_2、K_2 分别为一系、二系垂向悬挂的阻尼和刚度。

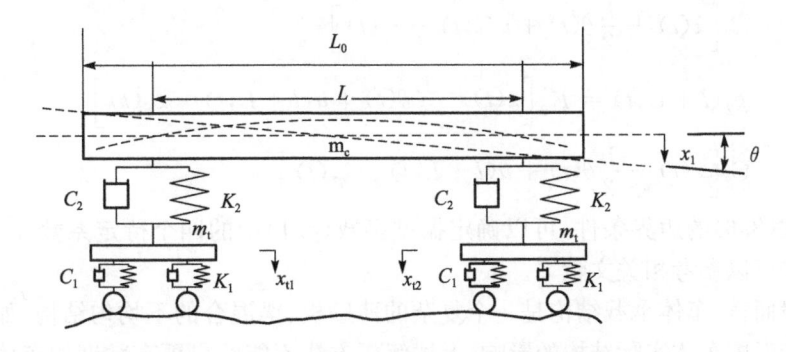

图 8.1 车体弹性梁在弹性支撑条件下振型分析

根据梁振动理论,车体的固有振型函数可写为

$$U(x) = a_1\sin\beta x + a_2\cos\beta x + a_3\sinh\beta x + a_4\cosh\beta x \tag{8.1}$$

频率方程为

$$\beta^4 = \frac{\omega^2 \rho A}{EI} \tag{8.2}$$

式中,ω 为激扰频率;EI、ρA 分别为简化欧拉梁的抗弯刚度和单位长度的质量密度。车体的振动表示为

$$u(x,t) = U(x)T(t) \tag{8.3}$$

式中，$T(t)=b\sin(\omega t+\varphi)$。于是
$$u(x,t) = (A \cdot \sin(\beta x)+B \cdot \cos(\beta x)+C \cdot \sin(\beta x)+D \cdot \cos(\beta x))\sin(\omega t+\varphi) \tag{8.4}$$

式中，待定常数 A、B、C、D、φ 可由边界条件和初始条件确定。

对图 8.1 中有二系悬挂弹性支承的车体弹性梁，在悬挂点处的边界条件为

$$\begin{cases} M_{左}(x,t)|_{x=l} = -EI\dfrac{\partial^2 u}{\partial x^2}\bigg|_{x=l} = -EIU''(x)\sin(\omega t+\varphi)|_{x=l} = 0 \\ M_{右}(x,t)|_{x=l+L} = EI\dfrac{\partial^2 u}{\partial x^2}\bigg|_{x=l+L} = EIU''(x)\sin(\omega t+\varphi)|_{x=l+L} = 0 \\ Q_{左}(x,t)|_{x=l} = -EI\dfrac{\partial^3 u}{\partial x^3}\bigg|_{x=l} = -EIU'''(x)\sin(\omega t+\varphi)|_{x=l} = p_1(l,t) \\ Q_{右}(x,t)|_{x=l+L} = EI\dfrac{\partial^3 u}{\partial x^3}\bigg|_{x=l+L} = EIU'''(x)\sin(\omega t+\varphi)|_{x=l+L} = p_2(l+L,t) \end{cases} \tag{8.5}$$

式中，$p_1(l,t)$ 和 $p_2(l+L,t)$ 分别为作用在前后车体转向架二系悬挂处的集中力，具体为

$$\begin{aligned} p_1(l,t) &= K_2\left[z(t)+\dfrac{L}{2}\theta(t)+u(l,t)-z_1(t)\right]+ \\ &\quad C_2\left[\dot{z}(t)+\dfrac{L}{2}\dot{\theta}(t)+\dot{u}(l,t)-\dot{z}_1(t)\right] \\ p_2(l+L,t) &= K_2\left[z(t)-\dfrac{L}{2}\theta(t)+u(l+L,t)-z_2(t)\right]+ \\ &\quad C_2\left[\dot{z}(t)-\dfrac{L}{2}\dot{\theta}(t)+\dot{u}(l+L,t)-\dot{z}_2(t)\right] \end{aligned} \tag{8.6}$$

由式(8.6)的边界条件，可以确定振型函数(8.1)中的四个待定系数 $a_1 \sim a_4$，具体方法可以参考相关文献[5]。

一般而言，车体承载结构是一个复杂的薄壁板、梁混合的不均匀结构，如果需要进一步考虑车体实际结构的影响，上述解析方法不能给出更高精度的车体振型函数，此时必须采用有限元法、模态综合法或试验方法来确定车体的弹性振型。现行的动力学仿真分析软件 ADAMS/Rail、SIMPACK、UM 等可与有限元分析软件 ANSYS、ABAQUS、NASTRAN 等之间进行双向数据交换。

采用改进的 Craig-Bampton 方法可以很好地解决刚柔耦合系统在静态和动态载荷条件下的弹性体变形和弹性体内部模态应力的计算。因此可以通过对车体进行图 8.2 所示的有限元分析，提取相应的改进的 Craig-Bampton 模态，通过相关接口糅合到车辆系统的多刚体模型中，形成包含车体弹性体的车辆刚柔体动力学模型，开展相应的动力学仿真分析。

对车辆进行平稳性等动力学分析时仅需要取较少的车体低阶模态即可模拟车

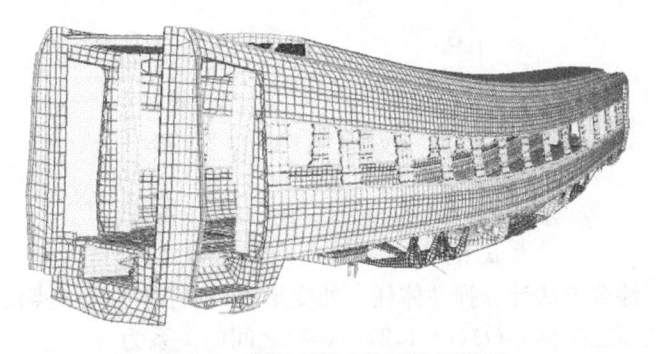

图 8.2 弹性车体有限元分析模型

体弹性振动对车辆动力学性能的影响。而在车体结构的动应力分析时,则应选取包含较高阶的模态,以确保动应力计算的精度,在计算车体与悬挂元件作用点接触处的动应力时更应如此。

2. 转向架构架

除了结构特殊的转向架外,一般构架刚性大,弹性振动频率高,可在开展车辆动力学性能分析或仿真时,作为刚体处理。当要考虑构架的结构振动并分析构架的动应力和疲劳寿命时,则应考虑构架弹性振动的影响。可采用自由界面主模态+惯性释放附着模态的形式或采用固定界面动态子结构 Craig-Bampton 方法来处理构架的弹性变形。可以基于以下"模态应力恢复"方法来实现在弹性体线性条件下动应力的分析计算,而不需要返回有限元分析软件中。具体方法如下:

对满足虎克定律的弹性体内的任一点 P,该点的动应力 σ_p 与变形 u_p 之间的关系由式(8.7)描述,即

$$\boldsymbol{\sigma}_p = \boldsymbol{H} \cdot \boldsymbol{D} \cdot \boldsymbol{u}_p \tag{8.7}$$

式中,

$$\boldsymbol{\sigma}_p = \{\sigma_x \quad \sigma_y \quad \sigma_z \quad \tau_{xy} \quad \tau_{xz} \quad \tau_{yz}\}^{\mathrm{T}} \tag{8.8}$$

$$\boldsymbol{H} = \frac{E}{(1+v)(1-2v)} \begin{bmatrix} 1-v & v & v & 0 & 0 & 0 \\ v & 1-v & v & 0 & 0 & 0 \\ v & v & 1-v & 0 & 0 & 0 \\ 0 & 0 & 0 & \dfrac{1-2v}{2} & 0 & 0 \\ 0 & 0 & 0 & 0 & \dfrac{1-2v}{2} & 0 \\ 0 & 0 & 0 & 0 & 0 & \dfrac{1-2v}{2} \end{bmatrix} \tag{8.9}$$

$$\boldsymbol{D} = \begin{bmatrix} \dfrac{\partial}{\partial x} & & & \dfrac{\partial}{\partial y} & \dfrac{\partial}{\partial z} \\ & \dfrac{\partial}{\partial y} & & \dfrac{\partial}{\partial x} & & \dfrac{\partial}{\partial z} \\ & & \dfrac{\partial}{\partial z} & & \dfrac{\partial}{\partial x} & \dfrac{\partial}{\partial y} \end{bmatrix}^{\mathrm{T}} \quad (8.10)$$

$$\boldsymbol{u}_p(t) = \{u(t) \quad v(t) \quad w(t)\} \quad (8.11)$$

采用模态综合方法计算弹性体任一处变形时,弹性体内任一点的应力 $\boldsymbol{\sigma}(t)$ 与模态集和广义模态坐标 $\boldsymbol{q}_i(t)(i=1,2,\cdots,\infty)$ 之间的关系为

$$\boldsymbol{\sigma}(t) = \boldsymbol{H} \cdot \boldsymbol{D} \cdot \boldsymbol{\phi} \cdot \boldsymbol{q}(t) \quad (8.12)$$

由于矩阵 $\boldsymbol{H},\boldsymbol{D},\boldsymbol{\phi}$ 仅与结构有关,是时不变的矩阵,因此通过刚柔耦合动力学仿真分析,获得弹性体的广义模态坐标向量 $\boldsymbol{q}_i(t)(i=1,2,\cdots,\infty)$ 的时间历程,即可以确定弹性体上任一点的动应力时间历程。

式(8.12)是在有限元离散系统下,弹性体上某点的动应力估计。由于该动应力与模态坐标及李兹模态集 $\boldsymbol{\phi}$ 有关,因而采用式(8.12)计算的结构动应力又称为模态应力。

在机车车辆多体动力响应分析中,当采用模态综合方法时,一般采用前 k 个李兹模态集 $\boldsymbol{\phi}$ 和模态坐标 $\boldsymbol{q}_i(i=1,2,\cdots,k)$ 的线性组合来近似计算弹性体任一点处的变形。为此,可以将影响变形的全部模态集(包括静力模态和特征主模态)分成两部分,写成矩阵形式

$$u(t) = \boldsymbol{\phi} \cdot \boldsymbol{q}(t) = \boldsymbol{\phi}^{(1)} \boldsymbol{q}(t)^{(1)} + \boldsymbol{\phi}^{(2)} \boldsymbol{q}(t)^{(2)} \quad (8.13)$$

式中,第一部分 $\boldsymbol{\phi}^{(1)}$ 包括了代表影响车辆动力学性能的模态集;第二部分 $\boldsymbol{\phi}^{(2)}$ 为在车辆动力学分析中可以忽略的模态集。理论上讲,应该用第一和第二部分的全部模态集来计算弹性结构内任一点的模态应力,但是在仿真过程中,第二部分的模态集被忽略了,动力学分析后,没有第二部分的模态坐标 $\boldsymbol{q}(t)^{(2)}$。因此模态应力的计算途径有两个:

(1) 通过动力学分析后得到的载荷、惯性力等,应用 FEM 模型,在准静态条件下计算弹性结构内任一点的应力。其优点是保证了在这些载荷和惯性力条件下计算的准确性,缺点是必须回到有限元环境中进行分析,计算时间长且需要多体动力学仿真 MBS 和有限元分析 FEA 之间的数据传递。

(2) 通过第一部分的模态坐标和模态集计算相应的模态应力,此时涉及如何选择合理的李兹模态集来实现快速、准确的动力学性能分析,同时在模态应力计算时具有足够的精度。

实际上,不同的模态综合方法对弹性体变形和应力的计算精度影响很大,式(8.13)第一部分模态集 $\boldsymbol{\phi}^{(1)}$ 一般包含特征模态和需要的静力模态,静力模态(特解)的选择至关重要。对不同的激励载荷和激励频率,采用不同的静力模态(约束

模态、惯性参考模态、剩余惯性参考模态和频率响应模态等），弹性体的变形和模态应力的计算精度是不同的。特征模态选择得越多对解的精度越好，因此特征模态选择多少取决于对分析精度的要求。

在外载荷作用下，对浮动弹性体，当没有几何约束边界条件时，此时仅需要满足动力边界条件，处理方法类推。

对无约束的线性结构，可以通过在边界上外力作用点处顺序施加单位载荷 $\{p\}^S$ 计算得到静力模态 $\{u\}^S$。

3. 轮对

轮对是机车车辆中的重要部件，其疲劳强度和可靠性极大地关系到车辆的运行安全性，经常需要评估其疲劳寿命和可靠性。

为改善轮轨间的振动和滚动噪声，在高速车辆和城市轨道车辆中常采用弹性车轮。弹性车轮在轮辋和轮毂间增加橡胶类弹性元件，可以大大降低它的整体刚度，轮辋和轮毂之间可产生明显的相对变形，从而整个弹性轮对固有的模态振动频率明显地降低。此外高速车辆采用的空心车轴同样会降低轮对的扭转和弯曲自振频率。

在研究轮对结构振动与噪声、噪声对车体的影响、轮对的动应力、疲劳寿命和可靠性时，需要在多体动力学模型中采用轮对的弹性模型，常用的方法是对轮对进行有限元模型离散，采用模态综合法获得轮对主要低阶振型。在轮轨接触处，由于滚动的原因，轮轨作用力不可停留在车轮踏面的某一个节点上，而是作用在旋转变化的节点上。同样，轴箱悬挂系统作用在轴颈表面上的点也是不断变化的，因此轮对柔性模型引入车辆动力学方程的关键在于如何处理上述轮轨作用力和轴箱悬挂力。

弹性轮对模型的处理方法有很多，如从简单地采用梁单元模拟车轴，或采用离散模型模拟，或采用有限元模型来模拟等，这里给出了一种在有限元方法下轮对柔性的处理方法。由于轮辋（对弹性车轮为轮箍）的刚度远大于辐板的刚度，轮辋（或轮箍）变形可以忽略，因此可用轮辋（或轮箍）几何中心的有限元节点刚性地与轮辋（或轮箍）连接。该点实际位于车轮几何轴线和轮轨接触垂直平面的交点，这样轮轨踏面接触力可以转换到轮辋（或轮箍）中心点上，再附加相应的力矩。这样处理后，将获得与踏面力非常接近的效果。对有轮缘接触的轮轨横向作用力的处理方法也可以基于同样的原则。这样可以将轮轨作用在旋转踏面上的有限元节点（轮轨接触点）上的轮轨作用力（垂直压力，横向、纵向蠕滑力以及轮缘力等）转移到相应的车轮中心线上的对应有限元节点上。

图 8.3 给出了这样处理的示意图。F_y 转移到中心处为 F_y 和附加力矩 M_x，F_x 转移到中心处为 F_x 和附加力矩 M_y。由于轮对轴颈比车轮直径小很多，可以直接

将悬挂力转移到轴颈中心线对应的固定节点上而忽略力矩。

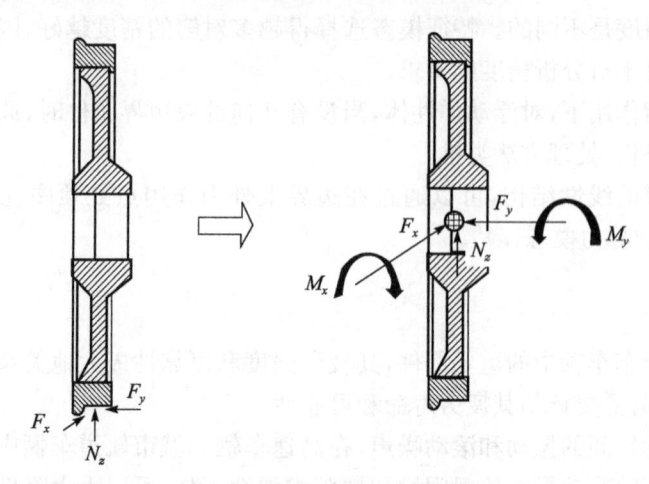

图 8.3 轮轨作用力的转移

8.1.2 机车车辆刚柔体系统动力学应用实例

刚柔耦合动态仿真将在结构振动疲劳分析、车辆振动控制和柔性体行为控制等方面具有工程应用前景。

机车车辆刚柔体系统动力学仿真分析主要应用在运行平稳性预测和控制、悬挂参数优化、构架、轮轴、轴承或制动装置等关键零部件动应力分析和疲劳评估等方面,响应频率可由 20Hz 到 500Hz。下面将简要介绍采用柔刚体模型进行机车车辆动力学仿真分析的典型应用实例。

1. 机车车辆平稳性预测

针对国内某典型高速列车拖车[6],采用 4 节点板单元进行整车车体建模,选取适当节点的自由度作为主自由度,运用 Guyan 缩减[7]理论对车体有限元模型进行模态求解,车体弹性仅考虑表 8.1 给出的车体前 6 阶弹性振动模态。

表 8.1 弹性振动模态及振型

阶数	有限元计算结果/Hz	Guyan 缩减计算结果/Hz	振型
1	10.876	10.932	菱形变形
2	13.106	13.436	垂向一阶弯曲
3	14.405	14.846	呼吸模态
4	14.890	15.013	一阶扭转
5	17.191	17.355	横向一阶弯曲
6	21.297	21.418	垂向二阶弯曲

以高速低干扰谱作为轨道不平顺输入进行仿真计算。当车辆运行速度为300km/h时，车体中部垂向及横向加速度功率谱密度如图8.4所示。从图8.4(a)可以看到，除低频外，车体中部的垂向振动能量大部分集中在10~15Hz频率范围内，由表8.1知，该频率范围主要包含车体的菱形变形、垂向一阶弯曲模态和呼吸模态，且结果表明13Hz左右的垂向一阶弯曲模态所占能量最高。由图8.4(b)可以看出，横向一阶弯曲模态对于车体的横向振动贡献最大，其次是菱形变形模态。由于菱形变形模态的特殊振动形式，其对于车辆的垂向及横向振动均有影响。

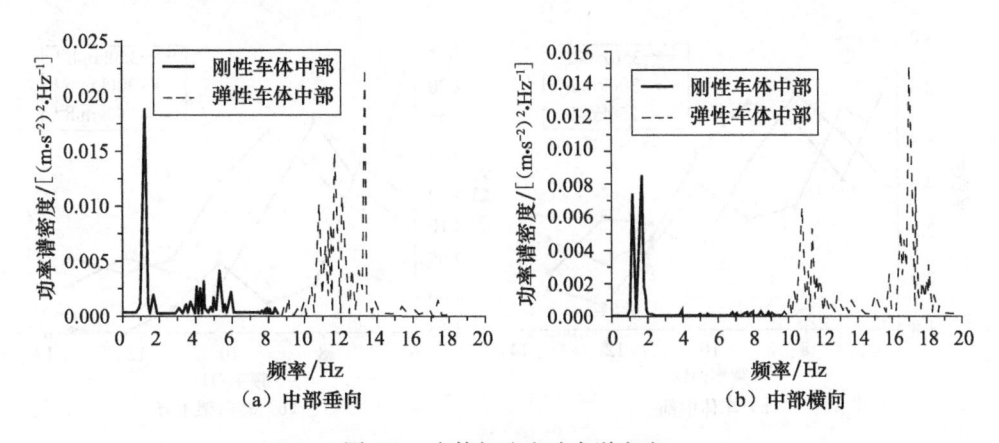

(a) 中部垂向

(b) 中部横向

图8.4 车体加速度功率谱密度

加入同样参数下刚性车辆的仿真结果，图8.5为车辆运行速度对运行平稳性的影响。可以看到，随着运行速度的提高，刚性车体垂向及横向平稳性指标呈线性递增趋势，而弹性车体垂向及横向平稳性指标会出现波动。

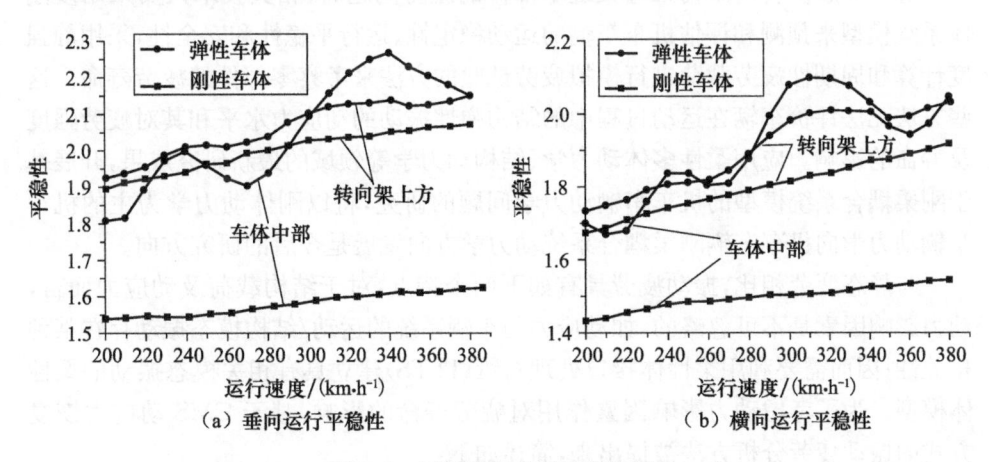

(a) 垂向运行平稳性

(b) 横向运行平稳性

图8.5 运行速度对平稳性的影响

为了深入分析车体弹性对车辆运行平稳性的影响，结合图8.4得到的结论，保持车体结构参数不变,只改变模态频率,分别计算了车体的垂向一阶弯曲频率、横向一阶弯曲频率以及菱形变形弯曲频率对车辆运行平稳性的影响。

图 8.6 是垂向一阶弯曲频率在 6~14Hz 范围内变化时对车辆垂向平稳性的影响。可以看到,高速运行条件下,垂向一阶弯曲频率低于 10Hz 时,车体中部垂向振动相当剧烈。车辆运行速度越高,平稳性指标峰值处的车体垂向一阶弯曲频率越大,也就是说,为了保证车辆在更高速度下运行的平稳与安全,车体垂向一阶弯曲频率必须大于一定值。

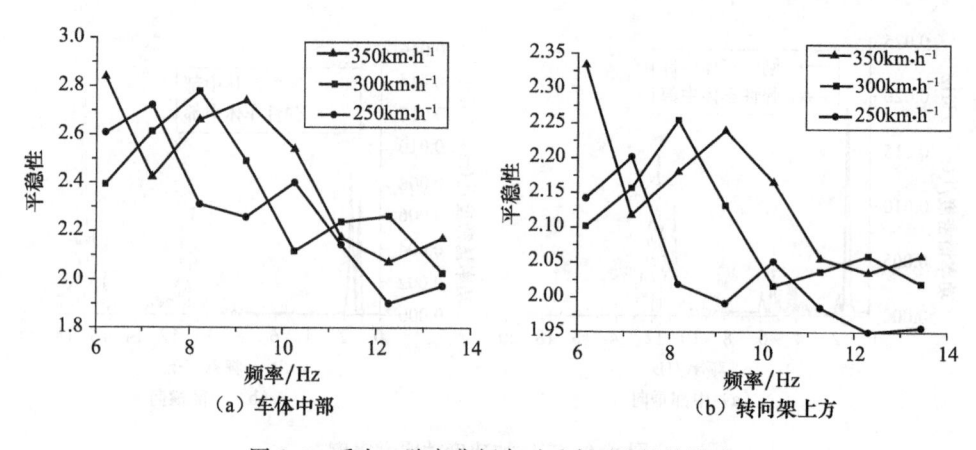

(a) 车体中部

(b) 转向架上方

图 8.6 垂向一阶弯曲频率对垂向平稳性的影响

2. 转向架关键零部件动应力和疲劳分析

过去在解决转向架构架等关键零部件的疲劳问题时,相关技术人员采用多刚体系统模型来预测和评估机车车辆的运动稳定性、运行平稳性和安全性,采用静强度计算和周期性疲劳载荷进行模拟疲劳试验的方法来考察零部件的疲劳寿命。这些方法无法评价车辆在运动过程中的结构弹性振动的动应力水平和其对疲劳强度及寿命的影响。应用柔性多体动力学、结构动力学等领域的最新研究成果,开展基于刚柔耦合系统模型的机车车辆动力学问题的研究,将以刚体动力学为主的机车车辆动力学向机车车辆刚柔耦合系统动力学方向发展是今后的研究方向。

与静态疲劳相比,振动疲劳具有如下两个特点:对于结构载荷及动应力而言,动力影响因素是不可忽略的,如动应力与车辆系统的运动/结构模态振动存在某种相关性;因而需要利用柔性体接口处理对策(ITTS)建立具有相关模态振动的柔性体模型。为了考虑动力影响因素作用对疲劳寿命的影响,基于 CMS 动应力恢复方式的振动疲劳分析方法被提出来,简述如下:

(1) 利用柔性体刚柔耦合系统模型,其中,柔性体应当被确认在动约束作用下具有相关模态振动特征。

(2) 应用 CMS 动应力恢复方式,确定危险点,如高动应力区域和高动应力幅值区域等。

(3) 利用动应力 RMS 的功率密度谱 PSD 和动应力幅频统计图等,分析动应力与模态振动的相关性,以及小幅值应力循环次数和大幅值应力循环情况等。

(4) 根据模态相关性分析,确定疲劳性质及振动影响程度。

集装箱车体结构振动疲劳问题是一个非常典型的工程研究对象,以某集装箱车体为例[8],建立了如图 8.7 所示的两种车体模型:模态质量模型和附着质量模型。模态质量模型是指集装箱以刚性单元建立并作为柔性车体的一部分,因而各阶模态质量包含了集装箱惯性成分;附着质量模型是指将集装箱看作与柔性车体联结的附着质量。

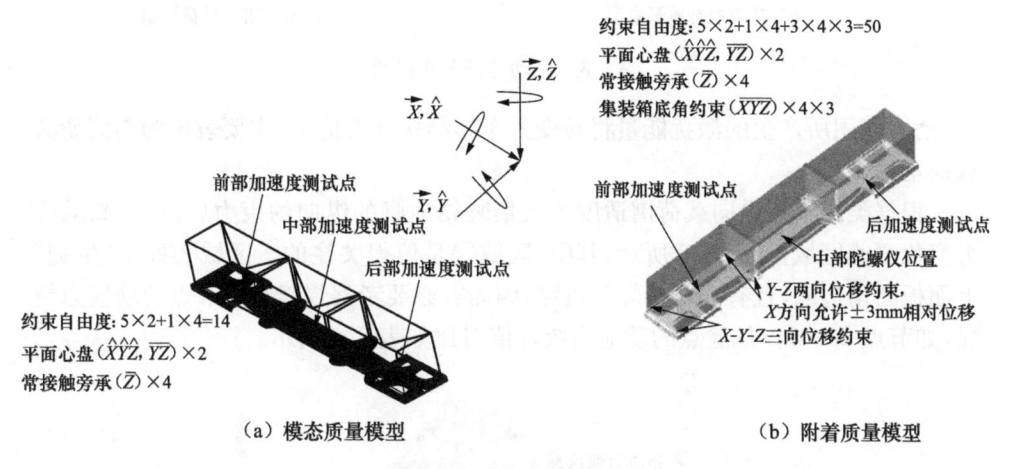

(a) 模态质量模型
(b) 附着质量模型

图 8.7 集装箱车体模型

当车速为 110km/h 且直线轨道不平顺谱为 AAR5 级谱时,利用上述两种车体模型进行仿真计算,得到的垂向振动加速度 PSD 曲线如图 8.8 所示。

两种车体模型的振动特征对比表明:

(1) 在转向架摇枕悬挂斜楔摩擦"卡滞"动力作用下,车体形成了具有 2 阶垂向弯曲模态振动特征的弹性振动,其中,心盘垂向总刚度 $K_z=65MN/m$,是基于上下心盘间的磨耗板材料弹性性能确定的。

(2) 为了进一步验证引起这一振动的动力原因,在理论上假定心盘垂向总刚度减小一半,即上下心盘接触刚度为 $K_z/4$,以衰减斜楔"卡滞"动力作用,则 2 阶垂向弯曲模态振动能量有明显降低。

(3) 针对附着质量模型,为了进一步对比集装箱本身运动模态对车体结构振动的影响,增大集装箱的地脚阻尼作用(为约束刚度 $K\times10\%$),则 2 阶垂向弯曲模态振动几乎消失,而车体和集装箱沉浮运动模态振动能量基本不变,因此,斜楔"卡

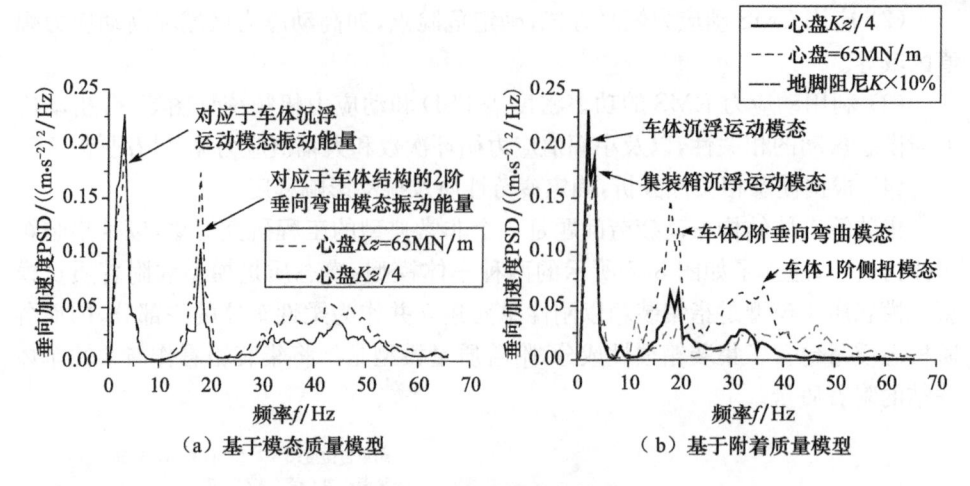

(a) 基于模态质量模型　　(b) 基于附着质量模型

图 8.8　振动特征分析结果

滞"动力作用所产生的激扰能量将转变为车体结构变形能量,主要表现为高周疲劳载荷增强。

根据类似车辆纵向载荷谱适度放大集装箱地脚的纵向约束力后,得到高动应力变化幅值区域,如图 8.9 所示,其中,区域③是值得关注的。区域③处于"牛腿"上面板圆角边缘,且有一对接焊缝贯穿,因而有必要考察焊缝端头节点的动应力情况,如节点 25309。危险点的动应力统计值对比如表 8.2 所示。

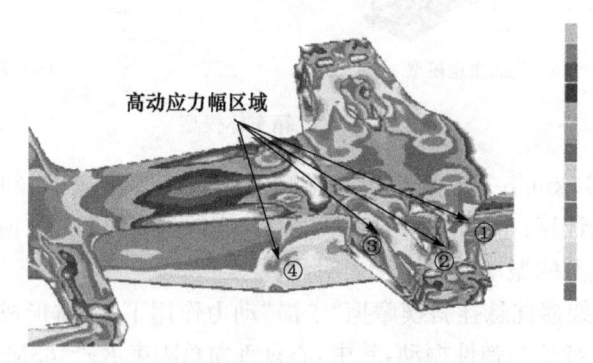

图 8.9　车体结构的高应力变化区域幅值

表 8.2　危险点 25309 动应力统计值对比

仿真工况	主应力统计值/MPa			
	Max	Min	Mean	S.D.
心盘 K_z=65MN/m	95.5	−93.89	12.47	27.41
心盘 $K_z/4$	87.74	−93.72	12.48	27.19
地脚阻尼 $K×10\%$	94.52	−68.94	12.57	28.24

危险点疲劳寿命定性分析对比如表 8.3 所示，由此可见集装箱地脚的垂向纵向动约束力是造成危险点出现大幅值动应力循环的主要原因之一，而车体结构振动对疲劳寿命的影响程度约为 20%～25%。

表 8.3　危险点 25309 疲劳寿命定性分析对比

仿真工况	动应力幅值变化的相关性	循环次数/万次	振动对疲劳影响程度/%
心盘 $K_z=65\mathrm{MN/m}$	与车体和集装箱沉浮运动相关	95.7	79.8
心盘 $K_z/4$	与车体和集装箱沉浮运动相关	120	100
地脚阻尼 $K\times 10\%$	与集装箱沉浮运动相对减弱	89.1	74.3

8.2　主动及半主动控制技术

不断提高列车运营速度并同时提高乘坐舒适性已成为现代铁路追求的目标，实现这一目标的手段之一便是采用先进的主动及半主动控制技术。从 20 世纪 70 年代起，英国、美国、日本及德国等铁路发达国家对主动控制技术在机车车辆的推广应用做了大量的理论和实验研究工作，已经取得了一些阶段性成果并且开始应用于铁路运输中，这使得主动控制技术成为车辆动力学重要的发展方向之一。

本节将就近几年国内外在机车车辆主动及半主动控制方面取得的一些最新研究成果进行简要介绍。

8.2.1　主动及半主动控制技术的控制原理

1. 车体悬挂系统的分类及特点

依据控制方式及是否输入动作能量，悬挂可分为被动、主动和半主动悬挂三类，其基本结构如图 8.10 所示。

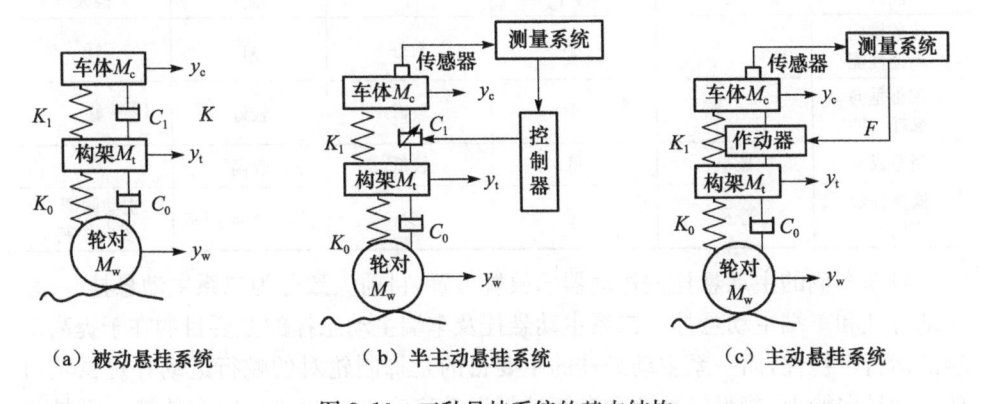

(a) 被动悬挂系统　　(b) 半主动悬挂系统　　(c) 主动悬挂系统

图 8.10　三种悬挂系统的基本结构

三种悬挂系统的特点可以概括如下：

(1) 被动悬挂系统。即传统的悬挂系统，由弹簧和减振器组成，由于减振器的阻尼力与振动速度成正比，因此随着激振频率的增加，等效刚度增大，对高频衰减能力差。被动悬挂的设计，主要是确定弹簧和减振器的参数，使悬挂系统满足平稳性、轮轨动作用力等指标，得到一组最优或次优悬挂参数，能在特定的线路激扰、车辆结构参数和运行速度下达到性能最优。

(2) 半主动悬挂系统。针对主动悬挂需要较大控制能量和成本较高的作动器的特点，研究人员想到在悬挂元件——弹簧和减振器上进行改进。由于改变刚度同样需要较大能量，而改变阻尼是容易实现的。半主动悬挂要求其阻尼力根据动力学要求(线路激扰、车辆结构参数、运行速度等)作无级调节，在几毫秒时间内在最大最小值之间变化。由于阻尼器只消耗能量，而不能向系统提供能量，因此被称为半主动悬挂。

(3) 主动悬挂系统。即在悬挂系统中加入力发生器(作动器)，按给定的控制规律产生连续可控的悬挂力，使车体加速度减小。这种装置需要一套能量供给设备。相对于半主动悬挂而言，又称为全主动悬挂。这三种悬挂系统的比较如表 8.4 所示。

表 8.4 三种悬挂系统的比较

悬挂类型	被动	开关型半主动	连续型半主动	慢主动	全主动
执行元件	普通减振器	分级可控阻尼器	连续可控阻尼器	液/电/气作动器	液/电/气作动器
作用原理	阻尼力不可控	阻尼系数有级可调	阻尼系数连续可调	调节作动力	调节作动力
控制方式		手动调节 自动调节	自动调节	自动调节	自动调节
执行器件响应带宽		0~10Hz	0~20Hz	3~6Hz	>15Hz
传感器量	无	少	较少	多	多
能耗	无	很小	小	很大	很大
改善横向悬挂性能		小	较好	好	好
改善垂向悬挂性能		小	较好	较好	好
制造成本	最小	低	较低	较高	高
铁路领域应用情况	普及	无	少	横向、垂向控制	主动倾摆、横向控制

机车车辆的主动悬挂按作动器的放置位置，目前大致分为二系主动悬挂、一系主动悬挂和车端主动悬挂。二系主动悬挂及车端主动悬挂的主要目的在于提高车辆的运行平稳性，而一系主动悬挂的主要目的是抑制轮对的蛇行运动并提供轮对的主动导向能力，能很好地调和车辆蛇行运动稳定性及曲线导向在传统一系悬挂

处的矛盾。二系主动悬挂依据其所受不平顺信号的性质,可以进一步分类:当确定性不平顺信号为曲线上的横向离心加速度时,二系主动悬挂采用的是摆式技术,运用液压或机电作动器,采用 PID 控制方法或者其他控制算法,使车体按所受不平衡离心加速度的数值做相应的倾摆,以抵消过大的离心加速度,提高曲线运行时乘客的舒适度。当不平顺信号为随机信号时,主动悬挂的主要目的在于减小车体的随机振动,提高车辆的平稳性。由于人们对横向振动更敏感,因此目前对机车车辆而言,主动悬挂主要用于控制曲线通过时车体横向确定性的离心加速度及随机振动。就原理来说,合理的主动悬挂系统设计可以兼顾机车车辆动力学平稳性、安全性和曲线通过性能,使三方面性能都达到最优。

2. 控制策略

在机车车辆系统动力学问题中,一般情况下选取各运动部件的位移与速度为状态变量[9],就可以把系统动力学方程化为状态方程。对于输入输出向量分别为 p 维和 q 维向量的系统来说,有式(8.14)所示的状态方程:

$$\mathrm{d}\boldsymbol{X}/\mathrm{d}t = \boldsymbol{A}\boldsymbol{X} + \boldsymbol{B}\boldsymbol{U}$$
$$\boldsymbol{Y} = \boldsymbol{C}\boldsymbol{X} \tag{8.14}$$

选择一定的方法确定出恰当的控制量 $\boldsymbol{U}$,可使系统的动力学性能达到比较满意的水平。构成闭环系统反馈增益矩阵有两种方法:一是全状态反馈方法;二是输出反馈方法。如果测量出机车车辆的所有运动状态,则可以采用全状态反馈方法。引入全状态反馈控制策略,令

$$\boldsymbol{U} = -\boldsymbol{K}\boldsymbol{X} \tag{8.15}$$

式中,$\boldsymbol{K}$ 为反馈增益矩阵,阶数为 $p \times n$。则闭环反馈系统方程为

$$\mathrm{d}\boldsymbol{X}/\mathrm{d}t = (\boldsymbol{A} - \boldsymbol{B}\boldsymbol{K})\boldsymbol{X} \tag{8.16}$$

对反馈增益矩阵 $\boldsymbol{K}$ 中的各元素选择适当的值,可以有效配置系统的 n 个闭环极点,从而使控制系统的动态性能最优。

但在实际工程应用中,特别是在机车车辆动力学问题中,测出全部状态量是很困难的,而且虽然全状态反馈控制系统在理论上效果更好,但在实际工程应用中,一方面由于测量系统增多,各个测量环节引入误差的可能性都会增多,另一方面,也会大大增加安装、维护、保养的费用。因此,在实际控制系统中则采用更简单的输出反馈控制。

机车车辆常用的主动控制策略有 PID 控制、天棚阻尼控制、H_∞ 鲁棒控制、LQ(linear quadratic)/LQG(linear quadratic Gaussian)线性二次型最优反馈控制、自适应控制、神经网络控制、预测控制等。这些控制策略的控制原理可参考相关文献,本书不再详述。

3. 机械-控制联合仿真

传统的机车车辆模型加入控制系统后，将产生机电耦合的复杂现象，仅从车辆动力学单方面模拟还不够，一方面控制系统可能不能获得满意的效果，另一方面控制系统将潜在地影响车辆的动力学性能，如防空转或防滑器的控制系统设计不当，轮轨黏着无法得到充分利用，将导致车轮空转或抱死引起的轨道擦伤等运行安全隐患。这时往往采用控制系统和车辆机械多体系统联合仿真的方法进行分析，例如，采用 Matlab/Simulink、ENSY5 等控制仿真软件和多体动力学软件 SIMPACK、ADAMS/Rail 等进行机电联合仿真。

机械-控制联合仿真的一般步骤如下：

(1) 分别建立机械系统动力学模型和控制系统模型。

(2) 定义控制系统的输入和输出。控制系统的输入来自于车辆动力学系统的响应输出，该响应输出用作决定系统的反馈控制量。

(3) 建立相应的控制策略，获得需要施加在机械系统的控制输出（如控制力、力矩或控制电压、电流等），该控制输出作为车辆动力学系统的输入，作用在对应部件上，产生针对动力学性能的控制。

在仿真系统建模方面，对具有控制系统的车辆动力学仿真模型必须由动力学软件、实时控制仿真软件和接口程序三部分组成，在仿真系统中的时钟下，通过数据实时传输来完成，图 8.11 为多体动力学软件 SIMPACK 和 Matlab/Simulink 进行联合仿真时的接口系统。

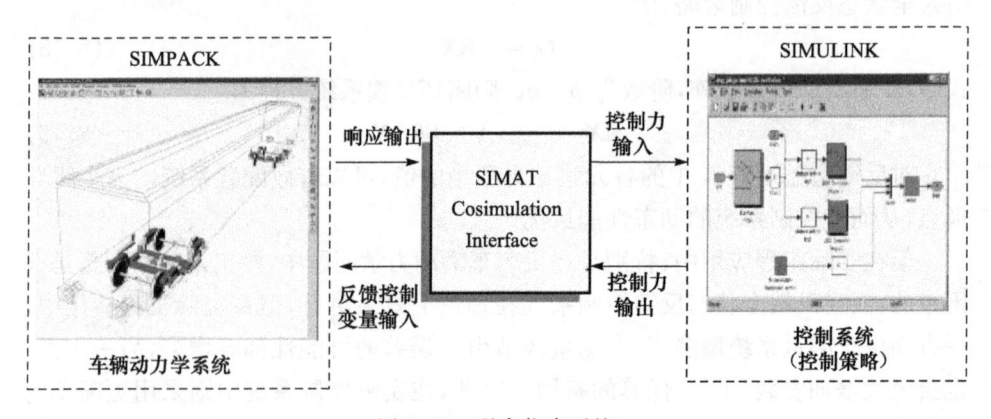

图 8.11 联合仿真系统

8.2.2 主动及半主动控制技术在机车车辆性能优化中的应用

现在机车车辆已开始采用主动控制系统，如摆式列车、高速客车转向架的横向主动对中控制系统、独立旋转或可控车轮系统、可控径向转向架的研究等，以改善车辆运行性能。以下将就几个典型应用实例进行简要介绍。

1. 改善机车车辆横向动力学性能的主动及半主动控制技术

英国 Loughborough 大学的 J. T. Pearson 等[10]开展了高速转向架主动稳定性控制系统的设计与试验,分别对单轴控制策略和模态控制策略进行了研究。图 8.12 是模态控制原理图。首先将 2 个轮对的输出测量信号分别分解为横向和摇头控制器所需的反馈信号,然后再将这 2 个控制器的输出信号合成,以便控制 2 个轮对的作动器。这项工作经过仿真研究之后已在整车滚动试验台上完成了试验,控制器有效工作速度已超过 300km/h,效果明显。结果还表明,无论单独控制还是模态控制,横向速度信号都可以用于主动摇头阻尼控制策略。

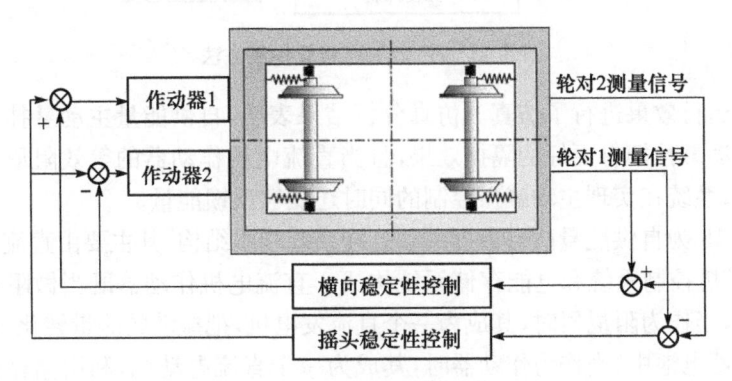

图 8.12　模态控制原理示意图

J. T. Pearson 等[11]人还以某 7 个自由度的高速车辆为例,设计了一套优化控制策略,如图 8.13 所示,对于不同的设计目标,该控制模型可以得到确定的控制方案。在图 8.13 中,高速车辆系统的 14 个状态变量都将用作反馈变量,Kalman 滤波器被用来进行系统辨识,从而给控制器提供状态估计值。

图 8.14 为采用上述优化控制方法的控制系统在试验台上的验证结果,图中给出的是前导轮对在余弦激励下的响应,可见采用主动控制以后轮对响应被很快衰减。

传统的主动悬挂需要消耗大量能源,因此,目前一些国外学者正在研究如何吸收并利用振动中的能量。例如,Wendel 等研究了汽车悬挂的能量再生系统[12];Nakano 等利用直流电机作动器,实现了利用振动中储存的能量进行主动减振控制的功能[13]。为了减少车辆主动悬挂对外部能源的消耗,欧阳冬等[14]设计了自供能量主动悬挂系统,建立了车辆半车简化横向悬挂动力学模型,设计了 LQG 控制器,并利用随机振动理论分析了系统能量平衡存在的条件,采用 Matlab/Simulink

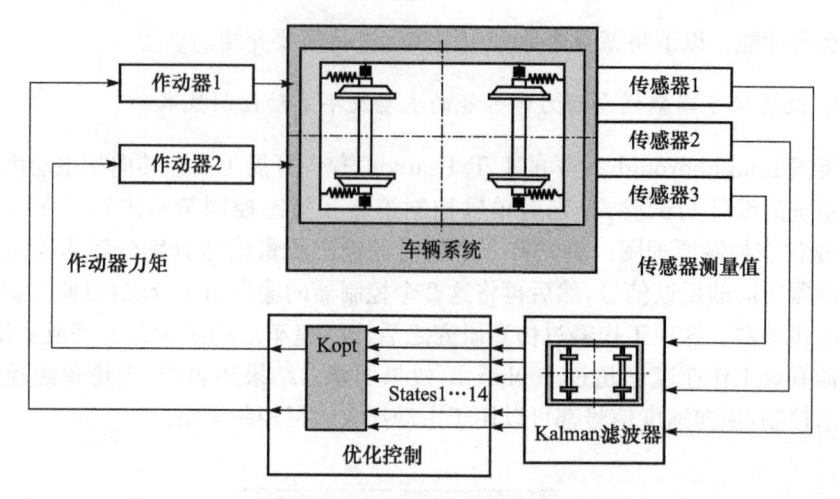

图 8.13 控制结构(优化控制方法)

对系统的运行效果进行了仿真。仿真分析结果表明:自供能量主动悬挂系统比半主动和被动悬挂拥有更好的隔振效果,且当直流电机作动器的等效阻尼系数大于规定值时,系统在实现主动减振控制的同时还能够反馈能量。

图 8.15 为自供能量两自由度主动悬挂系统基本结构,其主要由直流电机作动器(M)、微机控制系统和电能存储系统构成。直流电机作动器既当做阻尼器又当做作动器,当作为阻尼器时,其成为一个直流发电机,把振动的能量转化为电能,存储在直流蓄电池中;当作为作动器时,其成为一个直流电动机,利用储存在直流蓄电池中的电能进行主动减振。图 8.15 中,m_1、m_2 分别为两自由度主动悬挂系统的二系簧下质量和簧上质量。

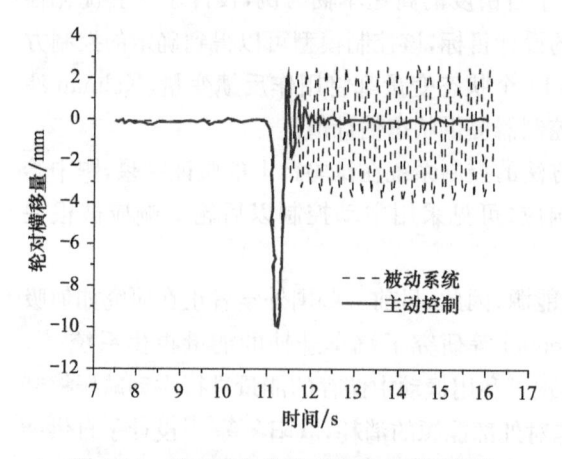

图 8.14 轮对横向位移的试验台验证结果

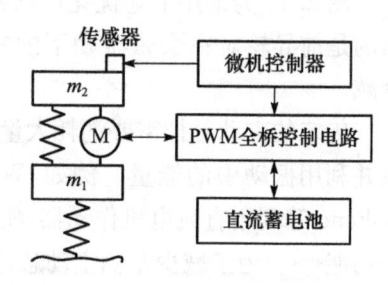

图 8.15 自供能量主动悬挂系统的基本结构

2. 提高车辆曲线通过性能的主动及半主动控制技术

近年来,如何提高车辆的曲线通过性能成为国际范围内的研究热点。一方面通过改进转向架结构(如在轮对间加设连接机构),一方面通过采用主动导向控制技术,以实现在不降低车辆运行稳定性的前提下提高曲线通过性能。

日本国家交通安全与环境实验室 Matsumoto 等提出了"主动导向转向架"的概念,并对其曲线通过性能进行了数值仿真和实验台测试。如图 8.16 所示,主动导向转向架仅在车体和构架之间设置主动导向机构,而不在轮对间设置控制机构,在小半径曲线上作动器迫使构架向径向位置运动。数值仿真及台架试验结果均表明,主动导向转向架可以大大减少内外侧车轮横向力,是实现高曲线通过性能的有效方法之一。

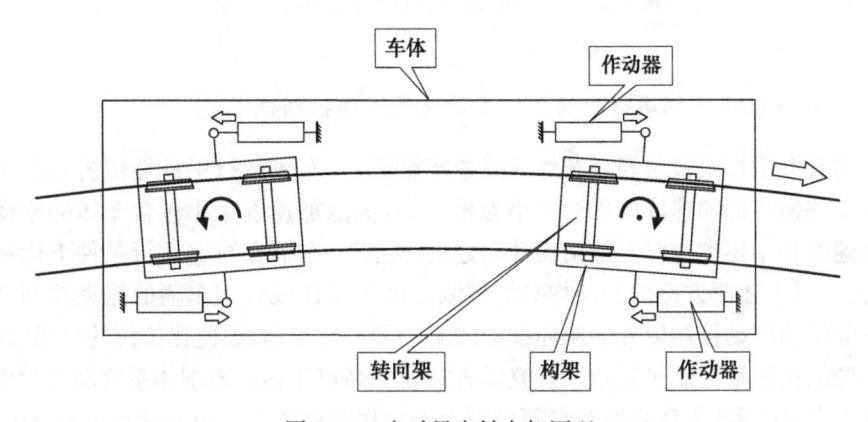

图 8.16 主动导向转向架原理

英国 Leeds 大学的 S. W. Shen 等[15]开展了转向架主动导向控制策略的基础性研究,其目的是改善曲线通过性能。他们研究了轮对和构架摇头控制、轮对横向主动控制、一系悬挂控制以及轮对相对运动控制等 4 种控制策略,并进行了综合评估。图 8.17 为他们提出的改善曲线通过性能的控制系统,该系统将轮对冲角和曲线半径作为反馈变量,前馈控制方法如式(8.17)和式(8.18)所示:

$$T_1 = K_{pw}^c (\psi_d - \frac{l_x}{R^c}) \tag{8.17}$$

$$T_t = K_{pw}^c (\psi_d + \frac{l_x}{R^c}) \tag{8.18}$$

式(8.17)和式(8.18)中,T_1 和 T_t 为控制系统的输入量;ψ_d 为冲角设计期望值,径向转向架情况下,$\psi_d = 0$;K_{pw}^c 为轮对摇头角刚度;R^c 为曲线半径;l_x 为轴距之半。T_1 和 T_t 的大小必须考虑蠕滑系数和车轮的非线性几何参数的影响。

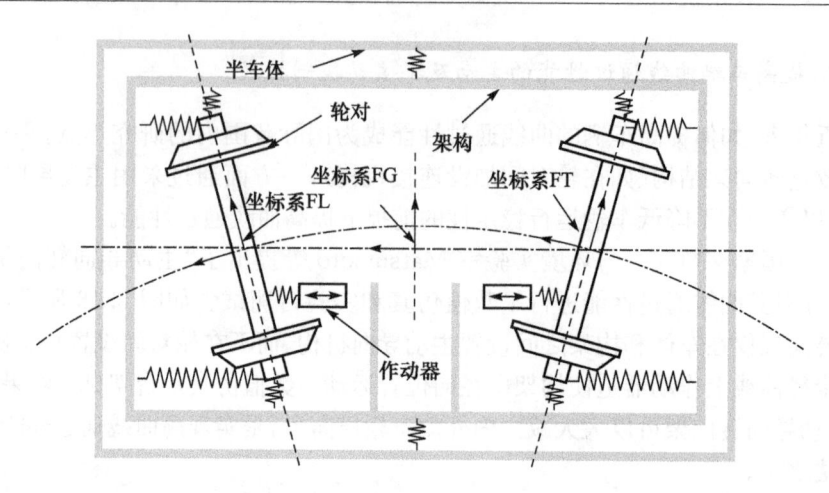

图 8.17 改善曲线通过性能的主动控制系统

3. 改善机车车辆运行平稳性的主动及半主动控制技术

对具有柔性或铰接轻型车体的高速车辆而言,车辆运行平稳性优劣是以车体地板上评估点的加速度的加权大小为根据的,该点加速度大小包含车体的刚体振动加速度和车体本身弹性结构振动加速度,要获得车辆在高速运行条件下优良的平稳性,对上述两方面的振动均必须抑制。由于柔性或轻型车辆的振动控制必须考虑除结构振动控制以外的刚体振动的影响和相互作用,因此比传统的桥梁、建筑物的纯结构振动控制更复杂。研究学者在建立高速车辆的柔刚体系统动力学模型的基础上,应用基于独立模态空间控制上的最优控制策略(optimal control strategy based on IMSC),提出了抑制车体的特定低阶垂直弯曲振动独立模态空间控制方法[16],该控制方法和策略可以较好地降低特定模态振动的幅度,改善车辆垂直运行平稳性。

对图 8.1 所示的车辆柔刚体系统模型动力学简化系统,在前后转向架和车体中间辅助装置等 3 处安装垂直作动器,实施对车辆运行平稳性为目标的最优控制策略。由于柔刚体自由度的耦合作用,在物理空间上的独立模态控制在复模态空间上是耦合的,因此在选择控制系统加权系数时是一个多变量优选问题,在基本约束条件下,改变 3 个控制力的加权系数 R_z、R_θ 和 R_q,其中,R_z、R_θ 和 R_q 分别表示与车体的沉浮、点头和一阶弯曲振型相关的控制参数。表 8.5 给出了 3 种加权系数合理的组合情况下,平稳性控制系统的主要响应(在此以加速度的均方值 r.m.s 表示)。

表 8.5 平稳性控制下系统主要响应(r.m.s 值)

加权系数组合	浮沉加速度/(m·s^{-2})	点头加速度/(rad·s^{-2})	1阶弯曲模态加速度/(m·s^{-2})	前评估点垂直加速度/(m·s^{-2})	中间点垂直加速度/(m·s^{-2})	后评估点垂直加速度/(m·s^{-2})
被动系统	0.1003	0.0143	10.8370	0.1665	0.1331	0.1603
工况 1	0.0859	0.0007	5.6877	0.0893	0.0973	0.0898
工况 2	0.0753	0.0007	7.6797	0.0833	0.0955	0.0841
工况 3	0.0896	0.0002	5.2247	0.0934	0.0970	0.0938

注:加权系数组合工况 1:$R_Z=1\times10^7$,$R_\theta=1\times10^8$ 和 $R_q=3\times10^{-3}$;加权系数组合工况 2:$R_Z=5\times10^6$,$R_\theta=1\times10^8$ 和 $R_q=6\times10^{-3}$;加权系数组合工况 3:$R_Z=1\times10^7$,$R_\theta=1\times10^7$ 和 $R_q=2\times10^{-3}$。

在 160km/h 运行速度下,车体在后转向架处和中间位置的加速度功率谱曲线如图 8.18 所示,图中,w 为圆频率。由计算结果可见,在各个模态控制力为优化的条件下,通过选择不同加权系数组合,可以获得对车辆垂直运行平稳性的改善,较

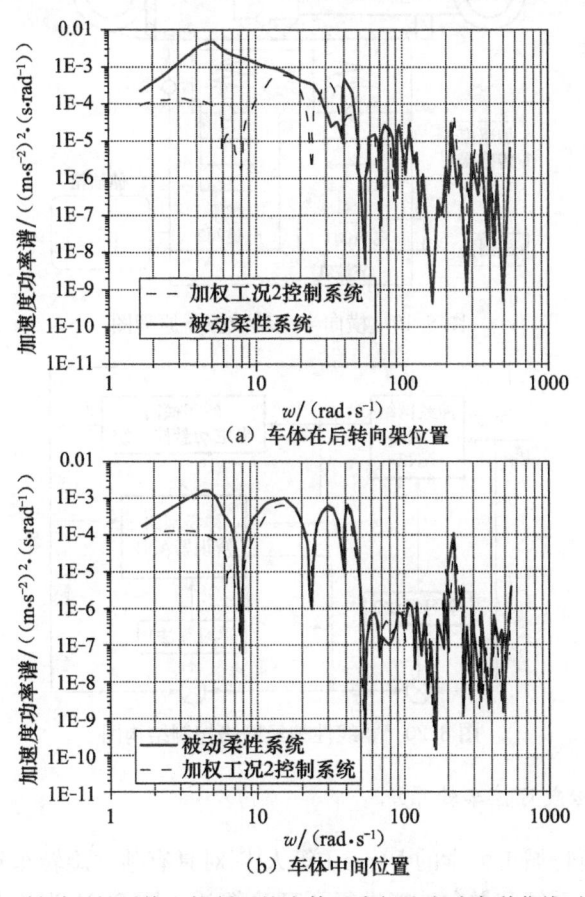

图 8.18 被动柔性系统和控制系统车体垂直加速度功率谱曲线对比结果

柔性被动系统,施加主动控制系统在前后转向架处的垂直加速度 r.m.s 值有 50%左右的降低,车体中心处加速度值有 28%左右的降低。

为了在保证行车安全的前提下,提高列车的横向平稳性能,丁问司等[17]提出一种基于天棚原理的列车横向半主动悬挂系统,并建立了半主动悬挂非线性神经网络控制模型,设计了神经辨识器和控制器。该横向半主动减振器原理如图 8.19 所示,半主动悬挂控制所需的减振力及状态转换由各电磁阀通过不同的状态组合得到。图 8.19 所示为各阀处于非控制状态(失效)的情形,Δv 为车体与转向架横向速度差,此时,半主动减振器实际上是一个被动减振器,它用来保证列车在半主动悬挂失效时的安全性。图 8.20 为非线性神经网络控制结构简图,图中,AN1 为一个三层 BP 神经网络,它用于对被控对象进行在线辨识,另一个三层 BP 神经网络 AN2 构成控制器,v 为系统输出;v^* 为期望输出;$\hat{v}$ 为估计输出。

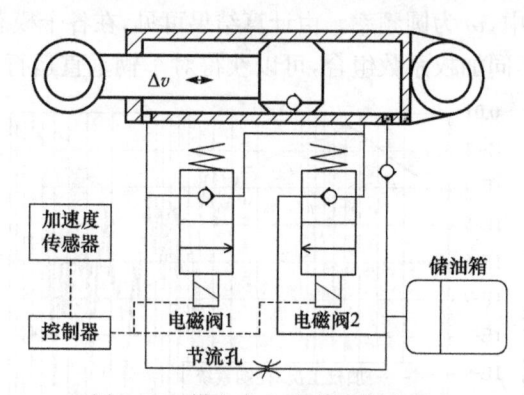

图 8.19　横向半主动减振器原理图

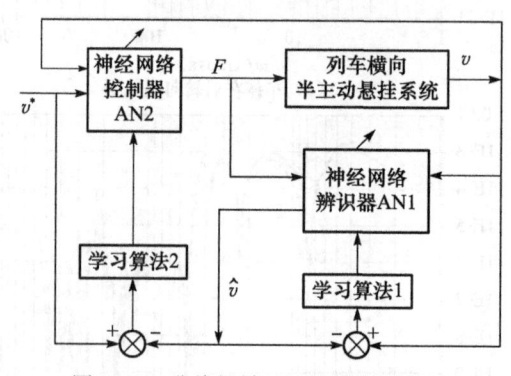

图 8.20　非线性神经网络控制结构图

4. 独立旋转或可控车轮系统

英国曼彻斯特城市大学的 Pérez J 等人[18]对具有独立旋转车轮(IRW)的车辆的主动控制导向系统和导向性能进行了理论探讨。图 8.21 为该车辆系统的主动控制模型,其中,传统轮对被独立车轮所代替,在每个车轮端部加装一主动导向装置,且同一车轴的两个电机彼此相连,以协调车轮的摇头运动。

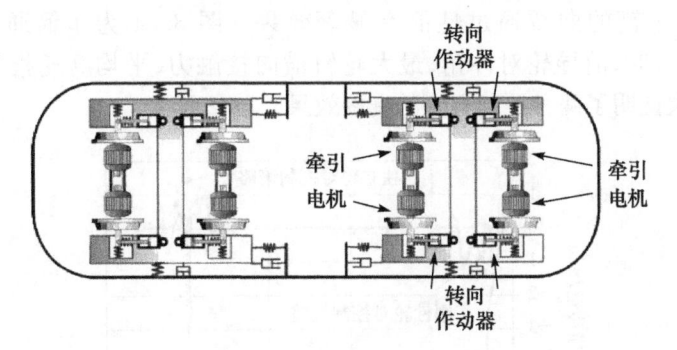

图 8.21 车辆主动悬挂模型

对于主动控制导向系统来说,一般有两种控制策略,即由 Goodall 和 shen 于 1997 年提出的控制轮对相对于转向架的摇头角的控制策略,该方法一般用于对加装传统刚性轮对的转向架车辆进行导向性能控制。另一种是由 Pérez J 等人于 2001 年提出的以左右车轮旋转速度差为控制变量的控制策略,其表达式为

$$(\omega_l - \omega_r)_{obj} = \frac{2lv}{r_0}\rho \tag{8.19}$$

式中,ρ 为轨道曲率;l 为滚动圆间距之半;r_0 为名义滚动圆半径;v 为车辆速度,该策略一般用于控制独立车轮的导向能力。Pérez J 分别采用这两种控制策略,并与牵引控制相结合,对图 8.21 所示的车辆系统的主动导向性能进行了研究,图 8.22 为这两种控制策略的控制原理图。

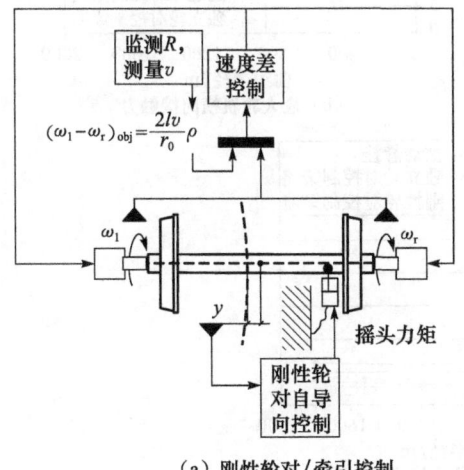

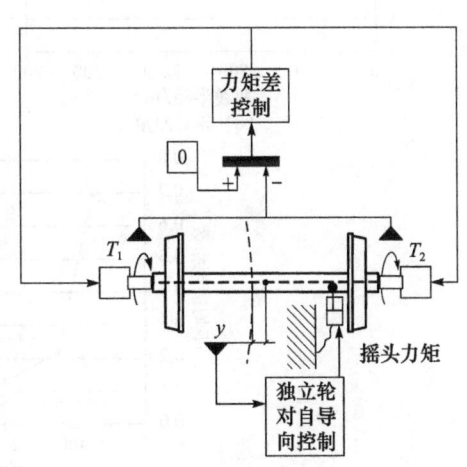

(a) 刚性轮对/牵引控制　　(b) 独立轮对(IRW)/牵引控制

图 8.22 两种控制策略

图 8.23 为上述两种控制方法与不采用主动控制方式这三种情况下,车辆以 176km/h 速度通过半径为 800m 的曲线时前导轮对的横移量,可见,这两种控制方法对于改善车辆的曲线通过性能有显著效果。图 8.24 为车辆通过 300m 到 1800m 的曲线时,前导轮对冲角、最大轮轨横向接触力、平均磨耗指数的对比情况,这又一次证明了两种控制方法的良好效果。

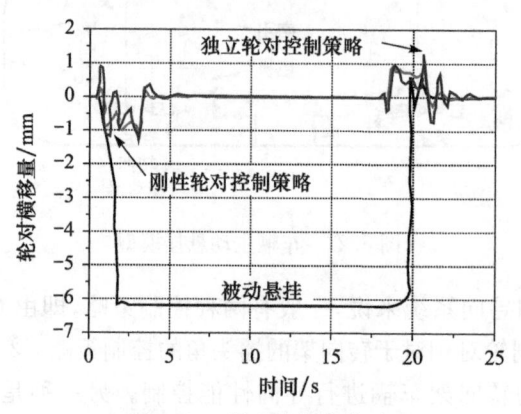

图 8.23 导向轮横向位移

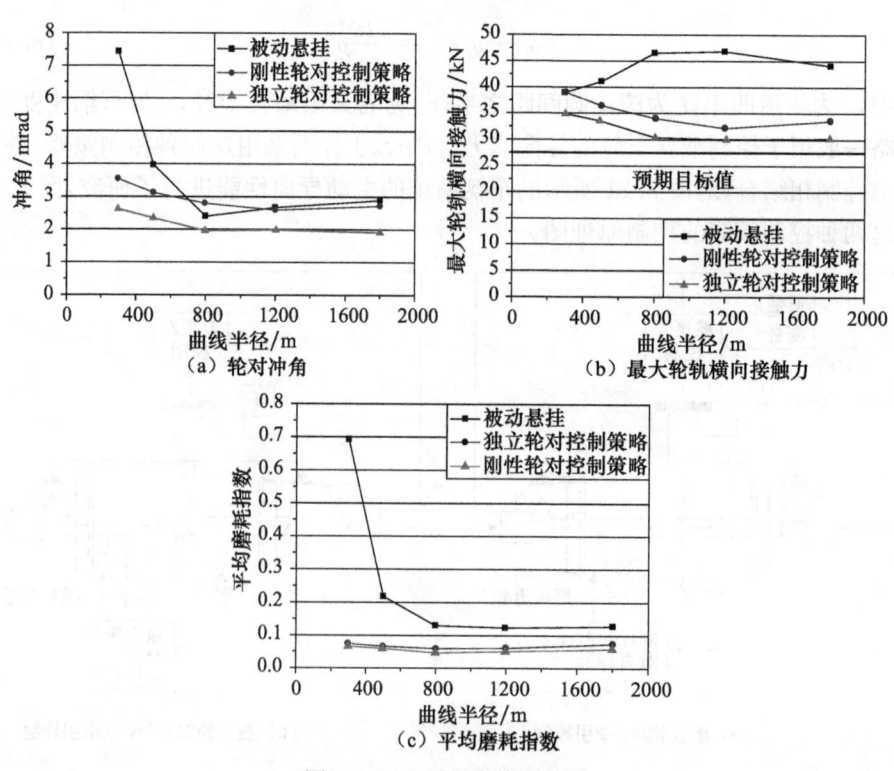

图 8.24 主动导向控制结果

图 8.25 给出了主动导向系统的 4 种实现方法,图 8.25(a)是在轮对的摇头方向施加控制力矩,这可以通过摇头作动器来实现;也可通过图 8.25(b)所示的横向作动装置来实现,该横向作动装置安装在轮对横向方向,但其不足之处是作动力可能导致车辆运行品质的恶化;对于图 8.25(c)所示的独立车轮来说,可通过图示的一对扭转力矩来控制车轮运动;还有一种较新颖的做法是将刚性轮对的车轴去掉,并将两个车轮安装在构架上,如图 8.25(d)所示,通过一个转向横拉杆来提供转向所需的横向力,这种做法与汽车的转向原理相似。

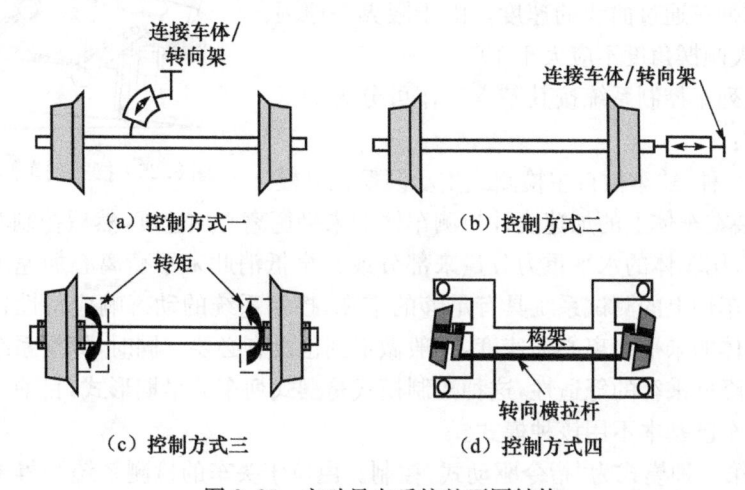

图 8.25 主动导向系统的不同结构

5. 摆式列车中的主动控制

摆式列车是在既有线路下提高运行速度,投资少、见效快的办法。摆式列车在许多国家已经投入商业运营,采用有源悬挂系统的日本 500 系和 700 系已经在新干线开通。图 8.26 为摆式列车倾摆装置图。摆式列车提速的特点是:①客货混跑线路不必做大的变动,实现速度较高的摆式客车运行;②摆式列车可提高曲线限速的 25%~40%,对山区和多曲线线路提速显著,当采用径向转向架时还可减少牵引能耗。

按摆式车体倾摆方式的不同,摆式车体可分为如下两种:

(1) 自然倾摆式,又称被动倾摆式。西班牙的 TALGO 高速列车和日本 381 系电动车组即属于被动倾摆式。车体由滚轮装置和高圆弹簧(或空气弹簧)支承,通过曲线时产生离心力,使车体自然地向曲线内侧倾摆。自然摆由于利用离心力使车体倾摆。车体倾摆角度可达 3.5°~5°。由于其倾摆装置内部的摩擦阻力,在进出曲线时,存在车体倾摆滞后现象,导致乘坐舒适性降低。

(2) 强制倾摆式,又称为主动倾摆式。车体用连杆机构支承,用作动器强制性地使其向曲线内侧倾摆,以意大利 ETR450 和瑞典 X2000 型列车为代表。强制倾摆中心可较低,车体重心移动也小。

摆式列车倾摆控制原理,是在线路实际超高的条件下,让车体在进入曲线时向轨道内侧再倾摆一个角度,相当于再增加一份超高,以使车体重力加速度横向分量可以平衡更大的离心加速度,提高摆式列车通过曲线的速度。由于限界等原因限制,最大倾摆角度不应大于 10°。

摆式列车控制系统按其基本工作可分为如下两种模式:

(1) 一种是"车辆自主检测式主动倾摆控制模式"。

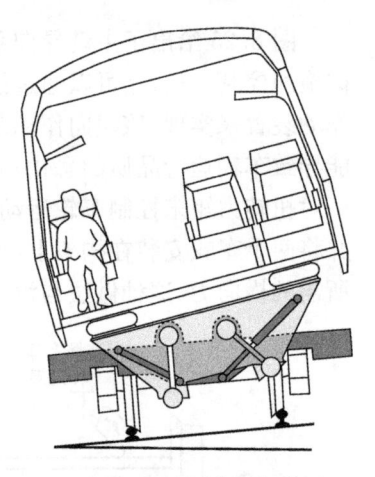

图 8.26 摆式列车倾摆装置

由装在车体上的加速度计检测车体的未平衡离心加速度,然后控制车体倾摆一个角度,用车体的水平重力分量来部分或完全抵消此未平衡离心加速度。这种模式要求车辆上的测试系统具有足够的带宽,控制系统的动态响应特性良好。完全补偿车体的未平衡离心加速度,一般做不到也没有必要。同时,倾摆系统响应过速反而会降低乘客的舒适性,这种控制模式是摆式列车的早期形式,目前实际运营的摆式列车已基本不用该种模式。

(2) 第二种模式为"指令驱动式"控制。由位于头车的检测系统测得未平衡离心加速度,并计算出所需倾摆角度作为车辆倾摆控制系统的给定倾摆指令信号,传送到后续车辆,由车辆上的智能控制器按照这一给定指令控制作动器动作使车体倾摆;指令驱动式控制方式降低了对检测系统及控制系统的带宽要求,可以根据乘客舒适度指标来优化设计倾摆控制器。

指令驱动式控制模式主要由三部分组成:曲线参数的在线检测及同步倾摆控制信号的建立(检测与控制子系统);列车数据通信部分(通信子系统);车辆智能倾摆控制器及车辆倾摆执行机构。其基本原理是当列车运行于曲线区段时,通过头车上的检测系统实时测量曲线参数,建立起用于补偿乘客所承受的未平衡离心加速度的车体倾摆给定指令信号,并通过通信系统传送到后续车辆,由车辆倾摆控制器指挥执行机构强制车体倾摆适当角度(或跟踪倾摆指令信号),从而达到抵消预期未平衡横向加速度的目的。

1) 倾摆控制系统结构

摆式列车的车辆控制系统的结构原理如图 8.27 所示,图中的 r 是参考输入信号,u 是控制器根据相应控制算法计算的倾摆控制指令。

信号滤波是在信号检测时进行的,但为了在设计控制器时更加有效地考虑由于信号滤波造成的信号时间滞后带来的影响,在控制系统结构框图中加入了滤波

第八章 机车车辆动力学新发展

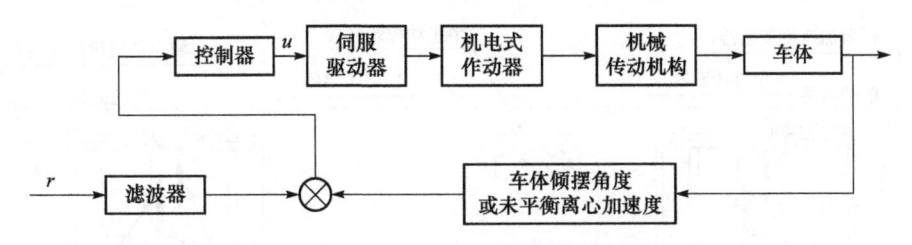

图 8.27 倾摆控制系统结构框图

器环节。

控制器可以实施开环控制,也可以采用从车体测得的未平衡加速度信号或车体实际倾摆角度作为反馈量,构成闭环控制系统的反馈信号。反馈信号的主要作用是根据通信系统传送来的给定倾摆角度产生相应的倾摆控制信号。

2) 倾摆控制系统控制策略

对摆式列车控制系统的控制策略一般要满足下面几点要求:

(1) 被控对象事实上是一个不确定性的系统,车辆在不同半径曲线、不同速度下,控制目标的大小是变化的,旅客数量的增减引起被控对象参数的变化等。

(2) 一方面为尽量消除未平衡离心加速度,要求控制系统具有良好的动态响应特性,但另一方面,响应速度过快,必然造成车体倾摆速度过快,反而影响车辆平稳性,降低乘客的舒适性;同时,由于被控对象具有较大的惯性,一味追求动态品质需要很大的控制能量,这会带来物理实现上的额外困难,鉴于此,动态响应性能方面应有一定的折中。

(3) 在综合考虑运行平稳性和动态品质的基础上,允许车体具有一定残余的未平衡离心加速度。

目前摆式列车中多使用 PID 控制策略。PID 控制是最早发展起来的控制策略之一,其算法简单,鲁棒性好且可靠性高,被广泛应用于过程控制和运动控制中,尤其适用那些可建立精确的数学模型的确定性系统。然而实际系统常常是非线性、时变和不确定的,难以建立精确的数学模型。而且在实际应用中,由于受参数整定方法繁杂的困扰,一般的 PID 控制器参数往往整定不良、性能较差,对运行工况的适应性很差。随着计算机技术和智能控制理论的发展,PID 控制方法也与这些新技术、新理论相结合,产生了智能 PID 控制方法及 PID 参数的智能整定。

6. 基于模糊控制的半主动减振器的理论研究和产品研制

姚建伟等[19]针对机车车辆半主动控制减振器进行了理论研究和产品研制,并进行了实验室、环行线和铁路正线装车试验研究。其设计的一辆机车或车辆的半主动控制减振器系统构成如图 8.28 所示,主要包括:

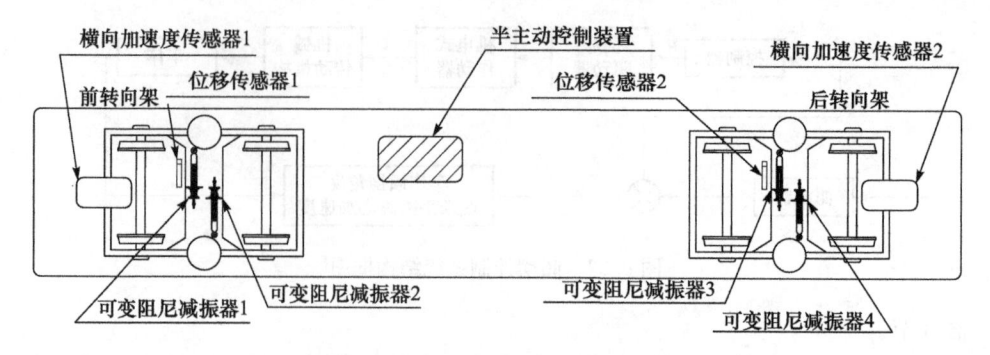

图 8.28 半主动控制悬挂系统示意图

(1) 可变阻尼减振器 4 个(每台转向架 2 个)。
(2) 车体横向加速度传感器 2 个(设置在各转向架正上方的车体上)。
(3) 二系横向位移传感器 2 个(设置在转向架和车体间)。
(4) 半主动减振器控制器一台(设置在车体上)。

如图 8.28 所示,根据车体上设置的加速度传感器和二系横向位移传感器,读取车体的横向加速度和车体与构架间的相对横向位移信号,经过数字信号处理,通过模糊控制规则,控制相应的阀驱动电压,从而驱动可变阻尼减振器,产生阻尼衰减力。若检测到半主动控制悬挂系统工作异常时,可自动切断控制电源,自动终止控制,此时,故障导向安全,其半主动控制悬挂系统作用效果与传统的被动式减振器相同。

1) 半主动控制减振器控制策略的研究

模糊控制的基本思想是用语言归纳控制规则作为控制策略,运用语言变量和模糊集合理论形成控制算法。作为模糊控制的核心部分是模糊控制器的形成。而模糊控制器就是以模糊命题形式表示的一组控制规则,经模糊推理和模糊判断决定控制量的方法。模糊控制器的工作原理如图 8.29 所示。

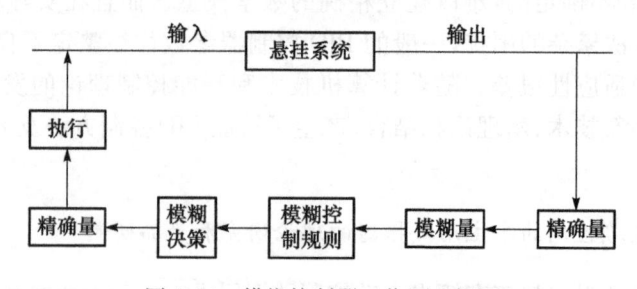

图 8.29 模糊控制器工作原理框图

模糊控制器的设计包括 3 个基本过程:模糊化——模糊推理——去模糊化。

理论上半主动控制减振器的阻尼可以根据需要在极短的时间内控制它在一个有限的范围内连续变化。

车体与转向架相对位移 $z=z_2-z_1$ 和车体加速度 a 能较好地反映机车车辆车体的振动特性，可选择它作为模糊控制器的输入量；输出量为减振器的阻尼系数 d_2，从而构成一个二维模糊控制结构。

模糊控制器的输入变量和输出变量均必须用自然语言的形式描述，而不是以数值形式给出。因此，它们不是数值变量，而是语言变量，由数值变量向语言变量变换的过程为模糊化过程。

模糊控制规则是模糊控制器的一个重要组成部分，它用语言的方式描述了控制器输入量和输出量之间的模糊关系。模糊控制规则是以逻辑推理的方式给出的。

每个模糊控制规则将形成一个模糊子关系 R_i：

$$R_1 = a(P \cdot G)Z(P \cdot G)d_2(G_r)$$
$$R_2 = a(P \cdot G)Z(P \cdot K)d_2(M_i)$$
$$R_3 = a(P \cdot G)Z(\text{NULL})d_2(K_1)$$
$$R_4 = a(P \cdot G)Z(N \cdot K)d_2(M_i) \quad (8.20)$$
$$R_5 = a(P \cdot G)Z(N \cdot G)d_2(G_r)$$
$$\cdots\cdots$$
$$R_{25} = a(N \cdot G)Z(N \cdot G)d_2(G_r)。$$

而所有模糊子关系的总和即为模糊控制器输入与输出之间的模糊关系

$$R = R_1 \bigcup R_2 \bigcup R_3 \bigcup R_4 \bigcup R_5 \cdots \bigcup R_{25} \quad (8.21)$$

这样对于任意一组模糊输入 a 和 Z 就能得到模糊输出 d_2，即

$$d_2 = (aZ) \cdot R \quad (8.22)$$

这时得到的是 d_2 论域上的一个模糊集，但是被控对象只能接受精确的控制量，这就需要进行输出信息的模糊判断，即通过加权平均的方法将模糊量转化为精确量。这样，对于任意一组确定性输入 a 和 z，就可以得到相应的确定性输出作为系统的控制量。

与经典的控制方法相比，模糊控制方法不用建立控制系统的精确数学模型，实际控制中不需要由输入量通过复杂的计算得出输出量，而只要根据模糊判据就可以得到合乎要求的输出量。其具有与经典的控制方法相同甚至更好的控制效果，且控制实时性好。

半主动控制系统几乎不消耗外部能量，同时由于仅采用可变阻尼减振器，它的安装和配置对目前定型的车型结构影响很小，使得针对现有的机车车辆悬挂系统的改进也很容易。除具有外部能耗低、控制机构简单等优势之外，半主动控制系统还具有良好的失效导向安全性，即在系统失效的情况下，半主动控制系统能迅速且

方便地转化为被动悬挂系统,可在保证列车运行平稳性指标的情况下,确保列车运行的安全性。

2) 半主动控制减振器控制器的研究

半主动控制减振器控制器由控制软件和控制硬件组成。

模糊控制方法是将输入的车体横向振动加速度和车体与转向架构架的相对位移量模糊化,通过控制决策决定输出的阻尼力大小。

控制器硬件主要由处理车体振动加速度和位移的信号调节器模块、电磁阀的驱动模块、进行控制的 CPU 控制模块和各种电源模块组成。

控制器的软件主要包括信号采集和处理软件、模糊控制方法软件、控制相应的阀驱动软件等。

3) 半主动控制减振器的试验结果

半主动控制减振器环行线装车试验结果表明,更换二系横向半主动控制减振器模糊控制方法和二系横向减振器原方案相比,140km/h 直线工况时,车体横向振动加速度最大值降低 55.5%,最大平均值降低 36.4%,160km/h 曲线(R1432)工况时,最大值降低 37.5%,最大平均值降低 27.8%,180km/h 曲线(R1432)工况时,最大值降低 16.7%,最大平均值降低 3.4%。

试验结果表明,更换二系横向半主动减振器可以保证机车运行安全性和平稳性,各项指标符合评定标准的要求。

试验结果还表明,更换二系横向半主动减振器模糊控制方法可以做到阻尼系数可调,对于降低车体横向振动加速度和降低车体垂向振动加速度都有较明显的效果,对于降低轮轴横向力也有一定效果。

除上述阐述的主动控制系统外,在机车车辆上的控制系统还包括:机车或动车牵引防空转控制系统、车辆制动和防滑器系统等,这些控制系统的参数和动态特性将对车辆系统的动力学性能产生影响。

8.3 机车车辆状态监测及故障诊断技术

列车状态监测和诊断是铁路行车重要的安全保障体系,其对及时发现车辆的早、中期故障,保证机车车辆的安全性、可靠性、维修经济性等具有重要作用。在我国铁路实施大面积提速的今天,列车安全与故障诊断已成为我国铁路运输安全领域亟待解决的重要课题。

本节首先对机车车辆状态监测及故障诊断技术的发展趋势进行简要介绍;其次阐述机车车辆走行部的故障诊断方法;最后给出几个机车车辆故障诊断技术的典型应用实例。

8.3.1 机车车辆监测诊断技术的发展趋势

利用现代技术手段开展设备的状态监测和故障诊断,始于20世纪60年代。最早开展诊断技术研究的是美国,英国和日本紧随其后,之后迅速波及世界许多国家和地区。直至20世纪90年代初,故障诊断的方法、手段和内容不断丰富,成为多种学科的重要应用领域。随着机车车辆制造和检修技术的进步,监测诊断技术的应用范围必将进一步扩展和深入,从而为铁路运输带来更高的安全性和实际效益。机车车辆监测诊断技术的发展趋势主要有以下几方面[20]。

(1) 多传感器信息融合技术的应用。对于简单零部件的诊断,采用单一信号一般可以获得有效的结果。但对于复杂的部件或系统,采用单一的物理信号通常很难得到准确的结果,如机车柴油机的故障诊断问题,应利用多种信号及先进的数据融合方法进行综合诊断,才会取得有效的诊断结论。

(2) 智能诊断方法和模式识别方法的应用。诸如人工神经网络、模糊逻辑、遗传算法等智能诊断方法,均可在机车车辆故障诊断中应用。将几种方法结合起来,特别是数据库和数据挖掘技术的应用,将进一步提高诊断的准确性和可靠性。

(3) 车载和道旁监测诊断装置将得到进一步发展。经过多年的开发和应用,地面的和便携式的诊断设备取得了很大进步,积累了一定的经验。近年来车载和道旁监测装置逐渐呈现出较快的发展态势,无论在功能上还是性能上,对于确保安全所需的部件或系统,均可开发相应的监测装置,进行故障的早期诊断,发现故障能及时处理,以适应进一步提速、重载和长交路运输的需要。

(4) 监测诊断装置向集成化、综合化方向发展。车载监测诊断装置的功能将进一步扩展,逐步实现车上所有重要部件或子系统的随车监测,而监测装置逐步集成化和小型化。地面监测装置也将相互联合进行功能的集成,如对热轴探测系统、轴承声学探测系统、车轮检测系统、车辆性能监测系统等将进行整合与集成,构建统一的数据库系统,提高管理效率。

(5) 网络化监测及远程诊断技术的开发和应用。通信和计算机网络技术的发展,使现代机车车辆可以利用各种有线和无线网络,增强通信能力,提高监测诊断的有效性和实时性,提高数据集成和管理的效率。道旁监测系统可利用Internet及各种专用网络,车载监测装置可利用的有线网络包括各种现场总线(如CAN、LonWorks、WorldFip、MVB等)及工业以太网,无线网络包括GPS、GSM、GSM-R、GPRS、CD-MA等。智能化技术、网络化技术和信息化技术的应用,也是我国铁路安全技术装备的近期发展方向。

8.3.2 状态监测及故障诊断方法

一个车辆状态监测系统主要由两部分组成:车辆系统运行中的输入输出信号的采集、拾取部分;系统输出信号的数字处理和分析部分,如图8.30所示。

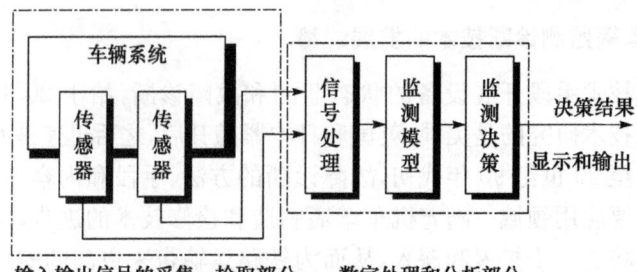

图 8.30　机车车辆运行状态监测系统的功能块组成图

近十年来,针对机车车辆走行部动力学部件状态的在途检测和诊断技术的研究日趋受到重视。早期的机车车辆状态监测技术比较简单,主要采用基于测量响应信号分析和基于知识的故障诊断方法(knowledge-based approach),由于采用的方法过于简单,其监测、诊断结论的准确性不高。之后,随着机车车辆动力学建模技术的发展,基于车辆动力学模型的故障诊断方法(model-based approach)逐渐成为学者们研究的重点。文献[21]利用 Kalman 滤波技术,通过计算动力学系统的加权新息和是否超过预设的门限值来诊断机车车辆走行部二系横向阻尼元件的故障。文献[22]研究了一种利用传感器观测值的互相关系数 CCF 来进行走行部阻尼元件故障诊断与分离的方法,并验证了该方法在传感器测量噪声为 1% 时的鲁棒性。文献[23]研究了二系空簧故障的频域监测诊断方法,获得了较好的监测效果。文献[24]将 Rao-Blackwellized 粒子滤波技术引入机车车辆走行部二系横向阻尼元件的状态监测和故障诊断领域,结合阿尔斯通公司制造的 175 辆 Coradia 车的实测数据验证了该技术的有效性。现有文献从不同的角度对机车车辆走行部二系动力学部件的状态监测和故障诊断方法进行了分析。

下面以基于 Kalman 滤波方法的机车车辆走行部故障诊断为例,简述基于模型的车辆走行部故障诊断方法。

1. 故障模型的建立

当机车车辆走行部动力学部件发生故障时,部件动力学性能参数(如刚度、阻尼系数等)的改变将会引起车辆动力学响应特性的改变。一般情况下,部件动力学性能参数难以在线直接测量,因此,研究如何利用易测量的动力学响应信号(如车体、转向架、轴箱加速度信号等)的变化量在线间接检测系统的故障发生与否以及诊断故障发生的部位成为了研究工作的重点。

基于模型的故障诊断方法研究的前提是建立有效合理的车辆动力学模型,Kalman 滤波器是针对线性系统的滤波理论,而机车车辆动力学系统属于非线性系统,因此需要建立其等效线性模型。线性化后的机车车辆运行的状态空间方程表示为

$$x' = Ax + Bu \tag{8.23}$$

观测方程表示为

$$y = Cx + v \tag{8.24}$$

式(8.23)和式(8.24)中,A、B 为状态空间系数矩阵,包含了机车车辆各部件动力学性能参数。与一般的机车车辆动力学模型不同的是,故障诊断模型需要设置专门的故障参数。u 为系统输入噪声向量;v 代表观测噪声向量;C 为观测矩阵。

2. Kalman 滤波器的设计

自卡尔曼于 1960 年发表了他著名的用递归方法解决离散数据线性滤波问题的论文以来,Kalman 滤波技术逐渐成为基于模型的故障检测与诊断方法所采用的主要技术。Kalman 滤波技术用反馈控制的方法估计过程状态,利用上一时刻的测量值来估计当前时刻的状态变量,并利用当前时刻的测量值对状态变量进行修正。将 Kalman 滤波技术用于机车车辆走行部故障诊断时,可以将机车车辆振动响应的可测参数作为观测量,对状态变量进行最优估计,并利用状态估计过程中的新息对故障进行检测。与此同时,观测信号所表现出来的某些时、频特征信息也可以作为故障检测的辅助方法及故障部位确定的依据。

实际应用过程中,传感器得到的信号均为离散数据,因此,将车辆的状态空间方程(8.23)和观测方程(8.24)离散化后得到离散时间过程的状态描述。

$$\begin{aligned} x_k &= Fx_{k-1} + \Gamma w_k \\ y_k &= Hx_k + v_k \end{aligned} \tag{8.25}$$

式中,F、Γ 为常值矩阵。当离散数据的采样周期为 T 时,$F = e^{AT}$,$\Gamma = \int_0^T e^{At} \cdot B \cdot dt$。$w_k$、$v_k$ 为一定长度的高斯白噪声,且满足

$$\begin{aligned} E(w_k) &= E(v_k) = 0 \\ E(w_k w_k^T) &= Q \\ E(v_k v_k^T) &= R \end{aligned} \tag{8.26}$$

式中,对于机车车辆系统而言,w_k 与实际轨道不平顺输入有关,但是在实际运用中,系统的输入是随机不可预估的,因此一般用近似的方法来估算。Q 有多种估算方法,其中具有代表性的是文献[25]中的方法,考虑到车辆系统的输入与速度有关,采用 $Q = A_r \cdot 4\pi^2 v^2$ 来代表系统输入的协方差,其中 A_r 为轨道不平顺系数,其大小依据经验给定。Kalman 滤波技术实现状态变量的估计的过程包含两部分,即对状态变量的预测和校正,上述系统的 Kalman 滤波器方程表示如下。

Kalman 滤波器状态预测方程:

$$\begin{aligned} \hat{x}_{k|k-1} &= F\hat{x}_{k-1} \\ P_{k|k-1} &= FP_{k-1}F^T + \Gamma Q \Gamma^T \end{aligned} \tag{8.27}$$

式中，$\hat{x}_{k|k-1}$ 是已知上一时刻的观测值 y_{k-1} 时对 x_k 的估计值；$\hat{x}_k$ 是在最新测量值 y_k 基础上的修正值；$P_{k|k-1}$ 为先验估计误差的协方差；P_k 为后验估计误差的协方差；K_k 称为残差的增益，其作用是使后验估计误差协方差最小。

Kalman 滤波器状态校正方程：

$$K_k = P_{k|k-1} H^T \left[H P_{k|k-1} H^T + R \right]^{-1}$$
$$\hat{x}_k = \hat{x}_{k|k-1} + K_k r_k \quad (8.28)$$
$$P_k = (I - K_k H) P_{k|k-1}$$

式中，$r_k = y_k - H \hat{x}_{k|k-1}$ 称为新息，在系统无故障、正常运行情况下，Kalman 滤波器对系统状态估计的新息 r_k 服从零均值高斯白噪声分布，其协方差表达式为

$$Q_r = H P_{k|k-1} H^T + R \quad (8.29)$$

当系统出现故障时，可以通过检测加权残差平方 WSR(weighted squared residual)的值来判断是否发生故障，WSR 表示为

$$l_k = r_k^T Q_r^{-1} r_k \quad (8.30)$$

在实际运用中，通常用加权平方残差的和 WSSR(weighted sum squared residual)对故障进行放大，以方便检测。WSSR 的表达式为

$$d_k = \sum_{j=k-W+1}^{k} l_j = \sum_{j=k-W+1}^{k} r_j^T Q_r^{-1} r_j \quad (8.31)$$

式中，W 为加权平方残差求和的滑动窗的长度。利用上述 Kalman 滤波器进行机车车辆走行部故障诊断的原理如图 8.31 所示。

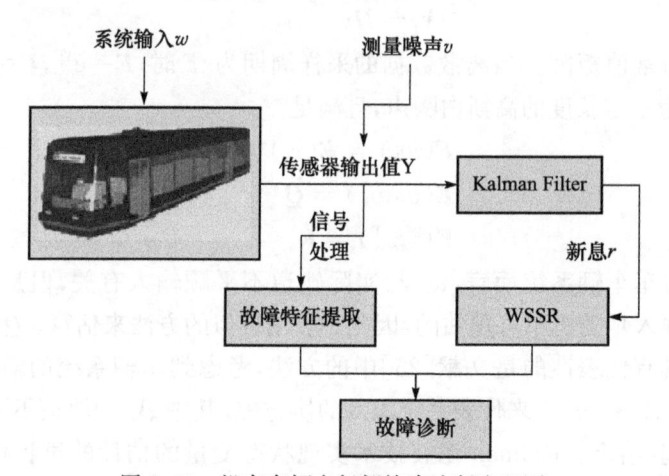

图 8.31　机车车辆走行部故障诊断流程图

8.3.3　机车车辆故障诊断技术应用实例

车辆状态监测技术主要监测以下几个方面的故障：

(1) 轮对轴承的工作状态及润滑脂的使用寿命。
(2) 车轮廓形状态。
(3) 转向架的蛇行运行稳定性。
(4) 脱轨安全性能。
(5) 车辆动力系统的运行状态,如牵引电机、齿轮箱和万向轴。
(6) 车辆的不平衡及共振情况。
(7) 轨道状态。

下面将选取高速车辆垂向和横向悬挂系统的故障诊断实例进行介绍。

1. 高速车辆垂向故障诊断系统

1) 诊断模型

机车车辆现场运行实践表明,走行部阻尼元件较其他部件更容易发生故障,而且其故障特征在运营期间不容易被检测到。因此针对走行部一系垂向阻尼元件的故障,建立如第三章图 3.27 所示的某客车垂向动力学系统故障模型。该车辆系统的动力学微分方程表示为:

$$MZ'' + CZ' + KZ = C_{fl}z'_{vl} + C_{fr}z'_{vr} + K_{fl}z_{vl} + K_{fr}z_{vr} \tag{8.32}$$

式中,$Z = \{Z_c, \Phi_c, Z_{b1}, \Phi_{b1}, Z_{b2}, \Phi_{b2}\}$,$Z_c$、$\Phi_c$ 分别为车体的浮沉和点头振动自由度,Z_{b1}、Φ_{b1}、Z_{b2}、Φ_{b2} 分别为前后转向架的浮沉与点头振动自由度;$z_{vl} = \{z_{vl1}, z_{vl2}, z_{vl3}, z_{vl4}\}^T$ 为左轨的垂向不平顺输入,$z_{vr} = \{z_{vr1}, z_{vr2}, z_{vr3}, z_{vr4}\}^T$ 为右轨的垂向不平顺输入,z_{vl1}、z_{vl2}、z_{vl3}、z_{vl4} 之间按车辆轴距 l 与定距 L 设置输入延时。

车辆运行的状态空间方程表示为

$$x' = Ax + Bu \tag{8.33}$$

车辆共设置了六个传感器,分别用来监测车体和前后转向架的垂向振动加速度及点头振动角加速度。观测变量为 $y = [\ddot{Z}_c, \ddot{\Phi}_c, \ddot{Z}_{b1}, \ddot{\Phi}_{b1}, \ddot{Z}_{b2}, \ddot{\Phi}_{b2}]^T$,观测方程如下:

$$y = Cx + v \tag{8.34}$$

在仿真计算中,假设观测噪声 v 的协方差为 $R = 0.001$,这样既有效考虑了测量噪声,又保证了 Kalman 滤波器在监测状态变量时具有较好的跟随性。上述车辆系统的各个参数如表 8.6 所示。

表 8.6 车辆参数表

参　数	参数说明	参数值	单　位
M_c	车体质量	44236	kg
M_b	转向架质量	2439	kg
k_s	二系刚度	182	kN/m
k_p	一系刚度	950	kN/m

续表

参　数	参数说明	参数值	单　位
L	车辆的定距之半	17.375	m
I_c	车体点头转动惯量	2060000	kg·m²
I_b	转向架点头转动惯量	1205	kg·m²
c_s	二系阻尼	13.0	kN·s/m
$c_{pij}(i=1\sim2,j=1\sim4)$	一系阻尼	10.4	KN·s/m
l	轴距之半	2.5	m

2) 故障特征分析

在上述所列车辆垂向振动模型的基础上，给定车辆运行速度 $v=100\text{km/h}$，利用卡尔曼滤波技术对每一时间步长（$\Delta t=0.0025\text{s}$，采样频率 $f=0.4\text{kHz}$）的传感器输出值进行实时监测。在前 10s，车辆状态正常，后 10s 设置车辆故障，所设置的故障为硬故障，即考虑系统部件突然发生故障时的情况。

为了分析车辆在不同故障状态下的振动特性，对前转向架四个一系垂向阻尼器依次发生故障时（阻尼系数减为 50%）前转向架点头角加速度信号频谱进行了比较。由图 8.32 所示的频谱分布的变化规律可知，随着故障程度的加深，车辆振动响应逐渐呈现出一定规律，即故障特征越来越明显。当四个阻尼器全部发生故障时，前转向架点头角加速度信号频谱在 20～30Hz 频段内分布较单个阻尼器故障明显增加。而这种特性在后转向架及车体振动加速度频谱上表现不明显。

可见，前转向架一系垂向阻尼出现故障时的故障特征信息主要体现在前转向架点头角加速度信号 20～30Hz 频段内。因此，可以依据车辆所表现出来的这种故障特征来进行故障检测与故障定位。

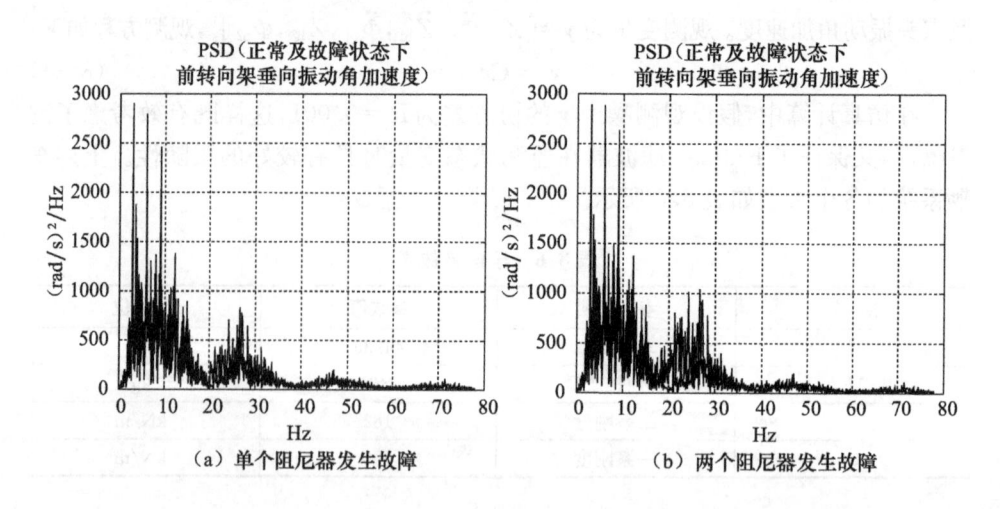

(a) 单个阻尼器发生故障　　(b) 两个阻尼器发生故障

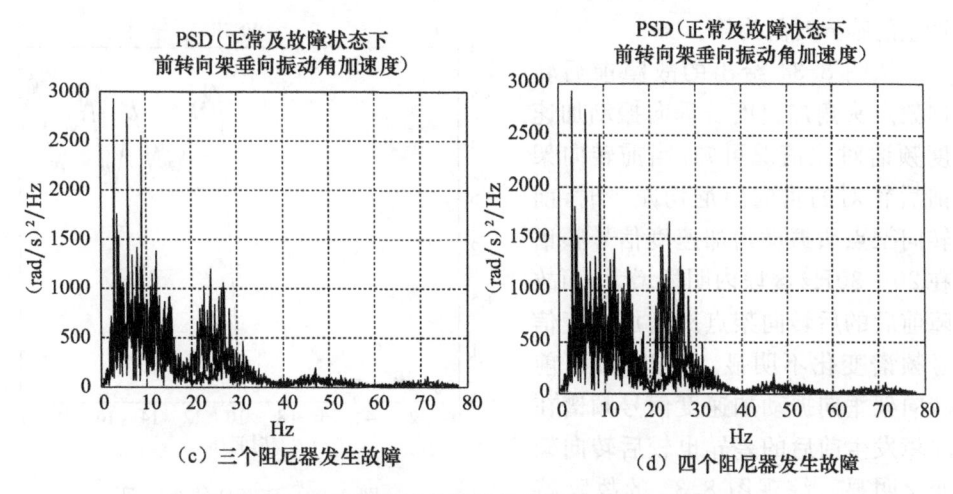

(c) 三个阻尼器发生故障　　　　　　(d) 四个阻尼器发生故障

图 8.32　阻尼器故障前后前转向架垂向角加速度频谱
虚线:无故障；实线:带故障

为了进一步验证车辆所表现出来的故障特性,对故障前后前转向架点头角加速度信号的 RMS 值进行了统计。随着故障严重程度的增加,带故障的 RMS 值较正常状态下的 RMS 值增加的情况如表 8.7 所示。当前转向架四个一系垂向阻尼都发生故障时,RMS 值增大为正常值的 58%。对故障前后前转向架点头角加速度信号进行 20~30Hz 带通滤波处理后再求其 RMS 值,滤波信号的 RMS 值增大的幅度随着故障程度的加深表现十分明显。对应四个垂向阻尼器故障情况下,增加幅度为 316%,可见,通过信号处理技术可以增强测量信号的故障特征信息,有助于早期故障的监测。

表 8.7　不同故障程度下观测信号的 RMS 值对比

故障情况	正常时前转向架点头角加速度 RMS 值 滤波前	20~30Hz 滤波	故障时前转向架点头角加速度 RMS 值 滤波前		20~30Hz 滤波	
$c_{p11} \times 50\%$	2.6022	0.5386	3.3133	↑27%	1.0941	↑103%
$c_{p11}, c_{p12} \times 50\%$			3.5717	↑37%	1.5432	↑187%
$c_{p11}, c_{p12}, c_{p13} \times 50\%$			3.7177	↑43%	1.7131	↑218%
$c_{p11}, c_{p12}, c_{p13}, c_{p14} \times 50\%$			4.1257	↑58%	2.2402	↑316%

3) 诊断结果分析

对应于前转向架四个垂向阻尼系数减少为原来的 50% 的故障情况,将滑动矩形窗的长度取为 $W=300$(监测时间为 750ms),故障前后 WSSR 的变化如图 8.33 所示,后 10s 内 WSSR 的值陡增,通过监测 WSSR 值的大小可以有效诊断出故障产生的临界时间为第 10s。

从图 8.34 给出的故障前后转向架点头角加速度及垂向振动加速度频谱对比情况可知：当前转向架前后轮对的垂向阻尼均减少时，前转向架点头振动角加速度信号频谱在 20～30Hz 区段内明显增大，而故障前后的后转向架点头角加速度信号频谱变化不明显。与此同时，前转向架垂向振动加速度信号频谱在故障发生前后的差异也较后转向架变化明显。综观图 8.34 的故障特性对比情况，可以初步判断故障发生在前转向架垂向阻尼上。

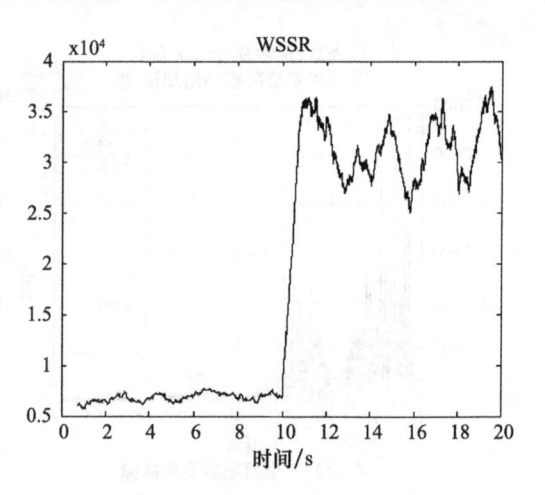

图 8.33 WSSR 的变化图

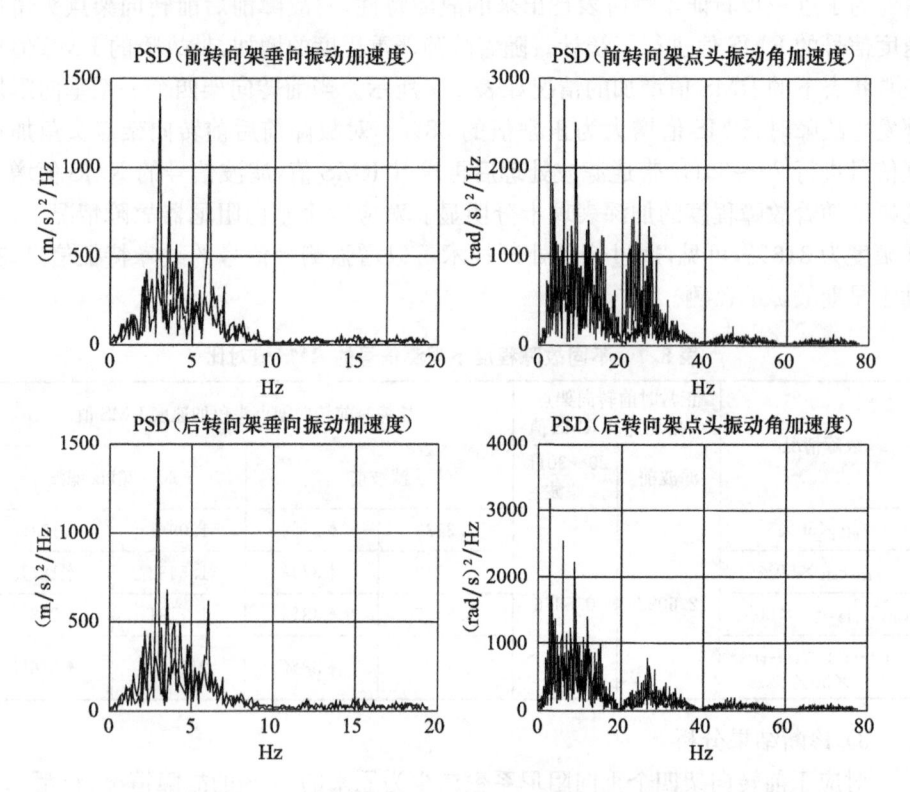

图 8.34 前后转向架点头振动角加速度及垂向振动加速度频谱对比图
虚线：无故障；实线：带故障

因此，通过基于模型诊断和信号处理诊断方法的融合，不仅可以提高故障监测的准确率，还可以进行故障的初步定位，增加了诊断技术的实用性。

2. 高速客车横向故障诊断系统

机车车辆制造厂进行的可靠性分析和失效模式、影响及危害程度分析（FME-CA）表明[26]：高速客车的二系横向减振器和抗蛇行减振器与其他元件相比具有相对较低的可靠性且其故障不易被及早发现。二系横向减振器对车辆的运行品质有重要影响，抗蛇行减振器性能会影响车辆的蛇行运行稳定性。因此对其状态进行监测和诊断至关重要，Li P 等将 Rao-Blackwellized 粒子滤波技术（RBPF）引入机车车辆走行部二系横向阻尼元件的状态监测和故障诊断领域，并取得了很好的监测效果，以下对该方法进行简要介绍。

1) 故障模型

对于如图 8.35 所示的半车横向振动模型，其振动方程为

$$My'' + Cy' + Ky = \Pi u \tag{8.35}$$

式中，$y = \{y_{w1}, \psi_{w1}, y_{w2}, \psi_{w2}, y_b, \psi_b, y_{bd}\}^T$，$y_{w1}$、$\psi_{w1}$、$y_{w2}$、$\psi_{w2}$ 分别为前、后轮对的横移和摇头振动自由度，y_b、ψ_b 为转向架的横移和摇头振动自由度，y_{bd} 为车体的横移振

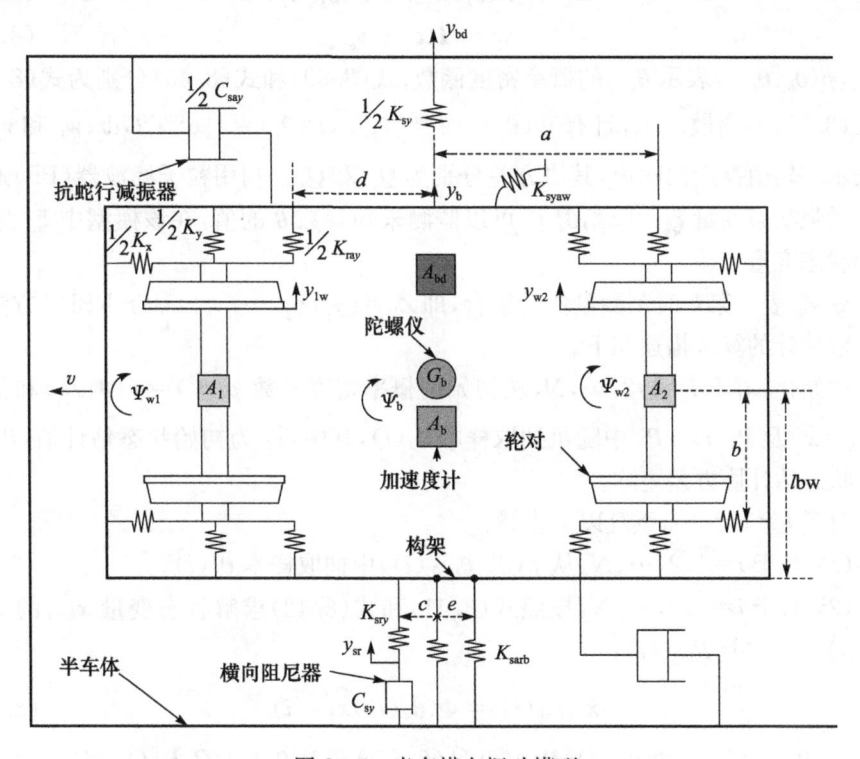

图 8.35 半车横向振动模型

动自由度；$u=\{y_{sr}, d_1, d_2\}^T$，y_{sr} 为二系横向阻尼节点位移，d_1、d_2 为轮对相对于轨道的横向位移，其表达式为 $d_1=y_{w1}-y_{t1}$，$d_2=y_{w2}-y_{t2}$，y_{t1}、y_{t2} 为左右轨的横向不平顺输入。

该系统的状态方程可写为

$$\dot{x}=Ax+G\beta \tag{8.36}$$

式中：$x=[\dot{y}_{w1}, y_{w1}, \dot{\psi}_{w1}, \psi_{w1}, \dot{y}_{w2}, y_{w2}, \dot{\psi}_{w2}, \psi_{w2}, \dot{y}_b, y_b, \dot{\psi}_b, \psi_b, \dot{y}_{bd}, y_{bd}, y_{sr}, d_1, d_2]^T$，取观测变量为 $Y=[\ddot{y}_{w1}, \ddot{y}_{w2}, \ddot{y}_b, \ddot{\psi}_b, \ddot{y}_{bd}]^T$，观测方程表示为

$$Y=Hx+v \tag{8.37}$$

式中，v 代表观测噪声向量；H 矩阵为观测矩阵。

二系横向减振器阻尼系数 C_{sy} 和抗蛇行减振器的阻尼系数 C_{say} 的改变将会使方程 (8.36) 中的矩阵 A 发生改变，因此随着减振器故障的产生，矩阵 A 为时变的矩阵，表示为 $A(\theta)$，且 $\theta=[C_{sy}, C_{say}]^T$。

2) RBPF 参数估计方法

假设输出值可表示为

$$\theta_k \sim p(\theta_k|\theta_{k-1}) \tag{8.38}$$

$$x_k=\Phi(\theta_k)x_{k-1}+\Gamma(\theta_k)w_k \tag{8.39}$$

$$y_k=Hx_k+v_k \tag{8.40}$$

式中，$p(\theta_k|\theta_{k-1})$ 表示 θ_{k-1} 的概率密度函数；式 (8.39) 和式 (8.40) 分别为式 (8.36) 和式 (8.37) 的离散表示，且有 $\Phi(\theta_k)=\mathrm{e}^{A(\theta)T}|_{\theta=\theta_k}$，$\Gamma(\theta_k)=\int_0^T \mathrm{e}^{A(\theta_k)t}G\mathrm{d}t$；$w_k$ 和 v_k 分别表示零均值高斯白噪声，其协方差分别为 Q_w 和 Q_v。利用粒子滤波器（PF）通过估计增强状态变量 $\xi_k=[x_k^T, \theta_k^T]^T$ 可以监测未知参数 θ 的值，在该模型中 ξ_k 为 19 维的状态变量。

令 Z_k 表示第 k 时刻测量值的集合，即 $Z_k=\{y_1, y_2, \cdots, y_k\}$，基于 RBPF 方法进行参数估计的算法描述如下。

初始化：对于 $i=1, 2, \cdots, N$，从初始的概率密度函数 $p(\theta_0)=p(\theta|Z_0)$ 和集合 $\hat{x}_0(i)=\hat{x}_0$ 及 $P_0(i)=P_0$ 中随机抽取样本 $\theta_0(i)$，其中，$\hat{x}_0$ 为初始状态估计值，P_0 为初始状态估计协方差矩阵。

对于 $k=1, 2, \cdots$，重复以下步骤：

(1) 对于 $i=1, 2, \cdots, N$，从 $p(\theta_k|\theta_{k-1}(i))$ 中抽取样本 $\tilde{\theta}_k(i)$。

(2) 对于 $i=1, 2, \cdots, N$，按照式 (8.41) 和式 (8.42) 求解状态变量 x_{k-1} 的均值 $x_{k-1}(i)$ 和协方差 $P_{k-1}(i)$：

$$\tilde{x}_{k|k-1}(i)=\Phi(\tilde{\theta}_k(i))\hat{x}_{k-1}(i) \tag{8.41}$$

$$\tilde{P}_{k|k-1}(i)=\Phi(\tilde{\theta}_k(i))P_{k-1}(i)\Phi^T(\tilde{\theta}_k(i))+\Gamma(\tilde{\theta}_k(i))Q_w\Gamma^T(\tilde{\theta}_k(i)) \tag{8.42}$$

(3) 对于 $i=1,2,\cdots,N$,评估并归一化权重系数:

$$\widetilde{\boldsymbol{\alpha}}_k(i) = p(\boldsymbol{y}_k \mid \boldsymbol{Z}_{k-1}, \widetilde{\boldsymbol{\theta}}_k(i)) \sim N(\widetilde{\boldsymbol{y}}_{k|k-1}(i), \widetilde{\boldsymbol{R}}_k(i)) \tag{8.43}$$

$$\boldsymbol{\alpha}_k(i) = \frac{\widetilde{\boldsymbol{\alpha}}_k(i)}{\sum_{j=1}^N \widetilde{\boldsymbol{\alpha}}_k(j)} \tag{8.44}$$

式中,

$$\widetilde{\boldsymbol{y}}_{k|k-1}(i) = \boldsymbol{H}\widetilde{\boldsymbol{x}}_{k|k-1}(i) \tag{8.45}$$

$$\widetilde{\boldsymbol{R}}_k(i) = \boldsymbol{H}\widetilde{\boldsymbol{P}}_{k|k-1}(i)\boldsymbol{H}^\mathrm{T} + \boldsymbol{Q}_v \tag{8.46}$$

(4) 按下式进行参数估计:

$$\widehat{\boldsymbol{\theta}}_k = \sum_{i=1}^N \boldsymbol{\alpha}_k(i)\widehat{\boldsymbol{\theta}}_k(i) \tag{8.47}$$

(5) 对粒子 $\{\widetilde{\boldsymbol{x}}_{k|k-1}(i),\widetilde{\boldsymbol{P}}_{k|k-1}(i),\widetilde{\boldsymbol{\theta}}_k(i),i=1,2,\cdots,N\}$ 进行再抽样,使样本概率正比于 $\boldsymbol{a}_k(i)$ 以获得 N 个粒子 $\{\widehat{\boldsymbol{x}}_{k|k-1}(i),\boldsymbol{P}_{k|k-1}(i),\boldsymbol{\theta}_k(i),i=1,2,\cdots,N\}$。

(6) 对于 $i=1,2,\cdots,N$ 及给定的 $\{\widehat{\boldsymbol{x}}_{k|k-1}(i),\boldsymbol{P}_{k|k-1}(i),\boldsymbol{\theta}_k(i)\}$,采用 Kalman 方法递归更新测量值,即

$$\widehat{\boldsymbol{x}}_k(i) = \widehat{\boldsymbol{x}}_{k|k-1}(i) + \boldsymbol{K}_k(i)(\boldsymbol{y}_k - \boldsymbol{H}\widehat{\boldsymbol{x}}_{k|k-1}(i)) \tag{8.48}$$

$$\boldsymbol{P}_k(i) = (\boldsymbol{I} - \boldsymbol{K}_k(i)\boldsymbol{H})\boldsymbol{P}_{k|k-1}(i) \tag{8.49}$$

$$\boldsymbol{K}_k(i) = \boldsymbol{P}_{k|k-1}(i)\boldsymbol{H}^\mathrm{T}\boldsymbol{R}_k^{-1}(i) \tag{8.50}$$

$$\boldsymbol{R}_k(i) = \boldsymbol{H}\boldsymbol{P}_{k|k-1}(i)\boldsymbol{H}^\mathrm{T} + \boldsymbol{Q}_v \tag{8.51}$$

3) 结果分析

采样频率取为 1kHz,图 8.36 为粒子数取为 1000 时,分别对二系横向减振器阻尼系数 C_{sy} 及抗蛇行减振器的阻尼系数 C_{say} 的状态估计结果,由图可知,状态估计结果很快收敛到真实值。

(a) 二系横向减振器阻尼系数 C_{sy}

(b) 抗蛇行减振器的阻尼系数 C_{say}

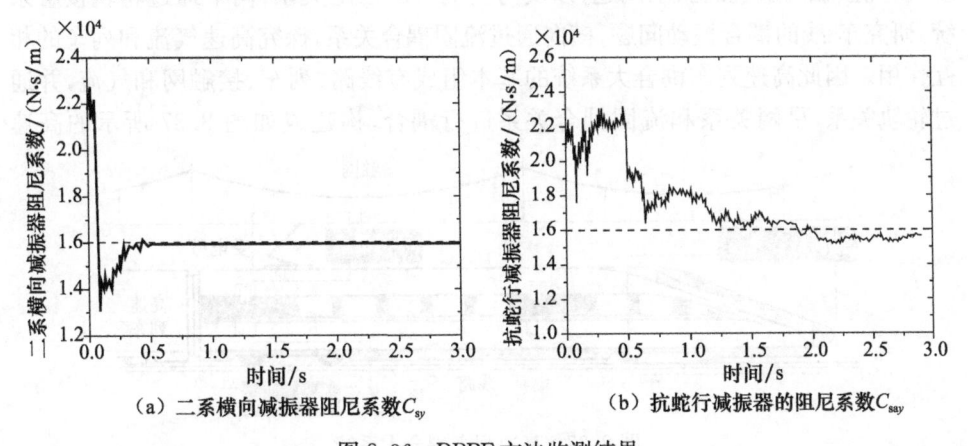

图 8.36 RBPF 方法监测结果

8.4 高速铁路大系统耦合研究体系及其系统建模

传统的车辆系统动力学是以车辆为研究对象,对车辆系统的动力学性能进行研究。随着列车运行速度的提高,列车与线路、接触网等固定设施的相互作用加剧,与此同时还会受到气流的强烈作用,高速列车在启动加速和紧急制动时,纵向系统的惯性在短时间内发生急剧的变化,零部件的变形率高,速度越高,空气阻力越大,各部分结构弹性和刚性振动加速度也越大。因此对高速铁路而言,应拓展现有车辆系统动力学的研究范畴,建立考虑线路、列车、弓网和气流耦合作用的高速轮轨系统动力学这样一个完整的大系统动力学仿真模型。

本节将对高速铁路大系统耦合研究体系及其建模方法进行简要介绍。

8.4.1 高速列车耦合大系统的基本构成

对于高速铁路系统来说,它是弹柔性体(接触网)、多刚体(主要指机车车辆结构)、连续弹性体(钢轨)、离散体(枕木)、板壳(板式轨道)、非规则碎散堆积体(石碴道床)和土结构(路基)等组成的混合结构系统,而且列车还要和流体(空气介质)相互作用。因此,高速列车耦合大系统动力学研究首先需要突破传统的建模方式,一方面要考虑系统的耦合作用问题,构建包括线路、列车、接触网和气流子系统在内的大系统模型;另一方面,应考虑由多体和多态组成的混合耦合系统的系统建模问题,实现复杂混合系统的一体化建模。

近十年来,研究学者们[27,28]提出了高速列车耦合大系统动力学的研究理念,将研究的主体从车辆系统拓展到了列车耦合大系统。该高速列车耦合大系统动力学以轮轨相互作用模型为基础,以传统的车辆系统动力学为核心,向上通过弓网系统,研究接触网系统的振动问题,以及与受电弓的匹配关系;向下通过轮轨接触系统,研究车-线的耦合振动问题;横向通过流固耦合关系,探究高速气流和列车的相互作用。因此高速列车耦合大系统的基本组成有线路、列车、接触网和气流,并通过轮轨关系、弓网关系和流固耦合关系进行耦合,构建成如图 8.37 所示的高速

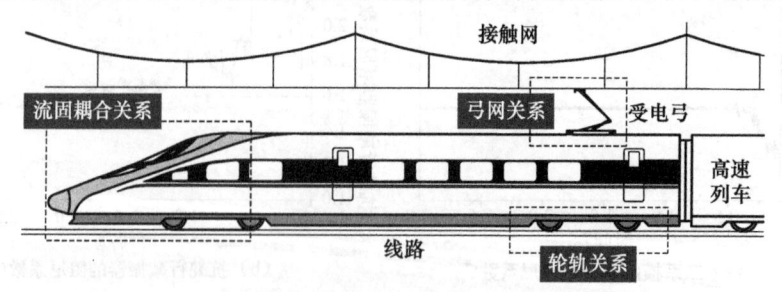

图 8.37 高速列车耦合大系统

列车耦合大系统。

由于列车是通过轮轨接触点和弓网接触点与线路和接触网实现耦合作用,在高速列车耦合大系统模型建立时,可以采用子结构方法,分别列出接触网、受电弓、动车组、钢轨、线路以及气流的运动微分方程,然后考虑各子系统之间的运动和力的耦合作用,构建成完整的轮轨系统的动力学模型。模型框架如图 8.38 所示。

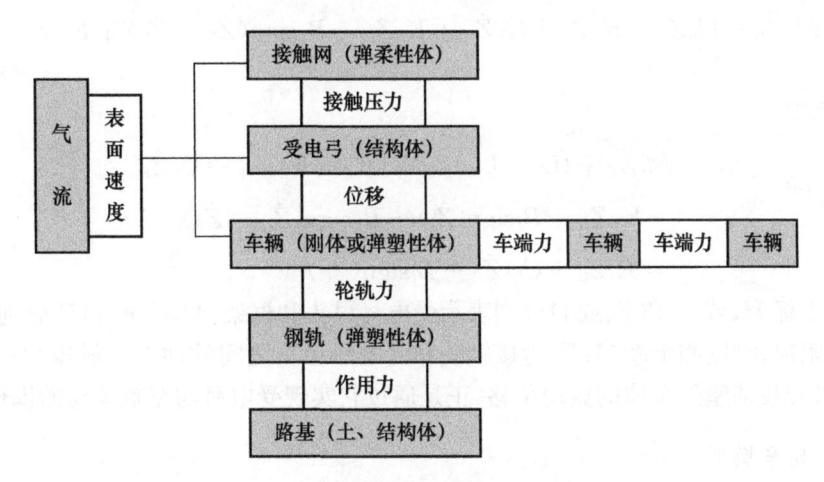

图 8.38 高速列车耦合大系统动力学模型框图

1. 弓网系统数学模型

图 8.38 中,接触网模型采用弹性梁模型,由于弓网振动属于低频振动,因此,接触网中的承力索和接触线可以采用欧拉梁模型。由于接触网的垂向振动对弓网受流影响较大,因此,考虑接触网的垂向振动,其垂向运动方程可描述成四阶偏微分方程:

承力索

$$EI_M \frac{\partial^4 z}{\partial x^4} - T_M \frac{\partial^2 z}{\partial x^2} + \rho_M \frac{\partial^2 z}{\partial t^2} + \eta_M \frac{\partial z}{\partial t} = -\Sigma P_i \delta(x - x_i) \quad (8.52)$$

接触线

$$EI_C \frac{\partial^4 z}{\partial x^4} - T_C \frac{\partial^2 z}{\partial x^2} + \rho_C \frac{\partial^2 z}{\partial t^2} + \eta_C \frac{\partial z}{\partial t} = \Sigma F_i \delta(x - x_i) + \Sigma P_i \delta(x - x_i)$$

$$(8.53)$$

式中,下标 M 和 C 分别表示承力索和接触线;EI 为抗弯刚度;T 为张力;ρ 为线密度;η 为阻尼系数;P_i 为承力索和接触线之间吊弦作用力;F_i 为接触线和受电弓弓头之间的接触压力;正是通过 F_i 实现接触网与受电弓的耦合。

受电弓本身是机构体,但一般可简化为等效化的多刚体模型,弓网之间通过接触压力实现耦合作用。由于受电弓的质量很小,在车辆振动计算中可以忽略受电弓的作用,但是,受电弓基座固结在车体上,车体的振动状态很大程度上决定了受电弓的振动行为,可通过受电弓基座的位移和车体位移的协调性实现它们之间的耦合作用。受电弓的模型可以采用杆系结构模型。但过去一般采用多质量块的受电弓垂向模型,例如,

弓头

$$M_h\ddot{Z}_H - U_h\dot{Z}_F - K_hZ_F + U_h\dot{Z}_H + K_hZ_H + B_h\text{sign}(\dot{Z}_H - \dot{Z}_F) + F_i = 0 \tag{8.54}$$

框架

$$\begin{aligned}&M_f\ddot{Z}_F + (U_f + U_h)\dot{Z}_F + (K_f + K_h)Z_F - U_h\dot{Z}_H \\ &- K_hZ_H + B_f\text{sign}(\dot{Z}_f) - B_h\text{sign}(\dot{Z}_H - \dot{Z}_F) \\ &= K_fZ_C + C_fx\dot{Z}_C + B_f\text{sign}(\dot{Z}_C)\end{aligned} \tag{8.55}$$

式中,下标 H(或 h)和 F(或 f)分别表示受电弓弓头和框架;M,C,K 和 B 分别表示质量、阻尼、刚度和干摩擦;F_i 为接触线和受电弓弓头之间的动态接触压力;Z_C 为受电弓安装基座处车体的振动位移,正是通过它实现受电弓与车辆运动的耦合。

2. 列车模型

传统的车辆模型一般采用多体系统动力学模型,列车模型由车辆模型通过耦合减振系统耦合而成,如果采用基于循环变量法的列车系统动力学仿真方法,其中第 i 节车的车辆数学模型可写成

$$\boldsymbol{M}_i\ddot{\boldsymbol{Z}}_i + \boldsymbol{C}_i\dot{\boldsymbol{Z}}_i + \boldsymbol{K}_i\boldsymbol{Z}_i = \boldsymbol{P}_i + \boldsymbol{f}_i \tag{8.56}$$

式中,$\boldsymbol{M}_i$、$\boldsymbol{C}_i$ 和 $\boldsymbol{K}_i$ 分别表示第 i 节车的系统质量、阻尼和刚度矩阵;$\boldsymbol{P}_i$ 是作用在车辆上的外部力,例如与轨道耦合作用的轮轨力等;$\boldsymbol{f}_i$ 是车辆间的耦合力,不同位置车辆间耦合力可统一表示成

$$\boldsymbol{f}_i = \begin{cases} \{f_{1\leftarrow 2}\}, & i = 1 \\ \{f_{i-1\rightarrow i} + f_{i\leftarrow i+1}\}, & 1 < i < n \\ \{f_{n-1\rightarrow n}\}, & i = n \end{cases} \tag{8.57}$$

对于单个车辆模型,尽管轮对、构架和车体等主要结构件均可以采用弹性体模型,但从计算效率方面考虑,车辆模型一般采用多刚体模型,在有必要考虑结构间弹性作用的情况下,则可以把弹性体描述成模态缩减模型。

如果要考虑车体结构的弹性,可先计算出其结构振动模态 $\boldsymbol{\Phi}_i$,借助模态迭加原理将弹性体振动方程化减为一组单自由度微分方程:

$$m_i\ddot{q}_i + 2m_i\omega_{ni}\zeta_i\dot{q}_i + m_i\omega_{ni}^2q_i = Q_i(t) \tag{8.58}$$

式中,下标 i 表示第 i 阶模态;q_i 是广义坐标变量;m_i 是模态质量;ω_{ni} 是模态频率;ζ_i 是模态阻尼比;$Q_i(t)$ 为作用在弹性体上的广义力。

车辆与钢轨之间是通过轮轨相互作用力实现耦合的,蠕滑力的计算可采用第二章介绍的方法进行求解。

3. 流固耦合模型

空气模型采用三维 Navier-Stokes 方程描述,它与受电弓以及动车组的耦合作用采用流体边界层和列车表面的运动速度相互作用关系来实现。如果将列车当成刚体,则空气作用在车辆表面的压强表示为

$$P = (\gamma - 1)\rho\left[e - \frac{1}{2}u^2\right] \tag{8.59}$$

式中,P 为压强;γ 为热比;ρ 为密度;e 为气体的能量密度;u 为速度向量。空气流动的三维 Navier-Stokes 方程为

连续方程

$$\frac{\partial \rho}{\partial t} + \frac{\partial}{\partial x_j}(\rho u_j) = 0 \tag{8.60}$$

动量方程

$$\frac{\partial}{\partial t}(\rho u_i) + \frac{\partial}{\partial x_j}(\rho u_j u_i) = -\frac{\partial p}{\partial x_i} + \frac{\partial \tau_{ij}}{\partial x_j} \tag{8.61}$$

利用有限元方法对方程(8.60)和方程(8.61)进行离散,由 Taylor-Galerkin 方法得到关于空气速度和压强的近似表达式。假设在垂直于车辆与空气交界面处,车辆运动速度与空气运动速度在边界面的法向相等,并将车辆与空气交界面处的气压转换为作用在车辆上的力和力矩,从而得到车辆与空气的耦合动力学方程:

$$\dot{x} = G(x) \tag{8.62}$$

式中,x 表示作用在车辆上的力和力矩,通过求解方程(8.26),得到车辆在空气耦合作用下的运动过程。

4. 轨道模型

对于轨枕、道床和路基,现有模型多等效成多刚体模型,即弹簧、阻尼、梁和质量块模型,但是随着计算科学的发展,完全有可能采用更加符合实际的模型,如非线性弹簧、非线性阻尼、非等截面梁、离散粒子堆积体和连续支撑模型。

轨道模型分为有砟轨道和无砟轨道两种,钢轨用有限长的欧拉梁模拟,按振型叠加法求钢轨的振动解,轨道结构的其他部分处理为弹簧-阻尼-质量系统,对于有砟道床,道床简化成如图 8.39 所示的等效质量块[29],等效质量块之间连接约束用等效的垂向剪切阻尼和垂向剪切弹簧来代替。

随着列车速度的提高,高频振动渐强,应考虑在高频激励下钢轨的剪切和横截面转动效应,铁木辛柯梁模型比欧拉梁模型能在高频区域内求得更加接近实际的振动特性。用铁木辛科梁模型模拟轨枕的行为,轨枕和左右两块等效道床质量块

(a) 计算模型侧视图

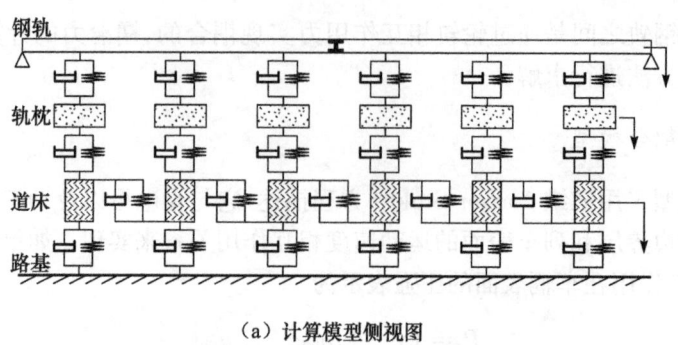

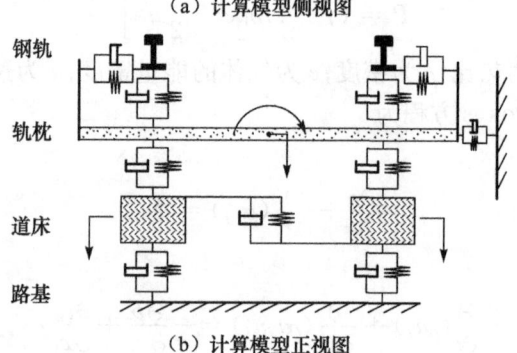

(b) 计算模型正视图

图 8.39 常用的有碴道床横断面计算模型

之间用分布的弹簧和阻尼器连接[30],当列车通过时,轨枕的刚柔特性能够同时得到考虑。

实际上,图 8.39 所示的计算模型已经忽略了道床的横向运动以及它与轨枕之间和路基之间的横向约束关系,为了能更加真实地表现道床这个离散堆积体的行为,研究学者提出在横向用更多的等效质量块表示这个复杂结构[31],如图 8.40 所示。从图 8.39 所示的道床计算模型到图 8.40 所示的计算模型,能反映更高的轨枕和道床振动频率,更加接近实际情况。

无碴轨道具有稳定性好、刚度均匀耐久性强、维修工作量低等优点。所以,现在的高速线主要路段采用无碴轨道模型。研究学者[32]发展了轨道板的实体有限元模型,同时考虑了它的垂向、横向和交互作用,该模型如图 8.41 所示。

8.4.2 高速列车耦合大系统的功能

从普通车-线耦合系统到高速列车耦合大系统,研究内容不仅从量上发生变化,而且从质上发生了根本变化。主要体现在系统的空间耦合范围扩大和动态频域范围的扩大这两个方面。

首先,大系统从上到下,考虑了弓网-车辆-轮轨-轨道结构-路桥(隧道)-大地之间构成的总体耦合。抑或根据问题研究侧重点和需要,进行部分耦合作用特性

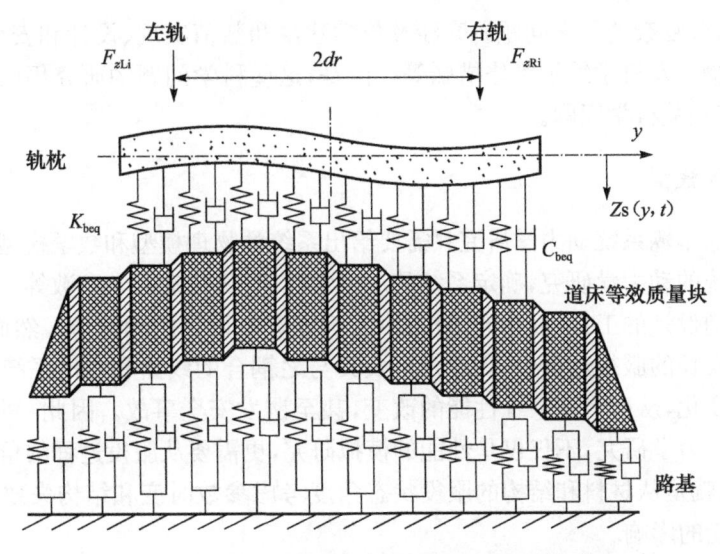

图 8.40 柔性轨枕和多个等效质量块的计算模型

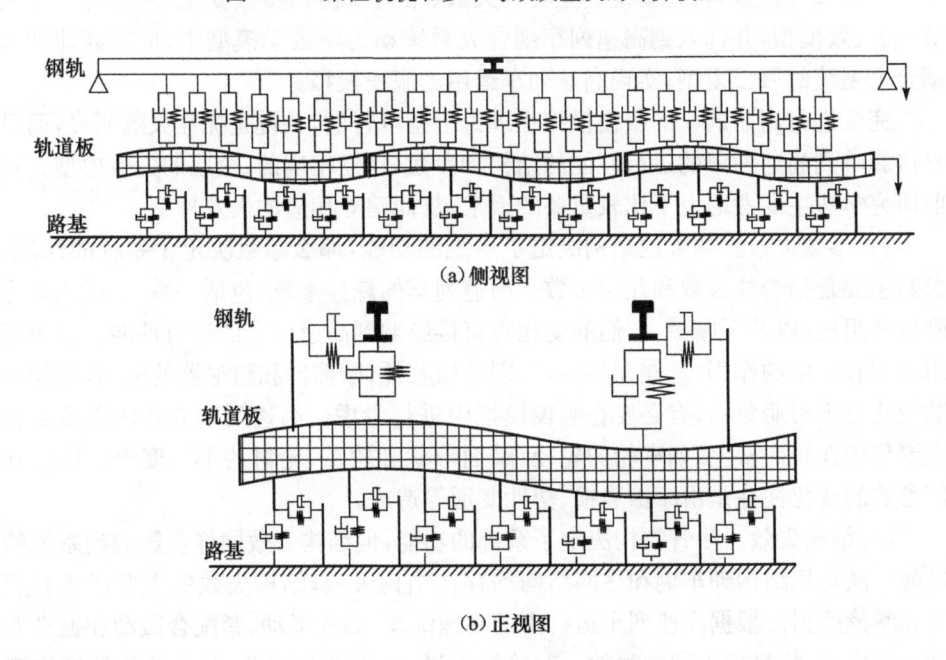

(a) 侧视图

(b) 正视图

图 8.41 无碴轨道横断面计算模型

研究。其次,系统研究的频域范围从低频的多刚体动力学发展到高频刚柔动力学。大系统从里到外,体现在从车内振动、噪声舒适性到车外的气动作用、轮轨冲击接触关系研究。再次,从对构件线性建模到非线性建模,从运行的正常工作状态到失效状态以致复杂环境下的工作状态(如地震波冲击、强阵风干扰、泥石流和滑坡破坏等)。这些复杂的科学问题研究涉及数学建模和数值实现、设计和安全评估、安全运行监测以及科学维护维修措施等。但是,这些科学问题的研究仍然基于常规列车/线路相关科学问题。

1. 失效模型

传统的车辆系统动力学研究只需要给出系统的物理模型和数学模型就可以进行车辆系统的动力学研究,确定系统的动力学性能,优化动力学参数等。它是作为计算机辅助设计的工具,以指导结构设计,确定参数设计的理论值。然而,由于高速铁路在漫长的服役过程中,高速列车及其与之耦合的线路和弓网系统的结构参数将发生变化,从而引起系统性能的改变,甚至诱发安全事故。因此,高速列车耦合大系统动力学研究,不仅仅是性能的模拟研究,更需要从服役过程的角度开展服役模拟,也就是从材料和结构的服役状态角度考虑参数时变和结构失效对高速列车运行性能的影响。

开展服役模拟,首先就是建立材料失效、结构损伤和参数变化(统称为广义失效)的失效模型,并计入到高速列车耦合大系统动力学数学模型中,形成高速列车耦合大系统的服役模型,实现高速列车运用的服役模拟。

完全进行高速列车的服役模拟在理论上是可行的,关键是抓住失效明显,而且直接影响到高速列车的运行性能的结构和参数,建立精确的、全面的失效模型。目前研究学者主要考虑以下比较重要的因素,从而建立相应的失效模型。

(1) 参数失效。如果说结构决定了系统的功能,那么参数决定了系统的性能。参数主要是指悬挂参数和几何参数。高速列车的悬挂参数,包括一系、二系的悬挂刚度和阻尼,以及干摩擦,它们的变化将直接影响到高速列车的运行性能。由于运用时间和环境的作用,悬挂元器件,特别是橡胶件、摩擦件和阻尼器的采用,悬挂参数变化是不可避免的,有必要在服役模拟中进行考虑。高速列车的几何参数变化主要集中在转向架上,如车轮的轮径、踏面形状和轮重、轮对的平行度等。这些几何参数的变化往往是由摩擦磨损、塑性变形等造成。

(2) 结构失效。尽管结构决定了系统的功能,但结构失效同样会影响到系统的性能。从轮轨结构到车辆和弓网结构均存在结构失效,结构失效的主要形式有疲劳和摩擦磨损。根据高速列车运行中的高速滚动、高速滑动、紧配合微动和振动四种运动模式,将呈现不同的失效。对轮轨来说,由于高速滚动,既有轮轨的摩擦磨损导致的轮轨几何参数变化和波浪形磨耗等,也有接触疲劳导致的轮轨表面剥落、龟裂和断轨的失效;对车辆结构来说,特别是转向架结构,主要是疲劳带来的断裂等失效事故;对弓网来说,由于是载流条件下的高速滑动,其失效模式不仅有磨损,还有电弧烧蚀等。

(3) 材料失效。材料失效是指在系统服役过程中材料组织成分的变化所导致的机械性能变化,包括强度、硬度、韧性和摩擦磨损性能,以及导电和导热等性能,最终导致结构性能和参数的变化,或者材料表面状态的变化,如硬度、摩擦系数等。材料失效主要是环境影响所致,以及材料在运用过程中力、热、电和磁的耦合作用。材料失效时,由于其结构的外形基本不变,因此其往往是一个缓慢而又隐蔽的过程,但其影响和破坏作用不容低估。

2. 边界模型

高速列车耦合大系统充分考虑了与列车运行相关的系统,然而,对高速列车来说,还要考虑与运行品质和安全性相关的外部边界条件。主要包括以下几个方面:

(1)轨道不平顺。在车辆系统动力学仿真计算中,一般把轨道不平顺作为边界处理,作为输入,作用在轮轨接触系统之间。可以说,轨道不平顺是引起车辆振动的主要因素,轨道不平顺的幅值和波长对车辆的振动性能有重要影响。

(2)风载荷。尽管在高速列车耦合大系统动力学模型中通过流固耦合考虑了气流的作用,但这时的空气模型是建立在无限空间假设的基础上,风载荷往往是作为外部输入,随机作用在列车上。对高速运行的列车来说,风载荷表征包括风向、风力和风的动态过程(即风载荷谱),风载荷不仅仅会影响车辆的倾覆系数,还会影响车辆的轮重减载和脱轨安全性等。

(3)地震波。地震波不直接作用于列车上,而是由线路通过轮轨接触系统作用于车轮上。地震波的表征包括震向、烈度和波的动态过程(即地震谱)。

(4)环境。高速列车在漫长的服役过程中,环境变化是巨大的。一方面,环境会影响零部件,特别是橡胶类零部件的性能。另一方面,轮轨表面环境会影响轮轨之间的黏着和蠕滑力。因此,应该考虑环境的影响和变化,把环境视为系统的输入。

8.4.3 高速列车耦合大系统服役模拟研究

综上所述,高速列车耦合大系统服役模拟计算的框图如图 8.42 所示。系统模型中描述了高速列车耦合大系统模型,并把高速列车运行的边界作为系统输入,系统模型中把时变参数模型考虑其中,对这一系统模型进行仿真计算,得到计及服役过程影响的系统的响应,而系统响应反过来影响到材料和结构的服役性能,引发材料和结构的失效和破坏,影响到计算模型和参数的变化,进而导致高速列车耦合大系统性能的恶化,出现诸如噪声、振动、疲劳等有害响应,甚至列车脱轨事故。

服役模拟和以往动力学仿真所不同的是,传统的仿真计算在得到响应结果后,仿真过程就结束。而在服役模拟时,系统模型中加入了时变的计算参数模型,模型的参数是根据系统响应导致材料和结构失效状态所决定的。因此,在计算时,利用服役模型和仿真计算,需在系统响应和时变参数模型之间反复迭代,来得到系统响应和广义失效之间的关系,同时揭示高速列车动态行为和性能的演变规律。

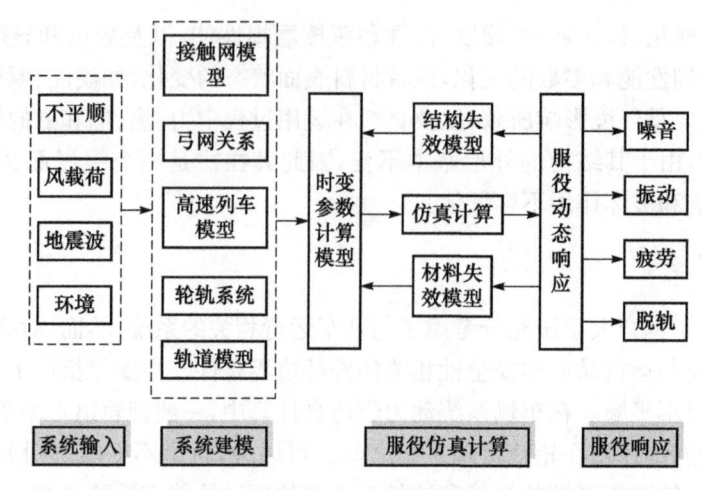

图 8.42　高速列车耦合大系统服役模拟计算的框图

高速列车耦合大系统和服役模拟的理念刚刚提出，相关的研究还很少，以下给出作者的一点思考。

文献[33]提出的高速列车耦合大系统研究的具体方案如图 8.43 所示，研究采用仿真技术和试验技术(包括实车线路试验、整车台架试验和零部件试验)。首先是建立高速轮轨系统的实物或数学模型，进行系统仿真，得到零部件的载荷谱；通过零部件试验，对高速列车零部件相应的运动、环境和载荷进行模拟，建立通过零部件试验获得的材料失效、结构损伤和参数时变模型；对线路不平顺、风载荷和地震波等高速列车运行边界条件进行模拟，以此作为高速列车运行的边界输入，最终实现高速列车运行的服役模拟，得到高速轮轨系统的动态响应；把动态响应返回系统失效模型之上，进而得到新的失效模型参数，反映新的系统的响应，周而复始，从而获得系统性能的演变规律。

传统的机车车辆系统动力学上升到高速列车耦合大系统研究，并从性能模拟上升到了服役模拟。因此，高速列车耦合大系统服役模拟研究大大扩展了研究的内容，从大的层面可以分以下内容：

(1)高速列车的动态性能。由于充分考虑了与高速列车运动相耦合的系统(线路、接触网和气流)，因此可以更精确地表征高速列车的动态性能，为高速列车的性能设计和参数设计提供更好的研究平台。

(2)高速列车的动态行为。研究高速列车在不同运行条件和不同边界条件下的动态行为，如风载荷、地震波对列车运行的影响，掌握高速列车的动态行为与运行及边界条件的关系，以此确定高速列车运行的安全域。

(3)广义失效及性能的演化规律。通过服役过程的模拟，掌握广义失效(材料失效、结构损伤、参数和性能蜕化)的动态过程，研究在不同广义失效条件下高速列

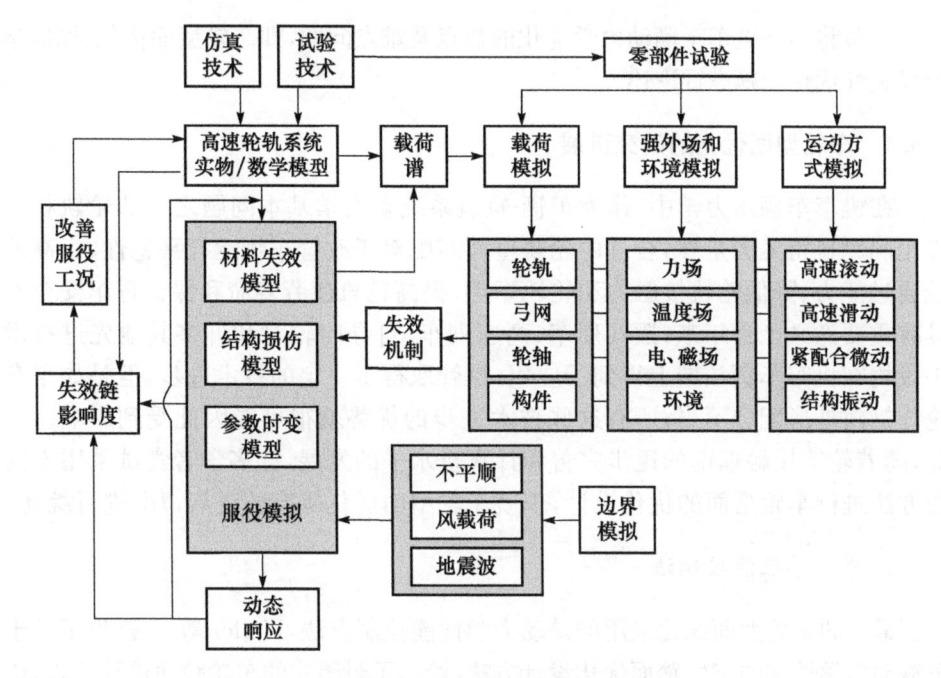

图 8.43 研究方案框图

车的动态性能,从而掌握高速列车性能的演变规律,建立高速列车系统失效链,研究失效链之间的关联度,以及对列车动力学性能的影响度,由此找到改善系统性能的途径。

(4)广义失效控制标准。研究广义失效,特别是悬挂参数和几何参数变化的控制值,具体研究悬挂参数的可用范围、几何尺寸公差的允许值、轮轨磨耗和损伤允许度、轮重和轮径差的限制值等。为设计、生产和维护标准的制订提供理论依据。

8.5 优化技术在机车车辆中的应用

机车车辆动力学性能体现的是综合性能,评价指标包括失稳临界速度、运行平稳性、曲线通过性、轮轨力、脱轨系数和磨耗指数等。而且机车车辆的运动稳定性与曲线通过性能的要求往往是矛盾的,所以合理确定车辆的结构参数至关重要。虽然在机车车辆设计阶段,已大量使用优化方法来合理地选择悬挂参数,但由于悬挂元件的多样性以及它们对车辆动力学影响的复杂性,常规的优化算法往往难于综合考虑多个参数和获得全局最优解。近年来,诸如神经网络、遗传算法等在内的智能计算理论已被研究学者们用来解决车辆动力学的多参数及全局优化问题,且这些智能计算理论往往与主动及半主动控制技术相结合用来优化车辆的动力学性能。

本节将围绕机车车辆动力学优化的热点及难点问题,即车轮型面优化、横向运行稳定性优化问题进行论述。

8.5.1 车轮型面优化的研究进展

在机车车辆动力学中,作为车辆-轨道系统动力学基本问题之一的轮轨相互作用问题显得尤为重要,合理的轮轨型面匹配对于改善车辆运行平稳性、提高曲线通过能力、降低轮轨接触力和轮轨摩擦、提高轮轨疲劳寿命和保证行车安全等具有重要意义。近年来,摆式列车、高速列车、自导向轮对和许多其他先进技术手段均在机车车辆领域上得到了应用,尽管取得了一定的技术进步,但是如果车轮与钢轨外形配合不当,所有这些技术进步的优势就很可能因此受到影响。因此,随着轮轨接触理论的逐步完善和计算机水平的发展,许多学者尝试采用不同的方法进行车轮型面的优化设计,现就车轮型面优化研究的进展情况进行综述。

1. 动力学性能控制法

最早的车轮型面优化采用的是动力学性能控制方法,Heller 等[34]提出了基于车辆动力学性能的车轮踏面优化设计方法,给出了封闭式的车轮踏面设计流程,该设计流程从给定的轮轨初始条件出发(主要包括初始轮轨型面、轨距和轨底坡),将动力学性能作为型面的评价指标,替代了传统的试验验证法。Heller 等进行不同车轮踏面优化的目标函数如下。

目标 1:总体性能指标 f 最小。

目标 2:不考虑磨耗趋势时,综合动力学性能指标 f_s 最小。

目标 3:不考虑车辆动力学性能行为时的磨耗趋势 f_w 最小。

目标 4:在给定速度 v_0 ($v_0 < v_c$, v_c 为蛇行失稳临界速度) 下的磨耗趋势 f_w 最小。

目标 5:未达到轮缘接触的最小曲线半径 R_0 ($\max(R_f, R_s) \leqslant R_0$) 下的磨耗趋势 f_w 最小。

上述目标中,

$$f_w = 100 \left(\frac{0.5 C_g}{\Sigma} + \frac{0.5 \sigma_{max}}{S_g} \right)$$

$$f_s = \max \frac{R_f R_s}{v_c} \left(w_1 \frac{v_g}{v_c} + w_2 \frac{\max(R_f, R_s)}{R_g} + \frac{w_3}{2} \left(\frac{C_g}{\Sigma} + \frac{\bar{\sigma}_{max}}{S_g} \right) \right) \quad (8.63)$$

$$f = \frac{100}{w_1 + w_2 + w_3}$$

式中,R_s 为出现横向滑动时的曲线半径;R_f 为出现轮缘贴靠时的曲线半径;w_i 为重力参数,$i = 1, 2, 3$;Σ 为轮轨型面的总体接触宽度;$\bar{\sigma}_{max}$ 为最大法向应力的平均值;C_g 为轮轨接触宽度目标值;S_g 为轮轨接触法向应力目标值;v_g 为蛇行失稳的临界速度的目标值;R_g 为目标曲线半径。

与传统方法相比,用以上方法设计的踏面可改善车辆的各方面性能。然而,上述 5 个设计目标不能较好地相互兼顾,有时甚至会顾此失彼。

2. 曲线反求法

1)接触角曲线反求法

沈钢、叶志森等[35,36]用接触角曲线反推的方法设计车轮踏面外形,使踏面外形不再局限于直线与圆弧曲线的组合,替代了传统的"人工经验设计-事后性能计算-修正"设计法,避免了必须通过反复试凑才能解决问题的缺陷。

接触角曲线反求法需要给定一侧轨头外形、期望的接触角曲线和种子车轮踏面。给定的轨头外形 $Z_r(Y_r)$ 和种子车轮踏面外型 $Z_w(Y_w)$ 如图 8.44 所示。当轮对横移量为 Y_s 和轮对侧滚角为零时,轮轨接触面上接触点分别为 (y_w, z_w) 和 (y_r, z_r),接触角为 A。随着轮对的横移,用最小距离搜索法求得接触点位置:

$$z_r = Z_r(y_r), z_w = Z_w(y_w), A = \arctan\left|\frac{dZ_r}{dY_r}\right|_{Y_r = y_r} \tag{8.64}$$

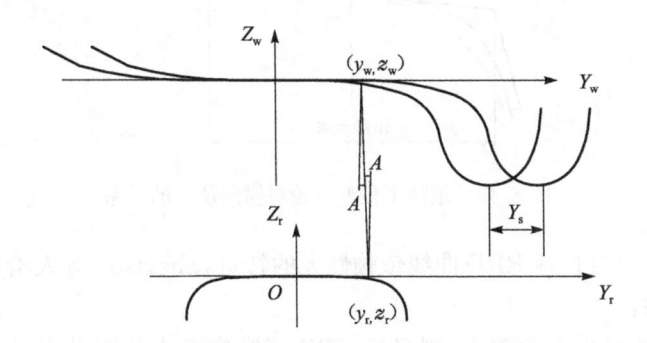

图 8.44 接触角曲线反求法示意图

在接触点处有

$$\frac{dZ_r}{dY_r} = \frac{dZ_w}{dY_w} = \tan A \tag{8.65}$$

$$dZ_w = \tan A dY_w \tag{8.66}$$

$$Z_w = \int_{y_1}^{y_2} \tan A dY_w + Z_0 \tag{8.67}$$

式中,Z_0 为横移量为零时的踏面接触点的总坐标值。

2) RRD 曲线反求法

Shevtsov 等[37]采用 RRD(rolling radii difference)曲线作为车轮型面的控制曲线,在设计过程中采用 MARS(multipoint approximation based on response surface fitting)法求解优化问题的方程。RRD 曲线被用来作为设计目标,主要是因为等效锥度可用 RRD 的形式表示,滚动圆半径差是描述轮对与轨道接触的主要特性之一,也决定轮对的动态特性。之前广泛使用线性锥形车轮踏面,其滚动半径差具有非连续变化的特性,见图 8.45,导致轮对运动期间轮缘与钢轨接触时发生冲击。从另一方面来说,磨耗型车轮与钢轨匹配较好,因此,RRD 函数通常比较平滑。但是,磨耗车轮的高锥度会降低临界速度,容易引起车辆剧烈摆动,因此最佳的 RRD 曲线为在这两种极端情况之间找到一种折中方案。

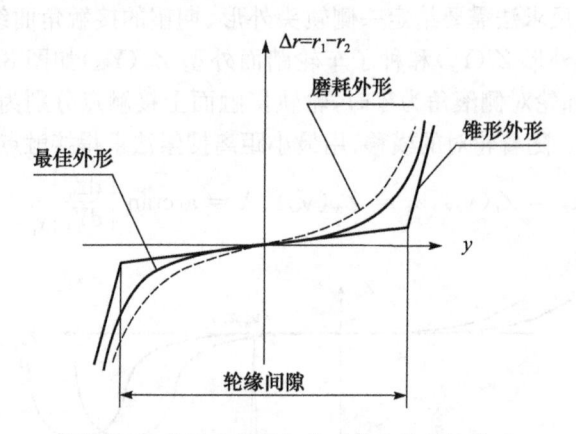

图 8.45 滚动半径差与轮对横向位移的关系

鉴于该方法对目标 RRD 曲线依赖性大的特点,Shevtsov 等人给出了 RRD 曲线的创建方法:

(1) 如果轮对横向位移小,则目标 RRD 函数应有小的滚动半径差,以便轮对在直线轨道上保持稳定;

(2) 如果轮对横向位移大,则目标 RRD 函数应有大的滚动半径差,以改善通过曲线性能,减少磨耗;

(3) 目标 RRD 函数应尽可能平滑。

Shevtsov 等采用如图 8.46 所示的原始踏面曲线上一系列离散点,使其横坐标固定,纵坐标选为设计变量。则设计变量 z 为离散点纵坐标组成的向量,$z=(z_1,z_2,z_3,z_4)$。目标函数为:

$$F_0(z) = \frac{\sum_{i=1}^{k}(\Delta r_{\text{tar}}(y_i) - \Delta r_{\text{calc}}(z,y_i))^2}{\sum(\Delta r_{\text{tar}}(y_i))^2} \tag{8.68}$$

式(8.68)中：$\Delta r_{tar}(y_i)$ 为目标滚动半径差函数；$\Delta r_{calc}(z,y_i)$ 为设计外形的计算滚动半径差函数；y_i 为轮对横向位移值，$i=1,2,3,\cdots,k$。

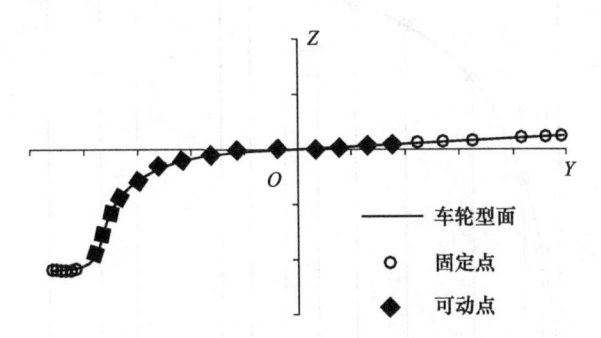

图 8.46　车轮踏面的固定点与可动点

等效锥度 λ_e 视为确定轮对稳定性的参数，锥度太大可能导致车辆动态失稳或摇头，严重影响其车辆动力学性能，为避免新车轮的锥度太大，将车轮的等效锥度极限值 λ_{emax} 设为

$$F_1 = \frac{\lambda_{emax} - \lambda_e}{\lambda_{emax}} \geqslant 0 \tag{8.69}$$

为了保证安全，还需对轮缘厚度和最小轮缘角进行安全要求，为避免设计出的车轮外形出现 Z 字形，对外形曲线上的第 j 点做如下约束：

$$\begin{cases} F_j = 1 - \dfrac{\gamma_{j+3}}{\gamma_{j+2}} \geqslant 0, & j=2,\cdots,8（对于外形的凹陷部分）\\ F_j = 1 - \dfrac{\gamma_{j+2}}{\gamma_{j+3}} \geqslant 0, & j=9,\cdots,12（对于外形的凸出部分）\end{cases} \tag{8.70}$$

式(8.70)中，γ_j 为轮对轴线与连接车轮外形 j 和 $j+1$ 两点的直线间的夹角；j 为踏面曲线上离散点的编号。

虽然 Shevtsov 等介绍了目标 RRD 函数的创建方法，由于轮对具体工况的多样性，适合具体工况的 RRD 曲线并不能准确给出，需要反复调整才能得到，因此目标 RRD 函数的创建仍然存在很大的困难。

Jahed 等[38]也采用与 Shevtsov 等相同的目标函数，用另一种建模方式对车轮踏面进行了优化并收到了较好的效果。

图 8.47 为优化区域的坐标图，将型面优化部分曲线离散为有限个曲线控制点，将其横坐标固定，通过调整其纵坐标来改变曲线形状。目标函数定义为曲线下方面积最大时的曲线，用样条曲线控制点的曲率和导数的限制作为几何约束，样条曲线控制点的纵坐标上下边界作为曲线的附加限制，以保证设计曲线有同一标准的轮缘高度，相邻两样条控制点的水平距离也必须满足一定的多项式函数。

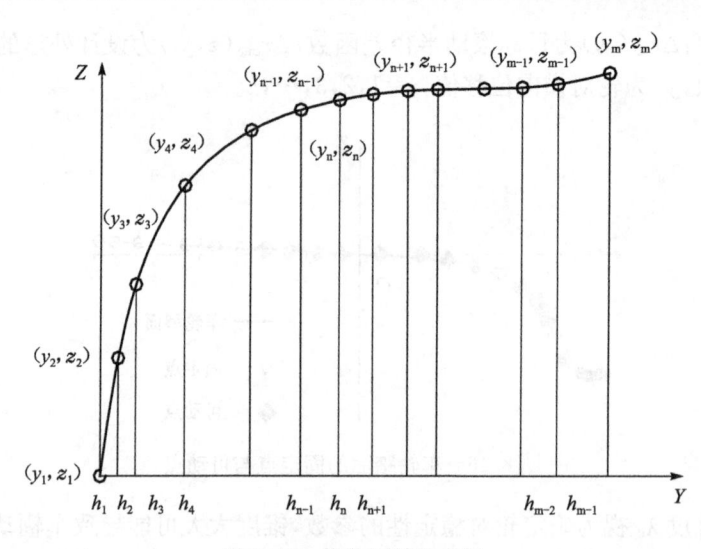

图 8.47 优化区域的坐标

根据以上几点建立了优化问题的约束函数,比仅用样条曲线控制点纵坐标的上下边界限制曲线更为合理。并且用 5 个控制参数对踏面曲线进行控制,$f_{RRD}=F(a,b,c,f,l)$。对踏面曲线凸凹部分的控制,与 Shevtsov 等的方法相似,Jahed 等用复合算法对优化问题进行了求解,得出较好的踏面曲线。

钟晓波等[39]为了对高速轮对踏面外形进行优化改进,也提出了一种基于 RRD 曲线为设计目标来反推车轮踏面外形的优化方法,并研制了相应的计算程序。首先给定钢轨外形、一"种子"踏面外型和基本的参数,求出它们之间的左右轮径差曲线。然后根据车辆的运行要求将轮径差曲线优化成一理想轮径差曲线,即满足车辆直线运行稳定性、曲线通过性、小接触应力和稳定的磨耗。将这一优化后的轮径差曲线作为设计目标函数,则可以根据优化后轮径差曲线反推踏面外形,即可求得接触区段的踏面外形。通过拼接原踏面曲线求得整个外形,根据需要调整如轮缘厚度、踏面宽度、轮缘高度等尺寸。然后再对设计好的踏面外形进行接触应力、磨耗等指标核算,若不符合要求,返回修改参数后重新反推踏面外形,直到满足要求。

给定轨道外形为 $Zr(Yr)$,待求踏面外型设为 $Zw(Yw)$。目标左右滚动圆半径差(y-Δr 曲线),记为 $D(y)$。当轮对的横移量为 y 和轮对的侧滚角为 $\theta(y)$ 时,左右轮轨接触面上的相互接触点分别为($y_{wl}(y)$,$z_{wl}(y)$),($y_{rl}(y)$,$z_{rl}(y)$)以及($y_{wr}(y)$,$z_{wr}(y)$),($y_{rr}(y)$,$z_{rr}(y)$)。它们均是关于横移量 y 的函数。可得轮对侧滚角为

$$\theta = \arctan\frac{D(y) - (z_{\mathrm{rl}}(y) - z_{\mathrm{rr}}(y))}{\mid y_{\mathrm{rl}}(y) \mid + \mid y_{\mathrm{rr}}(y) \mid} \tag{8.71}$$

由于轮轨在接触点相切,则有

$$\frac{\mathrm{d}z_{\mathrm{wl}}(y)}{\mathrm{d}y_{\mathrm{wl}}(y)} = \tan\left(\arctan\left(\frac{\mathrm{d}z_{\mathrm{rl}}(y)}{\mathrm{d}r_{\mathrm{rl}}(y)}\right) - \theta(y)\right) \tag{8.72}$$

$$\frac{\mathrm{d}z_{\mathrm{wr}}(y)}{\mathrm{d}y_{\mathrm{wr}}(y)} = \tan\left(\arctan\left(\frac{\mathrm{d}z_{\mathrm{rr}}(y)}{\mathrm{d}r_{\mathrm{rr}}(y)}\right) - \theta(y)\right) \tag{8.73}$$

根据坐标系变换关系可得

$$y_{\mathrm{wl}}(y) = (y_{\mathrm{rl}}(y) + y)\cos\theta(y) - z_{\mathrm{wl}}(y)\sin\theta(y) \tag{8.74}$$

$$y_{\mathrm{wr}}(y) = (y_{\mathrm{rr}}(y) + y)\cos\theta(y) - z_{\mathrm{wr}}(y)\sin\theta(y) \tag{8.75}$$

由目标轮径差可得

$$z_{\mathrm{wl}}(y) - z_{\mathrm{wr}}(y) = D(y) \tag{8.76}$$

求解上述微分方程组便可确定踏面外型 $Z_{\mathrm{w}}(Y_{\mathrm{w}})$。

基于以上所述理想高速轮对轮径差函数的特点,可以在轮径差曲线上选取 3 个控制点,在两点之间进行插值,如图 8.48 所示。第 3 个控制点为不动点,其后的轮径差曲线不作调整,并采用参考轮径差曲线形状,以保证优化后的高速轮对踏面外形具有同参考踏面外形相同的轮缘形状,从而保证新优化后的踏面同钢轨的配合具有较高的安全性。将其横坐标固定,通过调整纵坐标来改变曲线形状。调整第 1 个控制点可以改变等效斜率,以满足高速轮对的直线稳定性;调整第 2 个控制点可以优化列车的曲线通过性能,减少轮缘磨耗。优化前后的 LMA 型踏面和 S1002 型踏面轮径差曲线如图 8.49 所示。

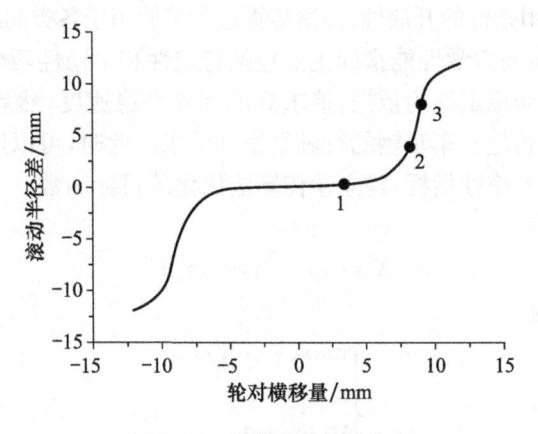

图 8.48 轮径差曲线控制点

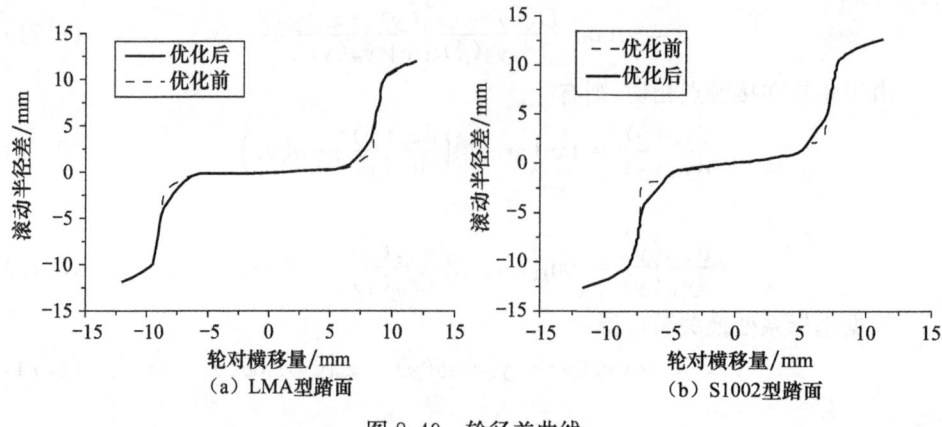

图 8.49 轮径差曲线

(a) LMA 型踏面

(b) S1002 型踏面

8.5.2 遗传算法在机车车辆动力学性能优化中的应用

由于机车车辆悬挂元件的多样性以及它们对横向动力学影响的复杂性，常规的优化算法往往难于综合考虑多个参数和获得全局最优解。汤东胜等[40]将遗传算法应用于机车车辆横向动力学，设计了适用于动力学多参数的优化方案，编制了遗传算法程序，通过建立机车横向动力学模型并进行 6 参数优化，得到了各参数在可行域内的最优解。

遗传算法是建立在自然选择和自然遗传学机理基础上，通过模拟自然进化过程搜索最优解的方法。生物遗传物质的主要载体是染色体，在遗传算法中，用一串二进制数或浮点数替代染色体，作为优化问题解的代码，然后对代码进行遗传操作，使问题的解得到进化。遗传算法具有高度的鲁棒性，能够同时搜索解空间的许多点，避免了其他算法容易在局部最优解附近徘徊的缺点，达到充分而快速的全局收敛。同时，由于使用条件的开放性，使遗传算法能够使用于各类问题的优化求解。

机车车辆横向动力学性能指标主要包括稳定性和平稳性两个方面。一般情况下，设计时先以运动稳定性为依据，追求高的临界失稳速度，然后用平稳性指标来修正设计参数，以满足机车车辆的行驶平稳性要求。此时，可以用临界速度作为衡量指标，同时约束平稳性指标，建立遗传算法优化的目标函数。

设优化参数为

$$X = \{x_1, x_2, \cdots, x_n\}^T$$

则目标函数为

$$\begin{cases} \max(V_{cr}(X)) \\ \text{s. t.} \\ V_r \leqslant 3.1 \\ X_L \leqslant X \leqslant X_U \end{cases} \quad (8.77)$$

式(8.77)中：V_{cr}为临界速度；V_r为平稳性指标(使用 sperling 指标评价)；X_L为参数寻优域的下限；X_U为参数寻优域的上限。

同样，为了得到最佳的平稳性指标而又能保证运动足够稳定，可以建立以平稳性为衡量指标的带约束条件的优化目标函数

$$\begin{cases} \min(V_r(X)) \\ \text{s.t.} \\ V_{cr} \geqslant 200 \\ X_L \leqslant X \leqslant X_U \end{cases} \tag{8.78}$$

在不同的机车车辆系统中，各参数对临界速度和平稳性指标的影响趋势各不相同，所以，很难同时获得V_{cr}和V_r的最优值，即V_{cr}最大而V_r最小。

但是在某些特殊情况下，则可以全面考虑稳定性和平稳性，利用两个衡量指标建立双目标函数进行优化，既要求临界速度足够高，又要求平稳性指标充分小，寻求两者之间的折中优化值。由于双目标函数问题解决比较困难，所以，实际使用中往往采用各种办法化双目标函数为单目标函数进行优化，在机车车辆横向动力学问题中，可以采用"乘除法"建立如下的目标函数。

$$\begin{cases} \min(V_r(X)/V_{cr}(X)) \\ \text{s.t.} \\ V_{cr} \geqslant 200 \\ V_r \leqslant 3.1 \\ X_L \leqslant X \leqslant X_U \end{cases} \tag{8.79}$$

评价函数必须正确地反映染色体的优劣程度，好的评价函数能加快遗传算法优化的收敛速度。目前，遗传算法已有多种成熟的评价函数模型，比如线性缩放模型、指数适应度模型等。实际应用中，必须根据具体的优化问题设计不同的评价函数。本文利用黄金分割点对适应度进行缩放，按以下方法确定评价函数。已知染色体种群为$X_1,X_2,\cdots,X_m$，其适应度分别为$f_1,f_2,\cdots,f_m$。

令

$$g_1 = f_1/\Sigma f$$
$$g_2 = (f_1+f_2)/\Sigma f$$
$$\cdots\cdots$$
$$g_m = (f_1+f_2+f_m)/\Sigma f$$

则定义评价函数为

$$\text{eval}(X_j) = \begin{cases} G^{g_1}, & j=1 \\ \text{eval}(X_{j-1})+G^{(g_j-g_{j-1})}, & j=2,3,\cdots,m \end{cases} \tag{8.80}$$

按式(8.80)搜索时，G取 2.618，按式(8.78)和(8.79)搜索时取 0.618。

以构造速度为 160km/h 的某机车为例建立车辆动力学数学模型,并进行横向动力学悬挂参数的优化。对横向动力学影响比较明显的参数主要有一系横向刚度 K_{lp}(每轮对)、一系纵向刚度 K_{yp}(每轴端)、二系横向刚度 K_{ls}(1/2 转向架)、空心轴横向刚度 K_{lh}(每轴端)、二系横向阻尼 C_{ls}(每减振器)和抗蛇行减振器阻尼 C_{ah}(每减振器)等。经计算可知:对临界速度影响效果最显著的为 K_{lp} 和 K_{ls},其对临界速度的影响曲线如图 8.50 所示。从图中可以看出,在可行的范围内单独改变任一参数都无法使临界速度提高到 225km/h 以上。

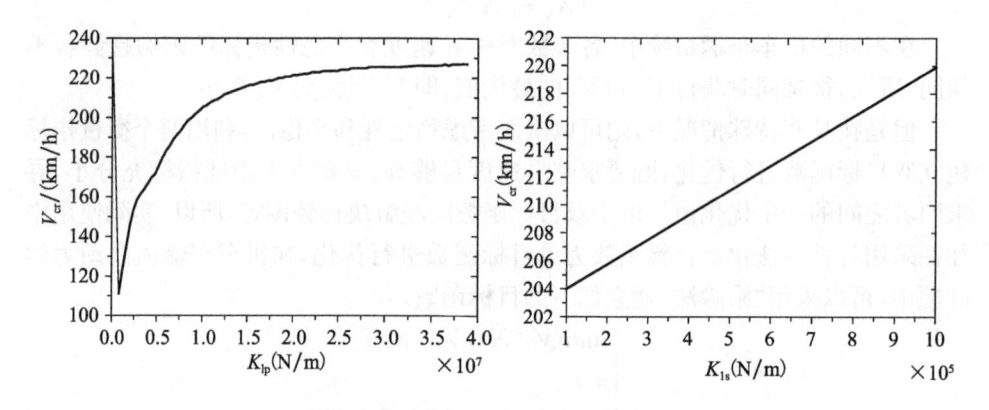

图 8.50 临界速度随参数变化曲线

为了设计出 225km/h 以上的临界速度,现对以上 6 个参数(其他参数保持原值,原值略)进行多参数优化。令 $X=\{K_{lp},K_{ls},K_{yp},K_{lh},C_{ls},C_{ah}\}^T$,各参数的寻优范围分别为 K_{lp}(5～40MN/m)、K_{ls}(0～1MN/m)、K_{lh}(0～0.3MN/m)、K_{yp}(5～50MN/m)、C_{ls}(0.02～0.15MN·m/s)、C_{ah}(0.02～0.3MN·m/s),以式(8.80)为目标函数,利用遗传算法程序进行优化搜索,设计初始种群的染色体数为 10,进化代数为 800。搜索结果如图 8.51 所示。

由图 8.51 可以看出,经过 800 代的遗传进化,临界速度已经稳定于最优值 280km/h。

参数的实际设计中,还必须兼顾平稳性的要求,在保证临界速度的前提下,尽量取平稳性指标的较小值。图 8.51 中搜索到 40～60 代时,平稳性指标最小,V_r= 2.67,且 V_{cr}=265km/h,若能满足设计要求,此结果为可选值,对应的各参数的取值约分别为 K_{lp}=3.1634×10^{7}N/m,K_{ls}=6.21×10^{5}N/m,K_{lh}=1.939×10^{5}N/m,K_{yp}=1.897×10^{7}N/m,C_{ls}=1.213×10^{5}N·m/s,C_{ah}= 2.434×10^{5}N·m/s。

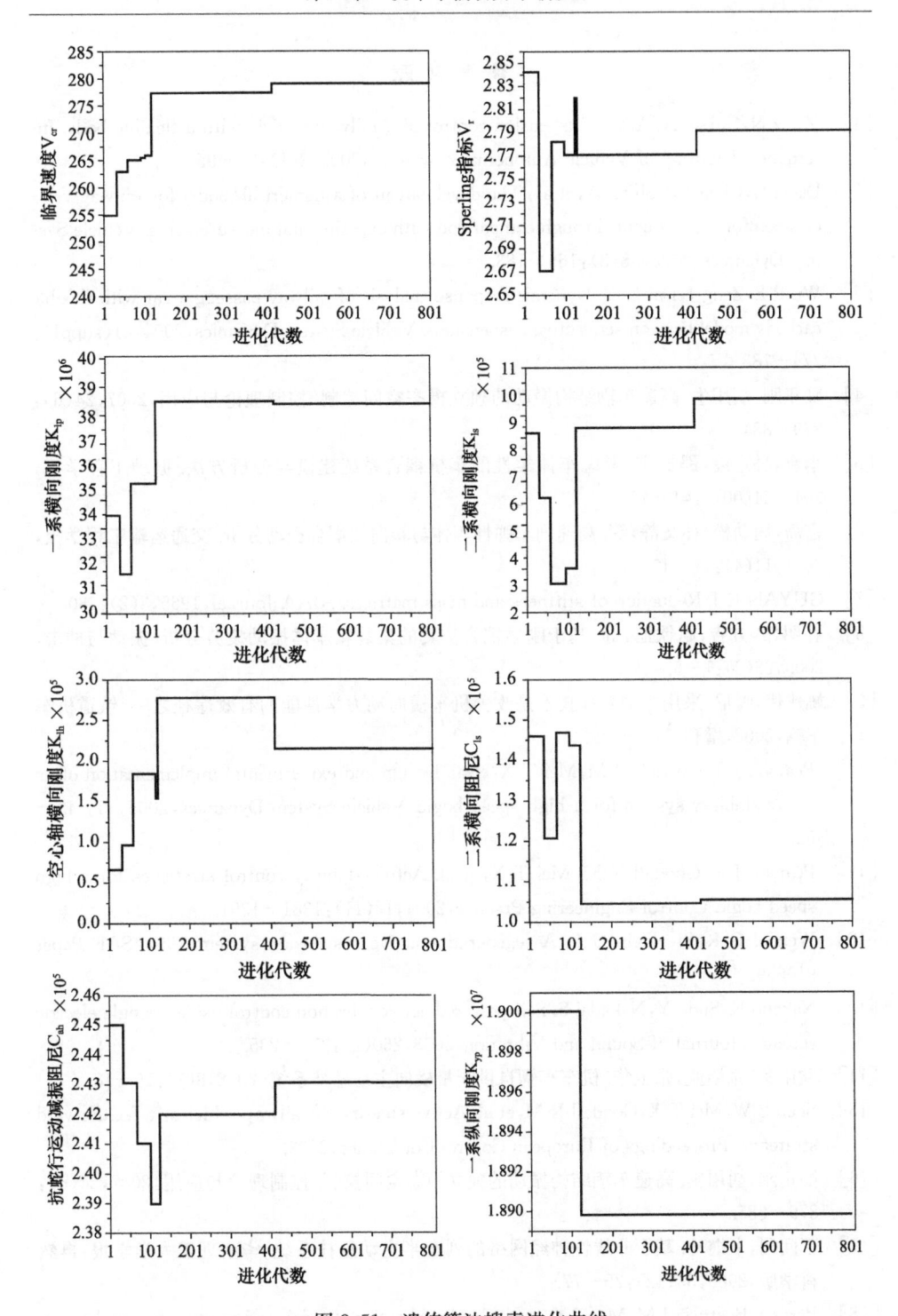

图 8.51 遗传算法搜索进化曲线

参 考 文 献

[1] Yagiz N, Gursel A. Active suspension control of a railway vehicle with a flexible body. International Journal of Vehicle Autonomous Systems, 2005, 3(1): 80—95.

[2] Diana G, Cheli F, Collina A, et al. The development of a numerical model for railway vehicles comfort assessment through comparison with experimental measurements. Vehicle System Dynamics, 2002, 38(3): 165—183.

[3] Wu P B, Zeng J, Dai H Y. Dynamic response analysis of railway passenger car with flexible carbody model base on semiactive suspensions. Vehicle System Dynamics, 2004, 41(suppl): 774—783.

[4] 陆正刚, 胡用生. 高速车辆结构振动的独立模态空间控制. 控制理论与应用, 2007, 24(6): 879—884.

[5] 李奇, 吴定俊, 邵长宇. 考虑车体柔性的车桥耦合系统建模与分析方法. 振动工程学报, 2011, 24(001): 41—47.

[6] 宫岛, 周劲松, 孙文静, 等. 高速列车弹性车体与转向架耦合振动分析. 交通运输工程学报, 2011, 11(4): 41—47.

[7] GUYAN R J. Reduction of stiffness and mass matrices. AIAA Journal, 1965, 3(2): 380.

[8] 朴明伟, 方吉, 赵钦旭, 等. 基于刚柔耦合仿真的集装箱车体振动疲劳分析. 振动与冲击, 2009, 28(3): 1—5.

[9] 姚建伟, 嘎尼. 采用主动悬挂技术是改善机车横向动力学性能的有效途径之一. 铁道机车车辆, 2002, 增刊: 177—179.

[10] Pearson J T, Goodall R M, Mei T X, et al. Design and experimental implementation of an active stability system for a high speed bogie. Vehicle System Dynamics, 2004, 41: 43—52.

[11] Pearson J T, Goodall R M, Mei T X, et al. Active stability control strategies for a high speed bogie. Control Engineering Practice, 2004, 12(11): 1381—1391.

[12] Wendel G R, Stecklein G L. A regenerative active suspension system. 1991: SAE Paper 910659.

[13] Nakano K, Suda Y, Nakadai S. Self-powered active vibration control using a single electric actuator. Journal of Sound and Vibration, 2003, 260(2): 213—235.

[14] 欧阳冬, 张继业, 张卫华. 机车车辆自供能量横向主动悬挂系统. 2008, 8(1): 15—18.

[15] Shen S W, Mei T X, Goodall R M, et al. Active steering of railway vehicles: a feedforward strategy//Proceedings of European Control Conference, 2003.

[16] 陆正刚, 胡用生. 高速车辆结构振动的独立模态空间控制. 控制理论与应用, 2007, 24(6): 879—885.

[17] 丁问司, 卜继玲. 基于非线性神经网络的列车半主动悬挂系统. 华南理工大学学报: 自然科学版, 2005, 33(12): 75—77.

[18] Pérez J, Busturia J M, Mei T X, et al. Combined active steering and traction for mechatron-

ic bogie vehicles with independently rotating wheels. Annual Reviews in Control,2004, 28(2):207—217.

[19] 姚建伟,孙琼,章润鸿.铁路机车车辆半主动控制减振器的理论研究和产品研制.铁道机车车辆,2004,24(增刊):6—9.

[20] 丁福焰,杜永平.机车车辆故障诊断技术的发展.铁道机车车辆,2004,24(4):24—30.

[21] Li P,Goodall R. Model-based condition monitoring for railway vehicle system//Proceedings of the UKACC International Conference on Control,2004.

[22] Mei T X,Ding X J. Condition monitoring of rail vehicle suspensions based on changes in system dynamic interactions. Vehicle System Dynamics,2009(9):1167—1181.

[23] 李海涛,王成国.基于机车车辆频域模型的二系垂向悬挂元件状态监测.铁道机车车辆,2008(2):1—5.

[24] Li P,Goodall R,Weston P. Estimation of railway vehicle suspension parameters for condition monitoring. Control Engineering Practice,2007,(15):43—55.

[25] Li H. Measuring systems for active steering of railway vehicles,Loughborough University,2001.

[26] Li P,Goodall R,Kadirkamanathan V. Parameter estimation of railway vehicle dynamic model using Rao-Blackwellised particle filter//Proceedings of the European Control Conference,2003:1—4.

[27] 张卫华.机车车辆动态模拟.北京:中国铁道出版社,2007.

[28] 姚建伟.机车车辆动力学强度专业发展的建议和设想.铁道机车车辆,2000,6(86):23—24.

[29] 翟婉明.车辆-轨道耦合动力学.北京:科学出版社,2007.

[30] Xiao X B,Jin X S,Deng Y Q. Effect of curved track support failure on vehicle derailment. Vehicle System Dynamics,2008,46(11):1029—1059.

[31] Xiao X B,Jin X S,Wen Z F. Effect of disabled fastening systems and ballast on vehicle derailment. ASME Journal of Vibration and Acoustic,2007,129(2):217—229.

[32] Xiao X B,Jin X S,Wen Z F. Effect of earthquake on high speed railway vehicle running safety//Proceedings of International Association of Vehicle Systems Dynamics Symposium,2009.

[33] 张卫华,张曙光.高速列车耦合大系统动力学及服役模拟.西南交通大学学报,2008,43(2):147—152.

[34] Heller R,Law E H. Optimizing the wheel profile to improve rail vehicle dynamic performance//Proceedings of the 6th International Association of Vehicle Systems Dynamics Symposium Symposium,1979:179—195.

[35] 沈钢,叶志森.用接触角曲线反推法设计铁路车轮踏面外形.同济大学学报,2002,30(9):1095—1098.

[36] 叶志森,沈钢.独立轮踏面外形的设计.机车车辆,2003,41(1):19-21.

[37] Shevtsov I Y,Markne V L,Esveld C. Optimal design of wheel profile for railway vehicles,

Wear. 2005,258(7-8):1002—1030.

[38] Jahed H, Behrooz F, Mohammad A, et al. A numerical optimization technique for design of wheel profiles. Wear,2008,264(1-2):1—10.

[39] 钟晓波,沈钢. 高速列车车轮踏面外形优化设计. 同济大学学报(自然科学版),2011, 39(5):710-715.

[40] 汤东胜,范佩鑫. 基于遗传算法的机车车辆横向动力学多参数优化设计. 内燃机车,2000, 12(322):9—13.